# 독자의 1초를
# 아껴주는 정성을
# 만나보세요!

세상이 아무리 바쁘게 돌아가더라도 책까지 아무렇게나 빨리 만들 수는 없습니다.
인스턴트 식품 같은 책보다 오래 익힌 술이나 장맛이 밴 책을 만들고 싶습니다.
땀 흘리며 일하는 당신을 위해 한 권 한 권 마음을 다해 만들겠습니다.
마지막 페이지에서 만날 새로운 당신을 위해 더 나은 길을 준비하겠습니다.

# 파이썬 스킬 업
Supercharged Python

**초판 발행** · 2021년 5월 31일

**지은이** · 브라이언 오버랜드, 존 베넷
**옮긴이** · 조인석
**발행인** · 이종원
**발행처** · (주)도서출판 길벗
**출판사 등록일** · 1990년 12월 24일
**주소** · 서울시 마포구 월드컵로 10길 56(서교동)
**대표 전화** · 02)332-0931 | **팩스** · 02)323-0586
**홈페이지** · www.gilbut.co.kr | **이메일** · gilbut@gilbut.co.kr

**기획 및 책임편집** · 안윤경(yk78@gilbut.co.kr) | **디자인** · 배진웅 | **제작** · 이준호, 손일순, 이진혁
**영업마케팅** · 임태호, 전선하, 지운집, 박성용, 차명환 | **영업관리** · 김명자 | **독자지원** · 송혜란, 윤정아

**교정교열** · 김윤지 | **전산편집** · 박진희 | **출력 · 인쇄** · 예림인쇄 | **제본** · 예림바인딩

▸ 잘못 만든 책은 구입한 서점에서 바꿔 드립니다.
▸ 이 책은 저작권법에 따라 보호받는 저작물이므로 무단전재와 무단복제를 금합니다. 이 책의 전부 또는 일부를 이용하려면 반드시 사전에 저작권 자와 ㈜도서출판 길벗의 서면 동의를 받아야 합니다.

**ISBN** 979-11-6521-567-5  93000
(길벗 도서번호 080222)

정가 40,000원

---

**독자의 1초를 아껴주는 정성 길벗출판사**

**길벗** | 길벗 IT실용서, IT/일반 수험서, IT전문서, 경제실용서, 취미실용서, 건강실용서, 자녀교육서
**더퀘스트** | 인문교양서, 비즈니스서
**길벗이지톡** | 어학단행본, 어학수험서
**길벗스쿨** | 국어학습서, 수학학습서, 유아학습서, 어학학습서, 어린이교양서, 교과서

**페이스북** · www.facebook.com/gbitbook
**예제소스** · https://github.com/gilbutITbook/080222

# 파이썬
# 스킬 업

SUPERCHARGED
PYTHON

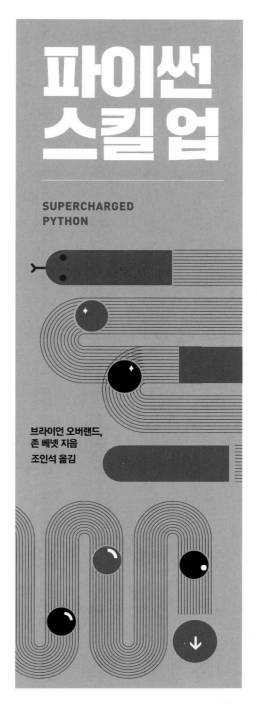

브라이언 오버랜드,
존 베넷 지음
조인석 옮김

길벗

아름답고 멋진 나의 어머니, 베티 P. M. 오버랜드에게…
당신이 있어 온 세상이 아름답습니다. 항상 함께해요.

- 브라이언


나라는 존재를 가장 오랜 시간 동안 빚어 준 나의 부모님께

- 존

## 브라이언 오버랜드(Brian Overland)

20대부터 전문 프로그래머로 일하기 시작했고, 컴퓨터 과학과 영어, 수학 선생님으로도 일했다. 새로운 언어를 배우는 것을 즐기며 게임, 퍼즐, 시뮬레이션이나 수학 문제를 프로그래밍하는 것만큼, 다른 사람에게 새로 배운 언어를 설명하는 능력도 탁월하다. 12권이 넘는 프로그래밍 도서를 집필한 저자이기도 하다.

마이크로소프트에서 10년 동안 소프트웨어 테스터, 프로그래머/저자, 매니저로 근무했으며, 그의 가장 큰 성과는 비주얼 베이직 1.0의 리드 저자이자 전체 문서화 프로젝트 리더로 활동할 때 얻었다. 이 프로젝트는 마이크로소프트 윈도 개발을 하는 사람들에게 길잡이 역할을 하여 세상을 바꾸는 데 이바지했으며, 프로젝트의 성공 비결은 윈도 개발 가이드 문서가 재미있고 쉽다는 것을 보여 주었기 때문이라고 생각한다.

극작가이자 배우이기도 한데 이 경험은 온라인 수업에서 강의할 때 유용하게 쓰였으며, 태평양 북서부 문학 콘테스트에서 소설가로 두 번이나 결승에 진출했지만 여전히 출판사를 찾고 있다.

공동 필자인 존 베넷에게 감사의 말을 전한다. 이 책은 나와 존이 반 년간 긴밀하게 협업하여 나온 결과이며, 존은 모든 내용의 아이디어, 설명, 샘플 코드에 기여했다. 따라서 그의 존재는 책 전체에서 확인할 수 있다. 또한, 이 책의 콘셉트 및 목적과 마케팅을 이끌어 낸 원동력이었던 원고 검토 편집자인 그렉 도엔츠(Greg Doench)에게 감사 인사를 전한다.

이 책은 레이첼 폴(Rachel Paul)과 줄리 나힐(Julie Nahil)을 포함한 편집 팀의 훌륭한 지원을 받았다. 하지만 그중에서도 출판 준비에 있어 탁월한 역량과 협력, 전문성을 보여 준 출판 편집장 베시 하딩거(Betsy Hardinger)에게 감사드린다.

**존 베넷**(John Bennett)

프록시미티 테크놀로지(Proximity Technology), 일렉트로닉 퍼블리싱(Electronic Publishing)과 마이크로소프트의 시니어 소프트웨어 엔지니어다. 최근에는 프로토타이핑 도구로 파이썬을 사용하여 새로운 프로그래밍 언어를 개발했다. 9개의 미국 특허를 보유하고 있으며, 그가 진행한 프로젝트로는 휴대용 철자 검사기와 동아시아 필기 인식 소프트웨어 등이 있다.

이 책에 합류할 수 있게 초대해 준 공동 필자 브라이언 오버랜드에게 감사의 말을 전한다. 그동안 실험적인 코드를 만들면서 참고 문서를 찾고 문제를 해결해 나가기 위해 많은 노력을 했는데, 이를 책에 담아 전달할 수 있게 되었다. 바라건대, 책의 내용이 필자가 마주쳤던 문제를 해결하려는 독자 여러분에게 도움이 되길 바란다.

저는 한국 파이써니스타들의 축제인 파이콘 코리아 2019에 연사로 참여하여 '파이썬의 변수'라는 주제로 발표를 했습니다. 발표 목적은 모두들 쉽다고 생각하는 파이썬이지만, 막상 조금만 더 깊이 파고 들면 의외로 파이썬 변수 특징을 제대로 이해하지 못하고 사용하는 경우가 많기 때문에 이를 확인하고 제대로 된 정보를 전달하고자 함이었습니다. 제 예상대로 파이썬 변수만이 가지는 독특한 유효 범위 메커니즘과 전역 변수를 잘못 인식하여 지역 변수를 만들어 버리는 문제는 청자들에게 꽤 흥미로운 주제였던 것으로 보입니다. 왜냐하면 제 질문에 맞는 답과 반대로 답하는 분들이 많았기 때문입니다.

이 강연을 마치고 출판사에서 번역 제안을 했습니다. 현재 한국 시장에서는 찾기 힘든 파이썬 중급서를 보급하자는 취지에서 〈Supercharged Python〉을 번역해 보자고 하더군요. 중급서이다 보니 원서 내용을 검증까지 할 수 있는 사람을 찾았고, 저에게 그 기회가 왔습니다. 테스트로 전달받은 9장을 번역하면서 저는 흠칫 놀랄 수밖에 없었습니다. 9장의 절반 정도되는 내용이 제가 그날 강연에서 발표한 내용과 같은 주제였고, 심지어는 예시나 풀어 나가는 방식이 제가 발표를 전개한 방식과 무척 흡사했기 때문이었습니다. 아마, 이 책이 먼저 출간되었다면 제가 이 책의 내용을 참고하여 발표하지 않았나 생각이 들 정도였습니다.

이 경험은 저에게 크게 두 가지 의미로 와닿았습니다. 첫째로 파이썬 입문서를 여러 권 집필하면서 놓쳤던 중급 수준의 지식을 제가 이미 이해하고 있는지 확인하고 싶었고, 둘째로 이를 통해 그동안 다루어 보지 못한 주제들을 익혀서 파이썬 고수로 성장하는 디딤돌이 될 수도 있겠다는 점이었죠. 저는 흔쾌히 번역 작업을 수락했고, 1년 동안의 작업을 거쳐 이 책은 여러분 곁으로 갈 수 있게 되었습니다.

이 책은 파이썬 입문 과정을 마친 분들에게 매우 훌륭한 책이 될 것입니다. 그 이유를 몇 가지 간추려 보면 다음과 같습니다.

- 대부분 입문서에서 다루는 내용보다 더 많은 내용이 첫 번째 장에 모두 포함됩니다. 입문 과정에서 습득한 지식을 정리하기 좋습니다.
- 전반부에는 파이썬을 배우면서 알지 못했던 고급 기능들을 습득할 수 있는 기회를 제공합니다. 특히 입문서에서 볼 수 없는 이터레이터, 제너레이터, 데코레이터 등의 주제를 무척 쉽게 풀어쓰고 있습니다.

- 정규표현식을 2개 장에 걸쳐 깊이 학습합니다. 정규표현식이 익숙하지 않은 분들은 유연하게 텍스트를 검색할 수 있는 최고의 무기를 장착할 수 있습니다.
- 주요 매직 메서드를 학습합니다. 파이썬 내부 동작 원리를 객체 지향 원리 기반으로 이해할 수 있습니다.
- 자연스럽게 넘파이, 판다스와 같은 데이터 분석 라이브러리를 활용한 데이터 분석 실무 프로젝트를 경험할 수 있습니다. 특히 인터넷 공개 데이터를 직접 읽어 와서 통계를 내고 그래프를 그리는 시각화를 깊이 있게 경험할 수 있습니다.

책을 번역하면서 한국 엔지니어에게는 다소 생소할 수 있는 짓궂은 농담이나 인용구들은 최소화하거나 제거했으며, 가급적 필자의 어투를 해치지 않는 선에서 자연스럽게 읽힐 수 있도록 노력했습니다. 또한, IDLE 기반으로 작성되어 있던 소스 코드들을 모두 주피터 노트북으로 옮기고 철저하게 검증했습니다. 이 과정에서 원서에 있던 오타나 누락된 코드도 여러 군데 보완하게 되었습니다. 이 과정에 도움을 많이 주신 안윤경 차장님을 비롯한 출판사 관계자분들께 감사 인사를 드립니다.

마지막으로 가족에게 감사의 말을 전합니다. 아이 셋과 예쁜 정원을 가꾸면서도 제가 번역하는 시간을 만들어 주기 위해 애쓴 아내 지희에게 고마움과 사랑을 전합니다. 바쁠 때마다 도와주신 양가 어머님의 지원도 큰 힘이 되었습니다. 어머님, 장모님, 감사드립니다. 번역 작업을 하느라 아이들과 많이 놀아 주지 못했습니다. 항상 의젓하면서 사려 깊은 첫째 안나, 씩씩한 태권 소년 둘째 신후, 그리고 갓 태어난 귀염둥이 막내 우진이, 모두 사랑합니다.

이 책을 통해 파이썬 입문 과정을 깔끔하게 마무리하면서 고수로 발돋움하는 데 많은 도움이 되기를 진심으로 바랍니다. 저는 이 책의 내용을 토대로 재미있는 파이썬 주제로 여러분께 다시 찾아뵙겠습니다. 제가 운영하는 유튜브 채널인 파이썬 멘토 채널(http://youtube.com/ChoChris)에서 관련 내용을 확인하실 수 있습니다.

그럼 독자 여러분의 행운을 빕니다.

2021년 4월, 광교산 산자락에서

조인석

파이썬 입문자를 위한 도서가 매우 많이 출간되고 있다. 모든 개발자와 심지어는 그들의 반려견마저도 파이썬을 배우고 싶어 하는 것처럼 보인다. 이런 시류에 맞추어 파이썬을 배웠는데, 스스로를 '전문가'라고 부르기에는 충분하지 못하다면 무엇을 해야 할까? 어떻게 하면 직업을 구하거나 주요 애플리케이션을 작성하는 데 충분한 지식을 배울 수 있을까?

바로 이것이 이 책이 필요한 이유다. 이 책은 여러분의 두 번째 책이 될 수 있으며, 마지막 책이 될 수도 있을 것이다.


## 무엇이 파이썬을 특별하게 만드는가?

많은 사람이 파이썬은 C++보다 더 쉬워 보이기 때문에 매력적이라고들 한다. (적어도 초기에는) 그렇게 느낄 수도 있지만, 소위 쉬운 언어라고 불리는 밑바탕에는 이 강력한 도구가 여러분이 하고자 하는 작업 대부분을 수행해 주는 '패키지'라고 불리는 수많은 지름길과 소프트웨어 라이브러리들을 제공한다는 사실이 깔려 있다. 이런 능력은 아름다운 그래프를 그리거나 대량의 데이터를 주무르는 정말 인상적인 소프트웨어를 만들게 해 준다.

파이썬 개발자 대부분은 모든 지름길과 고급 기능들을 배우기 위해서 수년 동안 학습해야 한다. 이 책은 당장 이런 기능들을 배우고, 빠른 시일 안에 파이썬 전문가에 가까워지고 싶은 여러분을 위해 집필했다.


## 학습 방법: 어디서부터 시작할까?

이 책은 다양한 사람들을 위한 여러 학습 방법을 제공한다.

- **기본기가 탄탄하지 않은 개발자**: 파이썬을 익혔지만, 기본기가 약하다고 판단된다면 1장부터 살펴보기 바란다. 그렇지 않으면 1장은 그냥 넘어가거나 가볍게 읽어 보기 바란다.
- **기본은 알지만, 여전히 배울 것이 많은 개발자**: 문자열과 리스트의 기능들을 소개하는 2장과 3장부터 시작해 보자. 이 장들은 파이썬을 처음 배울 때 놓치기 쉬운 데이터 구조의 고급 기능들을 포함하고 있다.

- **파이썬을 잘 이해하고 있지만, 아직 모든 것을 알지 못하는 개발자:** 개발자 대부분이 익히는 데 오랜 시간이 걸리는 파이썬의 22가지 프로그래밍 지름길을 나열한 4장부터 시작하자.
- **고급 기능을 숙달하고 싶은 개발자:** 특정 영역에서 시작할 수 있다. 예를 들어 5~7장은 텍스트 포매팅과 정규표현식을 다루고 있다. 정규표현식 문법을 다루고 있는 6~7장은 기본부터 시작하지만, 패턴-일치(pattern-matching) 기술의 세밀한 부분까지 다룬다. 다른 장들은 다양한 특정 영역을 다룬다. 가령 8장은 텍스트와 바이너리 파일을 다루는 다른 방법을 다루고 있다.
- **고급 수학 및 플로팅**(flotting) **소프트웨어를 학습하고 싶은 개발자:** 플로팅으로 그래프를 표현하고 싶거나, 과학 애플리케이션을 만들고 싶다면 numpy 패키지를 다루고 있는 12장에서부터 시작하자. 12장은 13장부터 15장까지 다루고 있는 고급 수준 기능들의 기본 지식을 제공한다.

## 명확한 설명과 예시가 전부다

이 책은 고급 기술을 다루더라도 명확한 설명과 예시, 더 명확한 설명과 더 많은 예시에 중점을 둔다. 특히 코드가 어떻게 동작하는지 직접 IDLE에 입력하여 확인하는 방식(interactive)으로 이 책을 학습하기 바란다.[1] 굵은 글씨로 표현한 줄은 여러분이 입력해야 하거나 기존 코드에 추가/수정된 부분이다.

```
>>> print('Hello', 'my', 'world!')
Hello my world!
```

이 책의 여러 애플리케이션은 사용자가 다양한 선택을 할 수 있는 Deck 객체, 전체 기능을 제공하는 'RPN' 언어 해석기, 여러 주식 시세를 표현한 주식-시장 프로그램을 포함한 고급 소프트웨어의 조각들이다. 이런 애플리케이션들을 만들기 위해 처음에는 간단한 예시로 프로그래밍을 시작

---

1   역주 번역본은 모든 코드를 주피터 노트북에서 실습했으며, 해당 실습 파일을 제공한다.

하지만, 최종적으로는 모든 조각을 모은 버전을 본문에서 확인할 수 있다. 이런 전개 방식은 아키텍처를 전혀 고려하지 않고, 무분별한 순서로 수많은 함수를 보여 주는 다른 도서들과는 다르다. 이 책에서 아키텍처는 책의 전부라고 해도 과언이 아니다.

## 무엇을 배우는가?

이 책에는 다른 입문서에서 볼 수 없는 주제들이 무척 많다. 일부만 살펴보자.

- 리스트, 세트와 딕셔너리 함축
- 정규표현식과 고급 포매팅 기술. 구문 분석에서 사용하는 방법
- **패키지**: 파이썬의 고급 숫자와 플로팅 소프트웨어의 사용법. 또한, Decimal과 Fraction 같은 특별한 타입
- 파이썬의 바이너리 파일 연산자와 텍스트 연산자를 사용하는 모든 방법을 마스터
- 파이썬에서 '잘못된 방법'을 피하면서 다중 모듈을 사용하는 방법
- 객체 지향 프로그래밍의 좋은 점, 특히 모든 '매직 메서드'의 별난 점, 특별한 기능과 사용법

## 즐겨라

이 책의 일부 혹은 모든 기술을 마스터하면 여러분은 기쁜 마음으로 다음 사실을 발견하게 될 것이다. 파이썬은 상대적으로 적은 양의 코드를 작성할 수 있게 해 준다. 그렇기 때문에 매일 파이썬의 인기는 급격하게 상승하고 있다. 파이썬은 단순히 시간을 절약해 주는 장치가 아니라, 이 방식으로 프로그램을 만드는 즐거움을 주기 때문이다. 짧은 코드로 많은 작업을 할 수 있다는 뜻이다.

꼭 이 즐거움을 발견하기 바란다!

## 예제 파일 내려받기

책에서 사용하는 예제 파일은 길벗출판사 웹 사이트에서 도서 이름으로 검색하여 내려받거나 깃허브에서 내려받을 수 있다.

- **길벗출판사 웹 사이트**: http://www.gilbut.co.kr
- **길벗출판사 깃허브**: https://github.com/gilbutITbook/080222

## 예제 파일 구조 및 환경 설정 방법

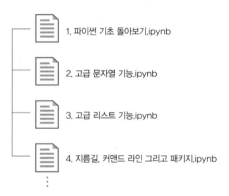

1. 파이썬 기초 돌아보기.ipynb

2. 고급 문자열 기능.ipynb

3. 고급 리스트 기능.ipynb

4. 지름길, 커맨드 라인 그리고 패키지.ipynb

- 책의 모든 예제 코드는 파이썬 3.8 버전에서 테스트했다.
- 실습을 위해 설치해야 할 라이브러리가 있다. 본문을 참고한다.
- 장별 주피터 노트북 파일로 구성되어 있다.

파이썬을 사용하면서 키워드는 알고 있지만 설명하기 어려웠던 얕은 복사, 깊은 복사, 람다, 데코레이터, 제너레이터 등 개념을 자세하게 알려 줍니다. 또한, 파이썬을 실무에 쓰면서 필요한 내용인 로그, 정규표현식, 넘파이 등을 설명하며, 마지막에는 간단한 주식 차트 만들기 등 다양한 내용을 학습할 수 있는 책입니다. 책 제목처럼 저에게는 파이썬을 사용하면서도 모르고 지나갔던 개념들을 다시 한 번 잡아 주는 책이었고, 파이썬 스킬들을 업그레이드해 주는 책이라고 느꼈습니다. 제가 이 책을 읽으면서 누군가에게 알려 줄 수 있을 정도로 스킬 업하지 않았나라는 생각이 듭니다. 파이썬을 제대로 배우고 싶은 분들에게 이 책을 추천드리며, 파이써닉한 파이썬 개발자가 되는 데 도움이 될 것입니다.

- **실습 환경** Python 3.91, Windows

**고요한_SOC소프트**

파이썬의 동작 원리를 체계적으로 알려 주는 책입니다. 학생, 개발자, 데이터 전문가 등 파이썬을 이미 사용하고 있으면서도, 파이썬의 내부 동작 구조를 깊이 이해하고 싶은 모든 사람이 읽기에 적합합니다. 각 장에서 주제별로 기초 문법부터 시작하여 조금씩 깊이 들어가며 추가적으로 설명을 풀어 가는 방식으로, 파이썬의 강력함을 체험해 보기에는 부족함이 없는 책입니다. 파이썬을 파이써닉하게 써 보고 싶은 모든 분께 추천하고 싶습니다.

- **실습 환경** Python 3.8, Windows 10 64bit, Sublime Text, Pycharm

**이요셉_지나가던 IT인**

어려운 용어 없이 술술 잘 읽힙니다. 역자와 출판사가 독자를 얼마나 배려했는지 알 수 있는 부분입니다. 과장을 보태자면 중고생들을 위한 수업 교재로 사용해도 될 구성인 것 같습니다. 그렇다고 해서 쉬운 내용만 있는 것은 아니며, 각 데이터 타입의 내장 함수들에 대한 사용법과 예시를 잘 제시해 주면서 사용상 유의할 점에 대해서도 잘 설명하고 있습니다. 파이썬 튜토리얼과 더불어 함께 읽을 때 유용할 듯합니다. 정규표현식에 대한 부분은 많은 분량을 할애하여 다양한 예제와 여러 가지 방법으로 설명하고 있습니다. 앞부분은 평이할지 모르지만, 책 후반부로 갈수록 다른 도서에서는 볼 수 없던 스킬 업할 수 있는 다양한 내용들을 다루고 있습니다.

**최광일_독립개발자/시스템엔지니어**

인터넷의 정보를 가져와 데이터 프레임에 적재할 때 파이썬에서 제공해 주는 기능은 그야말로 막강합니다. 파이썬의 내장 객체인 리스트, 문자열, 딕셔너리와 세트 또한 무척 강력하면서도 많은 기능들을 제공해 줍니다. 사용자의 가장 큰 과제는 수많은 옵션을 학습하는 것입니다. 그런 점에서 이 책이 그 기능들을 빠르게 학습할 수 있도록 도와줄 훌륭한 지침서가 될 것입니다.

**허헌_리걸테크**

기초부터 응용까지 다양한 파이썬 책을 읽어 보면서 궁금한 점이 많이 있었습니다. 이 책에서 그런 궁금증을 충분히 풀어 주었습니다. 너무 많은 내용을 담고 있다 보니 처음 파이썬을 접하는 분들에게는 약간 어려울 수 있습니다. 하지만 기본적인 파이썬에 대해 알고 있는 분들에게는 한두 단계 업그레이드할 수 있는 기회가 될 것입니다.

**임재봉_SW 엔지니어**

기초적인 내용이 잘 정리되어 있어 파이썬을 제대로 이해하기에 유용할 것으로 생각됩니다. 내용을 자세히 설명하고, 다양한 예제를 다루어 개념적인 부분에 대해 잘 이해할 수 있습니다. 또한, 책의 내용이 친절하고 상세하며 개념을 이해하기 위한 간단한 예제로 구성되어 있습니다. 함수, 클래스, 조건문 등 기본적인 부분부터 좀 더 고급 기술까지 빠짐없이 설명하고 있으므로 읽고 한 번씩 따라해 보시길 추천합니다.

**조대환_유위즈**

# 1장   파이썬 기초 돌아보기 ····· 31

## 5장 정밀하게 텍스트 포매팅하기 ····· 201

## 6장   정규표현식, 파트 I ····· 243

## 9장 클래스와 매직 메서드 ····· 359

## 12장  넘파이 패키지 ····· 473

# 1<sup>장</sup>

# 파이썬 기초
# 돌아보기

파이썬 세계로 아름다운 여행을 시작해 보자. 파이썬은 사용하기 쉽고, 제품을 빠르게 만들 수 있다는 것을 들어 보았는가? 사실이다. 이 책을 학습하다 보면 파이썬이 재미있다는 것도 알게 될 것이다. 또한, 파이썬은 복잡한 설치 과정이나 선언문에 대해 걱정할 필요가 없을 만큼 프로그래밍을 시작하기 쉽다.

이 책의 독자는 파이썬 기초를 알고 있다고 가정했지만, 이 장은 여러분에게 흥미롭고 새로운 여행의 시발점이 될 것이라고 생각한다. 파이썬은 https://python.org에서 내려받을 수 있다.

> Note ≡ 파이썬의 모든 기본 개념에 익숙하다면 이 장은 넘어가도 된다. 하지만 global 문이 익숙하지 않다면 이 장 끝부분을 살펴보자. 이 키워드를 제대로 이해하지 못하는 개발자가 많다.

# 1.1 파이썬 빠르게 시작하기

파이썬 IDLE(Interactive Development Environment)를 열어 보자. 프롬프트에서 실행할 문장과 파이썬에서 검증하고 값을 출력하기 위한 표현식을 입력할 수 있다.

다음 코드의 굵은 글씨를 입력해 보자. 굵은 글씨가 아닌 문자는 개발 환경에서 출력되는 텍스트다.

```
>>> a = 10
>>> b = 20
>>> c = 30
>>> a + b + c
60
```

이 '프로그램'은 10, 20, 30을 3개의 변수에 대입하고 모두 더했다. 여기까지는 좋지만, 놀랍지는 않다.

처음 파이썬을 배운다면 변수가 메모리상의 저장 위치라고 생각할 수 있지만, 자세하게 말하자면 그렇지 않다.

정확하게 말하면 파이썬은 값 10, 20, 30을 부르기 위한 이름으로 a, b, c를 만든다. 이 방식에 의해서 파이썬 이름은 우리가 일반적인 상식으로 사용하는 '이름'과 같아진다. 이 이름들은 심벌 (symbol) 테이블에서 찾을 수 있다. 따라서 메모리에 정해진 장소라는 표현은 정확하지 않다! 지금은 이 차이가 별로 중요하지 않지만, 나중에 함수와 전역(global) 변수를 다룰 때가 되면 중요해진다. a, b, c를 이름으로 만들었다는 것은 대입(assignments)이 수행되었다는 것을 의미한다.

어떤 경우라도 변수가 생성되면 새로운 값을 대입할 수 있다. 다음 예제를 살펴보면 마법 상자에 저장된 값이 증가하고 있다(심지어 실제로 값이 증가하는 것도 아니다).

```
>>> n = 5
>>> n = n + 1
>>> n = n + 1
>>>
7
```

이 코드는 n에 1을 더해서 다시 대입(reassigning)하고 있다. 매번 기존에 할당된 값이 사라지며, n은 새로운 값을 갖게 된다.

대입을 하면 변수가 생성되며, 아직 생성되지 않은 변수는 사용할 수 없다. IDLE에서 다음 코드를 실행하면 에러가 발생한다.

```
>>> a = 5
>>> b = a + x          # 에러!
```

x에 아직 값이 대입되지 않았기 때문에 파이썬에서 에러를 발생시키는 것이다. 해결책은 대입 연산자(=)의 우측에서 x를 사용하기 전에 미리 값을 대입하는 것이다.

다음 예제에서는 더 이상 에러가 발생하지 않는다. 두 번째 줄에서 x에 값을 대입했기 때문이다.

```
>>> a = 5
>>> x = 2.5
>>> b = a + x
>>> b
7.5
```

**파이썬에는 데이터 선언문이 존재하지 않는다.** 변수를 생성하는 다른 방법(함수 인수나 for 루프)도 있지만, 대부분 대입 연산자 왼쪽에 변수를 적고 오른쪽에 값을 적는다.[1]

---

1  **역주** 대입 연산자(=)는 우측에 위치한 값을 좌측 변수에 대입한다(**예** a = 5).

파이썬 프로그램은 스크립트로 실행할 수도 있다. IDLE에서 다음과 같이 해 보자.

- Files > New File을 선택한다.

- 프로그램 텍스트를 입력한다. 예를 들어 다음 코드를 입력해 보자.

```
side1 = 5
side2 = 12
hyp = (side1 * side1 + side2 * side2) ** 0.5
print(hyp)
```

이제 **Run** > **Run Module**을 선택한다. 파일을 저장하기 위한 창이 뜨면 **OK**를 누르고 프로그램 이름으로 'hyp.py'를 입력한다. 그러면 프로그램은 실행되고 주 IDLE 창(혹은 '셸')에 결과를 출력한다.

물론 이 프로그램을 IDLE 환경에서 직접 입력할 수도 있다. 다음과 같이 한 번에 한 문장씩 입력하면 된다.

```
>>> side1 = 5
>>> side2 = 12
>>> hyp = (side1 * side1 + side2 * side2) ** 0.5
>>> hyp
13.0
```

코드를 살펴보자. 일단 값 5와 12는 side1과 side2에 대입했다. 그러고 나서 두 값의 제곱을 더한 값의 제곱근(** 0.5)으로 직각삼각형의 빗변을 계산한다. 0.5를 거듭제곱하는 것은 제곱근을 구하는 것과 같다.

이 프로그램은 13.0을 출력하는데, 만약 사용자가 입력한 임의의 두 값으로 빗변을 계산할 수 있다면 더 좋을 것이다. 이는 input 문을 활용하면 되는데, 1.6절에서 알아보겠다.

더 나아가기 전에 파이썬 주석을 짚고 넘어가자. 주석은 파이썬에서 자동으로 코드가 아니라고 인식하는 일반 텍스트다. 프로그램을 작성한 프로그래머에게 유용한 정보를 전달하거나 다른 프로그래머에게 프로그램을 관리하기 위해 필요한 정보를 전달하는 데 사용된다.

해시태그(#)로 시작하는 코드는 끝부분까지 모두 주석이다. 파이썬에서 코드로 인식되지는 않지만, 코드를 읽는 데 도움을 줄 수도 있다.

다음 코드에서 주석을 확인해 보자.

```
side1 = 5          # 한쪽 변 초기화
side2 = 12         # 다른 쪽 변 초기화
```

```
hyp = (side1 * side1 + side2 * side2) ** 0.5
print(hyp)              # 빗변 계산 결과 출력
```

## 1.2 / 변수와 이름 짓기

SUPERCHARGED PYTHON

파이썬에서는 변수 이름을 비교적 자유롭게 선택할 수 있지만, 기본 규칙은 준수해야 한다.

- 첫 문자는 문자나 언더스코어(_)이어야 하지만 나머지 부분은 언더스코어, 글자 혹은 숫자의 어떤 조합이더라도 상관없다.

- 반면 언더스코어로 시작하는 이름은 클래스 내부용이라는 뜻이며, \_\_init\_\_이나 \_\_add\_\_ 와 같이 언더스코어 2개로 시작하는 이름은 더욱 특별한 의미를 갖는다. 그러므로 언더스코어 2개로 시작하는 이름은 피한다.

- if, else, elif, and, or, not, class, while, break, continue, yield, import, def와 같이 이미 파이썬 문법에서 사용하는 키워드는 피한다.

- 또한, 문자를 사용하더라도(이름은 대·소문자를 구별한다(case-sensitive)) 단어의 시작이 대문자(initial-all-capped[2])인 것은 일반적으로 클래스 이름과 같이 특별한 경우에 사용된다. 파이썬 커뮤니티에 보편적으로 알려진 방식은 변수 이름 대부분을 모두 소문자(all-lowercase)로 작성하는 것이다.

이런 규칙 내에서도 여전히 자유롭게 이름을 정할 수 있다. 가령 a, b, c와 같이 이름을 사용하는 것이 지겹다면 대신 i, thou, a_jug_of_wine 등을 재미로 사용할 수 있다.[3]

```
i = 10
thou = 20
a_jug_of_wine = 30
loaf_of_bread = 40
inspiration = i + thou + a_jug_of_wine + loaf_of_bread
print(inspiration, 'percent good')
```

---

2  역주 낙타 표기법이며, 모두 소문자로 표현하되 시작하는 단어만 대문자로 표기하는 것을 말한다(예 MyClassName).

3  역주 저자는 페르시안 시인 오마르 카얌(Omar Khayyam)의 인용문에 등장하는 단어들을 재미로 나열하고 있다.

코드의 실행 결과는 다음과 같다.

```
100 percent good
```

<br>

## 1.3 대입 연산자 조합

앞 절에서 설명했듯이, 다음 코드는 문제없이 동작한다.

```
n = 10        # n은 10의 이름이다.
n = n + 1     # n은 11의 이름이다.
n = n + 1     # n은 12의 이름이다.
```

n = n + 1과 같은 문장은 매우 일반적으로 사용되며, 파이썬 역시 C나 C++에서처럼 다음과 같이 간소화한 표현식을 제공한다. 파이썬에서는 변수 값을 대입할 때 여러 연산자와 조합한 다양한 대입 연산자(assignment ops)를 제공하는데, 이를 사용하면 된다.

```
n = 0         # n은 반드시 값을 변경하기 전에 초기화한다.
n += 1        # n = n + 1과 동일하다.
n += 10       # n = n + 10과 동일하다.
n *= 2        # n = n * 2와 동일하다.
n -= 1        # n = n - 1과 동일하다.
n /= 3        # n = n / 3과 동일하다.
```

이 코드에서 n은 값 0부터 시작한다. 그리고 나서 n에 1을 더하고 10을 더한 후 2를 곱해서 22를 만들고, 그 값에서 1을 빼서 21을 만든다. 최종적으로 3을 나누어서 7.0이 최종 값이 된다.

# 1.4 파이썬 산술 연산자 요약

표 1-1은 파이썬 산술 연산자를 우선순위와 조합 대입 연산자와 함께 요약해 정리한 것이다.

▼ 표 1-1 산술 연산자 요약

| 문법 | 설명 | 조합 대입 연산자 | 우선순위(precedence) |
|------|------|------------------|---------------------|
| a ** b | 거듭제곱 | **= | 1 |
| a * b | 곱셈 | *= | 2 |
| a / b | 나눗셈 | /= | 2 |
| a // b | 정수 나눗셈 | //= | 2 |
| a % b | 나머지 나눗셈 | %= | 2 |
| a + b | 덧셈 | += | 3 |
| a - b | 뺄셈 | -= | 3 |

표 1-1은 거듭제곱 우선순위가 가장 높고, 그다음은 곱셈, 나눗셈, 나머지 연산자 우선순위가 높으며, 마지막으로 덧셈과 뺄셈 우선순위가 가장 낮다는 것을 보여 준다.

표에서 보여 주는 우선순위에 상관없이 직접 우선순위를 부여하고 싶다면 다음과 같이 괄호 기호를 사용하면 된다.[4]

```
hypot = (a * a + b * b) ** 0.5
```

이 문장은 a 제곱과 b 제곱을 더한 값의 제곱근을 구한다.

---

4 역주 표 1-1 우선순위를 따른다고 하더라도, 괄호 기호로 연산 순서를 명시적으로 표기하는 것이 좋은 프로그래밍 습관이다.

# 1.5 기초 데이터 타입: 정수와 부동소수점

파이썬은 데이터 타입 선언을 하지 않기 때문에 변수 타입은 대입되는 데이터 객체의 타입을 그대로 따라간다.

가령 다음 예에서 변수 x는 정수(int) 타입의 숫자 5를 가지고 있다. 변수는 소수점이 없는 숫자인 정수(integer) 타입이 된다.

```
x = 5                # x는 정수다.
```

하지만 다음과 같이 x에 부동소수점이 있는 숫자를 대입하면 변수 타입은 실수로 변경된다.

```
x = 7.3              # x는 실수다.
```

다른 프로그래밍 언어와 같이 숫자 다음에 소수점을 넣으면 그 소수점이 0이라고 하더라도 부동소수점 타입이 된다.

```
x = 5.0
```

파이썬 정수는 '무한 정수'다. 이는 파이썬이 시스템의 물리적인 메모리 사이즈 제약을 넘지 않는다면 어떤 크기의 정수라도 사용할 수 있다는 의미다. 가령 10의 100 제곱수도 저장할 수 있으며, 다음과 같이 코드를 작성할 수도 있다.

```
google = 10 ** 100     # 10의 100 제곱수 계산
```

정수는 수량을 정밀하게 저장한다. 부동소수점 값과 달리 반올림 오류가 없다.

하지만 시스템 용량은 결국 한계가 있다. 10100과 같이 큰 숫자는 파이썬에서 다루기에 너무 크다.

> **version** ≣ 파이썬의 정수와 부동소수점의 나눗셈(/)은 파이썬 버전에 따라 다르게 동작한다.

파이썬 3.0의 나눗셈 규칙은 다음과 같다.

- 두 숫자의 나눗셈은 정수와 부동소수점에 상관없이 항상 부동소수점 결과를 반환한다.

```
4 / 2        # 결과는 2.0
7 / 4        # 결과는 1.75
```

- 숫자를 나누고 정수(몫) 결과만 얻고 싶다면, 정수 나눗셈(//)을 사용한다. 부동소수점에서도 사용할 수 있다.

```
4 // 2        # 결과는 2
7 // 4        # 결과는 1
23 // 5       # 결과는 4
8.0 // 2.5    # 결과는 3.0
```

- 나머지 나눗셈(%)으로 나머지를 구할 수 있다.

```
23 % 5        # 결과는 3
```

나머지 나눗셈을 수행하면 몫이 버려진다는 것을 기억하자. 결과는 나눈 후 나머지 값만 표시한다. 23을 5로 나누면 몫이 4이지만, 나머지 결과는 3이다.

파이썬 2.0에서는 다음과 같이 동작한다.

- 두 정수 사이의 나눗셈은 자동으로 정수 나눗셈이 수행되며, 나머지는 버려진다.

```
7 / 2        # 결과는 3(파이썬 2.0)
```

- 부동소수점 결과를 원한다면 피연산자 중 하나를 부동소수점으로 바꾸면 된다.

```
7 / 2.0      # 결과는 3.5
7 / float(2) # 결과는 3.5
```

- 나머지를 구하기 위해서는 항상 나머지 나눗셈을 사용할 수 있다는 것을 기억하자.

파이썬에서는 몫과 나머지를 함께 담은 튜플을 반환하는 divmod 함수도 제공한다.

```
quot, rem = divmod(23, 10)
```

이 경우 코드가 실행되면 2와 3이 몫과 나머지로 반환된다. 이 결과는 23이 10으로 두 번 나뉘고 나머지가 3이 된다는 것을 의미한다.

# 1.6 기본 입력과 출력

1.1절에서 사용자에게 값을 입력받는 방법을 알아보겠다고 약속했다. 이제 그 방법을 알아보자.

파이썬의 input 함수를 사용하면 사용자가 직접 입력한 값을 쉽게 사용할 수 있는데, 필요에 따라 프롬프트에 텍스트를 출력할 수도 있다. 사용자가 입력한 텍스트는 문자열로 반환된다.

> **Version** ≡ 파이썬 2.0의 input 문은 다르게 동작하는데, 입력한 문자열이 파이썬 문장인지 확인하는 작업을 수행한다. 파이썬 3.0의 input 문과 동일한 결과를 얻고 싶다면 파이썬 2.0의 raw_input 함수를 사용하면 된다.

input 함수를 사용할 때 인수로 문자열을 입력하면 문자열이 프롬프트에 출력되며, 사용자가 입력한 문자열이 반환된다. 입력한 문자열은 사용자가 Enter를 누르는 순간 반환되지만, 개행 문자(줄 넘기기)는 반환되지 않는다.

```
input(프롬프트_출력용_문자열)
```

반환된 문자열을 숫자로 저장하고 싶다면 정수(int) 혹은 부동소수점(float) 포맷으로 변환해야 한다. 가령 정수를 얻고 싶다면 다음 예를 참고하자.

```
n = int(input('정수 숫자를 입력하라: '))
```

혹은 부동소수점을 얻고 싶다면 다음과 같이 코드를 작성하면 된다.

```
x = float(input('부동소수점 숫자를 입력하라: '))
```

프롬프트는 보통 빈칸 없이 출력되니, 사용자가 동적으로 입력하는 값과 구분을 쉽게 하기 위해 직접 빈칸을 입력하는 것이 좋다.

그렇다면 int와 float 변환은 왜 필요할까? 앞서 이야기했듯이 숫자를 결과로 얻고 싶다면 타입 변환을 해야 하기 때문이다. 반드시 기억하자. input 함수로 어떤 숫자 값을 받더라도 그 값은 '5'와 같은 문자열이다. 문자열로도 충분한 경우가 많지만, 타입 변환을 하지 않고서는 산술 연산을 할 수 없다.

파이썬 3.0 역시 가장 단순한 형태로 print 함수를 제공한다. 이 함수는 여러 인수를 순서대로 출력하며, 인수 사이는 빈칸으로 구분한다.

```
print(인수)
```

파이썬 2.0에서는 똑같이 동작하지만 소괄호(())가 없는 print 문을 제공한다. print 함수에는 인수 이름과 함께 사용해야 하는 특별한 인수들이 있다.[5]

- **sep=문자열**: 문자열 구분자를 기본 설정인 '빈칸'에서 다른 문자로 설정한다. sep=''와 같이 설정하면 구분자가 없는 것으로 설정된다.[6]
- **end=문자열**: 마지막 인수를 출력한 후 맨 마지막에 출력할 문자열을 설정한다. 기본 설정은 개행 문자다. 줄 넘김을 하고 싶지 않다면 end=' '와 같이 빈 문자를 입력하거나 문장 끝에 붙일 다른 문자열을 입력하면 된다.

우리는 input이나 print와 같은 기본 함수를 사용하여 완전한 프로그램을 만드는 파이썬 스크립트를 작성할 수 있다. 가령 다음 코드를 텍스트 파일에 저장해서 스크립트로 실행하면 된다.

```
side1 = float(input('한 변의 길이를 입력하라: '))
side2 = float(input('다른 한 변의 길이를 입력하라: '))
hyp = ((side1 * side1) + (side2 * side2)) ** 0.5
print('빗변의 길이는 다음과 같다 :', hyp)
```

# 1.7 / 함수 정의

파이썬의 상호 작용(interactive) 개발 환경(파이썬 셸 혹은 IDLE)에서는 다음 main 함수처럼 함수를 정의하면 프로그램을 더 쉽게 작성할 수 있다. 함수를 정의한 후 그 함수를 호출하자. 파이썬에서 함수를 정의하려면 def 키워드를 사용해야 한다.

---

5  **역주** 인수 이름과 함께 사용해야 하는 인수를 '명명 인수(named argument)' 혹은 '키워드 인수(keyword argument)'라고 부른다. 이름 없이 인수 위치로 인식되는 '위치 인수(positional argument)'와 구분된다.

6  **역주** 문자열 구분자가 없으면 인수들이 빈칸 없이 붙어서 출력된다.

```
def main():
    side1 = float(input('한 변의 길이를 입력하라: '))
    side2 = float(input('다른 한 변의 길이를 입력하라: '))
    hyp = (side1 * side1 + side2 * side2) ** 0.5
    print('빗변의 길이는 다음과 같다: ', hyp)
```

다음과 같이 첫 줄에 def 키워드, 소괄호 한 쌍(()), 그리고 콜론 기호(:)를 반드시 입력해야 한다는 것을 기억하자.

```
def main():
```

IDLE 안에서 이 코드를 정확하게 입력하면 다음 줄에 자동으로 들여쓰기(indentation)가 적용될 것이다. 파이썬에서는 이 들여쓰기를 잘 적용해야 한다. 스크립트의 한 부분이 함수라면 반드시 들여쓰기 방법을 선택해야 하며, 이 들여쓰기 방법을 일관성 있게 유지해야만 한다. 필자는 4칸 들여쓰기를 추천한다.

> Note ≡ 탭과 빈칸이 섞인 문자는 문제없어 보여도 에러를 유발할 수 있다. 그러니 탭을 조심하자!

파이썬이 문장 블록의 시작과 끝을 들여쓰기로 판단하는 이유는 '시작 블록'과 '종료 블록' 문법이 없기 때문이다. 중요한 규칙은 다음과 같다.

 같은 깊이로 들여쓰기가 된 모든 문장은 하나의 코드 블록으로 간주한다.

가령 다음 블록은 틀린 코드이며, 수정해야 한다.

```
def main():
        side1 = float(input('한 변의 길이를 입력하라: '))
      side2 = float(input('다른 한 변의 길이를 입력하라: '))
    hyp = (side1 * side1 + side2 * side2) ** 0.5
    print('빗변의 길이는 다음과 같다: ', hyp)
```

블록문 안에 있는 내부 블록이라면 각 블록의 들여쓰기 깊이는 반드시 일정해야 한다. 예를 들어 보자.

```
def main():
    age = int(input('나이를 입력하라: '))
    name = input('이름을 입력하라: ')
```

```
    if age < 30:
        print('안녕하세요', name)
        print('30세이하군요.')
        print('정말 어리네요.')
```

함수 정의문 안의 첫 세 문장은 들여쓰기 깊이가 같다. 그리고 마지막 3줄은 한 단계 더 깊다. 각 블록문의 들여쓰기 깊이는 일정하다는 것을 알 수 있다.

아직 if 문을 살펴보지 않았지만(곧 살펴볼 것이다), 들여쓰기 깊이만 보아도 다음 예제의 제어 흐름이 앞서 살펴본 예제와는 다르다는 것을 알 수 있다.

```
def main():
    age = int(input('나이를 입력하라: '))
    name = input('이름을 입력하라: ')
    if age < 30:
        print('안녕하세요', name)
    print('30세이하군요.')
    print('정말 어리네요.')
```

다른 점이 보이는가? 이 버전 함수의 마지막 2줄 코드는 나이가 30보다 작은 것과는 상관없이 실행된다. 왜냐하면 파이썬은 들여쓰기로 제어 흐름을 결정하기 때문이다.

마지막 2줄이 반드시 나이가 30보다 작을 때 실행되어야 한다면 이 버전은 버그를 품고 있다고 할 수 있다. 버그를 수정하려면 첫 print 문과 동일한 들여쓰기가 되어야 할 것이다.

함수를 정의하고 나면 함수 이름과 소괄호(( ))를 사용하여 해당 함수를 호출(실행)할 수 있다(소괄호를 누락하면 성공적으로 함수를 실행할 수 없다!).[7]

```
main()
```

정리해 보자. 함수를 정의한다는 것은 스스로 동작하는 작은 프로그램을 만드는 것을 의미한다. 이런 함수를 정의하기 위해 def 문을 입력하고 끝날 때까지 코드 줄을 입력한 후 마지막에 빈 줄을 입력한다. 그리고 나면 함수 이름과 소괄호를 사용하여 해당 함수를 실행할 수 있다. 함수가 한 번 정의되고 나면 실행 횟수에 제약 없이 얼마든지 실행할 수 있다.

다음 예제는 IDLE 환경에서 실행한 예제이며, 정의한 함수를 두 번 호출했다. 굵은 글씨는 사용자가 입력한 값이다.

---

7   역주 소괄호가 누락되어도 에러가 발생하지 않는다. 그 대신 함수 이름이 출력된다(예 〈function __main__.main( )〉).

```
>>> def main():
    side1 = float(input('한 변의 길이를 입력하라: '))
    side2 = float(input('다른 한 변의 길이를 입력하라: '))
    hyp = (side1 * side1 + side2 * side2) ** 0.5
    print('빗변의 길이는 다음과 같다: ', hyp)

>>> main()
한 변의 길이를 입력하라: 3
다른 한 변의 길이를 입력하라: 4
빗변의 길이는 다음과 같다: 5.0
>>> main()
한 변의 길이를 입력하라: 30
다른 한 변의 길이를 입력하라: 40
빗변의 길이는 다음과 같다: 50.0
```

지금까지 살펴본 것과 같이, 함수가 한 번 정의되면 여러분이 원하는 만큼 얼마든지 호출할 수 있다(함수가 실행된다).

파이썬의 철학에서는 코드 블록을 명시하기 위해 들여쓰기 대신 사용하는 중괄호({ })를 불필요하다고 생각한다. 그래서 파이썬은 '시작 블록'과 '종료 블록' 문법을 제공하지 않고, 들여쓰기에 의존하고 있다.[8]

# 1.8 파이썬 if 문

모든 파이썬 제어문 구조와 마찬가지로 들여쓰기는 첫 줄 끝의 콜론 기호(:)처럼 if 문에서 중요한 역할을 한다.

```
if a > b:
    print('a는 b보다 크다')
    c = 10
```

---

8  역주 이는 파이썬으로 작성한 코드가 읽기 쉬운 중요한 이유다.

if 문은 else 문이 추가되면 다르게 동작한다.

```
if a > b:
    print('a는 b보다 크다')
    c = 10
else:
    print('a는 b보다 크지 않다')
    c = -10
```

if 문은 경우에 따라 elif 조건을 여러 개 가질 수 있다.

다음 예제에서는 각각 1줄로 작성된 코드 블록을 가지지만, 더 커질 수도 있다.

```
age = int(input('나이를 입력하라: '))
if age < 13:
    print('당신은 사춘기를 겪지 않았다.')
elif age < 20:
    print('당신은 십대 청소년이다.')
elif age <= 30:
    print('당신은 여전히 젊다.')
else:
    print('당신은 나이 든 사람이다.')
```

코드 블록은 반드시 코드를 품고 있어야 하며, 아무 작업도 하지 않을 때 pass 키워드를 사용할 수 있다.

문법을 정리해 보자. 참고로 대괄호 기호([ ])로 감싼 부분은 선택 사항이며, 생략된 부분(...)은 제약 없이 반복할 수 있다는 것을 의미한다.

```
if 조건문:
    문장_블록
[ elif 조건문:
    문장_블록 ] ...
[ else:
    문장_블록 ]
```

# 1.9 파이썬 while 문

파이썬은 하나의 기본 구조를 가진 while 문을 제공한다. (선택 사항으로 추가할 수 있는 else 조건이 있다고 하더라도, do while은 제공하지 않는다. 4장에서 더 알아볼 것이다.)

이 제약 사항은 문법을 단순하게 유지하는 데 도움이 된다. while 키워드는 루프를 만들며, if 문처럼 조건문을 테스트한다. 문장 블록을 실행하고 나면 프로그램 제어 흐름은 맨 처음으로 돌아가고, 다시 조건문을 테스트한다.

```
while 조건문:
    문장 블록
```

다음 간단한 예제로 숫자를 1부터 10까지 출력해 보자.

```
n = 10              # 어떤 양수로도 설정할 수 있다.
i = 1
while i <= n:
    print(i, end=' ')
    i += 1
```

이 코드 문장을 함수로 작성해 보자. 이번에는 함수가 인수 n을 받는다. 이 함수는 실행될 때마다 n을 다른 값으로 설정할 수 있다.

```
>>> def print_nums(n):
    i = 1
    while i <= n:
        print(i, end=' ')
        i += 1

>>> print_nums(3)
1 2 3
>>> print_nums(7)
1 2 3 4 5 6 7
>>> print_nums(8)
1 2 3 4 5 6 7 8
```

이 함수의 동작 방식은 명확하다. 변수 i는 1부터 시작하고, 루프가 실행될 때마다 1씩 증가한다. 실행된 루프는 i가 n보다 작거나 같을 때까지 실행된다. i가 n보다 커지면 루프는 멈추며, 더 이상 값을 출력하지 않는다.

필요하다면 break 문을 사용하여 가장 가까운 루프를 탈출할 수 있다. 그리고 continue 문을 사용하면 break 문이 동작하는 것처럼 루프를 탈출하는 대신, 그 즉시 다음 루프(루프의 첫 부분으로 이동)를 실행한다.

```
break
```

가령 다음과 같이 break 문을 사용하면 무한 루프에서 탈출할 수 있다. 코드에서 True는 키워드이며, 파이썬에서는 대·소문자를 엄격하게 구분하므로 대·소문자 구분에 주의하자.

```
n = 10          # n을 양수로 설정한다.
i = 1
while True:      # 항상 실행하라!
    print(i)
    if i >= n:
        break
    i += 1
```

코드에서 i += 1을 사용했다. 이 코드는 다음 코드와 동일하게 동작한다.

```
i = i + 1        # 현재 값에 1을 더하고 다시 대입하라.
```

# 1.10 간단한 프로그램 작성하기

SUPERCHARGED PYTHON

이쯤이면 지금까지 살펴본 모든 문법을 도대체 어떻게 사용해야 하는지 의문을 가질 수도 있겠다. 하지만 지금까지 잘 따라와 주었다면 여러분은 파이썬 프로그램을 만들기 위한 충분한 지식을 갖추었다고 볼 수 있다. 이 절에서 몇 개의 기능을 추가하여 인상적으로 동작하는 2개의 재미있는 애플리케이션을 만들 것이다.

다음 코드는 잘 알려진 피보나치 수열을 출력하는 함수를 작성한 것이다.

```
def pr_fibo(n):
    a, b = 1, 0
    while a < n:
        print(a, sep='')
        a, b = a + b, a
```

이 코드를 IDLE에서 작성하거나 다음 코드의 모듈로 추가해 보자.[9]

```
n = int(input('Input n: '))
pr_fibo(n)
```

함수에 추가된 신규 기능을 살펴보자.

```
a, b = 1, 0
a, b = a + b, a
```

이 2줄의 코드는 다음 장에서 살펴볼 튜플 대입 예제다. 본질적으로 리스트에 저장된 값들은 하나씩 일일이 대입할 필요 없이 입력할 때나 출력할 때 바로 사용할 수 있다. 이 대입 구문은 다음과 같이 작성할 수도 있다.

```
a = 1
b = 0
...
temp = a
a = a + b
b = temp
```

단순하게 a와 b를 1과 0으로 각각 초기화했다. 그리고 나서 a를 a + b로 설정하는 것과 동시에 b는 a의 예전 값이 설정된다.

두 번째 앱은 완전한 컴퓨터 게임이다(여러분이 직접 실행해 보자). 이 게임은 1부터 50까지의 숫자 중 하나를 컴퓨터가 임의로 보이지 않게 선택하고, 플레이어가 반복하여 숫자를 물어 컴퓨터가 선택한 숫자를 맞추는 게임이다.

프로그램은 random 패키지를 사용하면서 시작한다(이 패키지는 11장에서 다룰 것이다). 첫 2줄은 아직 설명하지 않았지만 뒤에서 설명할 것이니, 그대로 입력하면 된다.

---

9  **역주** 모듈로 추가하기 위해서는 pr_fibo(n) 함수를 담고 있는 파이썬 파일을 생성하여 탑재해야 한다.

```
from random import randint
n = randint(1, 50)
while True:
    ans = int(input('어떤 숫자일까?: '))
    if ans > n:
        print('너무 높다! 다시 맞춰보자. ')
    elif ans < n:
        print('너무 낮다! 다시 맞춰보자.')
    else:
        print('축하한다! 숫자를 맞췄다!')
        break
```

이 코드를 실행하기 위해 파이썬 스크립트로 작성하자(File > New 선택). 그리고 평소와 같이 Run
> Run Module을 선택하자. 즐거울 것이다.

# 1.11 / 파이썬 불리언 연산자 요약

불리언(boolean) 연산자는 특별한 값인 True 혹은 False를 반환한다. 논리(logic) 연산자 and와 or
는 단락 논리 규칙(short-circuit logic)[10]을 따르는 것을 기억하자. 표 1-2는 비교 및 논리 연산자의
의미와 반환값을 정리한 것이다.

▼ 표 1-2 파이썬 비교 연산자와 논리 연산자

| 연산자 | 의미 | 반환값 |
|---|---|---|
| == | 값 일치 | True 혹은 False |
| != | 값 불일치 | True 혹은 False |
| > | 초과 | True 혹은 False |
| < | 미만 | True 혹은 False |
| >= | 이상 | True 혹은 False |
| <= | 이하 | True 혹은 False |

○ 계속

---

10 [역주] 조건문의 최종 결과가 남아 있는 표현식의 테스트 결과와 상관없이 확정될 수 있다면 남아 있는 표현식은 실행 자체를 하지 않는다는 규
칙이다.

| 연산자 | 의미 | 반환값 |
|---|---|---|
| and | and 논리 | 첫 번째 혹은 두 번째 피연산자의 값 |
| or | or 논리 | 첫 번째 혹은 두 번째 피연산자의 값 |
| not | not 논리 | True 혹은 False, 단일 피연산자 값의 반대 값을 반환 |

표 1-2의 모든 연산자는 이항 연산자다(피연산자가 2개라는 의미다). not 연산자만 단일 피연산자를 가지며, 논리 값의 반대 값을 반환한다.

다음 예를 살펴보자.

```
if not (age > 12 and age < 20):
    print('당신은 십대가 아니다.')
```

그런데 이 코드를 파이썬에서 제공하는 지름길을 이용하여 다르게 작성하는 방법이 있다. 다음과 같이 작성해 보자.

```
if not (12 < age < 20):
    print('당신은 십대가 아니다.')
```

우리가 아는 한 이 방법은 파이썬에서만 제공하는 독특한 문법이다. 최소한 파이썬 3.0을 사용한다면 이 예제는 잘 동작할 뿐만 아니라, 소괄호 기호(())를 제거할 수도 있다. 왜냐하면 not 논리 연산자는 연산자로서 낮은 우선순위를 가져가기 때문이다.[11]

# 1.12 함수 인수와 반환값

함수 문법은 다중 인수와 다중 반환값을 유연하게 지원한다.

```
def 함수_이름(인수들):
    들여쓰기가 된 문장
```

---

11 역주 그렇다 하더라도 소괄호 기호로 우선순위를 명시적으로 표기하는 것이 좋다.

이 문법에서 인수가 여러 개 있을 때는 인수 이름들을 쉼표 기호(,)로 구분하여 나열한 리스트를 인수로 사용한다. 다음은 return 문의 문법이다.

```
return 반환값
```

다음과 같이 여러 반환값을 입력할 수도 있다.

```
return 반환값1, 반환값2, ...
```

마지막으로 반환값을 생략할 수도 있다. return None과 똑같이 동작한다.

```
return            # return None과 같은 효과다.
```

return 문이 실행되면 즉시 함수에서 탈출하며, 함수 호출자(caller)에 돌아간다. 함수 끝에 도달하면 묵시적으로 return을 호출하며, 기본적으로 None을 반환한다(그러니 return을 사용하는 것은 선택 사항이다).

기술적으로 이야기하자면 파이썬의 인수 전달 방식은 '값 전달(pass by value)'이 아니라 '참조 전달(pass by reference)'이지만, 정확하게 말하면 둘 다 아니다. 값이 파이썬 함수로 전달되면 해당 함수는 데이터 이름의 참조 주소를 받는다. 하지만 함수가 인수로 주어진 변수에 새로운 값을 대입하면 전달받았던 기존 값과 연결이 끊어지고 만다.

그렇게 되면 다음 함수는 전달받은 변수 값을 바꾸지 않기 때문에 원하는 대로 동작하지 않을 것이다.

```
def double_it(n):
    n = n * 2

x = 10
double_it(x)
print(x)          # x는 여전히 10이다!
```

처음 이 현상을 보면 제약 사항이라고 생각할 수 있다. 때로는 프로그래머가 여러 개의 'out' 매개변수를 만들어야 할 필요가 있기 때문이다. 하지만 파이썬은 여러 값을 바로 반환하는 기능을 제공한다. 단 호출하는 함수의 반환값이 무엇인지 정확히 알아야 한다.

```
def set_values():
    return 10, 20, 30
a, b, c = set_values()
```

앞 코드에서 변수 a, b, c는 각각 10, 20, 30으로 설정되었다.

파이썬은 데이터를 선언할 수 없기 때문에 파이썬의 인수 리스트는 기본값을 가지지 않는 한 그저 쉼표 기호로 분리된 이름의 나열일 뿐이다. 다음 예제는 기본값이 없는 인수 2개를 가진 함수의 정의문이다.

```
def calc_hyp(a, b):
    hyp = (a * a + b * b) ** 0.5
    return hyp
```

이 인수들은 타입 선언 없이 나열되었다. 파이썬 함수는 여러분이 직접 타입을 확인하지 않는 이상 별도로 타입을 확인하지 않는다! (반면에 여러분은 type이나 isinstance 함수로 변수 타입을 확인할 수 있다.)

비록 인수가 타입을 갖지 않더라도 기본값을 가지도록 설정할 수 있다.

기본값을 사용하면 매번 함수를 호출할 때마다 모든 인수 값을 구체적으로 입력할 필요가 없다. 기본값 인수는 다음 형태를 따른다.

```
인수_이름 = 기본값
```

가령 다음 함수는 값을 여러 번 출력하지만 출력 횟수의 기본값은 1이다.

```
def print_nums(n, rep=1):
    i = 1
    while i <= rep:
        print(n)
        i += 1
```

여기에서 rep의 기본값은 1이다. 마지막 인수에 아무 값도 주어지지 않는다면 1로 설정된다. 그러면 다음과 같이 함수를 호출하면 숫자 5를 한 번 출력할 것이다.

```
print_nums(5)
```

다음과 같이 출력된다.

```
5
```

> **Note** ≡  이번 함수는 인수 이름으로 n을 사용했고, n은 반드시 숫자일 것이라고 가정하고 있다. 하지만 파이썬은
> 변수나 인수를 선언하는 문법이 없기 때문에 이를 강제할 수 있는 방법이 없다. 즉, n에 문자열이 전달될 수도 있다는
> 것이다.
>
> 하지만 파이썬에서 간접적으로 데이터 타입을 명시하는 방법이 있다. 이번 예에서는 두 번째 인수 rep에 숫자가 아닌
> 값을 넘기면 문제가 발생한다. 이 인수에 전달된 값은 반복적으로 숫자와 비교하게 될 것이며, 값이 주어지면 숫자이
> 어야 한다. 그렇지 않으면 런타임 에러 예외 상황이 발생한다.

기본값 인수를 함수 정의문에 넣으려면 반드시 모든 인수를 표기한 다음에 넣어야 한다.

또 하나의 특수 기능으로 명명 인수(named arguments)[12]가 있다. 기본값을 설정하는 것과 혼동하
지 말아야 한다. 기본값 인수는 함수 정의문에서 사용되지만, 명명 인수는 함수를 호출할 때 사용
된다.

몇 가지 예제로 명확하게 살펴보자. 보통 인수 값은 주어진 순서대로 인수에 대입된다. 가령 다음
함수는 인수 3개를 정의했다.

```
def a_func(a, b, c):
    return (a + b) * c
```

하지만 다음 함수 호출의 첫 인수는 위치에 따라 a에 할당되면서 c와 b는 직접 인수 이름을 명시
하여 호출하고 있다.

```
print(a_func(4, c = 3, b = 2))
```

이 함수를 호출하면 값 18을 출력한다. 입력된 순서에 상관없이 a, b, c에 각각 4, 2, 3 값이 대입
된다.

명명 인수를 사용하고 싶다면 반드시 인수 리스트 끝에 넣어야 한다.

---

12  **역주** 키워드 인수(keyword arguments)라고도 부른다.

# 1.13  선행 참조 문제

컴퓨터 프로그래밍 언어 대부분에서 선행 참조 문제(forward reference problem)는 모든 프로그래머를 괴롭힌다. 문제는 바로 이것이다. 어떤 순서로 내 함수를 정의해야 할까?

일반적인 규칙은 함수를 호출하기 전에 반드시 정의해야 한다는 것이다. 바로 이 규칙이 문제를 야기한다. 어떤 면에서는 변수를 사용하기 전에 반드시 정의해야 한다는 것과 비슷하다.

그렇다면 호출 대상 함수가 존재하는지(정의되었는지) 확신할 수 있을까? 그리고 혹시 서로를 호출하는 함수가 2개 있다면 어떻게 될까? 다음에 소개하는 두 가지 규칙만 지키면 이 문제를 피할 수 있다.

- 함수를 호출하기 전에 모두 선언한다.
- 그리고 나서 소스 파일 맨 끝에서 정의한 첫 모듈-수준 함수를 호출한다(모듈-수준 코드는 함수 밖에 있는 코드를 의미한다).

def 문으로 함수를 정의할 때 아직 함수가 실행되지 않았기 때문에 정의되지 않은 함수도 호출할 수 있다. 만약 funcA가 funcB를 호출한다면 funcA를 먼저 정의해야 하고, funcA를 실행하기 전에 funcB 역시 정의해야 한다.

# 1.14  파이썬 문자열

파이썬은 텍스트의 문자들을 출력할 수 있게 해 주는 텍스트 문자열 클래스 str을 제공한다. 클래스 str은 다양한 내장 기능들을 제공한다. 이를 확인하고 싶다면 다음 코드를 IDLE에서 실행해 보자.

```
>>> help(str)
```

파이썬 문자열을 표기하기 위해서는 다양한 따옴표로 값을 감싸야 한다. 단 하나의 규칙은 같은 따옴표로 감싸야 한다는 것이다. 내부적으로는 따옴표가 문자열 일부로 저장되지 않는다. 특정 문자열을 표현하는 가장 쉬운 방법이 무엇인지 고민하는 것은 코딩할 때 고려해야 하는 이슈다.

```
s1 = '이것은 문자열이다.'

s2 = "이것 또한 문자열이다."

s3 = '''이것은 특별히
여러 줄로 만든 문자열이다.'''
```

작은따옴표 3개를 연속하여 사용하면 여러 줄의 문자열을 정의할 수 있다. 큰따옴표 3개로도 같은 효과를 얻을 수 있다.[13]

```
s3 = """이것은 특별히
여러 줄로 만든 문자열이다."""
```

문자열을 작은따옴표로 정의하면 문자열 중간에 큰따옴표를 쉽게 집어넣을 수 있다.

```
s1 = '"죽느냐 사느냐" 셰익스피어가 적었습니다.'
```

반대로 문자열을 큰따옴표로 정의하면 문자열 중간에 작은따옴표를 쉽게 집어넣을 수 있다.

```
s2 = "나에게 가장 중요한 것은 '행복'이다."
```

다음과 같이 두 문자열을 출력해 보자.

```
print(s1)
print(s2)
```

출력 결과는 다음과 같다.

```
"죽느냐 사느냐" 셰익스피어가 적었습니다.
나에게 가장 중요한 것은 '행복'이다.
```

연속 따옴표 문법을 사용하면 개행 문자처럼 큰따옴표와 작은따옴표를 모두 넣을 수 있다.

```
'''당신은 "앨리스의 레스토랑"에서 그것을 얻을 수 없어.'''
```

---

13 **역주** 파이썬 커뮤니티에서는 큰따옴표 3개를 사용하는 것을 더 선호한다.

다른 대안으로는 특수 문자 앞에 역슬래시 기호(\)를 넣을 수 있다.

```
s2 = '나에게 가장 중요한 것은 \'행복\'이다.'
```

2장에서 문자열 기능에 대해 충분히 살펴볼 것이다.

파이썬에서는 베이직이나 C와 같이 각 문자를 0부터 N-1로 구성된 인덱스(색인)를 사용하여 문자열을 문자로 구성된 리스트처럼 다룰 수 있다. N은 문자열 길이다. 예제를 살펴보자.

```
s = 'Hello'
s[0]
```

결과는 다음과 같다.

```
'H'
```

주제를 바꾸어 보자. 파이썬 문자열은 불변(immutable)이기 때문에 기존 문자열에 새로운 값을 대입할 수 없다. 값이 바뀌지 않는다. 그렇다면 어떻게 신규 문자열을 연결할 수 있을까? 문자열 연결하기와 대입을 사용하면 된다. 다음 예제를 살펴보자.

```
s1 = 'Abe'
s2 = 'Lincoln'
s1 = s1 + ' ' + s2
```

이 예제에서 문자열 s1은 'Abe'로 시작했지만, 결국 'Abe Lincoln'이 되었다.

이 코드는 변수가 그저 객체를 호출할 수 있게 해 주는 이름이기 때문에 가능했다.

즉, 문자열이 불변하다는 규칙을 위반하지 않고도 문자열을 연결하여 '수정'할 수 있다. 왜 그럴까? 변수와 데이터 사이에 새로운 객체를 생성하면서 각각 대입했기 때문이다. 다음 예제를 살펴보자.

```
my_str = 'a'
my_str += 'b'
my_str += 'c'
```

이 코드는 결국 문자열 'abc'를 만들어서 변수 my_str에 대입한다. 문자열 'abc'가 보이더라도, 어떤 문자열 데이터도 실제로 수정되지 않는다. 이 예제에서는 변수 my_str이 사용되고, 재사용되어서 더 긴 문자열을 갖게 되었다.

이렇게 생각해 보자. 매 문장마다 더 큰 문자열이 생성되었고, 변수 my_str에 대입된 것이다.

파이썬 문자열을 다루려면 중요한 규칙을 기억해야 한다. 파이썬에서 문자열을 인덱스로 조회하면 단일 문자가 반환된다. 파이썬에서 단일 문자는 (C 혹은 C++와 같이) 별도의 타입이 아니다. 그저 길이가 1인 문자열인 셈이다. 이 규칙은 따옴표를 선택하는 것과는 별개의 문제다.

SUPERCHARGED PYTHON

# 1.15 파이썬 리스트(그리고 강력한 정렬 앱)

파이썬에서 가장 빈번하게 사용되는 컬렉션 클래스는 리스트이며, 무척 유연하고 강력하다.

```
[ 항목들 ]
```

리스트를 선언하기 위해서는 대괄호 기호([ ])를 명시해야 하며, 인수 '항목들'에 아무것도 넣지 않거나 1개 이상의 항목들을 쉼표 기호(,)로 구분하여 넣는다. 다음 예제는 여름 주말의 높은 온도를 섭씨로 나열한 것이다.

```
[29, 31, 31]
```

리스트는 어떤 종류의 객체라도 지닐 수 있다. 심지어 다른 리스트도 포함할 수 있다. 그리고 C와 C++와는 다르게 여러 타입을 함께 담을 수도 있다. 예를 들어 보자. 다음은 문자열 리스트다.

```
['지희', '안나', '신후', '우진']
```

또한, 다음과 같이 타입을 섞을 수도 있다.

```
['우진', 9, '은희', 64]
```

정렬은 중요한 기능이지만, 파이썬 3.0에서 타입이 섞인 리스트는 자동으로 정렬되지 않는다.

다른 파이썬 컬렉션(딕셔너리와 세트)과는 다르게 리스트에서 항목 순서는 엄격하게 지켜지며, 중복 값을 허용한다. 또한, 리스트에 내장된 수많은 기능은 파이썬 리스트를 정말 매력적으로 만들어 준다. 이 절에서는 두 가지를 다루어 보자. 동적으로 리스트에 항목을 더하는 append와 앞서 언급한 sort 기능이다.

다음에서 살펴볼 간단한 프로그램은 파이썬 리스트-정렬 기능을 잘 보여 준다. 코드를 파이썬 스크립트로 작성하여 실행해 보자.

```python
a_list = []

while True:
    s = input('이름을 입력하세요 : ')
    if not s:
        break
    a_list.append(s)
a_list.sort()
print(a_list)
```

정말 간결하다! 하지만 잘 동작하는가? 다음 실행 결과를 확인해 보자(굵은 글씨는 사용자 입력이다).

```
이름을 입력하세요 : 지희
이름을 입력하세요 : 안나
이름을 입력하세요 : 신후
이름을 입력하세요 : 우진
이름을 입력하세요 : 은희
이름을 입력하세요 : Enter
['신후', '안나', '우진', '은희', '지희']
```

어떻게 동작했는가? '은희'를 가장 마지막에 추가했지만, 모든 항목이 가나다순으로 정리되었다.

이 작은 프로그램은 append 메서드[14]로 리스트에 각 항목을 하나씩 집어넣고 있다. 최종적으로 아무 값도 입력하지 않으면 루프를 탈출한다. 그리고 나서 정렬된 후 값이 출력된다.

---

14 **역주** 메서드(method)는 일반적으로 함수를 의미하나, 파이썬에서는 클래스 안에 정의된 '내부 함수'를 의미한다. 객체 없이 실행할 수 있는 '기본 함수'를 의미하는 function과 차이가 있다. function과 구분하기 위해 이 책에서는 function은 '함수'로, method는 '메서드'로 표기한다.

# 1.16 for 문과 범위

앞 절에서 살펴본 애플리케이션을 보면 리스트를 정제하거나 최소한 리스트의 항목을 차례로 출력하는 조금 더 유연한 방법이 있는지 궁금할지 모르겠다. 물론 있다. 컬렉션의 각 항목을 순회하면서 같은 연산을 처리하는 것이 바로 파이썬 for 문의 궁극적인 목적이다(물론 이것이 전부는 아니다).

여러 사용법 중 각 항목을 출력하는 방법을 살펴보자. 앞 절 애플리케이션의 마지막 줄을 다음과 같이 바꾸어 보자. 이 방법은 항목들을 차례로 출력하는 더 나은 방법을 제공한다.

```
for name in a_list:
    print(name)
```

실행 결과는 다음과 같다.

```
신후
안나
우진
은희
지희
```

for 문 예제 코드에서 이터러블(iterable)은 리스트와 같은 컬렉션에 가깝지만, range 함수를 호출하면 반환하는 제너레이터(generator)와 같다. 이 제너레이터는 나열된 값으로 구성된 이터레이션(iteration)을 생산한다(제너레이터는 4장에서 다룬다).

```
for 변수 in 이터러블(iterable):
    문장_블록
```

다시 한 번 강조하지만, 콜론 기호(:)와 마찬가지로 들여쓰기는 중요하다.

값이 for 루프로 전달되는 방식은 함수로 인수가 전달되는 방식과 비슷하다. 결과적으로 루프 변수에 대입된 값은 기존 데이터에 아무런 영향을 미치지 않는다.

```
my_lst = [10, 15, 25]
for thing in my_lst:
    thing *= 2
```

앞 코드의 루프는 my_lst의 각 항목에 2를 곱할 것 같지만, 그렇지 않다. 각 항목에 2를 곱하고 싶다면 다음과 같이 인덱스를 사용해야 한다.

```
my_lst = [10, 15, 25]
for i in [0, 1, 2]:
    my_lst[i] *= 2
```

이 코드가 my_lst의 각 항목을 2배로 만들어서 리스트 데이터를 [20, 30, 50]으로 만든다.

이 방식으로 인덱스를 만들려면 다음과 같이 열거형 인덱스를 만들어야 한다.

```
0, 1, 2, ... N-1
```

N은 리스트 길이다. range 함수를 사용하면 이와 같은 열거형 인덱스를 자동으로 만들 수 있다. 가령 길이가 5인 배열의 각 항목을 2배로 늘리고 싶다면 다음 코드를 사용하면 된다.

```
my_lst = [100, 102, 50, 25, 72]
for i in range(5):
    my_lst[i] *= 2
```

이 코드는 코드 안에 리스트 길이 5를 하드코딩했기 때문에 최선의 코드로 볼 수 없다. 다음 코드에서 루프를 작성하는 더 나은 방법을 찾을 수 있다.

```
my_lst = [100, 102, 50, 25, 72]
for i in range(len(my_lst)):
    my_lst[i] *= 2
```

이 루프가 실행되고 나면 my_lst는 [200, 204, 100, 50, 144]가 된다.

range 함수는 표 1-3과 같이 인수의 개수를 1개, 2개 혹은 3개로 지정함에 따라 열거형 인덱스를 만들어 준다.

▼ 표 1-3 range 함수의 반환값

| 문법 | 반환값 |
| --- | --- |
| range(end) | 0부터 시작하여 end보다 작은 숫자까지 증가하는 열거형 데이터를 생성한다. |
| range(beg, end) | beg부터 시작하여 end보다 작은 숫자까지 증가하는 열거형 데이터를 생성한다. |
| range(beg, end, step) | beg부터 시작하여 end보다 작은 숫자까지 증가하는 열거형 데이터를 생성한다. 단 각 항목은 step만큼 증가한다. step이 음수면 결괏값은 역순으로 정렬된다. |

range 함수의 또 다른 사용처는 열거형 정수를 사용해서 순회하는 루프를 생성하는 것이다. 가령 다음 루프는 팩토리얼(factorial) 숫자를 계산한다.

```
n = int(input('양의 정수를 입력하라 : '))
prod = 1
for i in range(1, n + 1):
    prod *= i
print(prod)
```

이 루프는 range(1, n + 1)이 1부터 n까지 나열된 정수를 제공하면서 의도대로 동작한다. 최종적으로 이 루프는 다음 연산을 처리하게 된다.

```
1 * 2 * 3 * ... n
```

# 1.17 / 튜플

파이썬의 튜플 개념은 리스트와 무척 닮았으며, 튜플 개념이 훨씬 더 기초적이다. 다음 코드는 정수로 구성된 리스트를 반환한다.

```
def my_func():
    return [10, 20, 5]
```

이 함수는 리스트를 반환한다.

```
my_lst = my_func()
```

하지만 다음 코드는 괄호 기호 없이 단순하게 나열한 값들을 반환한다. 이것이 바로 튜플이다.

```
def a_func():
    return 10, 20, 5
```

이 함수는 다음과 같이 호출할 수 있다.

```
a, b, c = a_func()
```

튜플은 소괄호 기호(( ))로 감싸도 여전히 같은 튜플인 것을 기억하자.

```
return (10, 20, 5)    # 소괄호 기호로 감싸도 결과는 같다.
```

튜플과 리스트의 기본 속성은 거의 동일하다. 두 타입 모두 중복 값을 허용하면서 값이 정렬되는 컬렉션이다.

하지만 리스트와는 다르게 튜플은 불변의 성질을 갖는다. 튜플 값은 변경할 수 없다는 의미다. 튜플은 리스트에 제공하는 모든 메서드와 함수를 제공하지 않는다. 특히 튜플은 내용을 변경할 수 있는 어떤 메서드도 제공하지 않는다.

# 1.18  딕셔너리

파이썬 딕셔너리는 키-값 쌍으로 구성된 열거형 데이터를 지닌 컬렉션이다. 리스트와는 다르게 딕셔너리는 중괄호 기호({ })를 사용한다. 대괄호 기호([ ])가 아니다.

```
{ 키1: 값1, 키2: 값2, ...}
```

쉽게 말하자면 딕셔너리는 컬럼 2개를 가진 데이터베이스 테이블과 비슷하다. 현대 데이터베이스 관리 시스템(DBMS)의 고급 기능은 제공하지 않는 단순한 테이블 말이다. 하지만 파이썬 프로그램에서는 여전히 풍부한 기능을 가진 데이터-저장 객체 역할을 한다.

딕셔너리의 키들은 유일한 값의 열거형 데이터이며, 중복될 수 없다. 각 키는 값으로 불리는 데이터 객체와 연결된다. 가령 다음과 같이 한 반 학생들의 점수를 저장하는 딕셔너리를 만든다고 해 보자.

```
grade_dict = { '단아':3.9, '민채':3.9, '예준':2.5 }
```

이 코드는 '단아', '민채', '예준'이 각각 3.9, 3.9, 2.5로 짝을 이룬 3개의 항목을 가진 딕셔너리를 만든다. 3.9는 키가 아니기 때문에 중복되어도 아무 문제가 없다.

앞 코드의 grade_dict는 단지 코드에서 사용되는 변수 이름이며, 앞서 언급한 규칙을 지키는 한 어떤 이름으로 지어도 상관없다. 필자가 grade_dict로 변수 이름을 선택한 이유는 객체가 표현하고자 하는 내용을 명시하기 위해서다. 딕셔너리가 생성되고 나면 다음과 같이 언제든지 값을 추가할 수 있다.

```
grade_dict['건아'] = 4.0
```

이 코드는 키 '건아'에 대한 값으로 4.0을 할당하고 있으며, 딕셔너리 grade_dict에 항목으로 더해진다. 만약 키 '건아'가 이미 존재하더라도 동작하는 데 문제가 없다. 단 신규 항목을 생성하는 대신 기존 값을 덮어쓴다.

해당 값은 다음 코드를 사용해서 출력하거나 참조할 수 있다. 값을 조회하기 위해 '건아'라는 문자열을 인덱스처럼 키로 사용하고 있다.

```
print(grade_dict['건아'])        # 값 4.0을 출력한다.
```

다음과 같이 빈 딕셔너리를 생성한 후 값을 더할 수 있다는 것도 기억하자.

```
grade_dict = { }
```

딕셔너리 내의 데이터 타입을 선택할 때는 다음 규칙을 따라야 한다.

- 파이썬 3.0에서 모든 키는 반드시 동일한 타입이거나 최소한 정수나 실수처럼 서로 비교할 수 있게 호환이 되는 타입이어야 한다.
- 키 타입은 반드시 불변 타입이어야 한다. 문자열과 튜플은 불변이지만, 리스트는 아니다.
- 따라서 [1, 2]와 같은 리스트를 키로 사용할 수 없지만, (1, 2)와 같은 튜플은 키로 사용할 수 있다.
- 값은 어떤 타입이 와도 상관없지만, 가급적 값 객체는 모두 동일한 타입을 사용하는 것이 좋다.

한 가지 기억해 둘 것이 있다. 존재하지 않는 키를 조회하려고 하면 파이썬에서 예외를 발생시킨다. 이를 피하기 위해 get 메서드를 사용하여 해당 키가 존재하는지 확인하자.

---

딕셔너리.**get**(키 [ , 기본값])

---

문법을 살펴보면 대괄호 기호 안에 선택 사항으로 추가할 수 있는 항목이 있다. 만약 딕셔너리 항목 중에 키가 존재하면 해당 값을 반환하지만, 키가 존재하지 않는다면 명시한 '기본값'을 반환하거나 명시하지 않은 경우 None을 반환한다. 단어 빈도수를 반환하는 다음 코드에서 알 수 있듯이, 이 두 번째 인수는 더 효율적인 코드를 작성하게 해 준다.

```
s = (input('문자열을 입력하라 : ')).split()
wrd_counter = {}
for wrd in s:
    wrd_counter[wrd] = wrd_counter.get(wrd, 0) + 1
```

이 코드는 입력받은 문자열에서 신규 단어를 찾으면 딕셔너리에 해당 단어를 키로 하여 값 0 + 1의 결과인 1을 추가한다. 만약 이미 존재하는 단어면 저장되어 있던 단어 출현 빈도수가 get으로 반환되며, 이 값에 1을 더한다. 즉, 단어를 찾으면 빈도수가 1 증가하고, 단어를 찾지 못하면 딕셔너리에 값 1과 함께 항목이 새로 추가되는 것이다. 이것이 우리가 바라는 것이다.

이 예제에서 문자열 클래스의 split 메서드는 하나의 문자열을 쪼개서 각 단어로 구성된 리스트로 만드는 데 사용된다. 더 자세한 내용은 2.12절에서 확인해 보자.

# 1.19 세트

세트는 딕셔너리와 비슷하지만 항목에 값을 가지고 있지 않다. 세트는 유일한 키들로 이루어진 집합이며, 다음 조건에 따라 리스트와 구분된다.

- 모든 항목은 유일해야 한다. 이미 존재하는 값을 추가하려고 하면 무시된다.
- 모든 항목은 딕셔너리의 키와 같이 불변 타입이어야 한다.
- 항목이 정렬되지는 않는다.

다음 두 세트 정의문을 살펴보자.

```
b_set1 = { '원준', '우진', '민준', '신후' }
b_set2 = { '원준', '민준', '신후', '우진' }
```

이 두 세트는 완전히 똑같다. 다음 두 세트와 같이 말이다.

```
set1 = {1, 2, 3, 4, 5}
set2 = {5, 4, 3, 2, 1}
```

세트가 생성되면 add와 remove 메서드를 사용하여 내용을 변경할 수 있다. 다음 예제를 살펴보자.

```
b_set1.remove('원준')
b_set1.add('강우')
```

신규 세트를 만들 때는 항목 없이 중괄호 기호({ })만으로 빈 세트를 만들 수 없다는 것을 기억하자. 이 방식은 빈 딕셔너리를 만드는 문법과 동일하기 때문이다. 그 대신 다음 문법을 사용하면된다.

```
my_set = set()
```

세트 컬렉션은 다음 연산자들과 함께 합집합(union)과 교집합(intersection) 기능도 지원한다.

```
setA = {1, 2, 3, 4}
setB = {3, 4, 5}
setUnion = setA | setB          # {1, 2, 3, 4, 5}
setIntersect = setA & setB      # {3, 4}
setXOR = setA ^ setB            # {1, 2, 5}
setSub = setA - setB            # {1, 2}
```

이 예제에서 setUnion과 setIntersect는 각각 합집합과 교집합 연산자의 결과를 담고 있다. setXOR는 멱집합 연산자의 결과(합집합에서 교집합을 제거)를 담고 있다. setSub는 첫 번째 세트(setA)에는 존재하나, 두 번째 세트(setB)에는 존재하지 않는 차집합 결과를 담고 있다.

부록 C에서 세트 클래스가 제공하는 모든 메서드의 리스트를 예제와 함께 살펴볼 수 있다.

# 1.20 전역 변수와 지역 변수

파이썬 변수 역시 다른 프로그래밍 언어처럼 전역 변수와 지역 변수를 제공한다. 일부 프로그래머는 전역 변수의 사용을 피하라고 하지만, 필자는 필요하다면 언제든지 사용해도 좋다고 생각한다.

전역 변수란 무엇인가? 전역 변수는 함수 호출 시 값이 유지되며, 모든 함수에서 접근할 수 있는 변수다. 그렇기 때문에 한 함수에서 전역 변수 my_global_var을 변경하면 다른 함수의 my_global_var도 변경된다.

변수 x가 함수 정의문 안에서 언급되면 해당 함수 안에만 존재하는 지역 변수가 된다. 이외의 변수는 모두 전역 변수다.

지역 변수의 유효 범위는 전역과는 반대로 함수 정의문 밖에서 동일한 이름을 사용한다고 해도 서로 영향을 미치지 않는다. 이 경우 변수는 내부 전용(private)이다. 하지만 전역 변수는 어느 곳에서나 접근할 수 있다.

예를 들어 다음 코드는 count 변수 2개를 생성한다. 각각 전역 변수와 지역 변수다. 기본적으로 함수는 함수 안에서 선언한 지역 변수를 사용한다.

```
count = 10            # 전역 변수 선언
def funcA():
    count = 20        # 지역 변수 선언
    print(count)      # 지역 변수 20 출력


def funcB():
    print(count)      # 전역 변수 10 출력
```

어떻게 동작하는지 보이는가? 첫 번째 함수는 함수 안에서 생성한 변수를 사용했기 때문에 지역 변수를 사용한다.

하지만 두 번째 함수 funcB는 변수를 생성하지 않았다. 그러면 첫 번째 줄에서 선언(count = 10)한 전역 변수를 사용하게 된다.

그런데 전역 변수를 사용하고 싶은데, 해당 변수에 값을 대입하면 문제가 발생한다. 파이썬은 데이터 선언 개념이 없기 때문에 변수에 값을 대입하는 순간 신규 변수를 생성하고 만다. 이 부분이 문제다. 왜냐하면 변수를 만들고 나면 함수 안에서 만든 것이기 때문에 지역 변수를 만들어 버리기 때문이다.

예를 들어 funcB가 count 값을 변경한다고 해 보자. 변경은 가능하지만 funcB는 결국 전역 변수를 복제한 지역 변수 count를 사용하게 된다. 어느 곳에서나 접근할 수 있는 count 변수를 변경하려고 했다면 변경되지 않을 것이다.

```
def funcB():
    count = 100        # 지역 변수로 변경된다.
                       # 전역 변수 count에 영향 없다.
    print(count)       # 지역 변수 100이 출력된다.
```

해결책은 global 문을 사용하는 것이다. 이 문법은 파이썬이 지역 변수를 사용하는 것을 피하게 해 준다. 그러면 전역 변수가 있다고 가정하고, 전역 변수를 사용한다. 예제를 확인해 보자.

```
count = 10             # 전역 변수 생성

def my_func():
    global count
    count += 1

my_func()              # my_func 함수 호출
print(count)           # 11 출력
```

이제 my_func를 호출하면 count 값이 변경된 것을 알 수 있으며, 함수 밖의 프로그램 코드에서도 접근이 가능한 것을 알 수 있다. 만약 my_func가 지역 변수 count를 사용했다면 함수 밖에서 접근할 수 없었을 것이다.

global 문은 직접 무언가를 만들지 않는다. 변수는 값을 대입할 때 생성된다. 앞서 살펴본 예제에서는 변수 count가 함수 정의문보다 먼저 생성되었다.

우리는 함수와 클래스 정의문 밖에 위치한 모든 문장으로 구성된 모듈-수준 코드에서 전역 변수를 만들 수 있다. 하지만 다음과 같이 global 문을 함수 안에서 사용하면 foo 변수가 존재하지 않을 때 foo를 호출하는 시점에 전역 변수가 생성된다.

```
def my_func():
    global foo
    foo = 5            # 전역 변수 foo가
                       # 존재하지 않으면 생성한다.
    print(foo)
```

foo가 아직 존재하지 않다고 가정해 보면 이 함수는 foo를 생성하여 5로 세팅한다. global foo로 인해 foo는 지역 변수가 아니라 전역 변수로 생성된다. 이 코드는 foo가 모듈-수준 코드가 아니더라도 동작한다.

일반적으로 파이썬의 전역 변수와 지역 변수에 관한 황금 규칙이 있다. 간단하게 설명하자면 다음과 같다.

 함수에서 전역 변수에 값을 대입하는 경우가 있다면 global 문을 사용하여 지역 변수 사용을 피하자.

# 1.21 / 정리해 보자

1장은 클래스 정의, 컬렉션 고급 연산 기능, 파일 처리와 같은 특화된 라이브러리를 제외한 파이썬의 기초 대부분을 다루었다. 이 장에서 다룬 내용만으로도 많은 파이썬 프로그램을 작성하는 데 충분하다.

축하한다! 이 장의 모든 것을 이해한다면 여러분은 이미 훌륭한 파이썬 프로그래머가 되는 길을 걷고 있는 것이다. 앞으로 다룰 몇 개 장에서 가장 중요한 두 컬렉션인 리스트와 문자열의 훌륭한 점에 빠져들 것이다.

3장에서는 파이썬의 '함축'이라고 불리는 기능을 알아볼 것이며, 리스트뿐만 아니라 세트, 딕셔너리와 다른 컬렉션에 적용할 수 있는 조합에 대해 설명할 것이다(인공지능과 혼동하지 않기 바란다). 또한, 람다 함수를 어떻게 사용하는지도 살펴보겠다.

**1** 파이썬에 데이터 선언이 없다는 것을 고려했을 때, 이론적으로 초기화되지 않은 데이터를 가질 수 있는가?

**2** 파이썬 정수가 '무한(infinite)'이라는 의미는 무엇인가? 그리고 전혀 무한이 아니라는 것은 무엇을 의미하는가?

**3** 이론적으로 클래스는 무한 범위를 가질 수 있는가?

**4** 파이썬에서 들여쓰기가 다른 프로그래밍 언어 대부분보다 더 중요한 이유는 무엇인가?

**5** 파이썬 프로그램의 들여쓰기는 완전히 일관성 있게 사용하는 것이 가장 좋은 방법이다. 반면 파이썬이 들여쓰기에 주는 자유는 무엇인가? 정확하게 프로그램 안에서 반드시 일관성 있게 들여쓰기를 사용해야 하는 곳이 어디인가? 어디가 다른가? 예제와 함께 설명하라.

**6** 파이썬 프로그램에서 들여쓰기를 탭 문자로 하면 정확하게 어떤 문제가 생기는지 설명하라. (문법 에러가 발생하는가?)

**7** 파이썬의 엄격한 들여쓰기 규칙이 어떤 장점을 가져오는가?

**8** 파이썬 함수에서 다른 값을 얼마나 많이 반환할 수 있는가?

**9** 함수에 대한 선행 참조 문제를 다시 떠올려 보자. 어떤 경우에 이 문제가 발생하는가?

**10** 파이썬 텍스트 문자열을 작성한다고 해 보자. 무슨 따옴표를 사용해야 하는가(작은따옴표, 큰따옴표 혹은 따옴표 3개)?

**11** C와 같은 다른 언어에서 단일 기본 타입의 집합으로 구성된 배열을 제공하는 것과는 다르게, 파이썬 리스트가 가지는 다른 점이 무엇인지 최소한 하나 이상 기술하라.

# 1.23 / 실습 문제

1  여러분의 이름, 나이와 주소를 묻고, 입력한 값 모두를 출력하는 간단한 프로그램을 작성하라. 메인 함수에 작성하는 대신 함수 test_func에 코드를 작성하고 실행하라.

2  구의 반지름을 구하고 넓이를 계산한 후 답을 출력하는 프로그램을 작성하라. 필요한 경우 온라인에서 구 넓이를 구하는 공식을 찾아라.

# 2<sup>장</sup>

# 고급 문자열 기능

어떻게 컴퓨터와 사람이 대화를 나눌 수 있을까? 손을 흔들거나 연기 신호를 보내거나 아니면 (1950년대 공상 과학 영화에서처럼) 빨간 불빛을 깜빡일까?

모두 틀렸다. 심지어 말을 하고 음성 인식을 하는 프로그램(이 책 범위를 벗어남)조차도, 텍스트 문자열(text strings)이나 단순한 문자열(strings)처럼 출력할 수 있는 문자 집합에 의지하고 있다. 모든 프로그래머는 이런 문자열을 검색하고 출력하기 위해 프롬프트 기술을 배울 필요가 있다. 운이 좋게도 파이썬은 이 작업에 특화되어 있다.

이미 파이썬 텍스트 문자열을 사용해 본 적이 있더라도, 파이썬 문자열에 내장된 모든 기능을 사용했는지 확인하는 차원에서 이 장을 정독할 것을 권장한다.

## 2.1 / 문자열은 불변이다

파이썬의 데이터 타입은 가변(mutable/changeable)이거나 불변(immutable)이다.

가변 타입의 장점은 명확하다. 데이터가 '즉시' 변경될 수 있다는 것이며, 변경하기 위해 매번 새로운 객체를 처음부터 만들 필요가 없다는 의미다. 변경할 수 있는 타입은 리스트, 딕셔너리, 세트다.

불변 타입의 장점은 가변 타입에 비해서 쉽게 알아채기 어렵지만, 이 또한 중요하다. 바로 불변 타입을 딕셔너리의 키로 사용할 수 있다는 점이다. 일반적으로 딕셔너리의 키가 문자열인 것처럼 말이다. 다음과 같이 영화 비평가들의 영화 평점을 저장한 딕셔너리가 그 예다.

```
movie_dict = { '기생충': 5.0,
               '살인의 추억': 4.5,
               '재미 없는 영화': 2.0 }
```

변경할 수 없는 불변 타입의 장점은 이 타입을 사용할 때 이미 내부적으로 성능이 최적화되어 있는 데이터 타입을 사용할 수 있다는 것이다. 가령 튜플을 사용하면 리스트를 사용하는 것보다 더 효율적이다.

반대로 불변 객체는 변경할 수 없다는 점이 제약 사항이기도 하다. 따라서 다음 코드는 제대로 동작하지 않는다.

```
my_str = '예준아 안녕.'
my_str[0] = '원'                   # 에러!
```

이 예제의 두 번째 줄은 불변 타입인 문자열의 첫 항목 값을 바꾸려고 시도했기 때문에 제대로 동작하지 않는다. 결국 타입 에러(TypeError) 예외가 발생한다.

하지만 다음 코드는 잘 동작한다.

```
my_str = '안녕'
my_str = '안녕하세요'
```

이 문장은 각 줄마다 새로운 문자열 객체가 생성되고, 이름 my_str에 재대입되기 때문에 문제없이 잘 동작한다.

파이썬의 변수는 그저 객체를 호출하는 이름일 뿐이며, 같은 변수를 계속해서 재사용할 수 있다. 그렇기 때문에 마지막 줄의 코드가 문자열의 불변 성질을 위반하는 것처럼 보여도 실제로는 그렇지 않은 것이다. 그 어떤 문자열도 마지막 줄과 같은 방식으로 값이 수정되지는 않는다. 서로 다른 문자열 2개가 생성되는 것이며, 이름 my_str이 재사용된 것뿐이다.

앞서 살펴본 방법은 데이터 선언이 없는 파이썬에서 값을 대입하는 자연스러운 방법이며, 우리는 이렇게 선언한 이름을 원하는 만큼 재사용할 수 있다.

## 2.2 바이너리를 포함한 숫자 변환

SUPERCHARGED PYTHON

파이썬의 타입 이름은 타입 변환이 가능한 모든 곳에서 묵시적으로 타입 변환을 수행한다.

데이터_타입(데이터_객체)

이 코드는 다음과 같이 동작한다. 구체적인 '데이터_객체'를 인수로 받으면 적절한 데이터 변환이 가능한 경우, 해당 타입으로 변환한 후 결과를 반환한다. 그렇지 않으면 파이썬에서 값 에러(ValueError) 예외가 발생한다.

예제를 살펴보자.

```
s = '45'
n = int(s)
x = float(s)
```

n과 x를 출력하면 다음 결과를 확인할 수 있다.

```
45
45.0
```

int 변환은 다른 타입 변환과는 다르게 선택 사항으로 두 번째 인수를 넣을 수 있다. 이 인수는 문자열을 숫자로 변환할 때 변환 대상 문자열의 진수를 명시한다. 이진수와 같이 말이다. 다음 예제를 살펴보자.

```
n = int('10001', 2)        # 이진수 변환
```

n을 출력하면 값이 17임을 알 수 있다. 이와 같이 int 변환을 사용할 때 다른 진수들을 사용할 수 있다. 다음 코드는 8진수(octal)와 16진수(hexadecimal) 문자열을 변환하는 예제다.

```
n1 = int('775', 8)
n2 = int('1E', 16)
print('8진수 775와 16진수 1E의 값:', n1, n2)
```

이 코드는 다음과 같은 결과를 출력한다.

```
8진수 775와 16진수 1E의 값: 509 30
```

정리하겠다. int 변환은 필요 시 두 번째 인수를 넣을 수 있으며, 이 인수는 진수를 의미한다. 기본값은 10진수를 뜻하는 10이다.

---

**int**(데이터_객체, base=10)

---

키보드에서 값을 입력받거나(보통 input 문 사용) 텍스트 파일에서 값을 읽어 올 때, 숫자 형식의 문자열 타입을 실제 숫자 타입으로 변환하려면 int와 float 변환이 필요하다.

str 변환은 반대로 동작하며, 숫자 타입을 문자열 타입으로 변환한다. 실제로 문자열로 표현할 수 있는 모든 데이터 타입에 사용할 수 있다.

숫자를 문자열 타입으로 변환하는 것은 출력할 수 있는 숫자를 세거나 특정 숫자가 얼마나 자주 나타났는지 세는 작업을 할 수 있게 해 준다. 예를 들어 다음 예제는 숫자 1007의 자릿수를 출력한다.

```
n = 1007
s = str(n)                    # '1007'로 변환
print(n, '의 자릿수는', len(s), '이다.')
```

이 예제의 출력 결과는 다음과 같다.

```
1007 의 자릿수는 4 이다.
```

자릿수를 구하는 다른 방법도 있다. 가령 상용 로그(밑이 10인 로그) 값을 활용할 수도 있다.[1] 하지만 이 예제에서는 숫자를 문자열 타입으로 변환하여 길이를 구하는 방법을 제안하고 있다.

> Note ≡   숫자를 문자열 타입으로 변환하는 것은 아스키코드(ASCII)나 유니코드(unicode) 숫자로 변환하는 것과는 다르다. 이는 ord 함수를 사용하여 한 번에 한 문자씩 처리해야 하는 다른 기능이다.

SUPERCHARGED PYTHON

## 2.3 문자열 연산자(+, =, *, 〉, 기타)

문자열 타입 str에서 숫자 타입 연산자와 같은 연산자를 사용할 수 있으나, 다르게 동작한다. 가령 덧셈 연산자(+)는 숫자를 더하는 대신 문자열을 서로 연결한다.

다음 코드에서 유효한 문자열 연산자를 확인할 수 있다. 일단 문자열을 하나 만들어서 다른 변수에 대입한다.

```
dog1_str = '멍멍이'           # 값 대입
dog2_str = dog1_str          # 별칭 생성

dog1_str == dog2_str         # 참!
dog1_str == '멍멍이'          # 참!
```

---

1  **역주** 가령 숫자 n의 자릿수는 ($\log_{10} n + 1$)이다.

이 예제의 두 번째 줄은 dog1_str이 참조하고 있는 똑같은 데이터를 참조하는 변수 혹은 별칭을 만들었다(만약 나중에 dog1_str에 새로운 데이터를 대입하더라도, 여전히 dog2_str은 '멍멍이'를 참조한다). dog1_str과 dog2_str은 같은 데이터를 참조하고 있기 때문에 첫 번째 테스트는 참을 반환해야 한다.

두 번째 테스트 역시 참을 반환한다. 두 문자열이 같은 내용이라면 두 값은 동일하다고 판단된다. 메모리상에 똑같은 데이터를 참조할 필요가 없다는 의미다.[2]

파이썬의 문자열 연산자를 사용하여 비교하는 모든 기능은 대·소문자를 구분(case-sensitive)한다. 필요하다면 대·소문자를 구분하지 않고 두 피연산자들을 (문자열 메서드인 upper 혹은 lower를 사용하여) 모두 대문자나 소문자로 변경해서 비교할 수도 있는데, 아스키 문자만으로 구성된 문자열이라면 잘 동작한다.

반면 광범위한 유니코드 문자로 이루어진 문자열을 사용하고 있다면 casefold 메서드를 사용하여 대·소문자를 구분하지 않고 값을 비교하는 것이 더 안전하다.[3]

```
def compare_no_case(str1, str2):
    return str1.casefold() == str2.casefold()

print(compare_no_case('cat', 'CAT'))              # 참!
```

표 2-1은 str 타입에서 사용할 수 있는 연산자 리스트다.

▼ 표 2-1 문자열 연산자

| 연산자 문법 | 설명 |
| --- | --- |
| name = 문자열 | 문자열을 name에 대입한다. |
| 문자열1 == 문자열2 | 문자열1과 문자열2가 같은 값을 가지고 있다면 True를 반환한다(다른 비교 연산자들과 같이 대·소문자를 구분한다). |
| 문자열1 != 문자열2 | 문자열1과 문자열2가 서로 다른 값을 가지고 있다면 True를 반환한다. |
| 문자열1 < 문자열2 | 문자열1이 문자열2보다 알파벳 순서가 앞이면 True를 반환한다. 가령 'abc' < 'def'는 True를 반환하지만 'abc' < 'aaa'는 False를 반환한다(우선순위에 대해 언급한 표 아래 노트를 참고하자). |
| 문자열1 > 문자열2 | 문자열1이 문자열2보다 알파벳 순서가 뒤면 True를 반환한다. 가령 'def' > 'abc'는 True를 반환하지만 'def' > 'xyz'는 False를 반환한다. |

○ 계속

---

2  **역주** '멍멍이' 문자열은 dog1_str과 값은 같지만, 서로 다른 객체다. 하지만 '=='로 테스트하는 경우 참을 반환한다는 것을 설명하고 있다.

3  **역주** casefold는 소문자로 변경하는 것과 비슷하지만, 유니코드가 아닌 문자도 변환해 준다. 가령 독일어 소문자 글자인 'ß'는 'ss'와 동일한데, lower 메서드를 사용하면 아무 변환 작업도 수행되지 않는 반면 casefold는 'ss'로 변환해 준다.

| 연산자 문법 | 설명 |
|---|---|
| 문자열1 <= 문자열2 | 문자열1이 문자열2보다 알파벳 순서가 앞이거나 같다면 True를 반환한다. |
| 문자열1 >= 문자열2 | 문자열1이 문자열2보다 알파벳 순서가 뒤거나 같다면 True를 반환한다. |
| 문자열1 + 문자열2 | 두 문자열을 연결한다. 문자열1 끝에 문자열2를 붙인다. 가령 'Big' + 'Deal'은 연결된 문자열인 'BigDeal'이 된다. |
| 문자열1 * n | 문자열1을 정수 n만큼 반복하여 연결한다. 가령 'Goo' * 3은 'GooGooGoo'가 된다. |
| n * 문자열1 | 문자열1 * n과 동일하다. |
| 문자열1 in 문자열2 | 문자열1 전체가 문자열2에 포함되면 True를 반환한다. |
| 문자열1 not in 문자열2 | 문자열1 전체가 문자열2에 포함되지 않으면 True를 반환한다. |
| 문자열 is 객체 | 문자열과 객체가 메모리상에 동일 객체를 참조하고 있으면 True를 반환한다. 간혹 None 이나 알지 못하는 객체 타입과 비교할 때 사용한다. |
| 문자열 is not 객체 | 문자열과 객체가 메모리상에 동일 객체를 참조하고 있지 않으면 True를 반환한다. |

> **Note ≡** 문자열을 비교할 때 파이썬은 알파벳 순서를 사용한다. 더 구체적으로 말하자면 문자 값의 아스키코드나 유니코드의 코드 순서를 따른다. 이렇게 하면 모든 대문자는 소문자보다 앞에 위치하며, 이 규칙 이외에는 문자들을 단순히 알파벳 순서로 비교할 수 있다. 숫자 비교 역시 숫자 크기에 따라 기대한 대로 동작한다. 예를 들어 1은 2보다 작다.

문자열 연결 연산자(+)는 문자열 클래스가 있는 언어 대부분에서 제공하는 기능이기 때문에 익숙할지도 모르겠다.

문자열 연결은 두 문자 사이에 빈칸을 자동으로 추가하지 않는다. 직접 넣어야 한다. 하지만 ' '와 같은 리터럴 문자열을 포함한 모든 문자열은 동일한 타입인 str이다. 따라서 파이썬은 다음 코드를 실행하는 데 아무런 문제가 없다.

```
first = '윌리엄'
last = '셰익스피어'
full_name = first + ' ' + last
print(full_name)
```

이 코드는 다음 값을 출력한다.

```
윌리엄 셰익스피어
```

문자열 반복 연산자(*)는 문자로 이루어진 그래픽을 그리거나 단락 구분자와 같이 긴 줄을 초기화
할 때 유용하게 사용할 수 있다. 다음 코드를 살펴보자.

```
divider_str = '_' * 30
print(divider_str)
```

이는 다음 결과를 출력한다.

```
_____
```

즉, '_' * 30은 언더스코어 30개로 만들어진 문자열을 반환한다.

> 성능 Tip ☆ 언더스코어 30개를 포함한 문자열을 만드는 다른 방법도 있지만, 곱셈 연산자(*)를 사용하는 것이 훨
> 씬 효율적이다.

is와 is not 연산자를 남용하지 않도록 주의하자. 이 연산자들은 두 값이 메모리상에 동일한 객체
인지 테스트한다. 예를 들어 '고양이'를 저장한 변수를 2개 만들었다고 해 보자. ==를 사용하여 값
이 같은지 테스트하면 항상 True를 반환할 것이다. 하지만 is를 사용하면 다를 수 있다.

그렇다면 is나 is not은 언제 사용해야 할까? 주로 == 연산자로 동일한 것을 테스트할 수 없는 서
로 다른 타입의 객체를 비교할 때 사용해야 한다. 가령 어떤 값이 특수 값 None과 같은지를 테스트
하는 것은 특별한 경우이며, is를 사용하여 테스트하기 적절하다.

SUPERCHARGED PYTHON

# 2.4 인덱싱과 슬라이싱

문자열의 값을 추출하는 두 가지 방법을 살펴보자.

- 인덱싱(indexing)은 문자열 안의 특정 위치에 있는 숫자(인덱스, 색인)로 각 문자를 참조한다.
- 슬라이싱(slicing)은 파이썬의 고유 기능이다. 간편한 문법을 사용하여 원하는 부분 문자들을
  다양한 방법으로 참조할 수 있다.

리스트도 비슷한 기능을 제공하기 때문에 이 장의 내용이 3장 내용과 비슷해 보일 것이다. 하지만 다른 점이 있는데, 가장 큰 차이점은 다음과 같다.

✻　　문자열은 불변 타입이기 때문에 인덱싱, 슬라이싱 혹은 값을 변경하는 어떤 연산자도 실제 값을 변경하지 않는다.[4]

슬라이싱에서 인덱스를 사용할 때 모든 조합의 양수 인덱스와 음수 인덱스를 사용할 수 있다.

그림 2-1은 N이 문자열의 길이라고 했을 때 양수 인덱스가 0부터 N-1까지 설정되는 것을 알 수 있으며, 음수 인덱스는 -1(마지막 문자를 가리킴)부터 -N의 역순으로 설정된다.

❤ 그림 2-1 파이썬의 문자열 인덱스

| K | i | n | g | | M | e | ! |
|---|---|---|---|---|---|---|---|
| 0 | 1 | 2 | 3 | 4 | 5 | 6 | 7 |

| K | i | n | g | | M | e | ! |
|---|---|---|---|---|---|---|---|
| -8 | -7 | -6 | -5 | -4 | -3 | -2 | -1 |

불변성 외에도 문자열과 리스트는 또 다른 점이 있다. 범위에서 벗어나지 않는 인덱스를 사용한다고 가정했을 때 리스트 인덱싱은 다양한 타입으로 구성된 항목을 반환할 수 있는 반면, 문자열 인덱싱은 항상 1개의 문자를 반환한다는 점이다. 이 1개의 문자 역시 str 타입이다. 여러 문자로 구성된 문자열처럼 말이다.

예를 들어 '안녕하세요'의 첫 문자를 구하면 '안'이다. 길이가 1일지라도 여전히 문자열이다.

```
s = '안녕하세요'
ch = s[0]
print(type(ch))
```

코드가 실행되면 다음과 같은 결과를 출력한다. 한 문자를 가지고 있는 ch 역시 여전히 문자열이다.

```
<class 'str'>
```

---

4　역주 대신 새로운 값을 만들어서 변수를 재사용한다.

이처럼 파이썬은 단 하나의 문자를 가진 데이터도 문자열 타입으로 취급하며, 다른 프로그래밍 언어와 같이 별도의 '문자' 타입을 제공하지 않는다.

슬라이싱은 파이썬 문자열, 리스트, 튜플에서 사용할 수 있는 특별한 기능이다. 표 2-2는 부분 문자열을 생산하는 문자열 슬라이싱 문법을 요약한 것이다.

❤ 표 2-2 파이썬 문자열의 슬라이싱 문법

| 문법 | 부분 문자열 결과 |
|---|---|
| string[beg: end] | beg부터 end 전까지 모든 문자를 반환한다. |
| string[:end] | 처음부터 end 전까지 모든 문자를 반환한다. |
| string[beg:] | beg부터 끝까지 모든 문자를 반환한다. |
| string[:] | 문자열 전체를 반환한다. 이 연산은 전체 문자열을 복사한다. |
| string[beg: end: step] | beg부터 end 전까지 각 항목 간 step 간격의 문자를 반환한다. |

여러분이 문자열의 첫 문자와 마지막 문자를 제거하고 싶다고 가정해 보자. 이 경우 양수와 음수 인덱스를 함께 사용할 수 있다. 다음과 같이 큰따옴표(' ')로 시작하고 끝나는 문자열을 하나 선언하자.

```
king_str = '"헨리 8세"'
```

이 문자열 변수를 print 문으로 출력하면 결과는 다음과 같다.

```
"헨리 8세"
```

문자열을 감싸고 있는 큰따옴표를 제거하고 싶은가? 다음 코드에서 쉬운 방법을 확인해 보자.

```
new_str = king_str[1:-1]
print(new_str)
```

결과는 다음과 같다.

```
헨리 8세
```

그림 2-2는 이 코드가 어떻게 동작하는지 설명하고 있다. 슬라이싱 연산은 첫 인수부터 두 번째 인수 전까지의 문자열을 반환한다.

▼ 그림 2-2 문자열 슬라이싱(slicing) 예제 1

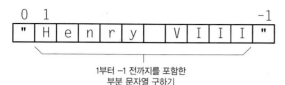

다른 예제를 살펴보자. "The Bad Dog"의 두 번째 단어인 "Bad"를 추출한다고 가정해 보자. 그림 2-3은 인덱스 4부터 인덱스 7 전까지 포함한 문자열을 반환하는 과정을 설명하고 있다. "Bad"는 string[4:7]로 확보할 수 있다.

▼ 그림 2-3 문자열 슬라이싱 예제 2

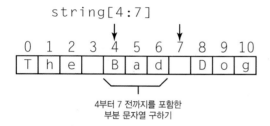

흥미로운 슬라이싱 규칙 몇 가지를 살펴보자.

- beg와 end가 모두 양수 인덱스면 end-beg는 자른 문자열의 최대 길이를 반환한다.
- 처음부터 N번째 문자까지 확보하고 싶다면 string[:N]을 사용한다.
- 끝에서 마지막 N번째 문자까지 확보하고 싶다면 string[-N:]을 사용한다.
- 문자열 전체를 복사하려면 string[:]을 사용한다.

슬라이싱은 선택 사항으로 세 번째 인수인 step 인수를 허용한다. 양수라면 문자열을 반환할 때 각 항목의 간격을 명시할 수 있다. step 인수가 2면 매번 한 항목을 건너뛴다. step 인수 3은 매번 2개의 항목을 건너뛰어서 세 번째 문자를 반환하라는 의미다. 가령 다음 코드는 'RoboCop'의 두 번째 문자부터 간격이 2인 문자들을 반환한다.

```
a_str = 'RoboCop'
b_str = a_str[1::2]          # 문자 간격이 2인 문자들을 반환한다.
print(b_str)
```

이 예시는 다음 결과를 출력한다.

```
ooo
```

다른 예제를 살펴보자. step 값이 3이라는 것은 "문자 간격이 3인 문자들을 반환하라."라는 의미다. 이번에는 기본값으로 슬라이싱 첫 위치를 맨 앞으로 설정하여 슬라이싱을 수행한다.

```
a_str = 'AbcDefGhiJklNop'
b_str = a_str[::3]          # 문자 간격이 3인 문자들을 반환한다.
print(b_str)
```

이 예시는 다음 결과를 출력한다.

```
ADGJN
```

step 값을 음수로 넣는 것도 가능하다. 문자열을 역순으로 순회하게 만드는 것이다. 가령 다음 함수는 문자열의 앞뒤를 완전히 바꾼 문자열을 print 함수의 인수로 넣는다.

```
def reverse_str(s):
    return s[::-1]

print(reverse_str('Wow Bob wow!'))
print(reverse_str('Racecar'))
```

이 예시는 다음 결과를 출력한다.

```
!wow boB woW
racecaR
```

파이썬은 슬라이싱을 수행할 때 인덱스 범위를 벗어나더라도 예외를 발생시키지 않는다. 대신 가능한 한 많은 부분을 반환한다. 어떤 경우에는 아무 문자열도 반환하지 않을 수 있다.

```
a_str = 'cat'
b_str = a_str[10:20]        # b_str은 빈 문자열이 대입된다.
```

# 2.5 단일-문자 함수(문자 코드)

먼저 길이가 1인 문자열과 함께 사용하도록 의도된 함수 2개를 살펴보자. 실제로 문자열을 처리한다고 하더라도, 이 함수들은 단일-문자를 처리하는 함수다.

```
ord(단일문자)            # 숫자 코드 반환
chr(숫자)               # 아스키코드나 유니코드를 한 글자 문자로 변환
```

ord 함수는 한 문자를 인수로 받으며, 더 긴 문자가 들어가면 TypeError 예외를 발생시킨다. 이 함수는 인수로 입력한 문자의 아스키코드 혹은 유니코드 값을 반환한다. 예를 들어 다음 예시는 문자 A의 아스키코드인 숫자 65를 반환한다.

```
print(ord('A'))        # 65 출력
```

chr 함수는 ord 함수와 정반대로 동작한다. 인수로 문자 코드를 넣으면 아스키코드 혹은 유니코드에 해당하는 하나의 문자를 반환한다. 65를 인수로 chr 함수를 호출하면 문자 A를 반환한다.

```
print(chr(65))         # 'A' 출력
```

in과 not in 연산자는 주로 단일-문자와 함께 사용된다. 비록 이 연산자들을 반드시 단일-문자와 함께 사용하라는 제약이 있는 것은 아니지만 말이다. 가령 다음 코드는 문자열의 첫 문자가 모음인지를 테스트한다.

```
s = 'elephant'
if s[0] in 'aeiou':
    print('첫 문자가 모음이군요.')
```

반대로 자음을 테스트하는 코드도 작성할 수 있다.

```
s = 'Helephant'
if s[0] not in 'aeiou':
    print('첫 문자가 자음이군요.')
```

이 코드의 한 가지 명확한 결점은 이 코드가 대문자에는 제대로 동작하지 않는다는 것이다. 다음과 같이 고쳐 보자.

```
    if s[0] in 'aeiouAEIOU':
        print('첫 문자가 모음이군요.')
```

아니면 테스트하기 전에 문자열을 모두 대문자로 변환하는 방법도 있다. 이 방법은 대·소문자 구분 없이 비교할 때 사용할 수 있다.

```
    s = 'elephant'
    if s[0].upper() in 'AEIOU':
        print('첫 문자가 모음이군요.')
```

in과 not in은 한 문자보다 더 많은 문자를 지니고 있는 부분 문자열을 테스트하는 데도 사용할 수 있다. 이 경우 전체 부분 문자열을 포함하고 있어야 True가 반환된다.

```
    'bad' in 'a bad dog'            # 참!
```

in 연산자는 모든 문자열이 빈 문자열('')을 포함하고 있다고 생각하는 반면, 모든 리스트가 빈 리스트를 항목으로 가지고 있다고 생각하지는 않는다. 이 차이점을 기억하기 바란다.

```
    print('' in 'cat')             # True 출력
    print([] in [1, 2, 3])         # False 출력
```

단일-문자 연산자가 중요한 또 다른 영역은 for 루프와 순회다. 리스트를 순회하면 각 항목을 반환하는 반면, 문자열을 순회하면 문자열에 포함된 각각의 문자를 반환한다. 다시 한 번 언급하지만, 이 문자는 별도의 '문자' 타입 객체가 아니라 길이가 1인 문자열이다.

```
    s = 'Cat'
    for ch in s:
        print(ch, ', type:', type(ch))
```

이 예제의 출력 결과는 다음과 같다.

```
    C, type: <class 'str'>
    a, type: <class 'str'>
    t, type: <class 'str'>
```

이 문자들은 길이가 1인 문자열이기 때문에 아스키코드 값으로 변경할 수 있다.

```
    s = 'Cat'
    for ch in s:
        print(ord(ch), end=' ')
```

이 예제의 출력 결과는 다음과 같다.

```
67 97 116
```

SUPERCHARGED PYTHON

# 2.6 / 'join'을 사용하여 만든 문자열

문자열이 불변의 성질을 가지고 있다는 것을 고려해 보면 "어떻게 새로운 문자열을 조립하거나 생성할 수 있을까?"와 같은 질문을 할 수도 있겠다.

다시 한 번 말하지만, 파이썬 대입의 특별한 동작 방식이 이 질문의 답을 준다. 가령 다음 코드는 "Big Bad John" 문자열을 만든다.

```
a_str = 'Big '
a_str = a_str + 'Bad '
a_str = a_str + 'John'
```

이 코드는 완벽하게 동작하는데, 매번 a_str을 재사용하면서 새로운 문자열을 대입하고 있다. 최종 결과물은 다음과 같다.

```
'Big Bad John'
```

다음 코드 역시 잘 동작하며, 불변의 성질을 위배하는 것 같지만 사실 그렇지 않다.

```
a_str = 'Big '
a_str += 'Bad '
a_str += 'John'
```

=, +와 +=를 사용하여 문자열을 만드는 방법은 적은 숫자의 객체를 다루는 단순한 경우에 적절하다. 가령 다음과 같이 2.5절에서 소개한 ord와 chr 함수를 사용하면 모든 알파벳 문자를 포함한 문자열을 만들 수 있다.

```
n = ord('A')
s = ''
for i in range(n, n + 26):
    s += chr(i)
```

이 예제는 무척 간결하다. 하지만 파이썬은 내부적으로 메모리에 완전히 새로운 문자열을 계속 반복하여 생성하게 된다.

이런 비효율을 개선하기 위해 대안으로 join 메서드를 사용할 수 있다.

```
구분자_문자열.join(리스트)
```

이 메서드는 리스트의 모든 문자열을 연결하여 하나의 커다란 문자열을 만든다. 이 리스트에 항목이 1개 이상 있다면 '구분자_문자열'의 텍스트가 문자열 사이를 연결하는 데 사용된다. 빈 문자열도 사용 가능하며, 리스트의 모든 문자가 간단하게 연결될 것이다.

join을 사용하는 것이 문자열 연결 연산자(+)를 사용하는 방법보다 더 효율적이지만, 엄청나게 많은 항목이 있지 않는 한 실행 시간의 차이를 느끼기는 힘들다.

```
n = ord('A')
a_lst = [ ]
for i in range(n, n + 26):
    a_lst.append(chr(i))
s = ''.join(a_lst)
```

join 메서드는 a_lst의 모든 문자열을 연결하여 A~Z의 빈칸 없이 연결된 하나의 큰 문자열을 만든다. 이 경우에는 구분자 문자열이 빈 문자열로 설정되었다.

> 성능 Tip ☆ 단순 문자열 연결하기 대신 join을 사용하면서 얻는 이점은 수천 번 연산해야 하는 큰 사례에서 확인할 수 있다. 이런 사례에서 문자열 연결하기가 갖는 결점은 한 번만 사용하고 파이썬의 '가비지 컬렉션(garbage collection)'에 의해 버려질 수천 개의 문자열을 만들어야 한다는 것이다. 그리고 빈번하게 실행된 가비지 컬렉션은 실행 시간의 비효율을 초래한다.[5]

join을 사용하는 것이 우세한 사례를 하나 살펴보자. 여러분이 이름 리스트를 받아서 콤마 기호로 분리하여 1줄로 멋지게 출력한다고 가정해 보자. 다음은 어려운 방식으로 작성한 코드다.

```
def print_nice(a_lst):
    s = ''
    for item in a_lst:
```

---

5 **역주** 가비지 컬렉션은 메모리상에 더 이상 사용하지 않는 객체들을 제거하여 개발자가 직접 객체를 위한 메모리를 할당하거나 해제하는 행위를 하지 않게 도와주는 도구다. 파이썬 실행 환경에 포함되어 있다.

```
        s += item + ', '
    if len(s) > 0:                    # 문자열 끝의 콤마+빈칸 제거
        s = s[:-2]
    print(s)
```

이렇게 함수를 정의하면 다음과 같이 문자열 리스트를 사용하여 이 함수를 호출할 수 있다.

```
print_nice(['John', 'Paul', 'George', 'Ringo'])
```

이 예시의 출력 결과는 다음과 같다.

```
John, Paul, George, Ringo
```

이번에는 join 메서드를 사용한 방법을 살펴보자.

```
def print_nice(a_lst):
    print(', '.join(a_lst))
```

훨씬 적은 코드를 사용하고도 같은 결과가 나왔다!

## 2.7 주요 문자열 함수

이 장에서 설명하고 있는 '함수'는 사실 메서드이며, 클래스의 멤버 함수는 점 기호(.) 문법으로 호출할 수 있다.

하지만 메서드와 더불어 파이썬 언어에서는 기초 타입과 함께 사용할 수 있는 중요한 여러 기본 내장 함수를 제공한다. 특히 다음에 나열한 함수들은 문자열과 함께 자주 사용된다.

```
input(프롬프트에 출력할 문자열)    # 문자열 입력을 위한 프롬프트 사용자
len(문자열)                       # 문자열 내 문자 개수를 숫자로 반환
max(문자열)                       # 가장 높은 코드 값을 가진 문자 반환
min(문자열)                       # 가장 낮은 코드 값을 가진 문자 반환
reversed(문자열)                  # 역순 문자열을 지닌 이터레이터 반환
sorted(문자열)                    # 정렬된 문자열을 지닌 리스트 반환
```

가장 중요한 함수는 모든 표준 컬렉션 클래스의 항목 개수를 반환하는 len이다. 문자열이라면 문자 개수가 반환된다. 예제를 살펴보자.

```
dog1 = 'Jaxx'
dog2 = 'Cutie Pie'
print(dog1, 'has', len(dog1), 'letters.')
print(dog2, 'has', len(dog2), 'letters.')
```

출력 값은 다음과 같다. 빈칸을 포함했기 때문에 "Cutie Pie"가 9개의 문자를 가지고 있다는 것에 주목하자.

```
Jaxx has 4 letters.
Cutie Pie has 9 letters.
```

reversed와 sorted 함수는 리스트 대신 각각 이터레이터와 리스트를 반환한다. 하지만 join 메서드를 사용하면 객체를 문자열로 변환한 값을 확인할 수 있다. 다음 예제를 살펴보자.

```
a_str = ''.join(reversed('Wow,Bob,wow!'))
print(a_str)
b_str = ''.join(sorted('Wow,Bob,wow!'))
print(b_str)
```

결과는 다음과 같다.

```
!wow,boB,woW
!,,BWbooowww
```

# 2.8 / 이진수와 10진수, 16진수 변환 함수

str 변환 함수와 더불어 파이썬은 숫자를 입력받아서 문자열 결과를 반환하는 함수 3개를 제공한다. 각 함수는 선택한 진수를 표현한 숫자 형태의 문자열을 반환한다(2, 16, 8은 이진수, 16진수, 8진수에 해당한다).

```
bin(숫자)        # 숫자의 이진수 반환
                # 예 bin(15) -> '0b1111'
hex(숫자)        # 숫자의 16진수 반환
                # 예 hex(15) -> '0xf'
oct(숫자)        # 숫자의 8진수 반환
                # 예 oct(15) -> '0o17'
```

다른 예시를 살펴보자. 다음 코드는 숫자 10을 이진수, 8진수, 16진수로 표현한다.

```
print(bin(10), oct(10), hex(10))
```

결과는 다음과 같다.

```
0b1010 0o12 0xa
```

보는 바와 같이 이 세 함수는 자동으로 접두사 0b, 0o, 0x를 출력한다.

SUPERCHARGED PYTHON

# 2.9 간단한 불리언('is') 메서드

함수가 is로 시작하는 모든 메서드는 True나 False를 반환한다. 우리는 이 함수들을 단일-문자 문자열과 함께 자주 사용하지만, 더 긴 문자열과도 사용할 수 있다. 더 긴 문자열과 사용하는 경우 문자열 안의 모든 문자가 테스트를 통과해야 True를 반환한다. 표 2-3은 문자열의 불리언 메서드를 정리한 것이다.

▼ 표 2-3 문자열의 불리언 메서드

| 메서드 이름/문법 | 테스트 통과 시 True 반환 |
| --- | --- |
| str.isalnum() | 모든 문자가 글자와 숫자로 이루어졌으며, 최소한 문자가 하나 이상 있는 경우 |
| str.isalpha() | 모든 문자가 알파벳 글자로 이루어졌으며, 최소한 문자가 하나 이상 있는 경우 |
| str.isdecimal() | • 모든 문자가 10진수 숫자로 이루어졌으며, 최소한 문자가 하나 이상 있는 경우<br>• isdigit과 비슷하지만 유니코드 문자와 사용 |
| str.isdigit() | 모든 문자가 10진수 숫자로 이루어졌으며, 최소한 문자가 하나 이상 있는 경우 |
| str.isidentifier() | • 문자열이 유효한 파이썬 식별자 이름 규칙을 지키고 있는 경우<br>• 첫 문자는 반드시 문자나 언더스코어(_)이어야 하며, 각 문자는 글자, 숫자 혹은 언더스코어이어야 한다. |
| str.islower() | 모든 문자가 소문자로 이루어졌으며, 최소한 문자가 하나 이상 있는 경우(참고로 알파벳이 아닌 문자가 포함될 수도 있다) |
| str.isprintable() | • 모든 문자가 출력 가능한 문자인 경우<br>• \n과 \t는 제외다. |
| str.isspace() | 모든 문자가 '공백 문자(whitespace)'이며, 최소한 문자가 하나 이상 있는 경우[6] |
| str.istitle() | • 모든 문자가 유효한 제목이며, 최소한 문자가 하나 이상 있는 경우<br>• 첫 문자만 대문자고 나머지는 모두 소문자면 조건에 만족한다. 문자 사이에 공백 문자나 구분 문자가 있을 수 있다. |
| str.isupper() | 모든 문자가 대문자로 이루어졌으며 최소한 문자가 하나 이상 있는 경우(참고로 알파벳이 아닌 문자가 포함될 수도 있다) |

단일 문자나 여러 문자로 이루어진 문자열에도 이 함수들을 사용할 수 있다. 다음 예제에서 이 두 가지 경우를 모두 살펴보자.

```
h_str = 'Hello'
if h_str[0].isupper():
    print('First letter is uppercase.')
if h_str.isupper():
    print('All chars are uppercase.')
else:
    print('Not all chars are uppercase.')
```

---

6 역주 공백 문자는 '빈칸', '탭', '개행 문자'와 같이 눈에 보이지 않지만 '빈칸'으로 이루어진 문자들을 의미한다.

결과는 다음과 같다.

```
First letter is uppercase.
Not all chars are uppercase.
```

다음 문자열은 첫 글자가 대문자고 나머지는 소문자이기 때문에 제목 여부를 확인하는 테스트도 통과할 것이다.

```
if h_str.istitle():
    print('Qualifies as a title.')
```

# 2.10 대·소문자 변환 메서드

앞 절에서 살펴본 메서드들은 대·소문자 유무를 테스트했다. 이 절의 메서드들은 대·소문자를 변환하여 새로운 문자열을 만든다.

```
문자열.lower()       # 모두 소문자인 문자열을 생성한다.
문자열.upper()       # 모두 대문자인 문자열을 생성한다.
문자열.title()       # 'foo foo'.title() => 'Foo Foo'
문자열.swapcase()    # 대소문자를 서로 변경한다.
```

lower와 upper 메서드의 동작 방식은 복잡하지 않다. 첫 번째 메서드는 모든 대문자를 소문자로 변경한다. 두 번째 메서드는 소문자를 대문자로 바꾼다. 두 메서드 모두 글자가 아닌 문자는 그대로 유지된다.

변환을 하고 나면 신규 문자열을 반환한다. 기존 문자열 데이터는 불변이며, '기존 값'이 변경되지는 않는다. 하지만 다음 예제는 동일한 변수에 새로운 객체를 대입하고 있기 때문에 마치 기존 값을 변경하는 것처럼 보인다.

```
my_str = "I'm Henry VIII, I am!"
new_str = my_str.upper()
my_str = new_str
```

마지막 2줄을 다음과 같이 1줄로 표현할 수도 있다.

```
my_str = my_str.upper()
```

이제 my_str을 출력하면 다음과 같은 결과를 얻는다.

```
I'M HENRY VIII, I AM!
```

swapcase 메서드는 드물게 사용하는데 대문자는 소문자로, 소문자는 대문자로 변경한다. 예를 들어 보자.

```
my_str = my_str.swapcase()
print(my_str)
```

결과는 다음과 같다.

```
i'M hENRY viii, i AM!
```

# 2.11 검색-교체 메서드

검색-교체 메서드는 str 클래스 메서드 중 가장 유용하다. 이 절에서 startswith와 endswith를 먼저 살펴본 후 다른 검색-교체 메서드를 살펴볼 것이다.

```
문자열.startswith(부분문자열)       # 접두사를 찾으면 True 반환
문자열.endswith(부분문자열)         # 접미사를 찾으면 True 반환
```

필자가 앞서 집필한 〈Python Without Fear〉(Addison-Wesley, 2017)에서는 로마 숫자를 10진수로 변환한 프로그램을 소개하는데, 이 프로그램은 M으로 시작하는 로마 숫자가 입력된 문자열의 첫 부분에 등장하는지 확인한다.

```
while romstr.startswith('M'):
    amt += 1000              # 합계를 위해 1,000을 더한다.
    romstr = romstr[1:]      # 첫 번째 문자를 제거한다.
```

반대로 endswith 메서드는 특정 부분 문자열이 접미어로 등장하는지 확인한다. 예를 들어 보자.

```
me_str = 'John Bennett, PhD'
is_doc = me_str.endswith('PhD')
```

startswith와 endswith는 빈 문자열과도 에러 없이 동작한다. 부분 문자열이 빈 문자열이라면 반환값은 항상 True다.

이제 파이썬 문자열의 다른 검색-교체 메서드를 살펴보자.

```
문자열.count(부분문자열 [, 시작 [, 종료]])
문자열.find(부분문자열 [, 시작 [, 종료]])
문자열.index()                    # find와 같지만, 예외 발생
문자열.rfind()                    # find와 같지만, 끝에서부터 검색
문자열.replace(기존, 신규 [, 제한횟수])    # count는 선택적으로 추가
                                 # 교체 횟수를 제한
```

문법에서 등장하는 대괄호([ ])는 선택 사항으로 추가할 수 있는 항목이다.

count 메서드는 인수로 넣은 부분 문자열이 등장하는 횟수를 반환한다. 다음 코드에서 어떻게 동작하는지 확인해 보자.

```
frank_str = 'doo be doo be doo...'

n = frank_str.count('doo')
print(n)                          # 3 출력
```

같은 메서드를 호출하면서 검색을 할 시작 위치와 끝 위치를 선택 사항으로 입력할 수 있다.

```
print(frank_str.count('doo', 1))        # 2 출력
print(frank_str.count('doo', 1, 10))    # 1 출력
```

'시작' 인수 1은 두 번째 문자부터 검색을 시작하겠다는 의미다. 만약 '시작'과 '종료' 인수가 모두 사용되었다면 '시작'부터 '종료' 전까지 검색을 수행한다. 이 인수들은 늘 그렇듯이 첫 인덱스는 0부터 시작된다.

(시작, 종료) 인수가 범위를 벗어난다면 count 메서드는 예외를 발생시키지 않은 채 최대한 많은 문자를 찾으려고 할 것이다.

유사한 규칙이 find 메서드에도 적용된다. 이 메서드가 호출되면 인수 '부분문자열'이 발견되는 첫 번째 위치를 양수 인덱스로 반환한다. -1을 반환하면 찾지 못했다는 의미다.

```
frank_str = 'doo be doo be doo...'
print(frank_str.find('doo'))          # 0 출력
print(frank_str.find('doob'))         # -1 출력
```

부분문자열이 나타나는 모든 위치를 확보하고 싶다면 다음과 같이 루프 안에서 find 메서드를 호출하면 된다.

```
frank_str = 'doo be doo be doo...'
n = -1

while True:
    n = frank_str.find('doo', n + 1)
    if n == -1:
      break
    print(n, end=' ')
```

이 예시는 'doo'가 나타나는 모든 위치를 출력한다.

```
 0 7 14
```

이 예시는 '시작' 인수를 활용하고 있다. find 메서드가 값을 반환하면 검색 시작 위치 n을 하나씩 증가시킨다. 이는 다음에 호출될 find 메서드가 새로운 '부분문자열' 인스턴스를 찾는 것을 보장한다.

find 메서드는 검색에 실패하면 -1을 반환한다.

index와 rfind 메서드는 find 메서드와 거의 똑같지만, 몇 가지 다른 점이 있다. index 메서드는 '부분문자열'을 찾지 못하면 -1을 반환하지 않는다. 대신 ValueError 예외를 발생시킨다.

rfind 메서드는 '부분문자열'을 뒤에서부터 검색하는데, 기본적으로 문자열의 끝에서 왼쪽으로 검색을 진행한다. 하지만 그렇다고 해서 부분문자열을 역순으로 변경한다는 것은 아니다. 대신 '부분문자열'이 등장하는 마지막 단어의 첫 글자 인덱스 위치를 반환한다.

```
frank_str = 'doo be doo be doo...'
print(frank_str.rfind('doo'))          # 14 출력
```

이 예시는 'doo'가 나타나는 맨 오른쪽 문자의 첫 글자가 0으로 시작하는 인덱스의 14번째 인덱스이기 때문에 14를 출력한다.

끝으로 replace 메서드는 문자열에 포함된 '기존' 값을 '신규' 값으로 모두 변경한다. 잘 알다시피 기존 문자열 값을 변경할 수 없기 때문에 새로운 문자열이 생성된다.

가령 우리가 가지고 있는 책 제목의 철자를 'Grey'에서 'Gray'로 바꾼다고 해 보자. 다음 코드를 살펴보자.

```
title = '25 Hues of Grey'
new_title = title.replace('Grey', 'Gray')
```

new_title을 출력하면 다음과 같다.

```
25 Hues of Gray
```

다음 예시는 동일한 부분 문자열이 여러 번 등장했을 때 replace가 어떻게 동작하는지 잘 보여 준다.

```
title = 'Greyer Into Grey'
new_title = title.replace('Grey', 'Gray')
```

새로운 문자열은 다음과 같다.

```
Grayer Into Gray
```

SUPERCHARGED PYTHON

# 2.12 'split'을 활용한 입력 값 쪼개기

입력받은 문자를 다루는 가장 흔한 프로그래밍 작업은 토큰화(tokenizing)이다. 즉, 입력받은 문장을 각 단어, 구, 숫자로 분리하는 것이다. 파이썬 split 메서드는 이 토큰화 작업을 쉽고 편리하게 해 준다.

```
입력_문자열.split(구분_문자열=None)
```

이 메서드가 호출되면 '입력_문자열'의 부분 문자열로 이루어진 리스트를 반환한다. '구분_문자열'은 단어를 쪼개는 기준인 구분자로 동작한다.

'구분_문자열'이 생략되거나 None이 설정되면 공백 문자(빈칸, 탭, 개행 문자)를 기준으로 토큰을 구분한다.

가령 기본 구분자로 빈칸을 사용하는 split 메서드는 여러 이름을 쪼개는 데 사용할 수 있다.

```
stooge_list = 'Moe Larry Curly Shemp'.split()
```

반환되는 리스트는 다음과 같다.

```
['Moe', 'Larry', 'Curly', 'Shemp']
```

None 혹은 기본 인수로 split을 수행하면 공백 문자의 개수는 상관없다. 다음과 같이 말이다.

```
                   빈칸 4개        빈칸 2개
stooge_list = 'Moe    Larry Curly  Shemp'.split()
```

하지만 '구분_문자열'이 명시되면 한 문자는 다음 문자와 구분자에 의해서 정확하게 구분되어야 한다.

```
                   빈칸 4개        빈칸 2개
stooge_list ='Moe    Larry Curly  Shemp'.split(' ')
```

이 예시는 빈칸으로 구분되는 문자열을 추가로 인식한다. 빈 문자라도 말이다. 아마 이런 결과를 원하지는 않을 것이다. 코드를 실행한 후 반환된 리스트는 다음과 같다.

```
['Moe', '', '', '', 'Larry', 'Curly', '', 'Shemp']
```

또 하나의 흔한 '구분 문자열'은 콤마(,)나 콤마와 빈칸이 합쳐져 있는 경우다. 후자인 경우에는 '구분 문자열'이 정확하게 일치해야 한다. 예시를 살펴보자.

```
stooge_list = 'Moe, Larry, Curly, Shemp'.split(', ')
```

반면에 다음 예시는 콤마 기호만 구분자로 사용했다. 그러다 보니 토큰 문자에 쓸데없는 빈칸이 붙게 된다.

```
stooge_list = 'Moe, Larry, Curly, Shemp'.split(',')
```

반환 결과를 살펴보면 뒤 3개의 토큰 앞에 여분의 스페이스가 붙은 것을 확인할 수 있다.

```
['Moe', ' Larry', ' Curly', ' Shemp']
```

여분의 스페이스를 원하지 않는다면 다음 절에서 살펴볼 앞뒤 문자 제거하기(stripping) 기능을 사용하면 된다.

# 2.13 앞뒤 문자 제거하기

사용자나 텍스트 파일로부터 문자열을 입력받으면 앞뒤에 붙은 빈칸을 제거하여 원하는 형태로 변경해야 할 경우가 있다. 혹은 문자열을 앞뒤로 감싸고 있는 숫자 '0'이나 다른 문자를 제거해야 하는 경우도 있다. str 클래스는 이렇게 앞뒤 문자를 제거하는 몇 가지 메서드를 제공한다.

```
문자열.strip(제거_문자열=' ')        # 앞뒤 문자 지우기
문자열.lstrip(제거_문자열=' ')       # 앞 문자 지우기
문자열.rstrip(제거_문자열=' ')       # 뒤 문자 지우기
```

이 메서드들이 호출되면 문자열의 앞 혹은 뒤 또는 앞뒤 모두 특정 문자를 제거한다.

lstrip 메서드는 앞 문자만 제거하며, rstrip 메서드는 끝 문자만 제거한다. strip 메서드는 앞뒤 문자를 모두 제거한다.[7]

각 메서드에 '제거_문자열'이 명시되면 strip 메서드는 '제거_문자열'에 표기된 모든 문자를 각각 제거한다. 가령 '*+0'이 주어지면 메서드는 앞뒤의 별표 기호(*)를 제거하고, 숫자 0을 제거한 후 더하기 기호(+)도 제거한다.

문자열 중간에 위치한 제거 대상 문자는 제거하지 않는다. 예를 들어 다음 코드는 빈칸을 삭제하지만 중간에 있는 빈칸은 삭제하지 않는다.

---

7 **역주** lstrip의 접두사 l은 왼쪽을 뜻하는 left를 의미하며, rstrip의 접두사 r은 오른쪽의 right을 의미한다. 파이썬의 메서드 이름에는 left 로 시작을 의미하고, right으로 끝을 의미하는 경우가 많다.

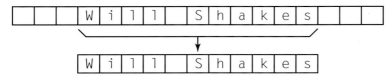

```
name_str = '   Will Shakes   '
new_str = name_str.strip()
```

그림 2-4는 이 메서드가 어떻게 호출되는지 보여 준다.

▼ 그림 2-4 파이썬 앞뒤 문자 제거하기(stripping) 동작 방식

| | | W | i | l | l | | S | h | a | k | e | s | | | |

| W | i | l | l | | S | h | a | k | e | s |

# 2.14 / 자리 맞춤 메서드

정교한 텍스트 포매팅이 필요하다면 5장에서 소개하는 기법을 사용해야 한다. 하지만 str 클래스는 텍스트 자리 맞춤(justification)을 위한 가장 기초적인 기법을 제공한다. 왼쪽, 오른쪽, 가운데에 문자를 추가하여 자리를 맞추는 방식으로 말이다.

```
문자열.ljust(길이 [, 채우기_문자])          # 왼쪽 자리 맞춤
문자열.rjust(길이 [, 채우기_문자])          # 오른쪽 자리 맞춤
문자열.center(길이 [, 채우기_문자])         # 텍스트를 가운데에 위치
숫자_문자열.zfill(길이)                      # 숫자 0 채우기
```

문법에서 보여 주는 대괄호 기호는 선택 사항으로 입력하는 인수다. 이 메서드들은 다음과 같이 포매팅된 문자열을 반환한다.

- str의 텍스트는 인수 '길이' 크기에 명시한 더 큰 출력 필드에 위치한다.
- 문자열 텍스트가 주어진 '길이'보다 짧다면 텍스트는 메서드에 따라 왼쪽, 오른쪽 혹은 가운데로 이동한다. center 메서드는 문자열 텍스트가 완벽하게 가운데에 위치할 수 없는 경우 왼쪽에 치우치게 문자열 텍스트를 이동시킨다.

- 문자열 텍스트를 제외한 나머지는 '채우기_문자'로 채워진다. '채우기_문자'를 명시하지 않으면 기본값으로 빈칸이 설정된다. 다음 예시를 살펴보자.

```
new_str = 'Help!'.center(10, '#')
print(new_str)
```

결과는 다음과 같다.[8]

```
##Help!###
```

(빈칸 대신) 자주 등장하는 '채우기_문자'는 숫자 문자인 '0'이다. 숫자 형태의 문자열은 일반적으로 왼쪽보다는 오른쪽으로 자리 맞춤한다.

예제를 살펴보자.

```
new_str = '750'.rjust(6, '0')
print(new_str)
```

결과는 다음과 같다.

```
000750
```

zfill 메서드는 더 짧고 간단하게 같은 작업을 수행한다. 텍스트 문자열을 오른쪽에 위치하고, 앞쪽에 숫자 '0' 문자를 채워 넣는다.

```
s = '12'
print(s.zfill(7))
```

하지만 zfill 메서드는 그저 rjust의 기능을 단순화한 것이 아니다. 대신 zfill을 사용하면 채워진 '0'은 숫자의 일부가 되며, '0'은 숫자와 기호 사이에 위치한다.

```
>>> '-3'.zfill(5)
'-0003'
>>> '-3'.rjust(5, '0')
'000-3'
```

# 2.15 정리해 보자

파이썬 문자열 타입(str)은 다른 언어의 문자열과 비교하더라도 굉장히 강력한 데이터 타입이다. 문자열 메서드는 입력 값을 쪼개고(splitting), 앞뒤 문자를 제거하고(stripping), 숫자 포맷으로 변환하며, 어떤 진수로도 표현할 수 있는 기능을 제공한다.

내장 검색 기능으로 문자 개수를 세거나 부분 문자열을 찾을 수 있으며(count, find, index), 텍스트 교체도 가능하다.

여전히 문자열로 할 수 있는 작업은 무궁무진하다. 5장에서는 문자를 더욱 정교하게 포매팅하는 방법을 살펴보고, 결과물을 출력하는 방법들도 살펴볼 것이다.

6장에서는 일치, 검색, 텍스트 패턴 교체 등을 더욱 깊이 알아볼 것이며, 복잡한 문자열에서 구체적인 패턴을 사용하여 유연하게 검색할 수 있는 방법을 살펴볼 것이다.

# 2.16 복습 문제

1 문자열의 특정 인덱스 문자를 변경하는 것은 파이썬 문자열의 불변 성질을 위반하는가?

2 += 연산자를 사용한 문자열 연결하기는 파이썬 문자열의 불변 성질을 위반하는가? 그 이유는 무엇인가?

3 파이썬에서 주어진 문자를 검색하기 위한 방법은 몇 가지가 있는가?

4 인덱싱(indexing)과 슬라이싱(slicing)이 명확하게 서로 어떻게 관련 있는가?

5 인덱스된 문자의 정확한 데이터 타입은 무엇인가? 슬라이싱에 의해 생성된 부분 문자열의 데이터 타입은 무엇인가?

6 파이썬에서 문자열과 문자 'types'의 관계는 무엇인가?

7 1개 혹은 여러 작은 문자열로 더 큰 문자열을 만들 수 있게 해 주는 연산자를 최소한 2개, 메서드를 최소한 1개 이상 이야기하라.

8 index 메서드로 부분 문자열을 삽입한다면 in 혹은 not in으로 대상 문자열을 먼저 테스트하면 얻을 수 있는 장점은 무엇인가?

9 단순한 불리언(True/False) 결과를 반환하는 내장 문자열 메서드, 연산자는 무엇이 있는가?

## 2.17 실습 문제

SUPERCHARGED PYTHON

1 문자열을 프롬프트에서 입력하여 모음과 자음 숫자를 세어서 출력하는 프로그램을 작성하라.
(**힌트** 코드를 최소화하기 위해 in과 not in 연산자를 사용한다.)

2 문자열의 앞 두 글자와 끝 두 글자를 효율적으로 제거하는 함수를 작성하라. 반환값은 빈 문자열이다.

# 3<sup>장</sup>

# 고급 리스트 기능

강력한 프로그래밍 언어는 기본적으로 컬렉션 하나에 잠재적으로 큰 개수의 여러 객체를 담는 배열이나 리스트 개념을 제공한다.

파이썬의 가장 기초적인 컬렉션 클래스인 리스트는 다른 언어에서 제공하는 배열의 모든 기능을 제공하면서도, 더 많은 것을 할 수 있게 해 준다.[1] 이 장에서 파이썬 리스트의 기초부터 고급 기능까지 살펴볼 것이다.

# 3.1 파이썬 리스트 생성 및 활용

파이썬은 데이터를 선언할 필요가 없다. 그렇다면 어떻게 리스트와 같은 컬렉션을 만들 수 있을까? 그 방법은 다른 데이터를 만드는 방법과 동일하다.

- 대입 연산자의 우측에 데이터를 명시한다. 리스트의 생성(create) 문이나 구축(build) 문이 위치한다.
- 대입 연산자의 좌측에는 다른 대입문과 같이 리스트를 참조하기 위해 사용하는 변수 이름을 명시한다.

변수는 대입을 하지 않는 한 어떤 타입도 정해지지 않는다. 이론상 다음 변수 x는 처음에 정수였다가 리스트가 된다.

```
x = 5
x = [1, 2, 3]
```

하지만 변수는 하나의 데이터 타입만 쭉 사용하는 것이 훨씬 좋다. 또한, 데이터 타입을 연상시키는 변수 이름을 쓰는 것을 추천한다. 예를 들어 리스트 컬렉션의 변수 이름을 정할 때 'list'를 접미사로 사용하는 것도 좋은 아이디어다.

```
my_int_list = [5, -20, 5, -69]
```

---

1 **역주** 언어 대부분은 배열을 제공한다(자바는 배열, 리스트 둘 다 제공한다). 파이썬에서는 배열(array)이라는 클래스가 존재하지 않으며, 리스트로 같은 기능을 제공하고 있다.

다음과 같이 문자열 이름으로 구성된 리스트를 선언할 수도 있다.

```
beat_list = ['John', 'Paul', 'George', 'Ringo']
```

심지어 숫자와 문자열 데이터를 섞어서 리스트를 생성할 수도 있다.

```
mixed_list = [10, 'John', 5, 'Paul']
```

하지만 이처럼 리스트 안에 여러 데이터 타입을 섞는 것은 되도록 피하는 것이 좋다. 파이썬 3.0 에서는 데이터 타입이 섞여 있으면 sort 메서드를 사용할 수 없기 때문이다. 반면 정수와 실수 데이터는 자유롭게 섞어서 사용할 수 있다.

```
num_list = [3, 2, 17, 2.5]
num_list.sort()            # [2, 2.5, 3, 17]로 정렬
```

컬렉션을 구축하는 또 다른 방법은 다음과 같이 빈 리스트에 항목을 하나씩 추가(append)하는 것이다.

```
my_list = []               # 항목을 추가하기 전에 반드시 빈 리스트를 만들어야 한다.
my_list.append(1)
my_list.append(2)
my_list.append(3)
```

이 코드는 다음과 같이 한 번에 리스트를 초기화하는 코드와 동일하게 동작한다.

```
my_list = [1, 2, 3]
```

항목을 삭제할 수도 있다.

```
my_list.remove(1)          # 변경된 리스트: [2, 3]
```

이 코드는 값이 1인 첫 번째 항목을 삭제한다. 만약 리스트에 삭제하려고 하는 값이 존재하지 않으면 값 에러(ValueError)를 발생시킨다.

리스트 항목의 나열 순서는 중복 값처럼 의미가 깊다. 가령 심판 점수를 저장하는 리스트가 있다고 해 보자. 다음 코드는 심판 4명 중 3명이 점수 1.0을 주었는데, 세 번째 심판 1명은 9.8을 주었다.

```
the_scores = [1.0, 1.0, 9.8, 1.0]
```

다음 코드는 저장된 3개의 1.0 항목 중 첫 번째 항목을 삭제한다.

```
the_scores.remove(1.0)     # 변경된 리스트: [1.0, 9.8, 1.0]
```

# 3.2 / 리스트 복사 vs 리스트 변수 복사

파이썬의 변수는 C++의 '값'보다는 '참조'에 가깝다. 한 컬렉션을 제대로 복사하려면 추가 작업이 필요하다는 의미다. 다음 코드는 어떻게 동작할까?

```
a_list = [2, 5, 10]
b_list = a_list
```

첫 번째 줄에서 대입 연산자(=)의 우측에 있는 값으로 리스트가 생성되었다. 하지만 두 번째 줄에서는 새로운 데이터가 생성되지 않았다. 그저 다음과 같이 동작했을 뿐이다.

'a_list'가 참조하고 있는 객체를 위한 별칭 'b_list'를 만들어라.

변수 b_list는 a_list가 참조하고 있는 객체에 접근할 수 있는 또 다른 별칭이 되며, 둘 중 한 변수의 값을 변경하면 다른 하나도 함께 변경된다.[2]

```
b_list.append(100)
a_list.append(200)
b_list.append(1)
print(a_list)             # [2, 5, 10, 100, 200, 1] 출력
```

만약 리스트 전체 항목을 별도로 복사하고 싶다면 항목 간(member-by-member) 복사를 수행해야 한다. 가장 간단한 방법은 슬라이싱(slicing)을 사용하는 것이다.

```
my_list = [1, 10, 5]
yr_list = my_list[:]      # 항목 간(member-by-member) 복사 수행
```

---

2   역주 변수는 2개이지만, 결국 하나의 객체를 참조하고 있기 때문에 어떤 변수 값을 변경하더라도 동일한 객체를 수정하게 된다는 의미다.

my_list와 yr_list가 분리된 [1, 10, 5]의 복제본을 참조하고 있기 때문에 서로 영향을 받지 않고 리스트 내 항목을 수정할 수 있게 된다.

# 3.3 인덱스

파이썬은 0을 포함한 양수와 음수 인덱스(색인)를 제공한다.

0을 포함한 양수 인덱스는 0부터 시작되며, list_name[0]은 첫 번째 항목을 참조한다(3.3.2절에서 음수 인덱스 참고).

```
my_list = [100, 500, 1000]
print(my_list[0])          # 100 출력
```

리스트는 변경이 가능하기 때문에 전체 리스트를 다시 생성할 필요 없이 메모리에 있는 객체를 바로 수정할 수 있다. 문자열과는 달리 원하는 항목을 지정하여 대입하면 그 항목만 수정할 수 있다.

```
my_list[1] = 55          # 두 번째 항목을 55로 변경
```

## 3.3.1 양수 인덱스

0을 포함한 양수 인덱스 숫자는 C++와 같은 다른 언어와 마찬가지로 0은 첫 번째 항목을 가리키며, 1은 두 번째 항목을 가리킨다. 항목의 개수가 N개면 인덱스는 0부터 N-1까지 지정된다.

예를 들어 다음과 같이 리스트를 하나 만들어 보자.

```
a_list = [100, 200, 300, 400, 500, 600]
```

이 리스트의 항목은 그림 3-1과 같이 0부터 5까지 인덱스가 매겨진다.

▼ 그림 3-1 0을 포함한 양수 인덱스

| 0 | 1 | 2 | 3 | 4 | 5 |
|---|---|---|---|---|---|
| 100 | 200 | 300 | 400 | 500 | 600 |

다음 코드는 각 항목에 접근하는 0을 포함한 양수 인덱스를 사용하는 예시다.

```
print(a_list[0])          # 100 출력
print(a_list[1])          # 200 출력
print(a_list[2])          # 300 출력
```

리스트가 길이에 제약이 없다 하더라도 인덱스 숫자는 절대 범위를 벗어나면 안 된다. 벗어나게 되면 인덱스 에러(IndexError)를 발생시킨다.

> 성능 Tip ☆    리스트 내부의 값을 확인하기 위해 print 함수를 여러 번 호출하는 경우가 많다. 하지만 print 함수를 반복적으로 호출하는 것은 IDLE 내에서 프로그램 속도를 저하시킨다. 더 빠르게 값을 확인하려면 다음과 같이 print를 한 번만 호출하도록 하자.
>
> ```
> print(a_list[0], a_list[1], a_list[2], sep='\n')
> ```

## 3.3.2 음수 인덱스

리스트 항목은 리스트 끝에서의 거리를 의미하는 음수 인덱스로 조회할 수도 있다.

인덱스 −1은 리스트의 마지막 항목을 가리키며, −2는 마지막 항목의 바로 앞 항목을 가리킨다.

앞 절에서 생성한 리스트는 그림 3-2와 같이 음수 인덱스를 매길 수 있다.

▼ 그림 3-2 음수 인덱스

| −6 | −5 | −4 | −3 | −2 | −1 |
|-----|-----|-----|-----|-----|-----|
| 100 | 200 | 300 | 400 | 500 | 600 |

다음 코드로 음수 인덱스의 사용 방법을 확인해 보자.

```
a_list = [100, 200, 300, 400, 500, 600]
print(a_list[-1])          # 600 출력
print(a_list[-3])          # 400 출력
```

범위를 벗어난 음수 인덱스는 양수 인덱스와 마찬가지로 인덱스 에러(IndexError) 예외를 발생시킨다.

### 3.3.3 enumerate 함수로 인덱스 숫자 생성

코드를 작성할 때 range 함수가 정말 필요한 곳을 제외하고는 사용하지 않는 것이 '파이썬스러운 (pythonic)' 방법이다.

```python
a_list = ['Tom', 'Dick', 'Jane']

for s in a_list:
    print(s)
```

실행 결과는 다음과 같다.

```
Tom
Dick
Jane
```

이 방법은 비효율적이고 느린 인덱스를 사용하는 다음 코드보다 더 자연스럽고 효율적이다.

```python
for i in range(len(a_list)):
    print(a_list[i])
```

만약 각 항목을 숫자와 함께 출력하고 싶다면 어떻게 해야 할까? 인덱스를 사용하면 될 것이다 (1부터 시작하고 싶다면 1을 더하면 된다). 하지만 더 나은 방법이 있다. 바로 enumerate 함수를 사용하는 것이다.

> **enumerate**(이터러블, 시작=0)

문법적으로 인수 '시작'은 선택 사항이다. 기본값은 0이다.

이 함수는 리스트와 같은 이터러블을 인수로 받아서 튜플이 나열된 또 다른 이터러블을 생성한다. 각 튜플은 다음과 같은 모습이다.

(숫자, 항목)

각 숫자는 인수 '시작'부터 1씩 증가되는 정수다. 다음 코드에서 예시를 살펴보자. 앞서 선언한 리스트를 1부터 시작하는 정수와 함께 나열한다.

```python
list(enumerate(a_list, 1))
```

실행 결과는 다음과 같다.

```
[(1, 'Tom'), (2, 'Dick'), (3, 'Jane')]
```

for 루프와 함께 사용하여 원하는 결과를 만들 수도 있다.

```
for item_num, name_str in enumerate(a_list, 1):
    print(item_num, '. ', name_str, sep='')
```

이 루프는 enumerate 함수를 호출하여 **(숫자, 항목)** 형식의 튜플을 생성한다. 각 이터레이션에서 숫자 값은 점 기호(.)와 함께 출력된다.

```
1. Tom
2. Dick
3. Jane
```

# 3.4 조각으로부터 데이터 가져오기

인덱스를 사용하면 한 번에 하나의 항목만 가져올 수 있지만, 슬라이싱(slicing) 기법을 사용하면 구체적인 범위의 하위 리스트(조각)를 만들 수 있다. 이 하위 리스트의 범위는 빈 리스트부터 기존 리스트 전체 항목을 포함하는 새로운 리스트까지 선택할 수 있다.

표 3-1은 여러 슬라이싱 방법을 보여 준다.

▼ 표 3-1 파이썬 리스트 슬라이싱

| 문법 | 생성되는 신규 리스트 상세 내용 |
| --- | --- |
| list[시작:종료] | '시작'부터 '종료' 앞까지의 리스트 항목들을 포함한다. |
| list[:종료] | 리스트 처음부터 '종료' 앞까지의 리스트 항목들을 포함한다. |
| list[시작:] | '시작'부터 리스트 끝까지의 리스트 항목들을 포함한다. |
| list[:] | 리스트의 모든 항목을 포함한다. 이 문법은 전체 리스트의 모든 항목을 복사한다. |
| list[시작: 종료: 스텝] | '시작'부터 '종료' 앞까지의 리스트 항목 중 각 항목의 거리가 1이 아닌 '스텝' 크기인 항목들을 반환한다. 이 문법에서 세 번째 인수는 생략할 수 있다. '스텝'의 기본값은 1이다. |

슬라이싱 예시를 몇 가지 살펴보자.

```
a_list = [1, 2, 5, 10, 20, 30]
b_list = a_list[1:3]                # [2, 5] 생성
c_list = a_list[4:]                 # [20, 30] 생성
```

이 예시들은 0부터 N-1까지 양수 인덱스를 사용했다. 슬라이싱할 때 음수 인덱스를 사용할 수도 있다. 다음 예시를 살펴보자.

```
d_list = a_list[-4:-1]              # [5, 10, 20] 생성
e_list = a_list[-1:]                # [30] 생성
```

두 경우 모두에 적용되는 중요한 원칙은 인수로 입력한 '종료'의 숫자를 포함하지 않고, 바로 앞 항목까지 슬라이싱을 한다는 것이다. 양수와 음수 인덱스를 섞어서 사용할 수도 있다.

> Note ≡ 파이썬 슬라이싱 기능을 사용하려면 대괄호 기호([ ]) 사이에 반드시 콜론 기호(:)를 포함해야 하며, 인덱스의 숫자는 리스트 범위 안에 속하지 않아도 된다. 파이썬은 명시한 인덱스에 따라 가능한 많은 항목을 복사하는데, 항목이 존재하지 않으면 그냥 빈 리스트를 반환한다.

그림 3-3은 슬라이싱이 어떻게 동작하는지를 잘 보여 주는 예시다. '시작'부터 '종료' 앞까지의 항목을 포함한다는 것을 잊지 말자. a_list[2:5]의 조각은 하위 리스트 [300, 400, 500]이 된다.

❤ 그림 3-3 슬라이싱 예시

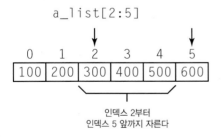

마지막으로 추출 항목에 영향을 주는 세 번째 인수인 '스텝'에 값을 넣어 보자. 가령 '스텝'에 2를 넣으면 파이썬은 [2:5] 범위에서 한 항목씩 건너뛴 값들을 반환한다.

```
a_list = [100, 200, 300, 400, 500, 600]
b_list = a_list[2:5:2]              # [300, 500] 생성
```

'스텝'에 음수를 넣으면 리스트의 항목을 거꾸로 순회한다. -1을 넣으면 리스트의 각 항목을 역순으로 나열한 리스트를 반환한다. '스텝'에 -2를 넣으면 리스트의 각 항목을 역순으로 한 항목씩 건너뛴 값들을 반환한다.

다음 코드는 리스트의 마지막 항목에서 시작하여 앞쪽으로 순회하는 코드이며, 모든 항목을 역순으로 나열한 리스트 복사본을 생성한다!

```
rev_list = a_list[::-1]
```

예시를 살펴보자.

```
a_list = [100, 200, 300]
rev_list = a_list[::-1]
print(rev_list)          # [300, 200, 100] 출력
```

인수 '스텝'은 양수나 음수일 수는 있지만, 0이 될 수는 없다. '스텝'이 음수면 다른 인수의 기본값은 다음과 같이 변경된다.

- 인수 '시작'의 기본값은 (-1로 인덱스된) 리스트의 마지막 항목이 된다.
- 인수 '종료'의 기본값은 리스트의 첫 항목이 된다.

그러면 [::-1]은 기존 리스트를 역순으로 나열한 리스트를 생성한다.

## 3.5 조각 안에 값 대입하기

리스트는 가변 타입이며 항목에 바로 값을 대입할 수 있다고 했다. 이 성질은 슬라이싱에도 반영된다. 예시를 살펴보자.

```
my_list = [10, 20, 30, 40, 50, 60]
my_list[1:4] = [707, 777]
```

이 예시는 [20, 30, 40]을 삭제하고, [707, 777]을 삽입한다. 결과는 다음과 같다.

```
[10, 707, 777, 50, 60]
```

슬라이싱 범위의 길이가 0인 인덱스를 넣을 수도 있다. 이렇게 되면 기존 값을 삭제하지 않고, 해당 위치에 새로운 리스트 항목을 삽입한다. 예시를 살펴보자.

```
my_list = [1, 2, 3, 4]
my_list[0:0] = [-50, -40]
print(my_list)                # [-50, -40, 1, 2, 3, 4] 출력
```

조각 안에 값을 대입할 때는 다음과 같은 제약 사항이 있다.

- 조각 안에 리스트를 대입할 때, 대입하려고 하는 대상은 항목이 전혀 없거나 하나만 있더라도 반드시 다른 리스트나 컬렉션이어야 한다.
- 조각 안에 리스트를 대입할 때 '스텝'이 명시된다면 조각의 범위와 삽입할 데이터의 길이가 반드시 같아야 한다. '스텝'이 명시되지 않았다면 길이가 꼭 같을 필요는 없다.

# 3.6 / 리스트 연산자

표 3-2는 리스트에 적용되는 내장(built-in) 연산자를 요약한 것이다.

▼ 표 3-2 파이썬 리스트 연산자

| 연산자/문법 | 상세 설명 |
| --- | --- |
| 리스트1 + 리스트2 | 이어 붙이기(concatenation)가 수행되면서 리스트1과 리스트2의 모든 항목이 포함된 새로운 리스트를 생성한다. |
| 리스트1 * n 또는 n * 리스트1 | 리스트1의 항목을 n번 반복한 리스트를 생성한다. 가령 [0] * 3은 [0, 0, 0]을 생성한다. |
| 리스트[n] | 인덱스. 3.3절을 참고한다. |
| 리스트[시작:종료:스텝] | 슬라이싱. 3.4절을 참고한다. |
| 리스트1 = 리스트2 | 리스트1에 리스트2가 참조하고 있는 객체를 대입한다. 결과적으로 리스트1은 리스트2의 별칭이 된다. |
| 리스트1 = 리스트2[:] | 리스트1에 리스트2의 항목 간 복사로 생성된 신규 리스트를 대입한다(3.4절 참고). |
| 리스트1 == 리스트2 | 각 항목을 비교하여 리스트1과 리스트2의 내용이 같으면 True를 반환한다. |
| 리스트1 != 리스트2 | 리스트1과 리스트2의 내용이 같으면 False를 반환한다. 그렇지 않으면 True를 반환한다. |

○ 계속

| 연산자/문법 | 상세 설명 |
|---|---|
| 항목 in 리스트 | 리스트 내에 '항목'이 존재하면 True를 반환한다. |
| 항목 not in 리스트 | 리스트 내에 '항목'이 존재하지 않으면 True를 반환한다. |
| 리스트1 < 리스트2 | 항목 간(member-by-member) 미만 비교를 수행한다. |
| 리스트1 <= 리스트2 | 항목 간 이하 비교를 수행한다. |
| 리스트1 > 리스트2 | 항목 간 초과 비교를 수행한다. |
| 리스트1 >= 리스트2 | 항목 간 이상 비교를 수행한다. |
| *리스트 | 리스트를 '언팩(unpacked)'하여 나열한 독립적인 각각의 항목들로 대체된다. 연산자와 함께 사용되는 *args는 4.8절에서 설명한다. |

첫 번째와 두 번째 줄의 연산자(+와 *)는 리스트 항목 간 복사본을 만든다(3.7절에서 더 자세히 알아볼 것이다). 지금까지는 얕은 복사(shallow copy)를 사용해도 큰 문제가 없다. 하지만 3.18절에서 살펴볼 다차원 배열을 다룰 때는 문제가 생길 것이다.

다음 코드를 실행해 보자.

```
a_list = [1, 3, 5, 0, 2]
b_list = a_list          # 별칭 생성
c_list = a_list[:]       # 항목 간(member-by-member) 복사
```

변수 이름 b_list는 a_list의 별칭일 뿐이다. 하지만 세 번째 줄의 코드는 데이터의 새로운 복사본을 만든다. a_list가 수정되어도 c_list는 기존 값을 유지한다.

곱하기 연산자(*)는 큰 리스트와 작업할 때 특히 유용하다. 1,000개의 항목이 모두 0인 리스트를 만들려면 어떻게 해야 할까? 가장 편리한 방법을 확인해 보자.

```
big_array = [0] * 1000
```

모든 리스트는 서로 같거나(==), 같지 않다는 것(!=)을 테스트할 수 있다. 리스트의 모든 항목 값이 동일하면 == 테스트는 True를 반환한다. 반면 크기 비교 연산자(<, > 등)를 사용하려면 각 항목의 데이터 타입이 항목 간에 크기를 비교할 수 있어야 한다. 그리고 정렬을 하려면 a < b 혹은 b < a 의 테스트 결과가 정의되어 있어야 한다(9.10.3절 참고).

빈 리스트 혹은 None 값을 in 연산자와 함께 사용하면 False를 반환한다.

```
a = [1, 2, 3]
None in a                   # False 반환
[] in a                     # False 반환

b = [1, 2, 3, [], None]
None in b                   # True 반환
[] in b                     # True 반환
```

이 코드의 실행 결과와는 달리, 코드 '' in 'Fred'가 True를 반환하기 때문에 다소 혼란스러울 수도 있겠다. 빈 항목의 존재 유무를 in으로 판단할 때 리스트와 문자열은 다르게 동작한다.

## 3.7 얕은 복사 vs 깊은 복사

얕은 복사와 깊은 복사의 차이점은 파이썬에서 무척 중요한 주제다. 일단 **얕은 복사**부터 살펴보자. 다음 코드를 보면 b_list는 a_list의 복사본을 가지며, b_list 변경 사항이 a_list에 영향을 미치지 않을 것이라고 기대할 것이다.

```
a_list = [1, 2, [5, 10]]
b_list = a_list[:]          # 항목 간(member-by-member) 복사
```

자, 인덱스를 사용하여 b_list 각 항목 값을 0으로 변경해 보자.

```
b_list[0] = 0
b_list[1] = 0
b_list[2][0] = 0
b_list[2][1] = 0
```

아마도 여러분은 b_list 값을 변경한 것이 a_list에는 반영되지 않을 것이라고 기대할 것이다. b_list는 별도의 컬렉션이기 때문이다. 하지만 a_list를 출력해 보면 다음과 같이 기대와는 다른 값이 출력된다.

```
>>> print(a_list)
[1, 2, [0, 0]]
```

무언가 이상하다. a_list의 마지막 항목은 [5, 10]이었다. 그런데 a_list에 영향을 미치지 않아야 할 b_list의 수정으로 인해 a_list의 마지막 항목이 [0, 0]으로 변경되었다! 무슨 일이 일어난 것일까?

앞서 언급했듯이 깊은 복사는 1, 2를 복사하고 내부 리스트의 참조를 복사한 것이다. 결과적으로 b_list의 변경 사항은 항목을 컬렉션으로 갖는 a_list에 영향을 미치게 된다.

▼ 그림 3-4 얕은 복사

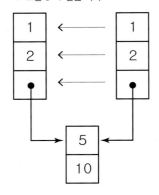

이제 문제가 보일 것이다. 항목 간 복사를 시도했지만, 리스트가 품고 있는 리스트는 참조였기 때문에 a_list와 b_list 내부의 두 리스트는 결국 하나의 리스트를 참조하게 된다.

해결책은 간단하다. 원하는 결과를 얻으려면 깊은 복사(deep copy)를 해야 한다. 깊은 복사를 시도하면 내부 리스트도 제대로 복사된다. copy 패키지를 탑재(import)한 후 copy.deepcopy 함수를 사용하면 된다.

```
import copy

a_list = [1, 2, [5, 10]]
b_list = copy.deepcopy(a_list)        # 깊은 복사로 복제본 만들기
```

이 코드는 a_list와 완전히 분리된 새로운 리스트인 b_list를 만들어 준다. 이 결과는 그림 3-5에서 표현했듯이 내부 리스트와 분리된 복사본이 복사되는 것을 확인할 수 있다.

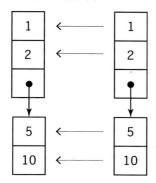

깊은 복사는 내부 컬렉션까지 확장된다. 컬렉션이 얼마나 복잡하게 여러 단계로 중첩되었는지는 상관없다.

a_list 값을 복사한 b_list에 값이 변경되어도 a_list에 더 이상 영향을 미치지 않는다. a_list의 마지막 항목은 직접 변경하지 않는 한 [5, 10]으로 남을 것이다. 이런 기능을 가능하게 한 깊은 복사 함수에 감사해야 할 것이다.

SUPERCHARGED PYTHON

# 3.8 / 리스트 함수

파이썬의 기본 함수 중 리스트와 함께 사용할 수 있는 len, max, min, sorted, versed, sum과 같은 유용한 함수가 많다.

이 함수들은 내부 메서드가 아니다. 메서드는 점 기호(.)를 사용하여 호출할 수 있다는 것이 중요한 차이점이며, 일반적으로 컬렉션과 함께 사용할 때 무척 유용한 기본 함수의 기능을 대신 수행한다. 의심할 여지없이 지금 소개하는 함수들은 매우 유용하다.

```
len(컬렉션)              # 컬렉션 길이 반환
max(컬렉션)              # 최댓값을 가진 항목 반환
min(컬렉션)              # 최솟값을 가진 항목 반환
reversed(컬렉션)         # 역순으로 정렬된 이터레이터 반환
sorted(컬렉션)           # 정렬된 리스트 생성
sum(컬렉션)              # 모든 항목을 더한 값 반환, 항목들은 무조건 숫자이어야 함
```

len 함수는 컬렉션이 품고 있는 항목 개수를 반환한다. 컬렉션은 리스트, 문자열, 그리고 기타 파이썬 컬렉션 타입을 포함한다. 딕셔너리인 경우에는 키 개수를 반환한다.

앞으로 len 함수를 리스트와 자주 쓰게 될 것이다. 예를 들어 다음 코드는 리스트 항목의 값을 2배로 만든다. len 함수가 이런 코드에 유용하다는 것을 보여 주는 예시이므로 기억하길 권장한다.

```
for i in range(len(a_list)):
    a_list[i] *= 2
```

max와 min 함수는 각각 항목 중 가장 큰 항목과 가장 작은 항목을 생성한다. 이 함수들은 리스트에만 사용할 수 있으며, 모든 항목이 서로 비교 가능해야 한다. 즉, 모두 숫자 항목이거나 문자열 항목이어야 한다. 문자열인 경우에는 알파벳 순서(혹은 문자 코드 순서)로 항목을 비교한다. 예시를 살펴보자.

```
a_list = [100, -3, -5, 120]
print('Length of the list is', len(a_list))
print('Max and min are', max(a_list), min(a_list))
```

실행 결과는 다음과 같다.

```
Length of the list is 4
Max and min are 120 -5
```

sorted와 reversed 함수는 3.11절에서 살펴볼 sort와 reverse 메서드와 유사하다. 하지만 메서드는 리스트 값을 바로 변경하는 반면, 함수는 새로운 리스트를 생성한다.

이 두 함수는 리스트뿐만 아니라 튜플, 문자열에서도 동작하며, sorted 함수는 항상 신규 리스트를 생성하여 반환한다. 예시를 살펴보자.

```
a_tup = (30, 55, 15, 45)
print(sorted(a_tup))              # [15, 30, 45, 55] 출력
```

reversed 함수는 컬렉션 대신 이터러블(iterable)을 반환하기 때문에 다소 생소하게 보일 수 있다. 간단하게 말하자면 반환된 이터러블을 for 루프를 사용하여 리스트나 튜플로 변환해야 사용할 수 있다. 예시를 살펴보자.

```
a_tup = (1, 3, 5, 0)
for i in reversed(a_tup):
    print(i, end=' ')
```

실행 결과는 다음과 같다.

```
0 5 3 1
```

앞 코드는 다음과 같이 작성할 수도 있다.

```
print(tuple(reversed(a_tup)))
```

실행 결과는 다음과 같다.

```
(0, 5, 3, 1)
```

마지막으로 살펴볼 sum 함수는 정말 편리하다. 루프로 이 함수의 기능을 구현할 수도 있지만, 권장하지 않는다. 또한, sum 함수는 int나 float와 같은 숫자 타입에만 사용할 수 있다.

sum 함수를 사용하는 사례 중 하나로 숫자 리스트의 평균을 빠르고 손쉽게 구할 수 있다. 다음 예시를 보자.

```
>>> num_list = [2.45, 1, -10, 55.5, 100.03, 40, -3]
>>> print('The average is ', sum(num_list) / len(num_list))
The average is  26.56857142857143
```

# 3.9 리스트 메서드: 리스트 수정하기

리스트는 신규 리스트를 생성하는 대신 데이터를 직접 수정할 수 있는 여러 메서드를 보유하고 있다.

```
리스트.append(값)              # 항목 추가
리스트.clear()                # 모든 항목 제거
리스트.extend(이터러블)        # 하위 리스트 추가
리스트.insert(인덱스, 값)      # 인덱스 위치에 값 삽입
리스트.remove(값)             # 값의 첫 인스턴스 제거
```

append와 extend 메서드는 모두 리스트의 끝에 데이터를 추가한다. 다른 점은 append 메서드는 한 항목을 추가하지만 extend 메서드는 컬렉션이나 이터러블의 여러 항목을 추가한다는 것이다.

```
a_list = [1, 2, 3]

a_list.append(4)
a_list.extend([4])              # 윗 줄과 똑같이 동작

a_list.extend([4, 5, 6])        # 리스트에 3개의 항목 추가
```

insert 메서드는 append와 같이 인수로 주어진 인덱스에 하나의 값을 삽입한다. 해당 인덱스에 위치한 값 바로 앞에 값을 집어넣는 셈이다.

만약 주어진 인덱스가 리스트의 끝 인덱스보다 크면 리스트 끝에 값을 추가하고, 리스트 시작 인덱스보다 작으면 리스트 맨 앞에 값을 추가한다. 예시를 살펴보자.

```
a_list = [10, 20, 40]           # 30이 없음
a_list.insert(2, 30)            # 세 번째(인덱스 2)에 30 삽입
print(a_list)                   # [10, 20, 30, 40] 출력
a_list.insert(100, 33)
print(a_list)                   # [10, 20, 30, 40, 33] 출력
a_list.insert(-100, 44)
print(a_list)                   # [44, 10, 20, 30, 40, 33] 출력
```

remove 메서드는 인수로 주어진 값과 동일한 항목을 발견하는 즉시 해당 항목을 제거한다. 제거 대상 값을 발견하지 못하면 ValueError 예외를 발생시킨다.

```
my_list = [15, 25, 15, 25]
my_list.remove(25)
print(my_list)                          # [15, 15, 25] 출력
```

제거하기 전에 해당 값이 있는지 확인하고 싶다면 in, not in 혹은 count 메서드를 활용하자.

다음 코드는 앞서 살펴본 메서드들을 조합하여 사용한 예시다.

체조 경기의 우승자는 점수를 매기는 심사위원 패널에 의해서 결정된다. 전체 점수 중 최고 점수와 최저 점수는 버리고, 나머지 점수들의 평균값으로 점수가 결정된다. 다음 함수가 이 작업을 수행한다.

```
def eval_scores(a_list):
    a_list.remove(max(a_list))
    a_list.remove(min(a_list))
    return sum(a_list) / len(a_list)
```

이 코드를 실행해 보자. the_scores가 모든 심사위원의 점수를 가지고 있다고 해 보자.

```
the_scores = [8.5, 6.0, 8.5, 8.7, 9.9, 9.0]
```

eval_scores 함수는 최솟값과 최댓값(6.0과 9.9)을 버린다. 그리고 나머지 값들로 평균값(8.675)을 구한다.

```
print(eval_scores(the_scores))
```

# 3.10 리스트 메서드: 내용 정보 가져오기

다음에 살펴볼 리스트 메서드는 리스트의 정보를 반환한다. count와 index는 기존 리스트의 값을 변경하지 않으며, 튜플에서도 사용할 수 있다.

```
리스트.count(값)                    # 인스턴스 개수 반환
리스트.index(값[, 시작 [, 종료]])   # 값의 인덱스 반환
리스트.pop([인덱스])                # 인덱스의 값 반환 및 제거; 인덱스 기본값은 마지막 인덱스
```

앞 문법에서 대괄호 기호([ ])로 표기한 내용은 선택 사항으로 넣을 수 있는 인수다.

count 메서드는 구체적인 항목 개수를 반환한다. 항목 중에 컬렉션이 있다고 하더라도 가장 높은 레벨의 항목만 센다. 예시를 살펴보자.

```
yr_list = [1, 2, 1, 1,[3, 4]]
print(yr_list.count(1))                    # 3 출력
print(yr_list.count(2))                    # 1 출력
print(yr_list.count(3))                    # 0 출력
print(yr_list.count([3, 4]))               # 1 출력
```

index 메서드는 특정 값이 처음으로 나타나는 항목의 인덱스를 반환한다(인덱스는 0부터 시작된다). '시작'과 '종료' 인수를 넣는 경우에는 '시작'부터 '종료' 인덱스 앞까지의 범위만 조회한다. 항목이 없으면 예외를 발생시킨다.

다음 예시에서 index 메서드는 네 번째 항목을 의미하는 3을 반환한다.

```
beat_list = ['John', 'Paul', 'George', 'Ringo']
print(beat_list.index('Ringo'))            # 3 출력
```

다음과 같이 리스트가 정의되어 있더라도 결과는 3이다.

```
beat_list = ['John', 'Paul', 'George', 'Ringo', 'Ringo']
```

# 3.11 리스트 메서드: 재편성하기

이 장에서 마지막으로 살펴볼 두 메서드는 리스트의 항목 순서를 변경하여 리스트 자체를 변경한다.

```
리스트.sort([key=None] [, reverse=False])
리스트.reverse()                           # 현재 순서를 뒤집는다.
```

각 메서드는 저장되어 있는 모든 항목의 순서를 변경한다. 파이썬 3.0에서 두 메서드를 사용하려면 리스트 모든 항목을 서로 비교할 수 있어야 한다(compatible). 전부 문자열이거나 전부 숫자이어야 한다. sort 메서드는 기본적으로 가장 낮은 값부터 가장 큰 값 순서대로 모든 항목을 정렬한다. reverse 인수를 True로 설정하면 높은 값에서 낮은 값 순서로 항목을 정렬한다. 리스트 항목들이 문자열이면 알파벳 (문자 코드) 순서로 항목을 정렬한다.

다음 예시에서 사용자로부터 여러 문자열을 프롬프트로 입력받는데, 아무 값도 입력하지 않고 Enter 를 누르면 입력한 모든 문자열을 알파벳 순서로 출력하고 프로그램이 종료된다.

```
def main():
    my_list = []                          # 빈 리스트로 시작
    while True:
        s = input('Enter next name: ')
        if len(s) == 0:
            break
        my_list.append(s)
    my_list.sort()                        # 모든 항목 정렬
    print('Here is the sorted list:')
    for a_word in my_list:
        print(a_word, end=' ')

main()
```

그럼 이 코드를 다음과 같이 실행해 보자. 굵은 글씨가 사용자가 입력한 값이다.

```
Enter next name: John
Enter next name: Paul
Enter next name: George
Enter next name: Ringo
Enter next name: Brian
Enter next name:
Here is the sorted list:
Brian George John Paul Ringo
```

sort 메서드는 선택적으로 입력할 수 있는 인수가 있다. 첫 번째 인수는 key 인수로, 기본값으로는 None이 설정되어 있다. 이 인수에는 특이하게도 함수(콜러블(callable))를 넣을 수 있는데, 이 함수는 각 값을 인수로 하여 연산 처리를 한 후 값을 반환한다. 이렇게 반환된 각 값이 정렬에서 사용하는 기준이 되며, 이를 key로 부르는 것이다. 예를 들어 3개의 항목을 가진 리스트에서 key에 설정한 함수로 인해 생성된 키 값이 15, 1, 7이면 리스트는 1, 7, 15 순으로 정렬될 것이다.

또 하나의 예를 들어 보자. 만약 문자열 리스트를 정렬하려고 하는데, 대·소문자를 구분하지 않겠다고 해 보자. 이를 구현하는 쉬운 방법은 모든 문자를 대문자 혹은 소문자로 바꾸거나 casefold 메서드를 사용하여 값을 변경하는 것이다(casefold 메서드는 모든 문자를 소문자로 바꾼다).

```python
def ignore_case(s):
    return s.casefold()

a_list = ['john', 'paul', 'George', 'brian', 'Ringo']
b_list = a_list[:]
a_list.sort()
b_list.sort(key=ignore_case)
```

IDLE에서 a_list와 b_list를 출력해 보면 다음과 같은 결과를 얻게 된다(굵은 글씨가 입력한 값이다).

```python
>>> a_list
['George', 'Ringo', 'brian', 'john', 'paul']
>>> b_list
['brian', 'George', 'john', 'paul', 'Ringo']
```

똑같은 값을 가졌던 a_list와 b_list가 어떻게 정렬되었는지 주목해 보자. 첫 번째 리스트는 대·소문자를 구분하여 대문자가 소문자보다 앞쪽에 배치되었다. 하지만 두 번째 리스트는 대·소문자 구분 없이 정렬되었고, 'Ringo'가 맨 끝에 위치한 것을 알 수 있다.

두 번째 인수는 reversed이며, 기본값은 False다. 이 인수가 True로 설정되면 높은 값에서 낮은 값으로 항목을 정렬한다.

reverse 메서드는 리스트의 순서를 뒤집지만, 값을 정렬하지는 않는다. 예시를 살펴보자.

```python
my_list = ['Brian', 'John', 'Paul', 'George', 'Ringo']
my_list.reverse()                                        # 항목의 값을 뒤집는다.

for a_word in my_list:
    print(a_word, end=' ')
```

reverse를 호출하면 순서가 뒤바뀌는 효과를 얻을 수 있다. 마지막 항목이 첫 번째로 오고, 첫 번째 항목은 마지막으로 간다는 것이다. 이제 Ringo는 맨 앞에 있게 되었다.

```
Ringo Paul John George Brian
```

SUPERCHARGED PYTHON

# 3.12 스택 역할을 하는 리스트: RPN 애플리케이션

append와 pop 메서드는 특별하게 사용될 수 있다. 스택 메커니즘인 후입선출(Last-In-First-Out, LIFO) 장치로 리스트를 활용하는 것이다.

그림 3-6은 숫자가 적힌 블록을 가지고 후입선출 메커니즘의 연산 처리를 설명했다.

▼ 그림 3-6 가상 스택의 연산 처리

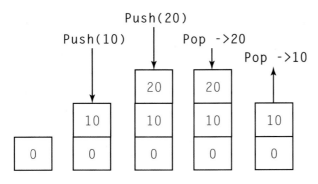

전통적인 스택의 push와 pop 함수는 파이썬 리스트의 append와 pop 메서드가 된다.

개념적으로 서로 다른 점은 스택의 꼭대기에 항목을 추가하는 것이 아니라, 리스트 끝에 항목을 추가하는 것이다.

리스트 끝에 값을 추가하는 것은 기능적으로 스택과 같다. 그림 3-7은 스택에 10과 20이 추가되었다가 추출되는 것을 리스트로 표현한 것이다. 추출되는 순서는 리스트의 역순이다.

| 0 | | |
|---|---|---|
| 0 | 10 | | stk.append(10) |
| 0 | 10 | 20 | stk.append(20) |
| 0 | 10 | 20 | stk.pop() -> 20 |
| 0 | 10 | | stk.pop() -> 10 |

스택 장치의 가장 유용한 데모는 후위 표기법(Reverse Polish Notation, RPN) 언어를 번역하는 프로그램이다. 이 책이 끝날 때까지 우리는 정교한 언어 번역기를 개발하지만, 지금은 간단한 계산기부터 시작해 보자.

후위 표기법 언어는 연산자를 피연산자들 뒤에 위치시키는 언어로, 언어 대부분은 중위 표기법을 따른다. 후위 표기법에서는 피연산자들이 먼저 나타나고, 연산자가 뒤를 잇는다. 예를 들어 7과 3을 더한다고 하면 숫자가 먼저 나타나고 덧셈 기호(+)를 나중에 적는다.

    7 3 +

이 표기는 7과 3을 더한 10을 반환한다. 10에 5를 곱해서 50을 만들고 싶다면 다음과 같이 표현하면 된다.

    10 5 *

이렇게 표현한 2개의 식을 하나로 합치면 괄호 기호 없이도 깔끔하고 명확한 방법의 연산식을 표현할 수 있다. 이것이 바로 후위 표기법이 유용한 이유다.

    10 5 * 7 3 + /

이 연산식은 다음 표준 표기법과 같은 식이며, 5.0을 반환한다.

    (10 * 5) / (7 + 3)

다른 예시를 살펴보자.

    1 2 / 3 4 / +

이 예시는 (1/2) + (3/4)로 변환되며, 계산 결과는 1.25다.

또 하나의 예시를 살펴보자.

 2 4 2 3 7 + + + *

이 식은 다음과 같이 변환할 수 있다.

 2 * (4 + (2 + (3 + 7)))

결과는 32다. 후위 표기법의 아름다움은 괄호 기호가 필요 없다는 데 있다. 가장 큰 장점은 번역기가 간단한 규칙 몇 개만 지키면 된다는 것이다.

- 다음 항목이 숫자면 스택에 넣는다.
- 다음 항목이 연산자면 스택 위에서 2개의 항목을 추출한 후 연산자를 반영하여 계산한 값을 다시 스택에 넣는다.

이 애플리케이션의 의사 코드를 작성해 보자.

```
문자열을 입력받는다.
토큰으로 나누어서 리스트에 저장한다.
For 리스트를 순회한다,
    If 항목이 연산자면
        스택 항목 추출(pop) 후 op2에 저장
        스택 항목 추출(pop) 후 op1에 저장
        연산 수행 및 수행 결과를 스택에 저장(push)
    Else
        스택에 실수 값으로 저장(push)
스택 항목 추출 후 값 출력
```

이제 파이썬 코드로 프로그램 로직을 구현해 보자.

```python
the_stack = []

def push(v):
    the_stack.append(v)

def pop():
    return the_stack.pop()

def main():
    s = input('Enter RPN string: ')
    a_list = s.split()
```

```
            for item in a_list:
                if item in '+-*/':
                    op2 = pop()
                    op1 = pop()
                    if item == '+':
                        push(op1 + op2)
                    elif item == '-':
                        push(op1 - op2)
                    elif item == '*':
                        push(op1 * op2)
                    else:
                        push(op1 / op2)
                else:
                    push(float(item))
            print(pop())

    main()
```

이 애플리케이션은 그리 길지 않지만, 더 간략하게 작성할 수 있다. 현재 코드는 the_stack을 전역 변수로 저장하여 push와 pop 함수를 직접 선언한 후 main 함수에서 활용하고 있다. 몇 줄은 the_stack에서 직접 메서드를 호출하는 방법으로 전체 코드를 줄일 수 있겠다.

```
op1 = the_stack.pop()
...
the_stack.append(op1 + op2)          # op1 + op2 저장(push)
```

코드를 이 방식대로 변경하는 것은 직접 해 보기 바란다. 현재 코드에 에러를 확인하는 부분이 없다는 것도 잊지 말자. 연산 처리를 하기 전에 스택에 최소 2개의 항목이 들어 있는지 확인할 필요가 있다. 에러를 처리하는 것도 숙제로 남겨 놓겠다.

성능 Tip ✩ 다음 팁은 여러분의 코드 7줄을 줄여 줄 것이다. 각 연산자를 별도로 테스트하는 대신 eval 함수를 사용하여 파이썬 명령어 문자열을 받아서 실행할 수 있다. 그렇게 되면 이 앱에서 어떤 연산 처리를 하든지 함수 하나만 호출하면 된다.

```
push(eval(str(op1) + item + str(op2)))
```

하지만 eval 함수는 잘못 사용하는 경우도 많다. 이 애플리케이션에서는 항목이 +, *, -, / 연산자인 경우에만 사용할 수 있다.

# 3.13 reduce 함수

파이썬 리스트의 더욱 흥미로운 기능은 리스트의 모든 항목을 한 번에 처리할 수 있는 함수를 여러분이 직접 작성하여 사용할 수 있다는 것이다. 바로 map이나 filter와 같은 리스트 메서드가 이 능력을 부여한다. map 메서드는 주어진 리스트의 전체 항목을 변환한 신규 리스트를 생성한다. filter 메서드는 구체적인 조건(📋 양수 추출)에 만족하는 항목들로 구성된 신규 리스트를 생성한다.

반면 리스트 함축(comprehension)(3.15절에서 소개)은 보통 map과 filter보다 더 나은 일을 한다.

한편 functools 패키지의 여러 함수를 사용하면 리스트를 다양한 방식으로 처리할 수 있다. functools 패키지를 사용하려면 다음과 같이 탑재해야 한다.

```
import functools
```

그리고 나서 functools.reduce 함수를 사용하여 리스트 전체 항목을 처리할 함수를 적용하면 된다.

---

**functools.reduce**(함수, 리스트)

---

reduce 함수는 인수로 주어진 '함수'를 리스트 내에 짝을 이루고 있는 이웃 항목에 적용하여 연산 처리를 하고, 결과를 누적하여 다시 인수로 넘기는 과정을 반복하며, 최종적으로 전체 항목을 처리한 결과를 반환한다. 인수로 넣어서 호출된 '함수'는 반드시 2개의 인수를 가져야 하며, 결괏값을 반환해야 한다. '리스트'가 최소 4개의 항목을 가지고 있다고 가정해 보자. 이 코드는 다음과 같이 동작한다.

- 첫 2개의 항목을 '함수'의 인수로 넣고, 결괏값을 기억한다.
- 위 결과와 세 번째 항목을 '함수'의 인수로 넣어서 처리된 결과를 기억한다.
- 위 결과와 네 번째 항목을 인수로 넣어서 처리된 결과를 기억한다.
- 계속 이 방식대로 값을 처리한다.

다음 예시는 덧셈과 곱셈을 사용했으며, 최종 결괏값을 이해하기 쉽다.

```
import functools

def add_func(a, b):
    return a + b

def mul_func(a, b):
    return a * b

n = 5
a_list = list(range(1, n + 1))

triangle_num = functools.reduce(add_func, a_list)
fact_num = functools.reduce(mul_func, a_list)
```

range 함수가 어떻게 동작하는지 기억한다면 a_list에 다음과 같이 5개의 숫자가 설정되는 것을 알 것이다.

```
1, 2, 3, 4, 5
```

이 예시는 다음과 같이 1부터 n까지의 숫자를 모두 더한 값(triangle_num)과 곱한 값(fact_num)을 생성한다.

```
triangle_num = 1 + 2 + 3 + 4 + 5
fact_num = 1 * 2 * 3 * 4 * 5
```

> Note ☰  리스트 항목들의 값을 더하는 결과는 3.8절에서 살펴본 sum 함수를 사용하여 더 쉽게 얻을 수 있다.

이 예시에 빼기 연산자를 적용하면 좀 이상해 보일 수도 있겠지만, 다음과 같이 사용 가능하다.

```
((((1 - 2) - 3) - 4) - 5
```

또한, 다음과 같이 나눗셈 연산자와도 사용할 수 있다.

```
((((1 / 2) / 3) / 4) / 5
```

# 3.14 / 람다 함수

앞 절에서와 같이 리스트에 연산 처리를 할 때 단순한 1회용 함수를 만들고 싶을 수 있다.

이럴 때 사용하는 것이 바로 람다 함수다. 람다 함수는 변수에 대입하지 않는 이상 이름이 존재하지 않는 함수이며, 일반적으로 한 번만 사용하기 위해 만들어진다.

---

**lambda** 인수들: 반환값

---

이 문법에서 '인수들'은 없거나 함수 인수로 사용될 변수 이름이며, 1개 이상일 때는 콤마 기호(,)로 분리한다.

이 코드 실행 결과는 저장되거나 직접 사용할 수 없는 콜러블(callable)이 된다. 다음 예시는 람다에 이름을 지어 주는 예시다.

```
my_f = lambda x, y: x + y
```

이 대입으로 my_f는 이 작은 함수를 위한 이름이 되며, 콜러블을 호출할 때 사용된다. 다음 예시를 살펴보자.

```
sum1 = my_f(3, 7)
print(sum1)          # 10 출력
sum2 = my_f(10, 15)
print(sum2)          # 25 출력
```

하지만 이 방식은 람다가 일반적으로 사용되는 것과는 사뭇 다르다. 반면 reduce 함수와 함께 사용될 때 비로소 빛을 발한다. 예를 들어 다음 코드는 1부터 5까지 더한 값을 구하는 방법이다.

```
t5 = functools.reduce(lambda x, y: x + y, [1,2,3,4,5])
```

다음 코드는 1부터 5까지 값을 모두 곱하는 방법이다.

```
f5 = functools.reduce(lambda x, y: x * y, [1,2,3,4,5])
```

프로그램은 런타임 시 동적으로 데이터를 생성하며, 다시 참조하고 싶으면 변수에 대입한다. 함수 (콜러블)도 똑같다. 런타임 시 생성되며 다시 참조하고 싶으면 변수에 대입한다. 아니면 앞서 살펴본 예시와 같이 익명으로 사용할 수도 있다.

# 3.15 / 리스트 함축

파이썬 2.0에서 소개한 가장 중요한 기능 중 하나는 리스트 함축(comprehension)이다. 이 기능은 리스트에서 열거식의 값을 생성하는 코드를 좀 더 간결하게 만들어 준다. 딕셔너리, 세트와 다른 컬렉션에서도 사용할 수 있다.

리스트 함축이 하는 일을 가장 간단하게 표현하면 모든 항목을 대상으로 항목 간(member-by-member) 복사를 수행하는 것이다.

다음 예시는 슬라이싱으로 리스트 복사본을 만든다.

```
b_list = a_list[:]
```

다음 예시는 항목 간 복사의 또 다른 방법을 보여 준다.

```
b_list = []
for i in a_list:
    b_list.append(i)
```

똑같이 동작하는 다음 예시는 파이썬 2.0에서 소개한 간결한 방법이다(빈칸을 추가하여 이해하기 쉽게 했다).

```
b_list = [i    for i in a_list]
```

이 예시는 리스트-함축 표현식의 두 부분을 잘 보여 주고 있다. 이 표현식이 익숙해지면 굳이 빈칸을 더 추가할 필요가 없다.

```
b_list = [i for i in a_list]
```

다른 예시를 살펴보자. a_list의 각 항목의 제곱수를 담는 리스트를 만든다고 가정해 보자.

```
b_list = [ ]
for i in a_list:
    b_list.append(i * i)
```

a_list가 [1, 2, 3]을 가지고 있다면 이 코드는 [1, 4, 9]를 담은 리스트를 생성하여 b_list에 대입할 것이다.

똑같이 동작하는 리스트-함축 표현식은 다음과 같다.

```
b_list = [i * i for i in a_list]
```

이제 패턴이 보일 것이다. 두 번째 예시의 대괄호 안에 항목들은 다음과 같이 나눌 수 있다.

- 신규 리스트에 생성될 값을 표현하는 i * i가 위치한다. i * i가 신규 리스트에 추가될 제 곱수를 명시한다.
- for 문(for i in a_list)으로 연산 처리를 할 값을 차례대로 제공한다. a_list가 값의 출처 가 된다.

그림 3-8은 이 리스트-함축 문법을 표현하고 있다.

▼ 그림 3-8 리스트 함축

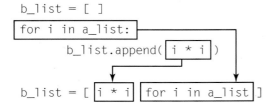

문법적으로 리스트 함축은 값 표현식과 바로 뒤에서 열거형 데이터를 제공하는 for 문 표현식이 붙어서 리스트를 생성하는 방법을 말한다. 리스트-함축 표현식은 for 문 표현식을 사용할 때 콜론 기호(:)를 사용하지 않았다는 것을 기억하자.[3]

```
[ 값 for_문_표현식 ]
```

---

3  역주 콜론 기호는 블록문을 의미할 때 사용하는데, 리스트 함축 표현식은 블록문 없이 1줄로 표현하는 개념이기 때문에 콜론 기호가 없는 것은 당연하다.

for_문_표현식은 중첩 for 문도 허용한다.

다음 예시는 깊이가 2인 중첩 for 문을 포함하고 있다.

```
mult_list = [  ]
for i in range(3):
    for j in range(3):
        mult_list.append(i * j)
```

이 중첩 루프는 리스트 [0, 0, 0, 0, 1, 2, 0, 2, 4]를 만들며, 다음 리스트-함축 문장과 똑같이 동작한다.

```
mult_list = [i * j for i in range(3) for j in range(3)]
```

이 코드는 i * j가 각 루프를 순회하며 값을 생산하고, 나머지 코드가 중첩 루프 표현식을 담고 있다.

리스트 함축은 선택 사항으로 추가할 수 있는 기능이 있다. 문법적으로 다음과 같이 대괄호 기호가 끝나기 전에 위치하는 표현식(if_조건문)이다.

```
[ 값 for_문_표현식 if_조건문 ]
```

간단한 예를 들어 보자. 리스트 항목 중 양수만 선택하고 싶다고 가정해 보자. 만약 리스트 함축 없이 코드를 작성하면 다음과 같을 것이다.

```
my_list = [10, -10, -1, 12, -500, 13, 15, -3]

new_list = []
for i in my_list:
    if i > 0:
        new_list.append(i)
```

이 코드의 결과는 [10, 12, 13, 15]를 담고 있는 신규 리스트다.

다음 예시에서 같은 동작을 하는 리스트 함축 코드를 살펴보자.

```
new_list = [i      for i in my_list      if i > 0 ]
```

대입 연산자 우측에 위치한 리스트-함축 문장은 크게 세 가지 파트로 나뉜다.

- 값 표현식 i는 리스트 값을 바로 가져온다.
- for 문 표현식 for i in my_list는 연산할 열거형 값을 제공한다.
- 마지막으로 if 조건문 if i > 0은 선택할 항목을 선별한다.

다시 한 번 말하지만, 리스트-함축이 익숙해지면 이해하기 쉽도록 추가한 빈칸은 집어넣을 필요가 없다.

```
new_list = [i for i in my_list if i > 0 ]
```

다음 예시는 반대로 음수 값만 남겨 놓는다.

```
my_list = [1, 2, -10, -500, 33, 21, -1]
neg_list = [i for i in my_list if i < 0 ]
```

이 코드는 다음 리스트를 생성하여 neg_list에 대입한다.

```
[-10, -500, -1]
```

# 3.16 딕셔너리와 세트의 함축

리스트 함축 원칙은 세트와 딕셔너리까지 확장된다. 세트는 데이터의 중복을 허용하지 않고 순서가 보장되지 않는 단순한 컬렉션이기 때문에 함축 원칙을 확인하기가 무척 쉽다.

예를 들어 a_list의 양수 값만 선택하여 리스트 대신 세트에 저장한다고 가정해 보자. 그러면 다음과 같이 평범한 루프로 작성할 수 있을 것이다.

```
a_list = [5, 5, 5, -20, 2, -1, 2]
my_set = set( )
for i in a_list:
    if i > 0:
        my_set.add(i)
```

이 코드를 세트 함축으로 표현할 수도 있다. 대괄호 기호([ ]) 대신 중괄호 기호({ })를 사용하면 된다.

```
my_set = {i for i in a_list if i > 0}
```

두 코드 모두 세트 {5, 2}를 만들고, 변수 my_set에 대입한다. 중복 값은 존재하지 않는다. 세트를 생성했기 때문에 중복된 항목은 자동으로 제거된다.

세트 함축은 리스트를 생성할 때 사용한 대괄호 기호([ ]) 대신, 중괄호 기호({ })를 사용했기 때문에 세트가 생성되었다는 것을 기억하자.

추가로 a_list 안의 항목 중 양수 값의 제곱수로 이루어진 세트를 만든다고 해 보자. 결과는 {25, 4}가 될 것이다. 이런 경우 다음과 같이 코드를 작성할 수 있다.

```
my_set = {i * i for i in a_list if i > 0}
```

딕셔너리 함축은 조금 더 복잡하다. 루프를 순회할 때 다음 문법을 사용하여 키-값의 쌍을 생성해야 하기 때문이다.

```
key : value
```

다음과 같이 데이터 딕셔너리의 기초가 될 튜플로 이루어진 리스트를 가지고 있다고 해 보자.

```
vals_list = [ ('pi', 3.14), ('phi', 1.618) ]
```

딕셔너리는 다음과 같이 생성할 수 있다.

```
my_dict = { i[0]: i[1] for i in vals_list }
```

키-값 표현을 위해 i[0]: i[1]과 같이 콜론 기호(:)를 사용한 것에 주목하자. 딕셔너리가 잘 만들어졌는지 확인하기 위해 다음과 같이 3.14를 반환하는 코드를 실행할 수 있다.

```
my_dict['pi']     # 3.14 반환
```

다른 예시를 살펴보자. 두 리스트를 하나의 딕셔너리로 합친 예시다. 두 리스트의 길이는 같다고 가정한다.

```
keys = ['Bob', 'Carol', 'Ted', 'Alice']
vals = [4.0, 4.0, 3.75, 3.9]
grade_dict = { keys[i]: vals[i] for i in range(len(keys)) }
```

코드는 다음과 같이 초기화된 딕셔너리를 생성한다.

```
grade_dict = { 'Bob':4.0, 'Carol':4.0, 'Ted':3.75, 'Alice':3.9 }
```

*성능Tip* ☆ 마지막 예시는 파이썬 내장 함수인 zip 함수를 사용하면 성능을 개선할 수 있다. 함축된 코드는 다음과 같다.

```
grade_dict = { key: val for key, val in zip(keys, vals) }
```

요약해 보자. 다음 문법은 세트를 생성한다.

{ 값 for_문_표현식 선택적_if_조건문 }

다음 문법은 딕셔너리를 생성한다.

{ 키: 값 for_문_표현식 선택적_if_조건문 }

딕셔너리 함축을 사용하는 가장 현명한 방법은 딕셔너리의 키와 값을 바꾸는 것이다. 예를 들어 이름으로 전화번호를 찾을 수 있는 전화번호부를 만들었는데, 전화번호로 이름을 찾아야 한다고 해 보자.

```
idict = { v:k for k, v in phone_dict.items() }
```

데이터 딕셔너리의 items 메서드는 키(k)와 값(v) 쌍의 리스트를 생성한다. 각 쌍은 값 표현식 v:k에 의해 키-값의 관계가 뒤바뀌는 새로운 딕셔너리 idict를 생성한다.

# 3.17 리스트를 통한 인수 전달하기

파이썬 인수 값은 정확하게 말하자면 참조에 의해서 혹은 값에 의해서 전달되는 것이 아니다. 대신 파이썬 인수는 함수가 호출되는 순간의 인수 이름과 값이 연결된 데이터-딕셔너리 엔트리로 전달된다.

코드 동작 측면에서 말하자면 인수로 주어진 변수를 함수 안에서 수정할 수 없다는 의미다.

```
double_it(n)
```

double_it 함수가 인수 n으로 10이 전달되어 실행되었다고 가정해 보자. 함수는 키-값의 쌍으로 n:10이 전달된다. 하지만 n에 새로운 값을 대입하면 마치 지역 변수를 변경한 것과 같이 함수 밖의 n에는 영향을 미치지 않는다. 대입하는 순간 n과 데이터의 연결 고리를 끊기 때문이다.

반면 같은 방식으로 리스트를 함수의 인수로 전달하면 리스트의 일부 혹은 전부의 항목을 변경할 수 있다. (문자열이나 튜플과는 반대로) 리스트는 가변의 성질을 갖기 때문이다. 다음 예시를 살펴 보자.

```
def set_list_vals(list_arg):
    list_arg[0] = 100
    list_arg[1] = 200
    list_arg[2] = 150

a_list = [0, 0, 0]
set_list_vals(a_list)
print(a_list)              # [100, 200, 150] 출력
```

이 코드는 리스트 값 자체가 변경되기 때문에 신규 리스트를 생성하여 변수에 대입하지 않아도 기대한 대로 동작한다. 하지만 다음 예시는 전달한 리스트를 변경할 수 없다.

```
def set_list_vals(list_arg):
    list_arg = [100, 200, 150]

a_list = [0, 0, 0]
set_list_vals(a_list)
print(a_list)              # [0, 0, 0] 출력
```

이 코드는 함수를 호출한 후에도 a_list 값이 변경되지 않는다. 무슨 일이 벌어진 것일까?

이유는 전달된 리스트 인수인 list_arg가 완전히 새로운 리스트로 재대입되었기 때문이다. 변수 list_arg와 기존 데이터 [0, 0, 0]의 관계는 끊어진 것이다.

반면 슬라이싱과 인덱싱은 다르다. 인덱스가 매겨진 특정 항목이나 슬라이싱으로 확보한 하위 리스트를 변경한다고 해서 변수가 참조하고 있는 객체가 변경되지는 않는다. 다음 코드는 여전히 같은 리스트를 참조하지만 첫 번째 항목은 수정된다.

```
my_list[0] = new_data        # 리스트 데이터를 실제로 변경한다.
```

## 3.18 다차원 리스트

SUPERCHARGED PYTHON

리스트 항목은 리스트가 될 수도 있다. 다음 예시를 살펴보자.

```
weird_list = [ [1, 2, 3], 'John', 'George' ]
```

하지만 더욱 일반적인 사용처는 다차원 리스트 혹은 행렬(matrix)이다. 다음 코드는 3×3 리스트를 생성하여 변수 mat에 대입한다.

```
mat = [[10, 11, 21], [20, 21, 22], [25, 15, 15]]
```

대입 연산자의 우측 코드는 각각 값을 3개 가진 행을 3개 생성한다.

```
[10, 11, 21],
[20, 21, 22],
[25, 15, 15]
```

이 2차원 리스트의 한 항목을 인덱스로 추출하려면 다음 방법을 따라야 한다.

```
리스트_이름[행_인덱스][열_인덱스]
```

일반적으로 파이썬 인덱스는 N이 차원의 깊이라고 했을 때 0부터 N-1까지 매겨진다. 물론 음수 인덱스도 사용할 수 있다. 그렇게 되면 mat[1][2](두 번째 행, 세 번째 열)는 22를 반환한다.

### 3.18.1 불균형 행렬

여러분이 대부분 사각형 모양으로 균형이 잘 잡힌 행렬만 주로 만든다고 하더라도, 파이썬으로 불균형 행렬(unbalanced matrixes)을 만들 수 있다. 예시를 살펴보자.

```
weird_mat = [[1, 2, 3, 4], [0, 5], [9, 8, 3]]
```

프로그램 코드는 인스펙션(inspection)을 수행하여 파이썬 행렬의 정확한 크기와 모양을 확인할 수 있다. 이 리스트(행렬)의 길이를 확인하면 깊이 1의 항목 숫자를 확인할 수 있다. 다음 예시를 살펴보자.

```
len(weird_mat)         # 3 반환
```

코드 실행 결과를 보니, 이 리스트는 3개의 행을 가지고 있다는 것을 알 수 있다. 그리고 다음과 같이 행렬 안에 있는 각 행의 길이를 확인할 수 있다.

```
len(weird_mat[0])      # 4 반환
len(weird_mat[1])      # 2 반환
len(weird_mat[2])      # 3 반환
```

이런 코드 인스펙션은 어떤 깊이로도 계속 반복하여 수행할 수 있다.

### 3.18.2 제멋대로 큰 행렬 만들기

파이썬에서 제멋대로 큰 다차원 리스트를 만드는 것은 그리 만만치 않다.

운이 좋게도 이 절에서 쉬운 방법을 알아볼 것이다(12장에서 넘파이 패키지 사용법을 알아볼 것이다).

파이썬은 데이터 선언 개념이 없다는 것을 기억하자. 따라서 우리는 파이썬 행렬을 미리 선언할 수 없으며, 반드시 처음부터 구축해야(build) 한다.

다음 코드는 여러분이 풀고자 하는 문제를 리스트 곱하기가 해결하는 것처럼 보일 수도 있다. 1차원 리스트라면 가능하다.

```
big_list = [0] * 100        # 0으로 초기화된 100개의 항목을 가진 리스트 생성
```

이 코드는 잘 동작한다. 다음 코드도 실행해 보자.

```
mat = [[0] * 100] * 200
```

이 코드는 문법적으로 문제없지만, 원하는 리스트가 만들어지지 않는다. 안쪽 표현식 [0] * 100은 100개의 항목을 가진 리스트를 생성한다. 하지만 이 코드는 동일한 데이터를 200번 반복하여 호출한다. 200개의 별도 행을 만드는 것이 아니라, 같은 행 참조 200개를 만드는 것이다.

200개의 행은 분리되지 않는다. 이는 얕은 복사다. 200개의 쓸모없는 참조는 동일한 행을 바라보고 있는 것이다. 답답함을 참을 수가 없다. 200개의 행을 한 번에 추가하려면 다음과 같이 for 루프를 사용해야 한다.

```
mat = [ ]
for i in range(200):
    mat.append([0] * 100)
```

이 코드는 빈 리스트 mat을 생성하면서 시작한다.

각 루프를 수행하면서 100개의 0을 지닌 행이 하나 추가된다. 루프가 모두 실행되고 나면 mat은 모두 독립적인 값 2만 개를 가진 2차원 행렬을 만들게 된다. 가장 큰 인덱스의 위치는 mat[199][99]가 될 것이다. 값을 하나 바꾸어 보자.

```
mat[150][87] = 3.141592
```

리스트에 for 루프로 데이터를 추가하는 것은 리스트 함축을 사용할 수 있는 좋은 사례다.

```
mat = [ [0] * 100 for i in range(200) ]
```

[0] * 100 표현식은 리스트-함축 표현식의 값을 나타낸다. 모두 0으로 설정된 100개의 항목으로 구성된 1차원 리스트를 만든다. 이 표현식은 대괄호 기호 안에 위치하지 않아야 한다. 만약 대괄호 기호가 표기되면 불필요한 인덱스의 깊이가 추가된다.

for i in range(200) 표현식은 파이썬이 위 행을 200번 생성하면서 추가하게 해 준다.

```
행렬_이름 = [[초깃값] * 열_개수 for 행_번호 in range(행_개수)]
```

이 문법에서 '초깃값'은 각 항목에 대입할 초깃값을 의미하며, '열_개수'와 '행_개수'는 각각 열의 개수와 행의 개수를 의미한다.

'행_번호'가 중요하지 않고 다시 사용할 필요가 없다면 기본적으로 변수나 함수 이름을 지을 때 명사를 구분하기 위한 용도로 사용하는 언더스코어(_)로 교체할 수 있다. 예를 들어 30×25 행렬을 선언하려면 다음과 같이 코드를 작성할 수 있다.

```
mat2 = [ [0] * 25 for _ in range(30) ]
```

이 기법은 더 높은 차원의 행렬을 만들 때도 사용할 수 있다. 하나의 깊이가 추가될 때, 한 레벨의 리스트 함축이 추가되면 된다. 다음 코드는 30×20×25 3차원 리스트를 만든다.

```
mat2 = [[ [0] * 25  for _ in range(20) ]
                    for _ in range(30) ]
```

다음 코드는 10×10×10×10 4차원 리스트를 만든다.

```
mat2 = [[[ [0] * 10  for _ in range(10) ]
                     for _ in range(10) ]
                     for _ in range(10) ]
```

여러분은 여전히 더 높은 차원의 행렬을 만들 수 있다. 하지만 차원이 증가될수록 코드의 복잡도는 빠르게 증가한다는 것을 잊지 말자.

# 3.19 정리해 보자

이 장은 파이썬 리스트가 얼마나 강력한지를 잘 보여 준다. 이런 기능들과 같은 동작을 하는 함수도 많다. 가령 len, count, index와 같이 리스트뿐만 아니라 문자열이나 튜플과 같은 다른 컬렉션에도 적용할 수 있는 함수들 말이다.

하지만 sort와 reverse와 같이 가변의 성질을 갖는 리스트의 값을 '바로(in-place)' 바꾸는 함수들은 불변의 성질을 갖는 문자열이나 튜플에는 사용할 수 없다.

이 장은 functools나 람다 함수처럼 다소 특이한 기능들도 소개했다. 또한, 다차원 리스트 생성 방법도 살펴보았다. 12장에서 더 효율적이고 우월한 방법을 알아보지만, 여전히 코어 언어에서 제공하는 방법으로 다차원 리스트를 만드는 방법을 알아 두면 쓸모가 있을 것이다.

# 3.20 복습 문제

1 양수 인덱스와 음수 인덱스를 사용한 프로그램이나 함수를 작성할 수 있는가?

2 1,000개의 항목을 가진 파이썬 리스트를 만드는 가장 효율적인 방법은 무엇인가? 모든 항목의 값은 동일하다고 가정해 보자.

3 슬라이싱을 사용하여 리스트 항목 중 하나씩 건너뛴 항목들로 이루어진 리스트를 만들려면 어떻게 해야 하나?(예를 들어 리스트 항목 중 홀수 번째 항목만 포함한 신규 리스트를 만들어 보자.)

4 인덱싱과 슬라이싱의 차이점을 설명해 보자.

5 슬라이싱 표현식에서 범위를 벗어난 인덱스를 사용하면 어떻게 되는가?

6 리스트를 특정 함수에 인수로 전달하고, 값을 변경하여 반환한다고 가정해 보자. 어떤 상황을 피해야 하는가?

7 불균형 행렬(unbalanced matrixes)이란 무엇인가?

8 제멋대로 큰 행렬을 만들 때, 리스트 함축이나 루프를 사용하는 이유는 무엇인가?

# 3.21 실습 문제

1 임의로 선택된 숫자로 이루어진 리스트의 평균값을 reduce 리스트-처리 함수를 사용하여 작성해 보자. 제대로 된 코드라면 1줄 혹은 2줄을 넘어서는 안 된다. 그리고 나서 각 항목과 평균값의 차이를 계산하여 각 값의 제곱수를 구하자. 최종적으로 이 결과 리스트를 반환하자.

2 사용자가 원하는 만큼 숫자를 입력한 후 그 숫자들로 구성된 리스트를 만드는 프로그램을 작성한다. 그리고 나서 평균값(average, mean)이 아닌 중앙값(median)을 찾아보자. 중앙값은 리스트 안에 중앙값보다 큰 값의 개수와 작은 값의 개수가 일치하는 기준이 된다. 만약 전체 리스트를 가장 낮은 값부터 큰 값으로 정렬하고, 짝수 개의 항목이 있다면 중앙값은 중간에 있는 2개 값의 평균이 된다.

# 4장

# 지름길, 커맨드
# 라인, 그리고
# 패키지

장인은 많은 것을 필요로 하지만 무엇보다도 작업할 때 사용하는 도구를 익숙하게 다룰 줄 알아야 한다. 이 장에서는 경험이 많은 파이썬 프로그래머라도 한 번도 접해 보지 못할 법한 도구들을 소개할 것이다. 이런 도구들을 사용하는 것만으로도 여러분의 생산성을 향상시키고 덤으로 프로그램의 효율성도 끌어올릴 수 있다.

자, 그럼 새로운 팁과 비결을 배워 보자.

# 4.1 / 개요

파이썬은 이례적으로 지름길과 개발 시간을 줄일 수 있는 프로그래밍 기법을 많이 가지고 있다. 이 장에서는 이런 기법 22가지를 살펴보는 것으로 시작해 보자.

프로그램을 빠르게 만드는 또 다른 방법은 파이썬에서 사용할 수 있는 많은 패키지의 이점을 활용하는 것이다. re(regular expressions)(정규표현식), system, random, math와 같은 패키지는 파이썬을 내려받을 때 함께 설치되는 기본 패키지다. import 문으로 탑재하면 사용할 수 있다. 기본 패키지 외의 다른 패키지도 적절한 도구를 사용하면 손쉽게 내려받아 설치할 수 있다.

# 4.2 / 22가지 프로그래밍 지름길

이 절에서는 파이썬 코드를 간단 명료하게 해 주는 가장 일반적인 기법을 살펴볼 것이다. 일부는 이미 소개하고 깊이 알아보기도 했지만, 대부분은 이 책에서 처음 소개하는 것들이다.

- 필요하다면 코드를 여러 줄에 걸쳐서 작성한다.
- for 루프는 현명하게 사용한다.
- 대입 연산자 조합을 이해한다(**예** +=).
- 다중 대입을 사용한다.

- 튜플 대입을 사용한다.

- 고급 튜플 대입을 사용한다.[1]

- 리스트와 문자열 '곱하기'를 사용한다.

- 다중 값을 반환한다.

- 루프와 else 키워드를 사용한다.

- 불리언과 'not'의 이점을 활용한다.

- 문자열은 문자의 나열로 다룬다.

- replace를 사용하여 문자를 제거한다.

- 필요 없는 루프는 사용하지 않는다.

- 연결된(chained) 비교 연산자를 사용한다.[2]

- 함수 테이블(리스트, 딕셔너리)로 switch 문을 모방한다.

- is 연산자는 정확하게 사용한다.

- 단일 행 for 루프를 사용한다.

- 여러 문장을 하나의 행으로 줄인다.

- 단일 행 if/then/else 문을 작성한다.

- range와 함께 Enum을 생성한다.

- IDLE 안에서 비효율적인 print 함수 사용을 줄인다.

- 큰 번호 안에 언더스코어(_)를 넣는다.

자, 각 기법을 하나씩 살펴보자.

## 4.2.1 필요하다면 코드를 여러 줄에 걸쳐 작성한다

파이썬에서 프로그래밍 문장을 종료하려면 (3.18절에서 여러 줄에 걸쳐 배열을 초기화하는 문장을 제외하고) 그저 물리적으로 코드를 작성하던 줄을 끝내면 된다. 이 방식은 자연적으로 1줄에 코드 문장이 하나라고 가정할 수 있기 때문에 프로그래밍을 쉽게 해 준다.

---

1  역주 언패킹과 별표 기호(*)를 사용한 대입을 포함한다.

2  역주 예 4 < x < 7

하지만 물리적으로 1줄보다 더 긴 문장을 작성하려면 어떻게 해야 할까? 이 딜레마는 여러 가지 방법으로 극복할 수 있다. 가령 출력해야 할 문자열이 1줄보다 더 길다고 해 보자. 이 경우 원하지 않더라도 각 리터럴 문자열을 개행 문자와 함께 사용할 수 있을 것이다. 우선 한 리터럴 문자열 다음에 나타나는 리터럴 문자열은 자동으로 연결된다.

```
>>> my_str = 'I am Hen-er-y the Eighth,' ' I am!'
>>> print(my_str)
I am Hen-er-y the Eighth, I am!
```

만약 이 하위 문자열이 너무 길어서 1줄로 표현할 수 없다면 여러 방법으로 표현할 수 있다. 한 가지 방법은 줄-연장 문자인 역슬래시 기호(\)를 사용하는 것이다.

```
my_str = 'I am Hen-er-y the Eighth,' \
 ' I am!'
```

또 다른 기법은 소괄호, 대괄호, 혹은 중괄호 기호를 활용하여 물리적으로 다음 줄을 자동으로 연결하는 방법이다. 결국 어떤 길이의 긴 문장도 개행 문자를 넣지 않고 넣을 수 있다.

```
my_str = ('I am Hen-er-y the Eighth, '
 'I am! I am not just any Henry VIII, '
 'I really am!')
```

이 코드는 모든 텍스트를 하나의 문자열로 다룬다. 이와 같이 다른 괄호들도 비슷하게 사용할 수 있다.

```
length_of_hypotenuse = ( (side1 * side1 + side2 * side2)
                          ** 0.5 )
```

코드는 소괄호 기호가 열린 후(( ) 닫힐 때까지( )) 완료되었다고 생각하지 않는다. 중괄호나 대괄호도 마찬가지다. 결국 이런 코드는 다음 줄까지 자동으로 연결된다.


## 4.2.2 for 루프는 현명하게 사용한다

C/C++가 익숙하다면 리스트 항목을 출력하는 데 range 함수를 남용하는 경향이 있을 수 있다. 다음 예시는 range와 인덱스(색인)를 사용한 C 언어 스타일의 for 루프다.

```
beat_list = ['John', 'Paul', 'George', 'Ringo']
for i in range(len(beat_list)):
    print(beat_list[i])
```

여러분이 이렇게 코드를 작성하고 있다면 지금 당장 습관을 고치자. 다음과 같이 리스트나 이터레이터의 내용을 직접 출력하는 것이 더 좋다.

```
beat_list = ['John', 'Paul', 'George', 'Ringo']
for guy in beat_list:
    print(guy)
```

루프 변수를 사용할 수 있다고 하더라도, 번호를 생성하려면 enumerate 함수를 사용하는 것이 더 좋다. 예시를 살펴보자.

```
beat_list = ['John', 'Paul', 'George', 'Ringo']
for i, name in enumerate(beat_list, 1):
    print(i, '. ', name, sep='')
```

출력 결과는 다음과 같다.

```
1. John
2. Paul
3. George
4. Ringo
```

물론 인덱스가 필요한 경우도 있다. 리스트 내용의 항목을 바로 변경하는 경우 대부분은 인덱스가 필요하다.

> Note ≡  **물론** 인덱스를 사용하지 않고 변수 값을 변경하는 시도를 하면 변수가 참조하고 있던 객체 값이 변경되는 것이 아니라, 신규 객체가 생성되어 해당 변수에 대입이 되어 버린다. 즉, 기존의 객체 값이 변경되지 않는다. 잘 이해되지 않는다면 다음 소스 코드를 실행해 보자.
>
> ```
> beat_list = ['John', 'Paul', 'George', 'Ringo']
> for guy in beat_list:
>     guy = 'Chris'        # 실제 beat_list 항목의 값이 변경되지 않는다.
> print(beat_list)
> ```
>
> 결과에서 알 수 있듯이, beat_list 값은 변경되지 않는다. 굉장히 중요한 내용이다. 이 내용은 3장에서 전반적으로 다루고 있는 내용이니, 생소하다고 느끼면 3장을 다시 한 번 읽어 보자.

## 4.2.3 대입 연산자 조합을 이해한다(예 +=)

대입 연산자 조합 기능의 전반적인 내용은 1장에서 다루었으니, 이 장에서는 간단하게만 살펴볼 것이다. 대입 연산자(=)는 +, -, /, //, %, **, &, ^, |, <<, >> 연산자와 모두 조합할 수 있다는 것을 다시 떠올려 보자.

연산자 &, |, ^는 각각 'and', 'or', 'exclusive or' 비트 연산자다. 연산자 <<와 >>는 각각 비트를 왼쪽과 오른쪽으로 옮긴다(bit shift).

이 절에서는 대입 연산자 조합 사용법의 미세한 부분을 일부 다루겠다. 일단 모든 대입 연산자는 낮은 우선순위를 가지며, 마지막에 처리된다.

두 번째로 대입 연산자는 피연산자의 가변 유무에 따라 객체 값 변경 유무를 결정한다. 값을 바로 변경한다는 것은 완전히 새로운 객체를 생성하지 않고 메모리에 이미 존재하는 데이터를 변경한다는 의미다. 이런 연산은 더 빠르며 효율적이다.

정수, 부동소수점 숫자와 문자열은 불변의 성질을 갖는다. 이런 데이터 타입과 함께 사용된 대입 연산자는 객체 값을 직접 바꾸지 않는다. 대신 같은 변수에 완전히 새로운 객체를 생성하여 다시 대입해야만 한다.

예시를 살펴보자.

```
s1 = s2 = 'A string.'
s1 += '...with more stuff!'
print('s1:', s1)
print('s2:', s2)
```

출력 결과는 다음과 같다.

```
s1: A string...with more stuff!
s2: A string.
```

s1에 새로운 값이 대입될 때 메모리의 값을 변경하는 것이 아니다. 완전히 새로운 문자열을 대입하는 개념이다. 하지만 s2는 여전히 기존 문자열 데이터를 참조하고 있다. 그렇기 때문에 s1과 s2는 이제 서로 다른 값을 가지게 되는 것이다.

하지만 리스트는 가변적이며, 메모리의 값을 직접 변경할 수 있다.

```
a_list = b_list = [10, 20]
a_list += [30, 40]
```

```
print('a_list:', a_list)
print('b_list:', b_list)
```

출력 결과는 다음과 같다.

```
a_list: [10, 20, 30, 40]
b_list: [10, 20, 30, 40]
```

이번 코드는 리스트의 값을 직접 변경하기 때문에 신규 리스트를 생성하여 변수에 다시 대입할 필요가 없다. a_list에 신규 리스트가 대입되지 않았기에 변수 b_list는 메모리의 동일한 데이터를 참조하고 있으며, a_list의 변경이 그대로 반영된다.[3]

값을 직접 변경하는 연산 대부분은 항상 더 효율적이다. 파이썬은 리스트가 변경될 것을 대비하여 여분의 메모리 일부를 준비하며, 이 여분의 메모리로 +=와 같은 연산 처리를 가능하게 한다. 이는 리스트가 효율적으로 확장되는 것을 돕는다. 간혹 할당된 메모리가 부족하여 리스트의 위치를 옮겨야 할 때가 있다. 하지만 이런 메모리 관리 작업은 아주 매끄럽게 수행되며, 프로그램 동작에 거의 영향을 미치지 않는다.

값을 직접 변경하지 않는 연산은 신규 객체가 생성되어야 하기 때문에 덜 효율적이다. 그래서 큰 문자열을 만들 때 처리 속도가 중요하다면 += 연산자 대신 join 메서드를 사용하는 것이 유리하다. 다음 예시는 리스트를 생성하여 26개의 문자를 함께 연결하기 위해 join 메서드를 사용하는 예시다.

```
str_list = []
n = ord('a')
for i in range(n, n + 26):
    str_list += chr(i)
alphabet_str = ''.join(str_list)
```

그림 4-1과 그림 4-2는 메모리-값-변경(in-place) 연산과 신규-객체-생성(non-in-place) 연산의 차이점을 설명하고 있다. 그림 4-1은 문자열 데이터가 기존 문자열에 추가되는 것처럼 보이지만, 실제로는 메모리의 다른 영역을 사용하는 신규 문자열을 만들어서 같은 변수에 다시 대입하고 있는 것을 보여 준다.

---

3  역주 물론이다. 두 변수가 모두 동일한 객체를 참조하고 있기 때문이다. 굉장히 중요한 개념이니 꼭 기억해 두자.

▼ 그림 4-1 문자열 추가하기(신규-객체-생성)

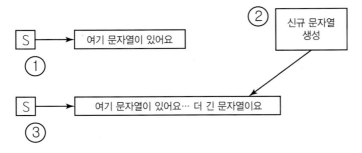

반면 그림 4-2에서는 리스트 데이터가 기존 리스트에 신규 리스트 생성 및 재대입하는 절차 없이 바로 추가되는 것을 확인할 수 있다.

▼ 그림 4-2 리스트 추가하기(메모리-값-변경)

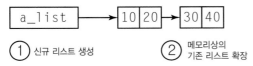

① 신규 리스트 생성    ② 메모리상의 기존 리스트 확장

요약해 보자.

- +=와 같은 대입 연산자 조합은 (리스트와 같은) 가변 데이터 타입을 다루는 경우 값을 메모리에서 직접 변경(in-place)하지만, 불변 데이터 타입을 다루는 경우 신규 객체를 생성하여 좌측 피연산자 변수에 대입한다.
- 메모리-값-변경 연산자는 신규 객체를 생성할 필요가 없기 때문에 더 빠르고 메모리 공간을 더 효율적으로 사용한다. 리스트 같은 경우 파이썬은 대개 런타임 시 리스트를 더 효율적으로 확장할 수 있도록 여분의 메모리를 할당한다.

## 4.2.4 다중 대입을 사용한다

다중 대입(multiple assignment)은 파이썬에서 가장 널리 사용되는 코딩 지름길 기법이다. 가령 다음 예시와 같이 5개의 서로 다른 변수를 모두 같은 값(0)으로 대입할 수 있다.

```
a = b = c = d = e = 0
```

결과적으로 다음 코드는 True를 반환한다.

```
a is b
```

이 문장은 추후 변수 중 하나에 다른 객체를 대입하면 더 이상 True를 반환하지 않는다.

비록 이 코딩 기법이 C와 C++에서 빌려 온 것처럼 보이더라도 파이썬이 C 문법을 대부분 따른다고 가정하면 안 된다. 파이썬 대입은 코드 문장(statement)이지 C에서와 같은 표현식(expression)이 아니다.[4]

## 4.2.5 튜플 대입을 사용한다

다중 대입은 여러 변수에 동일한 초깃값을 대입할 때 유용하다.

하지만 서로 다른 값을 각각 다른 변수에 대입하고 싶다면 어떻게 할까? 가령 1을 a에 대입하고, 0을 b에 대입한다고 가정해 보자. 다음과 같이 명확하게 작성할 수 있다.

```
a = 1
b = 0
```

하지만 튜플 대입을 사용하면 1줄로 이 코드를 작성할 수 있다.

```
a, b = 1, 0
```

이 방법은 대입 연산자(=) 좌측에 변수를 나열하고, 우측에 같은 숫자의 값을 나열한다. 양쪽 개수가 반드시 동일해야 하지만, 한 가지 예외가 있다. 여러 단일 값을 하나의 튜플에 대입할 수 있다 (이 연산의 결과로 튜플이 생성된다).

```
a = 4, 8, 12        # a는 이제 3개의 값을 지닌 튜플이다.
```

튜플 대입은 코드 흐름을 더욱 간결하게 작성하는 데 사용할 수 있다. 다음 피보나치 생성 함수가 파이썬에서 얼마나 간결한지 확인해 보자.

---

4    **역주** 파이썬의 대입 연산자와 C에서의 대입 연산자는 표현은 등호 기호(=)로 동일하다. 하지만 파이썬은 코드 문장의 결과에 이름을 지어 주는 개념인 반면, C에서는 정해진 타입의 데이터를 생성하는 표현식이라는 의미다.

```
def fibo(n):
    a, b = 1, 0

    while a <= n:
        print(a, end=' ')
        a, b = a + b, a
```

마지막 줄에서 변수 a는 새로운 값 a + b를 가지며, 변수 b는 a의 기존 값을 새 값으로 갖게 된다.

프로그래밍 언어 대부분은 a와 b를 동시에 설정하는 방법을 제공하지 않는다. b에 넣을 값이 변경되는 동시에, a에 넣을 값도 변경되기 때문에 값을 설정할 수 없다. 그래서 일반적으로 임시 변수가 필요하다. 파이썬에서도 원한다면 다음과 같이 코드를 작성할 수 있다.

```
temp = a          # a 기존 값 보존
a = a + b          # a에 신규 값 설정
b = temp          # b에 a 기존 값 저장
```

하지만 튜플 대입을 사용하면 임시 변수가 필요 없다.

```
a, b = a + b, a
```

더 간단한 튜플 대입 예시가 있다. 다음과 같이 두 값을 변경할 때 유용하게 쓰인다.

```
x, y = 1, 25
print(x, y)        # 1 25 출력
x, y = y, x
print(x, y)        # 25 1 출력
```

이 예시의 흥미로운 부분은 값을 서로 변경하는 곳에 있다.

```
x, y = y, x
```

다른 언어에서는 이 코드를 동작하게 하려면 3줄의 분리된 문장이 필요하다. 하지만 파이썬에서는 조금 전에 보았듯이 그 즉시 값을 교환할 수 있다. 다른 언어에서의 예시는 다음과 같다.

```
temp = x
x = y
y = temp
```

## 4.2.6 고급 튜플 대입을 사용한다

튜플 대입은 정제 기능을 제공한다. 예를 들어 다음과 같이 여러 변수에 튜플의 항목을 하나씩 대입하는 튜플 언팩(unpack)을 할 수 있다.

```
tup = 10, 20, 30
a, b, c = tup
print(a, b, c)          # 10, 20, 30 출력
```

튜플 언팩을 시도할 때는 대입 연산자 좌측의 변수 개수와 우측의 값 개수가 반드시 동일해야 한다. 다음 예시는 런타임 에러를 발생시킨다.

```
tup = 10, 20, 30
a, b = tup              # 에러: 언팩 대상 값이 너무 많음
```

간혹 1개의 항목을 가진 튜플을 만들 때 유용한 기법이 있다. 1개의 항목을 가지는 리스트를 만드는 것은 간단하다.

```
my_list = [3]
```

이 코드는 1개의 항목으로 3을 갖는 리스트를 생성한다. 하지만 다음 코드는 튜플을 생성하지 않는다.

```
my_tup = (3)
print(type(my_tup))
```

출력 결과를 확인해 보니, 변수 my_tup의 타입은 그저 정수일 뿐이다.

```
<class 'int'>
```

이 결과는 우리가 원하는 결과가 아니다. 소괄호 기호는 아무 연산 처리도 하지 않으며(no-op), 어느 개수의 괄호가 와도 마찬가지다.[5] 하지만 다음 코드는 1개의 항목을 가진 튜플을 만들어 준다. 하지만 앞서 언급했듯이, 단 하나의 항목을 가지는 튜플을 생성하는 경우는 극히 드물다.

```
my_tup = (3,)            # 한 항목 3을 가진 튜플 만들기
```

---

5　[역주] 소괄호 기호는 우선순위를 표기하기 위해 문장을 묶는 용도로 사용하기 때문이다.

별표 기호(*)를 사용하면 튜플 대입에 추가적인 유연성을 더할 수 있다. 튜플을 활용하면 한 변수는 (하나만 가능) 나머지 항목들을 담는 리스트가 될 수 있다. 이해를 돕기 위해 다음 예시를 살펴보자.

```
a, *b = 2, 4, 6, 8
```

이 예시에서 변수 a는 2를 가지며, 변수 b는 나머지 항목들을 갖는 리스트가 된다.

```
2
[4, 6, 8]
```

별표 기호는 좌측 변수 중 어떤 곳으로도 옮길 수 있지만, 1개 이상 사용할 수 없다. 별표 기호가 붙은 변수는 나머지 항목들을 모두 품는 리스트를 갖게 된다. 예시를 살펴보자.

```
a, *b, c = 10, 20, 30, 40, 50
```

이 코드는 변수 a와 c에 각각 10과 50을 대입하며, b에는 리스트 [20, 30, 40]을 대입한다.

물론 별표 기호는 마지막 항목에 붙일 수도 있다.

```
big, bigger, *many = 100, 200, 300, 400, 500, 600
```

출력 결과는 다음과 같다.

```
>>> print(big, bigger, many, sep='\n')
100
200
[300, 400, 500, 600]
```

## 4.2.7 리스트와 문자열 '곱하기'를 사용한다

만만찮은 프로그램 중에는 1만 개의 정수를 0으로 초기화하는 것과 같이 큰 데이터 세트를 다루는 경우가 많다. C, 자바와 같은 언어로 이런 작업을 수행하려면 큰 차원의 배열을 미리 선언해야 한다.

파이썬은 별도의 데이터 선언이 없다. 따라서 큰 리스트를 만드는 유일한 방법은 대입 연산자 우측에 값을 넣어서 대입하는 수밖에 없다. 하지만 엄청 큰 리스트를 수작업으로 생성하는 것은 비현실적이다. 다음과 같이 엄청 긴 리스트를 만든다고 상상해 보자.

```
my_list = [0, 0, 0, 0, 0, 0, 0, 0...]
```

상상했듯이 1만 개의 0을 프로그램 코드에 집어넣는 것은 큰 시간 낭비다. 그리고 여러분의 손을 아프게 할 것이다.

곱하기 연산자를 사용하는 것이 조금 더 현실적인 방안을 제시한다.

```
my_list = [0] * 10000
```

이 예시는 모두 0으로 초기화된 1만 개의 정수를 담은 리스트를 생성한다.

이 연산은 파이썬에 최적화되었으며, IDLE와도 빠르게 동작한다.

```
>>> my_list = [0] * 10000
>>> len(my_list)
10000
```

정수 위치는 다음 표현식과 같이 연산자의 좌측 혹은 우측 모두 위치할 수 있다.

```
>>> my_list = 1999 * [12]
>>> len(my_list)
1999
```

더 긴 리스트도 곱할 수 있다. 가령 다음 코드는 1, 2, 3이 반복되는 300개의 항목을 가진 리스트를 만들 수 있다.

```
>>> trip_list = [1, 2, 3] * 100
>>> len(trip_list)
300
```

곱하기 기호(*)는 유일한 키를 가지는 딕셔너리와 세트에서는 사용할 수 없다. 하지만 문자열에서는 사용할 수 있다. 예를 들어 다음과 같이 40개의 언더스코어 기호(_)를 지니는 문자열을 만들 수 있다.

```
divider_str = '_' * 40
```

생성된 문자열의 출력 결과는 다음과 같다.

언더스코어 40개

----------------------------------------

## 4.2.8 다중 값을 반환한다

파이썬은 함수에 변수를 전달하여 함수 내부에서 값을 변경한다고 해서 함수 외부에 있었던 기존 변수 값이 변경되지 않는다. 다음 예시를 살펴보자.

```
def double_me(n):
  n *= 2

a = 10
double_me(a)
print(a)          # a 값이 2배가 되지 않는다!
```

n에 새로운 값이 대입되면 기존 값과 연결이 끊어진다. 결국 n은 로컬 변수가 되며, 메모리의 다른 영역에 값을 저장하게 된다. 함수에 전달된 변수는 영향을 받지 않는다.

하지만 다음과 같이 값을 반환하는 것은 가능하다.

```
def double_me(n):
    return n * 2

a = 10
a = double_me(a)
print(a)
```

하나의 출력 매개변수로 하나의 값을 반환하는 것이다. 하지만 하나 이상의 값을 반환하고 싶다면 어떻게 해야 할까?

파이썬에서는 값 여러 개를 원하는 만큼 반환할 수 있다. 가령 다음 함수는 값 2개를 반환하는 2차 방정식을 수행한다.

```
def quad(a, b, c):
    determin = (b * b - 4 * a * c) ** .5
    x1 = (-b + determin) / (2 * a)
    x2 = (-b - determin) / (2 * a)
    return x1, x2
```

이 함수는 인수를 3개 입력받아서 출력 변수를 2개 반환한다. 이 함수를 호출하면 다음과 같이 두 인수를 모두 변수로 받아야만 한다.

```
x1, x2 = quad(1, -1, -1)
```

함수가 반환하는 여러 값을 1개의 변수로 받으면 그 변수는 여러 값을 담고 있는 튜플이 된다. 예시를 보자.

```
>>> x = quad(1, -1, -1)
>>> x
(1.618033988749895, -0.6180339887498949)
```

다중 값을 반환하는 이 기능은 사실 파이썬 튜플의 사용법을 응용하는 한 방법이라는 것을 기억하자.

## 4.2.9 루프와 else 키워드를 사용한다

else 키워드는 대개 if 키워드와 함께 쓰인다. 하지만 파이썬에서는 루프에서 사용하는 try-except 문법으로 사용될 수 있다.

루프와 함께 사용한 else는 루프가 break 문을 만나서 일찍 빠져나오지 않는 한 루프 종료 시 실행된다.

다음 코드는 2보다 크고 max보다 작거나 같은 숫자 중에 n을 나머지 없이 나눌 수 있는 약수를 찾는다. 약수를 못 찾는 경우 루프가 종료되면서 else 문이 실행된다.

```python
def find_divisor(n, max):
    for i in range(2, max + 1):
        if n % i == 0:
            print(i, 'divides evenly into', n)
            break
    else:
        print('No divisor found')
```

실행 결과는 다음과 같다.

```
>>> find_divisor(49, 6)
No divisor found
>>> find_divisor(49, 7)
7 divides evenly into 49
```

## 4.2.10 불리언과 'not'의 이점을 활용한다

파이썬은 모든 객체를 True 혹은 False로 평가할 수 있다. 가령 파이썬의 모든 빈 컬렉션이나 None인 컬렉션을 불리언으로 테스트하면 False다. 코드는 문자열의 길이가 0인 것을 테스트하고 있다.

```
if len(my_str) == 0:
    break
```

하지만 다음과 같이 작성할 수도 있다.

```
if not my_str:
    break
```

이와 같은 불리언 비교는 일반적으로 다음 규칙을 따른다.

- 데이터가 존재하는 컬렉션이나 문자열은 True다. 0이 아닌 숫자도 마찬가지다.
- 길이가 0인 컬렉션이나 문자열은 False로 평가된다. 값이 0인 숫자나 None도 마찬가지로 False로 평가된다.


## 4.2.11 문자열은 문자의 나열로 다룬다

각각의 문자들로 복잡한 연산 처리를 한 후 문자열을 만든다면 문자(길이가 1인 문자열)로 이루어진 리스트를 생성하여 join과 함께 리스트 함축을 사용하는 것이 더 효율적일 때가 있다.

예를 들어 문자열이 회문[6]인 것을 테스트할 때 입력한 문자열의 모든 구두점과 빈칸을 제거한 후 모든 글자를 대문자 혹은 소문자로 바꾸는 것이 편리하다. 다음과 같이 리스트 함축은 이 작업을 효율적으로 수행한다.

```
test_str = input('Enter test string: ')
a_list = [c.upper() for c in test_str if c.isalnum()]
print(a_list == a_list[::-1])
```

코드의 두 번째 줄에서 3.15절에서 소개한 리스트 함축을 보여 준다.

---

6   **역주** 앞에서부터 읽으나, 뒤에서부터 읽으나 같은 문자열을 의미한다.

세 번째 줄에서는 슬라이싱을 사용하여 역순으로 변경된 리스트를 확보하고 있다. 이제 test_str 이 회문인지 아닌지를 테스트할 수 있게 되었다. 이 코드 3줄은 문자열이 회문 유무를 테스트할 수 있는 가장 짧은 프로그램이다. 얼마나 간결한가!

```
Enter test string: A man, a plan, a canal, Panama!
True
```

## 4.2.12 replace를 사용하여 문자를 제거한다

문자열에서 특정 문자를 빠르게 제거하려면 replace 함수를 사용하여 해당 문자를 빈 문자열로 교체해 보자.

예를 들어 10장에는 사용자가 "1/2"와 같이 분수를 의미하는 문자열을 입력하는 코드 예시가 있다. 하지만 만약 사용자가 "1 / 2"와 같이 필요 없는 빈칸을 입력했다고 해 보자. 충분히 문제가 될 수 있다. 다음 코드는 문자열 s의 빈칸을 replace 함수로 삭제하고 있다(이 방법은 단순한 스트리핑(stripping)을 넘어선다).

```
s = s.replace(' ', '')
```

이와 비슷한 코드로 불필요한 문자나 부분 문자열을 삭제할 수 있을 것이다. 하지만 한 번에 하나씩만 가능하다. 만약 한 번에 모든 모음을 삭제하고 싶다고 가정해 보자. 이런 경우에는 다음과 같이 리스트 함축을 사용하면 된다.

```
a_list = [c for c in s if c not in 'aeiou']
s = ''.join(a_list)
```

## 4.2.13 필요 없는 루프는 사용하지 않는다

파이썬에 내장된 기능들을 간과하지 말자. 특히 리스트와 문자열을 다룰 때 말이다. 컴퓨터 프로그래밍 언어 대부분은 리스트 안에 모든 숫자를 더하려면 루프를 작성해야 할 것이다. 하지만 파이썬은 합계를 루프 없이 바로 계산할 수 있다. 가령 다음 함수는 1 + 2 + 3 + ⋯ + N을 계산한다.

```
def calc_triangle_num(n):
    return sum(range(n+1))
```

숫자를 갖는 리스트의 평균값(average, mean)을 빠르게 구할 때도 sum 함수를 사용할 수 있다.

```python
def get_avg(a_list):
    return sum(a_list) / len(a_list)
```

## 4.2.14 연결된 비교 연산자를 사용한다

이 작지만 멋진 트릭은 작업량을 줄여 주는 동시에 코드의 가독성을 좋게 해 준다.

다음 코드는 일반적인 if 문의 조건을 작성하는 방식이다.

```python
if 0 < x and x < 100:
    print('x is in range.')
```

하지만 이 코드는 다음과 같이 짧게 변경할 수 있다.

```python
if 0 < x < 100:                # 연결된(chained) 비교 연산자 사용
    print('x is in range.')
```

우리는 이 기능을 더 폭넓게 사용할 수 있다. 비교 대상의 개수는 제한이 없으며 ==, <, <=, >, >= 를 포함한 모든 표준 비교 연산자를 사용할 수 있다. 화살표 방향은 동일한 방향을 바라볼 필요도 없고, 어떤 순서로도 나열할 수 있다. 그래서 다음과 같은 코드를 작성할 수 있다.

```python
a, b, c = 5, 10, 15
if 0 < a <= c > b > 1:
    print('All these comparisons are true!')
    print('c is equal or greater than all the rest!')
```

이 기법은 다음과 같이 나열된 변수 값의 동일 유무를 판단하는 데도 사용할 수 있다.

```python
a = b = c = d = e = 100
if a == b == c == d == e:
    print('All the variables are equal to each other.')
```

더 큰 데이터 집합인 경우 더 효율적으로 같은 결과를 얻을 수 있다. 리스트 크기와는 무관하게 다음과 같이 테스트할 수 있다.

```python
if min(a_list) == max(a_list):
    print('All the elements are equal to each other.')
```

단순히 몇 개의 변수가 같은지 테스트하거나 1줄에 여러 비교 연산자를 사용하는 경우에 이 기법을 사용하면, 파이썬의 독보적인 편리함을 느낄 수 있다.

## 4.2.15 함수 테이블(리스트, 딕셔너리)로 switch 문을 모방한다

다음 기법은 잠재적으로 많은 코드를 줄여 줄 수 있기 때문에 중요하다.

15.12절에서 사용자가 입력한 숫자에 따라 서로 다른 함수를 호출하는 코드를 제공한다. 이 로직을 구현하는 명확한 방법은 여러 개의 if/elif 문을 사용하는 것이다. 파이썬은 switch 문이 없기 때문이다.

```
if n == 1:
    do_plot(stockdf)
elif n == 2:
    do_highlow_plot(stockdf)
elif n == 3:
    do_volume_subplot(stockdf)
elif n == 4:
    do_movingavg_plot(stockdf)
```

이런 코드는 너무 장황하다. 동작은 하겠지만, 이렇게까지 길 필요는 없다. 파이썬 함수는 객체이며, 다른 객체와 같이 리스트의 항목으로 집어넣을 수 있다. 그러면 함수 참조를 리스트에서 추출하여 호출할 수 있다.

```
fn = [do_plot, do_highlow_plot, do_volume_subplot, do_movingavg_plot][n-1]
fn(stockdf)                    # 함수 호출
```

예를 들어 n-1이 0이면 리스트 첫 항목인 do_plot이 실행된다.

이 코드는 n 값에 따라 다른 함수를 호출하는 C++ switch 문의 간결한 버전을 보여 준다(참고로 0은 프로그램을 종료할 때 사용하기 때문에 이 경우에서 제외한다).

또한, 함수들을 딕셔너리와 조합하면 조금 더 유연하게 제어할 수 있다. 예를 들어 'load', 'save', 'update', 'exit'와 같은 메뉴 함수가 있다고 해 보자. 이는 다음과 같이 switch 문과 동일하게 구현할 수 있다.

```
menu_dict = {'load':load_fn, 'save':save_fn, 'exit':exit_fn, 'update':update_fn}
(menu_dict[selector])()        # 함수 호출
```

이제 selector에 저장된 문자열('load', 'save', 'update' 혹은 'exit')과 같은 이름의 함수를 호출할 수 있다.

## 4.2.16 is 연산자는 정확하게 사용한다

파이썬은 동등 비교 연산자(==)와 is 연산자를 모두 지원한다. 두 결과는 같을 때도 있지만, 다를 때도 있다. 만약 두 문자열이 같은 값을 가지고 있다면 동등 비교 연산자는 항상 True를 반환한다.

```
a = 'cat'
b = 'cat'
a == b              # 반드시 True 반환
```

하지만 is 연산자는 두 문자열이 같은 값을 가지고 있다고 하더라도 문자열 비교 결과가 항상 True일 것이라고 보장할 수 없으며, 이 결과에 의존하기에는 리스크가 크다. 똑같이 만들어진 문자열 또한 동등 비교 연산자 대신 is 연산자를 사용하여 값을 비교하는 경우, 결과가 True일 것이라고 보장할 수 없다. 다음 예시를 살펴보자.

```
>>> s1 = 'I am what I am and that is all that I am.'
>>> s2 = 'I am what I am' + ' and that is all that I am.'
>>> s1 == s2
True
>>> s1 is s2
False
```

이 예시를 통해서 두 문자열이 같은 내용을 가지고 있다고 하더라도 메모리상에 동일한 객체를 참조하고 있지 않을 수도 있다는 것을 알 수 있으며, 이런 경우 is 연산자는 False를 반환한다.

이와 같이 is 연산자를 믿을 수 없다면 언어에서 이 연산자를 제공하는 이유는 무엇일까? 그 이유는 파이썬이 None, True, False와 같은 독특한 객체를 가지고 있기 때문이다. 만약 여러분이 동일한 객체의 값을 비교하고 있다는 것이 확실하다면 is 키워드는 믿을 만하다. 게다가 is 연산자를 사용한 비교가 더 효율적이다.

```
a_value = my_function()
if a_value is None:
    # None이 반환되면 특별한 행동을 취해라.
```

## 4.2.17 단일 행 for 루프를 사용한다

for 루프가 루프 안에 1줄(블록문)만 있을 정도로 충분히 짧다면 전체 for 루프를 물리적으로 1줄에 다 넣을 수 있다.

```
for 변수 in 나열식_데이터: 블록문
```

모든 프로그래머가 이런 프로그래밍 스타일을 좋아하는 것은 아니다. 하지만 프로그램을 더욱 간결하게 하는 데는 유용하다. 가령 다음 1줄 문장은 0부터 9 사이의 모든 숫자를 출력한다.

```
>>> for i in range(10): print(i, end=' ')
0 1 2 3 4 5 6 7 8 9
```

만약 IDLE에서 이 코드를 실행했다면 Enter를 한 번 더 눌러서 빈 줄을 입력해야 코드가 실행된다.

## 4.2.18 여러 문장을 하나의 행으로 줄인다

코드의 문장들이 충분히 짧다면 여러 문장을 1줄로 작성할 수 있다.

이 기법은 문장을 세미콜론(;)으로 물리적인 줄을 나누는 기준으로 사용하는 것이다. 예시를 살펴보자.

```
>>> for i in range(5): n = i * 2; m = 5; print(n+m, end=' ')
5 7 9 11 13
```

여러 루프도 이 방식으로 1줄로 넣을 수 있다. 또한, 반드시 루프를 넣을 필요도 없다. 원하는 문장들도 1줄로 작성할 수 있다.

```
>>> a = 1; b = 2; c = a + b; print(c)
3
```

누군가가 "세미콜론 때문에 C 코드처럼 보인다!"라며 이 기법을 거부할 수도 있다.

정말 그럴 수도 있지만, 공간을 절약하는 것은 사실이다. 세미콜론은 문장을 구분하기 위해 사용하는 것이지, 문장의 끝을 표기하기 위해 사용하는 것은 아니라는 것을 기억하자. 마치 오래된 파스칼 언어처럼 말이다.

## 4.2.19 단일 행 if/then/else 문을 작성한다

이 기능은 인라인 if 조건이라고 불린다. 일반적인 코드는 아니지만, 다음 if/else 문을 참고해 보자.

```
turn = 0
...
if turn % 2:
    cell = 'X'
else:
    cell = '0'
```

〈Python Without Fear〉(Addison-Wesley Professional, 2017)에서는 틱-택-토 게임의 프로그램 로직을 이 방식으로 구현했다. 플레이어 순서가 바뀌면 특정 셀에 'X' 혹은 'O'가 추가된다. 플레이 횟수가 늘어날 때마다 두 플레이어 사이에 (토글 형태로) 'X' 혹은 'O'를 선택하게 된다.

if/else 블록 대신 다음과 같이 더 간결히 표현할 수도 있다.

```
cell = 'X' if turn % 2 else '0'
```

> 참_표현식 **if** 조건문 **else** 거짓_표현식

조건문이 참이면 '참_표현식'이 반환되며, 거짓이면 '거짓_표현식'이 실행된다.

## 4.2.20 range와 함께 enum을 생성한다

많은 프로그래머는 일명 마법의 숫자 대신 열거식(enumerated)(혹은 'enum') 타입을 사용하는 것을 선호한다. 가령 red, green, blue, black, white를 숫자 1부터 5까지 표현하는 color_indicator 변수가 있다고 해 보자. 만약 리터럴 숫자 1부터 5 대신 색 이름을 사용하면 코드의 가독성이 좋아질 것이다.

이를 구현하려면 다음과 같이 각 변수 이름에 숫자를 대입하면 된다.

```
red = 0
blue = 1
green = 2
```

```
black = 3
white = 4
```

이 코드는 잘 동작하겠지만, 이 코드를 자동화할 수 있는 방법을 찾으면 더 좋을 것이다. 파이썬은 시퀀스를 만들기 위해 간단한 트릭을 제공하고 있다. 다음과 같이 range 함수와 함께 다중 대입을 사용해 보자.

```
red, blue, green, black, white = range(5)
```

이 경우 range의 숫자가 하나씩 설정된다. 만약 숫자를 0이 아니라 1부터 시작하고 싶다면 다음과 같이 작성할 수 있다.

```
red, blue, green, black, white = range(1, 6)
```

> Note ☰ 더 섬세하게 열거식 타입을 생성하고 다루고 싶다면 다음과 같이 enum 패키지를 탑재하여 도움말을 살펴보자.
>
> ```
> import enum
> help(enum)
> ```
>
> 다음 공식 레퍼런스 문서에서 더 많은 정보를 확인할 수 있다.
>
> https://docs.python.org/3/library/enum.html

## 4.2.21 IDLE 안에서 비효율적인 print 함수 사용을 줄인다

IDLE 안에서 호출한 print 문 실행 속도는 너무 느리다. 이런 경우 print 호출 빈도수를 줄이면 놀라울 정도로 처리 속도를 개선할 수 있다.

가령 별표 기호(*)로 $40 \times 20$ 블록을 출력하고 싶다고 해 보자. 가장 느린 방법은 각 문자를 개별적으로 출력하는 것이다. IDLE에서 다음 코드의 실행 속도는 고통스러울 정도로 느리다.

```
for i in range(20):
    for j in range(40):
        print('*', end=' ')
    print()
```

만약 한 번에 한 행의 별표 기호를 출력하면 훨씬 성능이 좋아진다.

```
row_of_asterisks = '*' * 40
for i in range(20):
    print(row_of_asterisks)
```

하지만 최고 성능을 확보하는 방법은 여러 줄의 큰 문자열을 미리 만들고 나서 print 함수를 한 번만 호출하게 코드를 변경하는 것이다.

```
row_of_asterisks = '*' * 40
s = ''
for i in range(20):
    s += row_of_asterisks + '\n'
print(s)
```

문자열 클래스의 join 메서드를 사용하면 성능을 더 개선할 수 있다. 매번 새로운 문자열을 생성하여 추가하는 것보다 메모리상의 동일 리스트에 값을 추가하기 때문이다.

```
row_of_asterisks = '*' * 40
list_of_str = []
for i in range(20):
    list_of_str.append(row_of_asterisks)
print('\n'.join(list_of_str))
```

아직 만족하기는 이르다. 이 코드를 1줄로 만들 수도 있다!

```
print('\n'.join(['*' * 40] * 20))
```

## 4.2.22 큰 번호 안에 언더스코어(_)를 넣는다

프로그래밍을 하다 보면 큰 리터럴 숫자를 다루는 경우가 종종 있다.

다음 예시를 살펴보자.

```
CEO_salary = 1500000
```

이런 숫자는 프로그래밍 코드에서 제대로 읽기 어렵다. 콤마 기호(,)를 사용하고 싶지만, 리스트나 튜플을 만들 때 사용되기 때문에 사용할 수 없다. 다행히 파이썬은 다른 기법을 제공하는데, 파이썬은 리터럴 숫자 안에 언더스코어 기호(_)를 사용할 수 있다.

```
CEO_salary = 1_500_000
```

다음 규칙에 따라 언더스코어 기호는 숫자 안에 어디로든지 위치할 수 있다. 파이썬은 이 숫자를 읽을 때 언더스코어 없이 숫자를 읽게 된다.

- 한 번에 언더스코어를 2개 사용할 수 없다.
- 언더스코어를 맨 앞 혹은 맨 뒤에 사용할 수 없다. 맨 앞에 언더스코어를 사용하면 숫자 값이 아니라 변수 이름으로 여긴다.
- 언더스코어는 실수의 정수나 소수점 양쪽에 모두 사용할 수 있다.

이 기법은 코드 안에서 보여지는 숫자에만 영향을 미치며, 출력할 때는 영향을 미치지 않는다. 숫자를 천 단위로 구분하여 출력하는 방법은 5장에서 설명하는 format 함수(메서드)를 사용하면 된다.

SUPERCHARGED PYTHON

# 4.3 커맨드 라인에서 파이썬 실행하기

파이썬 프로그램을 IDLE로 실행하거나 스크립트로 실행하고 있다면 커맨드 라인에서 실행하는 것만으로도 실행 속도를 개선할 수 있다. 특히 print 함수를 호출하여 실행하는 부분의 속도는 무척 빨라진다.

커맨드 라인은 운영 체제에 따라 유별난 부분이 있다. 이 절에서는 가장 널리 사용되는 운영 체제인 윈도와 macOS를 다룰 것이다.

## 4.3.1 윈도 기반 시스템에서 실행하기

윈도 시스템은 macOS와는 다르게 파이썬 2.0이 설치되어 있지 않으며, 파이썬 3을 직접 설치해야 하기 때문에 나중에 생길 혼란을 미연에 방지할 수 있다.

커맨드 라인에서 파이썬을 사용하려면 우선 모든 윈도 시스템의 주 애플리케이션인 윈도 커맨드 창을 실행한다. 파이썬은 PATH 설정에 포함되어 있는 디렉터리에 설치되기 때문에 쉽게 사용할 수 있다. 이 설정은 윈도 커맨드 창을 실행하여 쉽게 확인할 수 있다.

또한, 윈도에서는 **제어판** > **시스템** > **고급** 탭을 선택하여 환경 변수를 클릭하면 PATH 설정을 확인할 수 있다.

PATH에 파이썬 설치 위치가 포함되어 있으면 파이썬 프로그램을 어디에서나 바로 실행할 수 있다. 커맨드 라인에서 파이썬 프로그램을 실행하려면 'python'을 입력하고, 확장자가 '.py'인 소스 파일(메인 모듈)의 이름을 입력하면 된다.

```
> python test.py
```

## 4.3.2 macOS 시스템에서 실행하기

macOS 시스템에는 기본적으로 파이썬이 설치되어 있지만, 아쉽게도 최신 시스템에도 파이썬 3.0이 아닌 파이썬 2.0이 설치되어 있다.

커맨드 라인에서 사용할 버전을 선택하려면 우선 macOS 시스템의 터미널(Terminal) 애플리케이션을 실행한다. 잘 보이지 않으면 우선 런치패드(Launchpad) 아이콘을 클릭해서 찾아보자.

기본 디렉터리는 스스로 찾을 수 있을 것이다. 커맨드 라인이 사용할 파이썬 버전은 다음 명령어로 확인할 수 있다.

```
> python -V
```

만약 파이썬 버전이 2대라면 다음과 같은 메시지를 보게 될 것이다.

```
python 2.7.10
```

하지만 파이썬 3.0 버전 중 하나를 내려받았다면 해당 버전도 사용할 수 있다. 이 버전을 사용하려면 명령어 python 대신 명령어 python3을 사용해야 한다.

명령어 python3을 사용할 수 있다면 다음 명령어로 정확한 버전을 확인할 수 있다.

```
> python3 -V
python 3.7.0
```

예를 들어 test.py가 현재 디렉터리에 있다면 다음 명령어를 실행하여 파이썬 3.0 프로그램으로 컴파일할 수 있다.

```
> python3 test.py
```

파이썬 명령어(python 혹은 python3)는 여러 유용한 옵션이 있다. 'help' 플래그인 -h를 입력하면 관련 있는 환경 변수와 함께 사용할 수 있는 모든 플래그를 출력한다.

```
> python3 -h
```

### 4.3.3 pip 혹은 pip3로 패키지 내려받기

이 책의 일부 패키지는 사용하기 전에 인터넷으로 내려받아 설치해야 한다. 12장에서 소개하는 numpy 패키지가 여러분이 설치하게 될 첫 패키지가 될 것이다.

이 책에서 언급하는 모든 패키지는 (파이썬의 패키지 대부분이 그렇듯이) 완전히 무료다.

파이썬 3을 내려받을 때 포함되어 있는 pip 유틸리티는 여러분이 찾고자 하는 패키지를 찾아 준다. 인터넷만 연결되어 있으면 된다!

윈도-기반 시스템은 다음 명령어로 원하는 패키지를 내려받고 설치할 수 있다.

```
> pip install 패키지_이름
```

이때 패키지 이름에는 파일 확장자를 붙이지 않는다.

```
> pip install numpy
```

macOS 시스템에서는 파이썬 3을 설치할 때 함께 내려받는 pip3 유틸리티를 사용하고 싶을지도 모르겠다(이미 설치된 pip가 있을 수는 있지만, 버전이 너무 낮거나 사용할 수 없는 상태일 것이다).

```
> pip3 install 패키지_이름
```

SUPERCHARGED PYTHON

## 4.4 doc string 작성하고 사용하기

파이썬 doc string은 주석을 작성하거나 무료 온라인 도움말을 가져올 때 활용할 수 있다. 도움말은 pydoc 유틸리티를 사용하면 IDLE나 커맨드 라인에서 사용 가능하다.

doc string은 함수나 클래스 모두에서 등장할 수 있다. 비록 이 책에서 아직 클래스를 작성하는 방법을 소개하지 않았지만, 원칙은 똑같다. 다음 예시에서 doc string을 확인할 수 있는 함수를 살펴보겠다.

```
def quad(a, b, c):
    '''Quadratic Formula function.

    This function applies the Quadratic Formula
    to determine the roots of x in a quadratic
    equation of the form ax^2 + bx + c = 0.
    '''
    determin = (b * b - 4 * a * c) ** .5
    x1 = (-b + determin) / (2 * a)
    x2 = (-b - determin) / (2 * a)
    return x1, x2
```

함수 선언부에 이 doc string이 입력되면 IDLE에서 다음과 같이 도움말을 볼 수 있다.

```
>>> help(quad)
Help on function quad in module __main__:

quad(a, b, c)
    Quadratic Formula function.

    This function applies the Quadratic Formula
    to determine the roots of x in a quadratic
    equation of the form ax^2 + bx + c = 0.
```

doc string을 작성하려면 몇 가지 규칙을 따라야 한다.

- doc string은 함수 이름을 선언하고 나서 바로 작성되어야 한다.
- 3개-따옴표 기능을 적용한 리터럴 문자열이어야 한다(실제로 어떤 스타일의 따옴표를 사용할 수 있으나, 여러 줄을 작성하기 위해 리터럴 따옴표[7]가 필요하다).
- doc string의 들여쓰기는 함수 도입부의 '첫 번째 레벨' 들여쓰기와 동일해야 한다. 가령 함수 이름 선언 후 아래 줄 코드의 들여쓰기가 빈칸 4개로 되어 있다면 doc string의 시작도 빈칸 4개로 들여쓰기가 되어야 한다.

---

7 [역주] ''' ''' 혹은 """ """

- doc string의 하위 줄들은 문자열이 리터럴 문자열이기 때문에 들여쓰기를 원하는 대로 할 수 있다. 하위 줄들을 왼쪽에 붙여서 작성하거나 doc string을 시작할 때 사용한 들여쓰기 방식을 계속 사용해도 된다. 두 경우 모두 파이썬 온라인 도움말은 보기 좋게 정렬된다.

마지막 규칙은 추가 설명이 필요해 보인다. 앞서 살펴본 doc string은 다음과 같이 작성할 수 있다.

```
def quad(a, b, c):
    '''Quadratic Formula function.

This function applies the Quadratic Formula
to determine the roots of x in a quadratic
equation of the form ax^2 + bx + c = 0.
'''

    determin = (b * b - 4 * a * c) ** .5
    x1 = (-b + determin) / (2 * a)
    x2 = (-b - determin) / (2 * a)
    return x1, x2
```

doc string의 들여쓰기가 동일하지 않지만, 도움말을 출력해 보면 들여쓰기가 동일하게 적용되는 것을 확인할 수 있다. 하지만 여분의 빈칸을 추가하여 프로그램 코드와 동일하게 들여쓰기를 할 수도 있을 것이다. 이렇게 동작한 코드가 도움말을 제대로 출력하지 않을 수도 있어 보이지만, 그렇지 않다.

코드 스타일을 좋게 하기 위해 doc string의 하위 줄은 들여쓰기를 제거하는 대신, 따옴표 문자열이 시작되는 줄과 동일하게 들여쓰기를 해 보자.

```
def quad(a, b, c):
    '''Quadratic Formula function.

    This function applies the Quadratic Formula
    to determine the roots of x in a quadratic
    equation of the form ax^2 + bx + c = 0.
    '''
```

스타일 가이드라인에서 제안하듯이 함수 선언 후 함수의 간략한 요약을 넣어서 1줄을 띄고 상세한 설명을 넣는 것을 권장한다.

커맨드 라인에서 파이썬을 실행할 때 앞서 본 온라인 도움말을 pydoc 유틸리티로 사용할 수 있다. 가령 queens.py 모듈의 도움말을 보고 싶다고 해 보자. pydoc 유틸리티는 모든 함수의 도움말 요약을 출력해 준다. 이런 경우 모듈 이름의 확장자 'py'는 입력하지 않으니 주의하자.

```
> python -m pydoc queens
```

# 4.5 패키지 탑재하기

이 장의 후반부와 책의 마지막 장에서는 파이썬 언어를 확장할 수 있는 패키지의 사용법에 대해 다룰 것이다.

패키지는 서비스를 수행하기 위해 필수적으로 필요한 객체와 함수를 담고 있는 소프트웨어 라이브러리다. 패키지는 두 가지 종류가 있다.

- 파이썬 자체에 기본적으로 포함된 패키지다. math, random, sys, os, time, datetime, os.path가 포함된다. 이런 패키지는 내려받을 필요가 없기 때문에 정말 편리하다.
- 인터넷에서 내려받을 수 있는 패키지다.

다음 문법에서 패키지를 탑재하는 권장 방법을 보여 준다. 몇 가지 다른 방법은 나중에 알아볼 것이다.

```
import 패키지_이름
```

예를 들어 보자.

```
import math
```

패키지가 한번 탑재되고 나면 IDLE에서 도움말을 볼 수 있다. 예시를 살펴보자.

```
>>> import math
>>> help(math)
```

이 명령어를 IDLE에서 실행하면 math 패키지가 지원하는 훌륭한 함수들을 볼 수 있다.

하지만 각 함수를 보려면 점 기호(.) 문법을 사용해야 한다. 예를 들어 정수나 부동소수점을 인수로 하여 제곱근을 구하는 sqrt 함수가 있다.

```
>>> math.sqrt(2)
1.4142135623730951
```

원한다면 math 패키지를 사용하여 원주율(pi)을 구할 수 있다. 하지만 math 패키지는 직접 원주율을 숫자로 제공하기도 한다.

```
>>> math.atan(1) * 4
3.141592653589793
>>> math.pi
3.141592653589793
```

추가적인 import 문 사용법 하나를 살펴보자.

```
import 패키지_이름 [as 신규_이름]
```

이 문법의 대괄호 부분에 명시한 'as 신규_이름'은 선택적으로 추가할 수 있다. 이 부분을 추가하면 패키지에 다른 이름이나 별칭을 줄 수 있으며, 소스 파일에서 사용할 수 있다.

패키지 전체 이름이 길면 이 기능으로 짧은 이름을 부여할 수 있다. 예를 들어 13장에서 소개하는 matplotlib.pyplot 패키지는 다음과 같이 별칭을 부여할 수 있다.

```
import matplotlib.pyplot as plt
```

함수 이름 앞에 matplotlib.pyplot을 사용하고 싶은가? 아니면 plt를 사용하고 싶은가? 여러분 생각대로 짧은 것을 사용하는 것이 더 좋을 것이다.

파이썬은 import 문의 또 다른 형태의 문법도 제공한다. 다음 두 가지 방법은 패키지 이름과 점 기호 없이 해당 모듈을 바로 사용할 수 있게 해 준다.

```
from 패키지_이름 import 심벌_이름
from 패키지_이름 import *
```

첫 번째 문법은 패키지의 '심벌_이름' 모듈만 탑재하며, 나머지 모듈은 탑재되지 않는다. 하지만 명시된 '심벌_이름'은 (다음 예시의 pi와 같이) 별도의 객체 지정 없이 그대로 사용할 수 있게 된다.

```
>>> from math import pi
>>> print(pi)
3.141592653589793
```

이 방법은 단 하나의 심벌만을 탑재한다. 콤마 기호로 분리하여 나열한 심벌을 넣을 수도 있다. 그리고 이렇게 탑재된 모듈은 심벌 이름만으로도 바로 호출할 수 있다. 패키지의 모든 객체와 함수를 바로 호출할 수 있도록 전체 패키지를 탑재하려면 다음과 같이 별표 기호(*)를 사용하면 된다.

```
>>> from math import *
>>> print(pi)
3.141592653589793
>>> print(sqrt(2))
1.4142135623730951
```

이 탑재 방법의 단점은 매우 크고 복잡한 프로그램에서는 사용하는 모든 이름을 기억하기가 어렵기 때문에 패키지 이름 없이 이름을 호출했을 때 충돌이 날 수도 있다는 것이다.

정말 필요한 경우이거나 정말 작은 패키지를 탑재하지 않는 한, 별표 기호(*)를 사용하는 방법 대신 사용하고자 하는 심벌을 구체적으로 명시하도록 하자.

## 4.6 SUPERCHARGED PYTHON 파이썬 패키지의 가이드 투어

python.org에는 무료로 사용할 수 있는 수천 개의 패키지가 존재한다. 표 4-1에서 보여 주는 패키지 그룹은 파이썬의 가장 유용한 패키지들이니 반드시 살펴보기 바란다.

re, math, random, array, decimal, fractions 패키지는 파이썬 3을 내려받을 때 포함되어 있기 때문에 따로 패키지를 내려받아 설치할 필요가 없다.

반면 numpy, matplotlib, pandas 패키지는 pip나 pip3를 사용하여 별도로 사용할 패키지를 설치해야 한다. 마지막 장인 12장에서 이 도구들을 더 깊이 다루어 볼 것이다.

| 탑재 모듈 이름 | 상세 설명 |
| --- | --- |
| re | • 정규표현식 패키지. 이 패키지로 많은 단어, 구문 혹은 문장과 일치하는 텍스트 패턴을 만들 수 있다. 이 패턴-사양(pattern-specification) 언어는 매우 효율적으로 섬세한 검색을 할 수 있게 해 준다.<br>• 이 패키지는 매우 중요하며 6~7장에서 살펴볼 것이다. |
| math | • 수학 패키지. 유용한 표준 수학 함수들을 포함하고 있어 직접 만들 필요가 없다. 삼각함수, 쌍곡선 함수, 지수 함수, 로그 함수, 상수 e, pi(원주율) 등을 포함한다.<br>• 11장에서 다룬다. |
| random | • 무작위(pseudo-random) 값을 생산하는 함수들의 집합이다. 무작위 숫자는 현실적으로 사용자가 예측하는 것이 불가능한 숫자를 의미한다.<br>• 무작위 생성 패키지는 요청하는 범위 내에 임의 정수나 부동소수점, 정규 분포 등을 생성할 수 있다. 정규 분포는 평균값을 중심으로 군집화하여 빈도수의 '종형 곡선(bell curve)'을 형성한다.<br>• 11장에서 다룬다. |
| decimal | • 이 패키지는 Decimal 데이터 타입을 지원하는데, (float 타입과는 달리) 반올림 오류 없이 달러와 센트 수치를 정확하게 나타낼 수 있다. Decimal은 회계나 금융 애플리케이션에서 자주 사용된다.<br>• 10장에서 다룬다. |
| fractions | • 10장에서 다룬다. 이 패키지는 두 정수의 비율로 절대 정밀도를 소수점으로 저장하는 Fraction 데이터 타입을 지원한다. 예를 들어 이 데이터 타입은 float 타입이나 Decimal 타입으로는 반올림 오류가 발생하는 1/3의 비율을 절댓값으로 표현할 수 있다.<br>• 10장에서 다룬다. |
| array | • 이 패키지는 리스트와는 다르게 원천(raw) 데이터를 연속적인 공간에 저장하는 array 클래스를 지원한다. 이 방식이 항상 빠른 것은 아니지만, 다른 프로세스와 상호 작용할 때 연속적인 저장 공간에 데이터를 넣어야 하는 경우 필요하다. 반면 이 패키지의 장점은 비슷하지만 더 많은 기능을 제공하는 numpy 패키지에 의해서 훨씬 더 확장된다.<br>• 12장에서 간단하게 다룬다. |
| numpy | • 이 패키지는 1차, 2차 및 다차원 배열의 고성능 배치 처리를 지원하는 numpy(numeric python) 클래스를 제공한다. 이 클래스는 그 자체만으로도 대량 데이터를 다루는 초고속 프로그램을 만들 때 유용하지만, 다른 클래스의 기초 패키지로도 활용된다.<br>• 이 패키지는 12~13장에서 다룬다. numpy는 pip 혹은 pip3로 설치해야 한다. |
| numpy.random | • random 패키지와 비슷하지만 numpy에서 사용하기 위해 만들어졌고, 큰 규모의 임의 숫자를 빠르게 생성할 필요가 있을 때 사용한다. 기본 random 패키지와 성능 비교 테스트를 해 보니, numpy random 클래스가 많은 수를 담고 있는 큰 배열을 만들 때 더 빠르다는 것을 수차례 확인했다.<br>• 이 패키지 역시 12장에서 살펴볼 것이다. |

❍ 계속

| 탑재 모듈 이름 | 상세 설명 |
|---|---|
| matplotlib.pyplot | • 이 패키지는 파이썬에서 섬세한 그래프를 그릴 수 있도록 도와준다. 이 기능을 사용하면 심지어 3차원 데이터의 아름다운 도표와 그래프를 만들 수 있다.<br>• 이 패키지는 13장에서 다룬다. pip 혹은 pip3로 설치해야 한다. |
| pandas | • 이 패키지는 다양한 정보를 담고 있는 테이블 형태의 데이터 프레임을 제공하며, 인터넷으로부터 정보를 수집하여 적재하는 기능을 제공한다. 이렇게 수집하여 적재한 정보는 numpy와 조합할 수 있으며, 인상적인 그래프를 손쉽게 그릴 수 있다.<br>• 이 패키지는 15장에서 다룬다. 이 패키지도 내려받아야 한다. |

# 4.7 일급 객체인 함수

파이썬 함수를 일급(first-class) 객체로 다루면 디버깅, 프로파일링, 그리고 관련 작업 수행 시 무척 유용한 또 하나의 생산적인 도구를 갖게 되는 셈이다. 이 방법으로 런타임 시 함수 관련 정보를 확보하는 장점을 취할 수 있다. 예를 들어 다음과 같이 avg 함수를 정의했다고 해 보자.

```python
def avg(a_list):
    '''리스트 항목들의 평균값을 반환한다'''
    x = (sum(a_list) / len(a_list))
    print('The average is:', x)
    return x
```

avg는 이 함수를 참조하는 심벌릭 이름이며, 파이썬 언어 안에서 호출될 수 있는 콜러블(callable)이기도 하다. 우리는 avg의 타입이 function인 것을 검증하는 것과 같이 avg와 함께 여러 작업을 수행할 수 있다. 예시를 살펴보자.

```python
>>> type(avg)
<class 'function'>
```

우리는 함수의 이름이 avg인 것을 이미 알고 있기 때문에 전혀 새로운 정보라고 볼 수 없다. 하지만 한 가지 재미있는 기능은 이 객체에 새로운 이름을 부여할 수 있다는 것이다. 서로 다른 함수들을 모두 심벌릭 이름 avg로 지정할 수도 있다.

```
def new_func(a_list):
    return (sum(a_list) / len(a_list))

old_avg = avg
avg = new_func
```

앞으로 심벌릭 이름 old_avg는 우리가 앞서 선언한 더 오래되고 긴 함수를 참조하게 되며, 심벌릭 이름 avg는 이제 막 정의된 신규 함수를 참조하게 된다.

이제 이름 old_avg는 우리의 첫 평균 함수를 참조하게 되었고, avg를 호출했던 방식과 똑같이 호출할 수 있게 되었다.

```
>>> old_avg([4, 6])
The average is 5.0
5.0
```

정말 평범하지만 '메타함수(metafunction)'라고도 부를 수 있는 다음 함수는 인수로 전달받은 다른 함수의 정보를 출력하고 있다.

```
def func_info(func):
    print('Function name:', func.__name__)
    print('Function documentation:')
    help(func)
```

이 함수에 인수로 old_avg를 넣어서 실행하면 다음과 같이 실행 결과가 출력된다.

```
>>> func_info(old_avg)
Function name: avg
Function documentation:
Help on function avg in module __main__:

avg(a_list)
    리스트 항목들의 평균값을 반환한다
```

방금 인수로 넣은 이름 old_avg는 이 절 서두에서 첫 번째로 정의한 함수를 참조하고 있다. 함수 이름을 가져온 부분에 주목해 보자. 함수 이름은 최초에 정의된 이름이 출력된 것을 알 수 있다.

이 모든 처리 방식은 4.9절에서 '데코레이팅(decorating)'의 주제로 중요하게 다룰 것이다.

# 4.8 / 가변 길이 인수 리스트

파이썬에서 가변 길이 인수 리스트(variable-length argument lists)는 정말 다양한 용도로 사용할 수 있다. 원한다면 개수 제약 없이 마음대로 인수를 넣을 수 있다. 기본 내장 함수 print와 같이 말이다. 가변 길이 인수 리스트는 '키워드 인수'라고도 불리는 명명 인수를 사용하는 것으로 기능이 확장된다.

## 4.8.1 *args 리스트

*args 문법은 모든 길이의 인수 리스트에 접근하는 데 사용된다.

```
def 함수_이름([일반_인수,] *args):
    문장
```

대괄호 기호 안에 위치한 여러 '일반_인수'는 선택적으로 추가할 수 있는 위치 인수(positional argument)들이며, 그 뒤로 *args가 뒤따른다. 이 모든 인수는 항상 선택적으로 추가할 수 있는 것들이다.

이 문법에서 이름 'args'는 사실 어떤 심벌릭 이름이 와도 상관없다. 관습적으로 파이썬은 args를 인수 리스트를 표현하는 데 사용한다.

심벌릭 이름 args는 파이썬 리스트로 인식되며, 인덱스로 항목을 검색하거나 for 루프 안에서 사용될 수 있다. 길이도 확인할 수 있다. 예시를 살펴보자.

```
def my_var_func(*args):
    print('The number of args is', len(args))
    for item in args:
        print(item)
```

함수 my_var_func는 어떤 길이의 인수 리스트와도 사용될 수 있다.

```
>>> my_var_func(10, 20, 30, 40)
The number of args is 4
```

```
10
20
30
40
```

조금 더 유용한 함수를 하나 생각해 보자. 원하는 개수의 숫자를 인수 리스트로 입력하여 입력한 모든 숫자의 평균값을 구하는 것이다. 이런 함수를 구현하는 쉬운 방법을 다음 예시에서 살펴보자.

```
def avg(*args):
    return sum(args)/len(args)
```

이제 이 함수는 호출할 때마다 다른 개수의 인수를 입력하여 호출할 수 있다.

```
>>> avg(11, 22, 33)
22.0
>>> avg(1, 2)
1.5
```

이런 함수의 장점은 함수를 호출할 때 인수에 대괄호 기호를 사용할 필요가 없다는 것이다. 인수들은 리스트의 항목으로 인식되지만, 인수에 집어넣을 때 리스트 문법을 사용할 필요가 없다.

이번에는 앞 문법에서 살펴본 '일반_인수'에 대해 이야기해 보자. *args에 포함되지 않는 추가 인수는 반드시 *args 앞에 위치하거나 키워드 인수이어야 한다.

앞서 살펴본 avg 예시를 다시 살펴보자. 평균 산출 시 사용할 단위(units)를 별도의 인수로 추가한다고 가정해 보자. 단위를 나타내는 인수 units는 키워드 인수가 아니기 때문에 반드시 *args보다 앞에 위치해야 한다.

```
def avg(units, *args):
    print(sum(args)/len(args), units)
```

이 함수를 사용한 예시를 살펴보자.

```
>>> avg('inches', 11, 22, 33)
22.0 inches
```

일반 인수 units가 인수 리스트 *args보다 앞에 위치했기 때문에 이 함수는 유효하다.

> Note ≡    별표 기호(*)는 파이썬에서 여러 가지 용도로 사용된다. 이런 맥락에서 별표 기호는 스플래트(splat) 혹은
> 위치 확장 연산자라고 불린다. 기본적인 사용법은 '언팩된 리스트(unpacked list)'다. 조금 더 구체적으로 말하자면,
> 별표 기호는 리스트를 분리된 항목의 간단한 나열로 교체한다.
>
> *args와 같은 존재는 할 수 있는 일이 그리 많지 않다. 여러분이 할 수 있는 한 가지 일(4.9절에서 중요하게 다룸)은
> *args를 함수에 전달하는 것이다. 예를 들면 다음과 같다.

```
>>> ls = [1, 2, 3]        # 언팩된 리스트
>>> print(*ls)            # 언팩 버전 출력하기
1 2 3
>>> print(ls)             # 패킹된 버전 출력하기(일반 리스트)
[1, 2, 3]
```

> *args 혹은 *ls로 할 수 있는 또 다른 한 가지는 별표 기호를 제거하여 표준 파이썬 리스트로 패킹하는 것(혹은 재패
> 킹하는 것)이다. 그러면 파이썬의 모든 표준 리스트-제어 기능으로 데이터를 조작할 수 있게 된다.

## 4.8.2 **kwargs 리스트

키워드 인수를 지원하는 조금 더 복잡한 문법은 함수 호출 시 인수에 이름을 지정하는 것이다. 예
를 들어 다음 코드에서 print 함수를 호출할 때 end와 sep 인수에 이름을 지정했다.

```
print(10, 20, 30, end='.', sep=',')
```

조금 더 완벽한 함수 문법은 무명 인수와 명명 인수가 함께 존재하는 것이다.

```
def 함수_이름([일반_인수,] *args, **kwargs):
    문장
```

심벌릭 이름 args와 마찬가지로 심벌릭 이름 kwargs는 사실 어떤 이름을 사용해도 상관없지만, 파
이썬 프로그래머들은 관습상 kwargs를 사용하고 있다.

함수 정의 안에서 kwargs는 키-값 쌍으로 구성된 딕셔너리 형태의 인수를 의미한다. 문자열 키는
인수의 이름이 되며, 값은 인수로 전달된다.

예시를 통해 명확하게 확인해 보자. 다음과 같이 함수를 정의한다고 가정해 보자.

```
def pr_named_vals(**kwargs):
    for k in kwargs:
        print(k, ':', kwargs[k])
```

이 함수는 kwargs를 통해 인수로 넘겨받은 딕셔너리를 순회하면서 키와 값을 함께 출력하고 있다.

실행 결과를 살펴보자.

```
>>> pr_named_vals(a=10, b=20, c=30)
a : 10
b : 20
c : 30
```

함수 정의문은 어떤 숫자의 명명 인수라도 kwargs를 통해 조합할 수 있으며, 어떤 숫자의 무명 인수라도 args를 통해 조합할 수 있다. 다음 함수 정의문에서 이를 명확하게 확인할 수 있다.

```
def pr_vals_2(*args, **kwargs):
    for i in args:
        print(i)
    for k in kwargs:
        print(k, ':', kwargs[k])

pr_vals_2(1, 2, 3, -4, a=100, b=200)
```

이 작은 프로그램을 스크립트로 실행하면 다음과 같이 결과를 출력한다.

```
1
2
3
-4
a : 100
b : 200
```

Note ≡ args와 kwargs를 리스트와 딕셔너리로 각각 확장할 수 있지만, 다른 함수로 전달할 수도 있다. 다음 절에서 살펴보자.

# 4.9 데코레이터와 함수 프로파일러

파이썬 프로그램을 개선하기 시작할 때 함수 실행 시간을 측정하는 것은 무척 유용하다. 아마 여러분은 수천 개의 임의의 숫자를 생성하는 함수의 실행 시간이 얼마나 걸리는지 소수점 단위까지 확인하고 싶을 것이다.

파이썬 함수는 일급-클래스 객체이기 때문에 데코레이터 함수(decorator functions)는 코드의 실행 속도를 측정하거나 다른 정보들을 제공할 수 있다. 데코레이션의 핵심 개념은 기존 함수가 그대로 동작하면서 추가 문장이 더 실행되는 래퍼 함수(wrapper function)라는 것이다.[8]

그림 4-3의 예시를 살펴보자. 데코레이터는 함수 F1을 입력받아서 다른 함수 F2를 반환한다. 이 두 번째 함수 F2는 F1을 호출하면서 다른 문장도 함께 실행하고 있다. F2가 바로 래퍼 함수다.

▼ 그림 4-3 데코레이터(decorator) 동작 방식(고수준 관점)

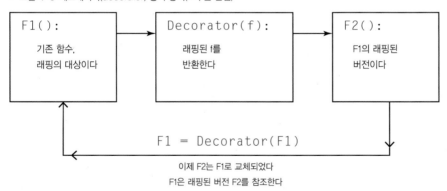

다음 예시에서 함수를 인수로 받아 time.time 함수 호출 코드를 추가하여 래핑하는 데코레이터 함수를 확인할 수 있다. time은 패키지이므로 time.time 함수가 호출되기 전에 반드시 탑재되어야 한다는 것을 잊지 말자.

```
import time

def make_timer(func):
    def wrapper():
        t1 = time.time()
```

---

8 역주 래퍼(wrapper)는 주변을 감싸고 있다는 것으로, 함수에 추가적인 기능을 더하는 의미가 담겨 있다.

```
            ret_val = func()
            t2 = time.time()
            print('소요 시간 :', t2 - t1)
            return ret_val
        return wrapper
```

이 예시에는 (아직 그렇게 복잡하지는 않지만) 여러 함수를 포함하고 있으니 하나씩 살펴보자.

- 인수로 입력되는 함수. 이 함수를 기존 함수(F1)로 부르자. 이 함수에 우리가 원하는 문장을 추가(decorated)하고 싶다고 해 보자.

- 래퍼 함수는 우리가 원하는 문장을 추가한 결과다. 이 코드는 기존 함수가 실행되면서 걸린 시간을 초 단위로 반환하는 문장을 추가했다.

- 데코레이터는 래퍼 함수를 생성하여 반환하는 작업을 수행한다. 이 데코레이터는 함수 내부에 def 키워드로 신규 함수를 정의하기 때문에 이 작업이 가능해진다.

- 결국 이 절에서 보았듯이 함수 이름을 재대입하면서 기존 버전이 래핑된 버전으로 교체된다.

이 데코레이터 함수를 보면 중요한 부분이 누락된 것을 알 수 있다. 기존 함수 func의 인수가 보이지 않는다. func 함수에 인수가 있다면 래퍼 함수는 함수 func를 제대로 호출할 수 없게 된다.

해결책은 앞 절에서 소개한 \*args와 \*\*kwargs 기능을 포함하는 것이다. 완전한 데코레이터 예시를 살펴보자.

```
import time

def make_timer(func):
    def wrapper(*args, **kwargs):
        t1 = time.time()
        ret_val = func(*args, **kwargs)
        t2 = time.time()
        print('소요 시간 :', t2 - t1)
        return ret_val
    return wrapper
```

신규 함수가 래퍼인 것을 기억하라. 임시로 wrapper로 명명한 래퍼 함수는 결국 func 대신 호출될 것이다. 이 래퍼 함수는 어떤 숫자의 인수나 키워드 인수를 취할 수 있게 된다. 기존 함수 func에 모든 인수를 전달해 보자. 다음과 같이 말이다.

```
ret_val = func(*args, **kwargs)
```

이 코드는 반환값도 처리하고 있다. 래퍼는 당연히 func 함수와 같은 값을 반환한다. 함수 func의 반환값이 없다면 어떻게 될까? 문제없다. 파이썬 함수는 기본적으로 반환값이 없을 때 None을 반환하기 때문이다. 이런 경우 값 None이 단순하게 전달된다. (반환값의 존재 유무를 테스트할 필요는 없다. 무조건 반환하기 때문이다![9])

데코레이터 make_timer를 정의하고 나면 어떤 함수라도 make_timer로 래핑된 버전을 만들 수 있다. 그렇게 되면 (거의 마지막 트릭) 함수 이름을 재대입하여 함수의 래핑된 버전을 참조하게 된다.

```python
def count_nums(n):
    for i in range(n):
        for j in range(1000):
            pass

count_nums = make_timer(count_nums)
```

래퍼 함수는 make_timer에 의해서 다음과 같은 코드를 생산한다. (식별자 func가 재대입되지 않아야 한다. 조금 뒤에 이 상황을 알아볼 것이다.)

```python
def wrapper(*args, **kwargs):
    t1 = time.time()
    ret_val = func(*args, **kwargs)
    t2 = time.time()
    print('소요 시간 :', t2 - t1)
    return ret_val
```

이제 이름 count_nums에 재대입하면 래퍼를 참조하게 되며, count_nums는 기존 count_nums 함수를 호출하겠지만 다르게 동작할 것이다.

아직도 혼란스러운가? 솔직히 처음에는 뇌가 아프기 시작할 것이다. 다시 한 번 이 과정을 되짚어보자. (1) 기존 함수는 런타임 시점에 기능이 추가되어 새롭게 생성되며, (2) 새롭게 생성된 함수는 count_nums로 참조할 수 있게 되는 것이다. 파이썬 심벌은 함수(호출이 가능한 객체)를 포함한 어떤 객체도 참조할 수 있다. 그러니 원하는 함수 이름을 재대입할 수 있는 것이다.

```python
count_nums = wrapper
```

---

9    역주 반환값이 없는 함수이더라도 None이 반환된다는 것을 언급하고 있다.

혹은 더욱 상세하게 표현할 수도 있다.

```
count_nums = make_timer(count_nums)
```

이제 (래핑된 버전의 함수를 참조하고 있는) count_nums를 실행하면 다음과 같이 실행 시간이 출력될 것이다.

```
>>> count_nums(33000)
Time elapsed was 1.063697338104248
```

기존 버전의 count_nums는 숫자를 세는 것 이외의 작업은 하지 않지만, 래핑된 버전은 기존 버전의 count_nums를 호출하여 수행되는 시간을 보고한다.

마지막 단계로 파이썬은 함수 이름을 재대입하는 것을 자동화하기 위해 작지만 편리한 문법을 제공한다.

```
@데코레이터
def 함수(인수):
    문장
```

이 문법은 다음과 같이 인식된다.

```
def 함수(인수):
    문장
func = 데코레이터(함수)
```

두 경우 모두 데코레이터는 이미 정의된 함수로 가정한다. 데코레이터는 반드시 함수를 인수로 받아야 하며, 래핑된 버전의 함수를 반환해야 한다. 이 규칙을 제대로 지켰다고 가정해 보고, 다음 예시에서 @ 기호를 활용한 완전한 예시를 살펴보자.

```
@make_timer
def count_nums(n):
    for i in range(n):
        for j in range(1000):
            pass
```

파이썬에서 이 정의문이 실행되고 나면 count_nums는 정의된 대로 실행되면서 (래퍼의 부분인) 실행 시간을 출력하는 부분도 함께 추가된다.

이 트릭의 마지막 부분(정말 마지막 트릭)은 이름 count_nums가 데코레이션 프로세스를 통해 새로운 코드가 추가된 count_nums를 참조하는 부분이다.

# 4.10 / 제너레이터

파이썬에서 제너레이터(Generators)보다 더 혼란스러운 주제는 없다. 이 기능을 이해하고 나면 그리 어려운 개념이 아니다. 단지 설명하는 것이 어려울 뿐이다.

과연 제너레이터는 무엇인가? 제너레이터는 시퀀스(sequence)(나열식 데이터)를 다룰 때 한 번에 한 항목씩 처리할 수 있게 해 주는 방법을 제공한다.

여러분이 시퀀스를 한꺼번에 메모리에 적재하여 오랜 시간 동안 데이터를 처리한다고 가정해 보자. 가령 피보나치 수열을 10에서 50까지 확인하고 싶다면 전체 데이터를 계산하기 위해 많은 시간과 메모리 공간이 필요할 것이다. 무한으로 반복되는 시퀀스의 짝수만 처리하는 것도 마찬가지다.

제너레이터 장점은 한 번에 시퀀스의 한 항목만 다룰 수 있게 해 준다는 것이다. 마치 실제로는 존재하지 않는 '가상 시퀀스'를 만드는 것과 비슷하다.

## 4.10.1 이터레이터란 무엇인가?

파이썬의 중심 개념 중에 이터레이터(iterator)가 있다(종종 이터러블(iterable)과 혼동된다). 이터레이터는 한 번에 하나씩 값을 생산하여 결국 나열된 값의 묶음(stream)을 제공하는 객체다.

모든 리스트는 이터레이터이지만, 모든 이터레이터가 리스트인 것은 아니다. reserved와 같은 많은 함수가 리스트가 아닌 이터레이터를 생산한다. 이 이터레이터는 바로 접근하거나 출력할 수 없다. 예시를 살펴보자.

```
>>> iter1 = reversed([1, 2, 3, 4])
>>> print(iter1)
<list_reverseiterator object at 0x1111d7f28>
```

하지만 이터레이터를 리스트로 변환하여 출력하고 인덱스로 값에 접근하거나 슬라이스할 수 있다.

```
>>> print(list(iter1))
[4, 3, 2, 1]
```

파이썬의 이터레이터는 상태와 함께 동작한다. 가령 iter1은 이터레이터이기 때문에 다음 코드는 예상대로 완벽하게 동작한다.

```
>>> iter1 = reversed([1, 2, 3, 4])
>>> for i in iter1:
    print(i, end=' ')

4 3 2 1
```

이터레이터는 상태 정보를 가지고 있다. 시퀀스의 끝에 도달하면 종료된다. iter1을 재설정(reset)하지 않고 다시 사용하려고 해도 어떤 값도 반환하지 않는다.

## 4.10.2 제너레이터 소개

제너레이터는 이터레이터를 만드는 가장 쉬운 방법이다. 하지만 제너레이터 함수 그 자체가 이터레이터는 아니다. 제너레이터의 기본 생성 절차를 살펴보자.

- 제너레이터 함수를 생성한다. 정의문에 yield 문장을 사용하면 어디에서나 제너레이터를 만들 수 있다.
- 1단계에서 만든 함수를 호출하여 이터레이터 객체를 확보한다.
- 2단계에서 생성한 이터레이터는 next 함수가 반환한 yield 값이다. 이 객체는 상태 정보를 지니고 있으며, 필요하면 재설정(reset)할 수 있다.

그림 4-4에서 이 프로세스를 설명하고 있다.

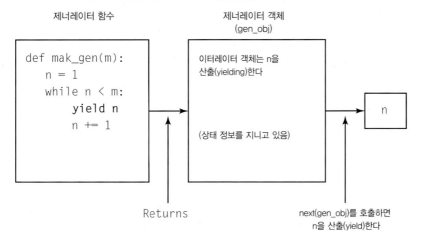

제너레이터 함수는 사실 제너레이터 공장(factory)이다!

개발자 대부분은 이 프로세스를 제대로 설명하지 못한다. 얼핏 보면 제너레이터 함수 안에 위치한 yield 문장(그림 4-4의 좌측에 표현)이 산출(yielding)을 수행하는 것으로 보인다. 완전히 잘못된 표현은 아니지만 정확한 표현도 아니다.

제너레이터 함수는 이터레이터의 행위를 정의한다. 하지만 그림 4-4 우측에서 표현한 이터레이터 객체는 실제로 다음과 같이 동작한다.

함수에 yield 문장이 하나 이상 포함되면 그 함수는 더 이상 파이썬 기본 함수가 아니다. yield는 해당 함수가 값을 반환하지 않는 대신, next의 호출자(caller)에 값을 보내도록 유도한다. 상태 정보는 저장되며, next가 다시 호출되면 이터레이터는 처음부터 다시 시작하는 대신 시퀀스의 다음 값을 가지고 실행된다. 이 부분은 이해하기 쉽다.

하지만 사람들이 혼란스러워 하는 부분은 이 행위를 정의한 제너레이터 함수가 이 행위를 수행하는 것은 아니라는 점이다. 다행히도 여러분은 이 부분을 이해할 필요 없이 그냥 사용하면 된다. 자, 그림 2부터 10까지 짝수만 출력하는 함수를 작성해 보자.

```
def print_evens():
    for n in range(2, 11, 2):
        print(n)
```

이제 print(n)을 yield n으로 변경해 보자. 그러면 함수 본연의 동작 방식이 바뀐다. 함수 이름도 make_evens_gen으로 변경하여 조금 더 명확하게 함수를 표현할 것이다.

```
def make_evens_gen():
    for n in range(2, 11, 2):
        yield n
```

이제 이 함수는 어떤 값도 반환하지 않는다. 대신 값 n을 산출하고, 실행을 보류하고, 내부 상태를 저장한다. 하지만 변경된 함수 make_evens_gen은 반환값을 가지고 있다! 그림 4-4에서 살펴보았듯이, 반환값은 n이 아니라 '제너레이터 객체'라고 불리는 이터레이터 객체다. make_evens_gen을 호출하여 반환값이 무엇인지 확인해 보자.

```
>>> make_evens_gen()
<generator object make_evens_gen at 0x1068bd410>
```

함수가 어떻게 동작했는가? n을 위한 값을 산출했는가? 그렇지 않다. 대신 이터레이터 객체를 반환했고, 그 객체가 값을 산출하게 된다. 이제 우리는 이터레이터 객체(혹은 제너레이터 객체)를 변수에 저장하여 next에 넘겨줄 수 있다.

```
>>> my_gen = make_evens_gen()
>>> next(my_gen)
2
>>> next(my_gen)
4
>>> next(my_gen)
6
```

마침내 시퀀스의 끝에 도달하면 StopIteration 예외가 발생한다. 만약 시퀀스의 처음으로 되돌아가고 싶다면 어떻게 해야 할까? 어렵지 않다. make_evens_gen을 다시 호출한 후 신규 이터레이션 인스턴스를 생산하면 된다. 그렇게 되면 처음부터 시작하게 된다.

```
>>> my_gen = make_evens_gen()          # 다시 시작
>>> next(my_gen)
2
>>> next(my_gen)
4
>>> next(my_gen)
6
>>> my_gen = make_evens_gen()          # 다시 시작
>>> next(my_gen)
2
>>> next(my_gen)
4
```

```
>>> next(my_gen)
6
```

make_evens_gen을 매번 호출하면 어떻게 될까? 이런 경우 매번 신규 제너레이터 객체가 생성되기 때문에 항상 처음부터 다시 시작하게 된다. 대부분 이렇게 동작하는 것을 바라지는 않을 것이다.

```
>>> next(make_evens_gen())
2
>>> next(make_evens_gen())
2
>>> next(make_evens_gen())
2
```

제너레이터는 for 문에서 사용할 수 있으며, 빈번하게 쓰인다. 가령 다음과 같이 make_evens_gen을 호출할 수 있다.

```
for i in make_evens_gen():
    print(i, end=' ')
```

결과는 예상과 같다.

```
2 4 6 8 10
```

하지만 실제로 어떻게 동작하는지 살펴보자. for 블록은 make_evens_gen을 한 번만 호출한다. 호출한 결과로 제너레이터 객체를 확보하게 된다. 그 객체는 for 루프 안에서 값을 제공한다. 다음 코드는 제너레이터 생성 부분이 첫 줄에 분리되었을 뿐 앞 코드와 똑같이 동작한다.

```
>>> my_gen = make_evens_gen()
>>> for i in my_gen:
    print(i, end=' ')
```

my_gen이 이터레이터 객체인 것을 기억하자. 만약 make_evens_gen을 직접 참조하려고 하면 파이썬은 예외를 발생한다.

```
for i in make_evens_gen:          # 에러! 이터러블이 아니다!
    print(i, end=' ')
```

제너레이터 함수가 반환하는 객체가 이터레이터라고 불리는 제너레이터 객체라는 것을 이해하고 나면 문법적으로 이터러블 혹은 이터레이터를 넣을 수 있는 곳이라면 어느 곳에서든지 호출할 수 있게 된다. 가령 제너레이터 객체를 다음과 같이 리스트로 변환할 수도 있다.

```
>>> my_gen = make_evens_gen()
>>> a_list = list(my_gen)
>>> a_list
[2, 4, 6, 8, 10]
>>> a_list = list(my_gen)          # 앗! 재설정(reset)을 안 했군!
>>> a_list
[]
```

이 예시의 마지막 문장에서 확인할 수 있듯이 이 코드는 제너레이터 객체를 매번 재설정해야 다시 사용할 수 있다는 문제점을 갖고 있다.

```
>>> my_gen = make_evens_gen()      # 재설정(reset)!
>>> a_list = list(my_gen)
>>> a_list
[2, 4, 6, 8, 10]
```

물론 함수 호출과 리스트 변환을 동시에 할 수도 있다. 리스트는 (제너레이터 객체와는 다르게) 그 자체만으로도 안정적이며 값을 반환한다.

```
>>> a_list = list(make_evens_gen())
>>> a_list
[2, 4, 6, 8, 10]
```

이터레이터의 가장 실용적인 사용 방법은 in과 not in 키워드와 함께 사용하는 것이다. 예를 들어 다음과 같이 n 이하(작거나 같은)의 피보나치 수열을 생성하는 이터레이터를 만들어 보자.

```
def make_fibo_gen(n):
    a, b = 1, 1
    while a <= n:
        yield a
        a, b = a + b, a
```

yield 문은 기본 함수를 제너레이터 함수로 변경하기 때문에 제너레이터 객체(이터레이터)를 반환한다. 이제 다음과 같이 입력한 숫자가 피보나치인지 아닌지 테스트할 수 있다.

```
n = int(input('Enter number: '))
if n in make_fibo_gen(n):
    print('number is a Fibonacci. ')
else:
    print('number is not a Fibonacci. ')
```

이 예시는 생산된 이터레이터가 문제를 일으킬 수도 있는 무한 시퀀스를 산출하지 않기 때문에 제대로 동작한다. 대신 이터레이터는 n이 피보나치 숫자가 아니면 스스로 종료된다.

마지막으로 한 번 더 강조한다. yield를 함수 make_fibo_gen에 넣어서 제너레이터 함수를 만들었고, 우리가 필요했던 제너레이터 객체가 반환되었다는 것을 기억하자. 앞서 살펴본 예시는 다음과 같이 풀어서 작성할 수도 있다. 똑같이 동작한다.

```
n = int(input('Enter number: '))
my_fibo_gen = make_fibo_gen(n)
if n in my_fibo_gen:
    print('number is a Fibonacci. ')
else:
    print('number is not a Fibonacci. ')
```

항상 (yield를 품고 있는) 제너레이터 함수 스스로가 제너레이터 객체가 아니라, 제너레이터 공장이라는 것을 기억하자. 혼란스러운 개념이지만 익숙해지면 된다. 그림 4-4에서 보여 주는 개념을 자주 참고하자.

# 4.11 커맨드 라인 인수 접근하기

커맨드 라인에서 프로그램을 실행하면 프로그램 구동 시 인수로 정보를 전달하여 추가적인 유연성을 제공할 수 있다. 아니면 사용자가 필요할 때 프롬프트에서 정보를 입력할 수도 있다. 하지만 커맨드 라인 인수를 사용하는 것이 대개 더 효율적이기 마련이다.

커맨드 라인 인수는 항상 문자열 형태로 저장된다. 그래서 input 함수와 마찬가지로 필요하다면 숫자 포맷으로 변환해야 할 필요도 있다.

파이썬 프로그램 안에서 커맨드 라인 인수에 접근하려면 먼저 sys 패키지를 탑재해야 한다.

```
import sys
```

그러고 나면 argv라는 이름의 리스트를 참조하여 함수 이름을 포함한 모든 커맨드 라인 인수를 참조할 수 있다.

```
argv              # 'import sys.argv'로 탑재한 경우
sys.argv          # sys를 'import sys'로 탑재한 경우
```

두 경우 모두, argv는 문자열로 저장된 커맨드 라인 인수 리스트를 참조한다. 리스트의 첫 번째 항목은 항상 실행된 프로그램의 이름이다. 파이썬은 0부터 시작하는 인덱스를 사용하기 때문에 argv[0]에 저장된다.

예를 들어 quad(2차-방정식 평가기)를 실행하는데 다음과 같이 커맨드 라인에 명령어를 입력했다고 가정해 보자.

```
python quad.py -1 -1 1
```

이 경우 argv는 4개의 문자열로 이루어진 리스트가 된다.

그림 4-5는 이 문자열들이 어떻게 저장되는지 나타내고 있다. argv[0]에 프로그램 이름이 문자열로 저장되어 있는 것이 인상적이다.

▼ 그림 4-5 커맨드 라인 인수와 argv

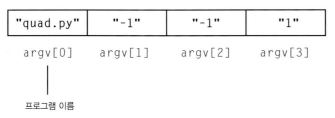

대부분의 경우 프로그램 이름은 무시될 것이며, 다른 인수에 관심을 가지게 된다. 다음 예시는 프로그램 이름을 포함하여 모든 인수를 출력하는 silly.py 프로그램이다.

```
import sys
for thing in sys.argv:
    print(thing, end=' ')
```

이제 커맨드 라인에 다음과 같이 입력한다고 가정해 보자.

```
python silly.py arg1 arg2 arg3
```

터미널 프로그램(macOS 운영 체제) 혹은 윈도 커맨드 창은 다음 결과를 출력한다.

```
silly.py arg1 arg2 arg3
```

다음 예시는 인수를 부동소수점 포맷으로 변환하여 quad 함수에 전달하는 조금 더 세련된 방법을 보여 준다.

```python
import sys

def quad(a, b, c):
    '''Quadratic Formula function.'''

    determin = (b * b - 4 * a * c) ** .5
    x1 = (-b + determin) / (2 * a)
    x2 = (-b - determin) / (2 * a)
    return x1, x2

def main():
    '''Get argument values, convert, call quad.'''
    s1, s2, s3 = sys.argv[1], sys.argv[2], sys.argv[3]
    a, b, c = float(s1), float(s2), float(s3)
    x1, x2 = quad(a, b, c)
    print('x values: {}, {}.'.format(x1, x2))

main()
```

흥미로운 부분은 이 부분이다.

```python
s1, s2, s3 = sys.argv[1], sys.argv[2], sys.argv[3]
```

다시 말하자면, sys.argv 리스트는 다른 파이썬 리스트와 마찬가지로 인덱스가 0부터 시작된다. 하지만 프로그램 이름인 sys.argv[0]은 보통 프로그램 코드에서 사용되지 않는다. 프로그램을 실행하는 사람은 프로그램 이름을 이미 알고 있다고 가정하기 때문이다.

물론 원하는 인수가 항상 입력될 것이라고 확신할 수 없다. 만약 필요한 인수가 명시되지 않으면 대안이 필요하다. 사용자에게 해당 값을 프롬프트에서 입력받는 것과 같이 말이다.

커맨드 라인 인수의 개수가 N인 경우, 인수 리스트의 길이는 항상 N+1인 것을 기억하자. 당연하게도 프로그램 이름이 추가되었기 때문이다.

이제 앞 예시를 다음과 같이 수정해 보자.

```python
import sys

def quad(a, b, c):
    '''Quadratic Formula function.'''

    determin = (b * b - 4 * a * c) ** .5
    x1 = (-b + determin) / (2 * a)
    x2 = (-b - determin) / (2 * a)
    return x1, x2

def main():
    '''Get argument values, convert, call quad.'''

    if len(sys.argv) > 3:
        s1, s2, s3 = sys.argv[1], sys.argv[2], sys.argv[3]
    else:
        s1 = input('Enter a: ')
        s2 = input('Enter b: ')
        s3 = input('Enter c: ')
    a, b, c = float(s1), float(s2), float(s3)
    x1, x2 = quad(a, b, c)
    print('x values: {}, {}.'.format(x1, x2))

main()
```

이 버전의 핵심 부분은 다음 예시의 if 문이다.

```python
if len(sys.argv) > 3:
    s1, s2, s3 = sys.argv[1], sys.argv[2], sys.argv[3]
else:
    s1 = input('Enter a: ')
    s2 = input('Enter b: ')
    s3 = input('Enter c: ')
a, b, c = float(s1), float(s2), float(s3)
```

sys.argv에 최소한 4개의 요소(프로그램 자체 이름과 3개의 커맨드 라인 인수)가 존재한다면 해당 프로그램은 그 문자열들을 사용한다. 존재하지 않는다면 프로그램은 값을 프롬프트로 확보한다.

이렇게 작성된 코드는 커맨드 라인에서 다음과 같이 실행된다.

```
python quad.py 1 -9 20
```

프로그램 실행 후 출력 결과는 다음과 같다.

```
x values: 4.0 5.0
```

## 4.12 정리해 보자

이 장에서는 더 훌륭하고 효율적인 파이썬 코드를 작성하여 생산성을 끌어올리는 방법들을 소개하는 데 많은 부분을 할애했다. IDLE에서는 print 함수를 최소한으로 호출하거나 커맨드 라인에서만 프로그램을 실행하는 방법으로 파이썬 프로그램을 더욱 빠르게 실행할 수 있다고 했다.

time과 datetime 패키지로 서로 다른 알고리즘으로 구현한 코드 실행 속도를 확인하는 것은 더욱 효율적인 코드를 작성하는 데 유용한 기술이다. 실행 속도를 확인하는 코드를 데코레이터로 작성하면 함수 성능을 확인할 수 있으니 유용하다.

대부분의 경우 애플리케이션을 뛰어나게 만드는 최고의 방법은 파이썬의 무료 패키지를 적극 활용하는 것이다. 일부는 파이썬 자체에 내장되어 있지만 numpy와 같은 패키지는 내려받아야 한다.

## 4.13 복습 문제

1 +=과 같은 대입 연산자를 사용하는 이유가 단지 편리성 때문인가? 런타임 시 실제로 더 빠른 성능을 기대할 수 있는가?

2 컴퓨터 언어 대부분에서 다음 파이썬 문장을 작성하는 데 필요한 최소 문장의 개수는 얼마인가?

```
a, b = a + b, a
```

**3** 파이썬에서 정수 100개로 구성된 리스트를 0으로 초기화하는 가장 효율적인 방법은 무엇인가?

**4** 정수 99개로 이루어진 리스트를 1, 2, 3이 반복되는 패턴으로 초기화하는 가장 효율적인 방법은 무엇인가? 가능하다면 어떻게 할 수 있는지 상세하게 표현하라.

**5** IDLE에서 파이썬 프로그램을 실행할 때 다차원 리스트를 출력하는 가장 효율적인 방법을 묘사하라.

**6** 문자열에 리스트 함축(comprehension)을 사용할 수 있는가? 가능하다면 어떻게 할 수 있는가?

**7** 사용자-작성 파이썬 프로그램의 도움말을 커맨드 라인에서 보려면 어떻게 해야 하는가? IDLE에서는 어떻게 해야 하는가?

**8** 파이썬에서 함수는 '일급-클래스 객체'라고 불리지만, C++ 혹은 자바와 같은 다른 언어 대부분은 그렇지 않다. C나 C++에서 할 수 없지만 파이썬 함수(호출 가능한(callable) 객체)로 할 수 있는 것은 무엇인가?

**9** 래퍼(wrapper), 래핑된 함수(wrapped function)와 데코레이터(decorator)의 차이점은 무엇인가?

**10** 제너레이터 함수가 반환하는 것은 무엇인가?

**11** 파이썬 언어에서 함수를 제너레이터 함수로 만드는 방법(한 가지 변경)은 무엇인가?

**12** 제너레이터의 장점을 최소한 하나 이상 나열하라.

# 4.14 실습 문제

1 별표 기호(\*)로 20×20 행렬(matrix)을 출력하라. IDLE에서 가장 느리게 출력하는 방법과 가장 빠르게 출력하는 방법을 설명하라. (**힌트** 문자열을 연결하는 가장 빠른 방법은 join 메서드를 활용하는 것이다.) 두 방법을 비교하고 차이점을 설명하라. 그러고 나서 데코레이터로 두 방법의 실행 속도를 측정하라.

2 입력한 숫자보다 작은 모든 완전 제곱수를 출력하는 제너레이터를 작성하라. 그러고 나서 입력한 정수가 완전 제곱수인지 판단하는 함수를 작성하라. n이 인수로 받은 정수라면 n in square_iter(n)은 True 혹은 False를 산출(yield)해야 한다.

# 5<sup>장</sup>

# 정밀하게
# 텍스트 포매팅하기

비즈니스와 전문적인 영역의 프로그램을 만들다 보면 보기 좋은 테이블과 모양새를 위해 텍스트의 포맷을 지정하고 싶을 것이다. 파이썬은 텍스트-문자 서식을 사용하여 출력하는 정보를 수정하거나 개선하는 여러 가지 방법을 제공한다.

이 장에서는 세 가지 방법을 자세히 알아볼 것이다. 처음으로 알아볼 방법은 가장 빠르고 쉬운 문자열-포매팅(string-formatting) 연산자인 %s다. 가장 완벽하게 포매팅을 제어하고 싶다면 많은 옵션을 제공하는 format 함수 혹은 format 메서드를 사용할 수 있다. 심지어 천 단위 위치 구분자(,)를 사용하여 큰 숫자를 출력할 수도 있다.

# 5.1 백분율 기호 연산자(%)를 사용한 포매팅

출력 결과의 포맷을 지정할 때 생기는 간단한 문제를 하나 살펴보겠다. a, b, c 변수에 각각 25, 75, 100을 저장하고 다음과 같은 서식으로 문장을 출력하고 싶다고 가정해 보자. 출력 결과는 다음과 같다.

```
25 plus 75 equals 100.
```

코드 작성이 그리 어렵지 않았을 것이다. 하지만 print 함수를 사용하면 숫자 100과 점 기호(.) 사이에 빈칸이 들어가게 된다. 다음과 같이 말이다.

```
>>> a, b, c = 25, 75, 100
>>> print(a, ' plus ', b, ' equals ', c, '.')
25 plus 75 equals 100 .
```

필요 없는 빈칸을 어떻게 다루어야 할까? print 함수는 sep 인수에 빈 문자를 설정하여 필드 사이에 빈칸이 들어가는 것을 변경할 수 있다. 하지만 이렇게 되면 다음과 같이 필요한 빈칸을 직접 넣어야 하는 상황이 벌어진다.

```
print(a, ' plus ', b, ' equals ', c, '.', sep='')
```

이 코드는 동작하지만, 그다지 보기 좋지 않다.

더 나은 방법은 str 클래스 포매팅 연산자(%)로 출력 결과의 서식을 지정하는 것이다. 이 방법은 C 언어의 'printf' 함수에서 포맷 지시자(specifier)를 사용하는 방법과 같다. 예시를 살펴보자.

```
print('%d plus %d equals %d.' % (a, b, c))
```

훨씬 더 깔끔하지 않은가?

표현식 (a, b, c)는 사실 3개의 항목으로 구성된 튜플이며, 각 항목은 포맷 문자열 안에서 세 번 따로 등장하는 %d에 삽입된다. (a, b, c)의 소괄호 기호는 반드시 넣어 주어야 한다. 다음과 같이 단일 항목인 경우에만 소괄호를 생략할 수 있다.

```
>>> 'Here is a number: %d.' % 100
'Here is a number: 100.'
```

물론 print 함수 인수로 들어간 항목들은 프로그래밍 안에서 별도로 작성할 수도 있다. 예시를 살펴보자.

```
n = 25 + 75
fmt_str = 'The sum is %d.'
print(fmt_str % n)
```

출력 결과는 다음과 같다.

```
The sum is 100.
```

문자열 포매팅 연산자 %는 다음과 같이 두 가지 버전으로 사용할 수 있다.

```
포맷_문자열 % 값              # 값이 1개일 때
포맷_문자열 % (여러_값들)       # 값이 1개 혹은 여러 개일 때
```

1개 이상의 값 인수가 있다면 print 필드(백분율 기호(%)와 타입 문자로 표기)에 해당하는 인수들은 반드시 튜플 안에 위치해야 한다. 바르게 작성된 다음 코드를 살펴보자.

```
print('n is %d' % n)
print('n is %d and m is %d' % (n, m))
```

다음 예시도 3개의 숫자가 튜플 안에 위치하기 때문에 잘 동작한다.

```
tup = 10, 20, 30
print('Answers are %d, %d, and %d.' % tup)
```

출력 결과는 다음과 같다.

```
Answers are 10, 20, and 30.
```

# 5.2 백분율 기호(%) 포맷 지시자

포맷 지시자 %d는 10진수를 의미한다. 일반적인 포맷이지만, 포매팅 연산자(%)는 표 5-1에서 보여주듯이 다른 포맷들과도 동작한다.

▼ 표 5-1 백분율-기호 지시자

| 지시자 | 의미 | 출력 예시 |
| --- | --- | --- |
| %d | 10진수 | 199 |
| %i | 정수. %d와 동일하다. | 199 |
| %s | 입력 값의 표준 문자열 표현. '문자열을 생산하라'고 하지만 모든 데이터 객체의 표준 문자열 표현(standard string representation)을 출력하는 데 사용할 수 있다. 그래서 원한다면 실제로 정수와도 사용할 수 있다. | Thomas |
| %r | 입력 값의 표준 %r 표현. %s와 동일할 때가 많지만, 객체가 파이썬 코드에서 보이는 그대로 출력한다(5.7절에서 더 알아볼 것이다). | 'Bob' |
| %x | 16진수 | ff09a |
| %X | %x와 같다. 하지만 A-F 문자가 대문자다. | FF09A |
| %o | 8진수 | 177 |
| %u | 무부호 정수(unsigned integer) (예상했듯이 부호가 있는 정수를 무부호 정수로 변경하지는 않음) | 257 |
| %f | 고정소수점 포맷으로 출력하는 부동소수점 숫자 | 3.1400 |
| %F | %f와 같다. | 33.1400 |
| %e | 지수 기호(e)를 출력하는 부동소수점 숫자 | 3.140000e+00 |
| %E | %e와 같지만, 대문자 E를 사용한다. | 3.140000E+00 |
| %g | 가장 짧은 기준 표현(canonical representation)을 사용한 부동소수점 | 7e-06 |
| %G | %g와 같지만, 지수 출력 시 대문자 E 사용 | 7E-06 |
| %% | 리터럴 백분율 기호(%) | % |

다음 예시는 int 변환 기능을 사용하여 16진수 정수로 변환한 'e9'와 '10'을 더하여, 16진수로 출력한다.

```
h1 = int('e9', 16)
h2 = int('10', 16)
print('The result is %x.' % (h1 + h2))
```

출력 결과는 다음과 같다.

```
The result is f9.
```

16진수 e9와 16진수 10을 더하면 16진수 f9가 된다.

h1과 h2를 감싸고 있는 소괄호 기호는 필수적이다. 소괄호가 누락되면 문자열 포매팅을 시도할 때, h1은 포매팅 데이터로 간주하지만 h2는 추가로 이어 붙이려는 숫자로 인식하면서 에러를 발생시킨다.

```
print('The result is %x.' % h1 + h2)        # 에러!
```

16진수나 8진수 숫자를 출력할 때 포매팅 연산자(%)는 접두어를 붙이지 않는다. 만약 16진수 숫자에 접두어를 붙이고 싶다면 다음과 같이 직접 붙여야 한다.

```
print('The result is 0x%x.' % (h1 + h2))
```

출력 결과는 다음과 같다.

```
The result is 0xf9.
```

포매팅 연산자의 또 다른 일반적인 사용 방법은 큰 문자열 안에 작은 문자열(%s)을 출력하는 것이다. 예시를 살펴보자.

```
s = 'We is %s, %s, & %s.' % ('Moe', 'Curly', 'Larry')
print(s)
```

출력 결과는 다음과 같다.

```
We is Moe, Curly, & Larry.
```

이런 포맷은 글자의 너비와 소수점 숫자로 조정할 수도 있다. 각 출력 필드는 다음과 같은 포맷을 따르며, c는 표 5-1의 포맷 문자 중 하나를 의미한다.

```
%[-][너비][.정밀도]c
```

이 문법에서 대괄호 기호로 표기된 항목들은 필수가 아니라 선택적으로 설정하는 값들이다. 빼기 기호(-)는 출력 필드 안에서 왼쪽으로 자리 맞춤을 하라는 의미다. 기본적으로 모든 데이터 타입은 오른쪽 자리 맞춤이 기본 설정이지만, 다음 예시의 출력 결과는 빼기 기호(-)를 명시하여 왼쪽으로 자리 맞춤되었다.

```
>>> 'This is a number: %-6d.' % 255
'This is a number: 255   .'
                     빈칸 3개
```

문법의 나머지 부분에 따르면 포맷 지시자는 다음에 나열한 모든 포맷을 모두 허용한다.

```
%c
%너비c
%너비.정밀도c
%.정밀도c
```

문자열 값인 경우, 해당 텍스트는 출력 필드 너비인 '너비' 안에 위치하게 된다. 부분 문자열은 (기본적으로) 오른쪽으로 자리 맞춤되며, 빈칸으로 왼쪽의 부족한 칸 수를 채운다. 출력 필드가 부분 문자열의 길이보다 짧으면 '너비'는 무시된다. 만약 문자열의 최대 길이를 명시하는 '정밀도'가 설정에 포함되었다면 긴 텍스트는 잘려 나간다.

다음 예시는 문자 10개로 구성된 문자열을 표현하는데, 문자가 없는 칸은 빈칸으로 채우는 출력 필드를 표현한 것이다.

```
print('My name is %10s.' % 'John')
```

출력 결과는 다음과 같다. John의 왼쪽에 빈칸이 6개 포함된 것을 알 수 있다.

```
              빈칸 6개
 My name is       John.
```

정수를 출력하는 경우, '너비'는 문자열과 같은 방식으로 사용된다. 하지만 '정밀도'가 '너비'보다 짧으면 숫자는 오른쪽으로 자리 맞춤되며, 모자란 왼쪽의 자릿수는 0으로 채워진다. 다음 예시를 살펴보자.

```
print('Amount is %10d.' % 25)
print('Amount is %.5d.' % 25)
print('Amount is %10.5d.' % 25)
```

출력 결과는 다음과 같다.

```
Amount is         25.
Amount is 00025.
Amount is      00025.
```

결국 '너비'와 '정밀도' 필드는 출력-필드의 너비와 부동소수점 숫자를 정밀하게 표현하는 데 사용된다. '정밀도'는 10진수의 오른쪽을 기준으로 한 자릿수를 나타내며, 빈 자리가 있으면 0으로 채운다. 다음 예시를 살펴보자.

```
print('result:%12.5f' % 3.14)
print('result:%12.5f' % 333.14)
```

출력 결과는 다음과 같다.

```
result:     3.14000
result:   333.14000
```

이 경우 정밀도가 5개로 명시되었기 때문에 숫자 3.14의 오른쪽은 0으로 채워진다. 정밀도 필드의 설정이 출력할 값의 소수점 길이보다 짧은 경우 숫자는 상황에 따라 반올림/버림이 된다.

```
print('%.4f' % 3.141592)
```

이 코드는 다음 출력 결과와 같이 소수점을 네 자리만 출력하라고 선언했다.

```
3.1416
```

%s와 %r 포맷 문자는 모든 데이터 클래스에서 사용할 수 있다. 이 지시자들은 해당 클래스를 문자열로 표현할 수 있는 내부 메서드를 호출한다. 9장에서 살펴볼 것이다.

대부분 %s와 %r 지시자의 출력 결과는 다르지 않다. 가령 int 혹은 float 객체와 함께 사용하면 기대했던 숫자를 그대로 문자열로 출력한다.

다음 예시의 출력 결과를 확인해 보자. 사용자 입력 값은 굵은 글씨로 표기했다.

```
>>> 'The number is %s.' % 10
The number is 10.
```

```
>>> 'The number is %r.' % 10
The number is 10.
```

이 예시에서 볼 수 있듯이 %s와 %r은 정수를 그저 표준 문자열로 출력하고 있다.

%s와 %r의 출력 결과가 다른 경우도 있다. 파이썬 코드에서 객체를 표현하는 기준 표현 방식 (canonical representation)이 따로 존재하기 때문이다.

두 가지 표현 방식의 원칙 중 다른 한 가지는 %r은 문자열을 감싸고 있는 따옴표가 있는 반면 %s는 그렇지 않다는 것이다.[1]

```
>>> print('My name is %r.' % 'Sam')
My name is 'Sam'.
>>> print('My name is %s.' % 'Sam')
My name is Sam.
```

SUPERCHARGED PYTHON

# 5.3 백분율 기호(%) 변수-너비 출력 필드

포맷 연산자(%)를 사용하다 보면 출력 필드의 너비를 변수로 입력하는 방법이 궁금할 수 있다. 예를 들어 테이블을 출력하기에 앞서 필요한 최대 너비를 구하고, 그 값을 원하는 너비로 설정한 후 (N=6이면 6이 최대 길이), 모든 출력 필드를 동일한 길이로 출력하고 싶을 수 있다.

다행히도 백분율 기호 포매팅(%)으로 이를 쉽게 구현할 수 있다. 변수-너비 필드를 만들려면 일반적으로 고정 너비를 명시하는 정수 위치에 별표 기호(*)를 넣으면 된다. 다음 예시를 살펴보자.

```
>>> 'Here is a number: %*d' % (3, 6)
'Here is a number:   6'
```

이런 식으로 별표 기호를 넣으면 추가 인수가 필요하다. 이 인수는 데이터 객체 앞쪽에 위치한다. 다시 말하자면 인수를 품고 있는 튜플의 (1) 첫 번째 항목은 출력 필드 너비이며, (2) 두 번째 항목은 출력할 데이터다.

---

1  역주 문자열인 경우 파이썬 코드 작성 시 따옴표로 감싸야 하지만, 숫자는 따옴표로 감싸지 않는다. 그렇기 때문에 숫자는 %s와 %r 출력 결과가 같지만, 문자열은 다르다.

문자열과 같이 다른 종류의 데이터도 출력할 수 있다.

```
>>> 'Here is a number: %*s' % (3, 'VI')
'Here is a number:  VI'
```

다시 말하자면 첫 번째 인수(3)는 출력-필드 너비다. 두 번째 인수는 출력할 데이터다(VI).

또한, 포맷 문자열 안에 변수-너비 출력 필드를 여러 개 사용할 수도 있다. 포맷 문자열에 별표 기호를 추가할 때마다, 반드시 출력-필드 너비를 지정하기 위한 인수도 추가되는 것을 기억하자. 만약 이런 방식으로 2개의 데이터 객체를 한 번에 포매팅하고 싶다면 4개의 인수가 필요할 것이다. 다음 예시를 살펴보자.

```
>>> 'Item 1: %*s, Item 2: %*s' % (8, 'Bob', 8, 'Suzanne')
'Item 1:      Bob, Item 2:  Suzanne'
```

모든 인수는 소괄호 기호로 둘러싼 튜플 안에 위치한다(8, 'Bob', 8, 'Suzanne'). 4개의 항목이 의미하는 것은 다음과 같다.

- 첫 번째 출력-필드 너비는 8이다.
- 문자열로 출력할 첫 번째 데이터 객체는 'Bob'이다.
- 두 번째 출력-필드 너비는 8이다.
- 문자열로 출력할 두 번째 데이터 객체는 'Suzanne'이다.

앞서 언급했듯이, 이 숫자는 다음과 같이 런타임 시 값이 결정되는 변수로 대체할 수 있다.

```
>>> n = 8
>>> 'Item 1: %*s, Item 2: %*s' % (n, 'Bob', n, 'Suzanne')
'Item 1:      Bob, Item 2:  Suzanne'
```

이 예시의 변수 n과 같이 필드-너비 인수가 포함된 모든 인수는 백분율 연산자(%) 바로 뒤에 명시한 튜플 안에 위치한다.

변수-너비 기능은 다른 기능과 조합하여 사용할 수 있는데, 가령 %s 대신 %r을 사용하면 출력되는 숫자에는 변화가 없지만 따옴표로 감싼 문자열이 출력된다.

```
>>> n = 9
>>> 'Item 1: %*r, Item 2: %*r' % (n, 'Bob', n, 'Suzanne')
"Item 1:      'Bob', Item 2: 'Suzanne'"
```

물론 변수-너비 정밀도 지시자를 만들 수도 있다. 포맷 연산자(%)의 일반적인 규칙은 다음과 같다.

✱ 포매팅 코드에서 일반적으로 정수를 넣는 곳에 별표 기호(*)를 대신 넣을 수 있으며, 리스트에는 별표 기호와 대응하는 정수가 반드시 존재해야 한다.

예를 들어 다음 코드는 포맷 지시자가 %8.3f인 것과 동일하게 동작한다.

```
>>> '%*.*f' % (8, 3, 3.141592)
' 3.142'
```

# 5.4 전역 'format' 함수

앞서 살펴본 지시자보다 더 많은 제어 기능을 제공하는 파이썬 기능이 두 가지 더 있다. 그중 하나인 전역 format 함수는 하나의 출력 필드 포맷을 지정할 수 있다. 가령 다음과 같이 format 함수를 사용하여 천 단위 위치 구분자인 콤마 기호를 쉽게 추가할 수 있다.

```
>>> big_n = 10 ** 12        # big_n은 10의 12제곱이다.
>>> format(big_n, ',')
'1,000,000,000,000'
```

이 예시는 format 함수가 어떻게 동작하는지 보여 주는 간단한 힌트다. 이 절에서는 이 함수 기능의 개요만 살펴보고, 5.8절에서 이 함수와 사용할 수 있는 포맷 사양의 구문 요소들을 살펴볼 것이다.

format 함수는 문자열 클래스(str)의 format 메서드와 관련이 깊다.

format 메서드는 문자열을 처리할 때, 입력받은 데이터 객체와 함께 포맷 지시자를 분석하며, 각각의 개별적 필드는 전역 format 함수를 호출하여 분석을 수행한다.

format 함수는 9장에서 소개할 데이터 객체 클래스의 __format__ 메서드를 호출한다. 이 과정은 사용자가 작성한 신규 클래스를 포함한 모든 타입이 포맷 지시자 문법과 상호 작용하거나, 아니면 아예 그 자체를 무시할 수 있게 하는 장점이 있다.

그림 5-1은 문자열 클래스의 format 메서드, 전역 format 함수와 최종적으로 각 클래스에 포함된 __format__ 메서드까지의 제어 흐름을 보여 준다.

클래스는 __format__ 메서드를 직접 제어할 수도 있고, 제어하지 않을 수도 있다. 기본적으로 __format__ 메서드가 정의되어 있지 않은 경우 __str__ 메서드를 호출한다.

❤ 그림 5-1 포매팅 루틴 간의 제어 흐름

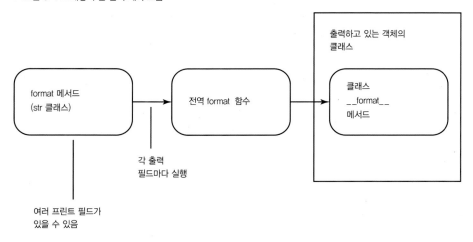

```
format(데이터, 사양)
```

이 함수는 '데이터'를 확보하여 '사양'에 맞는 포맷을 적용한 문자열을 반환한다. 두 번째 인수는 하나의 항목을 출력할 때 반영할 사양을 담고 있는 문자열이다.

다음 문법은 '사양' 문법을 간략하게 보여 준다. 이 문법에는 오른쪽 자리 맞춤이나 0 채우기와 같은 문자 채우기나 자리 맞춤과 같은 일부 기능이 생략되었다. 전체 '사양' 구문은 5.8절에서 다룬다.

```
[너비][,][.정밀도][타입_문자]
```

이 문법에서 대괄호 기호로 표기된 항목들은 필수가 아니라 선택 사항이다. 각각의 의미를 살펴보자.

함수는 '너비' 길이의 출력 필드에 데이터를 문자열로 표현한다. 필요하다면 빈칸을 채우도록 할 수도 있다. 기본적으로 숫자 데이터는 오른쪽으로 자리 맞춤되며, 문자열 데이터는 왼쪽으로 자리 맞춤된다.

쉼표 기호(,)는 천 단위 위치 구분자로 쉼표 기호를 넣겠다는 것을 의미한다. 숫자 데이터에만 사용할 수 있으며, 그렇지 않은 경우 예외를 발생시킨다.

'정밀도'는 출력할 부동소수점 숫자의 자릿수를 나타낸다. 숫자가 아닌 경우, 문자열 데이터의 최대 길이를 의미한다. 정수와는 사용할 수 없다. '타입_문자'가 f라면 '정밀도'는 소수점 오른쪽에 출력할 숫자의 고정된 자릿수를 의미한다.

'타입_문자'는 종종 진법의 기수를 의미한다. 가령 b는 이진수를 의미하며, x는 16진수를 의미한다. 하지만 주로 f와 같이 고정소수점 포맷을 가리키는 부동소수점 지시자를 의미하며, 추후 표 5-5에서 설명할 e와 g가 표기된다.

표 5-2는 이런 사양을 사용하는 예시를 보여 주며, 이 예시들로 문법 대부분을 배울 수 있다.

❤ 표 5-2 'format' 함수의 포맷 지시자 예시

| 포맷 명세 | 의미 |
| --- | --- |
| ',' | 숫자에 천 단위 위치 구분자를 함께 표기한다(예 1000000을 1,000,000으로 출력). |
| '5' | 최소 출력-필드 너비를 5문자로 지시한다. 더 짧은 정보가 출력되면 부족한 자리에 빈칸을 채운다. 기본적으로 숫자는 오른쪽 자리 맞춤을 하며, 문자열은 왼쪽 자리 맞춤을 한다. |
| '10' | 최소 출력-필드 너비를 10문자로 설정한다. 객체의 표현이 10문자보다 짧으면 필드 안에서 자리 맞춤된다. |
| '10,' | 최소 출력-필드 너비를 10문자로 설정하고, 천 단위 위치 구분자도 함께 표기한다. |
| '10.5' | 최소 출력-필드 너비를 10으로 설정한다. 데이터가 문자열이면 출력-필드의 최대 문자 수가 5개가 되며, 더 큰 문자는 잘린다. 데이터가 부동소수점이면 왼쪽에서부터 오른쪽으로 최대 5개 숫자가 필드에 출력되며, 필요 시 반올림된다. 경우에 따라 출력할 공간이 부족하면 3+010e와 같이 지수 포맷으로 출력된다. 정밀도 필드 (5)는 정수인 경우 유효하지 않다. |
| '8.4' | 위와 같지만, 출력-필드 너비는 8이며 정밀도는 4다. |
| '10,.7' | 최소 출력-필드 너비를 10으로, 정밀도는 7로 설정(소수점 기준으로 왼쪽과 오른쪽의 숫자 전체 개수)하고 천 단위 위치 구분자를 표기한다. |
| '10.3f' | 고정소수점 표기. 출력-필드 너비를 10으로 하고 소수점 오른쪽 숫자를 정확히 3개만 표기한다. 경우에 따라 정확한 숫자의 개수를 표기하기 위해 반올림하거나 부족한 자릿수를 0으로 채울 수도 있다. |
| '10.5f' | 출력-필드 너비를 10으로 설정하고, 소수점 오른쪽의 숫자를 정확하게 5개 출력한다. |
| '.3f' | 소수점 오른쪽 숫자를 정확하게 3개만 출력한다. 최소 너비는 설정하지 않는다. |
| 'b' | 이진수로 표기 |

❍ 계속

| 포맷 명세 | 의미 |
|---|---|
| '6b' | 이진수로 표기, 6개의 문자 필드에 오른쪽 자리 맞춤 수행 |
| 'x' | 16진수로 표기 |
| '5x' | 16진수로 표기, 5개의 문자 필드에 오른쪽 자리 맞춤 수행 |
| 'o' | 8진수로 표기 |
| '5o' | 8진수로 표기, 5개의 문자 필드에 오른쪽 자리 맞춤 수행 |

이 절 후반부에서 이 기능을 더욱 상세히 알아보자. 특히 너비와 정밀도 필드에 대해 자세히 알아볼 것이다.

천 단위 구분자는 명시할 수 있지만, 숫자에만 동작한다. 만약 숫자가 아닌 데이터에 이 지시자를 사용하면 파이썬은 예외를 발생시킨다.

1억 5000과 같이 큰 숫자를 천 단위 구분자 포맷과 함께 표기해 보자.

```
>>> n = 150000000
>>> print(format(n, ','))
150,000,000
```

너비 문자는 항상 최소 출력-필드 너비를 나타내며, 영구적으로 사용된다. 기본적으로 문자열 표현은 왼쪽 자리 맞춤을 하며, 숫자는 오른쪽 자리 맞춤을 한 후 부족한 자릿수는 빈칸으로 채운다. 채워지는 문자나 자리 맞춤 방식은 변경이 가능하며, 5.8.2절에서 설명할 것이다.

다음 예시에서 자리 맞춤, 자릿수 채우기와 출력 필드를 살펴보자. 작은따옴표 기호는 출력 필드 영역을 보여 준다. 숫자 데이터(150, 99)는 기본적으로 오른쪽 자리 맞춤이 되어 있지만, 다른 데이터는 그렇지 않다는 것을 기억하자.

```
>>> format('Bob', '10')
'Bob       '
>>> format('Suzie', '7')
'Suzie  '
>>> format(150, '8')
'     150'
>>> format(99, '5')
'   99'
```

너비는 항상 출력-필드의 최대가 아닌 최소 길이를 설정한다. 너비 필드는 데이터를 잘라 내지 않는다.

정밀도 지시자는 데이터 종류에 따라서 다르게 동작한다. 문자열 데이터인 경우 출력 필드의 최대 자릿수를 의미하며, 데이터를 잘라 낼 수도 있다. 부동소수점과 사용되면 소수점만 계산하는 것이 아니라, 왼쪽 시작 지점부터 오른쪽으로 전체 숫자 개수를 의미한다. 필요 시 올림 혹은 버림이 수행될 수 있다. 예시를 살펴보자.

```
>>> format('Bobby K.', '6.3')
'Bob   '
>>> format(3.141592, '6.3')
'  3.14'
```

하지만 f 타입 지시자가 사용되는 경우 고정소수점 출력 포맷을 의미하며, 부동소수점 출력 규칙을 변경한다. 고정소수점 포맷을 사용하면 정밀도는 무조건 소수점 오른쪽의 숫자 개수에만 영향을 미친다.

format 함수는 소수점 오른쪽의 숫자 자릿수를 고정하기 위해 필요 시 반올림이나 0으로 모자란 자릿수를 채운다. 예시를 살펴보자.

```
>>> format(3.141592, '9.3f')
'    3.142'
>>> format(100.7, '9.3f')
'  100.700'
```

이와 같이 고정소수점 포맷은 소수점을 보기 좋게 열로 자리 맞춤한 숫자를 출력할 때 유용하게 쓰인다.

앞서 언급했듯이 5.8절에서 전역 format 함수와 format 메서드에서 사용되는 spec의 전체 구문을 다룰 것이다.

# 5.5 format 메서드 소개

포매팅을 가장 완벽하게 제어하려면 format 메서드를 사용하면 된다. format 메서드는 전역 format 함수의 모든 기능을 사용하지만 여러 출력 필드를 다룰 수 있어 훨씬 유연하다.

이 장을 시작할 때 사용한 예시를 다시 살펴보자. 3개의 정수 변수(a, b, c)를 다음과 같이 출력하고 싶다고 가정해 보자.

```
25 plus 75 equals 100.
```

format 메서드는 이 출력 문자열을 생산하기 위해 쉽고 읽기 좋은 방법을 제공한다.

```
print('{} plus {} equals {}.'.format(25, 75, 100))
```

포맷 문자열 안의 각 { } 표기는 주어진 인수의 문자열 표현으로 채워진다.

```
포맷이_지시된_문자열.format(인수들)
```

문법을 조금 더 자세히 살펴보자. 이 표현식은 출력 필드를 제외한 모든 텍스트를 '포맷이_지시된_문자열'(혹은 '포맷 문자열')을 통해 넘긴다. 출력 필드는 { }와 대응되며, 각 출력 필드에 '인수들'의 각 항목이 출력된다.

데이터 객체를 출력할 때 특별한 포맷을 지정하지 않는다면 단순하게 중괄호 기호 쌍({ })을 각 항목에 사용하면 된다. 문자열은 문자열로 출력되고, 정수는 정수로 출력된다. 어떤 데이터 타입도 출력할 수 있다. 다음 예시를 살펴보자.

```
fss = '{} said, I want {} slices of {}.'

name = 'Pythagoras'
pi = 3.141592
print(fss.format(name, 2, pi))
```

출력 결과는 다음과 같다.

```
Pythagoras said, I want 2 slices of 3.141592.
```

물론 '인수들'의 값은 상수일 수도 있고, (name이나 pi와 같이) 변수에 의해 제공받을 수도 있다.

여기에서 중괄호 기호는 특수 문자다. 중괄호 기호 자체를 출력하고 싶다면 {{와 }}를 사용한다. 예시를 살펴보자.

```
print('Set = {{{}, {}}}'.format(1, 2))
```

출력 결과는 다음과 같다.

```
Set = {1, 2}
```

이 예시가 쉽게 읽히지는 않지만, 다음 설명이 코드를 조금 더 명확하게 이해하는 데 도움이 될 것이다. 2개의 중괄호 기호를 열고({{) 2개의 중괄호 기호로 닫는 것(}})은 중괄호 기호 자체를 출력하겠다는 의미인 것을 기억하자.

```
fss = 'Set = {{ {}, {}, {} }}'
print(fss.format(15, 35, 25))
```

출력 결과는 다음과 같다.

```
Set = { 15, 35, 25 }
```

물론 코드를 작성할 공간이 충분하다면 모두 1줄로 작성할 수도 있다.

```
print('Set = {{ {}, {}, {} }}'.format(15, 35, 25))
```

출력 결과는 동일하다. 중괄호 기호 쌍은 출력 필드를 의미하며, 인수를 출력할 수 있지만 {{와 }}는 중괄호 기호 자체를 출력한다는 것을 기억하자.

# 5.6 위치로 순서 정하기(이름 혹은 색인)

```
{ [위치] [!r|s|a] [: 사양 ] }
```

포맷 문자열의 출력 필드 구문 중 대괄호 기호로 감싼 항목은 필수로 넣을 필요가 없는 선택 사항이다. 두 번째 항목 안에는 느낌표 기호와 함께 r, s, a 중 하나가 뒤따른다. 이 구문은 다음 절에서 다룰 것이다.

'사양'은 잠재적으로 복잡한 포매팅 매개변수를 열거한다. 이 장에서는 5.8절에서 본격적으로 다루기 시작하는 '사양'에 초점을 맞출 것이며, 가용한 모든 하위 필드를 다룰 것이다.

이 구문의 가장 단순한 사용법은 '위치' 지시자 하나만 사용하는 것이다.

```
{ 위치 }
```

'위치'는 숫자 혹은 이름으로 어느 인수를 출력할 것인지 가리킨다. '위치' 지시자를 사용하면 순서와 상관없이 인수를 지정할 수 있다.

'위치' 지시자는 색인 번호나 인수 이름으로 지정할 수 있다.

```
위치_색인 | 위치_이름
```

하나씩 살펴보자. '위치 색인'은 format 메서드의 인수 리스트에서 가리키는 항목의 색인 숫자를 사용한다. 색인은 0부터 시작한다. '위치 이름'은 인수 이름과 동일해야 한다. 우선 이해하기 쉬운 '위치 색인'부터 살펴보자.

format 메서드의 일반적인 인수 규칙은 다음과 같다.

 format 메서드를 호출하려면 이 절 후반부에서 소개하는 반복 필드가 아닌 이상, 필드를 출력할 포맷—사양 문자열과 최소한 같은 개수의 인수를 넣어야 한다. 입력한 출력 필드보다 더 많은 인수가 입력되면 초과된 인수는 뒤에서부터 무시된다.

다음 print 문에서 이 예시를 살펴보자.

```
print('{}; {}; {}!'.format(10, 20, 30))
```

출력 결과는 다음과 같다.

```
10; 20; 30!
```

정수 상수를 위치 필드에 사용하면 역순으로 인수를 출력할 수도 있다. 0부터 시작하는 색인이니 이 예시의 색인 숫자는 0, 1, 2다.

```
print('The items are {2}, {1}, {0}.'.format(10, 20, 30))
```

출력 결과는 다음과 같다.

```
The items are 30, 20, 10.
```

물론 출력 필드보다 더 많은 인수를 입력하면 0으로 시작하는 색인으로 초과된 인수를 참조할 수도 있다. 예시를 살펴보자.

```
fss = 'The items are {3}, {1}, {0}.'
print(fss.format(10, 20, 30, 40))
```

출력 결과는 다음과 같다.

```
The items are 40, 20, 10.
```

인수 리스트에서 벗어나는 범위의 색인을 사용하면 에러가 발생한다는 것을 기억하자. 이 예시는 인수가 4개 있으니, 사용할 수 있는 색인은 0, 1, 2, 3이다. 범위를 벗어난 색인은 없다.

출력 필드는 인수 이름으로 불러올 수도 있다. 예시를 살펴보자.

```
fss = 'a equals {a}, b equals{b}, c equals {c}.'
print(fss.format(a=10, c=100, b=50))
```

출력 결과는 다음과 같다.

```
a equals 10, b equals 50, c equals 100.
```

물론 위치 색인을 사용하여 출력 결과에 인수 값을 반복하여 출력할 수도 있다. 다음 예시를 살펴보자.

```
print('{0}, {0}, {1}, {1}'.format(100, 200))
```

출력 결과는 다음과 같다.

```
100, 100, 200, 200
```

위치 기반 정렬은 종종 특정 애플리케이션에 유용한 고급 기능을 제공한다. 포맷 문자열을 변경하면 출력 문자열에 포함할 인수의 특정 부분을 지정할 수 있다.

예를 들어 {0[0]:}은 '첫 번째 인수의 첫 번째 항목을 선택하라'는 것을 의미하며, {0[1]:}은 '첫 번째 인수의 두 번째 항목을 선택하라'는 것을 의미한다.

조금 더 완전한 예시를 살펴보자. 다른 때와 같이 0으로 시작하는 색인을 사용한다는 것을 기억하자.

```
>>> a_list = [100, 200, 300]
>>> '{0[1]:}, {0[2]:}'.format(a_list)
'200, 300'
```

이 기법은 인수의 이름으로도 적용할 수 있다.

```
>>> '{a[1]:}, {a[2]:}'.format(a=a_list)
'200, 300'
```

자, 그럼 위치 색인을 사용하는 대신 이름을 사용하여 제어하면 얻을 수 있는 이점은 무엇일까? 많은 애플리케이션에서 전혀 사용하지 않을 수도 있겠지만, 필요 시 포맷 문자열의 데이터 순서를 변경할 수 있을 것이다. 이 기법은 자연어를 번역할 때 문법상 위치를 변경해야 하는 특수한 상황에서 유용하다.

예를 들어 한국어를 번역하는 사례를 살펴보자.

```
current_lang = input('한국어를 원하면 KRW를 입력하세요:')

if current_lang == 'KRW':
    fss = '{0}가 {2}에서 {1}을 만나는 게 언제지?'
else:
    fss = "When will {0} meet {1} at {2}'s?"
print(fss.format('Fred', 'Sam', 'Joe'))
```

current_lang 값을 입력하지 않거나, KRW 이외의 값을 입력하면 출력 결과는 다음과 같을 것이다.

```
When will Fred meet Sam at Joe's?
```

하지만 KRW를 입력하면 다음과 같은 출력 결과를 확인할 수 있다. 이름 위치가 변경된 것에 주목하자. 한국어 문법에 맞추기 위해 이름의 순서를 변경했다.

```
Fred가 Joe에서 Sam을 만나는 게 언제지?
```

# 5.7 'repr' vs 문자열 변환

파이썬의 모든 데이터 타입은 두 가지 버전의 문자열 표현이 있다. 지나쳐 보일 수도 있지만 종종 유용하다. 이 개념은 파이썬이 번역기 언어라는 것에서부터 유래했다.

이 절에서는 str과 repr 변환 사이의 차이점에 대해서 다룰 것이다. 또한, 이 절의 모든 정보는 %s 와 %r 포매팅 지시자와 같이 str과 repr을 사용하는 다른 곳에서도 똑같이 적용된다.

str 변환을 시도하면 print 함수가 출력하는 데이터와 똑같은 문자열이 결과로 반환된다.

```
print(10)              # 10 출력
print(str(10))         # 동일한 결과!
```

하지만 일부 데이터 타입은 str과는 다르게 repr 변환을 시도하는 경우가 있다. repr 변환은 데이터 객체를 코드에서 표현하는 기준 방식(canonical representation in source code)으로 해석한다. 파이썬 프로그램 안에서도 같은 방식으로 보인다.

다음 예시를 살펴보자.

```
print(repr(10))        # 이 출력 결과도 10이다.
```

숫자를 출력한 이번 예시의 출력 결과는 모두 동일하다. 하지만 문자열을 출력하면 출력 결과가 달라진다. 문자열은 보통 코드 안에서만 따옴표 기호로 문자열이라는 것을 표기하며, 메모리 안에서는 따옴표 기호 없이 저장된다. 추가로 \n(개행 문자)과 같은 이스케이프 시퀀스(escape sequence)는 저장될 때 특수 기호로 번역되어 저장된다. 다시 말하지만 \n은 코드에서만 보이는 표현 방식이지, 실제로 저장되지 않는다.

다음 문자열 test_str을 살펴보자.

```
test_str = 'Here is a \n newline! '
```

이 문자열을 바로 출력하면 다음과 같은 결과를 확인할 수 있다.

```
Here is a
 newline!
```

하지만 이 문자열에 repr을 적용하면 '기준 소스-코드 표현 방식(the canonical source-code representation)으로 출력하라'로 해석하여 다른 결과를 보여 준다. 문자열 자체에 따옴표를 집어넣지 않는 한 출력 결과에 문자열을 감싸고 있는 따옴표 기호가 포함된다. 파이썬 코드에서 문자열을 표현하려면 따옴표를 사용해야 하기 때문이다.

```
print(repr(test_str))
```

출력 결과는 다음과 같다.

```
'Here is a \n newline! '
```

%s와 %r 포매팅 지시자는 format 메서드와 마찬가지로 어떤 표현 방식 스타일을 사용할지 제어할 수 있게 해 준다. repr 없이 문자열 인수를 출력하면 직접 출력하는 것과 같은 결과를 보여 준다. 예시를 살펴보자.

```
>>> print('{}'.format(test_str))
Here is a
 newline!
```

!r 제한자를 사용하면 인수의 repr 버전이 사용된다. 즉, 데이터에 repr 변환이 적용된다는 뜻이다.

```
>>> print('{!r}'.format(test_str))
'Here is a \n newline! '
```

!r은 인수 위치 옵션과 함께 사용될 수 있다. 각 옵션은 서로 간섭을 일으키지 않는다. 다음 코드가 어떻게 동작하는지 확인해 보자.

```
>>> print('{1!r} loves {0!r}'.format('Joanie', 'ChaCha'))
'ChaCha' loves 'Joanie'
```

이 코드에서 중괄호 기호 안에 위치한 포매팅 문자는 두 가지 작업을 한다. 우선 위치 색인을 사용하여 출력 순서를 뒤집었다( Joanie loves ChaCha). 그리고 나서 !r 포맷을 사용하여 두 인수를 파이썬 코드 안에서 보여지는 기준 표현 방식대로 따옴표 기호와 함께 출력했다.

> Note ≡ !s 혹은 !r이 사용되는 곳에는 일반적으로 !a를 사용할 수 있다. !s와 유사하지만 아스키코드(ASCII)로만 이루어진 문자열을 반환한다.

# 5.8 'format' 함수와 메서드의 '사양' 필드

이 절에서는 전역 format 함수와 format 메서드에 모두 적용할 수 있는 내용을 다룬다. 하지만 대부분의 예시는 format 메서드를 사용한다고 가정했기 때문에 사양(spec)을 출력 필드, { }와 콜론 기호(:)와 함께 보여 준다.[2]

포맷 지시자 '사양'의 구문은 format 메서드 문법 중 가장 복잡한 부분이다. 다음 문법에서 각 옵션은 선택 사항으로 추가할 수 있지만, 입력 순서를 반드시 지켜야 한다(대괄호 기호는 항목이 선택 사항이라는 것을 의미한다).

```
[[[채우기]자리 맞춤][기호][#][0][너비][,][.정밀도][타입]
```

각 항목 대부분은 서로 독립적이다. 파이썬은 각 항목의 배치와 문맥에 따라 이를 번역한다. 가령 정밀도(precision)를 설정하려면 반드시 소수점(.) 바로 뒤에 나타나야 한다.

다음 예시와 같이 중괄호 기호와 콜론 기호는 전역 format 함수를 사용할 때만 사용하며, format 메서드에서는 사용하지 않는다는 것을 기억하자. format 함수를 사용하면 '채우기', '자리 맞춤', 0, '너비', '정밀도', '타입' 지시자를 사용할지도 모르겠다. 하지만 중괄호와 콜론은 사용하지 않는다. 예시를 살펴보자.

```
s = format(32.3, '<+08.3f')
```

## 5.8.1 출력–필드 너비

일반적으로 사용하는 출력–필드 너비는 정수로 표기한다. 출력할 텍스트는 이 너비에 맞는 필드로 출력된다. 텍스트가 이 너비보다 짧다면 기본적으로 빈칸을 추가하여 길이를 맞춘다.

**배치:** 문법을 확인해 보면 '너비' 항목은 '사양' 구문의 중간에 위치한다. format 메서드에서 사용하는 경우 '너비'는 '사양' 구문의 나머지가 그렇듯이 항상 콜론 기호(:) 뒤에 위치한다.

---

2  **역주** 다시 한 번 언급하지만 메서드는 내부 함수이기 때문에 객체와 함께 점 기호(.)로만 호출할 수 있으며, 전역 함수와는 구분된다.

다음 예시는 너비 사양이 2개의 숫자(777, 999)에 어떻게 적용되는지 보여 준다. 기호 자체를 출력하는 별표 기호(*)는 출력 필드의 시작과 끝이 어디인지 잘 보여 준다.

```
n1, n2 = 777, 999
print('**{:10}**{:2}**'.format(n1, n2))
```

출력 결과는 다음과 같다.

```
      빈칸 7개
      ┊
 **           777**999**
```

숫자 777은 더 큰 출력 필드(10) 안에 오른쪽으로 자리 맞춤을 하여 배치된다. 기본적으로 숫자 데이터는 오른쪽 자리 맞춤을 하며, 문자열 데이터는 왼쪽 자리 맞춤을 하기 때문이다.

숫자 999의 길이는 출력 필드 크기(2)를 초과하기 때문에 숫자가 잘리지 않고 그대로 출력된다.

너비 사양은 테이블과 함께 사용될 때 무척 유용하다. 가령 다음과 같이 정수로 이루어진 테이블을 자리 맞춤하여 출력하고 싶다고 가정해 보자.

```
  10
2001
   2
  55
 144
2525
1984
```

이렇게 테이블을 출력하는 것은 어렵지 않다. 가장 긴 숫자보다 큰 출력 필드 너비와 함께 format 메서드를 사용하면 된다. 데이터가 숫자이며, 기본적으로 오른쪽 자리 맞춤을 하기 때문이다.

```
'{:5}'.format(n)
```

출력-필드 너비는 다른 옵션 대부분과 함께 사용될 수 있다. 앞 절에서 살펴본 'ChaCha loves Joanie' 예시를 다음과 같이 변경해 보자.

```
fss = '{1!r:10} loves {0!r:10}!!'
print(fss.format('Joanie', 'ChaCha'))
```

출력 결과는 다음과 같다.

```
'ChaCha'   loves 'Joanie'  !!
```

출력 결과는 앞서 살펴본 'ChaCha and Joanie' 예시와 비슷하지만 양쪽 인수에 출력-필드 너비를 10으로 설정했다. 너비 사양은 반드시 콜론 오른쪽에 나타나야 한다는 것을 기억하자. 그렇지 않으면 색인 숫자로 인식하게 된다.

## 5.8.2 텍스트 조정: '채우기'와 '자리 맞춤' 문자

'채우기'와 '자리 맞춤' 문자는 선택적으로 추가될 수 있지만, '채우기' 문자는 '자리 맞춤' 문자가 있는 경우에만 사용될 수 있다.

```
[[채우기]자리 맞춤]
```

**배치:** 이 항목들은 출력-필드 사양 안에서 사용될 수 있으며, '너비'를 포함한 모든 항목보다 앞에 나타나야 한다. 다음 예시는 '채우기', '자리 맞춤'과 '너비'가 포함되었다.

```
{:->24}
```

이 사양을 사용한 다음 예시를 살펴보자.

```
print('{:->24}'.format('Hey Bill G, pick me!'))
```

출력 결과는 다음과 같다.

```
----Hey Bill G, pick me!
```

출력 필드 {:->24}의 각 부분을 하나씩 나누어서 살펴보자.

- format 메서드를 사용하면 출력 필드 사양의 첫 번째 항목으로 콜론 기호(:)가 나타난다(하지만 전역 format 함수에서는 필요 없다).
- 콜론 기호 뒤에는 '채우기'와 '자리 맞춤' 문자가 나타난다. 이 예시에서는 빼기 기호(-)가 채우기 문자이며, '자리 맞춤'은 오른쪽 자리 맞춤(>)으로 설정되어 있다.
- '채우기'와 '자리 맞춤' 뒤에는 출력-필드 너비인 24가 주어졌다.

출력할 텍스트(Hey Bill G, pick me!)가 20자이지만, 출력-필드 너비가 24자이기 때문에 채우기 문자인 빼기 기호가 왼쪽에 부족한 자리를 메꾸고 있다.

채우기 문자는 중괄호 기호를 제외한 어떤 문자가 와도 무관하다. 만약 숫자 0으로 모자란 자리를 채우고 싶다면 대안으로 5.8.4절에서 설명한 '0' 지시자를 사용하면 된다.

'자리 맞춤' 문자는 반드시 표 5-3에서 나열한 4개 중 하나이어야 한다.

▼ 표 5-3 포매팅에서 사용하는 '자리 맞춤' 문자

| 자리 맞춤 문자 | 의미 |
| --- | --- |
| < | 왼쪽 자리 맞춤. 문자열 데이터의 기본 설정이다. |
| > | 오른쪽 자리 맞춤. 숫자의 기본 설정이다. |
| ^ | 출력 필드 중앙에 텍스트를 위치한다(텍스트가 완벽하게 중앙에 위치하지 못하면 왼쪽으로 조금 조정된다). |
| = | 모든 채우기 문자를 출력할 기호 문자(+ 혹은 -)와 숫자 사이에 넣는다. 이 사양은 숫자 데이터에만 사용할 수 있다. |

채우기(혹은 패딩(padding)) 문자는 '자리 맞춤' 문자(<, >, ^, =)가 있는 경우에만 바로 뒤에 넣을 수 있다.

```
print('{:>7}'.format('Tom'))            # '    Tom' 출력
print('{:@>7}'.format('Lady'))          # '@@@Lady' 출력
print('{:*>7}'.format('Bill'))          # '***Bill' 출력
```

첫 번째 줄 예시는 명시된 '채우기' 문자가 없으니, 기본값인 빈칸이 출력 필드의 빈 자리를 채운다. 두 번째와 세 번째 예시는 '채우기' 문자로 앳 기호(@)와 별표 기호(*)가 사용되었다.

만약 위 예시의 '자리 맞춤' 문자가 <로 왼쪽 자리 맞춤이 되었다면 채우기 문자는 오른쪽에 위치할 것이다(문자열의 기본 설정은 왼쪽 자리 맞춤인 것을 다시 한 번 강조한다). 앞 예시의 '자리 맞춤' 문자를 다음과 같이 바꾸어 보자.

```
print('{:<7}'.format('Tom'))            # 'Tom    ' 출력
print('{:@<7}'.format('Lady'))          # 'Lady@@@' 출력
print('{:*<7}'.format('Bill'))          # 'Bill***' 출력
```

다음 예시는 ^로 데이터를 중앙에 위치하면서 채우기 문자를 텍스트 양쪽에 배치한 코드다.

```
fss = '{:^10}Jones'
print(fss.format('Tom'))                # '   Tom    Jones' 출력
fss = '{:@^10}'
print(fss.format('Lady'))               # '@@@Lady@@@' 출력
fss = '{:*^10}'
print(fss.format('Bill'))               # '***Bill***' 출력
```

마지막으로 =를 사용하여 채우기 문자가 기호 문자(+ 혹은 -)와 숫자 데이터 사이에 위치한 예시를 살펴보자. 두 번째 채우기 문자는 0이다.

```
print('{:=8}'.format(-1250))              # '-   1250' 출력
print('{:0=8}'.format(-1250))             # '-0001250' 출력
```

> Note ≡  '사양' 문법을 사용한 모든 예시는 전역 format 함수에도 사용할 수 있다는 것을 기억하자. 하지만 전역 format 함수는 format 메서드와 다르게 여러 출력 필드를 생성하기 위해 중괄호 기호를 사용하지 않는다. 다음 예시처럼 한 번에 단 하나의 출력 필드 포맷을 지정할 수 있다.
>
> ```
> print(format('Lady', '@<7'))            # 'Lady@@@' 출력
> ```

## 5.8.3 '기호' 문자

'기호' 문자는 빈번하게 사용되지 않지만 사용하는 경우 보통 더하기 기호(+)를 사용하며, 숫자 필드를 출력할 때 더하기 혹은 빼기 기호의 출력 유무를 결정한다.

**배치:** '기호' 문자는 '채우기'와 '자리 맞춤' 문자 뒤에 위치하지만 '사양'의 나머지 옵션보다는 앞에 위치한다. 특히 '너비'보다 앞에 위치한다. 표 5-4는 기호 문자에 넣을 수 있는 값들이다.

❤ 표 5-4 'format' 메서드의 '기호' 문자

| 문자 | 의미 |
|---|---|
| + | 음수가 아닌 숫자 앞에 더하기 기호(+)를 출력한다. 음수인 경우는 평상시와 같이 빼기 기호(-)를 출력한다. |
| - | 음수에만 빼기 기호(-)를 붙인다. 기본 설정이다. |
| (blank space) | 음수가 아닌 숫자에 더하기 기호를 출력하는 대신 빈칸을 출력한다. 음수인 경우는 평상시와 같이 빼기 기호(-)를 출력한다. 이 방법은 숫자 출력 시 음수 포함 유무와 상관없이 숫자를 보기 좋게 자리 맞춤할 때 유용하게 쓰인다. |

다음에서 보여 주는 간단한 코드는 기호 문자의 사용법을 잘 보여 준다.

```
print('results>{: },{:+},{:-}'.format(25, 25, 25))
```

출력 결과는 다음과 같다.

```
results> 25,+25,25
```

25가 음수가 아닌데도, 첫 25 앞에 빈칸이 추가된 것에 주목하자. 반대로 이번 예시와는 달리 출력 필드에 너비가 지정되더라도 출력 결과는 동일하다.

다음은 3개의 음수 값(-25)을 같은 포맷에 적용하여 출력한 예시다.

```
print('results>{: },{:+},{:-}'.format(-25, -25, -25))
```

출력 결과는 다음과 같다. 음수는 항상 빼기 기호와 함께 출력되는 것을 확인할 수 있다.

```
results>-25,-25,-25
```

## 5.8.4 0으로 시작하는 문자(0)

이 문자는 숫자의 채우기 문자를 빈칸 대신 '0'을 사용하여 0으로 부족한 자리를 채운다. 비록 자리 맞춤과 채우기 문자를 사용하여 비슷한 효과를 얻을 수 있지만, 이 방법이 조금 덜 장황하다.

**배치:** 이 문자가 사용되면 '너비' 사양 앞에 나타난다. 필수적으로 너비에 맞추어 0이 앞쪽으로 채워진다.

예를 들어 다음 코드는 출력-필드 너비보다 짧은 숫자가 출력될 때마다 너비에 맞추어 0이 숫자 앞에 채워진다.

```
i, j = 125, 25156
print('{:07} {:010}.'.format(i, j))
```

출력 결과는 다음과 같다.

```
0000125 0000025156.
```

다른 예시를 살펴보자.

```
print('{:08}'.format(375))              # 00000375 출력
```

'채우기'와 '자리 맞춤' 문자를 사용하여 같은 결과를 얻을 수도 있지만, '자리 맞춤'을 명시적으로 지정하지 않는 이상 '채우기' 문자를 지정하지 못하기 때문에 이 방식은 조금 더 거추장스러워 보인다.

```
fss = '{:0>7} {:0>10}'
```

이 두 가지 시도(채우기 문자를 0으로 지정하거나 0으로 시작하는 문자 지정)가 앞에서는 같은 효과를 보여 주었지만, 서로 다른 결과를 출력하는 경우도 있다. 채우기 문자는 숫자 자체의 일부가 아니기 때문에 다음 절에서 다룰 콤마 기호(,)에 영향을 받지 않는다.

더하기/빼기 기호의 출력 위치에도 차이가 있다. 다음 예시를 살펴보면 더하기 기호(+)가 출력되는 위치가 다르다는 것을 확인할 수 있다.

```
print('{:0>+10} {:+010}'.format(25, 25))
```

출력 결과는 다음과 같다.

```
0000000+25 +000000025
```

## 5.8.5 천 단위 위치 구분자

format 메서드의 가장 편리한 기능 중 하나는 숫자를 출력할 때 천 단위 위치 구분자를 표기하는 것이다. 다음과 같은 출력 결과를 본 적이 있는가?

```
The US owes 21035786433031 dollars.
```

실제로 숫자가 몇인지 바로 인식이 되는가? 그저 '큰 숫자'로 보일 것이다.

이 숫자는 여전히 대부분 사람이 이해하기 힘든 큰 숫자일지라도, 다음과 같이 출력되는 것이 훨씬 가독성이 좋다. 숫자에 대한 개념이 조금만 있더라도 이 숫자는 2100만(million), 210억(billion)이 아닌 21조(trillion)인 것을 바로 알 수 있다.

```
The US owes 21,035,786,433,031 dollars.
```

**배치:** 콤마 기호는 '너비' 지시자 뒤, 그리고 '정밀도' 지시자 앞에 위치한다. 콤마 기호 뒤에는 '정밀도'와 '타입'만 위치할 수 있다.

5.8절을 시작할 때 언급한 문법을 다시 한 번 살펴보기 바란다.

다음 예시는 {:,} 출력 필드를 사용한다. 콜론 기호 바로 다음에 콤마 기호를 출력 필드 안에 넣은 단순한 사양이다.

```
fss1 = 'The USA owes {:,} dollars.'
print(fss1.format(21000000000))
fss2 = 'The sun is {:,} miles away.'
print(fss2.format(93000000))
```

출력 결과는 다음과 같다.

```
The USA owes 21,000,000,000,000 dollars.
The sun is 93,000,000 miles away.
```

다음 예시는 콤마 기호를 '채우기'와 '자리 맞춤' 문자인 *와 >와 함께 조합하여 사용했다. '너비' 지시자는 12다. 콤마 기호(,)가 '너비' 바로 뒤에 위치하며, 중괄호 기호 안의 마지막 항목이 되는 것에 주목하자.

```
n = 4500000
print('The amount on the check was ${:*>12,}'.format(n))
```

출력 결과는 다음과 같다.

```
The amount on the check was $***4,500,000
```

출력 너비 12는 숫자를 콤마 기호와 함께 출력하며(총 9문자), 3개의 채우기 문자를 사용하고 있다. 이 코드의 채우기 문자는 별표 기호(*)이며, 달러 기호($)는 포맷 대상 범위에서 벗어난 위치에 있기 때문에 문자 그대로 출력된다.

5.8.4절에서 설명했듯이 (채우기 문자로 0을 사용하는 것과는 대조적으로) 0으로 시작하는 문자라면 0도 콤마 기호로 묶인다. 다음 예시를 살펴보자.

```
print('The amount is {:011,}'.format(13000))
```

출력 결과는 다음과 같다.

```
The amount is 000,013,000
```

이 코드는 모든 0을 숫자의 일부로 인식하기 때문에 채워진 0들은 콤마 기호로 묶인다.

출력-필드 크기 12(혹은 모든 4의 배수)는 첫 콤마 기호가 유효한 숫자의 밖으로 벗어나기 때문에 문제가 발생한다. 이런 경우 파이썬은 특별히 추가로 앞에 0을 표기한다.

```
n = 13000
print('The amount is {:012,}'.format(n))
```

출력 결과는 다음과 같다.

```
The amount is 0,000,013,000
```

하지만 0으로 시작하는 문자 대신 0을 채우기 문자로 설정하면 0은 숫자의 일부로 인식되지 않으며 콤마 기호로 묶이지 않는다.

0의 위치가 오른쪽 자리 맞춤(>) 기호의 왼쪽에 위치하는 것을 기억해 두자.

```
print('The amount is {:0>11,}'.format(n))
```

출력 결과는 다음과 같다.

```
The amount is 0000013,000
```

## 5.8.6 정밀도 제어

'정밀도' 지시자는 비록 문자열에도 사용할 수 있지만 주로 부동소수점 값의 포매팅을 위해 사용되며, 숫자로 설정된다. 이 설정으로 인해 반올림이나 잘라 내기가 수행된다. 부동소수점 숫자의 정밀도는 소수점의 왼쪽에서부터 오른쪽까지 출력할 최대 숫자 개수를 의미한다.

정밀도는 항상 소수점 '오른쪽'에 정확한 개수의 숫자가 출력되는 것을 보장하기 위해 (f 타입 지시자와 함께) 고정소수점 포맷에도 사용할 수 있다. 테이블 안에 부동소수점 값을 자리 맞춤하여 출력할 때 도움이 된다.

**배치:** 정밀도는 소수점 기호(.) 바로 오른쪽에 위치한 숫자다. 다음 절에서 설명할 '타입' 지시자를 제외하고, '사양' 필드의 가장 마지막 항목이다.

```
.정밀도
```

전체 개수의 숫자를 제한하여 출력하는 간단한 정밀도 사용 예시를 살펴보자.

```
pi = 3.14159265
phi = 1.618

fss = '{:.2} + {:.2} = {:.2}'
print(fss.format(pi, phi, pi + phi))
```

이 문장의 출력 결과는 다음과 같다. 각 숫자의 개수가 2개인 것에 주목하자.

```
3.1 + 1.6 = 4.8
```

이 문장은 반올림 에러 때문에 부정확해 보인다. 각 숫자는 2개의 숫자로만 출력되고 있는데, 3개의 숫자로 출력하면 더 나은 결과를 보여 준다.

```
pi = 3.14159265
phi = 1.618

fss = '{:.3} + {:.3} = {:.3}'
print(fss.format(pi, phi, pi + phi))
```

출력 결과는 다음과 같다.

```
3.14 + 1.62 = 4.76
```

제한된 정밀도가 모든 숫자에 반영되어 마지막 숫자는 적절하게 반올림되었다.

'정밀도'를 사용하여 고정소수점 포맷으로 숫자를 출력하고 싶다면 '너비'와 '정밀도'를 f 타입 지시자와 함께 조합하여 출력 필드 끝에 명시하면 된다. 다음 예시를 살펴보자.

```
fss = ' {:10.3f}\n {:10.3f}'
print(fss.format(22.1, 1000.007))
```

출력 결과는 다음과 같다.

```
    22.100
  1000.007
```

출력 결과에서 숫자들의 자리 맞춤이 얼마나 잘 되었는지에 주목하자. (f 타입 지시자를 사용한) 이번 코드는 정밀도 지시자가 전체 숫자 개수가 아니라, 소수점 오른쪽의 숫자 개수에만 반영된 것에 주목하자. 그리고 부족한 자릿수는 0으로 채워졌다.

이 예시는 콤마 기호와 정밀도 사이에 천 단위 위치 구분자와 같은 다른 기능과 조합하여 사용할 수 있다. 그러면 이 예시에서는 각 콤마 기호가 너비 지시자인 10 바로 오른쪽에 위치한다.

```
fss = ' {:10,.3f}\n {:10,.3f}'
print(fss.format(22333.1, 1000.007))
```

출력 결과는 다음과 같다.

```
 22,333.100
  1,000.007
```

'너비'와 '정밀도'가 함께 조합된 고정소수점 포맷 f는 수직으로 정렬된 숫자로 이루어진 테이블을 만드는 데 유용하다. 예시를 살펴보자.

```
fss = ' {:10.2f}'
for x in [22.7, 3.1415, 555.5, 29, 1010.013]:
    print(fss.format(x))
```

출력 결과는 다음과 같다.

```
     22.70
      3.14
    555.50
     29.00
   1010.01
```

## 5.8.7 문자열에서 사용한 '정밀도(잘라 내기)'

'정밀도' 지시자를 문자열과 사용하면 문자열을 잘라 낼 수도 있다. 문자열의 길이가 '정밀도'보다 크면 텍스트는 잘려 나간다. 예시를 살펴보자.

```
print('{:.5}'.format('Superannuated.'))    # 'Super' 출력
print('{:.5}'.format('Excellent!'))         # 'Excel' 출력
print('{:.5}'.format('Sam'))                # 'Sam' 출력
```

이 예시에서 볼 수 있듯이 출력할 문자열 길이가 '정밀도'보다 짧으면 아무런 영향이 없다. 반면 '채우기' 문자, '자리 맞춤'과 '정밀도'가 함께 조합된 다음 예시를 살펴보자.

```
fss = '{:*<6.6}'
```

각 부호가 무엇을 의미하는지 하나씩 살펴보자.

- '채우기'와 '자리 맞춤' 문자는 각각 *와 <이다. < 부호는 왼쪽 자리 맞춤을 지시하며, 별표 기호는 필요 시 오른쪽에 채우기 문자로 사용된다.
- '너비' 문자는 6이니 6개보다 적은 문자를 가진 문자열은 왼쪽 자리 맞춤 후 부족한 자리는 별표 기호로 메워진다.
- '정밀도(쉼표 기호 이후에 나타나는 문자)' 역시 6이며, 6개 문자보다 더 긴 문자열은 잘려 나간다.

여러 문자열에 이 포맷을 적용해 보자.

```
print(fss.format('Tom'))
print(fss.format('Mike'))
print(fss.format('Rodney'))
print(fss.format('Hannibal'))
print(fss.format('Mortimer'))
```

이 코드는 전역 format 함수로도 쉽게 작성할 수 있다. 앞 예시와 다음 예시의 비슷한 점과 다른 점이 무엇인지 찾아보자. 앞 예시는 포맷 문자열 {:*<6.6}이 포함되었다.

```
print(format('Tom', '*<6.6'))
print(format('Mike', '*<6.6'))
print(format('Rodney', '*<6.6'))
print(format('Hannibal', '*<6.6'))
print(format('Mortimer', '*<6.6'))
```

두 경우 모두 다음과 같은 결과를 출력한다.

```
Tom***
Mike**
Rodney
Hannib
Mortim
```

'너비'와 '정밀도'는 동일할 필요가 없다. 예를 들어 다음 포맷 지시자의 너비는 5이기 때문에 5보다 짧은 문자열은 채우기 문자로 채워진다. 반면 정밀도가 10이면 10보다 긴 문자열은 잘려 나간다.

```
fss = '{:*<5.10}'
```

## 5.8.8 '타입' 지시자

'사양' 문법의 가장 마지막 항목은 번역 대상 데이터의 출력 방식을 결정하는 '타입' 지시자다. 하나의 문자로 제한되며, 표 5-5에서 나열한 값 중 하나를 사용할 수 있다.

**배치:** '타입' 지시자는 '사양' 문법의 가장 마지막에 위치하는 항목이다.

| 타입 문자 | 설명 |
|---|---|
| b | 숫자를 이진수로 출력한다. |
| c | 숫자를 아스키코드(ASCII) 혹은 유니코드 문자로 변환한다. |
| d | (기본적으로) 숫자를 10진수 포맷으로 출력한다. |
| e | 부동소수점 값을 지수 포맷을 사용하여 소문자 e와 함께 출력한다. 📷 12e+20 |
| E | e와 같지만, 대문자 E를 사용한다. 📷 12E+20 |
| f or F | 숫자를 고정소수점 포맷으로 출력한다. |
| g | e 혹은 f 포맷 중 짧은 것을 사용한다. |
| G | g와 같지만, 대문자 G를 사용한다. |
| n | 숫자 출력 시 지역 포맷을 사용한다. 가령 미국식 포맷인 1,200.34 대신 유럽식 포맷인 1.200,34로 출력한다. |
| o | 정수를 8진수 포맷으로 출력한다(8이 기수). |
| x | 정수를 16진수 포맷으로 출력한다. 9보다 큰 숫자는 소문자로 표기한다. |
| X | x와 같지만, 16진수 숫자를 대문자로 표기한다. |
| % | 숫자를 백분율로 표기한다. 10을 곱한 후 백분율 기호(%)를 붙인다. |

다음 4개의 절(5.8.9~5.8.12절)은 '타입' 지시자의 구체적인 사용법을 설명하고 있다.

## 5.8.9 이진수 출력하기

정수를 이진수(2가 기수)로 출력하려면 b 지시자를 사용한다. 결과는 0과 1의 나열로 이루어진다. 가령 다음 예시는 5, 6, 16을 이진수로 출력한다.

```
print('{:b} {:b} {:b}'.format(5, 6, 16))
```

출력 결과는 다음과 같다.

```
101 110 10000
```

0b와 같이 기수 접두사를 자동으로 넣으려면 # 지시자를 선택적으로 사용할 수 있다. 포매팅 문자는 '채우기', '자리 맞춤', '기호' 문자 뒤에 위치하지만 '타입' 지시자보다는 앞에 위치한다(물론 '너비'와 '정밀도'의 앞쪽에 위치한다). 예시를 살펴보자.

```
print('{:#b}'.format(7))
```

출력 결과는 다음과 같다.

```
0b111
```

## 5.8.10 8진수와 16진수 출력하기

8진수(8이 기수)와 16진수(16이 기수)로 출력하려면 o, x, X 타입 지시자를 사용하면 된다. 마지막 2개의 지시자는 9보다 큰 16진수를 각각 소문자와 대문자로 표현한다.

다음 예시는 10진수 63을 각 포맷으로 출력한다.

```
print('{:o}, {:x}, {:X}'.format(63, 63, 63))
```

이 코드를 다음과 같이 작성할 수도 있다.

```
print('{0:o}, {0:x}, {0:X}'.format(63))
```

두 경우 모두 출력 결과는 다음과 같다.

```
77, 3f, 3F
```

다시 말하지만 # 지시자를 사용하면 format 메서드에 기수 접두사를 자동으로 넣을 수 있다. # 지시자는 '채우기', '자리 맞춤', '기호' 문자 다음에 위치한다. 예시를 살펴보자.

```
print('{0:#o}, {0:#x}, {0:#X}'.format(63))
```

출력 결과는 다음과 같다.

```
0o77, 0x3f, 0X3F
```

## 5.8.11 백분율 출력하기

포매팅 기법을 사용하여 숫자를 백분율로 변경하는 것은 포매팅을 사용하는 일반적인 방법이다. 가령 0.5는 50%로, 1.25는 125%로 출력하는 것이다. 직접 포맷을 변경할 수도 있지만 % 타입 지시자가 이 작업을 자동으로 해 준다.

백분율 포맷 문자(%)는 값에 100을 곱한 후 백분율 기호를 붙인다. 예시를 살펴보자.

```
print('You own {:%} of the shares.'.format(.517))
```

출력 결과는 다음과 같다.

```
You own 51.700000% of the shares.
```

'정밀도'를 % 타입 지시자와 함께 사용하면 '정밀도'는 숫자에 100을 곱한 후 다른 때와 마찬가지로 소수점 오른쪽의 숫자 개수를 통제한다. 예시를 살펴보자.

```
print('{:.2%} of {:.2%} of 40...'.format(0.231, 0.5))
```

출력 결과는 다음과 같다.

```
23.10% of 50.00% of 40...
```

고정소수점 포맷처럼 백분율을 테이블 형태로 보기 좋게 출력하고 싶다면 '너비'와 '정밀도' 지시자를 함께 사용하자.

## 5.8.12 이진수 예시

format 메서드는 숫자를 이진수, 8진수 혹은 16진수로 출력하는 도구를 제공한다. 이 도구와 int 변환 기능을 조합하면 이진수 입력과 출력 모두를 사용하는 이진수 계산기를 만들 수 있다. 이진수 계산기의 입력과 출력은 모두 0과 1로 나열된 문자열이다.

다음 예시 함수는 이진수 덧셈을 수행하며, 결과를 10진수와 이진수로 출력한다.

```
def calc_binary():
    print('Enter values in binary only!')
    b1 = int(input('Enter b1:'), 2)
    b2 = int(input('Enter b2:'), 2)
    print('Total is: {:#b}'.format(b1 + b2))
    print('{} + {} = {}'.format(b1, b2, b1 + b2))
```

함수를 직접 사용해 보자. 사용자 입력은 굵은 글씨로 표기했다.

```
>>> calc_binary()
Enter values in binary only!
```

```
Enter b1: 101
Enter b2: 1010
Total is: 0b1111
5 + 10 = 15
```

다음 문장에는 핵심 포맷-지시자 문자열을 담고 있다.

```
print('Total is: {:#b}'.format(b1 + b2))
```

콜론 기호 오른쪽에 위치한 해시 기호(#)는 기수 부호인 0b를 출력하며, 타입 지시자 b는 기수가 2인 이진수를 출력하는 데 사용된다.

```
'{:#b}'
```

두 번째 출력문은 기본적으로 10진수를 출력하는 간단한 출력 필드를 사용하고 있다.

```
'{} + {} = {}'
```

SUPERCHARGED PYTHON

# 5.9 / 변수-길이 필드

5.3절에서 포매팅 연산자(%)와 함께 변수-너비 출력 필드를 어떻게 사용하는지 설명했다. format 메서드에서도 동일하게 사용할 수 있지만, 지시자 구문의 일부 항목을 비워 두었다가 나중에 채워 넣는 것과 같이 조금 더 유용한 기능을 제공한다.

format 메서드 내에서 사용하는 변수 필드의 일반적인 규칙은 평상시에는 출력 필드 안에 고정 값을 넣는 대신 중괄호 기호 쌍을 넣는 것이다. 그렇게 되면 해당 메서드는 포맷 문자열을 찾아서 내포된 { } 필드와 대응하는 인수 리스트의 항목과 교체하는 작업을 수행한다. 그리고 최종적으로 평상시대로 문자열에 포매팅을 수행한다.

다음 예시를 살펴보자.

```
>>> 'Here is a num: {:{}.{}}'.format(1.2345, 10, 4)
'Here is a num:     1.234'
```

이 예시는 다음과 같이 10과 4를 내부 중괄호 기호가 표기된 곳에 넣은 코드와 똑같이 동작한다.

```
'Here is a num: {:10.4}'.format(1.2345)
```

이 코드의 인수는 정수로 표현했다. 변수-길이 예시는 변수 참조를 사용하는 방식으로 작성할 수도 있다.

```
a, b = 10, 4
'Here is a num: {:{}.{}}'.format(1.2345, a, b)
```

이 메서드에 인수를 적용하는 방식은 5.3절에서 다루었던 포매팅 연산자의 동작 방식과는 조금 다르다.

format 메서드를 이 방식으로 사용하면 데이터 객체가 인수 리스트에 '먼저' 등장하며, 포매팅 표현식이 뒤에 위치하는 것이 다른 점이다.[3] 다중 출력 필드에서도 동일하게 동작한다. 예시를 살펴보자.

```
>>> '{:{}} {:{}}!'.format('Hi', 3, 'there', 7)
'Hi  there  !'
```

이 기법을 사용하면 문자열이 기본적으로 왼쪽 자리 맞춤을 한다는 것을 기억하자.

우선순위를 정의하려면 위치 숫자를 사용해 보자. 이 방식으로 사용한 표현식이 조금 더 명확하고 예측이 가능하다. 조금 전에 살펴본 예시는 다음과 같이 변경하여 작성할 수 있다.

```
>>> '{0:{1}} {2:{3}}!'.format('Hi', 3, 'there', 7)
'Hi  there  !'
```

위치 숫자를 사용한 포맷이 좀 더 이해하기 쉽다. 이 예시의 숫자들의 배치를 보면 위치 색인 0과 2가 format 메서드의 첫 번째, 세 번째 인수를 참조하고 있다는 것을 알 수 있다.

반면 위치 색인 1과 3은 (format 메서드 인수의 두 번째, 네 번째 항목인) 정수 3과 7을 참조하고 있으며, 각 필드의 출력-필드 너비가 된다.

이와 유사한 예시를 하나 더 살펴보자. 다음 예시는 출력-필드 너비가 8이고, 고정소수점 표기를 사용하여 소수점 오른쪽 숫자의 개수를 3개로 제한하는 포맷을 적용했으며, 위치 색인을 사용하여 숫자 3.141592를 출력한다. 숫자는 기본적으로 오른쪽 자리 맞춤을 한다는 것에 주목하자.

---

3 역주 5.3절의 포매팅 연산자에서는 옵션에 대입되는 숫자가 먼저 나오고, 데이터가 뒤에 오는 것과 다르다는 것을 설명하고 있다.

```
>>> 'Pi is approx. {0:{1}.{2}f}'.format(3.141592, 8, 3)
'Pi is approx.    3.142'
```

8과 3 모두 변수를 포함한 어떤 정수로도 변경할 수 있다는 것을 기억하자. 바로 이것이 이 기능의
중요한 포인트다.

```
>>> a, b = 8, 3
>>> 'Pi is approx. {0:{1}.{2}f}'.format(3.141592, a, b)
'Pi is approx.    3.142'
```

이 예시는 다음 코드와 동일한 결과를 출력한다.

```
'Pi is approx. {0:8.3f}'.format(3.141592)
```

위치 이름도 포매팅을 아주 명확하게 만드는 데 무척 유용하다. 예시를 살펴보자.

```
>>> 'Pi is {pi:{fill}{align}{width}.{prec}f}'.format(pi=3.141592, width=8, prec=3,
fill='0', align='>')
```

다시 강조하지만, 인수 값들은 코드 실행 시 값이 변경될 수 있는 숫자나 문자열 변수로 채워질 수
있다.

# 5.10 / 정리해 보자

파이썬 코어 언어는 출력 문자열을 포매팅하는 세 가지 방법을 제공한다. 첫 번째 방법은 문자열-
클래스 포매팅 연산자(%)를 사용하여 문자열을 출력하는 것이다. 이 방법은 C 언어의 printf 함수
와 유사한 출력-필드 지시자를 문자열에 포함하고 있다.

두 번째 방법은 format 함수를 사용하는 것이다. 이 방법으로 너비나 정밀도뿐만 아니라, 천 단위
위치 구분자나 백분율 표기를 지시할 수 있다.

세 번째 방법은 문자열 클래스의 format 메서드를 사용하는 것이다. format 메서드는 전역 format
함수 기반이지만, 모든 다중 출력 필드를 사용할 수 있는 가장 유연한 방법이다.

다음에 이어질 장 2개는 정규표현식 패키지를 활용하여 텍스트를 제어하는 고급 기능에 대해서 다룰 것이다.

# 5.11 복습 문제

1 첫 번째 방법인 문자열-클래스 포맷 연산자(%)를 사용하면 어떤 장점이 있는가?

2 전역 format 함수를 사용하면 어떤 장점이 있는가?

3 문자열 클래스의 format 메서드를 사용하면 어떤 장점이 있는가? 있다면 전역 format 함수와 비교해 보자.

4 두 가지 방법(format 함수와 문자열 클래스의 format 메서드)은 정확히 어떻게 연관되어 있는가?

5 이 두 가지 기술과 클래스 안의 __format__ 메서드와는 무슨 관계가 있는가?

6 부동소수점 숫자를 보기 좋은 컬럼으로 정렬된 테이블 형태로 출력하기 위해 반드시 필요한 포맷 연산자(%) 기능은 무엇인가?

7 부동소수점 숫자를 보기 좋은 컬럼으로 정렬된 테이블 형태로 출력하기 위해 반드시 필요한 포맷 메서드의 기능은 무엇인가?

8 repr과 str이 데이터를 서로 다르게 표현하는 예시를 한 가지 이상 설명하라. repr 버전이 더 많은 문자를 출력하는 이유는 무엇인가?

9 format 메서드는 0을 채우기 문자로 사용하거나 숫자 표현을 0으로 시작하게 만들 수 있다. 이 두 문법으로 실행한 기능의 출력 결과가 항상 똑같은가? 그렇지 않다면 서로 다른 결과를 출력하는 예시를 한 가지 이상 제시하라.

**10** 세 가지 방법(format 연산자(%), 전역 format 함수, 문자열 클래스의 format 메서드) 중 변수-길이 출력 필드 사양을 지원하는 방법은 무엇인가?

# 5.12 / 실습 문제

**1** 빈 문자열을 입력할 때까지 임의 개수의 16진수 숫자를 입력하여 모두 더한 후, 다시 16진수로 출력하는 16진수 계산기 프로그램을 작성하라. (**힌트** 문자열을 16진수로 변환하기 위해 1장에서 다룬 int 변환을 사용한다.)

**2** 다음 조건을 만족하는 2차원 배열 프로그램을 작성하라. 5행 5열로 정수를 입력한다. 그다음 전체 데이터 중 가장 큰 숫자의 자릿수로 최대 출력 필드의 너비를 구한 후 테이블 모든 셀의 출력 너비로 설정한다. 모두 같은 너비이어야 하지만, 테이블 안에 가장 큰 값을 출력할 수 있어야 한다. 이 테이블을 출력하기 위해 변수-길이 출력 필드를 사용하라.

**3** 2와 같은 애플리케이션이지만, 정수가 아닌 부동소수점 숫자를 사용한 프로그램을 작성하라. 테이블을 출력하면 모든 숫자가 보기 좋은 컬럼 형태로 출력되어야 한다.

# 6<sup>장</sup>

# 정규표현식, 파트 I

굉장히 섬세한 컴퓨터 소프트웨어가 제공하는 기능을 살펴보면, 언어 패턴이나 이미지 인식과 같은 패턴을 다루는 경우가 점점 많아지고 있다. 이 장은 단어나 문자의 패턴을 인식하는 방법을 다룬다. 이 기술만으로 인간이 사용하는 언어 번역기를 만들 수는 없겠지만, 출발점이 될 수는 있다.

이 장에서 다룰 주제는 바로 정규표현식이다. 정규표현식은 여러분이 직접 지정할 수 있는 패턴인데, 특수 문자를 사용하여 특정 문자, 숫자, 단어의 조합을 표현한다. 정규표현식을 배우는 것은 마치 새로운 언어를 배우는 것과 같지만, 상대적으로 간단하며 한 번 배우고 나면 작은 빈칸부터 1~2개의 문장, 혹은 많은 줄의 문장을 다루는 훌륭한 도구가 될 것이다.

> Note ≡ 정규표현식 문법은 다양하다. 파이썬 정규표현식 패키지는 유연한 고급 버전의 펄(Perl) 표준을 따르고 있다.

# 6.1 정규표현식의 소개

정규표현식은 주어진 단어와 일치하는 문자를 나열하는 것처럼 단순할 수 있다. 예를 들어 다음 패턴은 단어 'cat'과 일치한다. 그리 놀랍지 않다.

```
cat
```

하지만 더 많은 단어로 구성된 집합과 일치하려면 어떻게 표현해야 할까? 예를 들어 다음과 같은 글자의 조합과 일치하는 단어를 표현하고 싶다고 해 보자.

- 1개의 'c' 문자와 일치
- 'a' 문자는 최소한 한 번 이상 등장
- 1개의 't' 문자와 일치

이 조건에 맞는 정규표현식은 다음과 같다.

```
ca+t
```

(앞 장에서 배운 포매팅 지시자와 같이) 정규표현식을 사용하면 리터럴과 특수 문자 사이에 기본적인 차이점이 있다.

이 예시의 'c', 't'와 같은 리터럴 문자는 반드시 정확하게 일치해야 하며, 그렇지 않은 경우 일치 결과를 얻지 못한다. 문자 대부분은 리터럴 문자이며, 특수 문자로 리터럴 의미를 변경하지 않는 이상 각 문자는 리터럴이라고 가정해야 한다. 모든 글자와 숫자는 그 자체가 리터럴 문자다. 반면 구두점 문자(punctuation characters)는 대개 근처 문자의 의미를 바꾸는 특수 문자다.

더하기 기호(+)는 특수 문자다. 정규표현식 처리기는 더하기 기호를 찾지 않는다. 대신 'a'와 함께 동작하는 부분표현식으로, 최소 1개 이상의 'a' 문자가 있는지를 확인한다.

그러면 패턴 ca+t는 다음 문자들과 일치하게 된다.

```
cat
caat
caaat
caaaat
```

실제 더하기 기호와 일치하는 문자를 찾으려면 어떻게 해야 할까? 이런 경우 역슬래시 기호(\)를 사용하여 이스케이프 시퀀스(escape sequence)를 만들면 된다. 이스케이프 시퀀스는 특수 문자를 리터럴 문자로 돌려놓는다.

그러니 다음 정규표현식은 ca+t와 정확하게 일치한다.

```
ca\+t
```

또 하나의 중요한 연산자는 곱하기 기호(*)다. 곱하기 기호는 바로 앞 문자가 없거나 여러 번 나타나는지 확인한다. 그럼 'ca*t'는 다음 문자들과 일치하게 된다.

```
ct
cat
caat
caaaaaat
```

특히 이 패턴은 ct와 일치한다. 별표 기호는 표현식 지시자(expression modifier)이니 다르게 해석하면 안 된다. 대신 다음 규칙을 따라야 한다.

별표 기호(*)는 즉시 앞 문자의 의미를 변경하며, a*는 a 문자가 없거나 여러 개로 구성되는 문자와 일치한다.

그림 6-1에서 이 문법을 자세히 설명하고 있다. 리터럴 문자 c와 t는 각각 하나의 문자와 일치하지만 a*는 "'a'가 없거나 존재한다."라는 것을 의미한다.

▼ 그림 6-1 간단한 표현식 문법 분석(parsing)

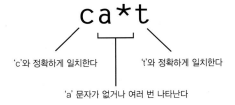

'c'와 정확하게 일치한다    't'와 정확하게 일치한다

'a' 문자가 없거나 여러 번 나타난다

앞서 설명한 더하기 기호(+)도 비슷한 방식으로 동작한다. 더하기 기호는 바로 앞 문자 혹은 그룹에 대해서 '1개 이상 일치'하는 것을 의미한다.

# 6.2 실제 예시: 전화번호

전화번호를 검증하는 함수를 작성한다고 가정해 보자. 숫자를 의미하는 #을 사용하는 경우 다음과 같이 패턴을 작성할 수도 있다.

```
###-###-####
```

정규표현식 문법으로는 다음과 같이 작성할 수 있다.

```
\d\d\d-\d\d\d-\d\d\d\d
```

이 경우 역슬래시(\)는 이스케이프 시퀀스로 동작하지만 d를 리터럴 문자로 만들지 않고, 특별한 의미를 부여한다.

부분표현식 \d는 하나의 숫자와 일치한다는 것을 의미한다. 다음 부분표현식으로도 숫자를 표현할 수 있다.

```
[0-9]
```

반면 \d는 5글자가 아니라 단 2글자라 더 간결하다.

다음은 전화번호를 검증하는 정규표현식 패턴을 구현한 완전한 파이썬 프로그램이다.

```
import re
pattern = r'\d\d\d-\d\d\d-\d\d\d\d'

s = input('Enter tel. number: ')
if re.match(pattern, s):
    print('Number accepted.')
else:
    print('Incorrect format.')
```

이 예시가 가장 먼저 하는 일은 정규표현식 패키지를 탑재(import)하는 것이다. 이 작업은 정규표현식 기능을 사용하려는 각 모듈(소스 파일)마다 한 번씩만 수행하면 된다.

```
import re
```

두 번째 줄에서는 정규표현식 패턴을 원시 문자열(raw string)로 작성한 코드가 있다. 원시 문자열이라면 파이썬은 스스로 어떤 문자도 번역하지 않는다. 가령 \n은 개행 문자로, \b는 벨을 울리는 것으로 번역하지 않는다. 대신 원시 문자열로 작성된 모든 텍스트는 정규표현식 검사기(evaluator)로 직접 전달된다.

```
r'string' or
r"string"
```

프롬프트로 사용자 입력을 받으면 프로그램은 re 패키지를 탑재했으니 re.match로 match 함수를 호출한다.

```
re.match(pattern, s)
```

패턴 인수가 대상 문자열(s)과 일치하면 함수는 일치하는 객체를 반환한다. 그렇지 않으면 불리언 값 False로 변환될 None을 반환한다.

이제 불리언 값으로 반환된 값을 사용하면 된다. 패턴과 일치하는 것이 확인되면 True를 반환하지만 그렇지 않으면 False를 반환한다.

# 6.3 일치 패턴 정제하기

앞 절에서 살펴본 전화번호 일치 예시가 잘 동작했지만, 제약이 있다. re.match 함수는 대상 문자열의 앞부분이 패턴과 일치하면 True 값을 반환한다. 문자열 전체가 일치할 필요는 없다. 따라서 앞서 살펴본 정규표현식은 다음 전화번호 패턴과 일치한다.

```
555-123-5000
```

하지만 다음 패턴도 일치한다고 할 것이다.

```
555-345-5000000
```

만약 전체 문자열이 패턴과 정확하게 일치하여 남는 문자가 없도록 하려면 '문자열의 종료'를 의미하는 특수 문자 $를 추가하면 된다. 이 문자는 정의한 패턴보다 더 많은 텍스트가 발견되면 일치하지 않는다고 판단한다.

```
pattern = r'\d\d\d-\d\d\d-\d\d\d\d$'
```

정규표현식 패턴을 정제하는 또 다른 방법도 살펴보자. 예를 들어 다음과 같이 두 가지 포맷을 허용하는 패턴을 정의한다고 해 보자.

```
555-123-5000
555 123 5000
```

이 두 패턴을 수용하려면 특정 위치에 허용할 수 있는 하나 이상의 값을 담은 문자 집합(set)을 만들 필요가 있다. 가령 다음 표현식은 'a' 혹은 'b'는 허용하지만 둘 다 등장하면 안 된다.

```
[ab]
```

문자 집합에 많은 문자를 넣을 수도 있지만, 반드시 하나의 문자만 일치해야 한다. 예를 들어 다음 예시는 'a', 'b', 'c', 'd' 중 하나의 문자만 정확하게 일치해야 한다.

```
[abcd]
```

또한, 다음 표현식은 이번 예시에서 필요한 빈칸과 빼기 기호를 허용한다.

```
[ -]
```

이 표현식에서는 대괄호 기호만이 특수 문자다. 대괄호 기호 사이에 있는 문자는 리터럴이며, 그 중 하나의 문자만 일치해야 한다. 빼기 기호는 대괄호 기호 안에서 사용하면 특별한 의미를 지니는 경우가 많지만, 대괄호 기호 안에 맨 앞이나 끝에 위치하면 리터럴로 인식된다.

다음 예시에서 전체 정규표현식을 확인해 보자.

```
pattern = r'\d\d\d[ -]\d\d\d[ -]\d\d\d\d$'
```

자, 그럼 이제 이 절에서 살펴본 조건들을 반영하여 정제한 패턴의 사용 예시 전체를 살펴보자.

```
import re
pattern = r'\d\d\d[ -]\d\d\d[ -]\d\d\d\d$'

s = input('Enter tel. number: ')
if re.match(pattern, s):
    print('Number accepted.')
else:
    print('Incorrect format.')
```

이 패턴을 사용한 파이썬 정규표현식 검사기가 어떻게 동작하는지 다시 한 번 되짚어 보자.

- 3개의 숫자가 일치하는지 확인한다(\d\d\d).
- 문자 집합 [ -]을 읽은 후 빈칸 혹은 빼기 기호와 일치하는지 확인한다. 둘 중에 하나만 나타나야 한다.

- 3개의 숫자가 일치하는지 다시 확인한다(\d\d\d).

- 다시 빈칸 혹은 빼기 기호가 나타나는지 확인한다.

- 4개의 숫자가 일치하는지 확인한다(\d\d\d\d).

- 문자열이 반드시 끝나야 한다($). 4개의 문자가 일치한 후 어떤 문자도 나타나서는 안 된다.

남는 문자 없이 패턴과 정확하게 일치하게 강제하는 또 다른 방법은 re.match 메서드 대신 re.fullmatch 메서드를 사용하는 것이다. 다음 예시와 같이 fullmatch 메서드를 사용하여 전화번호가 일치하는지 확인하면 문자열-종료 문자($)를 사용할 필요가 없다.

```
import re
pattern = r'\d\d\d[ -]\d\d\d[ -]\d\d\d\d'

s = input('Enter tel. number: ')
if re.fullmatch(pattern, s):
    print('Number accepted.')
else:
    print('Incorrect format.')
```

지금까지 이 장에서 정규표현식이 무엇을 할 수 있는지 가볍게 살펴보았다. 6.5절에서는 정규표현식의 문법을 조금 더 자세하게 살펴볼 것이다. 하지만 정규표현식을 내 것으로 만들기 전에 반드시 명심해야 할 것들이 있다.

- 문자 개수는 정규표현식 패턴으로 표현할 때 특별한 의미를 가지고 있다. 이 방법들을 모두 숙지하는 것이 좋다. 특히 +나 *와 같은 표현식은 구두점 문자도 포함한다.

- 특별한 의미를 지니고 있지 않은 모든 문자는 파이썬 정규표현식 번역기에서 리터럴 문자로 인식한다. 정규표현식 번역기는 이 문자들이 정확하게 일치하는지 확인한다.

- 역슬래시 기호는 보통 '이스케이프(escape)' 특수 문자에 사용되며, 특수 문자를 리터럴 문자로 만든다. 역슬래시는 원래 문자에 특별한 의미를 부여하기 위해서도 사용된다. 가령 \d는 'd'를 의미하는 것이 아니라 '모든 숫자'를 의미한다.

물론 처음에는 이 규칙들이 조금 헷갈릴 것이다. *와 같은 문자는 처음에는 특별한 의미를 가지고 있다가 역슬래시 기호가 앞에 붙으면 그 특별한 의미가 사라진다. 하지만 어떨 때는 역슬래시 기호로 만든 문자가 특별한 의미를 주기도 한다.

그렇다. 두 경우 모두 맞는 소리다! 하지만 충분한 예시들을 살펴보면 이해되기 시작할 것이다.

다음 예시는 사회보장번호를 검증하는 짧은 테스트 프로그램이다.[1] 전화번호 포맷을 확인하던 코드와 비슷하지만 똑같지는 않다. 이 패턴은 숫자 3개, 빼기 기호, 숫자 2개, 빼기 기호, 숫자 4개를 찾는다.

```python
import re
pattern = r'\d\d\d-\d\d-\d\d\d\d$'

s = input('Enter SSN: ')
if re.match(pattern, s):
    print('Number accepted.')
else:
    print('Incorrect format.')
```

SUPERCHARGED PYTHON

# 6.4 정규표현식 동작 방식: 컴파일 vs 실행

정규표현식은 마법처럼 보일 수도 있다. 하지만 정규표현식의 구현체는 컴퓨터 과학 분야에서 항상 도마에 오르는 표준 주제다. 정규표현식의 처리 절차는 크게 두 가지 주요 단계로 나뉜다.

- 분석된 정규표현식 패턴은 일괄적으로 상태 기계(state machine)로 불리는 열거형 데이터 구조(series)로 컴파일된다.
- 일치 유무를 판단하는 실제 행위는 정규표현식 검사기에 의해 '컴파일 시간(compile time)'에 수행되는 것이 아니라, '실행 시간(run time)'에 수행된다. 실행 시간 중에는 프로그램이 상태 기계를 순회(traverse)하면서 일치를 찾는다.

정규표현식 패키지를 스스로 구현하지 않는 이상, 상태 기계를 만드는 방법을 이해할 필요는 없다. 그저 동작 방식을 이해하면 된다. 하지만 컴파일 시간과 실행 시간의 차이점을 정확하게 이해하는 것은 무척 중요하다.

---

1  역주 사회보장번호는 미국에서 출생과 함께 공식적으로 부여되는 개인 신원 번호로, 우리나라의 주민등록번호와 비슷한 개념이다.

다른 간단한 예시를 들어 보자. 제어자 +는 "앞 표현식이 한 번 이상 나타나야 한다."를 의미하며, 제어자 *는 "앞 표현식이 나타나지 않거나, 여러 번 나타날 수 있다."라는 것을 의미한다. 그럼 다음 패턴을 살펴보자.

ca*b

이 표현식은 'cb', 'cab', 'caab', 'caaab'와 일치한다. 정규표현식이 컴파일되면 그림 6-2에서 보여 주는 상태 기계를 생산한다.

▼ 그림 6-2 ca*b를 위한 상태 기계

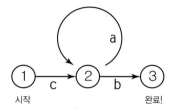

다음 내용은 어떻게 프로그램이 상태 기계를 순회하면서 실행 시간에 일치를 찾는지 설명한다. 위치 1은 시작 지점이다.

- 첫 문자를 읽는다. 첫 문자가 'c'면 상태 기계는 2번째 상태로 이동한다. 'c'가 아닌 다른 문자를 읽으면 실패한다.
- 상태 2에서 'a' 혹은 'b'가 올 수 있다. 'a'가 읽히면 상태 기계는 상태 2에 머문다. 횟수와 상관없이 'a'를 계속해서 읽을 수 있다. 'b'가 읽히면 상태 기계는 상태 3으로 이동한다. 이외의 문자가 읽히면 실패한다.
- 상태 기계가 상태 3에 다다르면 상태 기계는 종료되며, 성공했다고 보고한다.

이와 같이 상태 기계는 컴파일된 후 실행 시점에 순회 대상이 된다는 간단한 기본 원칙을 따른다.

반드시 알아야 할 기능이 있는데, 만약 동일한 정규표현식 패턴을 여러 번 사용하는 경우가 있다면 해당 패턴을 먼저 컴파일하여 정규표현식 객체로 만든 후 그 객체를 반복하여 사용하는 것이 좋다. regex 패키지는 compile 메서드를 제공하여 이를 가능하게 한다.

```
regex_object_name = re.compile(pattern)
```

다음 코드는 compile 메서드를 사용하여 정규표현식 객체인 reg1을 만드는 예시다.

```
import re

reg1 = re.compile(r'ca*b$')              # 패턴을 컴파일한다!

def test_item(s):
    if re.match(reg1, s):
        print(s, 'is a match.')
    else:
        print(s, 'is not a match!')

test_item('caab')
test_item('caaxxb')
```

이 작은 프로그램의 실행 결과는 다음과 같다.

```
caab is a match.
caaxxb is not a match!
```

물론 이 작업은 미리 정규표현식 객체로 컴파일하지 않고도 수행할 수 있다. 하지만 컴파일을 미리 수행하면 똑같은 패턴을 한 번 이상 사용할 때, 코드 실행 시간을 줄일 수 있다. 그렇지 않으면 파이썬은 한 번만 만들어도 되는 상태 기계를 여러 번 다시 만들게 된다.

비교하는 차원에서 그림 6-3은 더하기 기호(+)를 구현한 상태 기계를 보여 준다. 이는 '없거나 여러 개' 대신 '1개 이상' 나타나는 것을 의미한다.

▼ 그림 6-3 ca+b를 위한 상태 기계

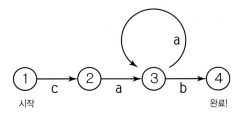

이 패턴을 사용하면 'cb'는 일치하지 않지만 'cab', 'caab', 'caaab'는 일치한다. 이 상태 기계는 적어도 'a'가 한 번 이상 등장해야 한다. 그러고 나면 추가로 'a' 문자를 찾는 것은 선택 사항이며, 'a'가 많이 등장해도 상관없다.

또 다른 기본 연산자는 '둘 중에 하나만 선택(either-or)'을 의미하는 선택(alteration) 연산자(|)다.

다음 패턴은 수직선 기호 양쪽의 표현식 중 하나와 일치하는지 확인한다. 이 패턴이 정확하게 무엇을 의미할까?

  ax|yz

선택 연산자 |는 모든 구문보다 우선순위가 낮다. 따라서 이 표현식은 'ax' 혹은 'yz'와 일치하는지 확인하지만 'axyz'의 일치 유무를 확인하지는 않는다.

소괄호 기호를 사용하지 않으면 이 표현식은 다음과 같이 해석된다.

  (ax)|(yz)

그림 6-4는 이 표현식을 구현한 상태 기계를 보여 준다.

❤ 그림 6-4 (ax)|(yz)를 위한 상태 기계

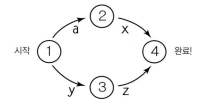

자, 이제 소괄호 기호를 사용하여 검사 순서를 변경한 표현식을 살펴보자. 소괄호 기호를 사용하면 선택 연산자는 'x 혹은 y가 필요하지만 둘 다 나오면 안 된다'로 번역된다.

  a(x|y)z

소괄호 기호와 | 기호는 모두 특수 문자다. 그림 6-5는 표현식 a(x|y)z를 컴파일한 상태 기계를 보여 준다.

❤ 그림 6-5 a(x|y)z를 위한 상태 기계

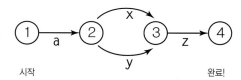

이 동작 방식은 선택 연산자(|) 대신 문자 집합을 사용한 다음 표현식과 같다.

```
a[xy]z
```

선택 연산자와 문자 집합 사이에 다른 점이 있는가? 그렇다. 문자 집합은 (더욱 복잡한 패턴의 부분일지라도) 항상 텍스트 중 하나의 문자와 일치해야 한다. 반면 선택 연산자는 하나의 문자보다 더 긴 그룹이 포함될 수 있다. 예를 들어 다음 패턴은 'cat' 혹은 'dog'와 일치하지만 'catdog'와는 일치하지 않는다.

```
cat|dog
```

SUPERCHARGED PYTHON

# 6.5 대·소문자 무시하기, 그리고 다른 함수 플래그

정규표현식 패턴이 컴파일되거나 (re.match와 같은 함수를 호출하여) 바로 번역될 때, regex 플래그를 여러 개 조합하여 동작 방식에 영향을 줄 수 있다. 일반적으로 사용하는 플래그는 re.IGNORECASE이다. 예를 들어 다음 코드는 'Success'를 출력한다.

```python
if re.match('m*ack', 'Mack the Knife', re.IGNORECASE):
    print('Success.')
```

패턴 m*ack는 단어 Mack와 일치한다. 추가한 플래그가 파이썬에 글자의 대·소문자를 무시하라고 지시하기 때문이다.

다음 코드도 동일하게 동작한다. I는 IGNORECASE 플래그의 약어이기 때문에 re.IGNORECASE와 re.I는 같은 표현이다.

```python
if re.match('m*ack', 'Mack the Knife', re.I):
    print('Success.')
```

2개의 플래그는 2항 OR 연산자(¦)를 사용하여 조합할 수도 있다. 다음과 같이 I와 DEBUG 플래그를 모두 함께 적용할 수도 있다.

```
if re.match('m*ack', 'Mack the Knife', re.I ¦ re.DEBUG):
    print('Success.')
```

표 6-1은 정규표현식의 검색, 일치, 컴파일 등을 위한 플래그를 요약했다.

❤ 표 6-1 정규표현식 플래그

| 플래그 | 약어 | 설명 |
|---|---|---|
| ASCII | A | 아스키(ASCII) 설정으로 가정한다. |
| IGNORECASE | I | 모든 '검색'과 '일치'는 대·소문자를 구분하지 않는다. |
| DEBUG | | IDLE 안에서 연산이 실행되면 디버깅 정보가 출력된다. |
| LOCALE | L | 문자숫자식, 단어 경계와 숫자에 로케일(LOCALE) 설정을 반영하여 일치를 찾는다. |
| MULTILINE | M | 문자열의 시작과 끝처럼 특수 문자 ^와 $는 줄의 시작과 끝을 의미한다. |
| DOTALL | S | 점 기호(.)는 모든 문자와 일치한다. 개행 문자(\n)도 포함된다. |
| UNICODE | U | 문자숫자식, 단어 경계와 숫자가 유니코드(UNICODE)라는 가정하에 일치를 찾는다. |
| VERBOSE | X | 문자 클래스의 일부가 아닌 이상 패턴 안의 빈칸은 무시된다. 코드에 표현식을 더 보기 좋게 작성하는 데 사용한다.[2] |

# 6.6 정규표현식: 기본 문법 요약

정규표현식 문법을 배우는 것은 마치 새로운 언어를 배우는 것과 비슷하지만 한 번 배우고 나면 영원히 다양한 패턴을 생성할 수 있는 능력을 갖게 된다. 이 언어의 강력함은 몇 가지 주요 항목으로 정리할 수 있다.

---

2   **역주** 패턴 표현식 안에 주석을 달아서 설명을 추가할 때도 사용한다.

- **메타 문자**(meta characters): 특수 문자나 문자의 숫자를 제어하는 문자(가령 '모든 숫자' 혹은 '모든 문자숫자식(alphanumeric)')를 위한 도구다. 각 문자는 한 번에 하나의 문자와 일치한다.

- **문자 집합**(character sets): 이 문법도 한 번에 하나의 문자와 일치한다. 이 경우는 일치 대상 값의 집합이 주어진다.

- **표현식 수량자**(expression quantifiers): 이 연산자는 각 문자를 조합할 수 있게 해 준다. 가령 와일드카드(wildcard, *)는 표현식 패턴을 계속 반복할 수 있다.

- **그룹**(groups): 소괄호 기호를 사용하면 작은 표현식을 큰 표현식과 조합할 수 있다.

## 6.6.1 메타 문자

표 6-2는 문자의 모든 그룹이나 범위와 일치할 수 있는 와일드카드를 포함한 메타 문자를 나열하고 있다. 가령 점 기호(.)는 몇 가지 제약 사항을 조건으로 임의의 문자 하나와 일치한다.

이런 메타 문자는 한 번에 하나의 문자와 정확하게 일치한다. 6.6.3절에서 여러 문자와 일치하는 방법을 알아볼 것이다. 와일드카드와 수량자의 조합은 대단한 유연성을 제공한다.

메타 문자는 테이블에서 나열한 항목들 이외에 표준 이스케이프 시퀀스들도 포함한다. 표준 이스케이프 시퀀스에는 \t(탭), \n(개행), \r(복귀), \f(페이지 넘김), \v(수직 탭) 등이 있다.

▼ 표 6-2 정규표현식 메타 문자

| 특수 문자 | 이름/설명 |
|---|---|
| . | 점 기호. 개행 문자를 제외한 임의의 문자 하나와 일치한다. DOTALL 플래그가 주어지면 모든 문자와 일치할 수 있다. |
| ^ | 캐럿 기호. 문자열의 시작을 의미한다. MULTILINE 플래그가 주어지면 줄의 시작을 의미할 수 있다(개행 문자 뒤의 모든 문자). |
| $ | 문자열의 끝을 의미한다. MULTILINE 플래그가 주어지면 줄의 끝을 의미한다(개행 문자 혹은 문자열 끝에서 바로 앞에 위치한 마지막 문자). |
| \A | 문자열의 시작을 의미한다. |
| \b | 단어의 경계. 예를 들어 r'ish\b'는 'ish is'와 'ish)'와 일치하지만 'ishmael'과는 일치하지 않는다. |
| \B | 비단어(nonword)의 경계. 이 지점에서 새로운 단어가 시작되지 않는 경우에만 일치한다. 예를 들어 r'al\B'는 'always'와 일치하지만 'al '과는 일치하지 않는다. |
| \d | 모든 숫자. 0부터 9까지의 숫자를 포함한다. UNICODE 플래그가 설정되면 숫자로 분류된 유니코드 문자도 포함된다. |

⊙ 계속

| 특수 문자 | 이름/설명 |
|---|---|
| \s | 모든 여백(whitespace) 문자. 빈칸이나 \t, \n, \r, \f, \v 등이 포함된다. UNICODE와 LOCALE 플래그가 설정되면 여백 문자 판단 기준이 변경될 수도 있다. |
| \S | 위에서 정의한 여백 문자가 아닌 모든 문자 |
| \w | 모든 문자숫자식 문자 (글자 혹은 숫자) 혹은 언더스코어 기호(_)와 일치한다. UNICODE와 LOCALE 플래그가 설정되면 문자숫자식 판단 기준이 변경될 수도 있다. |
| \W | 위에서 정의한 문자숫자식 문자를 제외한 모든 문자 |
| \z | 문자열 끝을 의미한다. |

예를 들어 다음 정규표현식 패턴은 2개의 숫자로 시작하는 모든 문자열과 일치한다.

```
r'\d\d'
```

하지만 다음 예시는 단 2개의 숫자로 구성된 문자열만이 일치한다.

```
r'\d\d$'
```

## 6.6.2 문자 집합

파이썬 정규표현식의 문자-집합 문법은 다음에 일치해야 할 문자를 제어하는 더 나은 방법을 제공한다.

```
[문자_집합]        // 집합 안에 하나의 문자와 일치한다.
[^문자_집합]       // 집합 안에 존재하지 않은 하나의 문자와 일치한다.
```

문자 집합은 직접 문자들을 나열하거나 조금 뒤에 다룰 범위를 지정하여 정의할 수 있다. 예를 들어 다음 표현식은 모든 모음과 일치한다(물론 'y'는 제외다).

```
[aeiou]
```

가령 다음 정규표현식 패턴을 지정한다고 가정해 보자.

```
r'c[aeiou]t'
```

이 패턴은 다음 단어들과 일치한다.

```
cat
cet
cit
cot
cut
```

대괄호 밖에서 기존 의미를 유지하고 있는 +와 같은 다른 연산자와 범위를 조합할 수도 있다. 예시로 다음 표현식을 살펴보자.

```
c[aeiou]+t
```

이 패턴은 다음과 같이 다양한 문자열과 일치할 수 있다.

```
cat
ciot
ciiaaet
caaauuuut
ceeit
```

범위를 표현하는 빼기 기호(-)는 2개의 문자 사이 범위를 구체적으로 표현할 수 있다. 그렇지 않으면 리터럴 문자로 인식된다. 예를 들어 다음 범위는 소문자 'a'부터 소문자 'n' 사이의 문자와 일치한다.

```
[a-n]
```

결국 이 범위는 'a', 'b', 'c'부터 'l', 'm', 'n'까지 문자 중 하나와 일치한다. IGNORECASE 플래그가 주어지면 대상 문자의 대문자도 일치하게 된다.

다음 패턴은 모든 대·소문자 글자와 숫자와 일치한다. 반면 \w와는 다르게 이 문자 집합에는 언더스코어(_)가 포함되지 않는다.

```
[A-Za-z0-9]
```

다음 패턴은 모든 16진수 숫자와 일치한다. 16진수 숫자에는 숫자 0부터 9까지 혹은 대·소문자 'A', 'B', 'C', 'D', 'E', 'F'가 포함된다.

```
[A-Fa-f0-9]
```

문자 집합은 몇 가지 특별한 규칙이 있다.

- 대괄호 기호([ ]) 안의 문자 대부분은 여기에서 언급하는 특별한 경우를 제외하고는 특별한 의미를 잃는다. 따라서 문자 대부분은 모두 리터럴로 인식된다.

- 오른쪽 대괄호 기호는 문자 집합을 종료하겠다는 특별한 의미를 갖는다. 만약 오른쪽 대괄호 기호를 문자 그대로 인식하려면 역슬래시를 사용해서 이스케이프 시퀀스로 만들어야 한다(\]).

- 빼기 기호(-)는 문자 집합의 시작 혹은 끝에 나타나서 리터럴 문자로 인식되지 않는 한 특별한 의미를 갖는다. 이와 유사하게 캐럿 기호(^)는 범위의 시작 부분에 나타나면 특별한 의미를 갖지만, 그렇지 않은 경우 리터럴 문자로 인식된다.

- 역슬래시 기호(\)는 반드시 리터럴 문자가 아니다. 역슬래시를 표현하고 싶다면 \\를 사용하면 된다.

예를 들어 문자 집합 사양 밖에서 산술 연산자 +와 *는 특별한 의미를 가지고 있다. 하지만 대괄호 기호 안에 들어오면 본연의 의미를 잃게 되며, 이 문자들과 일치하는 범위를 지정할 수 있다.

```
[+*/-]
```

범위 사양은 빼기 기호(-)를 포함하지만 문자 집합의 중간이 아닌 끝에 나타나기 때문에 특별한 의미를 가지고 있지 않다.

다음 문자 집합 사양은 4개의 연산자인 +, *, /, -를 제외한 모든 문자를 찾기 위해 캐럿 기호를 사용한다. 캐럿 기호는 맨 앞에 등장했기 때문에 특별한 의미를 갖는다.

```
[^+*/-]
```

하지만 캐럿 기호(^)가 다른 위치에 있는 다음 예시는 5개의 연산자 (^, +, *, /, -)와 일치하는지 확인한다.

```
[+*^/-]
```

따라서 다음 파이썬 코드가 실행되면 Success!를 출력할 것이다.

```python
import re
if re.match(r'[+*^/-]', '^'):
    print('Success!')
```

반면 다음 파이썬 코드는 Success!를 출력하지 않는다. 문자 집합 시작 지점에 나타난 캐럿 기호가 문자 집합 의미를 반대로 뒤집었기 때문이다.[3]

```python
import re
if re.match(r'[^+*^/-]', '^'):
    print('Success!')
```

## 6.6.3 패턴 수량자

표 6-3의 모든 수량자(quantifier)는 표현식 지시자(modifier)이지만, 표현식 확장자(extender)는 아니다. 6.6.4절에서는 '탐욕적(greedy)' 일치 확인 구현 방법의 상세 사항을 다룰 것이다.

❤ 표 6-3 정규표현식 수량자(탐욕적)

| 구문 | 설명 |
| --- | --- |
| expr* | expr 표현식이 한 번만 나타나는 대신 나타나지 않을 수도 있고, 여러 번 나타날 수도 있다. 가령 a*는 'a', 'aa', 'aaa'와 일치하며, 빈 문자열과도 일치한다. |
| expr+ | expr 표현식이 한 번 이상 나타날 수 있다. 가령 a+는 'a', 'aa', 'aaa'와 일치한다. |
| expr? | expr 표현식은 나타나지 않거나 한 번만 나타나야 한다. 가령 a?는 'a' 혹은 빈 문자열과 일치한다. |
| expr1 \| expr2 | 둘 중 하나만 선택(alternation). expr1이 한 번만 나타나거나 expr2가 한 번만 나타나야 한다. 둘 다 나타나면 안 된다. 가령 a\|b는 'a' 혹은 'b'와 일치한다. 이 연산자의 우선순위가 매우 낮기 때문에 예를 들어 cat\|dog는 cat 혹은 dog와 일치한다.[4] |
| expr{n} | expr 표현식이 정확히 n번 나타난다. 가령 a{3}은 'aaa'와 일치하지만 sa{3}d는 'saaad'와 일치하는 반면, 'saaaaaad'와는 일치하지 않는다. |
| expr{m, n} | expr 표현식이 최소 m번, 최대 n번 나타날 수 있다. 가령 x{2,4}y는 'xxy', 'xxxy', 'xxxy'와는 일치하지만 "xxxxxxy"나 "xy"와는 일치하지 않는다. |
| expr{m,} | expr 표현식이 최소 m번 이상 나타나야 하지만 최대 출현 횟수의 제한은 없다. 가령 x{3,}은 패턴 'xxx'가 나타나는지 확인하며, 세 번 이상 나타나도 된다. 따라서 zx{3,}y는 'zxxxxxy'와 일치한다. |
| expr{,n} | expr 표현식이 나타나지 않아도 되지만, 최대 n번까지 나타날 수 있다. 가령 ca{,2}t는 "ct", "cat", "caat"와 일치하지만 "caaat"와는 일치하지 않는다. |

◑ 계속

---

3  역주 문자 집합에 포함되지 않은 문자가 나타나야 일치한다.
4  역주 우선순위가 낮기 때문에 둘 중 하나를 선택하는 행위가 맨 마지막에 실행된다.

| 구문 | 설명 |
|---|---|
| (expr) | 정규표현식 검사기가 expr을 하나의 그룹으로 인식한다. 이 기능이 필요한 이유는 두 가지다. 첫 번째, 수량자는 바로 앞에 있는 표현식에만 적용되지만, 표현식이 그룹인 경우 그룹 자체에 적용된다. 가령 (ab)+는 'ab', 'abab', 'ababab'와 일치한다. 두 번째, 나중에 그룹 단위로 일치 유무를 판단하거나 텍스트를 교체하기 위해 다시 참조될 수 있기 때문에 그룹을 명시하는 것이 중요하다. |
| \n | 일치된 그룹을 참조한다. 참조는 실제로 실행 시간에 찾는다. 단순히 해당 패턴 자체를 반복하지는 않는다. \1은 첫 번째 그룹을 참조하며, \2는 두 번째 그룹을 참조한다. |

표 6-3에서 나열한 next-to-last 수량자는 그룹을 만들기 위해 소괄호 기호를 사용한다. 그룹화(grouping)는 패턴의 의미에 많은 영향을 미친다. 항목을 소괄호 기호 안에 넣어도 나중에 참조할 수 있게 태그가 달린 그룹(tagged group)을 만들 수 있다.

표 6-3에서 보여 준 숫자 수량자를 사용하면 일부 표현식을 더 쉽게 표현하거나 적어도 더 간결하게 만들 수 있다. 예를 들어 앞서 살펴본 전화번호 검증 패턴을 다시 한 번 떠올려 보자.

```
r'\d\d\d-\d\d\d-\d\d\d\d'
```

이 패턴을 다음과 같이 수정할 수 있다.

```
r'\d{3}-\d{3}-\d{4}'
```

이 예시는 키보드 입력 횟수를 약간 줄여 주는 정도이지만, 다른 경우에는 더 많이 줄여 줄 수도 있다. 이 기능을 활용하면 더욱 읽기 좋고 관리하기 쉬운 코드를 작성할 수 있다.

소괄호 기호는 단순한 명확성을 넘어서 많은 의미를 갖는다. 그룹을 지정하는 가장 중요한 이유는 패턴이 구문 분석되는(parsed) 방식에 영향을 줄 수 있기 때문이다. 예를 들어 다음 두 패턴을 살펴보자.

```
pat1 = r'cab+'
pat2 = r'c(ab)+'
```

첫 번째 패턴은 다음과 같이 'b'가 반복되는 문자열과 일치한다.

```
cab
cabb
cabbb
cabbbb
```

하지만 두 번째 패턴은 그룹화 기능을 사용하여 'b'가 아니라, 'ab'가 반복되는 다음 문자열과 일치하게 된다.

```
cab
cabab
cababab
cabababab
```

이 코드에서는 그룹화가 매우 중요하다. 그림 6-6은 파이썬 정규표현식 검사기가 소괄호 기호를 포함한 패턴을 번역하는 방식을 보여 준다. 특히 그룹 'ab'가 반복되고 있다.

▼ 그림 6-6 정규표현식에서 그룹 구문 분석하기(parsing)

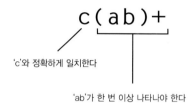

'c'와 정확하게 일치한다

'ab'가 한 번 이상 나타나야 한다

### 6.6.4 역추적, 탐욕적 수량자와 게으른 수량자

파이썬 정규표현식은 무척 유연하다. 특히 정규표현식 검사기는 역추적(backtracking)이라고 불리는 기술을 사용하더라도 최대한 더 많은 일치를 찾으려고 한다.

다음 예시를 살펴보자.

```
import re
pat = r'c.*t'
if re.match(pat, 'cat'):
    print('Success!')
```

스스로에게 질문해 보자. 패턴 c.*t는 대상 문자열 'cat'과 일치하는가? 반드시 일치해야 하는가, 아니면 일치하면 안 되는가? 'c'는 하나의 'c'와 일치하고 't'는 하나의 't'와 일치하며, .*는 '모든 개수의 문자와 일치'한다고 하니 'cat'은 반드시 일치해야 한다.

하지만 다시 한 번 생각해 보자. 만약 .* 패턴을 문자 그대로 해석하면 다음과 같이 동작해야 하지 않을까?

- 'c'와 일치한다.
- 일반적인 패턴 .*로 인해 나머지 문자 모두('at')가 일치한다.
- 문자열 끝에 도달했다. 정규표현식 검사기는 't'를 찾으려고 했지만, 찾지 못했다. 이미 문자열의 끝에 도달했기 때문이다. 그럼 결과는 어떻게 될까? 실패로 보인다.

다행히도 정규표현식 검사기는 이보다 더 정교하다. 문자열에서 패턴과 일치하는 것을 찾지 못하면 역추적을 시작하며, .* 기반으로 문자들이 일치하는지 확인한다. 한 문자를 역추적해 보면 대상 문자열 'cat'이 일치한다는 것을 찾을 수 있을 것이다.

여기에서 핵심은 정규표현식 문법이 역추적을 시도하더라도, 일치할 수 있는 모든 패턴을 유연하고 정확하게 찾아낸다는 것이다.

비슷한 이슈로 탐욕적(greedy) 수량자와 게으른(non-greedy) 수량자의 대립이 있다. 파이썬 정규표현식의 모든 패턴 사양은 역추적을 하는 한이 있더라도, 패턴과 일치하는 모든 경우를 보고하는 황금 규칙을 따른다. 하지만 이 규칙을 따르다 보면 종종 예상하지 못한 결과가 나올 수도 있다. '탐욕적 일치 vs 게으른 일치'는 일치 결과가 하나 이상 발견되었을 때 어떤 문자열을 선택하느냐에 관한 이슈다. 7장에서 게으른 수량자의 소개와 함께 이 이슈를 깊이 다룰 것이다.

# 6.7 정규표현식 실습 예시

이 절에서는 지금까지 살펴본 항목들을 사용한 실습 예시를 살펴볼 것이다. 최대한 강력한 규칙을 적용하여 비밀번호를 검증하는 소프트웨어를 만들고 있다고 가정해 보자.

비밀번호 암호화를 다루는 것이 아니다. 암호화는 다른 주제다. 하지만 비밀번호를 입력하면 명확한 기준에 따라 테스트할 수 있어야 한다.

아주 먼 옛날, 하나의 문자로도 비밀번호 입력이 가능한 시대가 있었다. 그런 비밀번호는 파악하기 쉽다. 근래에는 파악하기 어려운 비밀번호만이 허용된다. 파악하기 쉬운 비밀번호를 입력했다면 사용자에게 자동으로 다시 비밀번호를 입력하도록 한다. 전형적인 비밀번호 테스트 조건을 살펴보자.

- 모든 문자는 대문자 혹은 소문자, 숫자 혹은 언더스코어(_), 혹은 구두점 문자(@, #, $, %, ^, &, *, !)다.
- 최소 길이는 8문자다.
- 최소한 글자 1개가 포함되어야 한다.
- 최소한 숫자 1개가 포함되어야 한다.
- 최소한 구두점 문자 1개가 포함되어야 한다.

자, 여러분이 이 테스트 코드를 작성하기 위해 고용되었다고 가정해 보자. 여러분이 정규표현식을 사용한다면 이 업무는 식은 죽 먹기다.

다음 검증 함수는 필요한 테스트를 수행한다. 4개의 패턴과 re.match 함수를 호출하여 5개의 규칙을 검증하고 있다.

```python
import re

pat1 = r'(\w¦[@#$%^&*!]){8,}$'
pat2 = r'.*\d'
pat3 = r'.*[a-zA-Z]'
pat4 = r'.*[@#$%^$*]'

def verify_passwd(s):
    b = (re.match(pat1, s) and re.match(pat2, s) and
         re.match(pat3, s) and re.match(pat4, s))
    return bool(b)
```

verify_passwd 함수는 대상 문자열에 4개의 서로 다른 일치 조건을 테스트한다. re.match 함수는 pat1부터 pat4까지 서로 다른 패턴 4개와 함께 각각 호출된다. 이 패턴 4개와 전달받은 문자열이 일치하면 결과는 True다.

첫 번째 패턴은 글자, 문자와 언더스코어, @#$%^&*! 중 하나를 허용하며, 8개의 문자를 요구한다.

\w는 메타 문자로 '모든 문자와 숫자'와 일치한다. 소괄호 기호 안에 함께 들어간 표현식은 '모든 문자나 숫자 혹은 나열된 구두점 문자 중 하나와 일치'한다는 것을 의미한다.

```
(\w¦[@#$%^&*!]){8,}
```

조금 더 자세히 들여다보자. 소괄호 기호 안을 들여다보면 다음 표현식이 보인다.

```
\w¦[@#$%^&*!]
```

수직선 기호(¦)로 양쪽 중 하나를 선택(alteration)하고 있다. 이 부분 패턴은 "\w와 일치하거나 문자 집합 [@#$%^&*!] 안에 있는 문자 하나와 일치한다."라는 것을 의미한다.

대괄호 기호 안의 문자들은 대괄호 기호 밖에 있을 때 지녔던 특별한 의미를 잃는다. 따라서 범위 지시자 안에 모든 문자는 특수 문자가 아닌 리터럴 문자로 인식된다.

이 모든 것을 합치면 부분표현식은 "문자나 숫자(\w)와 일치하거나 나열된 구두점 문자 중에 하나와 일치한다."로 해석된다. 다음에 나타나는 패턴 {8,}은 최소한 여덟 번 나타나야 한다는 것을 말하고 있다.

이제 문자나 숫자 혹은 구두점 문자 중 하나가 여덟 번 이상 나타나야 할 것이다.

끝으로 문자열-종료 지시자인 $가 등장한다. 따라서 빈칸 같은 문자가 추가될 수 없다. 줄-종료 기호 $를 붙이면 마지막 문자를 읽고 나서 문자열이 끝나야만 한다.

```
(\w¦[@#$%^&*!]){8,}$
```

나머지 테스트는 특정 문자가 존재하는지 확인하는 각각 다른 문자열을 re.match와 함께 사용하여 구현했다. 예를 들어 pat2는 모든 종류의 문자와 개수 제한 없이 일치(.*)한 후 숫자가 나와야 한다. 정규표현식 패턴은 "0개부터 여러 개의 문자와 일치한 후 하나의 숫자와 일치한다."로 해석된다.

```
.*\d
```

다음 패턴 pat3은 0개부터 여러 개의 문자와 일치(.*)한 후 대문자 혹은 소문자 글자와 일치한다.

```
.*[a-zA-Z]
```

마지막 패턴은 0개 혹은 여러 개 문자와 일치한 후 범위 @#$%^$*! 안의 한 문자와 일치한다.

```
.*[@#$%^$*!]
```

이제 글자, 숫자와 구두점 문자를 각각 테스트할 수 있게 되었다. 반드시 글자, 숫자, 구두점 숫자는 각각 최소한 1개 이상 존재해야 한다. 물론 1개보다 더 많아도 상관없다.

# 6.8 / Match 객체 사용하기

re.match 함수는 대상 문자열이 패턴과 일치하면 match 객체를 반환하며, 일치하지 않으면 특수 객체인 None을 반환한다. 지금까지 우리는 이 값(객체 혹은 None)을 불리언 값(True/False)으로 다루었다. 파이썬에서는 유효한 방법이다.[5]

어쨌든 match 객체는 일치 정보를 확인하는 데 사용할 수 있다. 예를 들어 정규표현식 패턴은 소괄호 기호를 사용하는 경우 부분 그룹으로 나누어진다. match 객체는 각 부분 그룹에 일치하는 텍스트가 무엇인지 확인하는 데 사용할 수 있다.

예를 들어 다음 코드를 실행해 보자.

```
import re
pat = r'(a+)(b+)(c+)'
m = re.match(pat, 'abbcccee')
print(m.group(0))
print(m.group(1))
print(m.group(2))
print(m.group(3))
```

출력 결과는 다음과 같다.

```
abbccc
a
bb
ccc
```

이 예시에서 볼 수 있는 group 메서드는 다음과 같이 패턴과 일치하는 전체 혹은 부분 텍스트를 반환한다.

- group(0)은 정규표현식 패턴에 일치한 전체 텍스트를 반환한다.

- group(n)에서 n은 1부터 시작하며, 소괄호 기호로 나누어진 그룹에 일치하는 그룹을 순서대로 반환한다. 첫 번째 그룹은 group(1)로 접근할 수 있고, 두 번째 그룹은 group(2)로 접근이 가능하며, n번째 그룹은 group(n)으로 접근할 수 있다.

---

5 역주 파이썬은 불리언 타입이 아닌 데이터 타입도 불리언으로 테스트할 수 있다는 것을 기억하자. 가령 None은 False를 반환하며, 객체가 있는 경우는 참을 반환한다.

match 객체의 또 다른 속성은 lastindex다. 이 속성은 일치 유무를 판단하여 반환한 그룹 중 마지막 그룹의 숫자를 정수로 보관한다. 앞에서 살펴본 예시는 다음과 같이 평범한 루프로 작성할 수 있다.

```python
import re
pat = r'(a+)(b+)(c+)'
m = re.match(pat, 'abbcccee')
for i in range(m.lastindex + 1):
    print(i, '. ', m.group(i), sep='')
```

이 예시의 출력 결과는 다음과 같다.

```
0. abbccc
1. a
2. bb
3. ccc
```

이 예시 코드에서는 m.lastindex에 1을 더하고 있다. range 함수는 0부터 시작하여 인수로 주어진 숫자보다 작은 정수까지만 생성하기 때문이다. 이번 예시는 그룹에 번호 1, 2, 3으로 접근할 수 있기 때문에 범위의 끝에 1을 더하여 3까지 확장해야 했다.

표 6-4는 match 객체의 속성을 요약한 것이다.

▼ 표 6-4 match 객체 속성

| 구문 | 설명 |
|------|------|
| group(n) | 특정 그룹에 속한 텍스트를 반환한다. 그룹은 1부터 시작한다. 기본값 0은 일치한 전체 문자열의 텍스트를 반환한다. |
| groups() | 일치한 모든 텍스트를 담고 있는 그룹들을 나열한 튜플이 반환된다. 첫 번째 하위 그룹인 그룹 1부터 시작한다. |
| groupdict() | 이름이 있는 모든 그룹으로 구성된 딕셔너리를 반환한다. 포맷은 '이름:텍스트'다. |
| start(n) | 대상 문자열 안에서 n으로 참조할 수 있는 그룹의 시작 지점을 반환한다. 문자열 안의 위치는 0부터 시작하지만 그룹 숫자는 1부터 시작한다. 따라서 start(1)은 첫 번째 그룹의 문자열 색인 시작 지점을 반환한다. start(0)은 모든 일치 텍스트의 문자열 색인 시작 지점을 반환한다. |
| end(n) | start(n)과 비슷하지만 end(n)은 전체 대상 문자열에 식별된 그룹의 종료 지점을 가져온다. 이 문자열 안에는 대상 문자열의 '시작' 색인부터 시작하여 '종료' 색인 바로 전까지의 모든 문자를 지니고 있다. 가령 시작과 종료 값이 0과 3이면 첫 3개의 문자가 패턴과 일치한다는 의미다. |
| span(n) | start(n)과 end(n)이 제공하는 정보를 튜플로 반환한다. |
| lastindex | 그룹 중 가장 높은 색인 숫자 |

# 6.9 / 패턴에 맞는 문자열 검색하기

기본 정규표현식 문법을 이해하고 나면 많은 유용한 방법으로 응용하여 사용할 수 있다. 지금까지 우리는 패턴에 정확하게 일치하는 텍스트를 찾는 데만 정규표현식을 사용했다.

하지만 정규표현식을 사용하는 또 다른 기본적인 용도는 검색이다. 전체 문자열이 아니라, 패턴에 맞는 부분이 있는지를 확인한다. 이 절에서는 패턴에 맞는 첫 번째 부분 문자열을 찾는 것에 초점을 맞출 것이다. re.search 함수가 이 작업을 수행한다.

```
일치_객체 = re.search(패턴, 대상_문자열, flags=0)
```

이 문법에서 '패턴'은 정규표현식 패턴인 문자열이거나 사전에 컴파일된 정규표현식 객체가 될 수 있다. '대상_문자열'은 검색 대상 문자열이다. flags 인수는 선택 사항이며, 기본값은 0이다.

이 함수로 일치하는 부분을 찾으면 match 객체를 반환하며, 그렇지 않은 경우 None을 반환한다. 이 함수는 re.match와 동작 방식이 비슷하지만 문자열의 시작 부분이 패턴과 일치할 필요는 없다.

예를 들어 다음 코드는 두 자릿수 이상의 숫자가 처음으로 나타나는 지점을 찾는다.

```
import re
m = re.search(r'\d{2,}', '1 set of 23 owls, 999 doves.')
print('"', m.group(), '" found at ', m.span(), sep='')
```

이 코드에서는 검색 대상 문자열이 2개 이상의 숫자이어야 일치하는 간단한 패턴을 보여 주고 있다. 검색 패턴은 다음과 같이 앞서 소개한 특수 문자를 사용한 정규표현식 문법으로 쉽게 표현할 수 있다.

```
\d{2,}
```

코드의 나머지 부분은 match 객체를 m 변수에 대입하여 사용한다. 이 객체의 group과 span 메서드를 사용하여 6.8절에서 소개했듯이, 무엇이 일치했고 대상 문자열의 어느 부분에서 일치했는지에 관한 정보를 가져온다.

이 코드의 출력 결과는 다음과 같다.

```
"23" found at (9, 11)
```

검색하니 부분 문자열 23이 발견되었다고 알려 준다. 또한, m.group()은 일치한 문자인 23을 반환하는 동안, m.span()은 대상 문자열에서 해당 부분 문자열을 발견한 시작 지점과 종료 지점을 튜플 (9, 11)로 반환한다.

다른 색인들과 마찬가지로 시작 지점은 0부터 시작하기 때문에 값 9가 의미하는 것은 대상 문자열의 10번째 문자가 시작 지점인 것을 의미한다. 부분 문자열은 종료 지점인 색인 11 바로 앞까지의 모든 문자를 포함한다.

# 6.10 반복하여 검색하기(findall)

특정 패턴과 일치하는 모든 부분 문자열을 찾는 것은 가장 일반적인 검색 작업이다. 이 작업은 모든 검색 결과를 파이썬 리스트로 반환하는 함수를 제공하기 때문에 그리 어렵지 않다.

```
리스트 = re.findall(패턴, 대상_문자열, flags=0)
```

이 문법에서 인수 대부분은 앞 절에서 다룬 것과 같다. '패턴'은 정규표현식 문자열이나 사전 컴파일된 객체이고, '대상_문자열'은 검색할 문자열이며, flags는 선택 사항이다.

re.findall의 반환값은 발견한 부분 문자열을 담고 있는 문자열 리스트다. 찾은 순서대로 반환된다.

정규표현식 검색은 겹치지 않게 한다(non-overlapping). 가령 문자열 '12345'가 발견되면 '2345', '345', '45' 등을 찾지 않는다. 게다가 이 장에서 다룬 탐욕적 수량자는 가능한 한 긴 문자열을 찾을 것이다.

다음 예시를 보면 좀 더 명확하게 이해할 수 있을 것이다. 앞에서 사용한 예시를 사용하여 모든 숫자 문자열을 찾아보자. 물론 하나의 숫자를 가지고 있는 숫자 문자열도 검색 대상이다.

```
import re
s = '1 set of 23 owls, 999 doves.'
print(re.findall(r'\d+', s))
```

출력 결과는 다음과 같다.

```
['1', '23', '999']
```

아마 여러분이 원하는 결과에 거의 근접했을 것이다. 검색은 겹치지 않으며, 탐욕적이기 때문에 모든 숫자는 한 번만 읽힌다.

수많은 천 단위 위치 구분자(콤마 기호, 미국식)와 소수점, 혹은 둘 다 가지고 있는 숫자 문자열을 추출하고 싶다고 해 보자. 가장 쉬운 방법은 첫 번째 문자가 반드시 숫자이며, 뒤에 다른 숫자나 콤마 기호(,) 혹은 점 기호(.)가 나타나지 않을 수도 있고, 여러 번 나타날 수도 있다고 명시하는 것이다.

```
import re
s = 'What is 1,000.5 times 3 times 2,000?'
print(re.findall(r'\d[0-9,.]*', s))
```

출력 결과는 다음과 같다.

```
['1,000.5', '3', '2,000']
```

이 예시를 다시 살펴보자. 다음 정규표현식을 사용했다는 것을 기억하자.

```
\d[0-9,.]*
```

이 패턴은 "숫자가 나타난 다음(\d), 범위 [0-9,.] 안의 문자가 나타나지 않거나 여러 번 나타나도 된다."라고 해석된다.

다른 예시를 만들어 보자. 단어의 문자 수가 6개 이상인 모든 단어를 찾는다고 가정해 보자. 다음과 같이 구현할 수 있다.

```
s = 'I do not use sophisticated, multisyllabic words!'
print(re.findall(r'\w{6,}', s))
```

출력 결과는 다음과 같다.

```
['sophisticated', 'multisyllabic']
```

이 예시의 정규표현식은 다음과 같다.

```
\w{6,}
```

특수 문자 \w는 글자, 숫자 혹은 언더스코어와 일치한다. 이 패턴과 일치하는 문자로 이루어진 단어 중 길이가 6 이상인 것을 찾는다.

마지막으로 3.12절에서 소개한 후위 표기법(Reverse Polish Notation, RPN) 계산기에 사용할 수 있는 유용한 함수를 작성해 보자. 문자열을 리스트 안에 쪼개서 집어넣고, 연산자(+, *, /, -)를 숫자와 별도로 저장한다. 그리고 다음과 같이 값을 입력했다고 가정해 보자.

```
12 15+3 100-*
```

우리는 12, 15, 3, 100과 3개의 연산자(+, -, *)를 별도의 부분 문자열 혹은 토큰으로 인식할 것이다. 12와 15 사이의 빈칸은 필수적이지만, 연산자 주변에 빈칸이 있을 필요는 없다. 이를 구현하는 쉬운 방법은 re.findall 함수를 사용하는 것이다.

```
import re
s = '12 15+3 100-*'
print(re.findall(r'[+*/-]|\w+', s))
```

출력 결과는 다음과 같다.

```
['12', '15', '+', '3', '100', '-', '*']
```

정확하게 원하는 결과가 나왔다.

이 예시에는 중요한 세부 요소들이 있다. 6.6.2절에서 설명했듯이, 빼기 기호(-)는 이번 예시와 같이 대괄호 기호 안에서 범위의 맨 앞이나 맨 끝에 나타나지 않았기 때문에 특별한 의미를 갖는다. 이 경우는 범위의 끝부분에 나타나기 때문에 문자 그대로 번역된다.

```
[+*/-]|\w+
```

이 패턴은 '먼저 4개의 연산자(+, *, /, -) 중 하나와 일치하는지 확인한다. 실패한다면 w 문자가 1개 이상으로 구성된 단어 읽기를 시도한다. 각 문자는 숫자, 글자 혹은 언더스코어다. 이 경우는 문자열 '12', '15', '3', '100'이 각각 단어로 읽혔다.

하지만 이전 표현식은 선택 연산자와 더하기 기호(|와 +)를 사용했다. 이번 예시에서는 어떻게 동작할까? |는 우선순위가 낮기 때문에 전체 패턴은 다음과 같이 해석된다. "연산자 중 하나와 일치하거나 숫자 문자 여러 개와 일치한다." 그렇기 때문에 다음과 같은 반환값을 확인할 수 있다.

```
['12', '15', '+', '3', '100', '-', '*']
```

각 부분 문자열은 연산자 혹은 단어를 가지고 있다. 단어는 빈칸이나 연산자가 읽히면 한 단어로 인식된다(빈칸이나 연산자는 \w에 일치하지 않기 때문이다).

## 6.11 findall 메서드와 그룹화 문제

re.findall 메서드는 유용한 기능을 제공하지만 예상하지 못한 답답한 결과를 반환하는 단점이 있기도 하다.

정규표현식 문법 중 가장 유용한 도구는 그룹화다. 예를 들어 다음 정규표현식 패턴은 천 단위 위치 구분자(,)를 포함한 미국 표준 포맷을 따르는 숫자들을 모두 찾는다.

```
num_pat = r'\d{1,3}(,\d{3})*(\.\d*)?'
```

이 패턴을 다음과 같이 요약해 보자.

- 숫자는 1개와 3개 사이의 자릿수를 갖는다. 선택 사항이 아니다.
- 콤마 기호(,)로 시작하는 그룹 문자는 정확히 3개의 숫자가 나타난다. 이 그룹은 나타나지 않을 수도 있고, 여러 번 나타날 수도 있다.
- 소수점(.) 뒤에는 0개 혹은 여러 개의 숫자가 올 수 있다. 이 그룹은 선택 사항이다.

이 패턴은 실질적으로 다음 유효한 숫자 문자열과 일치한다.

```
10.5
5,005
12,333,444.0007
```

하지만 이 패턴이 나타나는 횟수를 구하기 위해 검색할 때는 문제가 생긴다. re.findall 함수에 소괄호 기호 그룹을 갖고 있는 정규표현식 패턴을 주면 부분 그룹 안에서 찾은 모든 텍스트를 담고 있는 튜플로 구성된 리스트를 반환하기 때문이다.

다음 예시를 살펴보자.

```
pat = r'\d{1,3}(,\d{3})*(\.\d*)?'
print(re.findall(pat, '12,000 monkeys and 55.5 cats.'))
```

출력 결과는 다음과 같다.

```
[(',000', ''), ('', '.5')]
```

앗, 원하던 결과가 아니다!

무엇이 잘못되었는가? 이 코드의 문제는 그룹화를 검색 문자열에 사용하면 findall 함수가 우리 바람대로 전체 패턴에 일치하는 문자열을 반환하는 것이 아니라, 패턴에 일치하는 각각의 문자열을 담은 부분 그룹들을 항목으로 하는 리스트를 반환한다는 점이다.

따라서 이번 코드의 실행 결과는 잘못되었다.

원하는 결과를 얻으려면 패턴을 두 부분으로 나누어야 한다.

**1** 전체 표현식을 소괄호 기호 안에 넣어서 그룹화한다.

**2** 표현식 item[0]을 출력한다.

다음은 이 해결 방안을 구현한 코드다.

```
pat = r'(\d{1,3}(,\d{3})*(\.\d*)?)'
lst = re.findall(pat, '12,000 monkeys on 55.5 cats.')
for item in lst:
    print(item[0])
```

출력 결과는 다음과 같다.

```
12,000
55.5
```

드디어 원하는 결과가 나왔다.

# 6.12 반복 패턴 검색하기

가장 정교한 패턴은 태그가 된 그룹 참조를 포함한다. 소괄호 기호 안의 패턴과 일치하는 문자를 찾을 때 정규표현식은 실제로 실행 시점에 일치를 확인하며, 그룹에 태그(일치한 실제 문자)를 붙인다는 것을 기억하자.

예시로 명확하게 이해해 보자. 글을 작성하는 사람들이 범하는 흔한 실수는 같은 단어가 반복되는 것이다. 가령 'the' 대신 'the the'라고 쓴다거나 'it' 대신 'it it'으로 쓰는 것을 예로 들 수 있다.

다음은 반복 단어를 찾는 검색 패턴이다.

```
(w+) \1
```

이 패턴은 w 문자(글자, 숫자 혹은 언더스코어) 중 1개 이상으로 나열된 단어와 일치한 후 빈칸 다음에 동일한 단어가 반복되는 것을 찾는다.

이 패턴은 다음 문장과는 일치하지 않는다.

```
the dog
```

the와 dog는 모두 단어 조건(\w+)에 부합되지만, 두 번째 단어가 첫 번째 단어와 동일하지 않다. 단어 the는 태그되었지만, 이 경우에는 반복되지 않았다.

반면 다음 문장은 이 패턴과 일치한다. 태그된 부분 문자열인 the가 반복되기 때문이다.

```
the the
```

동일 패턴을 사용한 전체 코드를 살펴보자. 대상 문자열을 the the로 설정했다.

```
import re

s = 'The cow jumped over the the moon.'
m = re.search(r'(\w+) \1', s)
print(m.group(), '...found at', m.span())
```

이 코드를 실행하면 다음과 같은 결과를 출력한다.

```
the the ...found at (20, 27)
```

275

다음 패턴은 "1개 이상의 문자숫자식(alphanumeric) 문자로 만들어진 단어를 찾아라. 찾은 단어로 태그를 붙이고 나서, 빈칸이 있고 동일한 태그 문자가 나타나면 패턴과 일치한다."라는 것을 의미한다.

```
(\w+) \1
```

다음 예시는 동일한 패턴을 of of 문자열에 적용한 것이다.

```
s = 'The United States of of America.'
m = re.search(r'(\w+) \1', s)
print(m.group(), '...found at', m.span())
```

출력 결과는 다음과 같다.

```
of of ...found at (18, 23)
```

다른 정규표현식의 일치와 검색처럼 파이썬 구현 역시 대·소문자 구분 없이 쉽게 비교할 수 있어 이번 예시에도 유용하다. 다음 텍스트 문자열을 살펴보자.

```
s = 'The the cow jumped over the the moon.'
```

이 문장의 시작 부분에 등장하는 반복 언어를 검색할 수 있을까? 물론 가능하다. re.IGNORECASE 플래그(혹은 동일 플래그의 짧은 버전인 re.I)를 설정하면 된다.

```
m = re.search(r'(\w+) \1', s, flags=re.I)
print(m.group(), '...found at', m.span())
```

이 예시는 다음과 같은 결과를 출력한다.

```
The the ...found at (0, 7)
```

re.search 함수는 성공적으로 찾은 첫 번째 일치를 알려 준다.

# 6.13 텍스트 교체하기

또 다른 도구는 텍스트를 교체하는 능력이 있다. 바로 텍스트 교체하기(substitution)다. 특정 패턴의 모든 단어를 다른 패턴으로 변경하고 싶다고 해 보자. 이를 구현하기 위해서는 대부분 지난 절에서 설명한 태그가 달린 그룹이 항상 포함되어야 한다.

텍스트 교체하기는 re.sub 함수가 수행한다.

> **re.sub**(검색_패턴, 교체_문자열, 대상_문자열, count=0, flags=0)

이 문법에서 '검색_패턴'은 찾고자 하는 패턴이고, '교체_문자열'은 교체할 문자열의 정규표현식이며, '대상_문자열'은 검색할 문자열이다. 나머지 두 인수는 모두 선택 사항이다.

반환값은 대상 문자열에서 요청한 교체를 수행한 신규 문자열이다.

dog를 cat으로 변경한 간단한 예시를 살펴보자.

```
import re
s = 'Get me a new dog to befriend my dog.'
s2 = re.sub('dog', 'cat', s)
print(s2)
```

출력 결과는 다음과 같다.

```
Get me a new cat to befriend my cat.
```

하지만 이 예시는 그리 흥미롭지 않다. 어떤 정규표현식 특수 문자도 사용하지 않았기 때문이다. 다음은 정규표현식 특수 문자를 사용한 예다.

```
s = 'The the cow jumped over over the moon.'
s2 = re.sub(r'(\w+) \1', r'\1', s, flags=re.I)
print(s2)
```

이 예시는 대·소문자를 무시하는 플래그를 필요로 하지만 다음 출력 결과와 같이 반복 단어 문제를 수정한 문자열을 출력한다.

```
The cow jumped over the moon.
```

출력 결과를 확인해 보면 The the는 The로 교체되었고, over over는 over로 교체되었다. 코드에서 정규표현식 검색 패턴에 모든 반복 언어를 명시했기 때문에 이렇게 동작한다. 다음 패턴은 원시 문자열(raw string)로 작성되었다.

```
r'(\w+) \1'
```

다음 문자열은 교체 문자열이며, 앞 패턴의 절반만 보인다. 이는 태그된 문자열이며, 정규표현식 검사기가 문자열을 교체할 때 사용된다.

```
r'\1'
```

이 예시는 중요한 핵심 몇 가지를 보여 준다.

첫 번째로 교체할 문자열은 검색 문자열과 같이 원시 문자열(raw string)로 명시해야 한다. 파이썬 문자열은 \1에 특별한 의미를 부여한다. 따라서 교체 텍스트를 원시 문자열로 명시하지 않으면 다음과 같이 리터럴 역슬래시를 명시하지 않는 이상 제대로 동작하지 않을 것이다.

```
\\1
```

그래도 원시 문자열을 사용하는 것이 더 쉽다.

두 번째로 반복-단어 테스트는 플래그 인수가 re.I(또는 re.IGNORECASE)로 설정되어 있지 않다면 The the에서 실패할 것이다. 이 예시에서는 플래그 인수가 반드시 구체적으로 명시되어야 한다.

```
s2 = re.sub(r'(\w+) \1', r'\1', s, flags=re.I)
```

# 6.14 정리해 보자

이 장에서는 다음과 같은 파이썬 정규표현식 패키지의 기본 기능을 탐험했다.

- 입력 데이터의 포맷을 검증하는 방법
- 특정 패턴에 일치하는 문자열을 검색하는 방법

- 입력 데이터를 토큰으로 쪼개는 방법
- 정교한 검색-교체 연산을 정규표현식으로 하는 방법

정규표현식 문법을 이해하는 것은 범위, 와일드카드, 수량자를 제대로 이해하는 것을 의미한다. 와일드카드는 한 번에 하나의 문자와 일치하며, 수량자는 문자 그룹이 나타나지 않거나 한 번 혹은 여러 번 반복하여 등장하는 것을 의미한다. 이 능력들을 조합하면 모든 수준의 복잡한 텍스트를 정규표현식 패턴으로 표현할 수 있을 것이다.

다음 장에서는 파이썬 정규표현식 패키지 기반으로 만들어진 게으른(non-greedy) 연산자와 스캐너 인터페이스를 포함한 다양한 예시들을 살펴볼 예정이다.

# 6.15 / 복습 문제

1  x* 표현식에 일치하는 단어의 최소 문자 개수와 최대 문자 개수는 몇 개인가?

2  '(ab)c+'와 'a(bc)+'의 차이점을 설명하라. 둘 중에 어떤 패턴이 (혹은 두 패턴 모두) 잘못된 패턴 'abc+'와 동일한가?

3  정규표현식을 사용할 때, 정확하게 아래 문장을 얼마나 자주 사용해야 하는가?

```
import re
```

4  대괄호 기호로 범위를 표현할 때, 정확하게 어떤 문자가 어떤 상황에서 특별한 의미를 갖는가?

5  정규표현식 객체를 미리 컴파일링하는 이점은 무엇인가?

6  re.match와 re.search 같은 함수가 반환하는 Match 객체는 어떻게 사용되나?

7  수직선 기호(|)로 표현할 수 있는 선택(alteration) 연산자를 사용하는 것과 대괄호 기호로 표현할 수 있는 문자 집합의 차이점은 무엇인가?

8  정규표현식 검색 패턴에 원시 문자열(raw string) 지시자(r)를 사용하는 것이 중요한 이유는 무엇인가?

9  교체 문자열 안에 특별한 의미를 갖는 문자가 있다면 무엇인가?

# 6.16  실습 문제

1  전화번호 첫 세 자리에 위치한 지역 코드가 정해진 포맷을 잘 따르고 있는지 검증하는 함수를 작성하라. (**힌트** 지역 번호가 없다는 것은 해당 지역의 전화번호라는 의미다.)

2  이번에는 전화번호에 선택 사항으로 숫자 '1'을 추가할 수 있는 다른 버전의 전화번호 검증 프로그램을 만들어라. 지역 번호(첫 3개의 숫자)로 시작하면 1개의 숫자는 반드시 맨 앞에 위치해야 한다.

3  검색 대상 문자열을 입력받아 빈칸이 여러 개 있는 모든 항목들을 빈칸 1개로 변경하라.

# 7<sup>장</sup>

# 정규표현식,
# 파트 Ⅱ

파이썬 정규표현식은 한 장에서 다루기에는 너무 큰 주제다. 이 장은 파이썬 정규표현식 문법의 더욱 미세한 부분을 탐험할 것이다.

파이썬 고급 기술인 스캐너(Scanner) 클래스는 무척 유용하다. 이 클래스는 잘 알려져 있지 않으며, 관련 문서도 적은 편이다. 이 장 후반부에서 상세히 알아볼 것이다. 스캐너 클래스를 제대로 이해하고 나면, 이 클래스가 정말 유용한 도구라는 것을 알 수 있을 것이다. 특정 토큰을 묘사할 수 있는 구체적인 패턴을 설정하고, 적절한 작업을 수행할 수 있게 해 주기 때문이다.

# 7.1 고급 정규표현식 문법의 요약

표 7-1은 이 절에서 소개하는 정규표현식 고급 문법을 요약한 것이다. 추후에 이어지는 절에서 각 기능이 어떻게 동작하는지 자세히 알아볼 것이다.

▼ 표 7-1 정규표현식 고급 문법

| 구문 | 설명 |
|---|---|
| (?:expr) | 태그가 없는 그룹. expr을 하나의 단위로 다루지만, 실행 시간에 일치하는 문자에 태그를 남기지 않는다. 문자는 일치 조건에 만족하더라도 그룹으로 기록되지는 않는다. |
| expr?? | ? 연산자의 게으른(non-greedy) 버전 |
| expr*? | 게으른 일치를 사용하여 expr이 나타나지 않거나 혹은 여러 번 나타나는지 확인한다. (가령 패턴 <.*?>는 산형괄호가 열리고 닫히는 첫 번째 산형괄호 쌍에서 멈춘다. 이후에 나타나는 태그들은 일치 유무를 판단하지 않는다.)[1] |
| expr+? | 게으른 일치를 사용하여 expr이 한 번 이상 나타나는지 확인한다. 일치하는 대상 문자열을 한 가지 이상 제공하는데, 가능한 한 적은 개수의 문자를 대상으로 일치 유무를 판단한다.[2] |
| expr{m}?<br>expr{m,n}? | {m}과 {m,n} 연산자의 게으른 버전. 첫 번째 구문의 게으른 버전 expr{m}?은 탐욕적 버전과 똑같이 동작하지만 전체 문법을 언급하기 위해 포함했다. |

○ 계속

---

1 **역주** 탐욕적 일치를 사용하면 첫 번째 산형괄호 쌍의 왼쪽 기호와 마지막 쌍의 오른쪽 기호가 일치할 수도 있다. 자세한 내용은 7.3절을 확인하기 바란다.

2 **역주** 반대로 탐욕적 일치를 사용하면, 가능한 한 많은 개수의 문자를 대상으로 일치 유무를 판단한다. 자세한 내용은 7.3절을 참고하기 바란다.

| 구문 | 설명 |
|---|---|
| (?=expr) | 긍정적 전방탐색(look-ahead). 만약 expr이 바로 다음에 나타나면 전체 표현식은 일치한다. 한편 이런 문자들은 '소비(consumed)'되지도 않고, 태그로 남지도 않는다. 단 다음 정규표현식 연산이 읽어야 하는 대상이 된다. |
| (?!expr) | 부정적 전방탐색. 만약 expr이 바로 다음에 나타나지 않으면 일치한다. 한편 이런 문자들은 소비되거나 태그로 남지도 않기 때문에 다음 정규표현식 일치 혹은 검색 연산을 수행하는 대상이 된다. |
| (?<=expr) | 긍정적 후방탐색(look-behind). 전체 표현식은 고정 길이인 expr이 바로 앞에 나타나면 일치한다. 이 기능은 적절한 수의 문자를 임시로 기억하고 있다가 필요하면 다시 읽는다. 이렇게 다시 읽은 문자에는 태그가 붙지 않는다. 예를 들어 표현식 (?<=abc)def는 abcdef 내의 문자 def와 일치한다. 실제로는 def만 일치하며, 문자 abc는 일치 대상 문자열로 처리되지 않는다. 이 패턴은 "abc가 앞에 오는 경우에만 def와 일치한다."라는 의미다. |
| (?<!expr) | 부정적 후방탐색. 전체 표현식은 고정 길이인 expr이 바로 앞에 나타나지 않으면 일치한다. 이 기능은 적절한 수의 문자를 임시로 기억하고 있다가 필요하면 다시 읽는다. 이렇게 다시 읽은 문자에는 태그가 붙지 않는다. |
| (?P<name>expr) | 명명 그룹. expr이 일치하면 전체 표현식이 일치한다. 결과적으로 일치하는 그룹은 태그가 붙으면서 이름이 주어지며, 다른 표현식에서 그 이름으로 참조할 수 있다. |
| (?P=name) | 명명 그룹 테스트. 이 표현식은 해당 명명 그룹이 이미 존재하면 긍정적으로 '일치'한다. |
| (#text) | 주석(comment). 정규표현식 안에 나타날 수 있지만, 정규표현식 검사기가 내용을 해석하지 않고 무시한다. |
| (?(name)yes_pat\|no_pat)<br>(?(name)yes_pat)<br>(?(id)yes_pat\|no_pat)<br>(?(id)yes_pat) | 조건적 일치. 명명 그룹이 이미 존재하고 식별이 되었다면 이 표현식은 긍정 패턴인 'yes_pat' 패턴과의 일치를 찾는다. 그렇지 않으면 부정 패턴인 'no_pat' 패턴을 찾는다. 'id'는 식별된 그룹의 숫자다. |

이 표에서 name은 심벌릭 이름을 짓는 표준 규칙에 따라 다른 이름과 충돌하지 않는 어떤 이름도 사용할 수 있다.

# 7.2 / 태그를 남기지 않는 그룹

고급 정규표현식 연산 중 하나는 표현식을 태그하지 않고 그룹에 넣는 것이다. 문자를 그룹 안에 넣으려는 이유는 다양하다. 하지만 실행 시간에 일치하는 그룹의 문자를 기록하는 태깅(tagging)은 별도 기능이므로 꼭 함께 수행하지 않아도 된다. 때때로 둘 중 하나만 필요한 경우도 있다.

## 7.2.1 표준 숫자 예시

6장 후반부에 다루었던 예시는 천 단위 그룹 구분자(,)를 포함한 미국식 포맷으로 작성된 숫자만 허용하는 패턴을 어떻게 만드는지 보여 주었다.

```
r'\d{1,3}(,\d{3})*(\.\d*)?'
```

이 코드에 줄-종료 기호($)를 덧붙이면 이 패턴은 패턴에 명시된 문자 개수와 정확하게 일치하게 된다. 동시에 유효한 숫자를 담고 있지 않은 모든 문자열은 거부한다.

```
r'\d{1,3}(,\d{3})*(\.\d*)?$'
```

이 패턴과 함께 re.match 함수를 사용하면 다음 문자열들을 검사한 결과는 참(True)이다.

```
12,000,330
1,001
0.51
0.99999
```

하지만 다음 문자열들은 검사를 통과하지 못한다.

```
1,00000
12,,1
0..5.7
```

여러 숫자를 찾을 수 있는 re.findall과 이 정규표현식 패턴을 함께 성공적으로 사용하려면 두 가지 조건을 만족해야 한다.

첫 번째로 패턴은 단어 경계(\b)로 끝나야 한다. 그렇지 않으면 함께 붙어 있는 두 숫자와 일치하게 되는데, 그러면 불행하게도 다음과 같이 유효하지 않은 하나의 긴 숫자와 일치하는 결과를 반환하게 된다.

```
1,20010
```

1,20010은 잘못된 숫자이지만 일치한다고 판단한다. findall에 현재 패턴을 사용하면 1,200을 허용한 후 10 또한 허용하기 때문이다.

해결책은 단어-종료 메타 문자인 \b를 사용하는 것이다. 정확하게 일치하는 문자를 찾으려면 정규표현식 검사기에서 단어가 종료되었는지 확인해야 한다. 빈칸, 구두점 기호, 개행 혹은 문자열 끝 도달 등으로 단어가 종료되었는지를 판단할 수 있다.

태그가 붙은 그룹 이슈는 여전히 남아 있다. 문제는 다음과 같은 문자열(이제 단어 경계가 포함)로 모든 하위 패턴을 표현하려면 그룹화가 필요하다는 점이다.

```
r'\d{1,3}(,\d{3})*(\.\d*)?\b'
```

이 패턴을 자세히 살펴보자.

- 문자 \d{1,3}은 "1과 3 사이의 숫자와 일치한다."라는 것을 의미한다.
- 문자 (,\d{3})*는 "정확하게 3개의 숫자가 뒤따르는 콤마 기호와 일치한다."라는 것을 의미한다. 일치 문자는 전체 표현식이 한 부분이 아니라, 0 혹은 여러 번 등장할 때 일치하기 때문에 반드시 그룹이어야 한다.
- 문자 (\.\d*)?는 "0개 혹은 여러 개의 숫자가 뒤따르는 리터럴 점 기호(.)와 일치한다. 하지만 전체 그룹과의 일치는 선택 사항이다."를 의미한다. 전체 그룹 문자는 일치하지 않거나 여러 번 일치할 수 있다.

## 7.2.2 태깅 문제 고치기

기본적으로 그룹화는 실행 시간 동안에 일치한 문자를 그룹의 태그로 기록한다. 일반적으로 이런 동작은 문제가 되지 않는다. 하지만 태그가 붙은 문자 그룹은 re.findall의 동작을 변경하기 때문에 문제가 된다.

6장 후반부에서 한 가지 해결 방안을 소개했는데, 전체 패턴을 태깅하는 것이다. 또 다른 해결 방안은 아예 태깅을 하지 않는 것이다.

```
(?:expr)
```

이 문법은 expr을 하나의 단위로 인식하지만 패턴이 일치했을 때, 일치한 문자를 태그로 남기지 않는다.

이 방법을 다르게 설명하면 "그룹을 태그 없이 만들려면 동일한 패턴에는 왼쪽 소괄호 기호 바로 다음에 물음표 기호 ?를 삽입하라."이다.

다음 구문은 인식한 숫자에 태그를 달지 않는 예시 코드다.

```
pat = r'\d{1,3}(?:,\d{3})*(?:\.\d*)?\b'
```

이 예시에서 추가한 문자를 굵은 글씨로 표기했다. 나머지 정규표현식 패턴은 똑같다.

자, 이제 이 태깅이 없는 패턴은 re.findall과는 무관하게 아무 문제없이 사용할 수 있다.

전체 코드를 살펴보자.

```
import re
pat = r'\d{1,3}(?:,\d{3})*(?:\.\d*)?\b'
s = '12,000 monkeys on 100 typewriters for 53.12 days.'
lst = re.findall(pat, s)
for item in lst:
    print(item)
```

출력 결과는 다음과 같다.

```
12,000
100
53.12
```

성능 Tip ☆   6장에서 설명했듯이, 특정 정규표현식 패턴을 여러 번 사용하여 검색이나 일치를 수행하려면 re.compile 함수를 사용해서 미리 정규표현식 패턴을 컴파일하여 regex 객체를 사용하는 것이 더욱 효율적이라는 것을 기억하자. 그렇지 않으면 파이썬은 매번 정규표현식 검색 문자열을 재컴파일해야 한다.

```
regex1 = re.compile(r'\d{1,3}(?:,\d{3})*(?:\.\d*)?\b')
s = '12,000 monkeys on 100 typewriters for 53.12 days.'
lst = re.findall(regex1, s)
```

# 7.3 탐욕적 일치 vs 게으른 일치

정규표현식 문법의 중요한 세부 사항 중 하나는 탐욕적(greedy) 일치와 탐욕적이지 않은(non-greedy) 일치의 차이에 관한 이슈다. 탐욕적이지 않은 일치는 '게으른(lazy)' 일치라고도 불린다.

이 차이점을 간단한 예시로 살펴보자. HTML 헤더에서 특정 텍스트를 찾거나 일치 유무를 확인한다고 가정해 보자. 정규표현식 검사기는 다음 문장과 같은 텍스트 1줄을 읽었다.

```
the_line = '<h1>This is an HTML heading.</h1>'
```

산형괄호 안의 텍스트 문자열을 찾고 싶다고 하자. 산형괄호는 특수 문자가 아니므로 정규표현식 검색 패턴을 쉽게 만들 수 있다. 첫 번째 시도는 다음과 같다.

```
pat = r'<.*>'
```

자, 이 패턴을 완전한 예시에 넣고 동작이 잘 되는지 확인해 보자.

```
import re
pat = r'<.*>'
the_line = '<h1>This is an HTML heading.</h1>'
m = re.match(pat, the_line)
print(m.group())
```

우리가 원하는 결과는 텍스트 <h1>이지만, 다음과 같이 출력될 것이다.

```
<h1>This is an HTML heading.</h1>
```

보다시피, 정규표현식 연산은 텍스트 전체가 일치한다고 알려 주고 있다! 어찌된 일일까? 표현식 <.*>이 첫 4개의 문자만 일치한다고 하는 대신 텍스트 전체가 일치한다고 하는 이유는 무엇인가?

그 이유는 별표 기호(*)가 일치하는 문자가 없거나 여러 번 나타난다는 것을 의미하며, 게으른 일치 대신 탐욕적 일치를 사용했기 때문이다. 탐욕적 일치는 "패턴과 일치하는 텍스트가 여러 개라면 가능한 한 많은 텍스트와 일치하는 것을 선택한다."라고 말한다.

대상 문자열을 다시 한 번 살펴보자.

```
'<h1>This is an HTML heading.</h1>'
```

검색 패턴 안에 첫 번째 문자는 리터럴 문자 <이며, 이는 대상 문자열의 첫 번째 열린 산형괄호와 일치한다. 표현식 나머지는 "임의의 개수인 문자와 일치한 후 닫힌 산형괄호(>)와 일치한다."라고 할 수 있다. 그런데 이 조건을 만족하는 방법이 두 가지다.

- 마지막 문자까지 나열한 모든 문자와 일치하고, 두 번째와 마지막에 있는 닫힌 산형괄호(>) 와 일치한다(탐욕적 일치).
- 2개의 문자 h1과 일치한 후 첫 번째 닫힌 산형괄호(>)와 일치한다(게으른 일치).

이 경우는 일치 유무를 확인하는 모든 시도가 성공한다. 만약 일치하는 부분 문자열 하나만 찾는 다면 정규표현식 검사기는 유효한 일치를 찾기 위해 앞뒤로 검색을 계속할 것이다. 하지만 일치하는 부분 문자열을 1개 이상 찾는다면 탐욕적 일치와 게으른 일치의 결과는 다르게 나타난다.

그림 7-1은 이 예시의 탐욕적 일치 결과가 왜 전체 줄인지 보여 주고 있다. 첫 번째 열린 산형괄호와 일치한 후 마지막 닫힌 산형괄호에 도달할 때까지 멈추지 않는다.

▼ 그림 7-1 탐욕적 일치

```
Greedy: <.*>
```

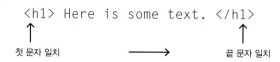

<h1> Here is some text. </h1>

첫 문자 일치　　　⟶　　　끝 문자 일치

탐욕적 일치가 기본 연산이지만, 탐욕적 일치의 문제점은 원하는 문자보다 더 많은 문자와 일치한 다는 것이다(최소한 이 예시에서는 그렇다).

그림 7-2는 게으른 일치의 동작 방식을 설명하고 있으며, 앞의 문자 4개만 일치한다고 보고한다. 탐욕적 일치가 동작했던 것처럼, 일단 첫 열린 산형괄호는 일치한다고 하지만 첫 번째 닫힌 산형 괄호에 도달하자마자 탐색을 그만둔다.

▼ 그림 7-2 게으른 일치

```
Non-Greedy: <.*?>
```

<h1> Here is some text. </h1>

끝 문자 일치

첫 문자 일치

게으른 일치를 명시하기 위해서는 별표 기호 혹은 더하기 기호 바로 뒤에 물음표 기호(?)를 붙이면 된다.

```
expr??        # zero-or-one 게으른 일치
expr*?        # zero-or-more 게으른 일치
expr+?        # one-or-more 게으른 일치
```

예를 들어 패턴 expr*?는 표현식 expr이 0개 이상의 인스턴스와 일치하는지 확인하지만 탐욕적 방식 대신 게으른 방식을 사용한다.

만약 이번 사례에서 게으른 일치를 사용한다면 전체 문자열 대신 4개 혹은 5개의 문자만 일치할 것이다. 올바른 패턴은 다음과 같다.

```
pat = r'<.*?>'
```

굵은 글씨로 표기한 물음표 기호(?)가 별표 기호 바로 뒤에 나타나는 것에 주목하자. 물음표 기호가 없으면 탐욕적 일치 패턴과 똑같아 보인다.

그럼 앞서 사용한 예시에 반영해 보자.

```
import re
pat = r'<.*?>'                                          # 게으른 일치 사용!
the_line = '<h1>This is an HTML heading.</h1>'
m = re.match(pat, the_line)
print(m.group())
```

(게으른 일치) 예시의 출력 결과는 다음과 같다.

```
<h1>
```

어떤 차이점이 이를 가능하게 했을까? 두 방법 모두 일치하는 문자열을 찾는다. 하지만 많은 상황에서 현실적인 차이점이 생긴다. 텍스트가 태그되거나 교체된 경우(예를 들어 re.sub를 사용한 경우)는 최종 결과에 명확한 차이점이 있다. 하지만 파일 안에서 텍스트 패턴과 일치하는 문자 개수를 세는 경우라면 이 차이점은 미미하다.

HTML 텍스트 파일 안에 <text> 폼으로 표현된 태그의 숫자를 세고 싶다고 가정해 보자. 이를 구현하기 위해서는 점 기호 메타 문자(.)가 줄의 끝을 문자열 끝이 아니라 단일 문자로 읽게 해 주는 DOTALL 플래그를 설정하고, re.findall로 모든 텍스트를 스캔하면 된다. 함수가 반환한 리스트의 길이는 발견한 HTML 태그의 숫자가 된다.

탐욕적 일치를 사용하면 프로그램은 전체 파일에 실제로 얼마나 많은 태그가 있는지와는 상관없이 그저 태그 하나만 발견했다고 보고할 것이다!

다음 예시의 문자열은 원시 문자열(raw string)과 여러 줄의 텍스트 파일 내용을 표현하기 위해 리터럴 문자열 표기법(''')을 사용했다.

```
s = r'''<h1>This is the first heading.</h1>
<h1>This is the second heading.</h1>
<b>This is in bold.</b>'''
```

HTML 태그의 숫자를 세고 싶다고 가정해 보자. re.findall과 함께 게으른 일치를 사용하면 된다.

```
pat = r'<.*?>'                               # ?를 사용하기 때문에
                                             # 게으른 일치를 사용한다.

lst = re.findall(pat, s, flags=re.DOTALL)
print('There are', len(lst), 'tags.')
```

실행 결과는 다음과 같다.

```
There are 6 tags.
```

게으른 일치 대신 표준 (탐욕적) 일치를 사용하면 무슨 일이 벌어질까? 탐욕적 일치를 사용하려면 다음과 같이 <.*?> 대신 <.*>를 사용해야 하는 것을 기억하자.

```
pat = r'<.*>'                                # 여기에서 탐욕적 일치를 사용했다!
lst = re.findall(pat, s, flags=re.DOTALL)
print('There are', len(lst), 'tags.')
```

이 예시의 출력 결과는 다음과 같다.

```
There are 1 tags.
```

잘못된 결과다. 이 정규표현식은 탐욕적 일치를 사용했기 때문에 첫 번째 왼쪽 산형괄호 <와 일치한 후 마지막 최종 오른쪽 산형괄호 >에 도달할 때까지 모든 문자가 일치한다고 인식한다.

이 절의 마지막 예시로 게으른 일치를 사용하여 텍스트 파일 안에 있는 문장의 개수가 몇 개인지 세어 보자. 문장의 개수를 정확하게 세려면 마침표 기호(.) 혹은 문장의 끝을 의미하는 구두점 기호가 나올 때까지의 문자와 일치한다고 명시해야 한다.

다음 문자열은 문장이 여러 개인 텍스트 파일을 여러 줄로 표현하고 있다.

```
s = '''Here is a single sentence. Here is
another sentence, ending in a period. And
here is yet another.'''
```

이 예시에서 문장 개수를 세고 싶다고 해 보자. 다음 코드는 게으른 일치를 사용하기 때문에 정확한 결과가 나온다(다른 예시처럼 탐욕적 일치를 게으른 일치로 변경해 주기 위해 추가한 물음표 기호를 굵은 글씨로 강조했다).

```
pat = r'.*?[.?!]'                          # 첫 "?"로 인해,
                                           # 게으른 일치 사용
lst = re.findall(pat, s, flags=re.DOTALL)
print('There are', len(lst), 'sentences.')
```

출력 결과는 다음과 같다.

```
There are 3 sentences.
```

만약 동일한 코드로 탐욕적 찾기를 하면 1개의 문장만 찾았다고 보고할 것이다.

정규표현식 패턴 안의 첫 번째 물음표 기호(?)는 탐욕적 일치 대신 게으른 일치를 사용하겠다고 지시한다. 이와는 반대로 대괄호 기호 안에 물음표 기호는 리터럴 문자로 번역된다. 6장에서 설명했듯이, 특수 문자 대부분은 다음 폼을 갖는 문자 집합 안에 위치하면 특별한 의미를 잃는다.

**[특수문자들]**

> Note ☰  re.DOTALL 플래그는 점 기호 메타 문자(.)가 문자열의 끝으로 번역되는 대신 개행 문자(\n)로 인식되게 만든다. 코드를 더욱 간결하게 만들려면 플래그의 짧은 버전인 re.S를 사용하면 된다.

# 7.4 전방탐색 기능

지난 절의 마지막에서 소개한 문장-개수-세기 예시를 자세히 들여다보면 약어(abbreviation)가 문제를 일으킨다는 것을 눈치챘을지도 모르겠다. 점 기호(.)를 사용하는 일부 약어가 문장의 끝을 의미하지 않기 때문이다. 예를 들어 보자.

```
The U.S.A. has many people.
```

이 예시는 문장 하나만 가지고 있지만, 지난 절의 끝에서 사용한 코드를 사용하면 이 텍스트에 문장이 4개 있다고 보고할 것이다! 잠재적으로 문제가 발생할 또 다른 경우는 다음과 같이 소수점을 사용하는 경우다.

```
The U.S.A. has 310.5 million people.
```

이런 경우를 대비하여 문장을 제대로 인식하는 패턴을 정의하려면 새로운 조건들이 필요하다. 이 조건들은 문장을 제대로 인식하지 못하는 규칙 대신 '전방탐색(look-ahead)' 규칙을 사용할 수 있다.

```
(?=expr)
```

정규표현식 검사기는 현재 위치 바로 다음 문자를 expr과 비교해서 전방탐색 패턴에 응답한다. 만약 expr이 해당 문자들과 일치하면 일치한다고 판단한다. 그렇지 않으면 일치하지 않는다고 판단한다.

expr의 문자들은 태그되지 않는다. 게다가 소비되지도 않는다. 이는 해당 문자열을 다른 문자열 데이터의 '뒤로 밀어 넣기(put back)'하여 정규표현식 검사기가 다시 읽어야 할 대상으로 만든다는 것을 의미한다.

더 긴 텍스트 문자열에서 문장을 제대로 읽기 위해 필요한 조건들을 나열해 보자.

우선 대문자를 찾는 것으로 문자를 읽기 시작한다.

그리고 나서 다음 조건 중 하나라도 만족하면 다음 시도까지 게으른 일치를 사용하여 문자를 읽는다.

- 다른 대문자가 뒤따르는 빈칸이 나타난다.
- 문자열의 끝이 나타난다.

만약 정규표현식 검사기가 스캔을 시도했으나 이 조건들에 만족하지 못하면 문장의 끝에 도달했다고 보지 않는다. 바로 이런 경우가 약어나 소수점을 만난 것과 같은 상황이다. 이 규칙을 구현하기 위해 전방탐색 능력을 활용해야 한다.

정확한 정규표현식 검색 패턴은 다음과 같다.

```
r'[A-Z].*?[.!?](?= [A-Z]|$)'
```

이 구문은 다소 복잡해 보이니, 한 번에 한 부분씩 나누어서 살펴보자.

부분표현식 [A-Z]는 반드시 대문자를 읽어야 한다는 것을 의미한다. 이 부분표현식은 문장을 찾는 패턴의 첫 번째 문자가 될 것이다.

부분표현식 .*?는 "모든 문자와 일치한다."라는 것을 의미한다. 물음표 기호가 .* 다음에 나타나며, 게으른 일치를 수행한다. 이 표현식은 문장이 언제든지 끝날 수 있다는 것을 의미한다.

문자 집합 [.!?]는 문장의 끝 조건을 명시하고 있다. 정규표현식 검사기는 이 기호 중 어느 것이라도 나타나면 전방탐색 조건에 따라 다음 문장으로 넘어가면서 문장 읽기를 멈춘다. 이 문자들 모두가 대괄호 기호 안(문자 집합)에 있기 때문에 특별한 의미를 잃었고, 리터럴 문자로 인식된다는 것을 다시 한 번 상기하자.

패턴의 마지막 부분은 전방탐색 조건 (?= [A-Z]|$)다.

이 조건에 맞는 문자를 만나지 못하면 문장은 끝난 것이 아니며, 정규표현식 검사기는 멈추지 않고 다음 텍스트를 읽는다. 표현식은 "다음 문자(s)는 반드시 대문자가 뒤따르는 빈칸이거나 문자열 끝 문자다."라고 말한다.

> Note ≡ 앞으로 다룰 예시에서 살펴보겠지만, 줄 끝을 모든 경우에 정확하게 전방탐색을 시도하기 위해서는 re.MULTILINE 플래그를 설정해야 한다.

문장의 마지막 문자를 읽는 것(이 경우는 구두점 기호)과 전방탐색 조건의 문자 사이에는 중요한 차이점이 있다. 전방탐색 조건에 만족하는 글자는 문장의 일부가 아니라는 점이다.

예시를 통해 이 동작 방식을 이해해 보겠다. 다음 텍스트 문자열을 살펴보자. 다시 말하지만 이 문자열은 텍스트 파일에서 읽어 올 수도 있다.

```
s = '''See the U.S.A. today. It's right here, not
a world away. Average temp. is 66.5.'''
```

앞서 살펴본 전방탐색 기능과 게으른 일치를 조합했던 패턴을 사용하면 이 문자열의 각 문장을 찾아서 나눌 수 있다.

```
import re
pat = r'[A-Z].*?[.!?](?= [A-Z]|$)'
m = re.findall(pat, s, flags=re.DOTALL | re.MULTILINE)
```

이제 변수 m은 발견한 각 문장을 담고 있는 리스트를 저장할 것이다. 이 리스트를 다음과 같이 편리한 방법으로 출력해 보자.

```
for i in m:
    print('->', i)
```

출력 결과는 다음과 같다.

```
-> See the U.S.A. today.
-> It's right here, not
a world away.
-> Average temp. is 66.5.
```

하나의 문장 안에 개행 문자가 있음에도 불구하고, 정확하게 3개의 문장을 인식했다(물론 개행 문자를 제거하는 방법도 있다). 바랐던 그대로다.

이제 re.DOTALL 플래그와 re.MULTILINE 플래그 설정에 대해서 살펴보자. DOTALL 플래그는 "개행 문자를 '.*' 혹은 '.+'를 사용할 때처럼 '.' 표현식의 부분으로 여긴다."로 동작하게 지시한다.

MULTILINE 플래그는 "$가 개행 문자를 문자열-종료 조건과 같이 인식한다."로 동작하게 한다. 이번 예시는 두 플래그를 함께 설정하여 개행 문자(\n)가 두 조건에 모두 일치하게 했다. 만약 MULTILINE 플래그가 설정되어 있지 않다면 이 패턴은 다음 예시와 같이 개행 문자가 점 기호 바로 뒤에 나타나면 완전한 문장을 읽지 못할 것이다.

```
To be or not to be.
That is the question.
So says the Bard.
```

MULTILINE 플래그를 설정하지 않으면 전방탐색 조건은 실패할 것이다. 이 전방탐색 조건은 "문장이 끝난 뒤 대문자가 따라오는 빈칸을 찾거나 문자열의 끝과 일치한다."라는 것을 의미한다. 이 플래그는 문자열의 종료와 같이 줄의 종료도 일치하는 전방탐색을 가능하게 한다.

만약 문장의 종료를 위한 마지막 조건이 전방탐색 조건이 아니라, 일반 조건 표현식 패턴이면 어떻게 될까? 일반적인 방식으로 작성한 패턴은 다음과 같다.

```
r'[A-Z].*?[.!?] [A-Z]|$'
```

똑같은 패턴이지만, 마지막 부분이 전방탐색 조건으로 작성되지 않았다.

문제는 다음과 같다. (대문자가 뒤에 붙은 빈칸을 찾는) 마지막 조건이 전방탐색 조건이 아니기 때문에 그 자체가 문장의 부분으로 읽힌다. 다음 문자열의 시작 부분을 살펴보자.

```
See the U.S.A. today. It's right here, not
```

만약 전방탐색을 사용하지 않는다면 It's의 대문자 I는 첫 문장의 일부로 읽힐 것이다. 문장 일치가 실패했기 때문에 대문자 I를 두 번째 문장의 시작으로 인식하지 않는다.

이론은 충분히 배웠으니, 이제 코드를 작성해 보자.

```
pat = r'[A-Z].*?[.!?] [A-Z]|$'
m = re.findall(pat, s, flags=re.DOTALL)
for i in m:
    print('->', i)
```

이 예시의 출력 결과는 다음과 같다. 전방탐색을 사용하지 않았다는 것을 기억하자.

```
-> See the U.S.A. today. I
->
```

첫 번째 문장을 읽을 때, 이 패턴은 대문자가 뒤에 오는 빈칸을 확인해야 한다. 그렇지 않으면, 빈칸과 대문자 I는 첫 번째 문장의 일부라고 인식하게 된다. 이 문자들은 소비되며, 다음 문장을 찾으려고 할 때는 읽을 수가 없다. 그리고 나머지는 모두 버려진다. 결과적으로 더 이상 정확하게 읽을 문장이 없게 된다.

이 예시는 전방탐색 기능을 사용할 필요가 있는 좋은 사례다. 전방탐색은 읽기 위해 남겨야 할 문자를 소비하지 않는다.

# 7.5 다중 패턴 확인하기(전방탐색)

간혹 여러 가지 조건을 확인해야 하는 경우에 종종 문제가 발생하기도 한다. 예를 들어 여러 테스트를 통과해야 하는 사용자 입력이 이런 경우다. 모든 테스트를 통과해야만 데이터가 검증된다.

6장에서 이런 문제를 다루었는데, 충분히 강한 비밀번호 규칙을 지켰는지 테스트하는 문제다. 모든 조건에 만족하는 비밀번호만 허용된다. 해당 조건들을 다시 한 번 살펴보자. 비밀번호는 반드시 다음 조건을 만족해야 한다.

- 8~12개의 문자이어야 한다. 각 문자는 글자, 숫자 혹은 구두점 문자만 가능하다.
- 최소한 1개 이상의 글자가 포함되어야 한다.
- 최소한 1개 이상의 숫자가 포함되어야 한다.
- 최소한 1개 이상의 구두점 문자가 포함되어야 한다.

앞 장에서 제공한 해결 방안은 4개의 다른 패턴을 각각 re.match와 함께 호출하여 각 조건을 테스트하는 방식이었다.

이 방식도 동작하겠지만, 전방탐색을 사용하여 동일한 큰 패턴 안에 여러 일치 조건을 넣는 것이 더욱 효율적이다. 그러면 re.match를 한 번만 호출할 수 있게 된다. 비밀번호 문제로 이 방법을 설명해 보자.

일단 각 4개의 조건을 검사하기 위한 정규표현식 패턴을 만든다. 그리고 나서 4개의 패턴을 이어 붙인 하나의 긴 패턴을 만든다.

```
pat1 = r'(\w¦[!@#$%^&*+-]){8,12}$'
pat2 = r'(?=.*[a-zA-Z])'          # 반드시 글자 포함
pat3 = r'(?=.*\d)'                # 반드시 숫자 포함
pat4 = r'(?=.*[!@#$%^&*+-])'      # 반드시 구두점 문자 포함

pat = pat2 + pat3 + pat4 + pat1
```

첫 번째 패턴을 제외한 나머지 패턴들은 전방탐색 문법을 사용하고 있다. 이 문법은 일치하는 패턴을 찾지만, 검사한 문자를 소비하지는 않는다. 그러므로 pat2, pat3, pat4를 전체 패턴 앞쪽에 위치하면 정규표현식 검사기는 모든 조건을 확인할 것이다.

> **Note ☰** 빼기 기호(−)가 문자 집합 대괄호 기호 안에 있으면서 문자 집합의 시작 혹은 끝에 위치하지 않으면 특별한 의미를 가진다는 것을 기억하자. 이번 예시에서는 문자 집합 끝에 위치하기 때문에 리터럴 빼기 기호로 사용된다.

다양한 패턴들이 하나의 큰 패턴을 만들기 위해 합쳐졌다. 이제 re.match를 한 번만 호출하여 비밀번호를 검증할 수 있게 되었다.

```
import re
passwd = 'HenryThe5!'
if re.match(pat, passwd):
    print('It passed the test!')
else:
    print('Insufficiently strong password.')
```

이 예시를 실행하면 'HenryThe5!'는 글자, 숫자, 구두점 기호(!)를 지니고 있기 때문에 충분히 강한 비밀번호 테스트를 통과한 것을 알 수 있다.

## 7.6 부정적 전방탐색

전방탐색 기능의 다른 사용법으로 부정적 전방탐색 기능이 있다.

전방탐색 기능은 다음과 같이 동작한다. "이 패턴은 오직 다음 차례에 읽을 문자가 특정 하위 패턴과 일치하는 경우에만 성공한다. 또한, 어떤 경우에도 전방탐색으로 일치한 문자는 소비되지 않으며, 읽을 대상으로 남겨진다."

'부정적 전방탐색'은 다음 문자가 특정 하위 패턴에 일치하지 않았을 때 성공한다. 실패해야만 전체 일치가 성공한다는 것이다. 듣는 것만큼 그리 복잡한 개념은 아니다.

```
(?!expr)
```

부정적 전방탐색 문법은 다음과 같이 동작한다. "읽을 다음 문자가 expr과 일치하지 않는 경우에만 일치를 허용한다. 어떤 경우라도 전방탐색 문자는 소비되지 않으며, 다음 일치 수행 시 읽을 대상으로 남는다."

예시를 살펴보자. 다음 패턴은 abc와 일치하지만 그 뒤로 abc가 나타나면 안 된다.

```
pat = r'abc(?!abc)'
```

다음 문자열을 검색하기 위해 re.findall을 사용하면 정확하게 하나의 abc를 찾을 것이다.

```
s = 'The magic of abcabc.'
```

이 예시에서 두 번째 abc를 찾기는 하지만 첫 번째가 아니다. 이 검색은 전방탐색 연산이기 때문에 두 번째 abc를 소비하지 않으며, 읽을 대상으로 남겨진다. 그렇지 않으면 이 abc는 찾을 수 없을 것이다.

```
import re
pat = r'abc(?!abc)'
s = 'The magic of abcabc.'
m = re.findall(pat, s)
print(m)
```

(이상해 보이기는 하지만) 이 패턴은 다음과 같이 동작하는 것을 기억하자. "또 다른 'abc'가 바로 뒤에 붙지 않는 'abc'와 일치한다."

예상했듯이 이 예시는 'abc' 1개를 갖는 그룹 1개를 출력한다.

```
['abc']
```

조금 더 명확한 예시를 살펴보자. 2개의 'abc'를 구분하기 위해 두 번째 'abc'를 대문자로 바꾸고, IGNORECASE 플래그(re.I)를 설정한다.

```
pat = r'abc(?!abc)'
s = 'The magic of abcABC.'
m = re.findall(pat, s, flags=re.I)
print(m)
```

부정적 전방탐색을 지시하고 있는 핵심 문자를 굵은 글씨로 표기했다.

텍스트 출력 결과를 확인해 보니 (대문자인) 두 번째 'abc'만이 일치했다. 첫 번째 그룹이 선택되지 않은 이유는 소문자이기 때문이 아니라, 부정적 전방탐색 조건("찾은 'abc' 바로 뒤에 또 다른 'abc'가 오면 안 된다.")을 사용했기 때문이다. 따라서 출력 결과는 다음과 같다.

```
['ABC']
```

앞 절에서 살펴본 긍정적 전방탐색을 사용하여 약어와 소수점을 제대로 구별하면서 완전한 문장을 인식하는지 확인해 보자.

다음 테스트 데이터를 문장 스캐너에 전달하여 제대로 인식하는지 확인해 보겠다.

```
s = '''See the U.S.A. today. It's right here, not
 a world away. Average temp. is 70.5.'''
```

문장 끝에 도달하여 긍정적 전방탐색 조건을 확인하는 대신 부정적 조건을 명시하여 유사한 결과를 얻을 수 있다. 문장 끝을 인식하기 위해 점 기호(.)는 반드시 다음 조건을 만족하면 안 된다.

- 소문자 혹은 숫자가 뒤따르는 빈칸
- 모든 문자숫자식(alphanumeric) 문자

부정적 전방탐색 조건을 사용하는 문장 패턴은 다음과 같이 작성될 수 있다. 부정적 전방탐색을 지시하는 핵심 문자는 굵은 글씨로 표기했다.

```
r'[A-Z].*?[.!?](?! [a-z0-9]|\w)'
```

이 패턴의 부정적 전방탐색 컴포넌트는 (?! [a-z0-9]|\w)이며, 다음과 같이 지시한다. "현재 위치 바로 뒤에 소문자나 숫자가 뒤따르는 빈칸이 오면 안 되며, 어떤 문자숫자식 문자가 와도 안 된다."

다음 완전한 예시에서 이 패턴을 사용해 보자. 이 패턴을 제대로 테스트하기 위해 문장을 조금 바꾸어 보았다.

```
import re                                   # 소스 파일에 아직 넣지 않은 경우에만,
                                            # 이 문장을 추가한다.

pat = r'[A-Z].*?[.!?](?! [a-z]|\w)'
s = '''See the U.S.A. today. It's right here, not
 a world away. Average temp. is 70.5. It's fun!'''
m = re.findall(pat, s, flags=re.DOTALL)
for i in m:
    print('->', i)
```

출력 결과는 다음과 같다.

```
-> See the U.S.A. today.
-> It's right here, not a world away.
-> Average temp. is 70.5.
-> It's fun!
```

물론 전방탐색 조건이 긍정적인 방식 대신 부정적인 방식으로 표현되었더라도, 결과는 긍정적 전방탐색과 똑같다.

원한다면 개행 문자를 제거할 수도 있다. 가령 텍스트 파일의 모든 텍스트를 단일 문자열로 읽어 온다면 다음 코드로 개행 문자를 제거할 수 있다.

```
s = re.sub(r'\n', '', s)
```

이번 예시 문장의 개행 문자를 제거한 후 다시 실행해 보자. 실행 결과는 다음과 같다.

```
-> See the U.S.A. today.
-> It's right here, not a world away.
-> Average temp. is 70.5.
-> It's fun!
```

# 7.7 명명 그룹

6장에서 설명했듯이 태그를 붙인 그룹은 숫자로도 접근이 가능하다. 다음과 같이 Match 객체를 사용하면 전체 일치 문자열을 확인할 수 있다.

```
match_obj.group(0)
```

각 태그 그룹은 숫자 1, 2, 3 등을 사용하여 접근할 수 있다. 예를 들어 다음 코드는 첫 번째 태그 그룹을 참조한다.

```
match_obj.group(1)
```

하지만 매우 복잡한 정규표현식을 다루어야 한다면 숫자가 아니라 이름으로 태그 그룹을 참조하는 것이 좋다. 이런 경우 명명(named) 그룹을 사용하면 된다.

```
(?P<이름>표현식)          # '이름'을 사용하여 일치한 그룹에 태그를 남긴다.
(?P=이름)               # 명명 그룹의 반복으로 일치 유무를 판단한다.
```

단순하지만 실질적인 예시를 살펴보자. 프로그램의 흔한 작업은 한 형식으로 입력된 영문 이름을 다른 형식으로 저장하는 것이다. 예를 들어 다음과 같이 여러 영문 이름을 입력했다고 가정해 보자.

```
Brian R. Overland
John R. Bennett
John Q. Public
```

일반적으로 사람의 이름은 성과 이름을 받아서 이름이 아닌 성 기준으로 저장한다. 그럼 다음과 같이 저장될 것이다.

```
Overland, Brian R.
Bennett, John R.
Public, John Q.
```

이렇게 저장되면 필요할 때 성의 알파벳 순서로 정렬하기 수월해진다.

하지만 다음과 같이 누군가가 중간 이름 머리글자 없이 이름만 입력하면 어떻게 될까?

```
Jane Austen
Mary Shelley
```

이상적으로 이런 경우도 잘 처리해야 한다. 이름 패턴은 중간 이름 머리글자의 유무와는 상관없이 똑같이 동작해야 한다.

```
Austen, Jane
Shelley, Mary
```

그럼 먼저 이름과 성만 있는 간단한 사례부터 시작해 보자. 다음 패턴과 같이 first(이름)와 last(성)로 2개의 태그 그룹에 이름을 지어 주면 정말 편리하다.[3]

```
pat = r'(?P<first>\w+) (?P<last>\w+)'
```

---

3   **역주** 영문 이름은 한글 이름과는 달리 이름과 성 순서로 불리며 이름은 first name, 성은 last name으로 부른다.

사람이 전체 이름을 입력하면 이 전체 이름을 나누어서 분석하는 프로그램에 이 패턴을 성공적으로 적용할 수 있다.

```
import re
s = 'Jane Austen'
m = re.match(pat, s)
```

이 코드를 실행하면 이름을 2개로 나누어서 출력할 수 있다. print 함수로 넘기기 전에 그룹 이름은 반드시 작은따옴표 기호를 사용한 문자열 포맷이어야 한다.

```
print('first name = ', m.group('first'))
print('last name = ', m.group('last'))
```

출력 결과는 다음과 같다.

```
first name = Jane
last name = Austen
```

이렇게 이름이 분리가 되면 성-이름 순서로 이름을 출력하거나 저장하기가 쉽다.

```
print(m.group('last') + ', ' + m.group('first'))
```

출력 결과는 다음과 같다.

```
Austen, Jane
```

오른쪽에 위치한 중간 이름 머리글자를 인식하는 패턴은 다소 복잡하다. 중간 이름 머리글자를 선택 사항으로 만들어 보자.

```
pat = r'(?P<first>\w+) (?P<mid>\w\. )?(?P<last>\w+)'
```

이름(first) 뒤에 빈칸은 필수이지만, 중간 이름 머리글자는 패턴에 일치하는 경우에만 뒤에 빈칸이 붙는 것에 주목하자. 이 패턴은 이름이 일치되면 선택적으로 중간 이름 머리글자를 인식할 수 있으며, 선택 사항이다. 따라서 다음 이름들은 성공적으로 일치한다.

```
Brian R. Overland
John R. Bennett
John Q. Public
Jane Austen
Mary Shelley
```

앞서 나열한 이름은 모두 group(name)으로 접근할 수 있는데, 여기에서 인수 name은 'first', 'mid' 혹은 'last'다. group('mid')는 존재하는 그룹이 없을 수도 있기 때문에 종종 특수 값 None을 반환할 수도 있다. 하지만 이런 경우는 사전에 테스트할 수 있다.

그렇기 때문에 다음과 같이 패턴을 이름으로 나누고, 출력 형식을 자유롭게 변경할 수 있다.

```
pat = r'(?P<first>\w+) (?P<mid>\w\. )?(?P<last>\w+)'

def reorg_name(in_s):
    m = re.match(pat, in_s)
    s = m.group('last') + ', ' + m.group('first')
    if m.group('mid'):
        s += ' ' + m.group('mid')
    return s
```

입력된 각 이름에 이 함수를 적용하고, 그 결과를 리스트에 저장한 후 정렬하면 모든 이름을 알파벳 성-이름 포맷으로 저장할 수 있다.

```
Austen, Jane
Bennett, John R.
Overland, Brian R.
Public, John Q.
Shelley, Mary
```

명명 그룹을 사용하는 것은 이번 예시에서 도움이 많이 된다. 중간 이름 머리글자와 점 기호는 일치하지 않을 수도 있지만, 그룹을 참조할 수 있는 방법을 제공했기 때문이다. 어떤 경우라도 그룹을 'first', 'mid', 'last'로 참조할 수 있다면 코드는 더욱 명확하고 관리하기 쉬워진다.

이 절의 마지막 예시처럼 이미 태그로 기록된 문자열들을 반복하여 요청하기 위해 명명 그룹을 사용할 수 있다. 6장에서 숫자를 사용하여 명명 그룹을 반복해서 참조할 수 있는 방법을 보여 주었다.

```
pat = r'(\w+) \1'
```

이 패턴의 명명 그룹 버전은 다음과 같다.

```
pat = r'(?P<word>\w+) (?P=word)'
```

이 패턴은 다음 함수를 호출할 때 긍정적 일치를 수행한다.

```
m = re.search(pat, 'The the dog.', flags=re.I)
```

# 7.8 re.split 함수

지난 장에서 소개한 후위 표기법(Reverse Polish Notation, RPN) 번역기를 떠올려 보자. 텍스트를 토큰으로 쪼개는 데 도움을 주는 정규표현식의 또 다른 방법은 re.split 함수를 사용하는 것이다.

```
리스트 = re.split(패턴, 문자열, maxsplit=0, flags=0)
```

문법 안의 '패턴'은 지금까지 보여 준 모든 정규표현식 패턴을 넣을 수 있지만, 검색하여 넘어가는 문자는 명시하지 않는다. 패턴으로 찾은 문자 사이에 있는 모든 텍스트는 토큰으로 간주된다. 따라서 '패턴'은 토큰 그 자체가 아니라 토큰 구분자를 표현한다.

'문자열'은 평소처럼 토큰으로 나눌 대상 문자열이다.

maxsplit 인수는 찾을 토큰의 최대 개수를 명시한다. 이 인수를 0으로 설정(기본값)하면 최대 개수는 지정되지 않는다.

re.split 함수는 각 문자열이 토큰(검색 패턴으로 찾은 텍스트 문자열)인 문자열 리스트를 반환한다.

일반적으로 검색 패턴을 빈칸, 빈칸의 나열, 혹은 콤마 기호로 만든다. 정규표현식의 한 가지 유용한 사용법은 이런 패턴들을 조합하는 것이다.

```
pat = r', *| +'
```

이 패턴의 의미는 다음과 같다. "부분 문자열은 0개 이상의 빈칸이 뒤따르는 콤마 기호로 구성되거나 1개 이상의 빈칸으로 구성된다."

생각해 보면 이 조건은 콤마 기호, 1개 이상의 빈칸, 혹은 두 조건을 모두 가진 구분자를 만든다.

대상 문자열에 이 패턴을 적용해 보자.

```
import re
lst = re.split(pat, '3, 5 7 8,10, 11')
```

lst를 출력하면 다음과 같은 결과를 얻는다.

```
['3', '5', '7', '8', '10', '11']
```

이 결과가 바로 우리가 원하는 결과다. 이 예시에서 모든 결과 토큰은 콤마 기호 혹은 내부 빈칸을 포함하지 않은 부분 문자열(숫자 형식)이다.

이 패턴을 RPN 번역기에 적용해 보자. 다음 텍스트를 re.split 함수로 쪼개 보자.

```
s = '3 2 * 2 15 * + 4 +'
```

RPN의 동작 방식을 다시 생각해 보면 다음과 같이 일반적인 방식으로 표기할 수 있다.

```
(3 * 2) + (2 * 15) + 4
```

정규표현식 함수를 대상 문자열 s에 적용해 보자.

```
toks = re.split(pat, s)
```

토큰 리스트인 toks를 출력하면 결과는 다음과 같다.

```
['3', '2', '*', '2', '15', '*', '+', '4', '+']
```

원했던 결과다.

하지만 다음과 같이 토큰의 경계를 숫자로 표기한 경우 문자열을 토큰으로 쪼갤 때 문제가 발생한다.

```
s = '3 2* 2 15*+ 4 +'
```

# 7.9 / 스캐너 클래스와 RPN 프로젝트

SUPERCHARGED PYTHON

RPN 애플리케이션의 입력 값을 분석하는 또 다른 방법은 파이썬 정규표현식 패키지의 편리한 부분을 사용하는 것이다. 아직 참조 문서가 많이 부족하기는 하다.

re.Scanner 클래스는 자체 스캐너 객체를 만들 수 있게 해 준다. 객체를 초기화할 때 여러 튜플이 필요한데, 각 튜플은 다음 내용을 담고 있다.

- 검색 대상 토큰을 묘사한 정규표현식 패턴

- 토큰을 찾기 위해 호출되는 함수. 함수는 그 자체가 콜러블(callable) 객체이며, 리스트로 나열된다. 하지만 이 함수는 호출이 된 것이 아니며, 인수도 포함하지 않는다(하지만 함수 호출 시 2개의 인수가 전달된다). 이 함수는 발견한 토큰과 함께 어떤 객체도 반환할 수 있다.

scan을 호출하면 스캐너가 대상 문자열을 스캔하면서 작성한 프로그램에 따라 객체들을 반환한다. 보다시피 이 방식의 아름다움은 구분자에 대해서 신경 쓸 필요가 전혀 없다는 것이다. 그저 찾고자 하는 토큰만 찾으면 된다.

문법을 정리해 보자. 람다 함수를 사용하지 않는 이상 이 구문은 정의된 함수 뒤에 나타나야 한다.

```
scanner_name = re.Scanner([
    (토큰_패턴1, 함수1),
    (토큰_패턴2, 함수2),
    ...
    )]
```

이 문법에서 '토큰_패턴'의 각 인스턴스는 인식할 토큰을 묘사한 정규표현식이다. 각각의 '함수'는 사전 정의가 되었거나 익명의 람다 함수다. 만약 None이 함수로 명시되었다면 해당 패턴에 아무런 작업이 수행되지 않고 그냥 넘어간다.

토큰-처리 함수를 어떻게 작성할 수 있는지 살펴보기 전에 RPN 프로젝트 예시를 먼저 살펴보자.

```
scanner = re.Scanner ([
    (r'[*+/-]', sc_oper),
    (r'\d+\.\d*', sc_float),
    (r'\d+', sc_int),
    (r'\s+', None)
    ])
```

이 예시의 의미는 다음과 같다. "세 가지 종류(연산자, 정수, 부동소수점)의 토큰을 인식하고, 각 토큰에 맞는 함수를 호출하여 토큰을 처리한다."

> Note ≡  이 예시에서 부동소수점 패턴이 정수 패턴보다 앞에 나열된 것이 중요하다. 그렇지 않으면 11.502와 같은 부동소수점 숫자는 정수 11, 점 기호(.), 다른 정수 식으로 읽히게 된다.

추후 8장에서 RPN 언어에 (identifiers 혹은 symbols로도 불리는) 변수 이름을 추가할 것이다. 다음은 이 RPN 언어 안에서 사용하는 변수들이다.

```
scanner = re.Scanner ([
    (r'[a-zA-Z]\w*', sc_ident),
    (r'[*+/-]', sc_oper),
    (r'\d+\.\d*', sc_float),
    (r'\d+', sc_int),
    (r'\s+', None)
    ])
```

자, 이제 사용된 각 함수를 자세히 살펴보자.

> 함수_이름(스캐너, 토큰_문자열)

첫 번째 인수 '스캐너'는 스캐너 객체 자체의 참조다. 비록 이 인수가 추가 정보를 전달하는 데 사용될 수 있다고 하더라도, 이 인수를 가지고 할 일은 더 이상 없다.

두 번째 인수 '토큰_문자열'은 토큰을 담고 있는 부분 문자열을 참조한다.

다음 전체 예시는 간단한 RPN 번역기에서 사용할 스캐너를 만들고 있다.

```
import re

def sc_oper(scanner, tok): return tok
def sc_int(scanner, tok): return int(tok)
def sc_float(scanner, tok): return float(tok)

scanner = re.Scanner ([
    (r'[*+/-]', sc_oper),
    (r'\d+\.\d*', sc_float),
    (r'\d+', sc_int),
    (r'\s+', None)
    ])
```

이렇게 정의한 코드로 함수 scanner.scan을 호출할 수 있게 된다. 이 함수는 2개의 출력 값을 담은 튜플을 반환한다. 첫 번째 값은 함수에 의해 반환된 모든 토큰을 담고 있는 리스트이며, 두 번째 값은 성공적으로 스캔되지 않은 텍스트를 담고 있는 문자열이다. 다음 예시를 살펴보자.

```
print(scanner.scan('3 3+'))
```

출력 결과는 다음과 같다.

```
([3, 3, '+'], '')
```

숫자는 정수로 반환되었고, 연산자 +는 단일-문자 문자열로 반환되었다는 것에 주목하자.

```
print(scanner.scan('32 6.67+ 10 5- *'))
```

이 예시의 출력 결과는 다음과 같다.

```
([32, 6.67, '+', 10, 5, '-', '*'], '')
```

보다시피 스캐너 객체는 토큰 리스트를 반환하며, 각 토큰은 적당한 타입을 취하고 있다. 하지만 아직 RPN 문자열을 검증하지는 못한다. 추가 작업이 조금 더 필요하다. RPN 검증 로직이 다음과 같다는 것을 기억하자.

```
If 토큰이 정수이거나 부동소수점이면
    숫자를 스택의 맨 꼭대기에 위치한다.
Else 토큰이 연산자면
    2개의 항목을 추출하여 op2, op1에 순서대로 집어넣는다.
    주어진 연산을 수행한다.
    결과를 스택의 맨 꼭대기에 위치한다.
```

다음 절에서 스캐너 객체와 함께 이 프로그램 로직을 구현하는 가장 좋은 방법을 살펴볼 것이다.

# 7.10 RPN: 스캐너로 더 많은 작업 수행하기

지난 절에서 개발한 re.Scanner 객체는 정수, 부동소수점 숫자와 연산자를 인식한다. 애플리케이션의 스캐너 부분은 다음과 같다.

```
import re

scanner = re.Scanner ([
    (r'[*+/-]', sc_oper),
    (r'\d+\.\d*', sc_float),
```

```
    (r'\d+', sc_int),
    (r'\s+', None)
    ])
```

RPN 번역기 애플리케이션을 확장하기 위해 각자의 역할을 하는 3개의 함수(sc_oper, sc_float, sc_int)를 만들어야 한다. 마지막 2개의 함수는 숫자를 스택에 넣는다. 반면 sc_oper 함수는 더 많은 작업을 수행한다. 2개의 피연산자를 스택에서 추출(pop)한 후 연산을 수행하고 다시 스택에 집어넣는다(push).

람다 함수를 사용하면 이 함수들 중 일부를 더 짧게 작성할 수 있다. 지난 3장에서 처음 소개한 람다는 실행 시점에 만들어지는 익명 함수다.

하지만 첫 번째 줄은 피연산자들을 추출하고 연산자를 수행하기 위해 더욱 정교해질 필요가 있다. 이 람다 함수는 더욱 정교한 함수인 bin_op을 호출한다. 예시 코드는 다음과 같다.

```
scanner = re.Scanner ([
    (r'[*+/-]', lambda s, t: bin_op(t)),
    (r'\d+\.\d*', lambda s, t: the_stk.append(float(t))),
    (r'\d+', lambda s, t: the_stk.append(int(t))),
    (r'\s+', None)
    ])

def bin_op(tok):
    op2, op1 = the_stk.pop(), the_stk.pop()
    if tok == '+':
        the_stk.append(op1 + op2)
    elif tok == '*':
        the_stk.append(op1 * op2)
    elif tok == '/':
        the_stk.append(op1 / op2)
    elif tok == '-':
        the_stk.append(op1 - op2)
```

bin_op 함수는 스캐너가 연산자(*, +, /, -)를 찾을 때마다 스캐너 객체의 맨 꼭대기 줄에서 호출된다. 이 연산자는 bin_op 함수의 인수(tok)로 전달되어 4개의 연산자 중 어떤 연산을 처리할지 결정하는 데 사용된다.

이런 람다 함수는 명확해야 하며, 다른 함수를 호출하는 것 외에는 상대적으로 하는 일이 거의 없다. 첫 번째 줄(연산자 토큰 인식)은 연산자 토큰 자체를 전달하면서 bin_op 함수를 호출할 뿐이다. 두 번째 줄과 세 번째 줄에는 적절한 정수 또는 부동소수점이 추가된다.

여기에 미묘한 부분이 있다. 람다 함수는 각각 s와 t의 두 인수(각각 스캐너와 토큰을 의미)와 함께 호출되지만, 각 람다 함수는 다른 함수에 인수 하나를 전달하면서 호출한다.

이제 적절한 스캐너 객체와 더 많은 작업을 수행하는 bin_op 함수가 있으면 입력 값을 받아 스캔한 후 마무리하는 main 함수만 있으면 된다.

자, 이제 완전한 애플리케이션을 살펴보자.

```python
# File scanner_rpn.py -----------------------------

import re

the_stk = [ ]

scanner = re.Scanner ([
    (r'[*+/-]', lambda s, t: bin_op(t)),
    (r'\d+\.\d*', lambda s, t: the_stk.append(float(t))),
    (r'\d+', lambda s, t: the_stk.append(int(t))),
    (r'\s+', None)
    ])

def bin_op(tok):
    op2, op1 = the_stk.pop(), the_stk.pop()
    if tok == '+':
        the_stk.append(op1 + op2)
    elif tok == '*':
        the_stk.append(op1 * op2)
    elif tok == '/':
        the_stk.append(op1 / op2)
    elif tok == '-':
        the_stk.append(op1 - op2)

def main():
    input_str = input('Enter RPN string: ')
    tokens, unknown = scanner.scan(input_str)
    if unknown:
        print('Unrecognized input:', unknown)
    else:
        print('Answer is', the_stk.pop())

main()
```

이 코드의 동작 방식을 하나씩 살펴보자.

- main 함수는 최대한 많은 토큰(연산자 혹은 숫자 혹은 둘 다)을 찾을 수 있는 scanner.scan 을 호출한다.
- 스캐너 객체가 토큰을 찾을 때마다 적절한 함수(bin_op 혹은 (실제로 리스트인) the_stk의 append 메서드)를 호출한다.

우리는 이 코드를 각각 따로따로 수행하기보다는 연산자를 전달하여 조금 더 간결하고 명확하게 수정할 수 있다.

이 버전이 어떻게 동작하는지 이해하기 위해 파이썬의 함수도 일급-클래스 객체라는 것(함수도 객체)을 기억하는 것이 중요하다. 그러면 함수도 인수로 직접 전달할 수 있다.

operator 패키지에 이미 정의되어 있는 기능 객체(콜러블(callable))를 사용하면 이 장점을 누릴 수 있다. 이 기능을 사용하기 위해 operator 패키지 자체를 탑재해야 한다.

```
import operator
```

그리고 나면 피연산자 2개를 대상으로 더하기, 빼기 등을 수행하는 콜러블 객체를 참조할 수 있게 된다. 피연산자는 단일 콜러블만 담고 있는 인수 리스트에 포함되지 않는다. 대신 bin_op 함수가 스택 값을 추출하여 피연산자를 제공한다.

```
operator.add
operator.sub
operator.mul
operator.truediv
```

개정된 애플리케이션은 이전 그대로의 애플리케이션임에도 불구하고, 더 효율적이고 유지 보수가 쉬워졌다. 추가되거나 변경된 줄은 굵게 표시했다.

```
# File scanner_rpn2.py -----------------------------

import re
import operator

the_stk = [ ]

scanner = re.Scanner ([
    (r'[+]', lambda s, t: bin_op(operator.add)),
    (r'[*]', lambda s, t: bin_op(operator.mul)),
    (r'[-]', lambda s, t: bin_op(operator.sub)),
    (r'[/]', lambda s, t: bin_op(operator.truediv)),
```

```
                (r'\d+\.\d*', lambda s, t: the_stk.append(float(t))),
                (r'\d+', lambda s, t: the_stk.append(int(t))),
                (r'\s+', None)
                ])

    def bin_op(oper):
        op2, op1 = the_stk.pop(), the_stk.pop()
        the_stk.append(oper(op1, op2))

    def main():
        input_str = input('Enter RPN string: ')
        tokens, unknown = scanner.scan(input_str)
        if unknown:
            print('Unrecognized input:', unknown)
        else:
            print('Answer is', the_stk.pop())

    main()
```

마지막 변화를 살펴보면 몇 개의 줄로 어느 정도의 코드를 줄인 것을 확인할 수 있다.

변경된 부분을 살펴보자. 스캐너 객체를 사용한 이 방법으로 얻은 것은 무엇인가?

우리는 입력 값을 정규표현식 함수 re.findall을 사용하여 토큰으로 쪼개고, 한 번에 하나씩 토큰을 처리한 후 검사하여 어떤 함수를 호출할지 결정했다.

스캐너 객체를 생성해서 비슷한 작업을 할 수 있지만, 더욱 많은 부분을 제어할 수 있다. 이 RPN 번역기 애플리케이션은 특정 토큰을 찾으면서 스캐너 객체를 반환하며, 이 스캐너 객체가 직접 호출하는 함수로 통제된다.

# 7.11 / 정리해 보자

이 장에서는 파이썬 정규표현식의 많은 고급 기능을 살펴보았다.

무척 유용한 기능 두 가지는 태그가 없는 그룹과 전방탐색 기능이었다. 태그가 없는 그룹은 문법적으로 찾고자 하는 단위(그룹)를 인식하고 싶지만, 나중에 다시 읽기 위해 이력을 남기지 않을 때 유용하다. re.findall 함수는 경우에 따라 그룹에 태그를 지정하지 않으면 훨씬 사용하기 쉽다는 것이 밝혀졌다. 태그가 없는 그룹은 다음 문법을 따른다.

```
(?:expr)
```

정규표현식 전방탐색 기능은 여러 상황에서 무척 유용하다. 이 기능은 앞으로 읽을 문자의 일치 유무를 파악하지만 해당 문자를 소비하지 않는 방법을 제공한다. 간단하게 설명하자면 (전방탐색 을 수행한 후) 다음 정규표현식 일치 유무 판단을 현재 위치에서부터 시작할 것이다. 전방탐색 문 자는 다시 읽을 문자열 속으로 되돌아간다.

이 기능은 여러 조건을 re.match나 다른 일치 함수를 한 번만 호출하여 확인하는 것을 가능하게 하는 매우 강력한 기능이다.

전방탐색 기능은 다음 문법을 따른다.

```
(?=expr)
```

최종적으로 이 장은 스캐너 클래스를 소개했다. 이 기능은 파일이나 입력받은 문자열로부터 토큰 을 읽고, 각 문자를 원하는 데이터 타입으로 변환하는 최대의 유연성을 제공한다.

8장에서 RPN 번역기 프로젝트의 문법을 재활용할 것이다.

SUPERCHARGED PYTHON

# 7.12 / 복습 문제

1 가능한 한 적은 단어로 탐욕적 일치 구문과 게으른 일치 구문의 차이를 설명하라. 즉, 탐욕적 패턴을 게으른 패턴으로 바꾸기 위해 필요한 최소한의 노력은 무엇인가? 변경하거나 추가해야 하는 문자의 집합 혹은 문자는 무엇인가?

2 탐욕적 일치와 게으른 일치가 정확하게 언제 차이를 만드는가? 게으른 일치를 사용하지만 탐 욕적 일치만이 가능할 때 무슨 일이 일어나는가?

3 단 한 번의 일치만을 찾고, 어떤 교체도 하지 않는 간단한 문자열 일치에서 태그가 없는 그룹을 사용하면 어떤 차이가 있는가?

4 여러분의 프로그램에 태그가 없는 그룹을 사용했을 때 생길 수도 있는 큰 차이점이 무엇인지 묘사해 보자.

5 전방탐색 조건은 찾고자 하는 문자를 소비하지 않는 데에서 표준 정규표현식 패턴과 다르게 동작한다. 전방탐색 조건을 사용하여 여러분의 프로그램에 다른 결과를 만들 수 있는 상황을 묘사해 보자.

6 정규표현식의 긍정적 전방탐색과 부정적 전방탐색 간의 정확한 차이점은 무엇인가?

7 정규표현식에서 숫자로 그룹을 참조하는 대신 명명 그룹을 사용하여 얻는 이점은 무엇인가?

8 대상 문자열 안에 반복되는 항목을 인식하는 명명 그룹을 사용할 수 있는가? 대상 문자열은 다음과 같다. "The cow jumped over the the moon?"

9 문자열을 구문 분석할 때 re.findall 함수는 못하지만 스캐너 인터페이스가 할 수 있는 것은 무엇인가? 최소한 1개 이상 적어라.

10 스캐너 객체는 명명 스캐너를 가지고 있는가?


# 7.13 / 실습 문제

1 7.4절의 정규표현식 예시는 복잡한 텍스트 안에 여러 문장을 읽고 문장의 개수를 파악하기 위해 개발되었다. 이 코드를 여러 빈칸이 있는 문장이나 숫자로 시작하는 문장과 같이 조금 더 복잡한 패턴을 다룰 수 있게 수정하라.

2 개행 문자(\n)가 읽히면 하나의 빈칸으로 교체할 수 있게 코드를 수정하라.

# 8장

# 텍스트와
# 바이너리 파일

초기의 개인용 컴퓨터는 말과 마차 시대를 떠올릴 만큼 느리게 감기는 구식 카세트 드라이브를 사용했었다. 그러나 세상은 변했다.

파일이나 저장 장치가 여전히 중요한 이유는 영구적으로 데이터를 저장할 수 있기 때문이다. 파이썬은 파일을 읽고 쓰는 다양한 방법을 제공한다. 〈Python Without Fear〉(Addison-Wesley, 2017)는 텍스트 I/O 관련 기본 기술들을 제시했다. 이 장은 이 기술들을 살펴보며, 원시(raw) 데이터 혹은 바이너리 데이터를 읽고 쓰는 방법을 탐험할 것이다.

데이터를 영구적으로 저장하는 흥미로운 세계로 떠나는 여정을 준비하기 바란다! 하지만 먼저 기본 지식부터 검토할 것이다. 우선 파이썬에 적용되는 텍스트 모드와 바이너리 모드의 차이점이 무엇인지 살펴보자.

SUPERCHARGED PYTHON

## 8.1 두 가지 종류의 파일: 텍스트와 바이너리

그림 8-1에서 볼 수 있듯이 파이썬은 텍스트와 바이너리 파일 간에 큰 차이점이 있다.

**그림 8-1** 바이너리와 텍스트 파일

```
X0 FF 17 23
2E 4A 9B 02
78 62 5E 44
```

**바이너리 파일**
(16진수 코드 표현)

```
I walk the
journey of
1,000 miles.
```

**텍스트 파일**
(문자 표현)

첫 번째 차이점은 저수준(low-level)의 파일-접근 모드다. 텍스트 모드에서는 개행 문자가 자동으로 번역되어 개행-캐리지 리턴 쌍을 대체한다(newline-carriage return)(시스템에 따라 순서가 다르다). 올바른 모드를 사용하는 것이 중요하다.[1]

1 역주 캐리지 리턴(carriage return) 또는 간단히 리턴(return)은 문자의 새 줄을 시작하는 데 쓰이는 제어 문자나 그 구조를 가리킨다. 컴퓨터 환경에서는 간단히 CR로 줄여 쓴다(출처: 위키백과).

두 번째 차이점으로 파이썬은 텍스트 파일 모드에서 아스키 문자와 유니코드 인코딩을 지원하는 표준 파이썬 문자열을 사용하여 읽기/쓰기를 수행해야 한다. 하지만 바이너리 연산은 원시 바이트를 보장하는 byte 클래스를 사용해야 한다.

마지막으로 텍스트 쓰기는 숫자 데이터를 문자열 포맷으로 변환하는 것을 포함한다.

## 8.1.1 텍스트 파일

텍스트 파일은 데이터 대부분이 텍스트 문자열로 구성된 파일이다. 모든 데이터는 심지어 숫자 데이터까지 텍스트 편집기로 읽거나 수정할 수 있다.

파일에 숫자를 쓸 수 없는 것은 아니지만, 일반적으로 출력이 가능한 디지털 문자로 기록된다.

텍스트 파일의 장점은 범용적으로 사용되어 포맷이 없는 바이너리 파일에 비해서 상대적으로 널리 사용된다는 것이며, 개행 문자에 의해 텍스트 줄이 구분되는 간단한 포맷을 지니고 있다는 점이다. 여전히 글자는 성능상 이점을 가져다 준다.

> 성능Tip ☆ 데이터 파일이 대량의 데이터를 갖고 있거나 숫자만 지니고 있다면, 바이너리 포맷이 (기본 설정인 텍스트 포맷에 비해) 성능상 몇 배 더 빠르게 실행될 수 있다. 숫자를 텍스트로 변환하거나 텍스트를 숫자로 변환하는 시간과 비용이 들지 않기 때문이다.

## 8.1.2 바이너리 파일

바이너리 파일은 출력이 가능한 데이터를 지니고 있으나, 출력할 필요가 없다. 가장 큰 차이점은 숫자를 읽거나 쓸 때 나타난다.[2]

그림 8-2에서 보여 주듯이 텍스트-파일 연산은 숫자(10진수)를 포함하여 모든 데이터를 사람이 읽을 수 있는 문자로 기록한다. 그러므로 숫자 1,000은 문자 '1'과 3개의 '0'으로 써진다.

과거에 옛 프로그래머들은 프로그램을 사용하는 사용자가 영어를 사용한다고 가정했으며, 한 글자당 한 바이트만을 사용하는 아스키(ASCII) 포맷을 따르는 것이 일반적이었다. 오늘날의 환경에서는 다른 나라의 언어를 표현할 수 있도록, 한 바이트가 아닌 두 바이트 이상으로 문자를 표현하는 유니코드를 사용하는 것이 일반적이다.

---

2 **역주** 바이너리 파일은 출력을 하더라도 내용을 전혀 알아볼 수 없기 때문에 출력할 필요가 없다고 했다.

| 1 | , | 0 | 0 | 0 | (sp) | - | 1 | 0 | (sp) |
|---|---|---|---|---|------|---|---|---|------|

텍스트 파일: 각 바이트는 문자로 구성된다

| 1000 | -10 |
|------|-----|

바이너리 파일: 고정-길이 정수 필드에 값이 저장된다

바이너리 모드를 사용하면 이 경우에는 숫자 1,000을 숫자 값(4바이트 정수)에 직접 쓴다. 사람의 언어는 바이너리로 표현해도 달라지지 않는다.

바이너리 모드의 장점은 속도를 올리고, 크기를 줄인다는 것이다. 반면 바이너리 파일 연산자는 데이터를 표현한 특정 포맷을 이해해야 한다.

SUPERCHARGED PYTHON

# 8.2 바이너리 파일을 사용하는 경우: 요약

파이썬은 고수준(high-level) 객체를 다루는 반면, 바이너리 파일은 원시 데이터(raw data)로 구성되어 있기 때문에 바이너리 파일을 다루는 파이썬 프로그래머에게 문제를 안겨 줄 수 있다.

예를 들어 파이썬 언어는 잠재적으로 어마어마하게 큰 정수를 사용할 수 있으며, 이를 저장하기 위해 많은 바이트가 필요하다. 하지만 정수를 파일에 기록하려면 얼마만큼의 바이트를 사용할지 정확하게 결정해야만 한다. 이 이슈는 다양한 길이의 포맷을 사용할 수 있는 텍스트 문자열이나 부동소수점 값에서도 발생할 수 있다.

파이썬은 이 문제를 해결하는 패키지를 제공한다. 별도로 추가 소프트웨어를 내려받을 필요 없이, 바이너리 파일을 읽고 쓸 수 있는 방법이 최소한 4개는 존재한다. 이 패키지들은 파이썬 표준 라이브러리에 포함되어 있다.

- bytes 문자열에 직접 인코딩하여 바이트를 읽고 쓴다.
- struct 패키지로 숫자와 문자열 저장소를 표준화하여 일관성 있게 읽고 쓴다.
- 고수준 파이썬 객체로 항목을 읽고 쓰기 위해 pickle 패키지를 사용한다('파이썬 pickle 패키지'는 이 패키지를 사용하지 않을 때보다 10배 빠르다).

- 전체 데이터 파일을 파이썬 객체인 큰 데이터 딕셔너리 하나로 다루기 위해 shelve 패키지를 사용한다.

내장된 16진수 코드로 구성된 bytes 문자열을 사용하여 바이트를 직접 읽거나 쓸 수 있다. 기계-언어 프로그래밍이 동작하는 방식과 유사하다.

다른 방식으로는 일반적인 파이썬 내장 타입(정수, 부동소수점, 문자열)을 'C' 타입으로 변환(데이터를 문자열 안에 넣고 씀)하기 위해 struct 패키지를 사용하는 것이다. 이 기술은 원시 바이트를 쓰는 대신, 파이썬 변수를 미리 정한 크기의 데이터 필드 안에 넣는 어려운 작업을 가능하게 한다. 이 방법으로 쓴 데이터를 다시 읽으면 올바른 바이트 숫자를 읽을 수 있다. 따라서 이 방법은 기존 바이너리 파일을 사용할 때 유용하다.

다른 파이썬 프로그램에서 읽기 위한 용도로 신규 바이너리 파일을 만들 때, 파이썬 객체를 '피클 (pickle)'하는 pickle 패키지를 사용할 수 있다. 그러면 패키지 루틴에 의해서 파일 안에 저장된 객체를 정확하게 표현하게 된다.

마지막으로 pickle 패키지 기반이지만, 더 고수준으로 만들어진 shelve 패키지를 사용할 수 있다. 셸빙(shelving) 연산으로 데이터를 피클하면 하나의 큰 딕셔너리로 전체 파일을 다룰 수 있다. 이 패키지의 핵심에 따라 원하는 객체의 위치를 검색(look up)할 수 있으며, 객체는 임의 접근 (random access)으로 빠르게 찾을 수 있다.

SUPERCHARGED PYTHON

# 8.3 파일/디렉터리 시스템

os(operation system)(운영 체제) 패키지는 파이썬을 내려받을 때 함께 설치되며, 제어 프로세스와 함께 파일/디렉터리 시스템을 면밀히 살펴볼 수 있게 해 준다. 패키지를 탑재하여 도움말을 요청하면 전체 요약을 확인할 수 있다.

```
import os
help(os)
```

os 패키지가 제공하는 함수는 이 장에서 전체 리스트를 나열하고 설명하기에는 너무 방대하다. 하지만 다음에 나열된 항목들로 os 패키지의 개요를 살펴보자.

- **프로세스를 시작, 종료, 반복하는 함수**: spawn, kill, abort, fork. fork 함수는 기존 프로세스 기반으로 신규 프로세스를 파생한다.

- **파일/디렉터리 시스템을 변경하거나 탐색하는 함수**: rename, removedirs, chroot, getwcd(현재 작업 디렉터리 반환), rmdir(디렉터리 제거), listdir, makedir, mkdir

- **파일 플래그와 다른 속성들을 수정하는 함수**: chflags, chmod, chown

- **환경 변수를 가져오거나 조정하는 함수**: getenv, getenvb, putenv

- **신규 시스템 명령어를 실행하는 함수**: exec로 시작하는 이름을 가진 함수들

- **파일 I/O에 저수준 접근을 가능하게 하는 함수**: 파이썬 읽기/쓰기 함수인 open, read, write가 이 함수를 기반으로 만들어졌다.

os와 os.path 패키지는 파일을 열기 전에 파일 존재 유무를 확인할 수 있으며, 디스크에서 파일을 삭제할 수 있는 능력도 부여한다. 파일 삭제는 세심한 주의가 필요하다.

다음 IDLE 세션에서는 작업 디렉터리를 확인하고, Documents 하위 디렉터리로 이동한 후 현재 작업 디렉터리를 다시 확인하고 있다. 그러고 나서 pythag.py 파일의 존재 유무를 확인한다. 마지막으로 파일을 제거한 후 파일이 제거되었는지 확인한다.

```
>>> import os
>>> os.getcwd()
'/Users/brianoverland'
>>> os.chdir('Documents')
>>> os.path.isfile('pythag.py')
True
>>> os.remove('pythag.py')
>>> os.path.isfile('pythag.py')
False
```

파일의 존재 유무를 확인하기 위해 os.path.isfile 함수를 사용하는 것은 좋은 생각이다. 또 다른 유용한 함수는 os.listdir이다. 이 함수는 (기본적으로) 현재 디렉터리 혹은 특정 디렉터리의 모든 파일 이름을 리스트로 반환한다.

```
os.listdir()
```

# 8.4 파일을 열 때 발생하는 예외 다루기

언제든지 파일을 열면 런타임 에러(예외(exception))가 발생할 수 있다. 프로그램이 '폭발(bomb out)'하는 대신, 이 예외를 우아하게 처리한다면 여러분의 프로그램은 항상 더 전문성을 확보하면 서도 사용하기가 무척 쉬울 것이다.

한 가지 가장 일반적인 예외는 존재하지 않는 파일을 열려고 시도할 때 발생한다. 사용자가 오타를 입력할 수 있기 때문에 이 예외는 생각보다 쉽게 발생한다. 이런 경우 FileNotFoundError 예외가 발생한다.

```
try:
    문장_블록_1
except 예외_클래스:
    문장_블록_2
```

'블록문_1'이 실행되는 동안 예외가 발생하면 이 예외가 except 블록에 명시한 특정 '예외_클래스' 와 일치하지 않는 이상, 프로그램을 갑자기 중단시킬 수 있다. 만약 프로그램이 하나 이상의 예외 타입을 처리하고 싶다면 다음과 같이 여러 except 블록을 명시할 수도 있다.

```
try:
    문장_블록_1
except 예외_클래스_A:
    문장_블록_A
[ except 예외_클래스_B:
    문장_블록_B ]...
```

이번 예시에서 대괄호 기호는 반드시 작성할 필요가 없는 선택 항목이라는 것을 의미한다. 문장의 생략 부분(...)은 선택 항목으로 추가할 수 있는 조건이 더 많을 수도 있다는 것을 의미한다.

또한, else와 finally라는 추가 선택 조건이 2개 더 있다. 둘 중에 하나만 사용할 수도 있고, 둘 다 사용할 수도 있다.

```
try:
    문장_블록_1
except 예외_클래스_A:
    문장_블록_A
[ except 예외_클래스_B:
    문장_블록_B ]...
[ else:
    문장_블록_2 ]
[ finally:
    문장_블록_3 ]
```

선택 항목 else 조건은 첫 번째 블록문이 예외 없이 완벽하게 실행이 끝나면 실행된다. finally 조건은 다른 모든 블록이 실행되고 나서 무조건 실행된다.

다음 예시는 파일을 읽기 위해 텍스트 모드에서 파일을 열 때, 앞서 설명한 기능들을 사용하는 방법을 보여 준다.

```
try:
    fname = input('Enter file to read:')
    f = open(fname, 'r')
    print(f.read())
except FileNotFoundError:
    print('File', fname, 'not found. Terminating.')
```

이번 예시에서는 except를 사용하여 파일을 찾지 못해서 발생하는 예외를 처리하고 있다. 해당 예외가 발생하면 프로그램을 친절하게 종료하거나 다른 작업을 수행한다. 하지만 여러분이 원하듯이 자동으로 정확한 파일 이름을 다시 입력하라고 하지는 않는다.

예외 발생 시 제대로 된 파일 이름을 다시 입력하게 하려면 (1) 사용자가 입력한 파일을 성공적으로 찾거나 (2) 사용자가 빈 문자열을 입력해서 직접 프로그램을 종료하라고 지시할 때까지 종료되지 않는 무한 루프를 설정해야 한다.

더 유연하게 코드를 작성하기 위해 try/except 구문을 while 루프와 조합할 수 있다. 루프는 break 조건이 있기 때문에 실제로 무한 루프가 수행되지는 않는다. 이 프로그램은 사용자가 유효한 파일 이름을 입력하거나, 프로그램 종료를 위해 빈 문자열을 입력할 때까지 사용자의 입력을 요청한다.

```
while True:
    try:
```

```
            fname = input('Enter file name: ')
            if not fname:                              # 빈 문자열이 입력되면 종료한다.
                break
            f = open(fname)                            # 파일 열기를 시도한다.
            print(f.read())
            f.close()
            break
        except FileNotFoundError:
            print('File could not be found. Re-enter.')
```

다음 예시는 이 코드에 else 조건을 추가한 버전이다. 이 버전은 예외가 발생하지 않는 경우에만 close 함수를 호출한다. 코드의 실행 결과는 똑같지만, 이 버전이 키워드를 더 적절하게 사용했다.

```
while True:
    fname = input('Enter file name: ')
    if not fname:
        break
    try:
        f = open(fname)                            # 파일 열기를 시도한다.
    except FileNotFoundError:
        print('File could not be found. Re-enter.')
    else:
        print(f.read())
        f.close()
        break
```

# 8.5 'with' 키워드 사용하기

파일 작업을 수행하는 가장 확실한 방법은 파일을 열고, 파일 I/O를 수행한 후 파일을 닫는 것이다. 하지만 파일 I/O 읽기를 수행하는 도중에 예외가 발생하면 어떻게 될 것인가? 프로그램은 파일을 제대로 닫지 않고, 자원을 해제하지 않은 상태로 갑자기 종료될 것이다.

이를 해결하는 훌륭한 지름길은 with 문을 사용하는 것이다. with 문은 파일을 열어 변수로 파일에 접근할 수 있게 한다. 만약 블록문을 수행하는 도중에 예외가 발생하면 파일은 자동적으로 닫히며, 파일 핸들러가 열린 채로 남아 있지 않다.

```
with open(파일_이름, 모드_문자열) as 파일_객체:
    문장
```

이 문법에서 '파일_이름'과 '모드_문자열' 인수는 다음 절에서 살펴볼 open 문 안에서 사용하는 것과 동일한 의미를 갖는다. '파일_객체'는 사용자가 정하는 변수 이름이다. 이 변수는 open 문이 반환한 파일 객체를 대입한 것이다. 그러고 나서 '문장'은 (물론) 예외가 발생하기 전까지 실행된다.

다음은 텍스트 파일을 with 키워드로 열어 본 예시다.

```
with open('stuff.txt', 'r') as f:
    lst = f.readlines()
    for thing in lst:
        print(thing, end=' ')
```

# 8.6 / 읽기/쓰기 연산의 요약

표 8-1은 텍스트, 바이너리, 피클된 파일을 읽거나 쓰는 데 사용하는 기본 문법을 요약한 것이다.

▼ 표 8-1 파일 읽기와 쓰기를 위한 문법

| 함수 혹은 메서드 | 설명 |
| --- | --- |
| file = open(name, mode) | 파일을 읽기/쓰기 위해 연다. 일반적인 모드는 텍스트 모드 'w'와 'r'과 바이너리 모드 'wb'와 'rb'를 포함한다. 텍스트 파일 모드(읽기 혹은 쓰기)가 기본 설정이다. 또한, 'r'혹은 'w' 모드에 더하기 기호(+)를 추가하면 읽기/쓰기가 모두 가능해지는 것을 기억하자. |
| str = file. readline(size=-1) | 텍스트-파일 읽기 연산. 텍스트의 다음 줄을 개행 문자가 나올 때까지 읽어서 문자열로 반환한다. 문장의 끝에 나타나는 개행 문자(trailing newline)는 반환된 문자열의 일부이며, 한 가지 상황을 제외하고는 최소 1개 이상의 개행 문자가 반환된다. 한 가지 예외 상황인 파일의 끝(EOF)에 도달한 경우에는 빈 문자열을 반환한다.<br>파일 마지막 줄을 읽는 특수한 경우에는 마지막 문자에 개행 문자가 나타나지 않는 이상, 개행 문자 없는 문자열을 반환할 것이다. |
| list = file. readlines() | 텍스트-파일 읽기 연산. 파일 안의 모든 텍스트를 읽어서 텍스트 1줄이 각각의 항목으로 구성된 리스트를 반환한다. 마지막 줄이 아니라면 모든 텍스트 줄의 마지막 문자는 개행 문자라고 가정할 수 있다. |

⟳ 계속

| 함수 혹은 메서드 | 설명 |
|---|---|
| str = file.<br>read(size=-1) | 바이너리-파일 읽기. 하지만 텍스트 파일과 함께 사용할 수도 있다. 파일의 내용을 읽고 문자열로 반환한다. size 인수는 읽을 바이트 개수를 제어한다. (기본 설정인) -1로 설정하면 모든 내용을 읽어서 반환한다.<br>텍스트 모드에서 size 인수는 바이트가 아니라 문자의 개수를 의미한다.<br>바이너리 모드에서 반환된 문자열은 반드시 바이트의 뭉치로 보아야 한다. 실제 텍스트 문자열은 아니다. |
| file.write(text) | 텍스트 혹은 바이너리 쓰기 연산. 쓰기를 한 바이트(혹은 텍스트 모드에서는 문자) 개수인 문자열의 길이를 반환한다.<br>바이너리 모드에서 문자열은 바이트 문자열이 아닌 데이터를 지니는 경우가 많을 것이다. 이런 데이터는 쓰기 전에 반드시 bytes 문자열이나 bytearray 포맷으로 변환해야 한다.<br>텍스트 모드에서 이 메서드나 writelines는 개행 문자를 자동으로 입력하지 않는다. |
| file.writelines(str_<br>list) | 주로 텍스트 모드에서 사용하는 쓰기 연산. 나열된 문자열을 입력한다. 인수는 입력할 텍스트 문자열 리스트다.<br>이 메서드는 입력할 데이터에 개행 문자를 입력하지 않는다.<br>그러므로 리스트의 각 항목을 별도의 줄로 인식하고 싶다면 개행 문자를 직접 입력해야 한다. |
| file.writable() | 파일을 수정할 수 있으면 True를 반환한다. |
| file.seek(pos, orig) | 파일 안의 파일 포인터를 지시한 위치로 이동한다. 임의 접근이 지원되면 이 메서드는 파일 포인터를 다음 위치(orig)에서 양수 혹은 음수 오프셋(pos)만큼 이동시킨다. orig는 다음 셋 중 하나다.<br>0 - 파일의 시작 지점<br>1 - 현재 위치<br>2 - 파일의 끝 지점 |
| file.seekable() | 파일 시스템이 임의 접근을 제공하면 True를 반환한다.<br>그렇지 않으면 seek 혹은 tell을 사용할 때, UnsupportedOperation 예외가 발생한다. |
| file.tell() | 현재 파일 위치를 반환한다. 파일 시작 지점의 바이트 개수를 반환한다. |
| file.close() | 파일을 닫고 I/O 버퍼를 비워(flush) 지연되고 있던 모든 읽기/쓰기 연산을 파일에 반영한다. 이제 다른 프로그램이나 프로세스는 해당 파일에 자유롭게 접근할 수 있다. |
| pickle.dump(obj, file) | 피클링과 함께 사용한다. 이 메서드는 바이너리 객체인 obj의 내용을 바이너리 포맷으로 만들고, 주어진 file에 그 내용을 기록한다. |
| pickle.dumps(obj) | 피클링과 함께 사용한다. 이 메서드는 obj의 바이너리 표현을 바이트 서식으로 반환한다. 바이트 서식은 앞 메서드인 pickle.dump와 함께 사용된다. 이 메서드는 객체를 실제로 파일에 기록하지 않기 때문에 제한적이다. |
| pickle.load(file) | 피클링과 함께 사용한다. 이 메서드는 앞에서 pickle.dump 메서드로 파일에 작성한 객체를 반환한다. |

**8**

텍스트와 바이너리 파일

피클 함수는 그 기능을 사용하기 전에 pickle 패키지를 탑재해야 한다.

```
import pickle
```

# 8.7 텍스트 파일 작업 상세하게 알아보기

텍스트 파일이 성공적으로 열리면 콘솔에서 텍스트를 읽고 쓰는 것처럼 파일을 읽고 쓸 수 있다.

> Note ≡ 콘솔과 상호 작용하는 것은 3개의 특수 파일(sys.stdin, sys.stdout, sys.stderr)로 가능하며, 파일을 열 필요가 없다. 직접 언급할 필요는 없지만, input과 print 함수는 실제로 보이지 않는 이 파일들을 사용하여 동작한다.

파일을 읽을 때 사용할 수 있는 3개의 메서드가 있다. 모든 메서드는 텍스트 파일에 사용할 수 있다.

```
문자열 = 파일.read(size=-1)
문자열 = 파일.readline(size=-1)
리스트 = 파일.readlines()
```

read 메서드는 파일의 전체 내용을 읽어서 하나의 문자열로 반환한다. 반환 문장은 원한다면 화면에 직접 출력할 수 있다. 개행 문자가 있으면 문자열 안에 내장된다.

size는 읽을 문자의 최대 개수를 명시한다. 기본 설정 -1은 전체 파일을 읽게 한다.

readline 메서드는 첫 개행 문자 혹은 명시한 size에 도달할 때까지 내용을 읽는다. 문자열 자체를 읽으면 문자열의 일부를 반환한다.

마지막으로 readlines 메서드는 파일 안의 모든 텍스트 줄을 읽어서 문자열 리스트로 반환한다. readline과 마찬가지로 문장의 끝에 나타나는 개행 문자(trailing newline)도 포함된다(따라서 마지막 줄을 제외한 모든 문자열은 개행 문자를 포함한다).

텍스트 파일에 쓰기 위해 사용되는 메서드가 2개 있다.

```
파일.write(문자열)
파일.writelines(문자열 | 문자열_리스트)
```

write와 writelines 메서드는 자동으로 개행 문자를 추가하지 않기 때문에 텍스트를 파일에 분리된 줄로 기록하고 싶다면 직접 개행 문자를 추가해야 한다.

두 메서드의 차이점으로 write 메서드는 쓴 문자 혹은 바이트의 개수를 반환한다. writelines 메서드는 두 가지 종류의 인수(문자열 하나 혹은 문자열 리스트)를 가질 수 있다.

파일 읽기/쓰기를 어떻게 사용하는지 간단한 예시로 살펴보자.

```
with open('file.txt', 'w') as f:
    f.write('To be or not to be\n')
    f.write('That is the question.\n')
    f.write('Whether tis nobler in the mind\n')
    f.write('To suffer the slings and arrows\n')

with open('file.txt', 'r') as f:
    print(f.read())
```

이 예시는 여러 문자열을 분리된 줄로 기록하고, 개행 문자를 포함한 내용을 바로 출력하고 있다.

```
To be or not to be
That is the question.
Whether tis nobler in the mind
To suffer the slings and arrows
```

같은 파일을 구분자가 개행 문자인 readline이나 readlines로 읽으면 각 문자열의 끝에 추가로 개행 문자를 읽게 된다. 한 번에 1줄씩 읽어서 출력하는 다음 예시를 살펴보자.

```
with open('file.txt', 'r') as f:
    s = ' '                    # 빈칸으로 초기화한다.
    while s:
        s = f.readline()
        print(s)
```

readline 메서드는 파일의 다음 줄을 반환한다. 여기에서 '줄(line)'은 다음 개행 문자나 파일의 끝을 만날 때까지 읽은 텍스트를 의미한다. 이미 파일의 끝 조건(EOF)에 도달한 경우에만 빈 문자열을 반환한다. 하지만 print 함수는 end 인수에 값을 설정하지 않는 이상 자동으로 추가 개행 문자를 출력한다. 출력 결과는 다음과 같다.

```
To be or not to be

That is the question.

Whether tis nobler in the mind

To suffer the slings and arrows
```

print 함수 인수 설정을 end=' '로 하면 추가 개행 문자를 출력하지 않는다. 다른 방법으로는 다음과 같이 읽을 대상 문자열의 개행 문자를 제거(strip)할 수도 있다.

```
with open('file.txt', 'r') as f:
    s = ' '                     # 빈칸으로 초기화한다.
    while s:
        s = f.readline()
        s = s.rstrip('\n')
        print(s)
```

이 예시는 간단한 작업을 복잡하게 만들기 시작한다. 더 간단한 해결책은 readlines 메서드(끝에 s가 붙었다)로 전체 파일을 리스트에 집어넣고, 그 리스트를 읽는 방법이 있다. 이 방법은 문장 끝의 개행 문자도 제대로 읽는다.

```
with open('file.txt', 'r') as f:
    str_list = f.readlines()
    for s in str_list:
        print(s, end=' ')
```

하지만 가장 간단한 해결책은 앞에서 보았듯이 전체 파일을 한 번에 읽고, 간단하게 read 메서드를 호출하여 전체 내용을 출력하는 것이다. 더 이상 여러 문자열을 리스트로 변경할 필요가 없다.

# 8.8 파일 포인터('seek') 사용하기

임의 접근을 할 수 있는 파일을 열었다면 seek과 tell 메서드를 사용하여 파일 안에 원하는 위치로 이동할 수 있다.

```
파일.seek(pos, orig)
파일.seekable()
파일.tell()
```

seekable 메서드는 파일 시스템이나 장치가 임의 접근 연산이 가능한지 확인한다. 파일 대부분은 임의 접근이 가능하다. 임의 접근을 할 수 없다면 seek이나 tell을 사용할 때 예외가 발생한다.

임의 접근을 사용하지 않는 프로그램에서도 seek 메서드는 종종 유용할 때가 있다. 텍스트 모드이든 바이너리 모드이든 간에 파일을 읽기 시작하면 처음부터 순서대로 파일을 읽어 나간다.

그런데 파일을 다시 처음부터 읽고 싶다면 어떻게 해야 할까? 일반적으로 파일을 다시 읽을 필요는 없겠지만, 테스트를 수행할 때 파일-읽기 연산을 반복적으로 실행하는 것이 유용하다는 것을 알고 있다. 언제나 seek을 사용하면 처음부터 파일을 다시 읽을 수 있다.

```
파일_객체.seek(0, 0)          # 파일 처음으로 돌아간다.
```

이 소스 코드는 '파일 객체'가 성공적으로 열린 파일의 객체라고 가정한다. 첫 번째 인수는 오프셋(offset)이다. 두 번째 인수는 origin이며 파일의 시작을 의미하는 0으로 설정되었다. 그러면 이 코드는 파일 포인터를 파일의 시작 지점으로 재설정(reset)한다.

오프셋에 넣을 수 있는 값은 0, 1, 2로 각각 파일의 시작, 현재 위치, 그리고 끝을 의미한다.

파일 포인터를 옮기는 것은 쓰기 연산에도 영향을 미친다. 이미 쓴 데이터를 덮어쓸 수도 있다. 파일의 끝으로 이동하면 모든 쓰기 연산은 데이터를 파일 끝에 추가한다.

한편 임의 접근은 여러 고정-길이 레코드를 가진 바이너리 파일에서 가장 유용하게 쓰인다. 이런 경우 0으로 시작하는 색인과 레코드 크기의 배수로 레코드에 직접 접근할 수 있다.

```
file_obj.seek(rec_size * rec_num, 0)
```

tell 메서드는 seek 메서드와 정반대다. tell 메서드는 파일 시작부터 찾는 대상까지의 바이트 개수를 확인할 수 있는 오프셋 숫자를 반환한다. 값 0은 현재 위치가 파일의 시작이라는 것을 가리킨다.

```
file_pointer = file_obj.tell()
```

# 8.9 RPN 프로젝트 안에서 텍스트 읽기

텍스트 파일을 읽고 쓸 수 있다면 후위 표기법(Reverse Polish Notation, RPN) 프로젝트에 새로운 능력을 부여할 수 있게 된다. 이 절에서 코드를 변경하고 나면 RPN 문장으로 구성된 텍스트 파일을 열어서 그 결과를 출력할 수 있을 것이다.

텍스트-파일 읽기 기능을 추가하면 전체 기능을 갖춘 언어 번역기를 만들기 위해 거쳐야 할 주요 단계를 하나 넘은 것이다.

## 8.9.1 현재까지의 RPN 번역기

7장에서 최종적으로 작성한 버전의 RPN 프로그램은 RPN 문장의 어휘를 분석하고 구문 분석(parsing)하기 위해 정규표현식 구문과 스캐너 객체를 사용한다. 프로그램은 한 번에 RPN 문장 하나를 처리하고, 빈 줄을 만나면 그만둔다.

다음 프로그램은 RPN의 각 줄이 입력되면 해당 코드 줄을 입력하고, 이 RPN 문장의 최종 숫자 값을 출력한다.

```
import re
import operator

stack = []              # 값을 보관하기 위한 스택

# 스캐너 객체. 각 토큰을 고립시키고, 상황에 맞는
# 다음 작업을 수행한다. 숫자 값을 스택에 넣거나(push)
# 연산자를 찾는 경우 스택 제일 위 항목 2개의
# 연산을 수행한다.

scanner = re.Scanner([
    (r"[ \t\n]", lambda s, t: None),
    (r"-?(\d*\.)?\d+", lambda s, t:
        stack.append(float(t))),
    (r"\d+", lambda s, t: stack.append(int(t))),
    (r"[+]", lambda s, t: bin_op(operator.add)),
```

```
        (r"[-]", lambda s, t: bin_op(operator.sub)),
        (r"[*]", lambda s, t: bin_op(operator.mul)),
        (r"[/]", lambda s, t: bin_op(operator.truediv)),
        (r"[\^]", lambda s, t: bin_op(operator.pow)),
    ])

# 바이너리 연산자 함수. 스택에서 2개의 항목을 추출(pop)하고,
# 연산 처리 결과를 다시 스택에 넣는다(push).

def bin_op(action):
    op2, op1 = stack.pop(), stack.pop()
    stack.append(action(op1, op2))

def main():
    while True:
        input_str = input('Enter RPN line: ')
        if not input_str:
            break
        try:
            tokens, unknown = scanner.scan(input_str)
            if unknown:
                print('Unrecognized input:', unknown)
            else:
                print(str(stack[-1]))
        except IndexError:
            print('Stack underflow.')

main()
```

프로그램을 다음과 같이 실행해 보자.[3]

```
Enter RPN line: 25 4 *
100.0
Enter RPN line: 25 4 * 50.75-
49.25
Enter RPN line: 3 3* 4 4* + .5^
5.0
Enter RPN line:
```

RPN 코드의 각 줄마다 빈칸을 사용한 방법이 다르고 일관성이 없더라도, 프로그램에서는 문장을 제대로 읽고 처리하고 있다. 예를 들어 세 번째 입력한 문장은 피타고라스의 정리를 구현한 예시이며, 다음 방식으로 계산된다.

```
square_root((3 * 3) + (4 * 4))
```

## 8.9.2 텍스트 파일의 RPN 읽기

다음 단계는 프로그램이 텍스트 파일을 열어서 RPN 문장을 읽는 것이다. '문장'은 앞 예시에서 보여주듯이 연산자와 숫자의 나열로 구성될 수 있는데, 각 문장의 값을 구하고 나면 무엇을 해야 할까?

간단한 규칙을 정해 보자. 파일에서 읽을 텍스트 1줄이 비어 있다면 아무것도 하지 않는다. 하지만 줄에 내용이 있다면 그 줄에 있는 RPN 코드를 실행하여 결과를 출력한다. 결과는 반드시 stack[-1](stack의 맨 꼭대기(top))로 접근할 수 있을 것이다.

프로그램의 신규 버전을 다음 코드에서 확인해 보자. 굵은 글씨로 표기한 줄은 새로 추가되었거나 변경된 것이다. 참고로 open_rpn_file 정의문은 새로 추가되었다.

```
import re
import operator

stack = []              # 값을 보관하기 위한 스택

# 스캐너 객체. 각 토큰을 고립시키고, 상황에 맞는
# 다음 작업을 수행한다. 숫자 값을 스택에 넣거나(push)
# 연산자를 찾는 경우 스택 제일 위 항목 2개의
# 연산을 수행한다.

scanner = re.Scanner([
    (r"[ \t\n]", lambda s, t: None),
    (r"-?(\d*\.)?\d+", lambda s, t:
        stack.append(float(t))),
    (r"\d+", lambda s, t: stack.append(int(t))),
    (r"[+]", lambda s, t: bin_op(operator.add)),
    (r"[-]", lambda s, t: bin_op(operator.sub)),
    (r"[*]", lambda s, t: bin_op(operator.mul)),
    (r"[/]", lambda s, t: bin_op(operator.truediv)),
    (r"[\^]", lambda s, t: bin_op(operator.pow)),
])
```

```
# 바이너리 연산자 함수. 스택에서 2개의 항목을 추출(pop)하고,
# 연산 처리 결과를 다시 스택에 넣는다(push).

def bin_op(action):
    op2, op1 = stack.pop(), stack.pop()
    stack.append(action(op1, op2))

def main():
    a_list = open_rpn_file()
    if not a_list:
        print('Bye!')
        return

    for a_line in a_list:
        a_line = a_line.strip()
        if a_line:
            tokens, unknown = scanner.scan(a_line)
            if unknown:
                print('Unrecognized input:', unknown)
            else:
                print(str(stack[-1]))

def open_rpn_file():
    '''소스-파일-열기 함수. 주어진 파일 이름으로
    파일을 열고, 반환된 줄들을 리스트에 담는다.
    '''
    while True:
        try:
            fname = input('Enter RPN source: ')
            f = open(fname, 'r')
            if not f:
                return None
            else:
                break
        except:
            print('File not found. Re-enter.')
    a_list = f.readlines()
    return a_list

main()
```

동일한 디렉터리에 rpn.txt 파일이 있다고 가정해 보자. rpn.txt 파일에 저장된 내용은 다음과 같다.

```
3 3 * 4 4 * + .5 ^
1 1 * 1 1 * + .5 ^
```

이 파일을 RPN 번역기 프로그램의 신규 버전에 넣어 보자. 실행 결과는 다음과 같다.

```
Enter RPN source: rppn.txt
File not found. Re-enter.
Enter RPN source: rpn.txt
5.0
1.4142135623730951
```

프로그램은 설계된 대로 정확하게 동작한다. RPN 파일 이름이 입력되면(rpn.txt), 프로그램은 각 줄의 연산식을 적절하게 계산하여 값을 구한다.

rpn.txt의 첫 번째 줄이 테스트를 하기 위해 의도적으로 비어 있다는 것에 주목하자. 프로그램은 설계된 대로 해당 줄을 그냥 넘긴다.

이 버전의 프로그램이 기본적으로 수행하는 작업은 이상적으로 RPN 언어 구문을 제대로 사용하는 문장을 담고 있는 파일을 여는 것이다. 유효한 텍스트 파일을 열게 되면 open_rpn_file 함수는 텍스트 줄로 구성된 리스트를 반환한다. main 함수는 리스트 각 항목의 연산 처리 결괏값을 구한다.

하지만 우리는 지금 막 시작했다. 다음 단계에서는 파이썬이 기본적으로 제공하는 값을 변수에 대입하는 기능이 추가된 RPN 언어 문법을 다룰 것이다.

## 8.9.3 RPN에 대입 연산자 추가하기

RPN '언어'는 훨씬 더 흥미로워지려고 한다. 이번에는 심벌릭 이름을 인식하고 저장하는 방법을 알아볼 것이다. 어떻게 구현할 수 있을까?

이를 위해 우리는 **심벌 테이블**(symbol table)이 필요하다. 파이썬은 특별히 편리하고 빠르고 쉬운 방법으로 심벌 테이블을 제공하고 있다. 바로 데이터 딕셔너리다. 빈 딕셔너리를 만들려면 { }를 대입하면 된다.

```
sym_tab = { }
```

이제 심벌 테이블에 항목을 추가할 수 있다. 다음 RPN 구문은 파이썬 기본 기능과 같이 값이 존재하지 않으면 심벌을 만들면서 값을 대입하고 있다. 그렇지 않으면 기본값은 신규 값으로 대체된다.

```
symbol expression =
```

예시를 살펴보자.

```
x 35.5 =
x 2 2 + =
my_val 4 2.5 * 2 + =
x my_val +
```

이 코드는 x의 값에 35.5를 담고, (2 + 2의 결과인) 4를 담은 후 my_val에 12를 담는다. 최종적으로 표현식 x my_val +는 스택의 꼭대기에 위치하며, 16을 출력할 것이다.

파이썬 딕셔너리 기능으로 테이블에 심벌을 쉽게 추가할 수 있으니 고마울 따름이다. 예를 들어 다음과 같이 테이블 심벌 x에 35.5를 담을 수 있다.

```
sym_tab['x'] = 35.5
```

우리는 이 기능을 스캐너 객체 안에서 다른 연산과 함께 조합하여 사용할 수 있다.

```
scanner = re.Scanner([
    (r"[ \t\n]", lambda s, t: None),
    (r"[+-]*(\d*\.)?\d+", lambda s, t:
    stack.append(float(t))),
    (r"\d+", lambda s, t: stack.append(int(t))),
    (r"[a-zA-Z_][a-zA-Z_0-9]*", lambda s, t:
        stack.append(t)),
    (r"[+]", lambda s, t: bin_op(operator.add)),
    (r"[-]", lambda s, t: bin_op(operator.sub)),
    (r"[*]", lambda s, t: bin_op(operator.mul)),
    (r"[/]", lambda s, t: bin_op(operator.truediv)),
    (r"[\^]", lambda s, t: bin_op(operator.pow)),
    (r"[=]", lambda s, t: assign_op()),
])
```

이 스캐너의 신규 버전은 다음 정규표현식과 같은 의미를 갖는다. "소문자 글자, 대문자 글자 혹은 언더스코어(_)로 시작하는 문자를 찾은 후 해당 문자 혹은 숫자 문자가 0개 이상으로 등장하는 패턴을 찾아라."

해당 항목은 스택에 문자열로 추가된다. 파이썬 리스트는 문자열과 숫자가 함께 섞일 수 있다는 것에 주목하자. 심벌이 추가되면 해당 심벌은 단순히 문자열로 저장될 것이다. 대입의 대상이 될 수도 있다. assign_op 함수를 다음과 같이 정의해 보자.

```python
def assign_op():
    op2, op1 = stack.pop(), stack.pop()
    if type(op2) == str:              # op2 출처가 또 다른 변수일 수도 있음!
        op2 = sym_tab[op2]
    sym_tab[op1] = op2
```

op1이 변수 이름(RPN 언어의 변수)을 참조하고 있다고 하더라도, op2는 변수 이름 혹은 숫자 값을 참조할 수 있다. 따라서 3~4번째 줄과 같이 op2가 문자열이면 심벌 테이블 sym_tab에서 값을 찾는다.

> **Note** ≡ 앞 예시에서 op1이 변수 이름을 참조하고 있지 않으면 구문 에러가 발생한다.

다른 바이너리 연산(더하기, 곱하기 등)과 같은 경우, 피연산자는 (문자열로 저장된) 심벌릭 이름이거나 숫자 값일 수 있다. 그렇다면 bin_op 함수는 각 피연산자의 타입을 확인하여 문자열인 경우 값을 심벌 테이블에서 찾아올 필요가 있다.

```python
def bin_op(action):
    op2, op1 = stack.pop(), stack.pop()
    if type(op1) == str:
        op1 = sym_tab[op1]
    if type(op2) == str:
        op2 = sym_tab[op2]
    stack.append(action(op1, op2))
```

자, 이제 전체 개정된 애플리케이션을 만들 수 있다. 하지만 이 애플리케이션은 설계상 결함이 있다. 이 프로그램이 읽는 모든 단일 줄 대상으로 RPN 연산 결괏값을 계산하고 출력해야만 할까?

아마도 아닐 것이다. 왜냐하면 일부 RPN 줄은 다른 추가 작업 없이 그저 값을 대입할 것이며, 이 작업은 스택의 꼭대기에 값을 추가하지 않기 때문이다.

그렇다면 이 버전의 프로그램은 최종 줄을 제외하고는 어떤 결과도 출력하지 않아야 한다.

다음과 같이 이 애플리케이션 버전은 입력과 에러 메시지가 아닌 결과를 출력하기 위해 실행이 끝날 때까지 대기한다.

```python
import re
import operator

# 심벌 테이블을 제공한다. 변수의 값들이
# 이곳에 저장된다.

sym_tab = { }

stack = []             # 값을 보관하기 위한 스택

# 스캐너: 심벌 테이블에 저장할 항목을 추가하고,
# 심벌 테이블에 값을 집어넣을 대입을 수행한다.

scanner = re.Scanner([
    (r"[ \t\n]", lambda s, t: None),
    (r"[+-]*(\d*\.)?\d+", lambda s, t:
        stack.append(float(t))),
    (r"[a-zA-Z_][a-zA-Z_0-9]*", lambda s, t:
        stack.append(t)),
    (r"\d+", lambda s, t: stack.append(int(t))),
    (r"[+]", lambda s, t: bin_op(operator.add)),
    (r"[-]", lambda s, t: bin_op(operator.sub)),
    (r"[*]", lambda s, t: bin_op(operator.mul)),
    (r"[/]", lambda s, t: bin_op(operator.truediv)),
    (r"[\^]", lambda s, t: bin_op(operator.pow)),
    (r"[=]", lambda s, t: assign_op()),
])


def assign_op():
    '''대입 연산 함수: 이름과 값을 추출하여
    심벌 테이블 항목을 만든다. op2가 문자열이면 심벌 테이블에서
    찾아와야 한다(look up)는 것을 기억하자.
    '''
    op2, op1 = stack.pop(), stack.pop()
    if type(op2) == str:            # op2 출처가 또 다른 변수일 수도 있음!
        op2 = sym_tab[op2]
    sym_tab[op1] = op2
```

```python
def bin_op(action):
    '''바이너리 연산 계산기: 피연산자가 변수 이름이면
    심벌 테이블에서 값을 찾아와서 연산하기 전에 값을 교체한다.
    '''
    op2, op1 = stack.pop(), stack.pop()
    if type(op1) == str:
        op1 = sym_tab[op1]
    if type(op2) == str:
        op2 = sym_tab[op2]
    stack.append(action(op1, op2))


def main():
    a_list = open_rpn_file()
    if not a_list:
        print('Bye!')
        return

    for a_line in a_list:
        a_line = a_line.strip()
        if a_line:
            tokens, unknown = scanner.scan(a_line)
            if unknown:
                print('Unrecognized input:', unknown)
    print(str(stack[-1]))


def open_rpn_file():
    '''소스-파일-열기 함수. 주어진 파일 이름으로
    파일을 열고, 반환된 줄들을 리스트에 담는다.
    '''
    while True:
        try:
            fname = input('Enter RPN source: ')
            if not fname:
                return None
            f = open(fname, 'r')
            break
        except:
            print('File not found. Re-enter.')
    a_list = f.readlines()
    return a_list


main()
```

간단한 예시를 살펴보자. 파일 rpn2.txt가 다음 내용을 담고 있다고 가정한다.[4]

```
side1 30 =
side2 40 =
sum side1 side1 * side2 side2 *+ =
sum 0.5 ^
```

이 RPN 문장은 제대로 실행된다면 피타고라스 정리를 적용하여 30과 40을 입력하면 50.0을 출력할 것이다. rpn2.txt의 내용이 이렇게 구성되었다면 프로그램을 다음과 같이 실행하여 RPN의 값을 구할 수 있다.

```
Enter RPN source: rpn2.txt
50.0
```

이 프로그램은 제약 사항이 있는데, 모든 종류의 에러가 제대로 보고된 것이 아니라는 점이다. 또한, 마지막 문장이 대입이면 이상적으로는 프로그램이 값을 대입한다고 보고해야 하지만, 그렇게 동작하지 않는다.

우리는 이 문제를 14장에서 RPN 문법에 INPUT과 PRINT 문을 추가하여 해결할 것이다.

다음 주제로 넘어가기 전에 이번 파이썬 프로그램의 동작 방식을 다시 한 번 살펴보자.

먼저 7장에서 설명한 스캐너 객체를 사용한다. 이 객체는 개별적인 항목이나 토큰을 찾으며, 토큰 종류에 따라 작업을 수행한다.

- 숫자 표현식을 발견하면 숫자 타입으로 변환하여 스택에 넣는다.
- 만약 변수인 심벌릭 이름을 발견하면 문자열로 스택에 집어넣고, 추후에 대입을 한 결과를 심벌 테이블에 추가할 수도 있다.
- 만약 연산자라면 스택에 가장 최근에 추가된 피연산자 2개를 꺼내서 값을 구하고, 그 결과를 스택에 다시 집어넣는다. 스택이 비어 있으면 대입 연산자(=)는 예외를 발생시킨다(비록 논쟁의 여지가 있지만, 그래야만 할 것이다).

새로운 규칙이 있다. 만약 변수 이름이 스택에서 추출되면 심벌 테이블에 해당 변수 이름을 찾아보고, 피연산자는 연산에서 사용되기 전에 해당 변수 값으로 교체된다.

---

4　**역주** 선호하는 편집기(vi나 노트패드 등)로 rpn2.txt를 여러분이 실행하고 있는 주피터 노트북의 파일 저장 디렉터리(.ipynb 파일들이 저장되는 장소)에 만들기 바란다.

## 8.10 바이너리 직접 읽기/쓰기

지금부터 이 장의 나머지는 바이너리 파일을 읽고 쓰는 새로운 방법에 대해서 알아볼 것이다.

파일을 바이너리 모드로 열면 필요할 때마다 파일의 데이터 바이트를 직접 읽고 쓸 수 있다. 이 작
업은 타입 bytes의 문자열을 다룬다.

파이썬의 저수준(low-level) 바이너리 읽기/쓰기 연산은 텍스트-파일 연산과 비슷한 메서드이지만,
bytes 데이터를 다룬다.

```
바이트_문자열 = 파일.read(size=-1)
파일.write(바이트_문자열)
```

---

5   **역주** 여기에서 심벌은 변수, 룩업은 탐색과 같은 개념이다.

'바이트_문자열'은 특별한 타입 bytes를 가지고 있는 문자열이다. 파이썬 3.0에서는 바이너리 모드에서 저수준 I/O를 하려면 이 타입을 사용할 필요가 있다. 이 타입은 문자열이 한 바이트 길이보다 길거나 길지 않을 수 있는 문자 코드 대신, 각각의 바이트 나열로 다루는 것을 보장한다.

바이트 문자열로 코드를 작성하기 위해서는 따옴표 기호를 시작하기 전에 b 접두어를 사용하면 된다.

```
with open('my.dat', 'wb') as f:
    f.write(b'\x01\x02\x03\x10')
```

이 예시는 4바이트를 파일 my.dat에 쓴다. 입력한 값은 16진수 값 1, 2, 3과 10진수 16을 의미하는 16진수 10이다. 이 문장은 쓰기와 바이너리 모드를 조합한 'wb' 포맷을 사용하고 있다.

이 바이트는 각 값이 0과 255 사이인 바이트 값으로 구성된 리스트로 작성할 수도 있다.

```
    f.write(bytes([1, 2, 3, 0x10]))
```

그러고 나서 파일을 닫을 수 있으며, 같은 바이트 값을 읽을 수 있게 된다.

```
with open('my.dat', 'rb') as f:
    bss = f.read()
    for i in bss:
        print(i, end=' ')
```

이 예시 코드의 출력 결과는 다음과 같다.

```
 1 2 3 16
```

대부분의 경우 개별 바이트 값을 한 번에 하나씩 파일에 넣는 파이썬 애플리케이션을 작성하는 것은 기존 파일 포맷을 검사하는 용도라도 그리 좋은 방법은 아니다. 개별 바이트 값은 0부터 255 사이다. 하지만 더 큰 값은 여러 바이트를 조합해야 하는데, 바이트 값과 파이썬 객체를 일치시키는 일반적이고 깔끔한 방법은 존재하지 않는다. 특히 '리틀 엔디안(little endian)'과 데이터 필드 크기는 모든 것을 바꾸어 버리기 때문이다.[6] 여기에서 이식성(portability)에 대한 의문이 생긴다.

다행히도 파이썬은 struct, pickle, shelve 패키지로 바이너리 파일의 데이터를 전달하는 수준 높은 추상화 방법을 제공한다. 대부분의 경우 이 패키지 중 하나를 사용하면 된다.

---

6  [역주] 리틀 엔디안은 바이트를 읽어서 넣어 주는 방식 중 하나이며, 최하위 바이트부터 저장하는 방식이다. 반대로 최상위 바이트부터 저장하는 방식을 '빅 엔디안'이라고 한다. 8.11.6절에서 조금 더 자세히 다룬다.

# 8.11 데이터를 고정-길이 필드로 변환(struct)

읽고 쓸 필요가 있는 신규 데이터 파일을 처음부터 만든다면 피클링 인터페이스가 가장 쉽다는 것을 알게 될 것이다. 해당 내용은 다음 절에서 다룬다.

반면 파이썬으로 만들지 않은 기존 바이너리 파일을 다루려면 다양한 크기의 정수와 부동소수점 숫자, 문자열을 읽고 쓸 저수준 방법이 필요하다. 지난 절에서 살펴본 것과 같이 한 번에 읽고 쓸 바이트를 하나씩 읽는 것이 가능하더라도, 이 방법은 이식성이 없으며 데이터 사용을 어렵게 만든다.[7]

struct 패키지는 바이트 문자열 안에 익숙한 내장 타입을 패킹(packing)하거나 언패킹(unpacking) 하는 데 도움을 주는 도구다. 다음과 같이 여러 메서드를 포함하고 있다.

```
import struct
바이트_문자열 = struct.pack(포맷_문자열, v1, v2, v3...)
v1, v2, v3... = struct.unpack(포맷_문자열, 바이트_문자열)
struct.calcsize(포맷_문자열)
```

struct.pack 함수는 포맷 문자열(표 8-2 참고)과 1개 이상의 값을 인수로 받는다. 이 함수는 바이너리 파일에 쓸 수 있는 bytes 문자열을 반환한다.

struct.unpack 함수는 이와 반대다. 타입 bytes의 문자열을 인수로 받아서 튜플로 여러 값을 반환한다. 값의 타입은 '포맷_문자열' 인수로 결정된다.

calcsize 함수는 주어진 '포맷_문자열'이 요구하는 바이트를 반환한다. '바이트_문자열'이 타입 bytes인 반면, '포맷_문자열'은 평범한 파이썬 문자열이다.

표 8-2는 '포맷_문자열'에 나타날 수 있는 문자를 나열한 것이다(5장의 포매팅과 혼동하지 말자).

---

7 **역주** 이식성이 없다는 것은 데이터 내부 구성이 전혀 공유되지 않기 때문에 데이터를 주고받는 프로그램이 서로 데이터 포맷을 설명한 규약을 주고받지 않는 이상 데이터를 사용할 수 없다는 것이다. 규약을 주고받더라도 이를 오류 없이 구현하는 일은 만만치 않다.

| 포맷 지시자 | C-언어 타입 | 파이썬 클래스 | 크기 |
|---|---|---|---|
| c | char | bytes | 1 |
| ? | bool | bool | 1 |
| h | short | int | 2 |
| H | unsigned short | int | 2 |
| l | long | int | 4 |
| L | unsigned long | int | 4 |
| q | long long | int | 8 |
| Q | unsigned long | int | 8 |
| f | float | float | 4 |
| d | double | float | 8 |
| ints | char[] | str | int 길이 |
| p | 파스칼 문자열 타입. 추가 정보는 온라인 도움말 참고 | | |

표 8-2의 두 번째 컬럼에는 C 언어 데이터 타입을 나열했다. 일반적으로 다른 언어들은 short/long 정수와 short/long 부동소수점 숫자 개념을 가지고 있다(반면 파이썬 정수는 이 절에서 보여 주었듯이 반드시 '패킹'되어야 한다).

> Note ≡ 정수 접두어는 문자열 대신 필드에 적용할 수 있다. 가령 '3f'는 'fff'를 의미한다.

struct 패키지를 사용하는 바이너리 파일을 작성하려면 다음 단계를 거쳐야 한다.

- 파일을 바이너리 쓰기 모드('wb')로 연다.
- 문자열을 쓰려면 먼저 문자열 클래스의 encode 메서드로 문자열을 bytes 문자열로 변환한다.
- struct.pack 함수를 사용하여 모든 데이터의 bytes 문자열을 패킹한다. 표 8-2에 나열된 데이터-포맷 지시자를 1개 이상 사용해야 한다. 가령 'h'는 16-비트 정수를 의미한다. 입력할 모든 문자열은 바로 앞 단계(2단계)에서 설명했듯이 이미 변환이 되어 있어야 한다.
- 최종적으로 바이트 문자열을 파일 객체의 write 메서드를 사용하여 파일에 쓴다.

struct 패키지를 사용하여 바이너리 파일을 읽는 절차도 비슷하다.

- 파일을 바이너리 읽기 모드('wb')로 연다.

- 바이트의 문자열을 읽는다. 반드시 읽을 정확한 바이트 개수를 명시해야 하기 때문에 읽기에 앞서 데이터 사이즈를 알 필요가 있다. 데이터 사이즈는 struct.calcsize 함수를 표 8-2에서 나열한 데이터-포맷 문자열과 함께 실행하면 알 수 있다.

  ```
  bss = f.read(struct.calcsize('h'))
  ```

- struct.unpack 함수를 사용하여 bytes 문자열 값들을 튜플로 언팩한다. 결과가 튜플이기 때문에 각 항목에 접근하려면 색인을 사용해야 한다. 항목이 하나이더라도 마찬가지다. 예시를 살펴보자.

  ```
  tup = struct.unpack('h', bss)
  return tup[0]
  ```

- 앞 단계(3단계)에서 일반 파이썬 문자열로 대입되는 bytes 문자열을 읽었다면, bytes 클래스의 decode 메서드를 사용하여 변환한 문자열을 읽을 수 있다.

이런 기술들은 바이트의 저수준 위치를 다루기 때문에 빅 엔디안(big endian)과 리틀 엔디안(little endian)의 선택, 패딩을 처리하기 위한 특별한 고려 사항이 있다.

하지만 먼저 다음 몇 개의 하위 섹션에서 구체적인 문제점을 살펴보겠다.

- 한 번에 하나의 숫자 읽기/쓰기
- 한 번에 여러 숫자 읽기/쓰기
- 고정-길이 문자열 읽기/쓰기
- 변수-길이 문자열 읽기/쓰기
- 여러 타입이 섞인 데이터 읽기/쓰기


## 8.11.1 한 번에 하나의 숫자 읽기/쓰기

패킹이 된 하나의 숫자(이번 예시에서는 정수)를 읽고 쓸 때 발생하는 이슈는 매우 간단하지만, 이 튜플을 읽으려면 단 하나의 항목만을 가지고 있더라도 색인을 사용하여 접근해야 한다는 것을 기억하자.

```
from struct import pack, unpack, calcsize

def write_num(fname, n):
    with open(fname, 'wb') as f:
        bss = pack('h', n)
        f.write(bss)

def read_num(fname):
    with open(fname, 'rb') as f:
        bss = f.read(calcsize('h'))
        t = struct.unpack('h', bss)
        return t[0]
```

이 코드 정의문에는 파일에서 읽거나 쓸 정수가 short-integer(16-비트) 포맷이라고 가정한다.

예시를 살펴보자.

```
write_num('silly.dat', 125)
print(read_num('silly.dat'))          # 숫자 125를 쓴다.
```

## 8.11.2 한 번에 여러 숫자 읽기/쓰기

이 문제는 앞 절에서 다룬 것과 비슷하다. 하지만 1개 이상의 숫자를 반환하기 때문에 가장 간단한 해결책은 read 함수를 사용하여 반환값을 튜플로 반환하는 것이다. 다양한 예시를 다루기 위해 이번 예시는 부동소수점 숫자 3개를 사용했다.

```
from struct import pack, unpack, calcsize

def write_floats(fname, x, y, z):
    with open(fname, 'wb') as f:
        bss = pack('fff', x, y, z)
        f.write(bss)

def read_floats(fname):
    with open(fname, 'rb') as f:
        bss = f.read(calcsize('fff'))
        return unpack('fff', bss)
```

이번 예시의 'fff'는 '3f'로 교체할 수 있다는 것을 명심하자. 다음 예시에서는 부동소수점 숫자 3개를 한 번에 읽고 쓰는 방법을 보여 준다.

```
write_floats('silly.dat', 1, 2, 3.14)
x, y, z = read_floats('silly.dat')
print(x, y, z, sep='')
```

값이 3개 출력된다. 마지막 항목은 분명한 반올림 에러다.

```
1.0 2.0 3.140000104904175
```

### 8.11.3 고정-길이 문자열 읽기/쓰기

여러분이 다루기 가장 쉽다고 생각하는 문자열을 바이너리로 저장하면 예상치 못한 문제가 생긴다. 첫째, 파이썬 문자열이 단일-바이트 포맷을 사용한다고 가정할 수 없기 때문에 문자열을 bytes 문자열로 인코드(encode) 혹은 디코드(decode)할 필요가 있다.

둘째, 문자열 길이는 다양하기 때문에 바이너리 연산을 사용하려면 얼마나 많은 문자를 읽거나 쓸지 제시해야 한다! 이 문제는 결코 단순한 문제가 아니다. 한 가지 해결책은 함수를 호출할 때 읽거나 쓸 문자의 개수를 명시하는 것이다.

```
from struct import pack, unpack, calcsize

def write_fixed_str(fname, n, s):
    with open(fname, 'wb') as f:
        bss = pack(str(n) + 's', s.encode('utf-8'))
        f.write(bss)


def read_fixed_str(fname, n):
    with open(fname, 'rb') as f:
        bss = f.read(n)
        return bss.decode('utf-8')
```

이 한 쌍의 함수는 문자열을 읽거나 쓰는 시점보다 앞서서 문자열의 길이를 서로 알아야 한다. 이 길이는 완벽하게 일치해야만 한다.

write_fixed_str 함수가 자동으로 문자열(추가 null 바이트 포함)을 잘라 내거나 추가하는 pack 함수를 호출하여 길이가 n에 이르게 한다.

```
write_fixed_str('king.d', 13, "I'm Henry the VIII I am!")
print(read_fixed_str('king.d', 13))
```

두 번째 줄은 13개의 문자만 읽는데, 읽을 문자의 개수가 13자뿐이기 때문이다. 출력 결과는 다음과 같다.

```
I'm Henry the
```

### 8.11.4 변수-길이 문자열 읽기/쓰기

이 절에서 다룰 방법은 지난 절에서 다룬 방법보다 더욱 정교하다. 함수의 사용자가 인수로 문자를 주면 적절한 숫자의 바이트를 쓰거나 읽기 때문이다.

```python
from struct import pack, unpack, calcsize

def write_var_str(fname, s):
    with open(fname, 'wb') as f:
        n = len(s)
        fmt = 'h' + str(n) + 's'
        bss = pack(fmt, n, s.encode('utf-8'))
        f.write(bss)

def read_var_str(fname):
    with open(fname, 'rb') as f:
        bss = f.read(calcsize('h'))
        n = unpack('h', bss)[0]
        bss = f.read(n)
        return bss.decode('utf-8')
```

write_var_str 함수는 묘책을 갖고 있다. 먼저 h숫자s 형식의 문자열 포맷 지시자를 만든다. 다음 예시에서 이 포맷 지시자는 h24s로 동적으로 설정되며, "24개의 문자로 구성된 문자열에 표기한 정수를 쓴다."라는 의미를 갖는다.

read_var_str 함수는 정수 24를 읽고, 정확하게 얼마나 많은 바이트를 읽을지 결정한다. 최종적으로 이 바이트들은 표준 파이썬 텍스트 문자열로 디코드된다.

관련 예시를 살펴보자.

```python
write_var_str('silly.dat', "I'm Henry the VIII I am!")
print(read_var_str('silly.dat'))
```

실행 결과는 다음과 같다.

I'm Henry the VIII I am!

## 8.11.5 문자열과 숫자를 함께 읽기/쓰기

다음 한 쌍의 함수는 길이가 9인 문자열, 길이가 10인 문자열과 부동소수점 숫자로 구성된 레코드를 읽고 쓴다.

```python
from struct import pack, unpack, calcsize

def write_rec(fname, name, addr, rating):
    with open(fname, 'wb') as f:
        bname = name.encode('utf-8')
        baddr = addr.encode('utf-8')
        bss = pack('9s10sf', bname, baddr, rating)
        f.write(bss)

def read_rec(fname):
    with open(fname, 'rb') as f:
        bss = f.read(calcsize('9s10sf'))
        bname, baddr, rating = unpack('9s10sf', bss)
        name = bname.decode('utf-8').rstrip('\x00')
        addr = baddr.decode('utf-8').rstrip('\x00')
        return name, addr, rating
```

이 함수들을 사용한 간단한 예시를 살펴보자.

```python
write_rec('goofy.dat', 'Cleo', 'Main St.', 5.0)
print(read_rec('goofy.dat'))
```

이 코드는 예상했듯이, 다음 튜플을 생성한다.

```python
('Cleo', 'A Str.', 5.0)
```

> **Note ≡**  pack 함수는 필요에 따라 내부 패딩을 넣어서 데이터 타입이 제대로 일치되도록 한다. 예를 들어 4바이트 부동소수점 값은 4의 배수인 주소에서 시작해야 한다. 앞의 예시에서 fact 함수는 부동소수점 값이 적절한 주소에서 시작할 수 있도록 여분의 null 바이트를 추가한다.

하지만 비록 pack 함수로 모든 데이터 타입을 단일 레코드의 크기에 맞춘다고 하더라도, 이는 반드시 다음 레코드의 정확한 읽기/쓰기를 보장하지는 않는다는 한계를 갖는다. 마지막으로 쓰거나 읽은 항목이 다른 크기의 문자열인 경우, 각 레코드를 바이트로 패딩해야 할 수도 있다. 예를 들어 다음 레코드를 살펴보자.

```
bss = pack('ff9s', 1.2, 3.14, 'I\'m Henry'.
encode('utf-8'))
```

패딩은 어려운 이슈이지만, 코드가 실행되는 시스템에 따라 크게 염려하지 않아도 된다. 파이썬 공식 규격에 따르면 쓰기 작업은 마지막에 쓰여진 객체의 크기에 맞추어서 수행된다. 파이썬은 필요하면 바이트를 더 추가할 것이다.

특정 타입(**예** 부동소수점)이 요구하는 크기 설정에 맞추려면 포맷 문자열을 해당 타입의 코드로 사용해야 한다. 그러나 원하는 경우 마지막 객체의 반복 횟수가 0일 수 있다. 그렇기 때문에 다음 부동소수점 타입과의 일치를 보장하기 위해 '팬텀(phantom) 부동소수점[8] 값을 써야 한다.

```
bss = pack('ff9s0f', 1.2, 3.14, 'I\'m Henry'.encode('utf-8'))
```

## 8.11.6 저수준 상세: 빅 엔디안 vs 리틀 엔디안

1개가 아닌 3개의 정수를 쓰는 코드를 생각해 보자.

```
import struct

with open('junk.dat', 'wb') as f:
    bstr = struct.pack('hhh', 1, 2, 100)
    datalen = f.write(bstr)
```

실제로 쓰기를 할 바이트 개수를 저장한 변수 datalen을 구하면 값이 6이라는 것을 찾게 될 것이다. 이 숫자는 calcsize로도 구할 수 있다. 숫자, 1, 2, 100은 각각 2-바이트 정수(포맷 h)이기 때문이다. 파이썬 자체에서 이런 정수들은 훨씬 더 많은 공간을 차지한다.

---

8  **역주** 좀 더 자세한 정보는 http://employees.oneonta.edu/zhangs/csci201/IEEE%20Floating%20Point%20Format.htm에서 찾을 수 있다.

유사한 코드를 사용하여 추후 파일에서 값을 다시 읽을 수도 있다.

```
with open('junk.dat', 'rb') as f:
    bstr = f.read(struct.calcsize('hhh'))
    a, b, c = struct.unpack('hhh', bstr)
    print(a, b, c)
```

이 코드 블록을 실행하면 a, b, c의 값을 반환하여 다음과 같이 출력한다.

```
1 2 100
```

다음 예시는 조금 더 흥미로운 사례를 다룬다. 2개의 정수와 long 정수가 뒤따르는 사례다. 코드를 살펴보고 나서, 이 코드에서 다루는 복잡한 문제를 다룰 것이다.

```
with open('junk.dat', 'wb') as f:
    bstr = struct.pack('hhl', 1, 2, 100)
    datalen = f.write(bstr)

with open('junk.dat', 'rb') as f:
    bstr = f.read(struct.calcsize('hhl'))
    a, b, c = struct.unpack('hhl', bstr)
```

이 예시는 (hhh 대신 hhl 포맷을 사용하는 경우를 제외하고) 앞서 살펴본 예시와 같이 동작하지만 바이트 문자열인 bstr을 출력한다. 이 부분이 매우 중요하다.

```
b'\x01\x00\x02\x00\x00\x00\x00\x00d\x00\x00\x00\x00\x00\x00\x00'
```

주목해야 할 사항은 다음과 같다.

- 바이트 배치를 자세히 살펴보면, 이 예시와 지난 코드(bytes 문자열을 찾는 예시)에서 **리틀-엔디안**(little-endian) 바이트 배치를 사용하고 있다는 것을 알게 될 것이다. 정수 필드 같은 경우 최하위 숫자가 제일 먼저 위치한다. 필자의 시스템은 모토롤라(Motorola) 프로세서를 사용하는 macOS이기 때문에 이 방식을 사용하고 있다. 모든 프로세스는 각각 서로 다른 표준을 사용할 수 있다.
- long 정수(100 혹은 16진수 값 d)는 반드시 32-비트 경계에서 시작하기 때문에 두 번째 인수와 세 번째 인수 사이에 2바이트 패딩이 위치하게 된다. 이전 섹션의 끝에서 이 이슈에 대해서 언급했었다.

여러분의 시스템이 리틀-엔디안을 사용하고 있는데, 프로그램이 데이터 파일을 빅-엔디안으로 읽으면 문제가 발생할 것이다. 반대도 마찬가지다. struct 함수는 포맷 문자열의 시작 부분에 빅 엔디안 혹은 리틀 엔디안을 명시할 수 있는 방법을 제공한다. 표 8-3은 바이너리 데이터를 제어하기 위한 저수준 모드를 나열하고 있다.

▼ 표 8-3 저수준 읽기/쓰기 모드

| 기호 | 의미 |
| --- | --- |
| < | 리틀 엔디안(little endian) |
| > | 빅 엔디안(big endian) |
| @ | 로컬 머신 네이티브(native) |

예를 들어 2개의 long 정수를 바이트 문자열로 패킹할 때 특별히 리틀-엔디안 저장소를 사용한다면 다음과 같이 코드를 작성할 수 있다.

```
with open('junk.dat', 'wb') as f:
    bstr = struct.pack('<hhl', 1, 2, 100)
    datalen = f.write(bstr)
```

# 8.12 피클링 패키지 사용하기

지금까지 살펴본 다소 복잡한 방법은 개발자를 지치게 만든다. 반면 피클링 인터페이스는 훨씬 쉽게 데이터 파일을 읽고 쓰는 방법을 제공한다.

개념적으로 피클 데이터 파일은 파이썬 객체의 나열로 구성되어 있으며, 각 객체는 일종의 '블랙박스'로 피클링으로 읽거나 쓴다.[9] 디스크에 존재하는 객체의 속을 확인할 수 없지만(최소한 쉽게 할 수 있는 방법은 없음), 우리는 그 내용을 확인해야 한다. 어렵지 않다. 그냥 한 번에 하나씩 읽고 쓰기만 하면 된다.

그림 8-3은 지금 설명하고 있는 데이터-파일 배치 개념을 그림으로 보여 준다.

---

9  역주 '블랙 박스'라는 것은 내부를 열어 볼 수 없다는 의미다.

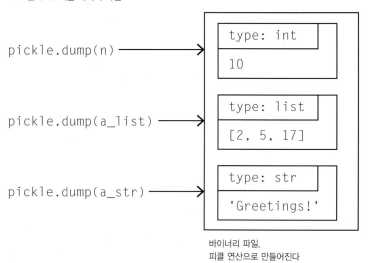

바이너리 파일,
피클 연산으로 만들어진다

이 프로토콜의 아름다움은 해당 항목을 프로그램에서 다시 읽어 올 때, 온전한 객체로 읽을 수 있다는 것이다. 읽을 객체의 타입을 확인하고 싶다면 type 함수를 사용하거나 단순하게 print 함수에 해당 객체를 넘길 수도 있다.

피클링은 다음 2개의 함수로 수행할 수 있다.

```
import pickle
pickle.dump(value, file_obj)    # 파일에 객체 쓰기
value = pickle.load(file_obj)   # 파일에서 객체 불러오기
```

이 방법을 사용하면 한 번에 하나씩 파이썬 객체를 읽고 쓰기만 하면 된다. 파이썬 객체가 컬렉션을 포함하고 있어 매우 크더라도 마찬가지다. 미리 데이터 타입이 무엇인지 알 필요도 없다. 검사(inspection)를 통해 찾을 수 있기 때문이다.

예를 들어 다음 코드 블록은 3개의 파이썬 객체(리스트, 문자열, 부동소수점 값)를 쓴다.

```
import pickle

with open('goo.dat', 'wb') as f:
    pickle.dump([1, 2, 3], f)
    pickle.dump('Hello!', f)
    pickle.dump(3.141592, f)
```

이 프로시저는 단순하고 안정적이다. 다른 파이썬 애플리케이션이 pickle 패키지를 사용하여 읽는다고 가정할 뿐이다. 예를 들어 다음 코드 블록은 파일 goo.dat에서 3개의 객체를 읽어 온 후 각 객체의 문자열 표현과 타입을 출력하고 있다.

```
with open('goo.dat', 'rb') as f:
    a = pickle.load(f)
    b = pickle.load(f)
    c = pickle.load(f)
    print(type(a), a)
    print(type(b), b)
    print(type(c), c)
```

출력 결과는 다음과 같다.

```
<class 'list'> [1, 2, 3]
<class 'str'> Hello!
<class 'float'> 2.3
```

피클링은 간단한 바이트들을 읽어 오는 것과는 반대로, 파이썬 객체를 모두 적재하기 때문에 부분적으로 사용하는 것도 쉽다. 객체로 할 수 있는 일은 무척 많다. 가령 타입을 확인하거나 컬렉션이라면 다음과 같이 길이를 확인할 수도 있다.

```
if type(a)==list:
    print('The length of a is ', a)
```

피클링을 사용할 때 고려해야 할 단 하나의 중요한 제약 사항은 파일을 열었을 때 얼마나 많은 객체가 있는지 알 수 없다는 것이다. 한 가지 해결책은 프로그램이 EOFError 예외를 발생시킬 때까지 최대한 많은 객체를 불러오는 것이다.

예시를 살펴보자.

```
loaded = []
with open('goo.dat', 'rb') as f:
    while True:
        try:
            item = pickle.load(f)
        except EOFError:
            print('Loaded', len(loaded), 'items.')
            break
        print(type(item), item)
        loaded.append(item)
```

# 8.13 shelve 패키지 사용하기

shelve 패키지는 pickle 인터페이스를 기반으로 파일와이드(filewide) 데이터베이스를 구축한다. shelve 패키지는 pickle 패키지의 모든 기능을 포함하고 있으니, 두 패키지를 동시에 탑재할 필요는 없다.

```
import shelve
```

이 패키지의 인터페이스는 단순하다. 그저 shelve.open으로 파일을 열어서 셸빙 인터페이스를 사용하면 된다.

반환된 객체는 가상 딕셔너리로 사용할 수 있다.

```
shelf_obj = shelve.open(db_name)
```

변수 shelf_obj에는 어떤 이름이 와도 상관없다. db_name은 디스크나 장치에 자동으로 저장될 파일 이름으로, 추후 .db 확장자가 붙는다.

이 함수 호출이 성공적으로 실행되면 읽기/쓰기 작업을 하기 위해 데이터베이스 파일이 열릴 것이며, 파일이 존재하지 않으면 생성된다.

그렇게 되면 다음 작업은 그리 어렵지 않다. 그저 반환되는 객체(shelf_obj)를 데이터 딕셔너리(dict 타입)로 다루면 된다. 다음 예시는 nums를 딕셔너리 이름으로 사용하고 있는 예시다.

```
import shelve
nums = shelve.open('numdb')
nums['pi'] = (3.14192, False)
nums['phi'] = (2.1828, False)
nums['perfect'] = (6, True)
nums.close()
```

이번 예시에서 변수 nums로 딕셔너리를 참조하고 있다는 것에 주목하자. 하지만 일반 딕셔너리와는 다르게, 최종적으로 close 메서드를 호출하여 버퍼에 남아 있던 연산을 모두 처리하고 디스크에 기록하며 닫힌다.

이제 디스크에 저장된 이 딕셔너리는 언제든지 다시 열어서 사용할 수 있게 되었다.

예를 들어 다음 예시는 딕셔너리에 존재하는 모든 키를 단순 루프로 출력하고 있다.

```
nums = shelve.open('numdb')
for thing in nums:
    print(thing)
```

앞서 딕셔너리에 넣었던 데이터를 볼 때, 루프는 다음 키를 출력할 것이다.

```
pi
phi
perfect
```

물론 각 값을 출력할 수도 있다.

```
print(nums['pi'])
```

이 문장은 키 pi에 넣은 값을 출력한다.

```
3.14192
```

최종적으로 셸빙 인터페이스로 딕셔너리를 열고 나면 반드시 닫아서 남아 있는 변경 사항을 모두 강제로 반영해야 한다.

```
nums.close()
```

셸빙 인터페이스에는 다음에 나열한 특별한 규칙이 적용된다.

- 비록 결과로 반환되는 데이터 딕셔너리는 일반적인 dicts이지만, 키는 반드시 문자열이어 야 한다. 다른 종류의 키는 지원되지 않는다.
- 일반적인 딕셔너리와 같이 값은 어떤 타입이 될 수 있지만, 반드시 피클링이 가능한 타입 (pickleable)이어야 한다.[10]
- dict 이름은 반드시 단순한 이름이어야 한다는 것을 기억하자. 인터페이스는 파일을 디스크 에 저장할 때 자동으로 .db 확장자를 붙인다. 하지만 파이썬 코드에 여러분이 직접 이 확장 자를 사용하지는 말아야 한다.

---

10 **역주** 피클링이 가능한 타입의 전체 목록은 다음 공식 링크에서 확인 가능하다.
https://docs.python.org/3/library/pickle.html#what-can-be-pickled-and-unpickled

이 인터페이스의 큰 장점은 매우 큰 데이터 세트와 사용하면 기본적인 피클링이나 대부분의 다른 파일 접근 기술보다 잠재적으로 훨씬 빠르고 효율적이라는 것이다. 셸빙 인터페이스는 최소한 큰 데이터 세트에 대해서 전체 딕셔너리를 읽지 않는다. 대신 값의 위치를 알 수 있는 색인을 사용하며, 해당 위치를 자동으로 검색한다.

> **Note** ≡ 기본적으로 셸빙을 사용할 때 실제 데이터가 아닌 복제본을 반환하는 경우가 있다(예 stuff['Brian'] 로 값을 찾는 경우). 가령 my_item이 리스트이더라도 다음 코드는 파일을 변경하지 않는다.
>
> ```
> d[key].append(my_item)
> ```
>
> 반면 다음 코드는 파일을 변경한다.
>
> ```
> data = d[key]
> data.append(my_item)
> d[key] = data
> ```

# 8.14 정리해 보자

파이썬은 텍스트 파일과 바이너리 파일 모두를 읽고 쓸 수 있는 유연하고 쉬운 기술을 제공한다. 바이너리 파일은 모든 데이터를 출력이 가능한 문자 대신 숫자 값으로 가공 없이 바로 저장하는 파일을 의미한다.

바이너리 파일은 범용적으로 인식되는 포맷이 존재하지 않는다. 포맷을 정의하고 바이너리 파일로 처리할 때, 해당 포맷으로 데이터 쓰기를 수행하는 것은 무척 중요하다. 파이썬은 몇몇의 고수준 옵션을 제공한다.

struct 패키지는 읽기/쓰기 대상 파이썬 값을 고정-크기 일반 데이터 필드로 변환하는 것을 가능하게 한다. pickle 패키지는 파이썬 객체를 디스크에 읽고 쓸 수 있게 한다. 마지막으로 shelve 인터페이스는 디스크 파일을 하나의 거대한 데이터 딕셔너리로 다룰 수 있게 한다. 이 딕셔너리는 반드시 문자열 키만 허용된다.

또한, 파이썬은 os.path 하위 패키지를 포함하는 os 패키지를 사용하여 파일 시스템과 상호 작용을 할 수 있다. 이 패키지들은 디렉터리 시스템을 읽고, 파일을 찾거나 제거하는 함수를 제공한다. IDLE에서 help(os)와 help(os.path)를 사용하여 어떤 기능을 가지고 있는지 배울 수 있다.

# 8.15 복습 문제

**1** 텍스트와 바이너리 파일의 차이점을 요약해 보자.

**2** 어떤 상황에서 텍스트 파일을 사용하는 것이 좋은가? 또한, 어떤 상황에서 바이너리 파일을 사용하는 것이 좋은가?

**3** 바이너리 함수를 사용하여 디스크에 직접 파이썬 정수를 읽거나 쓸 때 생길 수 있는 문제점은 무엇인가?

**4** 파일을 직접 여는 것보다 with 키워드를 사용하는 이점이 무엇인지 설명하라.

**5** 텍스트 1줄을 읽을 때, 파이썬은 개행 문자를 줄 끝에 포함하는가? 텍스트 1줄을 쓸 때, 파이썬은 개행 문자를 붙이는가?

**6** 임의-접근 연산을 가능하게 하는 파일 함수는 무엇인가?

**7** 어떤 경우에 struct 패키지를 사용하는가?

**8** 어떤 경우에 피클링을 사용하는 것이 최선의 선택인가?

**9** 어떤 경우에 shelve를 사용하는 것이 최선의 선택인가?

**10** 다른 데이터 딕셔너리를 사용하는 것에 반해, shelve 패키지가 갖는 특별한 제약 사항은 무엇인가?

# 8.16 실습 문제

1  8.9.3절에서 소개한 RPN 프로그램을 더 간단하고 효과적으로 만들기 위한 리팩터링을 수행하라.

2  현재 디렉터리 안에 .py 확장자를 갖는 모든 파일을 반환하는 프로그램을 작성하라.

3  8.9.3절의 RPN 번역기 예시에 더 큰 배열을 입력할 때 발생하는 에러를 다룰 수 있게 수정하라. RPN 언어의 단어로 인한 구문 에러를 인식할 수 있게 하라.

4  함께 사용하도록 설계한 프로그램 2개를 작성하라. 하나는 고정 길이 바이너리 포맷으로 레코드를 쓰는 프로그램이고, 다른 하나는 이와 동일한 포맷으로 레코드를 읽는 프로그램이다. 포맷은 20자 이름 필드(연령), 30자 주소 필드(급여), 16비트 정수 필드(성과 등급(1~10등급))를 담는다. "쓰기" 프로그램은 사용자가 종료하고 싶다는 의사를 표시할 때까지 사용자에게 해당 레코드를 원하는 수만큼 입력하도록 지시해야 한다. "읽기" 프로그램은 모든 레코드를 리스트로 읽어야 한다.

5  4와 동일한 읽기/쓰기 프로그램을 pickle 인터페이스를 사용하여 작성하라.

# 9장

# 클래스와 매직 메서드

파이썬에는 클래스가 존재한다. 프로그래밍 언어 세계에서 클래스가 존재한다는 것은 사용자-정의 타입(user-defined type)을 작성하여 능력을 부여할 수 있다는 것을 의미한다. 클래스를 정의하려면 어떤 데이터를 담고 무엇을 할 수 있는지 명시해야 하는데, 현대 프로그래밍 언어 대부분은 이 기능을 가지고 있다. 특히 파이썬은 클래스에 독특한 기능을 더했는데, 특정 상황에서 자동으로 호출되어 응답하는 매직 메서드가 바로 그것이다. 파이썬에서 처음 클래스를 작성해 보면 정말 단순하다. 하지만 곧, 흥미로워진다.

# 9.1 클래스와 객체 기본 문법

파이썬에서 클래스를 정의하는 기본 문법은 다음과 같다.

```
class 클래스_이름:
    문장
```

'문장'은 동일한 들여쓰기(indent)를 1개 이상의 줄로 작성된 코드로 구성된다. 문장에는 내용이 반드시 있어야 하며, 연산 처리할 것이 없다(no-op)는 의미로 pass 키워드를 사용할 수 있다. 이는 추후에 클래스를 정의할 때 유용하다. 예를 들어 다음과 같이 Car 클래스를 정의할 수 있다.

```
class Car:
    pass
```

물론 Dog와 Cat 클래스도 다음과 같이 정의할 수 있다.

```
class Dog:
    pass
```

```
class Cat:
    pass
```

파이썬에서 클래스를 가지고 무엇을 할 수 있을까? 간단하다. 우리는 '인스턴스'라고 부르는 클래스 실체를 원하는 만큼 생성할 수 있다. 다음 코드는 Car 클래스 인스턴스를 여러 개 생성한다.

```
car1 = Car()
car2 = Car()
car3 = Car()
```

혹은 다음과 같이 Dog 클래스 인스턴스를 생성할 수도 있다.

```
my_dog = Dog()
yr_dog = Dog()
```

지금까지 이 인스턴스들은 아무 행위도 하지 않았다. 하지만 곧 바뀔 것이다. 일단 클래스에 변수 몇 개를 생성해 보자. 이 변수들은 '클래스 변수'가 될 것이며, 모든 객체에 공유된다. 예를 들어 Car 클래스를 다음과 같이 정의했다고 가정해 보자.

```
class Car:
    accel = 3.0
    mpg = 25
```

이제 Car 클래스 인스턴스를 출력하면 이 변수들의 값을 생성할 것이다.

```
print('car1.accel = ', car1.accel)
print('car2.accel = ', car2.accel)
print('car1.mpg = ', car1.mpg)
print('car2.mpg = ', car2.mpg)
```

이 코드는 다음 결과를 출력한다.

```
car1.accel = 3.0
car2.accel = 3.0
car1.mpg = 25
car2.mpg = 25
```

이 코드에는 독특한 기능이 숨겨져 있다. Car 인스턴스는 accel 변수에 해당 인스턴스만을 위한 값을 대입할 수 있다. 이는 3.0이었던 클래스 변수 값을 교체(override)한다. 다음과 같이 my_car 인스턴스를 생성하여 accel 변수에 값을 대입해 보자.

```
my_car = Car()
yr_car = Car()
my_car.accel = 5.0
```

다음 그림 9-1에서 이 관계를 표현하고 있다. my_car 객체의 accel 변수가 인스턴스 변수로 변경되었다. yr_car 객체에서는 여전히 클래스 변수를 참조하고 있다.

▼ 그림 9-1 클래스 변수 vs 인스턴스 변수

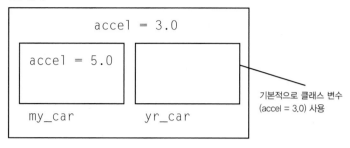

# 9.2 인스턴스 변수에 대해 더 알아보자

다른 프로그래밍 언어와는 다르게 파이썬의 인스턴스 변수는 클래스 안에서 직접 생성되지 않는다.[1] 대신 필요할 때마다 바로 생성되거나(ad hoc) __init__ 메서드 안에서 생성된다.

인스턴스 변수를 생성하는 일반적인 규칙은 다른 변수를 생성하는 것과 같다. 즉, 값을 대입하는 것이다. 인스턴스 변수에 값을 대입하기 위해서는 점 기호(.) 문법을 사용해야 한다.

> 객체.변수_이름 = 값

예를 들어 정의한 Dog 클래스로 생성한 인스턴스에 여러 속성(attribute)을 추가하면, 이 속성들이 바로 인스턴스 변수가 된다.

```
class Dog:
    pass
```

---

1 [역주] 자바와 같은 다른 언어는 인스턴스 변수도 사용하기 전에 멤버 변수로 미리 정의해야 하지만, 파이썬 인스턴스 변수는 미리 정의하지 않고 필요할 때 바로 값을 대입한다는 것을 의미한다.

```
my_dog = Dog()                          # Dog 인스턴스 생성
my_dog.name = 'Champ the Wonder Dog'
my_dog.breed = 'Great Dane'
my_dog.age = 5
```

이제 데이터 변수 3개가 my_dog 객체에 할당되었다. 이들 name, breed, age는 다음과 같이 접근할 수 있다.

```
print('Breed and age are {} and {}.'.format(my_dog.breed, my_dog.age))
```

이 코드는 다음 값을 출력한다.

```
Breed and age are Great Dane and 5.
```

이 시점에 name, breed, age는 my_dog 객체만을 위한 속성이다. 다른 Dog 객체들은 동일한 속성을 가질 필요가 없다(이것이 바로 인스턴스 변수다). 하지만 필요한 시점에 언제든지 동일한 속성을 다른 객체에 추가할 수 있다.

```
yr_dog = Dog()
top_dog = Dog()
hot_dog = Dog()
hot_dog.name = 'Hotty Totty'
hot_dog.breed = 'Dachshund'
```

어떻게 하면 동일한 클래스의 모든 객체가 같은 속성들(인스턴스 변수)을 가질 수 있을까? 정답은 바로 __init__ 메서드를 활용하는 것이다!

SUPERCHARGED PYTHON

# 9.3 __init__ 메서드와 __new__ 메서드

__init__ 메서드를 정의한 모든 클래스는 객체가 생성될 때 자동으로 __init__ 메서드가 호출(invoke)된다. 클래스의 모든 인스턴스가 동일한 공통 변수들의 집합을 가지면서 각 인스턴스별로 독립적인 값을 지니게 할 때 사용할 수 있다.

```
class 클래스_이름:
    def __init__(self, args):
        문장
```

self라는 단어는 반드시 사용해야 하는 키워드가 아니며, 생성된 객체를 참조하기 위해 첫 번째 인수로 배치된다. 이 인수는 규칙에 맞는 어떤 이름이라도 상관없지만, 보편적으로 self를 사용한다.

args는 인수가 여러 개일 수도 있다는 것을 뜻하며(여러 개일 때는 쉼표로 구분), 객체를 생성할 때 넘겨준다. 예를 들어 Dog 클래스의 정의문을 __init__ 메서드를 포함하게 변경할 수 있다.

```
class Dog:
    def __init__(self, name, breed, age):
        self.name = name
        self.breed = breed
        self.age = age
```

이제 클래스 Dog의 객체를 생성할 때 반드시 인수를 3개 입력해야 하며, 이 인수들은 __init__ 메서드로 전달된다. 다음 코드를 살펴보자.

```
top_dog = Dog('Handsome Dan', 'Bulldog', 10)
```

앞 코드는 top_dog 객체를 생성했으며, __init__ 메서드를 호출했다. 이 경우 __init__ 메서드는 다음 코드를 실행한 것과 같이 인스턴스 변수들에 값을 대입한다.

```
top_dog.name = 'Handsome Dan'
top_dog.breed = 'Bulldog'
top_dog.age = 10
```

이와 유사하게 good_dog 객체를 생성하면서 상위 클래스의 함수에 다른 데이터를 넘겨줄 수도 있다.

```
good_dog = Dog('WonderBoy', 'Collie', 11)
```

__init__ 메서드는 다른 초기화 작업도 할 수 있지만, 보통 다음과 같은 패턴으로 작성한다.

```
class 클래스_이름:
    def __init__(self, 인수1, 인수2, ...):
        self.인스턴스_변수1 = 인수1
        self.인스턴스_변수2 = 인수2
        ...
```

파이썬은 사실 __new__ 메서드로 객체를 생성하지만 대부분 초기화 작업은 __init__ 메서드에서 수행된다. 단 다음 두 가지 예외 상황을 제외하고 말이다.

- 메모리 할당을 위한 특별한 기법을 사용하는 경우다. 이 고급 기법은 이 책에서 다루는 영역은 아니지만, 일반적으로 소수 개발자에게만 필요하다.
- 하위 클래스가 불변(immutable)이거나 내장(built-in) 클래스인 경우다. 이 경우가 조금 더 일반적이며, 다음 장 10.12절에서 다룬다.

# 9.4 클래스와 선행 참조 문제

파이썬 함수가 선행 참조(forward reference) 이슈가 있듯이, 파이썬 클래스도 같은 이슈가 있다. 클래스가 반드시 인스턴스화되기 전에 정의되어야 한다는 뜻이다. 클래스를 인스턴스화한다는 것은 객체를 생성한다는 뜻이다.

다음 코드는 클래스의 선행 참조 문제를 보여 준다.

```
class Marriage:
    def __init__(self):
        self.wife = Person('f')
        self.husband = Person('m')

a_marriage = Marriage()              # Person 클래스 초기화 누락

class Person:
    def __init__(self, gender):
        self.gender = gender
```

이 간단한 프로그램은 실패하지만 어리석기 때문에 실패하는 것은 아니다. 코드를 보면 문제가 바로 보일 것이다. 일단 클래스 정의문을 포함한 첫 몇 줄은 실행되면서 클래스 Marriage를 유효한 클래스로 만든다. 하지만 여섯 번째 줄에서 이 클래스를 인스턴스화(실제 객체 a_marriage 생성 시도)할 때 문제가 생긴다.

이 소스 코드 자체가 문제라는 것은 아니다. 하지만 객체가 생성되면서 __init__ 메서드가 호출되고, Person 클래스의 객체인 wife와 husband를 생성하는 부분이 문제다. Person 클래스는 아직 정의되지 않았고, 새로운 객체를 생성할 수 없다.

해결책은 명확하다. 여섯 번째 줄을 코드 끝으로 옮기기만 하면 된다. 이렇게 하면 두 클래스 모두 인스턴스화되기 전에 정의된다.

```
a_marriage = Marriage()
```

일반적으로 클래스를 위한 선행 참조 이슈는 다음 몇 가지 규칙을 지키면 문제가 되지 않는다.

- 반드시 모든 클래스를 인스턴스화하기 전에 정의해야 한다. 이것이 핵심 규칙이다.
- 클래스 상호 간에 인스턴스화를 하거나 (신이 금기한) 스스로 인스턴스를 만드는 클래스를 극도로 주의하기 바란다. 비록 그것을 해낼 수 있는 속임수가 있다고 하더라도, 여러분이 모험해서는 안 되는 영역이다.
- 하지만 클래스가 다른 클래스를 (단방향으로) 포함하거나 클래스 인스턴스 참조를 지니는 경우는 일반적으로 문제가 되지 않는다. 단 상호 동시 참조(mutual dependencies)는 주의하기 바란다.

# 9.5 메서드 기본

메서드는 여러 측면에서 기본적인 함수와 구분된다. 첫째, 메서드는 클래스 정의문 안에서 정의된다. 다음과 같은 코드는 메서드를 호출하고 있다는 것을 의미한다.

```
my_obj.a_method(12)
```

둘째, 메서드는 항상 인스턴스를 통해 호출되며, 숨겨진 인수가 전달된다. 해당 객체의 참조인 'self'라고 불리는 녀석이다.

다음 문법을 보면 반드시 클래스 정의문 내부에서 정의해야 하는 메서드 정의문과 해당 메서드 호출 방법이 서로 일치하지 않는다는 것을 알 수 있다.

```
class 클래스_이름:
    def 메서드_이름(self, 인수1, 인수2, 인수3, ...):
        문장

객체_이름 = 클래스_이름()
객체_이름.메서드_이름(인수1, 인수2, 인수3, ...)
```

메서드 정의문에는 숨겨진 첫 번째 인수인 self가 있는 반면, 메서드를 호출할 때는 존재하지 않는다. 따라서 함수를 호출할 때보다 정의문에 인수가 하나 더 많은 것이다.

다음 클래스 정의문 예제를 살펴보자.

```
class Pretty:

    def __init__(self, prefix):
        self.prefix = prefix

    def print_me(self, a, b, c):
        print(self.prefix, a, sep='')
        print(self.prefix, b, sep='')
        print(self.prefix, c, sep='')
```

Pretty 클래스를 만들었으니, 이제 인스턴스를 생성하고 사용하면서 테스트해 보자. 메서드 호출 시에는 정의할 때 사용한 인수 개수보다 1개 적은 인수를 집어넣고 있다는 것에 주목하자. 정의문에는 self를 명시적으로 포함하지만 호출할 때는 인수에 넣지 않기 때문이다.

```
printer = Pretty('-->')
printer.print_me(10, 20, 30)
```

코드 실행 결과는 다음과 같다.

```
-->10
-->20
-->30
```

메서드 안에서 메서드가 속한 인스턴스 자체는 항상 self로 참조할 수 있으며, 인스턴스 변수는 'self.변수이름'으로 참조할 수 있다는 것을 기억하자.

# 9.6 전역 변수/메서드와 지역 변수/메서드

전통적으로 객체 지향 언어를 사용하는 목적 중 하나는 캡슐화다. 캡슐화는 클래스 내부 내용이 바깥 세상에 노출되지 못하게 한다.

파이썬의 철학은 이 사상과 대치된다. 스크립팅 언어인 파이썬은 모든 것을 노출하는 경향이 있으며, 모든 것을 볼 수 있다. 다른 언어에 비해 보안성이나 타입 확인 능력이 부족하다.[2]

하지만 파이썬은 유용한 규약을 따르고 있다. 변수와 메서드 이름이 언더스코어 1개(_)로 시작하면 이는 내부용이라는 뜻이다. 게다가 언더스코어 2개(__)로 시작하는 것은 맹글링(mangling)이라고 불리는 기법으로 의도하지 않은 접근을 통제한다. 이 장 후반에서 설명하겠지만, 이 메서드들은 '매직 메서드(magic method)'가 아니라고 가정한다.

간단한 예제로 이 기법들이 어떻게 동작하는지 확인해 보자. 다음 클래스 정의문에서 변수 x와 변수 y는 외부에서 인스턴스를 통해 접근할 수 있지만, __z는 접근할 수 없다. 반면 클래스 내부에서는 모든 변수 3개(__z 포함)에 접근할 수 있다.

```
class Odd:
    def __init__(self):
        self.x = 10
        self.y = 20
        self.__z = 30

    def pr(self):
        print('__z = ', self.__z)
```

주어진 이 클래스 정의문이라면 다음 코드는 완벽하게 유효하며, 기대한 대로 정확하게 동작한다.

```
o = Odd()
o.x        # 10
o.y        # 20
```

하지만 다음 코드는 예외가 발생한다.

```
o.__z      # 에러!
```

---

2  역주 파이썬 3.6에서 추가된 타입 힌트 기능으로 다소 개선되었다.

마지막 코드에서 에러가 나는 이유는 파이썬이 변수 __z를 클래스 이름과 변수 이름의 조합으로 훼손한(mangled) 이름으로 교체하기 때문이다.

하지만 __z는 여전히 동일한 클래스의 메서드 정의문 안에서 맹글링 없이 접근이 가능하다. 그렇기 때문에 메서드 pr이 여전히 동작하는 것이다. 변수와 메서드 이름은 동일한 클래스에서 항상 접근할 수 있다. 하지만 파이썬에서는 클래스 내부 참조(intraclass reference)를 보장하기 위해 self를 반드시 사용해야 한다는 것을 기억하기 바란다.

# 9.7 상속

파이썬은 '하위 클래스 만들기(subclassing)'로 상속(inheritance)을 지원한다. 여러분이 작성한 프로그램에서 사용하는 메서드 대부분을 담고 있는 Mammal 클래스가 있다고 가정해 보자. 이런 메서드들 중 일부를 추가하거나 변경할 필요가 생겼다. 가령 Mammal 인스턴스가 할 수 있는 모든 것을 하면서 더 많은 기능을 추가한 Dog 클래스를 만들고 싶다고 해 보자.

하나의 상위(base) 클래스를 단일 상속하는 문법부터 살펴보겠다.

```
class 클래스_이름(상위_클래스):
    문장
```

이렇게 만들어진 클래스는 상위 클래스의 모든 클래스 변수와 메서드들을 상속받게 된다. 물론 신규 변수나 메서드 정의문을 추가할 수도 있고, 기존 정의문을 재정의할 수도 있다.

파이썬의 모든 변수와 메서드 이름은 다형적(polymorphic)이다. 이름은 실행되기 전까지 확정(resolved)되지 않는다. 따라서 여러분은 어떤 객체의 어떤 메서드라도 호출할 수 있으며, 코드가 실행될 때 변수와 메서드 이름이 정확하게 확정될 것이다.

예를 들어 다음 클래스 구조를 살펴보면 Mammal 상위 클래스와 Dog, Cat 하위 클래스 2개가 있다. 하위 클래스는 Mammal의 __init__ 함수와 call_out 메서드를 상속받지만, 각 구현체는 각자의 speak 메서드를 지니고 있다.[3]

---

3  역주 speak 메서드는 재정의(overwrite)되었다.

```
class Mammal:
    def __init__(self, name, size):
        self.name = name
        self.size = size

    def speak(self):
        print('My name is', name)

    def call_out(self):
        self.speak()
        self.speak()
        self.speak()

class Dog(Mammal):
    def speak(self):
        print('ARF!!')

class Cat(Mammal):
    def speak(self):
        print('Purrrrrrr!!!!')
```

다음 코드를 실행해 보자.

```
my_cat = Cat('Precious', 17.5)
my_cat.call_out()
```

마지막 문장은 다음 결과를 보여 줄 것이다.

```
Purrrrrrr!!!!
Purrrrrrr!!!!
Purrrrrrr!!!!
```

Dog와 Cat 클래스는 __init__ 메서드를 상속받는다. C++ 생성자와는 다르다. 그렇다면 하위 클래스가 상위 클래스의 __init__ 정의문을 최대한 활용하면서 추가적인 초기화 작업이 필요하다면 어떻게 해야 할까?

해결 방안은 하위 클래스에서 새로운 __init__ 메서드 정의문을 추가하되, 상위 클래스 버전의 __init__ 메서드를 호출하는 것이다. 결국 상속을 간접적으로 했어도, 모든 상위 클래스 초기화 메서드를 호출할 수 있게 된다.

```
super().__init__
```

예를 들어 Dog.__init__ 정의문은 변수 breed를 스스로 초기화하고, super().__init__을 호출하여 초기화 나머지 부분을 수행한다.

```
class Dog(Mammal):
    def speak(self):
        print('ARF!')
    def __init__(self, name, size, breed):
        super().__init__(name, size)
        self.breed = breed
```

# 9.8 다중 상속

파이썬의 유연한 문법은 다중 상속(multiple inheritance)을 지원한다. 이는 클래스를 생성할 때, 2개 이상의 상위 클래스를 상속받을 수 있다는 것이다.

```
class 클래스_이름(상위_클래스1, 상위_클래스2, ...):
    문장
```

다음 예시에서는 Dog 클래스가 Mammal 클래스뿐만 아니라 다른 클래스 2개도 함께 상속받고 있다.

```
class Dog(Mammal, Pet, Carnivore):
    def speak(self):
        print('ARF!')

    def __init__(self, name, size, breed):
        Mammal.__init__(self, name, size)
        self.breed = breed
```

현재 Dog 클래스는 Mammal 클래스뿐만이 아니라, Pet과 Carnivore 클래스를 상속받게 된다. 따라서 Dog의 모든 인스턴스는(모든 Dog 객체는) 자동으로 Mammal과 같이 Pet과 Carnivore 클래스의 속성을 지니게 된다.

Dog 클래스 초기화 함수에서는 Mammal.__init__ 메서드만 호출한다. 다른 상위 클래스의 초기화 함수는 언제든지 추가될 수 있다. 가령 다음과 같이 가족 별칭(nickname)을 Pet.__init__의 인수로 전달하여 초기화할 수 있다.

```
def __init__(self, name, size, nickname, breed):
    Mammal.__init__(self, name, size)
    Pet.__init__(self, nickname)
    self.breed = breed
```

다중 상속을 사용하면 충돌이 발생할 수 있다. 가령 3개의 서로 다른 상위 클래스를 상속받는 클래스를 작성하고 있다면 상위 클래스들 중에 같은 메서드나 같은 클래스 변수를 정의하지 않는 이상 문제가 발생하지 않을 것이다. 하지만 상위 클래스 간에 동일한 메서드나 클래스 변수 이름을 사용한다면 충돌이 발생한다.

# 9.9 매직 메서드 개요

파이썬은 의미를 미리 정의한 여러 메서드 이름이 있다. 이 모든 이름은 언더스코어 2개(__)로 시작하고 끝난다(이런 메서드를 던더(dunder, double underscore) 메서드라고 부른다). 그러니 메서드 이름을 지을 때 언더스코어 2개를 아예 사용하지 않는다면 이 이름들과 충돌하지 않는다.

미리 정의된 이름을 사용하는 메서드를 '매직 메서드'라고도 부른다. 이 메서드는 다른 메서드와 같은 방식으로 호출되지만, 특정 조건에 따라 자동으로 호출되기도 한다.

가령 __init__ 메서드는 해당 클래스의 인스턴스가 생성될 때마다 자동으로 호출되며, 인스턴스 변수에 각 인수(물론 self는 제외)를 대입한다.

이런 메서드들의 정보는 다음 카테고리에서 확인할 수 있다.

- __init__과 __new__ 메서드는 객체가 초기화되고 생성될 때 자동으로 호출된다. 9.3절 참고
- **객체 표현 메서드(__format__, __str__, __repr__)**: 9.10.1절, 9.10.2절 참고

- 비교 메서드(__eq__(일치 여부 확인), __gt__(greater than), __lt__(less than) 등): 9.10.3절 참고

- 산술 연산자 메서드(__add__, __sub__, __mult__, 나눗셈 메서드와 __pow__): 9.10.4절 참고

- 단항 산술 연산자(unary arithmetic operator) 메서드(__pos__, __neg__, __abs__, __round__, __floor__, __ceil__, __trunc__): 9.10.5절 참고

- 비트 연산자(bitwise operator) 메서드(__and__, __or__, __lshift__ 등): 파이썬 프로그래머 대부분이 사용하지 않는다. 정수 타입(int)에만 사용할 수 있으며, 이미 해당 기능을 지원하고 있기 때문이다. 따라서 이 책에서는 다루지 않는다.

- 리플렉션(reflection) 메서드(__radd__, __rsub__, __rmul__과 r로 시작하는 메서드들): 이 메서드들은 A 클래스가 B 클래스와 연산 처리를 할 때, B 클래스가 A 클래스를 알지 못할 때 필요하다. 이 메서드는 객체가 연산자 우측에 위치한 피연산자일 때만 사용 가능하다. 9.10.6절 참고

- 교체 대입-연산(in-place assignment-operator) 메서드(__iadd__, __isub__, __imul__과 i로 시작하는 메서드): 이 메서드들은 +=와 같은 대입 연산 처리를 지원한다. 해당 변수 값을 연산 처리와 함께 바로 교체하는 이점을 갖는다. 하지만 이 메서드를 직접 구현하지 않아도 기본적으로 별다른 작업 없이 += 기능을 사용할 수 있다. 9.10.7절 참고

- 변환 메서드(__int__, __float__, __complex__, __hex__, __orc__, __index__, __bool__): 9.10.8절 참고

- 컬렉션-클래스(collection-class) 메서드(__len__, __getitem__, __setitem__, __delitem__, __contains__, __iter__, __next__): 자체 컬렉션을 생성할 수 있게 해 준다. 9.10.9절 참고

- 문맥(context)과 피클링(pickling)(직렬화) 메서드(__getstate__, __setstate__): 일반적으로 객체는 해당 객체에 포함된 모든 컴포넌트를 직렬화할 수 있다는 전제하에 직렬화가 가능하다(pickleable). 이 메서드는 특수 상황에서만 사용되며, 이 책 범위를 벗어나므로 추가 설명은 하지 않는다.

- __call__ 메서드: 클래스의 인스턴스를 함수처럼 직접 호출할 수 있게(callable) 만들 때 사용한다.

# 9.10 매직 메서드 상세

앞으로 소개할 각 섹션은 중·고급 파이썬 프로그래머가 되기 위해 유용한 주요 매직 메서드를 상세하게 다루고 있다. 앞서 언급했듯이 매직 메서드 일부는 파이썬 프로그래머 대부분이 거의 직접 구현하지 않기 때문에 다루지 않았다. 해당 메서드를 담은 전체 리스트와 설명이 궁금하다면 파이썬 공식 온라인 문서를 확인하기 바란다.

## 9.10.1 파이썬 클래스의 문자열 표현

`__format__`, `__str__`, `__repr__`을 포함한 메서드 몇 가지로 클래스 자체를 표현할 수 있다. 5장에서 설명했듯이 포맷 함수는 포맷 규약을 출력 대상 객체에 전달한다. 올바른 결과는 전달한 포맷 규약 기반으로 표현한 문자열이 반환되는 것이다. 가령 다음과 같이 함수를 호출해 보자.

```
format(6, 'b')
```

파이썬은 이 함수가 호출되면 정수 클래스 int의 `__format__` 메서드를 호출하면서 포맷 규약으로 문자열 'b'를 전달한다. 메서드는 정수 6의 바이너리 표현을 반환한다.

```
'110'
```

문자열을 표현할 때 일반적인 내부 흐름을 요약해 보자.

- `format` 함수는 객체의 `__format__` 메서드 호출을 시도하며, 필요 시 포맷 규약을 전달한다. 이 메서드를 구현한다는 것은 클래스가 새로 정의한 포맷으로 표현한 문자열을 반환한다는 것을 의미한다. 기본 동작 방식은 `__str__` 메서드를 호출하는 것이다.
- `print` 함수는 객체를 출력하기 위해 해당 객체의 `__str__` 메서드를 호출한다. 다시 말하면 객체 클래스의 `__str__` 메서드를 호출하는 것이다. 만약 `__str__`이 정의되지 않았다면 기본적으로 해당 클래스의 `__repr__`을 호출한다.
- `__repr__` 메서드는 파이썬 코드에서 표현하는 것과 같이 객체 표준 표현 방식의 문자열을 반환한다. 이 메서드는 대개 `__str__`과 동일하게 동작하지만 항상 그렇지는 않다. 우리는 이 메서드를 IDLE에서 직접 호출하거나 r 혹은 !r을 사용해서 호출할 수 있다.

- 최종적으로 객체 클래스(최상위 상위 클래스)의 \_\_repr\_\_ 메서드가 마지막 기본 동작으로 호출될 수도 있다. 이 메서드는 객체의 클래스를 표현하는 단순한 문장을 출력한다.

그림 9-2에서 이 흐름을 도식화했으니 참고하기 바란다.

▼ 그림 9-2 문자열 표현 제어 흐름

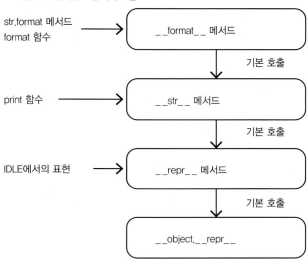

## 9.10.2 객체 표현 메서드

표 9-1에 객체 표현 매직 메서드와 설명을 정리했다.

▼ 표 9-1 객체 표현을 지원하는 매직 메서드

| 메서드 문법 | 설명 |
| --- | --- |
| \_\_format\_\_(self, spec) | format 함수에 객체를 직접 전달했을 때 호출된다. 반드시 포매팅된 문자열을 반환한다. 소수의 클래스가 이 메서드를 직접 구현한다. |
| \_\_str\_\_(self) | 사용자가 원하는 형태로 객체 데이터를 담은 문자열을 반환한다. 가령 여러분이 직접 Fraction 클래스를 만들었다면 three-forths를 3/4으로 출력할 수 있을 것이다. 만약 직접 구현하지 않았다면 기본적으로 \_\_repr\_\_ 메서드를 호출한다. |
| \_\_repr\_\_(self) | \_\_str\_\_ 메서드와 비슷하지만 조금 다른 목적으로 만들어졌다. 이 메서드는 파이썬 코드에서 표현하는 것과 동일하게, 객체 표준 표현 방식으로 문자열을 반환해야 한다. 만약 이 메서드를 구현하면서 \_\_str\_\_을 구현하지 않았다면, 이 메서드가 두 메서드의 문자열 표현 방식을 결정한다. |

○ 계속

| 메서드 문법 | 설명 |
| --- | --- |
| __hash__(self) | hash 함수에 객체가 인수로 주어졌을 때 호출된다. 해시 코드를 생성하여 해당 객체 타입을 데이터 딕셔너리에서 키로 사용할 수 있게 해 준다. 이 메서드는 반드시 정수를 반환해야 한다. 이상적으로는 이 정수가 가능한 한 무작위로 선정되어 비슷한 값을 가진 객체이더라도 해시 코드가 동일하면 안 된다. 하지만 두 값이 같다면 반드시 같은 해시 코드를 생성해야 한다. |
| __bool__(self) | 불리언 변환 메서드. 이 메서드는 모든 bool 함수를 호출하고 나면 항상 호출된다. while 문이나 if 문과 같은 제어문의 조건식에 객체만 등장하는 경우에도 호출된다. 제대로 동작하면 True 혹은 False를 반환한다. 객체가 비었거나(empty) None이거나 0 값을 가지는 경우에만 False를 반환한다.<br>조건이 필요한 모든 상황에 어떤 객체도 사용할 수 있다는 것을 기억하자. __bool__ 메서드가 전혀 구현되어 있지 않다면 True를 반환하는 것이 기본 동작 방식이다. 그러니 만약 특정 상황에서 False를 반환하고 싶다면 직접 구현해야 한다. |
| __nonzero__(self) | 이 함수는 파이썬 2.0에서 지원하던 불리언 변환 메서드다. 파이썬 3.0에서는 불리언 변환을 하려면 반드시 __bool__을 구현해야 한다. |

다음 예제는 Point 클래스에서 __str__과 __repr__ 메서드를 __init__과 함께 작성하는 이론적인 방법을 보여 준다.

이해를 돕기 위해 __str__과 __repr__ 메서드는 조금 다른 포맷의 문자열을 반환하고 있다.

```
class Point:
    big_prime_1 = 1200556037
    big_prime_2 = 2444555677

    def __init__(self, x = 0, y = 0):
        self.x = x
        self.y = y

    def __str__(self):
        s = str(self.x) + ', '
        s += str(self.y)
        return s

    def __repr__(self):
        s = 'Point(' + str(self.x) + ', '
        s += str(self.y) + ')'
        return s

    def __hash__(self):
        n = self.x * big_prime_1
```

```
            return (n + self.y) % big_prime_2

    def __bool__(self):
        return x and y
```

이 간단한 클래스 정의문으로 __str__과 __repr__ 메서드가 어떻게 동작하는지 테스트할 수 있다.

```
>>> pt = Point(3, 4)
>>> pt
Point(3, 4)
>>> print(pt)
3, 4
```

IDLE에서 pt를 직접 호출하면 해당 객체의 대표 표현 방식으로 출력하기 위해 객체 클래스의 __repr__ 메서드를 호출하게 된다. 하지만 pt가 print 함수의 인수로 주어지면 print 함수는 객체의 표준 문자열 표현 방식으로 출력하기 위해 __str__ 메서드를 호출한다. 이번 예제는 이해를 돕기 위해 다음과 같이 __repr__ 메서드가 __str__ 메서드보다 더 긴 문자열을 출력하고 있다.

```
Point(3, 4)
```

## 9.10.3 비교 메서드

비교 메서드는 클래스 객체를 ==(같다), !=(같지 않다), 부등식(>, <, >=, <=)을 사용하여 서로 비교할 수 있게 해 준다. 최소한 객체가 서로 동일하다는 것을 테스트하는 메서드를 직접 구현하는 것이 좋다. 그렇지 않으면 ==의 기본 동작은 is 연산이 될 것이기 때문이다.[4]

비교 연산자는 책이나 인터넷, 몇몇 곳에서 설명했듯이 별난 점이 있다. 공식 사양은 이런 정보 대부분을 설명하고 있지만, 모든 동작 결과를 표현하고 있지는 않다. 파이썬 비교 연산자의 특별한 기능들을 알아보자.

- 클래스의 객체들을 정렬하고 싶다면 미만 연산자(<)를 정의하라. 가령 클래스의 객체들을 컬렉션에 넣고 정렬하려면 동일 클래스의 다른 객체들과 비교하는 __lt__ 메서드[5]를 구현할 수 있다. 이렇게 하면 min, max와 같이 sort 메서드도 사용할 수 있다.

---

4 [역주] is 연산자는 객체들의 값을 비교하지 않고, 객체의 주소가 같은지 비교하기 때문에 값이 같더라도 False가 반환되는 것을 방지하기 위해 직접 객체 동일 유무를 테스트하는 메서드를 구현하라고 권유하는 것이다.

5 [역주] lt는 less than의 약어다.

- 하지만 컬렉션이 서로 다른 클래스의 객체들을 동시에 가지고 있다면 어떻게 비교할 것인 가? 물론 비교할 수 있다. 비교 클래스는 리플렉션 연산자(객체가 연산자의 우측에 있는 경우에 어떻게 동작하는지 정의하는)를 가지고 있지 않다. 하지만 더 나은 것을 가지고 있다. 바로 대칭(symmetry)이다.
- 파이썬은 리플렉션 연산자 대신 대칭 규칙을 적용하여 리플렉션이 수행된다. 만약 A 〉B라 면 파이썬은 B 〈 A라고 추론한다. 만약 여러분이 __lt__와 __gt__[6]의 조합을 구현했더라도 사실상 __lt__가 양쪽 방향을 정의하는 셈이다.
- 이 규칙은 모든 메서드를 구현할 필요 없이 자동으로 여러 연산자를 가질 수 있게 한다.

파이썬 2.0에서는 모든 비교 연산자를 지원하기 위해 단 하나의 메서드인 __cmp__를 구현할 필요 가 있었다. 파이썬 3.0에서는 이 기능을 더 이상 지원하지 않는다.

다음 코드 예제는 파이썬 3.0에서 같은 클래스의 객체들에 적용되는 모든 비교 연산자를 지원하기 위해 구현해야 할 최소 분량의 코드다. 이 클래스 정의문으로 Dog 객체들만 담고 있는 컬렉션은 정렬이 가능해진다.

```
class Dog:
    def __init__(self, n):
        self.n = n

    def __eq__(self, other):
        ''' ==를 구현하면 !=를 자동으로 얻는다.'''
        return self.n == other.n

    def __lt__(self, other):
        '''〈를 구현하면 〉를 자동으로 얻는다.'''
        return self.n 〈 other.n

    def __le__(self, other):
        ''' 〈=를 구현하면 〉=를 자동으로 얻는다.'''
        return self.n 〈= other.n
```

모든 비교 연산자를 설명한 후 대칭의 동작 방식과 객체들이 다른 클래스와 함께 정렬되는 방법을 알아볼 것이다. 표 9-2는 비교 메서드들을 설명하고 있다.

---

6 역주 gt는 greater than의 약어다.

❤ 표 9-2 파이썬 비교 매직 메서드

| 메서드 문법 | 설명 |
|---|---|
| `__cmp__(self, other)` | 파이썬 3.0 이상에서는 사용하지 않는다. 2.0에서 객체와 비교하여 −1(미만), 0(동일), 1(초과)을 반환하는 코드를 구현하는 데 사용한다. |
| `__eq__(self, other)` | 동일함(equality) 테스트. 데이터가 같은지 확인하기 위해 사용하는 == 연산자를 사용할 때 호출된다. True 혹은 False를 반환한다.<br>만약 구현되지 않았다면 파이썬은 is 연산자로 '동일함'을 테스트한다. |
| `__ne__(self, other)` | 동일하지 않다(not equal)는 것을 테스트하는 != 연산자를 사용할 때 호출된다. 다른 메서드들과 마찬가지로 True 혹은 False를 반환한다.<br>메서드가 구현되지 않았다면 파이썬은 동일함 테스트를 호출하여 로직을 반대로 수행한다. 따라서 `__eq__` 메서드를 구현하는 것만으로도 충분하다. |
| `__gt__(self, other)` | 초과 여부(greater-than) 테스트. 〉 연산자 사용 시 호출된다. 동일 클래스의 객체들을 비교하고 싶다면 대칭 규칙에 따라 이 연산자는 구현할 필요 없이 얻을 수 있다. |
| `__lt__(self, other)` | 미만 여부(less-than) 테스트. 〈 연산자 사용 시 호출된다. 컬렉션의 객체를 정렬하기 위해 이 비교 연산자만 구현하면 된다. 다른 클래스의 객체와 함께 정렬하고 싶다면 `__gt__`도 구현할 필요가 있을 수 있다. |
| `__ge__(self, other)` | 이상 여부(greater-than-or-equal-to) 테스트. 클래스의 객체들에 적용되는 〉= 연산자 사용 시 호출된다. 이 연산자는 `__eq__`와 `__gt__` 메서드를 구현했다고 해서 자동으로 제공되지 않는다. 대신 각 비교 연산자를 반드시 별도로 구현해야 한다. 단 대칭 규칙에 의하여 `__le__`를 구현하면 자동으로 이 기능을 얻을 수 있다(같은 클래스의 객체들을 비교해야 한다). |
| `__le__(self, other)` | 이하 여부(less-than-or-equal-to) 테스트. 클래스의 객체들에 적용되는 〈= 연산자 사용 시 호출된다. 이 연산자는 `__eq__`와 `__lt__` 메서드를 구현했다고 해서 자동으로 제공되지 않는다. 대신 각 비교 연산자를 반드시 별도로 구현해야 한다. 단 대칭 규칙에 의하여 `__ge__`를 구현하면 자동으로 이 기능을 얻을 수 있다(같은 클래스의 객체들을 비교해야 한다). |

자, 이제 어떤 객체라도 서로 정렬할 수 있게 만드는 파이썬 비교 기능의 대칭 규칙이 어떻게 동작하는지, 그리고 어떻게 〈가 크고 작음을 동시에 비교할 수 있게 하는지 살펴보자.

파이썬의 비교 규칙은 다음과 같다고 가정한다.

A 〉 B면 B 〈 A다.

A 〈 B면 B 〉 A다.

A 〉= B면 B 〈= A다.

A 〈= B면 B 〉= A다.

A == B면 B == A다. 추가로 A != B는 사실이 아니라는 것도 알 수 있다.

동일 클래스의 객체끼리만 비교하고 싶다고 가정해 보자. 이 경우는 비교 연산자 절반을 자동으로 확보할 수 있기 때문에 더 적은 코드를 작성할 수 있다.

조금 더 도전적인 이슈를 생각해 보자. 숫자들을 정렬하고 싶다고 해 보자. 문제는 (수많은 클래스 중) int, float, Decimal, Fraction 클래스의 코드에 접근할 수 없다는 것이다.

Dog 클래스가 있다고 해 보자. Dog 객체를 int와 서로 정렬하게 하려면 다음과 같은 비교가 가능해야 한다.

```
Dog < Dog
Dog < int
int < Dog
```

어떻게 하면 마지막 줄의 비교를 구현할 수 있을까? 운 좋게도 해결 방법이 있다. __gt__(greater than)를 구현하면 int < Dog는 자동으로 비교 가능해진다.

다음 코드에 숫자와 상호 정렬할 수 있는 Dog 클래스 예제가 있다. 또한, 인스턴스 변수 d를 초기화하는 방법에 따라 Dog 클래스는 문자열과도 상호 정렬할 수 있다. '상호 정렬'할 수 있다는 것은 다른 객체들처럼 같은 리스트 안에 객체들을 넣고, 전체를 정렬할 수 있다는 것을 의미한다. Dog 클래스는 숫자 혹은 문자열과 함께 리스트에 저장된다고 하더라도 정렬이 가능하다. 이 절의 끝에서 Dog 객체와 정수들을 정렬할 수 있는 코드를 소개할 것이다.

Dog는 메서드를 4개 구현한다.

```
class Dog:
    def __init__(self, d):
        self.d = d

    def __gt__(self, other):
        ''' Greater than (>). 대칭 규칙에 의해
        less-than 비교를 제공한다.
        A > B면 B < A다.
        '''
        if type(other) == Dog:
            return self.d > other.d
        else:
            return self.d > other

    def __lt__(self, other):
        ''' Less than (<). 숫자와 마찬가지로
        이 메서드는 동일 클래스의 객체 간
```

```
    비교를 제공한다.
    '''
    if type(other) == Dog:
        return self.d < other.d
    else:
        return self.d < other

# __repr__을 정의하는 것은 __str__도 갖게 되는 것이다.
def __repr__(self):
    return "Dog(" + str(self.d) + ")"
```

주석을 제외하면 작은 클래스다. 이 클래스 정의문은 다음 코드를 동작하게 한다.

```
d1, d5, d10 = Dog(1), Dog(5), Dog(10)
a_list = [50, d5, 100, d1, -20, d10, 3]
a_list.sort()
```

a_list를 출력하면 다음과 같은 결과를 얻을 수 있다.

```
[-20, Dog(1), 3, Dog(5), Dog(10), 50, 100]
```

## 9.10.4 산술 연산자 메서드

표 9-3은 산술 연산자(arithmetic)나 산술 함수를 지원하는 매직 메서드의 요약이다. 이 메서드들을 포함한 특정 클래스가 포인트나 매트릭스와 같은 수학 객체를 표현하고 있다면 무척 흥미로울 것이다. 반면 더하기 기호(+)는 문자열 클래스(str)나 다른 클래스들(예 리스트)의 연결 연산자 역할을 한다.

▼ 표 9-3 산술 연산자를 위한 매직 메서드

| 메서드 문법 | 설명 |
| --- | --- |
| __add__(self, other) | 덧셈. 이 메서드는 클래스의 인스턴스가 증가 연산자(+)의 좌측에 있을 때 호출된다. other 인수는 연산자 우측에 위치한 참조(reference)다.[7] |
| __sub__(self, other) | 뺄셈. 이 메서드는 클래스의 인스턴스가 빼기 연산자(-)의 좌측에 있을 때 호출된다. other 인수는 연산자 우측에 위치한 참조다. |
| __mul__(self, other) | 곱셈. 이 메서드는 클래스의 인스턴스가 곱하기 연산자(*)의 좌측에 있을 때 호출된다. other 인수는 연산자 우측에 위치한 참조다. |

---

7 역주 참조는 인스턴스를 가리키는 주소를 의미한다. 파이썬에서 정수를 포함한 모든 숫자는 객체임을 잊지 말자.

| 메서드 문법 | 설명 |
| --- | --- |
| __floordiv__(self, other) | 정수 나눗셈(floor division). 이 메서드는 정수 나눗셈 연산자(//)의 좌측에 클래스 인스턴스가 위치할 때 호출되며, 결괏값의 소수점을 버린 정수(나눗셈의 몫)를 반환한다. other 인수는 연산자 우측에 위치한 참조다.<br>가령 파이썬 3.0에서 7 // 2의 결과는 3이다. |
| __truediv__(self, other) | 일반 나눗셈(ordinary division). 이 메서드는 일반 나눗셈 연산자(/) 좌측에 클래스 인스턴스가 위치할 때 호출되며, 결괏값의 소수점을 버리지 않은 실수 값 그대로를 반환한다. other 인수는 연산자 우측에 위치한 참조다.<br>가령 파이썬 3.0에서 7 / 2의 결과는 3.5다. |
| __divmod__(self, other) | divmod 함수가 수행하는 나눗셈이며, 몫과 나머지 2개의 값을 지닌 튜플을 반환한다. other 인수는 연산자 우측에 위치한 제수(divisor)다.<br>가령 divmod(17, 2)를 호출하면 튜플 (8, 1)을 반환한다. 17을 제수 2로 나눈 몫이 8이고 나머지가 1이기 때문이다. |
| __pow__(self, other) | 제곱 함수. 이 메서드는 제곱 연산자(**)가 어떤 객체를 특정 횟수만큼 곱하려고 할 때 호출된다. 가령 2 ** 4는 숫자 2를 네 번 곱하기 때문에 값이 16이다.<br>other 인수는 함수에 인수로 전달되는 참조다. |

예를 들어 특정 클래스의 __add__ 메서드는 한 객체가 다른 객체에 추가될 때 호출된다. 이는 객체가 연산자 좌측에 위치한다고 가정할 때 이야기다. 반면 객체가 연산자 우측에 있다면 리플렉션 메서드가 호출될 것이다(이 경우는 __radd__다).

다음 예제는 fractions 패키지의 Fraction 클래스를 사용한 코드다. 만약 파이썬이 이 패키지를 지원하지 않는다면 직접 작성해도 상관없다.

```
import fractions

f = fractions.Fraction(1, 2)
print(f + 1)                    # Fraction.__add__ 호출
print(2 + f)                    # Fraction.__radd__ 호출
```

앞서 설명했듯이 __add__ 메서드는 덧셈 연산자(+)를 인식하는 모든 클래스에 지원된다. 문자열 붙이기와 같은 연산으로 쓰일 때도 말이다.

다음 가상의 Point 클래스는 산술 연산자를 위한 매직 메서드들을 어떻게 구현할 수 있을지 보여주는 좋은 예제다.

```
class Point:
    def __init__(self, x, y):
        self.x = x
```

```
            self.y = y

    def __add__(self, other):
        ''' self와 other의 x, y 좌표를 각각 더한 신규 포인트 반환.'''
        newx = self.x + other.x
        newy = self.y + other.y
        return Point(newx, newy)

    def __sub__(self, other):
        ''' 두 포인트의 거리 반환.'''
        dx = self.x - other.x
        dy = self.y - other.y
        return (dx * dx + dy * dy) ** 0.5

    def __mul__(self, n):
        ''' point 곱하기 스칼라 숫자 n.'''
        newx = self.x * n
        newy = self.y * n
        return Point(newx, newy)
```

4개의 매직 메서드(\_\_init\_\_, \_\_add\_\_, \_\_sub\_\_, \_\_mul\_\_)를 지원하는 이 예제 클래스는 중요한 부분을 표현하고 있다. 각 산술 연산자 메서드는 값을 반환한다. 물론 이 값을 변수에 대입하거나 다른 표현식 안에서 사용할 수도 있다.

다음 예제를 살펴보자.

```
pt1 = Point(10, 15)
pt2 = Point(0, 5)
x = pt1 + pt2
```

표현식 pt1 + pt2는 pt1 객체의 \_\_add\_\_ 메서드를 호출하게 한다. 이 메서드가 호출되면 self는 pt1 객체 자체의 참조가 되며, other는 객체 pt2의 참조가 된다. 호출 결과는 신규 Point 값이 되며, 변수 x에 대입된다.

이 경우 두 포인트를 더하는 것은 서로 좌표를 더하는 것이다. 결과 데이터로 신규 Point 객체가 반환된다.

뺄셈 기호(-)는 이 경우 거리 연산자로 번역된다. 메서드는 두 포인트의 거리를 계산하여 하나의 부동소수점 값으로 반환한다.

마지막으로 곱셈 기호(*)는 좌측 피연산자(self)를 Point 객체로 가정하며 1, 5 혹은 10과 같은 스칼라 값이 우측에 위치한다. 이 메서드는 Point의 각 값을 우측 정수(n)로 곱한 신규 Point 객체를 반환한다.

다음 문법은 주어진 클래스의 신규 객체를 어떻게 생성하는지 다시 한 번 보여 준다.

```
클래스_이름(인수)
```

이 문법은 해당 클래스의 __init__ 메서드에 '인수'를 전달하여 '클래스_이름'의 신규 인스턴스를 생성한다.

> Note ≡  클래스 인스턴스가 다른 타입과 연산을 하면서 상호 작용(interaction)한다면, 바이너리-연산 메서드는 해당 타입을 지원하지 않는 경우 반드시 **NotImplemented**를 반환해야만 한다. 이 규칙은 연산자 우측에 위치한 피연산자에 연산 메서드를 구현할 당위성을 제공한다. 더 자세한 사항은 9.10.6절에서 확인해 보자.

## 9.10.5 단항 산술 연산자

이 카테고리에 있는 메서드들은 9.9절에 있는 리스트와 유사하며, 숫자와 같이 캡슐화된 클래스에서 구현된다. 하지만 포인트와 매트릭스와 같은 다른 수학적 객체를 참조할 수 있다. 표 9-4에서 단항(unary) 산술 연산자를 확인할 수 있다.

▼ 표 9-4 단항 산술 연산자를 위한 매직 메서드

| 메서드 문법 | 설명 |
| --- | --- |
| __pos__(self) | 단항 양수(positive) 부호. 이 메서드는 피연산자 하나에 덧셈 기호(+)가 있는 경우 호출된다. 이 연산자는 완결성(completeness)을 보장하기 위해 제공되기 때문에 객체를 원래 상태 그대로 반환하는 것 외에는 다른 추가 작업을 수행하는 경우가 드물다. |
| __neg__(self) | 단항 음수(negative) 부호. 이 메서드는 피연산자 하나에 뺄셈 기호(-)가 있는 경우 호출된다. |
| __abs__(self) | 절댓값. 클래스 객체에 abs 함수가 적용된 경우 호출된다. |
| __invert__(self) | 비트 반전(bitwise inversion). 모든 비트에 위치한 1은 0으로, 0은 1로 바꾼 값을 생성한다. 이는 물결 기호(~) 연산자 사용 시 호출된다. 비트 보수(bitwise complement) 혹은 1의 보수(the one's complement)로 불리기도 한다.[8] |

🔁 계속

---

8  **역주** 정수의 비트 반전은 ~x로 표기하며, 결괏값은 -(x+1)이다.

| 메서드 문법 | 설명 |
|---|---|
| __bool__(self) | 값을 불리언으로 변환한다. bool( )뿐만이 아니라, not이나 조건문에 응답하는 제어 구조와 같은 논리 연산자를 사용하는 경우에도 호출된다.<br>이 메서드를 정의하지 않으면 True가 기본적으로 반환된다. |
| __round__(self, n) | 반올림 함수. 이 함수는 소수점 자릿수를 제한하여 반올림하는 함수다.<br>선택적으로 추가할 수 있는 인수 n은 반올림을 몇 번째 소수점까지 할지 명시한다. 생략하면 가장 가까운 정수로 반올림한다. |
| __floor__(self) | 내림(round-down) 함수. 객체의 값보다 작은 가장 큰 정수를 반환한다. 이 메서드는 math 패키지의 math.floor 함수에 의해 호출된다. |
| __ceil__(self) | 올림(round-upward) 함수. 객체의 값보다 큰 가장 작은 정수를 반환한다. 이 메서드는 math 패키지의 math.ceil 함수에 의해 호출된다. |
| __trunc__(self) | 소수점 버림 함수. 이 메서드는 __floor__와 비슷하지만 반올림을 수행하는 대신 단순히 소수점의 값을 버리면서 내림 혹은 올림을 수행한다. 가령 -3.5는 -3.0으로 올림이 되지만, 3.5는 3.0으로 내림이 된다.<br>이 메서드는 math 패키지의 math.trunc 함수에 의해 호출된다. |

9

클래스와 매직 메서드

단항 메서드를 구현하면 바이너리 메서드와 같이 신규 객체(인스턴스)를 생성하여 반환할 것이라고 기대한다. 일반적으로 동일한 타입의 객체를 반환해야 한다.

앞서 소개한 Point 클래스는 이런 매직 메서드 일부를 사용할 수 있는 수학 객체다. 이를 위해 다음 코드를 기존 Point 클래스 정의문에 추가해 보자.

```
def __neg__(self):
    newx = -self.x
    newy = -self.y
    return Point(newx, newy)
```

예를 들어 다음 표현식은 my_point 내부 값을 변경하겠다는 의미가 아니다. 대신 새로운 값을 생성하여 대입하거나 사용하겠다는 것을 의미한다.

```
-my_point
```

이제 우리는 신규 Point 클래스 인스턴스(Point 객체)를 생성할 수 있으며, 산술 음수 부호(-)를 사용할 수 있다.

```
pt1 = Point(3, 4)
pt2 = -pt1
print(pt2.x, ', ', pt2.y, sep='')
```

이 예제는 다음 값을 출력한다.

```
-3, -4
```

여러분이 바라던 대로 이 결과는 3, 4로 설정한 Point 인스턴스의 산술적 음수를 출력한다. 이 음수는 Point의 신규 인스턴스이며, 변수 pt2에 대입된다.

매직 메서드를 직접 호출하여 테스트할 수도 있다. 가령 다음과 같이 __trunc__ 메서드를 정의문에 추가했다고 가정해 보자.

```
def __trunc__(self):
    newx = self.x.__trunc__()
    newy = self.y.__trunc__()
    return Point(newx, newy)
```

이렇게 정의하면 다음과 같이 __trunc__ 메서드를 직접 테스트할 수 있다.

```
import math

pt1 = Point(5.5, -6.6)
pt2 = math.trunc(pt1)
print(pt2.x, ', ', pt2.y, sep='')
```

이 예제의 실행 결과는 다음과 같다.

```
5, -6
```

## 9.10.6 리플렉션(역방향) 메서드

이 절에서 소개하는 매직 메서드는 앞서 소개한 바이너리-연산자와 비슷하지만 중요한 차이점이 있다. 이 메서드는 객체가 표현식에서 연산자의 우측에 있을 때(혹은 두 번째 인수일 때) 호출된다.

> Note ≡ 이 설명은 영문 글자를 좌측에서 우측으로 읽는 것이 표준이라고 가정한다. 파이썬과 다른 컴퓨터 언어들도 이 방식으로 문장을 읽는다.

다음과 같이 서로 다른 클래스 2개를 더하는 표현식이 있다고 가정해 보자.

```
fido = Dog()
precious = Cat()
print(fido + precious)
```

파이썬은 표현식 fido + precious를 만나면 Dog 클래스가 __add__ 메서드를 구현했는지 확인한다. 다음과 같이 몇 가지 방법으로 동작할 것이다.

- 좌측 피연산자가 __add__ 메서드를 구현했고, NotImplemented가 아닌 값을 반환한다. 그러면 우측 피연산자의 어떤 메서드도 호출되지 않는다.

- 좌측 피연산자가 (혹은 피연산자의 클래스가) __add__ 메서드를 구현하지 않았다. 이 경우 파이썬은 우측 피연산자가 __radd__ 메서드를 구현했는지 확인한다.

- 좌측 피연산자가 __add__ 메서드를 구현했지만, 우측 피연산자와 같은 객체를 다루지 않는다. 짐작건대 __add__ 메서드가 우측 피연산자의 타입을 확인하고 다음과 같이 결정한다. "이 클래스의 객체에는 덧셈 연산자(+)가 지원되지 않는다." 이 경우 NotImplemented가 반환된다. 그러면 파이썬은 우측 피연산자에 __radd__가 구현되었는지 확인한다.

표 9-5는 리플렉션 바이너리-연산자 메서드를 소개한다.

▼ 표 9-5 리플렉션 연산자를 위한 매직 메서드

| 메서드 문법 | 설명 |
|---|---|
| __radd__(self, other) | 우측(right-side) 덧셈 연산자(+). 이 메서드는 우측 피연산자가 이 메서드를 정의하고, 좌측 피연산자가 __add__를 정의하지 않았거나 NotImplemented를 반환하는 경우 덧셈을 수행한다. |
| __rsub__(self, other) | 우측 뺄셈 연산자(-). 이 메서드는 우측 피연산자가 이 메서드를 정의하고, 좌측 피연산자가 __sub__를 정의하지 않았거나 NotImplemented를 반환하는 경우 뺄셈을 수행한다. |
| __rmul__(self, other) | 우측 곱셈 연산자(*). 이 메서드는 우측 피연산자가 이 메서드를 정의하고, 좌측 피연산자가 __mul__을 정의하지 않았거나 NotImplemented를 반환하는 경우 곱셈을 수행한다. |
| __rfloordiv__(self, other) | 우측 정수 나눗셈 연산자(//). 이 메서드는 우측 피연산자가 이 메서드를 정의하고, 좌측 피연산자가 __floordiv__를 정의하지 않았거나 NotImplemented를 반환하는 경우 정수 나눗셈을 수행한다.<br>신규 객체가 될 수도 있는 나눗셈 결과를 반환해야 한다. |
| __rtruediv__(self, other) | 우측 나눗셈 연산자(/). 이 메서드는 우측 피연산자가 이 메서드를 정의하고, 좌측 피연산자가 __div__를 정의하지 않았거나 NotImplemented를 반환하는 경우 일반 나눗셈(1개의 정방향 슬래시 사용)을 수행한다. 신규 객체가 될 수도 있는 나눗셈 결과를 반환해야 한다. |

❺ 계속

| 메서드 문법 | 설명 |
|---|---|
| `__rmod__(self, other)` | 우측 나머지(modulus 혹은 remainder) 나눗셈 연산자(%). 이 메서드는 우측 피연산자가 이 메서드를 정의하고, 좌측 피연산자가 `__mod__`를 정의하지 않았거나 NotImplemented를 반환하는 경우 나머지 나눗셈을 수행한다. |
| `__rdivmod__(self, other)` | 우측 몫/나머지 반환 함수(divmod). 이 메서드는 divmod 함수의 두 번째 인수가 이 메서드를 정의하고, 첫 번째 인수가 `__divmod__`를 정의하지 않았거나 NotImplemented를 반환하는 경우 나눗셈을 수행한다. 이 메서드는 첫 번째 항목이 몫이고 두 번째 항목이 나머지인 튜플을 반환해야 한다. |
| `__rpow__(self, other)` | 우측 제곱 연산자(**). 이 메서드는 우측 피연산자가 이 메서드를 정의하고, 좌측 피연산자가 `__pow__`를 정의하지 않았거나 NotImplemented를 반환하는 경우 제곱을 수행한다.<br>신규 객체가 될 수도 있는 제곱 결과를 반환해야 한다. |

대부분의 경우 역방향(reverse-order) 메서드는 정방향(forward-order)(왼쪽 피연산자) 메서드의 데 칼코마니다. 예를 들어 Point 클래스를 조금 개조하여 다른 매직 메서드를 추가하면 손쉽게 역방향 Point 클래스 메서드를 작성할 수 있다.

반면 다음 클래스 같은 경우 이런 메서드들을 대부분 작성할 필요가 없다. 예를 들어 다음 코드를 살펴보자.

```
pt1 = Point(1, 2)
pt2 = Point(5, 10)
pt3 = pt1 + pt2
```

덧셈(+)이 다음과 같이 동작한다고 가정해 보자. Point 인스턴스를 다른 Point 인스턴스에 더한다. 그러면 이 경우에는 좌측 피연산자(pt1)의 `__add__`가 호출될 것이다. 그렇게 되면 우측 피연산자의 `__radd__`는 절대로 호출되지 않는다.

대칭 연산자(포인트는 포인트를 더함)는 우측 r 매직 메서드를 호출하지 않는다.

대신 r 메서드는 비대칭 상황에서 유용하다(가령 정수는 Point 객체와 곱할 수도 있다). 다음과 같은 코드를 실행하고 싶다고 해 보자.

```
pt3 = pt1 * 5
pt3 = 10 * pt1
```

첫 번째 줄의 코드는 좌측 피연산자인 pt1을 통해 `__mul__` 메서드를 호출할 것이다.

하지만 두 번째 줄의 코드는 문제가 있다. 좌측 피연산자가 정수인 10이기 때문이다. 그리고 정수 클래스(int)는 Point 객체와의 곱셈을 지원하지 않는다.

이런 경우 다음과 같이 우측 피연산자 pt1의 클래스 Point의 __rmul__ 메서드를 구현해야만 한다.

```
def __rmul__(self, n):
    ''' 포인트와 스칼라 숫자 n과 곱셈한 결과를 반환한다. '''
    newx = self.x * n
    newy = self.y * n
    return Point(newx, newy)
```

이 메서드의 정의는 __mul__의 정의와 같다. 비록 Point 객체가 곱셈 표현식의 우측에 위치했다고 하더라도, Point 객체는 여전히 self 인수로 참조할 수 있다.

## 9.10.7 교체 연산자 메서드

표 9-6은 모든 클래스에 +=, -=, *=를 포함한 산술 연산자와 대입 연산자의 조합 기능을 제공하는 매직 메서드를 나열한 것이다. 여기에서 i는 'in place'를 의미한다. 만약 이 메서드를 구현하면 클래스 객체의 실질적인 교체 연산이 수행되며, 메모리에 상주 중인 실제 데이터 객체의 값을 수정한다.

만약 덧셈을 구현한 __add__와 같은 연산자는 지원하면서 이 메서드와 대응하는 i 메서드를 지원하지 않더라도, 파이썬은 여전히 대입 연산을 지원한다. 이 행위는 별도의 코드 구현 없이 자동으로 제공된다. 하지만 이 연산은 메모리의 값을 교체(in place)[9]하지 않는다. 대신 신규 객체를 생성하며, 변수에 다시 대입한다.

예를 들어 하나의 객체와 두 번째 참조 변수가 있다고 가정해 보자.

```
a = MyClass(10)
b = a
a += 1
print(a, b)          # a와 b가 여전히 같은 값을 가질까?
```

---

9　[역주] in place의 뜻은 '제자리에' 가깝지만, 피연산자의 값을 그대로 변경하는 의미에서 '교체'로 번역했다. 메모리상의 값을 바로 바꾸기 때문에 고성능 프로그래밍에 자주 등장한다.

여기에 이슈가 있다. a += 1이 교체 연산이라면 a와 b는 같은 데이터를 참조하고 있을 것이고, 함께 변경될 것이다. 하지만 a += 1이 교체 연산이 아니라면 연산자는 a에 신규 데이터를 대입하고, a와 b의 연결 고리는 끊어진다. 이 경우 a와 b는 연산 후 서로 다른 데이터를 가지게 된다.

문자열 클래스(str)는 변할 수 없는(immutable) 성질을 가지고 있으며, += 연산을 교체 연산자로 구현하지 않았다. 대신 메모리 안에서 신규 객체를 문자열 변수에 다시 대입한다.

▼ 표 9-6 교체(in place) 연산 매직 메서드

| 메서드 문법 | 설명 |
| --- | --- |
| `__iadd__(self, other)` | 덧셈-대입 연산자 조합 메서드. 이 메서드는 클래스의 객체 += 연산자를 사용하고, 객체가 연산자의 좌측에 위치할 때 호출된다. 교체 연산이 성공적으로 구현되려면 self를 반환해야 한다. |
| `__isub__(self, other)` | 뺄셈-대입 연산자 조합 메서드. 이 메서드는 클래스의 객체 -= 연산자를 사용하고, 객체가 연산자의 좌측에 위치할 때 호출된다. 교체 연산이 성공적으로 구현되려면 self를 반환해야 한다. |
| `__imul__(self, other)` | 곱셈-대입 연산자 조합 메서드. 이 메서드는 클래스의 객체 *= 연산자를 사용하고, 객체가 연산자의 좌측에 위치할 때 호출된다. 교체 연산이 성공적으로 구현되려면 self를 반환해야 한다. |
| `__idiv__(self, other)` | /= 연산 구현. 이 테이블에서 이 메서드를 포함한 나머지 메서드들은 위에서 설명한 가이드라인과 유사하게 동작한다. |
| `__igrounddiv__(self, other)` | 정수 나눗셈인 //= 연산 구현(가장 가까운 정수를 반환한다) |
| `__imod__(self, other)` | 나머지 나눗셈 %= 연산 구현 |
| `__ilshift__(self, other)` | 비트 좌측 시프트를 수행하는 <<= 연산 구현 |
| `__irshift__(self, other)` | 비트 우측 시프트를 수행하는 >>= 연산 구현 |
| `__iand__(self, other)` | 바이너리 AND를 수행하는 &= 연산 구현 |
| `__ior__(self, other)` | 바이너리 OR를 수행하는 |= 연산 구현 |
| `__ixor__(self, other)` | 바이너리 exclusive-OR를 수행하는 ^= 연산 구현 |
| `__ipow__(self, other [, modulo])` | 제곱 연산으로 불리는 **= 연산 구현. 선택적 인수인 modulo가 제곱을 수행한 후 나머지 연산을 수행한다. |

이 메서드들을 실제 (메모리상의 데이터를 수정하는) 교체 연산자로 구현할 때, 다음 절차를 따라야 한다. 첫째, 메서드가 호출된 인스턴스 내용을 수정한다(self 인수로 접근하는 변수를 의미한다). 둘째, 사용한 객체 참조를 다음과 같이 반환한다.

```
return self
```

예를 들어 다음과 같이 Point 클래스에 __iadd__와 __imul__ 메서드를 구현할 수 있다.

```
def __iadd__(self, other):
    self.x += other.x
    self.y += other.y
    return self

def __imul__(self, other):
    self.x *= other
    self.y *= other
    return self
```

## 9.10.8 변환 메서드

표 9-7에서 보여 주는 데이터 변환 메서드는 파이썬 프로그래머들이 자주 사용하는 유용한 메서드들이다.

예를 들어 (if 문이나 while 문과 같은) 조건문에서 객체를 사용할 때, 파이썬은 암시적으로 True 혹은 False 값을 갖기 위해 bool 변환 메서드를 호출한다. 이 변환 함수는 결국 객체 클래스의 __bool__ 메서드를 호출한다. 조건문에 클래스의 객체가 주어졌을 때, 어떤 값을 반환할지 결정하는 기준을 제공하는 셈이다.

물론 __str__ 메서드는 문자열로 모든 것을 표현하기 때문에 변환 메서드만큼 중요하다. __str__ 메서드는 앞서 다루었다.

▼ 표 9-7 변환 메서드

| 메서드 문법 | 설명 |
| --- | --- |
| __int__(self) | int 변환 함수 사용 시 호출된다. 이 메서드는 정수 객체를 반환해야 한다. |
| __float__(self) | float 변환 함수 사용 시 호출된다. 이 메서드는 부동소수점 객체를 반환해야 한다. |
| __complex__(self) | 복소수(complex) 변환 함수 사용 시 호출된다. 이 메서드는 복소수-숫자 객체를 반환해야 한다. 가령 complex(1)이 실행되면 (1+0j)를 반환한다. |
| __hex__(self) | 포매팅 함수나 16진수(hex) 변환 함수 사용 시 호출된다. 파이썬 2.0에서만 사용된다. |
| __oct__(self) | 포매팅 함수나 8진수(oct) 변환 함수 사용 시 호출된다. 파이썬 2.0에서만 사용된다. |
| __index__(self) | 객체가 컬렉션(튜플, 문자열 혹은 리스트)의 색인이나 슬라이싱 연산의 범위로 주어진 경우 이 메서드는 실제 인덱스 숫자를 반환하며 반드시 정수이어야 한다. |
| __bool__(self) | 표 9-1에서 이미 설명했다. 이 메서드는 적절하게 True 혹은 False를 반환해야 한다. 클래스 대부분은 zero 값 혹은 빈 컨테이너인 경우를 제외하고 True를 반환한다. |

다음 클래스 정의문은 Point 클래스에 몇 가지 변환 메서드를 정의하고 있다.

```
class Point:
    def __init__(self, x = 0, y = 0):
        self.x = x
        self.y = y

    def __int__(self):
        return int(self.x) + int(self.y)

    def __float__(self):
        return float(self.x) + float(self.y)
```

이 변환 메서드를 IDLE에서 사용해 보자.

```
>>> p = Point(1, 2.5)
>>> int(p)
3
>>> float(p)
3.5
```

## 9.10.9 컬렉션 클래스 메서드

파이썬에서는 사용자가 자체 컬렉션 클래스를 생성할 수 있다. 프로그래머 대부분은 특히 초급에서 중급 수준의 프로그래머라면 이 기능을 사용할 필요가 거의 없다. 파이썬의 내장 컬렉션 클래스(리스트, 딕셔너리, 세트 등)는 다재다능하고 유연하며 강력하다.

하지만 원한다면 여러분이 원하는 방식대로 저장되는 자체 컬렉션을 구현할 수 있다. 예를 들어 해시 테이블 대신 바이너리 트리 기반으로 구현한 딕셔너리 클래스를 생성할 수 있다.

또한, 기존 파이썬 컬렉션 클래스 기반에 부가 기능을 추가한 자체 컬렉션 클래스를 생성할 수 있다. 10장에서 실질적인 예제로 살펴볼 상속이나 포함(containment)을 통해서 할 수 있다.

표 9-8은 자체 컬렉션 클래스를 생성할 때 제공해야 하는 매직 메서드 리스트다. 얼마나 유용하고 강력한 클래스를 만들지에 따라 메서드 제공 유무가 결정될 수 있다.

| 메서드 문법 | 설명 |
|---|---|
| __len__(self) | 컬렉션 내에 항목의 개수를 정수로 반환한다. |
| __getitem__(self, key) | 컬렉션에서 주어진 색인의 항목을 반환한다. 이 매직 메서드는 객체이름[색인] 형태로 색인을 사용할 때 호출된다. 색인이 정수이거나 데이터 딕셔너리와 같이 정수가 아닐 수도 있지만, 양쪽 모두 컬렉션으로부터 선택된 항목을 반환한다. |
| __setitem__(self, key, value) | 이 매직 메서드의 목적은 색인 위치의 값을 특정 값으로 설정하는 것을 제외하고는 __getitem__과 유사하다. 여기에서 색인은 (가령) 색인이 정수인 경우 정수 숫자다. 색인에 의해 선택된 항목은 특정 값으로 교체된다.<br>기존 객체 안에 데이터를 바로 수정한다. |
| __delitem__(self, key) | 이 메서드는 색인으로 선택한 특정 항목을 삭제한다. |
| __iter__(self) | 컬렉션 객체의 이터레이터(iterator)를 반환한다. 이 이터레이터는 컬렉션의 next 메서드를 구현한 객체다.<br>그러므로 __iter__ 메서드를 구현하는 가장 쉬운 방법은 __next__ 메서드를 직접 구현한 클래스의 self를 반환하는 것이다. |
| __next__(self) | 이 메서드는 클래스 스스로 혹은 메인 클래스와 함께 동작하는 조력(helper) 클래스에 의해 구현될 수 있다. 두 경우 모두 순회 시 다음 항목을 반환하거나 StopIteration 예외를 발생해야 한다. |
| __reversed__(self) | 이 메서드는 컬렉션의 항목을 역방향으로 순회하는 이터레이터를 반환해야 한다. |
| __contains__(self, item) | 이 메서드는 컬렉션 안에 특정 항목의 존재 유무에 따라 True 혹은 False를 반환해야 한다. |
| __missing__(self, key) | 이 메서드는 컬렉션에 존재하지 않는 항목에 접근할 때 호출된다. 경우에 따라서 None을 반환하거나 예외를 발생시킬 수도 있다. |

다음 코드는 간단한 컬렉션 클래스 예제다. 이 예제는 특정 용도로 만든 스택 클래스로, 이미 존재하는 함수에 기능을 조금 추가했다. 가령 peek 함수는 스택에서 항목을 끄집어 내지 않고 항목 중 가장 '높은' (혹은 마지막) 항목을 반환한다.

```
class Stack:
    def __init__(self):
        self.mylist = []

    def append(self, v):
        self.mylist.append(v)

    def push(self, v):
        self.mylist.append(v)
```

```
    def pop(self):
        return self.mylist.pop()

    def peek(self):
        return self.mylist[-1]

    def __len__(self):
        return len(self.mylist)

    def __contains__(self, v):
        return self.mylist.__contains__(v)    # 포함(containment)은 여기에서 사용된다!

    def __getitem__(self, k):
        return self.mylist[k]
```

이 클래스 정의문으로 스택 객체를 생성하여 컬렉션처럼 다룰 수 있다. 다음과 같이 말이다.

```
st = Stack()
st.push(10)
st.push(20)
st.push(30)
st.push(40)
print('Size of stack is:', len(st))
print('First elem is:', st[0])
print('The top of the stack is:', st.peek())
print(st.pop())
print(st.pop())
print(st.pop())
print('Size of stack is:', len(st))
```

이 코드는 다음과 같은 결과를 보여 준다.

```
Size of stack is: 4
First elem is: 10
The top of the stack is: 40
40
30
20
Size of stack is: 1
```

객체 지향 프로그래밍에 익숙하다면 이런 상황에서 상속을 사용하면 더 쉽게 같은 결과를 얻을 수 있다는 것을 알 것이다. 다음과 같이 말이다.

```
class Stack(list):
    def push(self, v):
        self.append(v)

    def peek(self):
        return self[-1]
```

이 몇 줄의 코드로 Stack 클래스는 앞서 살펴본 것보다 더 정교한 클래스 정의문의 모든 연산자를 다룰 수 있게 되었다.

상속과 같은 방법은 리스트나 딕셔너리와 같이 이미 존재하는 클래스를 기반으로 자체 컬렉션 클래스를 만들 때 사용할 수 있다.

## 9.10.10 __iter__와 __next__ 구현하기

next 함수와 함께 __iter__와 __next__ 메서드는 정교하게 다룰 필요가 있다. 이 메서드들은 for 루프와 같은 특별한 상황에 사용할 수 있는 클래스 객체의 제너레이터(generator)(혹은 이터레이터)를 생성한다. 용어 정리부터 해 보자.

- 이터러블(iterable)은 여러 항목을 한 번에 한 항목씩 접근하여 첫 항목부터 끝 항목까지 관통 (step through)할 수 있는 객체를 의미한다. 객체가 이터러블이 되기 위해 __iter__ 메서드는 반드시 객체를 반환해야 한다.
- 이터레이터(iterator)는 __iter__가 반드시 반환해야 하는 객체다. 이터레이터는 컬렉션 객체를 관통하는 데 사용된다.
- 이 이터레이터는 __next__ 메서드가 반환해야 하는 객체이며, 동일한 클래스이거나 이 목적만을 위해 작성된 별도 클래스일 수도 있다. __next__ 메서드는 아무 작업을 하지 않더라도 구현되어야 한다.

이 메서드의 구현은 파이썬의 for 문에서 클래스 인스턴스를 사용하려면 반드시 필요하다. 예를 들어 4차원의 Point 객체가 있다고 해 보자. 이터레이터가 4 좌표 값을 한 번에 하나씩 가져올 수 있다면 다음과 같이 사용할 수 있다.

```
my_point = Point()
for i in my_point:
    print(i)
```

이 예제는 좌표 4개를 한 번에 하나씩 출력한다. 앞서 설명했듯이 컬렉션은 그 자체가 이터레이터일 수 있다. 그런 경우라면 __iter__ 메서드는 self를 반환하며, 자체적으로 __next__ 메서드를 구현했을 것이다.

컨테이너의 복잡성과 원하는 유연성 수준에 따라서 이 메서드들을 여러 가지 방법으로 구현할 수 있다.

- 대상 내에 저장된 컬렉션 객체의 __iter__를 호출한다. 가장 쉬운 방법이며, 다른 누군가는 순회 작업을 제어해야 한다.
- 컬렉션 클래스 자체적으로 __iter__와 __next__를 모두 구현한다. 이 경우에 __iter__ 메서드는 이터레이션 세팅을 초기화하며, self를 반환한다. 반면 이 방법으로는 한 번에 한 루프 이상 순회할 수가 없다.
- __iter__ 메서드가 컬렉션 클래스를 관통하는 이터레이션을 지원하는 목적으로 만들어진 자체 이터레이터 객체를 반환한다. 이 방법이 가장 강력하며, 시도해 볼 만하다.

다음은 앞서 설명한 방법 중 두 번째 방법으로 구현한 코드며, 일반적으로 사용하는 비교적 간단한 예제다. 앞서 소개한 Stack 클래스에 다음 메서드 정의문을 추가해 보자.

```
def __iter__(self):
    self.current = 0
    return self

def __next__(self):
    if self.current < len(self):
        self.current += 1
        return self.mylist[self.current - 1]
    else:
        raise StopIteration
```

앞 코드의 중요한 코딩 기법은 self.current에서 사용한 current 변수를 참조하는 방법이다. 이는 변수가 클래스나 글로벌 변수가 아닌 인스턴스 변수가 되게 만든다.

모든 항목이 차례로 나열되거나 순회할 때 계속해서 self.current를 증가시키면서 __new__ 메서드가 StopIteration 예외를 일으킬 때까지 컬렉션을 관통한다. StopIteration은 for 루프를 멈추게 한다.

# 9.11 다중 인수 타입 지원

하나 이상의 인수를 가지는 함수나 메서드를 어떻게 작성할 수 있을까? 예를 들어 Point 객체가 스칼라 숫자나 다른 Point 객체와 곱하는 Point 클래스가 있다고 가정해 보자.

파이썬은 오버로딩(overloading)을 지원하지 않지만 런타임 시 인수의 타입을 테스트할 수 있으며, 타입에 따라서 다르게 동작할 수 있다.[10]

객체 타입을 테스트하는 방법은 최소한 두 가지다. 한 가지 방법은 type 함수를 호출하는 것이다.

```
type(객체)
```

가령 데이터 객체나 변수가 정수 타입을 가지고 있는지 직접 확인할 수 있다.

```
n = 5
if type(n) == int:
    print('n is integer.')
```

조금 더 믿음직한 방법은 isinstance 함수를 사용하는 것이다. 두 가지 방법이 있다.

```
isinstance(객체, 클래스_이름)
isinstance(객체, 클래스들로 구성된 튜플)
```

첫 번째 버전은 '객체'의 클래스를 확인한 후 이 클래스가 '클래스_이름(두 번째 인수)'과 동일하거나 '클래스_이름'에서 파생된 클래스면 True를 반환한다.

두 번째 버전은 위 문법과 동일하지만 두 번째 인수에 여러 클래스로 구성된 튜플(변경할 수 없는 리스트)의 클래스 중 하나라도 동일 조건에 만족하면 True를 반환한다.

다음 코드는 첫 번째 문법을 사용한 예제다.

---

10 역주 오버로딩은 메서드 이름은 같지만 인수를 다르게 하여 여러 번 정의하는 것을 의미한다. 참고로 파이썬은 인수의 기본값을 설정하여 필요 시 추가하는 것과 같은 방법으로 비슷한 다형성을 제공한다.

```
n = 5
if isinstance(n, int):
    print('n is an integer or derived from it.')
```

두 번째 문법의 예제도 살펴보자. 이 방식은 n이 정수나 부동소수점 숫자를 포함하는지 테스트한다.

```
if isinstance(n, (int, float)):
    print('n is numeric.')
```

type과는 다르게 isinstance를 사용했기 때문에 n이 int 혹은 float 타입을 반드시 가질 필요가 없다는 것을 기억하자. int 혹은 float로부터 파생된 타입이어도 충분하다. 그런 타입이 흔하지는 않지만, 언제든지 하위 클래스를 만들 수 있다(subclassing).

예를 들어 Point 객체가 다른 Point 객체와 숫자를 곱할 수 있게 만든다고 가정해 보자. 다음과 같이 \_\_mul\_\_ 메서드를 구현하면 된다.

```
def __mul__(self, other):
    if type(other) == Point:
        newx = self.x * other.x
        newy = self.y * other.y
        return Point(newx, newy)
    elif type(other) == int or type(other) == float:
        newx = self.x * other
        newy = self.y * other
        return Point(newx, newy)
    else:
        return NotImplemented
```

여기에서 other 클래스를 포함한 연산 처리를 어떻게 해야 할지 모를 때 예외를 일으키는 대신 NotImplemented를 반환하는 것에 주목하자. NotImplemented를 반환하면, 파이썬은 우측 피연산자의 클래스가 이 상황을 제어할 \_\_rmul\_\_ 메서드가 있는지 확인할 것이다.

이 메서드는 타입을 확인하기 위해 type 함수 대신 isinstance 함수를 사용하여 정의할 수도 있다.

```
def __mul__(self, other):
    if isinstance(other, Point):
        newx = self.x * other.x
        newy = self.y * other.y
        return Point(newx, newy)
    elif isinstance(other, (int, float)):
```

```
            newx = self.x * other
            newy = self.y * other
            return Point(newx, newy)
        else:
            return NotImplemented
```

두 경우 모두, 숫자에 의한 곱셈은 비대칭으로 수행된다.[11] 다음과 같이 작성한 코드를 실행하면 확인할 수 있다.

```
pt2 = 5.5 * pt1
```

정수나 부동소수점 클래스는 우리가 만든 것이 아니기 때문에 당연히 매직 메서드가 추가되지 않았으며, 이것이 문제가 된다. 이 문제를 해결하려면 Point 클래스에 __rmul__ 메서드를 반드시 작성해야 한다.

```
def __rmul__(self, other):
    if isinstance(other, (int, float)):
        newx = self.x * other
        newy = self.y * other
        return Point(newx, newy)
    else:
        return NotImplemented
```

SUPERCHARGED PYTHON

# 9.12 / 동적 속성 설정 및 조회

파이썬 객체는 수많은 속성(attributes)을 가질 수 있다. 속성의 범주에는 인스턴스 변수, 메서드와 인수들(properties)을 포함한다. 일반적으로 이런 속성들은 하드 코딩되어 있다. 즉, 프로그래밍 코드 안에서 이름이 정해져 있다는 뜻이다.

---

11 [역주] 아직 __rmul__ 메서드를 구현하지 않았기 때문에 비대칭으로 표현했다.

하지만 때때로 동적으로 속성을 설정(setting)하는 것이 유용할 때가 있다. 프로그램 실행 시점에 특정 조건에 따라 속성 이름이 결정되는 것이다. 예를 들어 사용자가 속성 이름을 제안하거나, 혹은 데이터베이스나 다른 애플리케이션에서 속성 이름을 설정하는 경우가 있을 것이다. 15장에서 이 기법을 사용한다.

setattr 함수는 다음 문법을 따른다.

> **setattr**(객체_이름, 문자열_이름, 값)

인수를 살펴보면 '객체_이름'이 수정 대상 객체의 참조고, '문자열_이름'은 속성 이름을 명시한 문자열이며, '값'은 데이터 객체이거나 값을 가지고 있는 표현식이다.

getattr 함수는 setattr과 상호 보완적인 문법을 가지고 있다.

> **getattr**(객체, 문자열_이름 [, 기본값])

다음의 간단한 예제를 IDLE 환경에서 실행해 보자. 속성 breed는 동적으로 추가되며, 'Great Dane'으로 설정된다.

```
>>> class Dog:
        pass
>>> d = Dog()
>>> setattr(d, 'breed', 'Great Dane')
>>> getattr(d, 'breed')
'Great Dane'
```

하지만 실제로 getattr을 사용할 때는 다음과 같이 대부분 문자열을 담고 있는 변수를 인수로 전달한다.

```
>>> field = 'breed'
>>> getattr(d, field)
'Great Dane'
```

# 9.13 / 정리해 보자

파이썬은 객체 지향 프로그래밍에서 추구하는 유연하고 강력한 기능을 제공한다. 클래스의 기본 개념은 근본적인 사용자-정의 타입이지만, 사용자가 원하는 만큼의 메서드를 정의할 수 있다. 다른 객체 지향 프로그래밍 시스템(OOPS(Object Oriented Programming System)!)과 같이 말이다. 메서드는 클래스 안에 정의된 함수이며, 일반적으로 클래스의 인스턴스를 통해 호출된다.

```
my_dog = Dog('Bowser')
my_dog.speak()
```

파이썬 메서드는 일반적으로 self로 불리는 변수를 첫 번째 인수로 배치한다.

인수 self는 메서드 호출 시 명시적으로 인수에 넣지 않는다. 하지만 각 인스턴스를 통해 호출될 메서드 정의문에는 항상 나타나야 한다. self는 해당 객체 스스로의 참조다.

파이썬은 실행 시점까지(문장이 실행되기 전까지) 변수와 함수의 이름이 확정되지 않기 때문에 극도로 다형적이다. 여러 클래스에서 동일한 이름의 속성을 정의할 수 있지만, 생성된 특정 객체를 참조하기 위해 작성된 코드는 항상 의도대로 동작할 수 있다.

파이썬의 가장 독특한 기능은 모든 클래스가 매직 메서드를 이용할 수 있다는 것이다. 메서드 이름은 파이썬에서 특별한 의미를 가지고 있으며, 특정 상황에 따라 자동으로 호출된다. 가령 __init__ 메서드는 클래스의 인스턴스가 초기화될 때 호출된다. 매직 메서드 이름은 항상 언더스코어 2개(__)가 앞뒤로 붙는다. 따라서 이런 방식의 이름을 사용하지 않으면 매직 메서드와 이름이 겹치는 것을 피할 수 있다.

이 장에서는 __init__과 함께 산술 혹은 기타 연산을 지원하는 메서드를 포함하여 파이썬에서 지원하는 다양한 매직 메서드를 살펴보았다.

9

클래스와 매직 메서드

# 9.14 복습 문제

1 클래스와 인스턴스 간의 관계를 어떻게 묘사할 수 있는가? 예를 들어 일대일(one-to-one) 관계인가, 혹은 일대다(one-to-many) 관계인가?

2 인스턴스에만 저장되는 정보는 무엇인가?

3 클래스 안에 저장되는 정보는 무엇인가?

4 메서드는 무엇이며, 표준 함수와 정확하게 다른 점은 무엇인가?

5 파이썬은 상속을 지원하는가? 그렇다면 해당 문법은 어떻게 되는가?

6 파이썬이 지원하는 캡슐화의 수준은 어느 정도인가(인스턴스나 클래스 지역 변수 생성)?

7 클래스 변수와 인스턴스 변수의 차이점은 정확히 무엇인가?

8 클래스 메서드 정의문에서 self가 필요한 시점은 언제인가? 항상 필요한가?

9 __add__와 __radd__ 메서드의 차이점은 무엇인가?

10 리플렉션 메서드가 정말 필요한 시점은 언제인가? 해당 메서드를 제공하더라도 사용할 필요가 없는 경우는 무엇인가?

11 __iadd__ 메서드를 호출하는 것은 무엇인가?

12 __init__ 메서드는 하위 클래스로 상속되는가? 하위 클래스에서 이 메서드의 행위를 변경하고 싶다면 어떻게 해야 하나?

# 9.15 실습 문제

**1** 3차원 Point 클래스를 작성하고 테스트하라. 클래스 객체 간에 덧셈, 뺄셈이 가능해야 하고, 스칼라 값(정수 혹은 부동소수점)에 의해 곱셈이 가능해야 한다. __init__ 메서드뿐만이 아니라 __str__, __repr__, __add__, __sub__, __mul__, __rmul__을 포함한 매직 메서드도 추가한다. __rmul__ 메서드는 Point 객체가 곱셈 기호(*) 우측에 위치하는 n * point 표현식을 지원해야 한다.

**2** '이름, 계정 번호, 예금 금액과 이자율' 정보를 지니는 BankAcct 클래스를 작성하고 테스트하라. __init__ 메서드뿐만이 아니라 이자율 조정, 인출 및 예금(한 가지 방법으로 조합할 수 있음), 이자율 변경 및 시간의 경과를 표시하는 방법(마지막으로 일수에 대한 이자를 자동으로 계산하는 방법)을 지원해야 한다.

# 10<sup>장</sup>

# Decimal, Money, 그리고 기타 클래스

영화 〈슈퍼맨 3〉에서 한 컴퓨터 천재는 은행에서 거래할 때마다 버려지는 1페니의 일부를 훔쳐서 자신의 계좌로 이체하면 부자가 될 수 있다는 것을 알게 된다. 은행에서는 하루에 수백만 건의 거래가 있고, 거래당 1페니를 모으면 상당히 많은 돈을 가질 수 있기 때문이다.

그렇기 때문에 은행원은 반올림 오차에 신경을 무척 쓴다. 1페니보다 훨씬 작은 돈도 더해질 수 있기 때문이다. 따라서 정확한 계산은 굉장히 중요한 문제다.

초기에는 전자 컴퓨터가 상업적인 목적으로 사용되었는데, 달러와 센트(또는 어떤 통화라도)를 오류 없이 정확하게 기록하는 것이 중요했다. 이것이 바로 이 장에서 다룰 내용이다. 금융 분야에 특화된 데이터 활용 방법을 살펴보겠다. 이 장에서는 Decimal 클래스와 우리가 직접 구축할 Money 클래스를 소개할 것이다.

Fraction과 complex 클래스는 주로 고급 수학이나 과학 애플리케이션에서 사용하지만, 이 클래스들도 이 장에서 가볍게 다룰 것이다.

# 10.1 / 숫자 클래스의 개요

이 책에서는 대부분 숫자 데이터 두 가지(정수와 부동소수점)를 다룬다. 많은 애플리케이션에서 이 데이터 타입만으로도 기능 대부분을 구현할 수 있기 때문이다. 하지만 데이터 타입 2개만으로 모든 기능을 완벽하게 구현할 수 없다는 것을 곧 알게 될 것이다. 정수는 소수점이 없기 때문에 갖는 제약 사항이 있으며, 부동소수점은 이 장에서 보여 줄 반올림 오차로 인한 문제가 있다.

이 장에서는 9장의 원칙을 사용하여 우리가 직접 개발한 데이터 포맷을 포함한 여러 클래스를 소개한다.

- **Decimal 클래스**: 정확하고 오차 없이 10진수 소수점을 가질 수 있는 '고정-포인트' 데이터 타입(**예** 0.02)
- **Money 클래스**: 여러분이 직접 내려받거나 개발할 수 있다. 이 장에서는 예시를 위해 직접 개발한다.
- **Fraction 클래스**: 1/3 혹은 1/7과 같은 분수를 반올림 오차 없이 저장할 수 있다. 다른 클래스로는 반올림 오차 없이 저장할 수 없다.

- **complex 클래스**: 고등 수학의 복소수 숫자를 나타낸다. '실수'와 '허수'로 나뉜다.

Money 클래스를 제외한 이 클래스들은 인터넷으로 따로 내려받을 필요가 없으며, 심지어 complex 클래스는 탑재(import)할 필요조차 없다. int, float, str과 같이 이미 내장된 클래스다.

# 10.2 / 부동소수점 포맷의 제약 사항

float 값의 문제점은 10진수 포맷으로 출력되지만, 내부적으로는 이진수로 저장된다는 것이다. 컴퓨터는 0.5와 같이 이진수로 표현할 수 있는 숫자는 정밀하게 저장할 수 있지만, 다른 소수점을 저장할 때 문제가 된다.

가령 10진수 2.5는 다음과 같이 이진수 부동소수점으로 출력할 수 있다.

```
10.1
```

하지만 0.3과 같은 10진수 소수점은 어떨까? 문제는 0.3을 10분의 3으로 저장해야 한다는 것이다. 그리고 10분의 1은 아무리 많은 소수를 사용하더라도 정확한 이진수 포맷으로 저장할 수 없다. 1/10은 1/2 또는 1/4과 달리 2의 제곱이 아니기 때문이다. 따라서 이런 상황에서 반올림한 값은 정확한 값과의 작은 괴리가 생긴다.

IDLE에서 쉽게 실행할 수 있는 파이썬 예시를 살펴보자.

```
>>> 0.1 + 0.1 + 0.1
0.30000000000000004
```

이 결과는 수학적으로 틀렸으며, 프로세서가 고장 난 것이 아니라 부동소수점 연산이 10분의 1과 같은 분수를 다룰 때마다 아주 작은 반올림 오류가 발생할 수 있다는 사실을 나타낸다. 대부분의 프로그램은 이런 오류를 무시하는데, 보통 출력과 포매팅 함수가 특정 숫자를 반올림하여 이런 오류를 숨기기 때문이다.

보통은 이런 오류를 무시하는 일이 문제가 되지 않는다. 프로그래밍에서는 부동소수점으로 작업할 때 작은 오류들을 허용한다고 가정하기 때문이다. 이것은 단지 우리가 지불해야 할 대가인 셈이다.

과학 애플리케이션과 실제 애플리케이션에서는 대개 무한한 소수점을 제공하지 않는다. 예를 들어 태양은 정확히 지구에서 9,300만 마일 떨어져 있지 않다. 그저 대략적인 수치다.

다음과 같이 round 함수를 이용하면 이와 같은 작은 오류를 없앨 수 있다.

```
>>> round(1.0 + 1.0 + 1.0, 2)
3.0
```

하지만 우리는 금융 애플리케이션에서 round 함수에 계속 의지하지 않고 더 나은 결과를 얻고 싶다. 분수는 중요한 부분이며, 작은 오류도 시간이 지남에 따라 누적될 수 있기 때문에 허용되지 않는다. 은행원에게 1.99달러는 정확히 1.99달러이어야 한다.

반올림 에러를 확인할 수 있는 몇 가지 예시를 살펴보자.

```
>>> 0.6 + 0.3 + 0.1          # 반드시 1.0이 되어야 한다.
0.9999999999999999
>>> (0.6 + 0.3 + 0.1) / 2    # 반드시 0.5가 되어야 한다.
0.49999999999999994
```

여러분이 비즈니스 애플리케이션을 다룰 때, 특히 그 분야가 은행이라면 44.31과 같은 숫자를 어떤 종류의 오류 없이 정확하게 저장하는 것이 무척 유용할 것이다.

운 좋게도 파이썬은 Decimal 클래스를 제공하여 이 문제를 해결할 수 있다.

# 10.3 Decimal 클래스 소개

IDLE에서 다음과 같이 import 문을 실행해 보자.

```
>>> from decimal import Decimal
```

이제 부동소수점 클래스와 같이 Decimal 클래스의 인스턴스를 몇 개라도 정의할 수 있다.

```
>>> my_dec = Decimal()
>>> print(my_dec)
0
```

결과에서 알 수 있듯이 Decimal 인스턴스의 기본값은 0이다. 하지만 어떤 소수점 값이라도 정확하게 저장할 수 있다.

```
>>> d = Decimal('0.1')
>>> print(d + d + d)
0.3
```

이 예시는 기대했던 대로 동작하지만 무언가 특이한 점이 있다는 것을 알 수 있다. Decimal 변수인 d가 초기화될 때 텍스트 문자열을 사용한 것이다. 부동소수점을 사용하여 초기화하는 것이 훨씬 자연스러워 보일 수도 있다. 무슨 일이 벌어지는지 확인해 보자.

```
>>> d = Decimal(0.1)
>>> print(d)
0.1000000000000000055511512312578...
```

결과가 무척 이상해 보인다. 하지만 이유가 있다.

초기화할 때 0.1을 사용하면 부동소수점(float 타입)은 Decimal 포맷으로 변환된다. 앞에서 언급했듯이 Decimal은 0.1을 정확한 자릿수와 함께 저장할 수 있다. 하지만 이 경우에는 부동소수점으로부터 값이 변환되었다는 것이 문제다. 왜냐하면 부동소수점 값은 **이미 반올림 에러를 포함**하고 있기 때문이다. 마치 독이 든 나무의 열매를 먹는 것과 같다.

어떻게 이 문제를 해결할 수 있을까? 문자열로 초기화하는 것이 최선이다. '0.01'을 사용하여 초기화하는 것은 "나는 문자열이 표현하고 있는 숫자를 실제 소수점으로 저장하고 싶다."라고 말하는 것이며, 반올림 에러가 없는 값을 저장한다는 것과 같은 의미다.

다른 예시를 살펴보자.

```
>>> d = Decimal('0.1')
>>> print(d + d + d)
0.3
```

부동소수점 버전과는 반대로 바른 결과를 출력한다.

```
>>> print(0.1 + 0.1 + 0.1)
0.30000000000000004
```

다른 예시를 살펴보자. 다음은 Decimal로 좀 더 명백한 부동소수점 연산 오류를 해결한다.

```
>>> print(0.1 + 0.1 + 0.1 - 0.3)
5.551115123125783e-17
>>> d1, d3 = Decimal('0.1'), Decimal('0.3')
>>> print(d1 + d1 + d1 - d3)
0.0
```

Decimal 클래스는 자릿수를 유지한다. 가령 소수점 이하 두 자리의 소수를 갖는 Decimal 인스턴스로 연산을 수행하면 끝이 0으로 끝나더라도 다음과 같이 두 자릿수는 유지된다.

```
>>> d1, d3 = Decimal('0.10'), Decimal('0.30')
>>> d1 + d3
Decimal('0.40')
```

이렇게 자릿수를 보존하는 특성은 Decimal을 사용하여 달러와 센트를 출력하거나 소수점 이하 자릿수를 두 자리로 유지하는 경우에 유용할 것이다. 물론 소수점 자릿수를 늘릴 수도 있겠지만, 이 자릿수가 두 자리가 넘는 숫자를 사용하지 않는 한 소수점 이하 자릿수는 유지된다.

다른 예시를 살펴보자.

```
>>> d1, d2 = Decimal('0.50'), Decimal('0.50')
>>> print(d1 + d2)
1.00
```

> Note ☰ print 함수 인수에 객체를 전달하면 기본적으로 숫자의 표준 문자열 표현 방식으로 객체를 출력한다. Decimal 객체인 경우 소수점과 함께 숫자의 간단한 나열로 적절하게 표현한다.
>
> ```
> 1.00
> ```
>
> 반면 Decimal 객체를 IDLE 환경에서 직접 입력하면 타입 이름과 따옴표 기호를 포함한 기준 표현 방식(canonical representation)으로 출력한다.
>
> ```
> Decimal('1.00')
> ```

Decimal 클래스에는 그다지 쓸모없는 별난 점이 있다.

만약 2개의 객체를 곱하면 소수점 이하 자릿수는 유지되는 것이 아니라 증가한다. 예시를 살펴보자.

```
>>> d1, d3 = Decimal('0.020'), Decimal('0.030')
>>> print(d1 * d3)
0.000600
```

한편 round 함수를 사용하면 (뒤따르는 0을 제거하여) 객체의 소수점 이하 자릿수를 기존 개수대로 반올림하여 언제든지 조정할 수 있다.

```
>>> print(round(d1 * d3, 4))
0.0006
>>> print(round(d1 * d3, 3))
0.001
```

정수와 부동소수점 값을 함께 사용한다면 몇 가지 규칙이 따른다.

- 정수는 Decimal 객체와 자유롭게 더하거나 곱할 수 있다.
- 정수를 사용하여 Decimal 객체를 정확하게 초기화할 수 있다.

  d = Decimal(5)

- 부동소수점 값을 Decimal 객체에 더하거나 곱하면 에러가 발생한다. 이와 같은 연산을 하기 위해 부동소수점 값을 Decimal 객체로 변환해야 한다. 예를 들어 부동소수점을 Decimal로 변환한 후 반올림하는 것이다. 그렇지 않은 경우 두 타입 간에 연산을 시도하면 런타임 에러가 발생할 것이다.

정확하게 이해하기 위해 다음과 같이 정수와 동작하는 소스 코드를 작성해 보자.

```
>>> d = Decimal(533)
>>> d += 2
>>> print(round(d, 2))
535.00
```

성능 Tip ☆ Decimal 객체를 생성하는 것은 부동소수점 객체를 생성하는 것보다 30배 더 많은 시간이 걸리며, 부동소수점 연산 처리 속도는 Decimal 객체보다 60배 더 빠르다. 정확한 작업을 위해 Decimal 객체를 사용할 필요도 있지만, 애플리케이션 대부분은 부동소수점 값을 사용하는 데 타당한 이유가 있다.[1]

---

1 역주 저자는 정확성과 속도에 상반되는 전형적인 트레이드오프에 대해 언급하고 있다. 돈 계산과 같이 정확성이 굉장히 중요한 경우 느리더라도 Decimal 객체를 사용하는 것이 더 좋지만, 속도가 굉장히 중요한 경우라면 어느 정도의 정확성은 포기하면서 부동소수점을 사용해야 한다.

# 10.4 Decimal 객체를 위한 특수 연산

Decimal 객체를 생성하여 도움말을 호출하면 수많은 연산과 메서드를 보여 주는 문서를 확인할 수 있다.

```
>>> help(Decimal)
```

이 수많은 훌륭한 메서드는 매직 메서드이며, 2개의 Decimal 객체 혹은 Decimal 객체와 정수 간에 모든 기본 산술 연산을 지원하기 위해 존재한다. 물론 로그 함수와 같은 다양한 함수도 제공한다.

이 범위에서 벗어나는 훌륭한 메서드들을 살펴보면 일부는 기술적으로 깊이가 매우 깊은 반면, 일부는 실제로 아무 작업 없이 현재 객체를 그대로 반환(no-ops)하기도 한다.

반면 어떤 메서드는 파이썬 프로그래머의 흥미를 유발하곤 한다. 그중 하나가 normalize 메서드다. 이 메서드는 효율적으로 뒤따르는 0을 제거해서 객체가 최소한 가져야 할 소수만을 남기는 데 사용된다.

다음 예시에서는 normalize 메서드가 소수점 이하 자릿수가 3개였던 객체를 1개로 줄인다.

```
>>> d = Decimal('15.700')
>>> print(d)
15.700
>>> d2 = d.normalize()
>>> print(d2)
15.7
```

normalize 메서드는 소수점 이하 숫자가 모두 0이라면 전부 제거한다.

```
>>> d = Decimal('6.00')
>>> print(d)
6.00
>>> d2 = d.normalize()
>>> print(d2)
6
```

한편 Decimal 값의 소수를 변경하면 값이 같다(==)고 하더라도 초기 상태와 다른 객체를 갖게 된다. 앞서 사용한 d와 d2가 같은지 테스트해 보자.

```
>>> d == d2
True
```

Decimal 객체는 정수, 부동소수점, 문자열과 같이 불변성(immutable)을 지닌다. 한편 다음 코드는 기존 Decimal 데이터를 실제로 변경하지 않고 d에 신규 객체를 대입하기 때문에 문제없이 동작한다(그러면 is 연산자로 객체가 같은지 확인할 수 있다). 하지만 기억하자. 기존 객체와 정규화된 (normalized) 값은 숫자상으로 같다고 간주한다.

```
>>> d2 = d                    # d의 기존 버전을 d2에 저장
>>> d = d.normalize()         # 이제 d는 정규화되었다.
>>> d2 == d
True
>>> d2 is d
False
```

as_tuple 메서드는 이런 객체의 내부 구조를 확인할 수 있는 주요 정보를 제공한다.

```
>>> d = Decimal('15.0')
>>> d.as_tuple()
DecimalTuple(sign=0, digits=(1, 5, 0), exponent=-1)
```

이 객체의 내부 구조에 대한 설명을 풀어 써 보자.

- 기호(sign)는 비트 1개다(음수 1, 비음수 0).

- 10진수 숫자(1, 5, 0)는 개별적으로 저장된다.

- 소수가 저장되었다. 이 경우는 음수 지수로 설정되었으며, 소수점을 얼마나 좌측으로 이동시킬지 결정한다(양수면 우측으로 이동).

실제로 이 정보를 사용하면 직접 Decimal 객체를 생성할 수 있다. 튜플을 소괄호 안에 넣고 해당 정보를 사용하여 객체를 초기화해 보자.

```
>>> d = Decimal((0, (3, 1, 4), -2))
>>> print(d)
3.14
```

Decimal 객체의 전체 상태를 표현하고 있는 튜플의 일반적인 구조는 다음과 같다.

(기호_비트, (숫자1, 숫자2, 숫자3, ...), 지수)

decimal 패키지에 정의된 getcontext 메서드도 유용하다. 다음 예시를 살펴보자.

```
>>> import decimal
>>> decimal.getcontext()
Context(prec=28, rounding=ROUND_HALF_EVEN,
Emin=-999999, Emax=999999, capitals=1, clamp=0,
flags=[DivisionByZero, Inexact, FloatOperation,
Rounded], traps=[InvalidOperation, DivisionByZero,
Overflow])
```

지나치게 많은 정보일 수도 있지만, 유용한 정보가 많다. 첫 번째 인수 prec=28은 최대 소수 자릿수가 28이라는 의미다. 두 번째 인수는 반올림 방식을 기술한다. **ROUND_HALF_EVEN**은 숫자가 5 이상이면 올림을 하겠다는 의미다. traps에는 예외가 발생할 수 있는 연산들을 나열한다.

## 10.5 / Decimal 클래스 애플리케이션

Decimal 클래스를 사용하면 소수점 이하 자릿수가 두 자리인 숫자로 구성된 열을 추가할 수 있다.

이 방식으로 달러와 센트 수치를 적절하게 저장할 수 있다. 가령 1달러는 1.00으로 저장할 수 있으며 1.50, 9.95와 같이 저장할 수 있다. 만약 페니를 나누어야 하는 상황이 발생하면 아무 생각 없이 나머지를 모두 버리는 대신, 가장 가까운 센트로 올림 혹은 내림을 할 수 있을 것이다.

마지막으로 이 애플리케이션은 통화 기호를 출력하지 않고 달러-센터 포맷으로 결과를 보여 줄 것이다(통화 기호는 다음 섹션에서 추가할 것이다). 이를 구현할 수 있는 코딩 기법을 찾고 있다면 Decimal 객체를 생성하는 가장 자연스럽고 효율적인 방법이 문자열로 초기화하는 방법인 것을 기억하기 바란다.

```
money_amount = Decimal('1.99')
```

다음은 전체 애플리케이션 코드다. 사용자에게 숫자를 입력받아서 (사용자가 빈 문자열을 입력하지 않았다면) 숫자로 구성된 해당 문자열을 Decimal 객체로 추가한다. 만약 사용자가 아무 값도 입력하지 않고 Enter 를 누르면 프로그램은 멈추며, 전체 합계를 출력한다.

```python
from decimal import Decimal

total = Decimal('0.00')
while True:
    s = input('Enter amount in dollars and cents (#.##): ')
    if not s:
        break
    d = Decimal(s)
    d = round(d, 2)
    total += d

print('The sum of all these amounts is:', total)
```

이 프로그램은 0.01보다 작은 소수를 제어하는 두 가지 방법 중 하나를 사용하고 있다. 한 가지 방법은 이 작은 소수들을 모두 더해서 합계를 구할 때 최종적으로 반올림하는 것이다. 반면 이 프로그램은 값을 입력할 때마다 반올림을 수행한다.

다음 실행 결과를 참고해 보자.

```
Enter amount in dollars and cents (#.##): 1
Enter amount in dollars and cents (#.##): 3.00
Enter amount in dollars and cents (#.##): 4.50
Enter amount in dollars and cents (#.##): 33.003
Enter amount in dollars and cents (#.##): 12.404
Enter amount in dollars and cents (#.##):
The sum of all these amounts is: 53.90
```

매번 값을 입력할 때마다 반올림을 수행했기 때문에 최종 합계는 53.90이 된다. 하지만 모든 값을 더하고 나서 마지막에 반올림을 한다면 53.91과 같이 조금 다른 값을 출력하게 될 것이다.[2]

---

2   역주 실무에서 이 차이는 무척 커질 수도 있다. 기대했던 값과 괴리가 큰 경우 반올림 수행 위치를 확인해 보자.

# 10.6 Money 클래스 설계하기

프로그래밍을 할 때, 돈을 다루는 것은 굉장히 까다롭다. 그래서 우리는 Money 클래스를 만들 것이다. 물론 이 클래스를 내려받을 수도 있지만 직접 만드는 것을 권한다. 참고로 9장의 실용적인 예시에서 살펴본 훌륭한 개념들을 많이 적용할 것이다.

통화 단위를 표현하는 units와 함께 10진수 수치를 저장하면 유용할 것이다. 우리는 세 종류의 단위를 추가 문자열 필드 값으로 저장할 것이다. 표 10-1의 약어는 국제적으로 통화 단위를 표기하는 표준 방식을 보여 준다.

▼ 표 10-1 3개의 통화 약어

| 기호(단위를 의미하며, 문자열 인스턴스 변수로 저장됨) | 설명 |
| --- | --- |
| 'USD' | 미국 달러 |
| 'EUR' | 유럽 달러 |
| 'CAD' | 캐나다 달러 |

이제 두 가지 방법 중 어떤 방법을 사용할 것인지 결정해야 한다.

- **포함**(containment): 이 방법은 Money 객체를 컨테이너로 간주하며, 이 컨테이너에 단위 필드와 함께 Decimal 객체를 저장한다. 단점으로는 Money 클래스에서 제공하는 모든 연산자를 다루는 별도의 매직 메서드를 작성할 필요가 있다는 것이다.
- **상속**(inheritance): 이 방식은 Money 객체에 단위 필드 속성을 추가하여 한 종류의 특별한 Decimal 객체로 간주하는 것이다.

두 가지 중에 하나를 고르라고 하면 상속이 더 나은 방법일 것이다. 왜냐하면 "A는 B의 한 종류이지만, 특화 기능이 추가되었다."라는 실제 상속 관계를 지녔고, 객체 지향의 습성을 조금 더 간직하고 있기 때문이다.

반면 포함은 "A는 B를 지니고 있다."라는 관계로 표현할 수 있다. 이런 관계가 필요하다면 포함이 더 좋은 방법이다.

하지만 파이썬 언어는 이런 상황에서 상속을 사용하기 어렵게 만드는 별난 점이 있다. 만약 단순함을 유지하려면 불변 혹은 내장 클래스를 상속하는 자식 클래스 생성을 피하는 것이다. 불행하게도 이 가이드라인은 Decimal도 상속을 피해야 할 대상으로 포함한다.

그렇기 때문에 이 장에서 우리는 Decimal 클래스를 사용하여 Money 클래스를 만드는 방법으로 객체 포함 방법을 사용할 것이다. 추후 10.12절에서 상속으로 Money 클래스를 만드는 방법을 살펴볼 것이다.

그림 10-1에서 포함 아키텍처를 보여 준다. 각 Money 객체는 2개의 파트로 나뉘며, Decimal 객체인 dec_amt와 units로 불리는 문자열로 구성된다.

▼ 그림 10-1 포함 방식을 사용한 Money 클래스

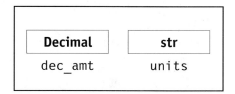

The Money Class

## 10.7 기본 Money 클래스 작성하기(포함)

SUPERCHARGED PYTHON

Decimal 객체로 Money 클래스를 만드는 것은 처음에는 그리 어렵지 않다. 다음 예시로 시작해 보자.

```
from decimal import Decimal

class Money():

    def __init__(self, v = '0', units = 'USD'):
        self.dec_amt = Decimal(v)
        self.units = units
```

이 간단한 클래스 정의문으로 Money 객체를 만들고 속성 값들을 출력할 수 있다. 다른 연산이나 메서드를 추가해야 하지만 말이다.

다음 예시는 미국 달러 통화를 기본값으로 설정하는 이점을 갖는다.

```
>>> m1 = Money('0.10')
>>> print(m1.dec_amt, m1.units)
0.10 USD
```

417

이 기능이 여러분이 할 수 있는 전부라면 그다지 인상적이지 않다. 다음에 할 것은 Money 객체를 알아보기 쉽게 자동으로 출력하는 기능을 더하는 것이다. 지금 상태에서 m1을 출력하는 것은 그리 유용하지 않다.

```
>>> print(m1)
<__main__.Money object at 0x103cc6f60>
```

# 10.8 Money 객체 출력하기 ("__str__", "__repr__")

Money 객체를 어떻게 출력하는지 지정하려면 이 클래스의 __str__ 메서드를 작성해야 한다. 동작하는 코드를 추가한 다음 예시를 살펴보자.

```
def __str__(self):
    s = str(self.dec_amt) + ' ' + self.units
    return s
```

다음 예시에서 메서드의 이점을 살펴볼 수 있다.

```
>>> m1 = Money('5.01', 'CAD')
>>> print(m1)
5.01 CAD
```

보다시피 이제 Money 클래스는 미국 달러를 가리키는 통화 단위인 USD와 함께 Money 객체를 쉽게 초기화하고 출력하고 있다.

하지만 우리는 클래스의 기준 표현 방식도 설정하고 싶다. __str__과는 별도로 __repr__ 메서드 정의문을 추가해야 한다.

```
def __repr__(self):
    s = ('Money(' + str(self.dec_amt) + ' ' + self.units + ')')
    return s
```

418

클래스의 __repr__ 함수는 기본적으로 __str__ 함수와 다르며, 담고 있는 정보와 함께 클래스 정보도 함께 출력한다.

```
>>> m2 = Money('0.10')
>>> print(m2)
0.10 USD
>>> m2
Money(0.10 USD)
```

# 10.9 기타 Money용 연산

지금까지 Money 클래스로 할 수 있는 것은 객체를 생성하고 출력하는 것이다. 하지만 더 유용하게 사용하려면 최소한 Money 객체 간에 덧셈 연산(+)이 지원되어야 할 것이다.

일단 통화 단위를 무시하면 __add__ 함수는 쉽게 작성할 수 있다. 이 버전은 같은 클래스 간에 서로 다른 Money 객체를 서로 더한다고 가정해 보자.

```
def __add__(self, other):
    d = self.dec_amt + other.dec_amt
    return Money(str(d))
```

좌측 피연산자의 통화 단위를 결과에도 사용한다는 가정하에 함수 정의문을 확장할 수 있다. 이 기능을 구현하여 함수 정의문의 두 번째 버전을 살펴보자. 다음 코드에서 추가된 항목은 굵은 글씨로 표기했다.

```
def __add__(self, other):
    d = self.dec_amt + other.dec_amt
    return Money(str(d), self.units)
```

더 흥미롭고 유용하게 쓰일 수 있는 것은 우선 환율과 곱한 후 오른쪽에서 사용 중인 단위를 왼쪽의 단위와 일치하도록 변환하는 것이다. 환율은 매일 변경되지만, 이런 변화를 수용하기 위해 필요에 따라 프로그램을 수정할 수 있다. 그렇게 하는 한 가지 방법은 필요에 따라 갱신된 파일에서 환율을 읽는 것이다.

일단 상황을 간단하게 하기 위해 우리는 일부 환율, 즉 다음 코드에서 명시한 환율들을 선택하고 필요에 따라 프로그램을 수정할 수 있다고 가정할 것이다. (지원되는 세 가지 통화를 사용하면) 여섯 가지의 변환이 가능하기 때문에 딕셔너리를 사용하는 것이 가장 좋다. 딕셔너리의 키는 2개의 통화 기호를 연결한 문자열이다. 딕셔너리의 값은 첫 번째 환율에 맞추기 위해 두 번째 값에 곱해야 할 숫자를 보여 준다.

```python
exch_dict = {
    'USDCAD': Decimal('0.75'), 'USDEUR': Decimal('1.16'),
    'CADUSD': Decimal('1.33'), 'CADEUR': Decimal('1.54'),
    'EURUSD': Decimal('0.86'), 'EURCAD': Decimal('0.65')
}
```

예를 들어 USDCAD 키의 값은 0.75다. 캐나다 달러 수치는 0.75를 곱해야 미국 달러와 같아진다는 것을 의미한다. 자 이제, 2개의 서로 다른 통화를 더할 때 환율까지 고려한 함수가 추가된 마지막 버전을 만들 차례다.

환율 딕셔너리는 환율을 Decimal 객체로 저장하여 연산을 쉽게 수행한다.

```python
def __add__(self, other):
    ''' Money 더하기 함수.
    2개의 Money 객체를 더한다.
    두 번째 통화가 다른 통화 단위를 갖고 있다면
    두 값을 더하기 전에 환율이 반영되어야 한다.
    소수 두 번째 자리로 반올림을 한다.
    '''
    if self.units != other.units:
        r = Money.exch_dict[self.units + other.units]
        m1 = self.dec_amt
        m2 = other.dec_amt * r
        m = Money(m1 + m2, self.units)
    else:
        m = Money(self.dec_amt + other.dec_amt, self.units)

    m.dec_amt = round(m.dec_amt, 2)
    return m
```

함수가 어떻게 동작하는지 살펴보자. 주석(혹은 doc string)에서 언급했듯이 더하려는 값의 통화 단위가 서로 같지 않다고 가정하며(가령 미국 달러와 캐나다 달러), 더하기 전에 환율을 적용할 수 있다. 환율은 대부분 부동소수점으로 표현되지만, 타입 변환을 줄이기 위해 Decimal 객체로 저장하겠다.

```
        r = Money.exch_dict[self.units + other.units]
        m1 = self.dec_amt
        m2 = other.dec_amt * r
        m = Money(m1 + m2, self.units)
```

환율이 적용되었는지 여부에 관계없이 소수점 이하 2번째 자리로 반올림하여 통화는 항상 소수점 2자리가 된다.

```
        m.dec_amt = round(m.dec_amt, 2)
```

신규 Money 객체 m은 최종적으로 \_\_add\_\_ 함수에 의해서 반환된다.

Money 클래스의 클래스 변수인 exch_dict를 사용하여 구현한 함수 정의문으로 이 프로그램에 입력한 3개의 통화 범위 안에서 서로 다른 통화 단위를 지닌 수치들을 더할 수 있게 되었다(물론 통화 리스트는 원하는 만큼 확장할 수 있다).

가령 우리는 미국 달러를 캐나다 달러에 더해서 의미 있는 결과를 얻을 수 있다.

```
>>> us_m = Money('1', 'USD')
>>> ca_m = Money('1', 'CAD')
>>> print(us_m + ca_m)
1.75 USD
```

Note ≡ 물론 이 함수 정의는 지원되는 세 가지 통화를 사용하는 한 정확하게 동작한다. 통화 단위가 USD, CAD, EUR이 아닌 통화 단위를 사용하면 더하기 연산 수행 시 KeyError 예외가 발생한다.

다음 예시는 모든 것을 적용하여 완성한 Money 클래스다. 물론 앞으로 빼기나 정수 곱하기와 같은 많은 연산을 추가할 것이기 때문에 실제로 완성된 것은 아니다.

```
from decimal import Decimal

class Money():
    ''' Money 클래스
    Decimal 값과 통화 단위를 함께 저장한다.
    객체를 더할 때, 통화 단위가 다르면 환율을 반영한다.
    '''

    exch_dict = {
        'USDCAD': Decimal('0.75'), 'USDEUR': Decimal('1.16'),
        'CADUSD': Decimal('1.33'), 'CADEUR': Decimal('1.54'),
```

Decimal, Money, 그리고 기타 클래스

```
        'EURUSD': Decimal('0.86'), 'EURCAD': Decimal('0.65')
    }

    def __init__(self, v = '0', units = 'USD'):
        self.dec_amt = Decimal(v)
        self.units = units

    def __str__(self):
        s = str(self.dec_amt) + ' ' + self.units
        return s

    def __repr__(self):
        s = ('Money(' + str(self.dec_amt) + ' ' +
            str(self.units) + ')')
        return s

    def __add__(self, other):
        '''통화 더하기 함수.
        2개의 Money 객체를 더한다.
        두 번째 통화가 다른 통화 단위를 갖고 있다면
        두 값을 더하기 전에 환율이 반영되어야 한다.
        소수 두 번째 자리로 반올림을 한다.
        '''

        if self.units != other.units:
            r = Money.exch_dict[self.units + other.units]
            m1 = self.dec_amt
            m2 = other.dec_amt * r
            m = Money(m1 + m2, self.units)
        else:
            m = Money(self.dec_amt + other.dec_amt, self.units)
        m.dec_amt = round(m.dec_amt, 2)
        return m
```

이 코드가 (지금까지) 완성된 클래스 정의문이다. 하지만 앞서 언급했듯이 추가하고 싶은 연산이 많을 것이다.

# 10.10 데모: Money 계산기

실행될 준비가 끝난 완성된 Money 클래스 정의문으로 현재 우리가 지원하는 세 가지 통화 단위를 갖는 숫자를 더해서 액면가로 결과를 줄 수 있는 계산기 애플리케이션을 작성할 수 있게 되었다.

코드 대부분을 쉽게 작성할 수 있지만 사용자 입력은 숫자와 통화 단위로 나누어져야 하며, 코드가 다소 복잡하다. 다행스럽게도 이 작업은 str 타입의 split 메서드로 처리할 수 있다.

```python
from decimal import Decimal

# Money 클래스 정의문을 이곳에 넣거나, import하기 바란다.
def money_calc():
    ''' Money 더하기 계산기
    빈 문자열을 입력하기 전까지, Money 객체 나열을 입력받는다.
    빈 문자열이 입력되면 전체 합계를 출력한다.
    '''
    n = 0
    while True:
        s = input('Enter money value: ')
        s = s.strip()
        if not s:
            break
        a_list = s.split()        # amt와 units에 분리하여 넣기 위해 나눈다.
        d = a_list[0]
        if len(a_list) > 1:
            m = Money(d, a_list[1])
        else:
            m = Money(d)
        if n == 0:
            amt = m
        else:
            amt += m
        n += 1
    print('Total is', amt)

money_calc()
```

코드의 마지막 줄에서 이 함수를 실행하여 완성된 프로그램을 만들었다.

이 함수에는 중요한 세부 동작 방식이 있다. 통화 단위의 첫 선택(첫 번째 줄에 입력한 통화 단위)을 최종 결과에도 사용한다는 것이다. 이 기능은 사용자에게 결과를 제어할 수 있게 해 준다. 최종 결과를 캐나다 달러나 유로로 표현하고 싶다면 간단하게 첫 번째 입력 값의 통화 단위를 해당 통화 단위로 넣기만 하면 된다.

문제는 합계를 계속 구하는 부분인데, 합계를 매번 구하는 일반적인 방법은 최초에 0으로 초기화한 값을 사용하는 것이다. 다음 예시를 살펴보자.

```
amt = Money('0')
```

문제는 바로 USD가 통화 단위의 기본값이라는 것이다. 그렇게 되면 프로그램의 로직에 따라 0으로 초기화를 한 선택이 이 프로그램의 모든 결과를 미국 달러로 표현하는 것으로 미리 정해진다.

우리는 이렇게 동작하는 대신 사용자가 입력한 첫 번째 값에 따라 최종 결과의 통화 단위를 결정하려고 한다. 하지만 이렇게 하려면 0으로 합계 값을 초기화하는 대신 사용자가 직접 초기화해야 한다.

이를 구현하고자 변수 n은 최초 값을 구분하기 위해 입력한 값의 개수를 저장하는 데 사용된다. 최초 값이 입력되면 변수 amt를 처음으로 생성하여 초기화한다.

```
if n == 0:
    amt = m
else:
    amt += m
n += 1
```

Money 클래스는 정수와 같이 더하기 연산이 지원되는 것을 기억하자. 이 기능은 파이썬의 일반적인 기능이다. 클래스에 __add__ 함수가 정의되어 있다면 __iadd__ 함수를 작성하지 않더라도, +와 += 연산자를 사용할 수 있게 된다(반면 9장에서 설명했듯이 += 함수가 메모리 값을 바로 교체하는 장점을 사용할 수 없다).

프로그램이 실행되면 이 책에서 구현했던 다른 합계 구하기 애플리케이션과 같이 사용자에게 값을 순차적으로 입력받는다. 사용자가 빈 문자열을 입력하면(아무 값도 입력하지 않고 Enter를 누름) 함수는 루프에서 벗어나면서 합계를 출력한다.

다음 실행 예시를 살펴보자.

```
Enter money value: 1.05
Enter money value: 2.00 CAD
Enter money value: 1.5 EUR
Enter money value: 1.00
Enter money value: 2.5 CAD
Enter money value:
Total is 7.16 USD
```

3개의 서로 다른 통화 단위를 갖는 값이 성공적으로 더해지는 것에 주목하자. 최종 결과는 처음에 기본 단위로 입력한 값에 의해서 미국 달러로 표현되고 있다.

다음 예시는 캐나다 달러로 계산된 결과를 보여 준다.

```
Enter money value: 1.50 CAD
Enter money value: 1.75 CAD
Enter money value: 2.00 USD
Enter money value: 1.00 USD
Enter money value:
Total is 7.24 CAD
```

첫 번째로 입력한 Money 객체가 캐나다 달러이기 때문에 최종 결과도 캐나다 달러를 통화 단위로 사용하고 있는 것이다. 한편 캐나다 달러는 매번 통화 단위인 CAD를 명시적으로 표기하고 있는 것을 알 수 있다. 기본 통화 단위가 미국 달러이기 때문이다.

다음 절에서 캐나다와 유럽 독자들을 더욱 행복하게 하기 위해 미국에 대한 혜택을 수정해 보자.

SUPERCHARGED PYTHON

# 10.11 기본 통화 설정하기

Money 클래스를 더 많은 대륙의 사람들에게 친숙하게 만들려면 미국 달러로 기본 단위를 설정하는 대신 사용자가 직접 설정할 수 있게 해야 한다. 이 기능을 구현하는 쉬운 방법은 필수적으로 저장해야 하는 클래스 변수를 설정하여 사용자가 직접 입력할 수 있게 하는 것이다.

이를 구현하기 위해 먼저 Money 클래스에 아주 쉬운 방법으로 클래스 변수를 추가해 보자.

```
class Money():

    default_curr = 'USD'
```

그러고 나면 __init__ 함수를 수정해야 한다. 이것은 보기보다 복잡한데, 메서드 정의문에서 클래스 변수를 참조해야 하지만 인수 리스트에서 클래스 변수를 참조할 수 없기 때문이다. 그래서 다음 예시는 에러가 발생한다.

```
# 이 코드는 에러를 발생시킨다!
def __init__(self, v='0', units=Money.default_curr):
```

원하는 대로 구현하지 못하니 무척 답답하다. 하지만 다음과 같이 __init__ 함수 구현부에서 기본값(빈 문자열)을 default_curr에 저장된 값으로 변경하여 구현한 코드는 완벽하게 동작한다.

```
def __init__(self, v='0', units=''):
    self.dec_amt = Decimal(v)
    if not units:
        self.units = Money.default_curr
    else:
        self.units = units
```

__init__ 함수에 변경한 코드(굵은 글씨로 표기) 덕분에 클래스 변수 default_curr은 통화 단위의 기본값으로 동작한다.

최종적으로 money_calc 함수를 쉽게 수정할 수 있으며, 통화 단위는 첫 번째 항목으로 입력되는 값이 기본값으로 설정될 것이다. 그러기 위해 루프 3/4 지점에 코드를 1줄 추가해야 한다.

```
if n == 0:                          # 첫 번째 항목이 입력되면
    amt = m                         # amt를 만든다!
    Money.default_curr = m.units
```

이제 애플리케이션은 기본 통화 단위를 미국 달러 대신 사용자가 직접 설정해 지정할 수 있게 되었다. 원하는 통화 단위를 첫 번째 항목으로 입력하기만 하면 된다. 가령 다음 실행 예시는 기본값을 캐나다 달러(CAD)로 설정하고 있다.

```
Enter money value: 1.0 CAD
Enter money value: 2.05
Enter money value: .95
Enter money value: 2
Enter money value:
Total is 6.00 CAD
```

이번 실행 결과에서는 합계와 기본 통화 단위가 미국 달러가 아닌 캐나다 달러인 것을 쉽게 확인할 수 있다.

그리고 다음 예시에서는 심지어 중간에 다른 통화 단위가 입력되어 있어도 기본값이 여전히 캐나다 달러인 것을 알 수 있다.

```
Enter money value: 2.0 CAD
Enter money value: -1
Enter money value: 10 USD
Enter money value: 5.01
Enter money value: -5.01
Enter money value:
Total is 14.30 CAD
```

캐나다 달러 2달러가 입력된 후 1달러를 빼서 결국 1달러만 남았다. 미국 달러 10달러도 입력되었다. 하지만 첫 번째 수치가 CAD였기 때문에 최종 결과가 캐나다 달러로 출력되었다. 미국 달러 10달러가 합계에 포함되었더라도 CAD로 변환되었으며, 1 캐나다 달러가 더해졌다. 10 미국 달러는 캐나다 달러로 13.30이며, 여기에 1 캐나다 달러를 더하니 14.30이 된 것이다.

클래스의 기본 통화 단위를 변경하는 것이 다소 까다로웠다는 것을 기억하자. 이 변경 사항은 프로그램이 실행되는 동안 클래스의 모든 하위 작업에 영향을 미친다(반면 다음에 실행될 프로그램에는 영향을 미치지 않는다). 하지만 이 부분을 크게 신경 쓰지 않는다면 별 문제가 되지 않는다.

SUPERCHARGED PYTHON

# 10.12 Money와 상속

Money 클래스를 만드는 최선의 방법은 무엇일까? 바로 상속이다.

10.6절에서 언급했듯이 기존 객체 타입인 Decimal을 기반으로 Money 클래스를 만드는 좀 더 자연스러운 방법은 Decimal의 하위 클래스를 만드는 상속이다.

문제는 Decimal 타입이 불변이라는 것이다. 이 특별한 도전 과제는 몇 줄의 코드로 해결할 수 있지만, 이 소스 코드를 어떻게 작성하는지는 그리 명확하지 않다. 하지만 걱정하지 말자. 이 절에서 이 특별한 지식을 알려 줄 것이다.

보통 상속은 구현하기 쉽다. Money 클래스의 하위 클래스 이름을 Thingie라고 하고, 가변 타입이라고 가정해 보자. 이 경우 다음과 같이 쉽게 작성할 수 있는 코드를 사용하면 된다.

```
class Money(Thingie):

def __init__(self, v, units='USD'):
    super().__init__(v)
    self.units = units
```

이 방법이 의미하는 것은 "상위 클래스 함수를 호출하여 첫 번째 인수를 초기화하지만 두 번째 인수 units는 직접 초기화하겠다."이다(그리고 클래스 대부분에 이 방법을 사용할 수 있지만, Decimal은 불변 타입이기 때문에 사용할 수 없다는 것을 기억하자). 이 통화 단위는 Money 클래스가 Thingie 클래스에 추가한 별도 속성이라는 것을 기억하자.

하지만 이 방법은 Decimal과 같은 불변 클래스에는 사용할 수 없다. 대신 Money 클래스의 __new__ 메서드를 작성해야 한다. Money 클래스에서 상속받을 Decimal 클래스의 유산은 __new__에 의해 제어된다.

```
from decimal import Decimal

class Money(Decimal):
    def __new__(cls, v, units='USD'):
        return super(Money, cls).__new__(cls, v)

    def __init__(self, v, units='USD'):
        self.units = units

m = Money('0.11', 'USD')
print(m, m.units)
```

이 작은 프로그램의 출력 결과는 다음과 같다.

```
0.11 USD
```

만약 여러분이 불변 타입의 상위 클래스를 포함한 다른 상황에서 이 코딩 기법을 적용하려면 다음을 기억하자. __new__ 함수를 사용하여 상위 클래스 버전의 __new__ 함수를 호출해야 한다는 점이다. 인수는 반드시 하위 클래스 이름이어야 하며, cls는 해당 클래스의 참조다. 이 메서드는 상위 클래스 안에서 유래한 클래스를 초기화한다(이 경우에는 v). 상위 클래스 버전의 __new__가 반환하는 값을 그대로 반환해야 하는 것을 잊지 말자.

```
def __new__(cls, v, units='USD'):
    return super(Money, cls).__new__(cls, v)
```

다른 상황을 위해 이 패턴을 일반화시킬 수 있다. 어떤 클래스가 와도 상관없다. 다음과 같이 이름은 MyClass와 MySuperClass로 가정하고, 상위 클래스 데이터는 d로 설정할 수 있다.

```
class MyClass(MySuperClass):
    def __new__(cls, d, other_data):
        return super(MyClass, cls).__new__(cls, d)
```

Note ≡ 이 코드는 다음과 같이 좀 더 일반화할 수 있다. d는 상위 클래스의 데이터이며, other_data는 __init__에서 반드시 초기화되어야 하는 하위 클래스의 데이터다.

```
class MyClass(MySuperClass):
    def __new__(cls, d, other_data):
        return super(MyClass, cls).__new__(cls, d)
```

자, 이제 Money 예시로 돌아가 보자.

만약 하위 클래스가 추가한 속성이 있고 초기화되어야 한다면 여전히 __init__ 메서드는 명시되어야 한다. __init__ 메서드는 이런 속성값들을 초기화하는 데 사용되어야 한다.

```
def __init__(self, v, units='USD'):
    self.units = units
```

이런 정의문이 존재하더라도, 여전히 Decimal에서 파생된 객체와 Money 클래스가 추가한 속성인 통화 단위를 모두 출력할 필요가 있다.

```
print(m, m.units)
```

하지만 우리는 Money 객체를 더욱 자연스럽고 직접적인 방법으로 출력하기 위해 __str__ 메서드를 재정의(overriding)하여 이 상황을 개선할 수 있다. 상위 클래스 버전의 이 메서드가 많은 일을 하고 있다는 것에 주목하자.

```
def __str__(self):
    return super().__str__() + ' ' + self.units
```

이 전형적인 예시는 불변 클래스 혹은 가변 클래스 유무와는 상관없이 __str__ 메서드를 재정의할 수 있는 방법이다.

SUPERCHARGED PYTHON

# 10.13 / Fraction 클래스

Decimal과 Money 클래스는 0.53과 같은 10진수 수치를 절대적 소수(absolute precision)로 저장할 수 있다. 하지만 이 클래스들조차도 제약 사항이 있다.

만약 1/3과 같은 값을 저장하려면 어떻게 해야 할까? 이 값은 반올림 에러 없이 이진수 수치로 표현할 수 없다. 하지만 이 숫자는 10진수로도 표현하는 것이 불가능하다! 이진수로든 10진수로든 수학적으로 1/3을 무한 숫자로 표현할 수 있는 방법을 찾을 수 있을지 모르겠다.

```
0.333333333333333333333333...
```

다행히도 정수가 우리를 구해 줄 것이다. 정수는 숫자를 절대적 소수로 저장하며, 분수와 분모, 2개의 파트로 구성된 객체를 생성한다. 우리는 어떤 숫자도 이 2개의 정수로 표현할 수 있다(그림 10-2 참고).

▼ 그림 10-2 Fraction 클래스 구조

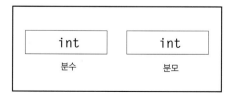

The Fraction Class

이슈가 있지만, 클래스에 의해 모두 부드럽게 해결된다. 가령 1/2, 2/4와 100/200은 표기는 다르지만 수학적으로는 모두 같다. 다행히도 고마운 내부 메서드가 자동으로 마법과 같이 내부적으로 동일하게 표현해 준다. 예시를 살펴보자. 먼저 클래스를 탑재해야 한다.

```
from fractions import Fraction
```

지금 보여 준 소스 코드 그대로 입력해야 한다. 글자 fractions는 소문자이며 복수이지만, 글자 Fraction은 대문자로 시작하며 단수다! 이 불일치의 이유는 아무도 모른다.

어떤 경우라도, 클래스가 탑재되고 나면 Fraction 객체를 지속적으로 무척 쉬운 방법으로 사용할 수 있다. 1/2, 2/4, 100/200을 다루는 문제를 다시 살펴보자.

```
fr1 = Fraction(1, 2)
fr2 = Fraction(2, 4)
fr3 = Fraction(100/200)
print('The fractions are %s, %s, & %s.' % (fr1, fr2, fr3))
```

이 소스 코드의 출력 결과는 다음과 같다.

```
The fractions are 1/2, 1/2, & 1/2.
```

이 모든 Fraction 객체는 자동으로 가장 단순한 형태로 축소되기 때문에 동일한 수량으로 표시된다.

```
>>> if fr1 == fr2 and fr2 == fr3:
...     print('They are all equal!')
```

모두 값이 동일하므로 'They are all equal!'라고 출력된다!

> Note ≡  4장에서 소개한 지름길을 사용하면 비교식을 다음과 같이 더 짧은 방식으로 표현할 수 있다.
>
> ```
> >>> if fr1 == fr2 == fr3:
> ...     print('They are all equal!')
> ```

Fraction을 다른 방법으로 구체화할 수도 있다. 가령 하나의 정수가 초기화 단계에 주어지면 Fraction 클래스는 1로 나누어진 정수(비율)로 저장한다. 예시를 살펴보자.

```
>>> fr1 = Fraction(5)
>>> print(fr1)
5
```

Fraction은 Decimal 객체와 부동소수점 값으로부터 변환될 수도 있다. 이 변환은 다음과 같이 동작하는 데 별 문제가 없다.

```
>>> fr1 = Fraction(0.5)
>>> print(fr1)
1/2
```

하지만 다음과 같이 제대로 동작하지 않을 수도 있다.

```
>>> fr2 = Fraction(0.01)
>>> print(fr2)
5764607523034235/576460752303423488
```

무슨 일이 벌어진 것일까? 부동소수점 반올림 에러 때문이다. Fraction 클래스는 부동소수점 값 0.01에 있는 아주 작은 반올림 오류를 수용하기 위해 최선을 다했고, 결과적으로 깔끔하지 못한 비율을 출력했다.

몇 가지 해결책이 있다. 한 가지는 Decimal 객체에서와 같이 문자열을 사용하여 초기화하는 것이다.

```
>>> fr2 = Fraction('0.01')
>>> print(fr2)
1/100
```

훨씬 좋다! 또 다른 옵션은 limit_denominator 메서드를 사용하는 것이다.

이 메서드는 분모의 최댓값을 지정한다. 이 제약으로 Fraction 클래스는 가장 가까운 근사치를 구한다. 그러면 우리가 원하는 숫자에 근접한 결과가 나온다.

```
>>> fr2 = Fraction(0.01).limit_denominator(1000)
>>> print(fr2)
1/100
```

성공이다!

하지만 이 클래스의 진정한 강점은 모든 Fraction 타입 객체를 위한 표준 연산을 제공한다는 것이며, 결과 또한 굉장히 정확하다. 예시를 살펴보자.

```
>>> fr1 = Fraction(1, 2)
>>> fr2 = Fraction(1, 3)
>>> fr3 = Fraction(5, 12)
```

```
>>> print(fr1 + fr2 + fr3)
5/4
```

1/2, 1/3, 5/12가 더해져서 5/4가 된다. 이 값이 맞는지 직접 검증해 보기 바란다.

곱하기, 나누기, 빼기와 같은 다른 산술 연산도 모두 지원되며, 정수와도 무리 없이 조합할 수 있다.

```
>>> fr1 = Fraction(1, 100)
>>> print(fr1, 'times 50 =', fr1 * 50)
1/100 times 50 = 1/2
```

Fraction 객체는 부동소수점 표현으로 작성한 문자열로 초기화할 수 있다는 것을 고려하자. 예를 들어 '0.1'이나 '1/7'로 초기화할 수 있다는 것이다. 어떤 방식을 사용하고 싶은가?

그렇다. 이 방식은 무척 편리하다. 다음 애플리케이션에서 사용해 보자.

```
>>> fr1 = Fraction('1/7')
>>> print(fr1)
1/7
>>> fr1 += Fraction('3/4')
>>> print(fr1)
25/28
```

이 변환은 분자, 슬래시(/), 분모 사이에 간섭되는 빈칸이 없는 경우에만 작동한다. 여분의 공간을 둘 만큼 어리석은 사용자는 거의 없다. 그러나 사용자가 빈칸을 입력하는 것이 걱정된다면 언제든지 다음 방식으로 빈칸을 제거할 수 있다.

```
s = s.replace(' ', '')
```

마지막으로 Fraction 객체의 분자와 분모 항목에 언제든지 접근할 수 있다. 그러나 이런 객체는 입력하는 즉시 단순화된다는 점을 기억하자. 예를 들면 다음과 같다.

```
>>> fr1 = Fraction('100/300')
>>> print('numerator is', fr1.numerator)
numerator is 1
>>> print('denominator is', fr1.denominator)
denominator is 3
```

자, 이제 또 다른 합계 구하기 애플리케이션을 만들어 보자. 이번에는 Fraction이다.

Fraction을 'x/y' 형식의 문자열로 입력할 수 있다는 점이 이 애플리케이션을 쉽게 작성할 수 있게한다.

```
from fractions import Fraction

total = Fraction('0')

while True:
    s = input('Enter fraction (press ENTER to quit): ')
    s = s.replace(' ', '')                  # 빈칸이 있는 경우 제거한다.
    if not s:
        break
    total += Fraction(s)

print('The total is %s.' % total)
```

무척 짧은 프로그램이다! 이렇게 소스 코드 작성이 쉬운 이유는 사용자가 값을 입력할 때, 별도의 어휘적 분석 없이 원하는 형식(3분의 1은 '1/3')으로 분수를 입력할 수 있기 때문이다. 그렇다. Fraction 클래스는 여러분을 위한 것이다!

반면 사용자는 분수를 '2 1/3'과 같은 형식으로는 입력할 수 없다. 이 값은 '7/3'로 입력해야만 한다.

이제 소스 코드를 실행해 보자. 애플리케이션이 음수나 2와 같은 숫자도 문제없이 처리하는 것에 주목하자.

```
Enter fraction (press ENTER to quit): 2
Enter fraction (press ENTER to quit): 1
Enter fraction (press ENTER to quit): 1/2
Enter fraction (press ENTER to quit): 1/3
Enter fraction (press ENTER to quit): -3
Enter fraction (press ENTER to quit):
The total is 5/6.
```

분수가 아닌 정수를 입력하는 것도 아무 문제없다. 2와 같은 숫자는 2/1로 전환되기 때문이다.

# 10.14 complex 클래스

이 장을 끝내기 전에 파이썬 내장 타입 하나를 더 살펴볼 것이다. 바로 complex 클래스다. int나 float와 같이 탑재할 필요가 없는 완전히 내장된 불변 클래스다.

complex(복소수) 숫자가 무엇일까?

복소수 숫자는 '실수'와 '허수' 두 부분으로 나뉜다. 복소수 숫자의 허수 부분은 오래된 질문의 답으로 대신하겠다. "-1의 제곱근은 무엇인가?"

기본 수학을 배운 사람이라면 "음수 숫자에는 제곱근이 존재하지 않아! 어떤 숫자도 제곱하여 -1이 되는 숫자는 없어!"라고 이의를 제기할지 모르겠다. 공감한다. 하지만 고등 수학에서는 이런 숫자가 있다고 추정한다.

그것이 문제라면 "지금 되돌아가거나 그렇지 않으면 모든 희망을 버려라."라는 말밖에 할 말이 없다. 그러나 전문적인 수학자들은 그런 숫자들을 다루기 위한 일련의 기술들을 고안해 냈다.

아직 흥미를 잃지 않았는가? 좋다. 파이썬 복소수 숫자에 대해 가장 먼저 말해야 할 것은 문자 그대로 숫자를 입력할 수 있다는 것이다. 다음 예시를 살펴보자.

```
z = 2.5 + 1.0j
```

얼핏 보면 z는 변수 j의 2.5배, 1.0배의 합계인 실제 숫자처럼 보인다. 하지만 그렇지 않다. 이 숫자는 하나의 객체이며 실수부는 2.5, 허수부는 1.0이다.

우리가 살펴본 다른 클래스들과 마찬가지로 complex 클래스는 스스로 작은 부분으로 구성되어 있는 객체를 생산한다. 그림 10-3은 복소수 숫자 객체의 구조를 보여 준다.

▼ 그림 10-3 파이썬 복소수 숫자 구조

complex type

대입 부분을 다시 살펴보자.

```
z = 2.5 + 1.0j
```

복소수 숫자를 이해한다면 숫자의 허수를 표현하기 위해 i(j가 아닌)자를 사용해야 한다고 할지 모르겠다. 하지만 글자 i는 현재 어떤 엔지니어들에게는 전기(electric)를 표현하는 데 사용되며, 포매팅 문자로도 사용되기 때문에 j를 사용하는 것이다.

대입이 되고 나면 z는 실수부와 허수부로 나뉜 객체가 되며, real과 imag로 각각 접근할 수 있다.

```
print('Real part is %s and imaginary part is %s.' % (z.real, z.imag))
```

출력 결과는 다음과 같다.

```
Real part is 2.5 and imaginary part is 1.0.
```

숫자를 복소수로 저장하는 또 다른 방법은 명시적으로 complex 변환을 사용하는 것이다.

```
z = complex(5.7, 10)
```

그러면 앞에서 출력한 것과 같은 방법으로 실수부와 허수부를 출력할 수 있다.

```
Real part is 5.7 and imaginary part is 10.0.
```

복소수 숫자를 직접 입력할 수 있는 능력은 편리하다. 물론 '실수' 부분을 제외할 수도 있으며 여전히 complex 타입으로 숫자를 저장할 수 있다.

다음과 같이 말이다.

```
print(2j * 3j)
```

이 문장은 2개의 복소수 숫자를 함께 곱한 결과를 산출한다(각 복소수는 허수부를 가지고 있으며, 실수부도 존재하지만 0으로 가정한다). 복소수 숫자의 기초 수학에 익숙하다면 그 결과는 여러분을 놀라게 하지 않을 것이다.

```
(-6+0j)
```

그런데 이 결과를 z에 저장하여 z.real과 z.imag로 값을 확인해 보면 앞 출력 결과에서 보여 준 결과에도 불구하고, 각 숫자는 정수가 아닌 부동소수점인 것을 알 수 있다.

```
>>> print(type(z.imag))
<class 'float'>
```

-6+0j와 같은 문자 그대로의 복소수 숫자의 사용은 편리하기는 하지만 주의해야 할 몇 가지 상황을 만들어 낸다. 괄호는 필수는 아니지만 생략할 경우 오류가 발생할 수 있다. 예를 들어 파이썬에서는 다음 코드를 어떻게 처리할까?

```
z = 0 + 2j * 0 + 3j
```

앞서 다룬 내용 때문에 파이썬에서 이 문장을 다음과 같이 해석할 것이라고 생각할지 모르겠다.

```
z = (0 + 2j) * (0 + 3j)
```

이 문장은 (-6+0j)를 구할 것이다. 하지만 파이썬은 이 문장을 다른 방법으로 해석한다. 숫자 0이 단순한 0이 아니라 복소수의 실수라는 것을 어떻게 알 수 있을까? 대신 파이썬은 연산자 우선순위에 따라 다음과 같이 곱하기 연산을 먼저 수행한다.

```
z = 0 + (2j * 0) + 3j
```

이제 z를 출력하면 다음과 같다.

```
3j
```

> Note ≡  혹시 빈칸이 이 연산 결과를 변경할 것이라고 생각하는지 모르겠다. 표현식 0 + 3j를 0+3j로 바꾸더라도 결과가 바뀌지 않는다.

주의하지 않으면 표현식 3j를 잘못 읽을 수 있다. 다음 표현식은 복소수 숫자의 일부이다.

```
>>> z = 3j
>>> print(z.real)
0.0
```

복소수 숫자의 허수부에 0을 넣을 수도 있지만, j가 복소수 타입임을 알려 준다.

```
>>> z = 2 + 0j
>>> print(z)
(2+0j)
>>> print(z.real, z.imag)
2.0 0.0
```

또 다른 주의 사항이 있다. 복소수 숫자를 포함하는 코드를 작성할 때는 j를 변수로 사용하지 않는 것이 좋다.

허수부가 0이라는 가정하에 다른 숫자들도 complex로 변환할 수 있다. 하지만 복소수 숫자는 다른 타입의 숫자로 변환할 수 없다(대신 .real과 .imag 부분을 할당해야 한다). 또한, >, <, >=, <=로 서로 숫자를 비교할 수도 없다.

```
z = complex(3.5)      # 가능하다. z.imag는 0이 될 것이다.
x = float(z)          # 지원하지 않는다!
x = z.real            # 이것은 가능하다.
```

지금까지 다룬 내용 대부분은 입력과 출력 포맷, 그리고 표현식의 해석에 관한 내용이었지만, 이 소스 코드는 파이썬의 복소수를 이해하는 데 좋은 예시가 될 것이다.

수학적으로 부동소수점 수학이 이미 잘 지원된다면 복소수 숫자를 다루는 것은 어렵지 않다. 더하기는 명확하며, 곱하기는 다음 규칙을 따른다.

- 4 부분을 서로 곱해서 4개의 결과를 얻는다.
- 실수부는 실수끼리 곱한다.
- 각각 j로 구성된 2 부분이 있을 것이다. 두 숫자를 더해서 새로운 허수 부분을 구한다.
- j-제곱 부분이 있을 것이다(허수 곱하기 허수). j-제곱을 -제곱 계수의 부호를 역방향으로 하는 -1로 변환한 후, 그 결과를 다시 실수부에 추가한다.[3]

바로 이렇게 동작한다! 이런 간단한 규칙들을 이해한다면 결국 복소수 수학은 그렇게 신비로운 것은 아닐 것이다.

---

3   **역주** 위에서 설명한 복소수 곱셈을 공식으로 표현하면 다음과 같다.

$(a+bj) * (c+dj) = (ac-bd) + (ad+bc)j$

# 10.15 정리해 보자

프로그래밍 대부분은 최소한 정수와 부동소수점 숫자를 다루는 것에 초점을 맞춘다. 하지만 데이터-처리 산업의 특정 영역에서는 다른 데이터 타입이 필요할 수 있다. 그중 가장 중요한 것은 Decimal이나 다른 데이터 타입보다 더 정밀하고 정확하게 달러와 센트 수치를 담을 수 있는 고정-소수점 타입이다.

이 장에서는 파이썬에서 제공하는 다양한 데이터 포맷이 매우 강력하다는 것을 보여 주었다. 인터넷에서 내려받을 필요 없이 Decimal, Fraction, complex 클래스를 프로그램에서 쉽게 사용할 수 있으며, 심지어 complex는 탑재조차 할 필요가 없다.

또한, 기존의 클래스 기반으로 여러분만의 클래스를 만들 수도 있다.

Money 클래스를 인터넷에서 내려받을 수 있다고 하더라도, 이 장에서는 9장에서 소개한 기술들을 사용하여 자체 Money 클래스를 만드는 초석을 보여 주었다.

하지만 모든 것이 보기처럼 쉬운 것은 아니다. Decimal과 같은 불변 클래스를 상속받은 하위 클래스를 만들려면, 이 장에 나와 있는 특정 코딩 기법이 필요하다.

# 10.16 복습 문제

1 float와 Decimal 클래스 간의 장점과 단점을 비교하라.

2 Decimal('1.200'), Decimal('1.2')와 같은 2개의 객체가 있다고 해 보자. 이 두 객체는 같은 객체인가? 정확히 같은 값을 서로 다르게 표현한 것뿐인가? 아니면 서로 다른 초기 상태를 지니는가?

3 Decimal('1.200')과 Decimal('1.2')가 서로 같은지 비교해 보면, 어떤 결과가 나오는가?

**4** Decimal 객체를 부동소수점 값이 아니라 문자열로 초기화하는 것이 대개 더 나은 이유가 무엇인가?

**5** Decimal 객체를 정수와 연산 표현식에서 함께 사용하는 것이 얼마나 쉬운가?

**6** Decimal 객체와 부동소수점 값을 조합하는 것은 얼마나 쉬운가?

**7** Decimal 클래스로는 표현할 수 없지만, Fraction 클래스를 사용하여 절대 소수 값으로 표현할 수 있는 수치 예시를 제시해 보자.

**8** Decimal 혹은 Fraction 클래스에 의해 정확하게 표현되지만, 부동소수점 값으로 표현할 수 없는 수량의 예시를 제시해 보자.

**9** Fraction(1, 2) and Fraction(5, 10)과 같은 2개의 Fraction 객체가 있다고 해 보자. 이 두 객체의 초기 상태는 같은가? 이유는 무엇인가? 같지 않다면 그 이유는 무엇인가?

**10** Fraction 클래스와 정수 타입(int) 사이의 관계는 무엇인가? 포함인가, 상속인가?

# 10.17 / 실습 문제

**1** 사용자에게 필요한 모든 정보를 프롬프트로 입력받는 프로그램을 작성해서 튜플을 사용하여 Decimal 객체를 생성하라. 예를 들어 다음 튜플은 객체를 Decimal('12.10') 값으로 초기화한다.

(0, (1, 2, 1, 0), -2)

**2** 10.12절에서 소개한 상속을 사용하여 Money 클래스를 더하기, 곱하기, 빼기를 모두 지원하는 클래스로 완성하라. 그리고 예시 코드를 작성하여 모든 연산이 잘 동작하는지 확인하라.

**3** 10.13절의 Fraction 클래스 계산기를 수정하여 'N, D'를 'N/D'와 같이 입력할 수 있도록 해 보자. 예를 들어 '1, 7'을 넣으면 '1/7'로 인식된다.

# 11<sup>장</sup>

# random과 math 패키지

필자는 어렸을 때, 앞으로 세상의 모든 연산 처리는 컴퓨터가 수행할 것이라고 생각했기 때문에 사람이 직접 연산을 하는 데 시간을 많이 소비하는 것을 달갑지 않게 여겼다. 일부 맞는 말이다. 연산은 여전히 유용하지만 세상의 많은 것이 컴퓨터화되었다. 바코드와 현금 입금기만 있으면 된다. 계산은 스마트폰에 기본으로 설치된 계산기를 사용하면 된다.

그러나 숫자를 다루는 것은 여전히 중요하다. 이 장에서 다룰 내용은 일상적인 산수가 아니라 random을 활용하여 고차원 수학 함수와 게임 프로그램 및 시뮬레이션에 유용하게 사용된다. 가장 정교한 3D 게임의 경우 훨씬 더 진보된 패키지를 찾아야 할 것이다. 그러나 간단한 게임의 경우 random과 math만으로도 충분하다.

random과 math 패키지는 내려받을 필요 없이 import를 사용해서 간단히 탑재하여 사용할 수 있다.

# 11.1 / random 패키지의 개요

많은 게임 프로그램과 시뮬레이션에서 무작위 번호, 즉 의사-난수(pseudo-random numbers)를 구하는 것은 필수적이다.

의사 난수는 나열된 숫자들 사이에서 무작위로 추출한 것이다. 이 장에서 이 기능을 테스트하기 위해 몇 가지 상식적인 개념을 사용할 것이다.

난수는 여러 숫자 분포(distributions)에서 추출할 수 있다. 이 분포는 난수가 어느 범위 안에 들어와야 하는지를 결정하며, 어느 분포에 빈번하게 나타나야 하는지를 결정한다.

예를 들어 random.randint 함수는 지정된 범위 내에 각 정수가 선택될 확률이 동일한 정수 값을 생성한다. 예를 들어 공정한 6면 주사위의 규칙을 시뮬레이션할 수 있고, 각 숫자의 출현 빈도수가 약 6분의 1이 될 것으로 예상할 수 있다.

이 패키지를 사용하려면 소스 파일 시작 부분에 패키지를 탑재해야 한다.

```
import random
```

# 11.2 Random 함수 살펴보기

random 패키지는 여러 함수로 구성되었으며, 각 함수는 서로 다른 무작위 분포를 제공한다. 표 11-1은 random 패키지에서 더욱 일반적으로 사용하는 함수들을 요약했다.

▼ 표 11-1 일반 random 패키지 함수

| 함수 문법 | 설명 |
|---|---|
| normalvariate(mean, dev) | 종 곡선(bell curve)으로 알려진 고전적인 정규 분포를 생성한다. 높이와 너비는 다양하다. 키가 클 수도 있고, 뚱뚱할 수도 있다. 인수 mean은 값의 평균값이며, 인수 dev는 표준 편차다. 대략적으로 값의 3분의 2 정도가 하나의 표준 편차에 포함되는 경향이 있다(따라서 표준 편차가 클수록 종 곡선이 더 넓어진다). |
| randint(a, b) | 각 정수가 선택될 확률이 동일한 a~b 범위에서 무작위 정수를 생성한다. 이는 균일한 분포다. 예를 들어 randint(1, 6)은 완벽하게 공정한 육면체 주사위 결과를 시뮬레이션한다. |
| random() | 최대 수를 제외한 0~1 범위의 무작위 부동소수점 숫자를 생성한다. 범위는 연속적이지만 분포가 균일하므로 N 하위 범위로 나누면 값이 각각 대략 1/N 확률로 떨어져야 한다. |
| sample(population, k) | 표본 모집단에서 임의로 k 원소를 생성한다. 모집단은 리스트, 튜플, 세트 또는 호환 가능한 컬렉션 클래스다. 딕셔너리에서 사용하려면 먼저 리스트로 변환해야 한다. |
| shuffle(list) | 무작위로 리스트를 섞는다. 패키지의 모든 기능 중 가장 유용한 기능이다. 반환값은 없지만, 리스트에 저장된 항목들이 섞여서 어느 위치로든 가게 된다. 가령 52 카드 덱의 0부터 51까지 번호로 표현된 카드가 있을 때, shuffle(range(52))는 덱을 무작위로 섞은 리스트를 생산한다.[1] |
| uniform(a, b) | a와 b 범위에 무작위 부동소수점 숫자를 반환한다. 분포는 연속적이고 균일하다. |

---

1 **역주** shuffle은 반환값이 없기 때문에 위처럼 range() 함수를 인수로 넣으면 변경된 값을 확인할 수 없다. 또한, range() 함수의 반환 객체인 range는 리스트 타입이 아니기 때문에 오류가 난다. 제대로 동작하기 위해서는 list(range(52))를 변수에 대입한 후 그 변수를 shuffle 함수의 인수로 전달해야 한다.

# 11.3 / 무작위 행동 테스트하기

난수 시퀀스는 다음과 같은 특징을 가져야 한다.

- **대략적으로 예상 가능**: 1에서 N까지 각 값의 생성 빈도수 테스트를 여러 번 실행하면 각 값이 대략 1/N만큼 나올 것으로 예상해야 한다.

- **변동**: 반면 값이 변할 수도 있다는 것을 예상해야 한다. 10개의 균일한 값으로 100개의 실험 값을 구하는 경우 각 값이 정확히 1/10로 추출되기를 기대해서는 안 된다. 그렇게 되면 패턴이 너무 규칙적이고 의심스러울 정도로 무작위적이지 않다.

- **큰 N으로 변동 감소**: 실험 값이 많아질수록 실제로 추출되는 난수의 기댓값이 실제 값에 점점 가까워진다고 기대해야 한다. 이른바 대수의 법칙이다.

이 항목들은 정량적으로 테스트하기 쉬운 것들이다. 시행 횟수가 다른 테스트를 여러 번 실행하면 실제 추출 값이 예상 값에 점점 가까워지는 것을 알 수 있다. 다음 예시에서 이를 테스트하기 위해 만든 함수를 살펴보자.

```
import random
def do_trials(n):
    hits = [0] * 10
    for i in range(n):
        a = random.randint(0, 9)
        hits[a] += 1
    for i in range(10):
        fss = '{}: {}\t {:.3}'
        print(fss.format(i, hits[i], hits[i]/(n/10)))
```

이 함수는 10개의 항목을 생성하면서 시작한다. 각 항목은 난수의 생성 횟수를 담는다. 가령 hits[0]은 0의 생성 횟수를 저장하고, hits[1]은 1의 생성 횟수를 저장하며, hits[2]는 2의 생성 횟수를 저장하는 식이다.

첫 번째 루프는 n개의 0부터 9 사이의 무작위 정수를 생성한다. 그런 다음 각 숫자가 생성된 횟수를 리스트의 해당 값 항목에 누적한다.

```
for i in range(n):
    a = random.randint(0, 9)
    hits[a] += 1
```

이 루프의 핵심 문장은 당연히 random.randint다. 이 코드에서는 균일한 확률로 0부터 9까지 범위에서 정수를 생성한다.

두 번째 루프는 0부터 9까지의 각 숫자가 얼마나 많이 생성되었고, 각 숫자가 1/10씩 생성될 것이라고 예측했던 것에 비해 얼마나 생성되었는지를 보여 주는 요약 결과를 출력한다.

다음 코드를 실행하면 이 기능을 사용하여 100개의 난수 생성 결과를 기록한다.[2]

```
>>> do_trials(100)
0: 7 0.7
1: 13 1.3
2: 10 1.0
3: 4 0.4
4: 11 1.1
5: 10 1.0
6: 7 0.7
7: 11 1.1
8: 12 1.2
9: 15 1.5
```

이 100개의 실험 결과로는 난수의 생성 결과가 균일하다는 것을 설득하기에는 충분하지 않다는 것을 보여 준다. 예상 생성 횟수 대비 실제 생성 횟수도 최저 0.4에서 최고 1.5로 올라간다. 그러나 실험을 1000번 실행하면 조금 더 고른 결과가 나온다.

```
>>> do_trials(1000)
0: 103 1.03
1: 91 0.91
2: 112 1.12
3: 102 1.02
4: 110 1.1
5: 101 1.01
6: 92 0.92
7: 96 0.96
8: 87 0.87
9: 106 1.06
```

실행 결과를 보면 각 숫자의 실제 생성 횟수가 기대했던 n/10에 더욱 가깝다는 것을 알 수 있다. 실험 횟수를 7만 7,000으로 증가시키면 확실히 더 가까운 결과를 얻을 수 있다.

---

2 [역주] 책의 함수 실행 결과는 난수를 생성한 결과이기 때문에 여러분이 실행한 결과와 다를 수밖에 없다.

```
>>> do_trials(77000)
0: 7812 1.01
1: 7700 1.0
2: 7686 0.998
3: 7840 1.02
4: 7762 1.01
5: 7693 0.999
6: 7470 0.97
7: 7685 0.998
8: 7616 0.989
9: 7736 1.0
```

실제 생성 횟수(7470~7840) 대비 기대 생성 횟수(전체 실험 횟수의 10분의 1) 비율이 3번째 열에 있다는 것을 기억하자.

비록 이번 실험이 완전히 과학적이지는 않지만, 우리가 기대했던 세 가지의 난수 생성 방식을 확인하기에는 충분하다. 10개의 난수(0~9)는 대략 10분의 1 정도 생성되었고, 기대했던 수치와는 괴리가 있지만, 실험 횟수가 증가할수록 이 괴리가 줄어드는 것을 알 수 있었다. 바로 이것이 우리가 원하는 바다!

## 11.4 무작위–정수 게임

파이썬으로 작성할 수 있는 가장 간단한 게임은 숫자 맞추기 게임이다. 이 게임은 난수를 생성하여 사용자에게 알려 주지 않고, 사용자가 직접 추측하여 맞추게 하는 게임이다. 사용자가 숫자를 입력할 때마다 프로그램은 '성공(Success! You win.)', '너무 높음(Too high.)' 혹은 '너무 낮음(Too low.)'을 출력한다. 이 게임의 간단한 버전은 1장에서 소개했다.

프로그램이 선택하는 숫자가 매번 다르지 않다면 이 게임은 그리 흥미롭지 않을 것이다. 조금 더 나가서 이 숫자는 전혀 예상할 수 없어야 하며, 바로 이것이 난수의 핵심 포인트다.

이 게임의 간단한 버전을 구현한 코드를 살펴보자. 이 버전은 내부적으로 1부터 50 사이의 난수를 선택하면서 시작한다.

```
import random
n = random.randint(1, 50)
while True:
    guess = int(input('Enter guess:'))
    if guess == n:
        print('Success! You win.')
        break
    elif guess < n:
        print('Too low.', end=' ')
    else:
        print('Too high.', end=' ')
```

다음 출력 내용은 이 게임을 간단하게 실행해 본 결과다. random.randint(1, 50) 함수가 31을 반환한다고 가정해 보았다. 사용자는 게임이 끝나기 전까지 어떤 숫자가 선택되었는지 알 수 없다.

```
Enter guess: 25
Too low. Enter guess: 37
Too high. Enter guess: 30
Too low. Enter guess: 34
Too high. Enter guess: 32
Too high. Enter guess: 31
Success! You win.
```

우리는 이 게임을 몇 가지 방법으로 개선할 수 있다. 우선 게임이 끝날 때마다 사용자에게 다시 게임을 시작할 것인지 물을 수 있다. 다음으로 게임이 지루하다고 판단되면 언제든지 일찍 종료할 수 있게 할 수 있다. 개선된 버전을 살펴보자.

```
import random
def play_the_game():
    n = random.randint(1, 50)
    while True:
        guess = int(input('Enter guess (0 to exit): '))
        if guess == 0:
            print('Exiting game.')
            break
        elif guess == n:
            print('Success! You win.')
            break
        elif guess < n:
            print('Too low.', end=' ')
        else:
            print('Too high.', end=' ')
```

```
while True:
    play_the_game()
    ans = input('Want to play again? (Y or N): ')
    if not ans or ans[0] in 'Nn':
        break
```

# 11.5 카드 덱 객체 만들기

shuffle 함수는 random 패키지에서 가장 유용한 함수다. 이 함수는 예상했듯이 카드 덱을 시뮬레이션하는 데 무척 유용하다. 또한, 다른 상황에서도 확장하여 사용할 수 있다.

shuffle 동작 방식은 리스트 순서를 재정렬하여 항목들이 어느 위치에서나 나타날 수 있게 해 준다. 항목 개수가 바뀌거나 항목이 중복되지는 않는다. 가령 다음 리스트를 섞고 싶다고 가정해 보자.

```
kings_list = ['John', 'James', 'Henry', 'Henry', 'George']
```

그런 다음 random.shuffle로 순서를 무작위로 조정해 보자.

```
random.shuffle(kings_list)
```

이 리스트를 출력해 보면 변경된 순서와는 상관없이 여전히 Henry는 2개이며 John, James, George는 1개씩 보일 것이다. 한편 순서는 대부분 명확하게 변경될 것이다.

shuffling 알고리즘은 다음 예시처럼 꽤 보편적이다.

```
For I in range(0, N-2),
    J = randint(I, N-1)
    Swap list[I] with list[J]
```

random.shuffle 함수의 동작 방식은 기존 항목의 값 모두를 메모리상에서 변경하지만 메모상의 리스트를 이동시키지는 않는다.

카드 덱의 함수를 캡슐화하는 최고의 방법 중 하나는 덱 클래스를 만들어서 덱 객체를 초기화하는 데 사용하는 것이다. 지켜야 할 규칙은 다음과 같다.

- 0부터 N까지의 숫자를 담은 리스트를 준비한다. 52-카드 덱 안에는 각각의 유일한 숫자와 타입을 가진 카드가 포함된다.
- 초기화 시 덱 객체는 스스로 숫자를 섞는다(shuffle).
- 이제 사용자는 덱 객체의 '맨 위(top)(리스트의 시작 항목)'에서 0에서 51 사이의 숫자 카드를 한 번에 하나씩 꺼낸다.
- 모든 카드를 꺼냈다면 덱 객체는 스스로 카드를 다시 섞는다.

이 프로그램이 완성되면 객체 지향 프로그램의 좋은 예시가 될 것이다. 덱 객체 인스턴스는 내부 상태에서 관리될 것이다. 다음 코드는 원하는 크기로 자동으로 다시 섞이는 덱을 만든다.

```
import random
class Deck():

    def __init__(self, size):
        self.card_list = [i for i in range(size)]
        random.shuffle(self.card_list)
        self.current_card = 0
        self.size = size

    def deal(self):
        if self.size - self.current_card < 1:
            random.shuffle(self.card_list)
            self.current_card = 0
            print('Reshuffling...!!!')
        self.current_card += 1
        return self.card_list[self.current_card - 1]
```

덱에서 꺼낸 값은 숫자와 타입의 유일한 조합으로 구성된 카드가 된다.

```
ranks = ['2', '3', '4', '5', '6', '7', '8', '9', '10', 'J', 'Q', 'K', 'A']
suits = ['clubs', 'diamonds', 'hearts', 'spades']
my_deck = Deck(52)

# 12 포커 핸드(twelve poker hands) 게임,
# 사용자는 덱을 섞기 전과 후의 카드를 비교할 수 있다.

for i in range(12):
    for i in range(5):
        d = my_deck.deal()
        r = d % 13
```

```
        s = d // 13
        print(ranks[r], 'of', suits[s])
        print()
```

덱 클래스는 제약이 있다. 덱이 다시 섞이는 시점에 테이블 위에 남겨진 카드가 있을 것이다. 이 카드들은 섞이지 않는다. 대신 덱은 폐기된 카드만 가지고 섞어야 한다.

테이블 위에 남겨진 카드는 카드가 뽑힌 시점에 결정된다. 카드는 신규 차례(new hand)인 경우에만 폐기 리스트로 이동한다. 이런 흐름은 덱, 게임 중인 카드, 그리고 폐기 더미와 서로 관계를 맺는다. 그림 11-1과 같이 말이다.

❤ 그림 11-1 덱 객체 안에서 카드의 흐름

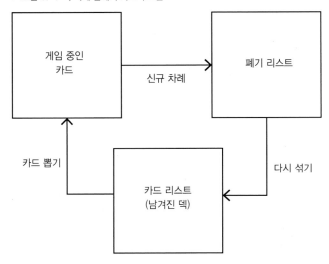

카지노에는 흔하게 볼 수 있는 블랙잭(일명 21) 게임이 있다. 게임 규칙은 다음과 같다. 하나의 표준 덱을 사용하고 마지막 카드까지 뽑히고 나면 다시 섞는 것이다.

다음과 같이 덱 객체를 고쳐 보자.

```
import random

class Deck():
    def __init__(self, size):
        self.card_list = [i for i in range(size)]
        self.cards_in_play_list = []
        self.discards_list = []
```

```
        random.shuffle(self.card_list)

    def deal(self):
        if len(self.card_list) < 1:
            random.shuffle(self.discards_list)
            self.card_list = self.discards_list
            self.discards_list = []
            print('Reshuffling...!!!')
        new_card = self.card_list.pop()
        self.cards_in_play_list.append(new_card)
        return new_card

    def new_hand(self):
        self.discards_list += self.cards_in_play_list
        self.cards_in_play_list.clear()
```

이 클래스 정의문은 1개의 신규 메서드 new_hand를 정의하고 있다. 이 신규 메서드는 현재 게임 중인 카드를 모두 폐기한다. 덱은 discards_list에서 카드를 추가해야 하며, cards_in_play_list 의 모든 항목은 제거(clear)된다.[3]

이제 deal 메서드의 변경 사항을 살펴보자. 이제는 덱 안의 모든 카드가 들어 있는 card_list를 그냥 섞는 대신 폐기된 더미만 섞는다. 그다음 섞인 카드들은 card_list로 옮겨진다. 이제 새로운 덱이 된다. 그러면 discards_list의 모든 카드는 삭제된다.

테이블 위에 카드가 있을 때 카드를 섞게 되면 테이블 위의 카드는 섞이지 않기 때문에 섞은 카드 의 숫자가 덱의 숫자보다 작을 것이다. 그렇다면 테이블 위에 있던 카드는 어떻게 덱으로 돌아갈 수 있을까? 간단하다. 현재 판이 끝나면 테이블 위에 있던 카드는 모두 폐기되며, 결국 다시 섞여 서 덱으로 돌아가게 된다.

> Note ≡ 이 클래스를 라스베이거스 카지노의 블랙잭 규칙을 반영하여 더 변경하고 싶을 수도 있겠다. 가령 카지노 대부분이 사용하는 6개-덱 시스템을 구현할 수 있다.[4] 사실 이 부분은 적절한 덱 사이즈를 지정하는 문제일 뿐이지 현 재 코드를 변경할 필요는 없다. 또한, 딜러가 일찍 카드를 섞을 수 있게 일부 메서드를 수정할 수도 있다.

---

3   역주 여기에서 hand는 게임의 판을 의미한다. new hand는 새로운 게임이 시작되는 것을 의미한다.
4   역주 6개-덱 시스템은 카지노의 딜러들이 6개의 덱을 하나의 케이스에 넣어서 사용하는 것을 의미한다. 즉, 현재 1개의 덱을 만드는 코드를 6개의 덱을 만들 수 있게 고치고 싶다는 것을 이야기하고 있다.

# 11.6 / 덱에 픽토그램 추가하기

여러분이 원한다면 덱 클래스를 초기화할 때 단순히 숫자만 저장하는 대신, 표준 게임 카드의 작은 기호를 함께 저장할 있게 변경할 수 있다. 이렇게 되면 숫자 0부터 51까지의 숫자를 게임 카드의 이름으로 변환하는 코드를 작성할 필요가 없어진다. 대신 다음 코드와 같이 카드 기호를 직접 출력하면 된다.

```python
def __init__(self, n_decks=1):
    self.card_list = [num + suit
        for suit in '\u2665\u2666\u2663\u2660'
        for num in 'A23456789TJQK'
        for deck in range(n_decks)]
    self.cards_in_play_list = []
    self.discards_list = []
    random.shuffle(self.card_list)
```

이 프로그램은 여러 개의 표준 52-카드 덱을 생성한다. 여러 덱을 생성할 수 있으니, 라스베이거스의 6개-덱 케이스를 시뮬레이팅하는 데 좋은 방법이 될 것이다.

이 버전의 __init__ 메서드를 사용하면 덱 객체는 다음과 같이 보이는 카드들로 표현된다.

| A♥ | 2♥ | 3♥ | 4♥ | 5♥ | 6♥ | 7♥ | 8♥ | 9♥ | T♥ | J♥ | Q♥ | K♥ |
| A♦ | 2♦ | 3♦ | 4♦ | 5♦ | 6♦ | 7♦ | 8♦ | 9♦ | T♦ | J♦ | Q♦ | K♦ |
| A♣ | 2♣ | 3♣ | 4♣ | 5♣ | 6♣ | 7♣ | 8♣ | 9♣ | T♣ | J♣ | Q♣ | K♣ |
| A♠ | 2♠ | 3♠ | 4♠ | 5♠ | 6♠ | 7♠ | 8♠ | 9♠ | T♠ | J♠ | Q♠ | K♠ |

다음 코드는 개선된 덱 클래스 전체 버전을 담고 있으며, 포커처럼 5개의 카드를 출력하는 작은 프로그램을 보여 주고 있다. 이 버전은 6개-덱 카드 케이스를 사용한다고 가정하고 있다. 물론 원한다면 하나의 덱을 사용하도록 손쉽게 변경할 수 있다.

```python
# File deck_test.py
# --------------------------------------

import random

class Deck():
```

```python
    def __init__(self, n_decks=1):
        self.card_list = [num + suit
            for suit in '\u2665\u2666\u2663\u2660'
            for num in 'A23456789TJQK'
            for deck in range(n_decks)]
        self.cards_in_play_list = []
        self.discards_list = []
        random.shuffle(self.card_list)

    def deal(self):
        if len(self.card_list) < 1:
            random.shuffle(self.discards_list)
            self.card_list = self.discards_list
            self.discards_list = []
            print('Reshuffling...!!!')
        new_card = self.card_list.pop()
        self.cards_in_play_list.append(new_card)

        return new_card

    def new_hand(self):
        self.discards_list += self.cards_in_play_list
        self.cards_in_play_list.clear()

dk = Deck(6)                    # 6개-덱 카드 케이스 사용
for i in range(5):
    print(dk.deal(), end=' ')
```

간단한 실행 결과를 보자. 투 페어다. 축하한다![5]

9♥  9♥  T♠  4♦  T♣

---

5   **역주** 이 결과는 무작위로 추출한 결과이기 때문에 여러분이 실행한 결과와 다를 수 있다.

# 11.7 정규 분포 차트 작성하기

수학과 통계학에서 정규 분포는 고전적인 종 곡선이다. 자연에서 정규 분포가 이렇게 자주 발생하는 것은 단순한 요행이 아니다. 파스칼의 삼각형도 더 깊은 층으로 내려가면 갈수록 정규 분포에 가까워진다. 이항정리가 예측한 값들도 정규 분포에 가깝다.[6]

예를 들어 미국인의 평균 키는 대략 5피트 10인치다. 만약 이 인구에서 무작위로 사람을 추출한다면 평균적으로 남성 대부분이 이 키에서 몇 인치 이내이어야 할 것이다. 물론 특별히 키가 작거나 키가 큰 사람들도 있을 것이다. 그러나 평균에서 멀어질수록 이 특이한 수치는 더욱 드물어진다.

결과는 종 곡선이다. 모집단의 많은 비율이 평균(또는 중간 값)을 둘러싸야 하며, 평균 주위가 불룩해야 한다. 정규 분포는 평균과 표준 편차 두 가지에 의해서 결정된다.

중간 값은 곡선의 중간인 평균값이다. 시그마라고도 하는 표준 편차는 곡선이 얼마나 좁은지 혹은 넓은지를 결정한다. 충분한 시간에 걸쳐 값이 표 11-2의 규칙에 따라 생성되어야 한다.

▼ 표 11-2 표준 편차의 영향

| 표준 편차 숫자 | 인구 비율(예상치) |
|---|---|
| 1 | 평균적으로 68%는 평균의 1 표준 편차 내에 속해야 한다. |
| 2 | 평균적으로 95%는 평균의 2 표준 편차 내에 속해야 한다. |
| 3 | 평균적으로 99.7%는 평균의 3 표준 편차 내에 속해야 한다. |

표 11-2를 읽는 방법은 다음과 같다. 예를 들어 평균이 100이고 표준 편차가 20인 정규 분포가 있다고 가정해 보자. normalvariate 함수에 의해 생성된 숫자의 약 68%는 결국 80과 120 사이에 속할 것으로 예상해야 한다. 생산되는 숫자의 95%가 40과 160 사이에 속할 것으로 예상해야 한다.

그러나 random 패키지의 모든 확률 분포는 단지 '확률적인' 분포일 뿐이다. 특히 데이터가 적으면 아무것도 확실하지 않다. 이 경우에는 여기에 설명된 조건들을 고려할 때 숫자가 40에서 160 범위에 들어갈 확률은 95%다. 범위 밖으로 떨어질 수 있는 확률은 5%다.

---

6  **역주** 이항정리란 두 항의 대수합의 거듭제곱을 전개하는 법을 보이는 공식이다. 일반적으로 $(a+b)^n$인 이항식을 전개하면 $(a+b)^n = a^n + {}_nC_1 a^{n-1}b + {}_nC_2 a^{n-2}b^2 + \cdots + {}_nC_k a^{n-k}b^k + \cdots + b^n$이 된다.

하지만 그렇다고 해서 그런 일이 '일어날 수 없다'는 것은 아니다. 단지 5% 확률로 발생하는 사건들은 항상 일어날 수 있고, 반드시 일어난다. 그리고 100만 분의 1 혹은 그 이하 확률의 사건들도 매일 일어난다. 오늘도 누군가는 복권에 당첨되었다!

따라서 표본 결과를 너무 적게 추출하면 종 모양의 곡선으로 보이지 않을 수도 있다. 다행히 11.3 절에서 보여 준 대수의 법칙에 따라서 표본 값을 많이 취한다면 상당히 예측 가능한 값을 얻을 수 있다.

다음 프로그램은 임의로 많은 수의 표본 결과를 허용하고, 쉽게 그래프를 그릴 수 있도록 숫자를 저장한 후 결과 그래프를 인쇄하여 대수의 법칙을 이용하도록 설계되었다.

```python
import random

def pr_normal_chart(n):
    hits = [0] * 20
    for i in range(n):
        x = random.normalvariate(100, 30)
        j = int(x/10)
        if 0 <= j < 20:
            hits[j] += 1
    for i in hits:
        print('*' * int(i * 320 / n))
```

이 함수는 normalvariate 함수를 몇 번이고 호출하여 단순한 문자-기반 그래프를 만든다. 핵심 코드는 다음과 같이 random.normalvariate를 중간 값으로 100, 표준 편차로 30을 인수로 전달하여 호출한 줄이다.

```python
x = random.normalvariate(100, 30)
```

물론 표준 편차가 30이 될 필요는 없다. 이 숫자를 수정하여 실험할 수 있다. 편차가 작을수록 더 얇고 더 뚜렷한 그래프를 만들 수 있고, 편차가 크면 곡선이 더 평평해 보일 수 있다.

그런 다음 숫자 x를 0부터 20까지의 정수로 분할하고 변환하여 결과를 20개의 '버킷(bucket)'으로 나누어서 수집한다. 표준 편차를 늘리지 않는 한 난수가 이 범위를 벗어나는 경우는 드물 것이다.

결과 x는 추출 빈도 배열에 색인될 수 있도록 구분된다. 각 버킷에서 해당 범위의 숫자 추출 빈도 수를 누적한다.

```
    j = int(x/10)
    if 0 <= j < 20:
        hits[j] += 1
```

추출된 숫자는 320을 곱하고 n을 나누어 줄인다. 이렇게 하면 인쇄할 별표(*)의 전체 수를 유지하면서 인수의 n은 사용자가 선택한 만큼 클 수 있게 된다. 이런 확장 기능이 없다면 별표가 화면을 넘어가지 않는 이상 n에 큰 값을 입력할 수 없다.

```
for i in hits:
    print('*' * int(i * 320 / n))
```

왜 100, 30, 320과 같은 특정 숫자를 사용했을까? 보기 좋은 결과를 얻기 위해 필자가 수행한 실험과 에러를 통해 얻은 값이다. 물론 다른 숫자를 사용하여 실험할 수 있다.

실험을 위해 상대적으로 작은 숫자 500을 넣어 보자. 그림 11-2는 전형적인 결과를 보여 준다. 생성된 차트는 대략 종 곡선과 비슷해 보이지만 분명히 어긋나는 그래프를 보여 주며, 수학이 큰 n에 대해 예측하는 것과 그다지 비슷하지 않다.

▼ 그림 11-2 500번의 실험을 통해 얻은 정규 분포

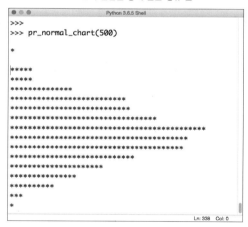

그러나 이 수치는 통계적 목적을 위해 표본의 크기가 그리 크지 않은 500개의 실험만을 사용했다. 일반적인 패턴을 밝혀내지만, 일부는 수치가 크게 벗어나 있다.

그림 11-3은 표본의 크기가 500에서 199,000으로 증가한 사례다. 함수에 표기된 스케일링 때문에 인쇄할 별표의 전체 개수는 크게 변하지 않는다. 그러나 이제 그래프 모양은 수학적으로 완벽한 종 곡선에 훨씬 더 가깝다.

▼ 그림 11-3 199,000 실험을 통해 얻은 정규 분포

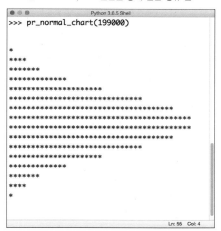

표본이 199,000개(약 20만 개)보다 크면 수학적으로 완벽한 종 곡선처럼 보이는 결과를 계속 얻을 수 있다.

SUPERCHARGED PYTHON

# 11.8 나만의 난수 생성 프로그램 작성하기

이 절에서는 난수 생성 프로그램을 어떻게 작성하는지 알아보겠다. 이 프로그램은 원래 필자의 책 〈Python Without Fear〉(Addison-Wesley Professional, 2017)에서 다루었던 프로그램을 토대로 한다.

대부분의 경우 자신의 난수 생성 프로그램을 직접 작성할 필요는 없지만, 유용하게 사용할 수 있는 경우도 있다. 예를 들어 여러분이 전자 슬롯 머신이나 온라인 포커 게임과 같은 도박 장치의 코드를 작성하고 있다고 하자. 여러분의 주요 관심사는 어떤 사용자도 코드를 해독할 수 없게 하고, 다음에 무슨 일이 일어날지 예측할 수 없게 하는 것이다.

random 패키지는 상당히 높은 품질의 난수 분포를 지원한다. 그러나 방사능 붕괴를 측정하는 장치와 같은 외부 숫자 난수화 장치를 사용하지 않는다면 의사-난수를 사용해야 하며, 이런 수치는 유용하기는 하지만 모든 것을 해결해 주지는 않는다. 이론상 어떤 시퀀스(sequence)도 문제 있을 수 있다.

여러분만의 의사-난수 생성기를 쓰면 아직 아무도 깨트리지 않은 난수 발생 시퀀스를 만들어 낼 수 있다.

## 11.8.1 난수 생성 원칙

일반적으로 의사-난수 시퀀스는 두 가지 일을 하여 충분히 임의적인 숫자를 생성할 수 있다.

- 인간이 추측하기 어렵거나 불가능한 기준(seed, 시작 값)을 고르는 것이다. 시스템 시간과 같은 기준은 이 목적에 적합하다. 비록 시간이 임의적이지는 않지만(항상 가치가 상승하고 있음) 마이크로초까지 측정되며, 가장 작은 숫자는 인간이 예측하기 매우 어렵다.
- 의사-난수 시퀀스를 사용해서 앞에 있는 숫자에 수학적 연산을 적용하여 각 숫자를 생성한다. 여기에는 복잡한 방식으로 값이 변경될 수 있다. 이는 초깃값의 작은 차이도 결과에 큰 차이를 가져온다는 점에서 혼란스러울 수 있다.

## 11.8.2 샘플 생성기

지난 4장에서는 파이썬의 제너레이터(generator)를 쓰는 원리를 설명했다. 가장 중요한 규칙은 return 문을 사용하는 대신 yield 문을 사용하는 것이다. yield는 (직접 혹은 루프에서 호출되는) next 함수에 값을 제공하며, 다시 호출될 때까지 내부 상태를 유지한다.

이는 모두 4.10절에서 설명한 더 큰 프로세스의 일부분이다. yield를 포함하는 함수는 객체를 반환하지 않는 것처럼 보이지만, 그렇지 않다. 이터레이터(iterator)라고 불리는 제너레이터 객체를 반환한다. 제너레이터 객체는 런타임에 실제로 값을 산출(yield)하는 것이다.

좀 이상해 보이기는 하지만 이 함수는 제너레이터가 어떻게 동작해야 하는지 묘사하는 것과 동시에, 실제로 그 함수가 반환하는 객체(제너레이터)인 셈이다! 물론 그리 직관적이지 못하다.

0부터 42억 범위의 부동소수점 값을 생성하는 간단한 난수 생성 프로그램을 살펴보자.

```
import time

def gen_rand():
    p1 = 1200556037
    p2 = 2444555677
    max_rand = 2 ** 32
```

```
r = int(time.time() * 1000)
while True:
    n = r
    n *= p2
    n %= p1
    n += r
    n *= p1
    n %= p2
    n %= max_rand
    r = n
    yield n
```

결과는 난수에 대한 명백한 통계적 테스트를 상당히 잘 만족하는 (그리고 직접 검증할 수 있는) 난수를 생성한다. 그러나 이 프로그램은 여전히 비교적 단순한 난수 생성기이기 때문에 어떤 상황에서도 최고의 성능을 제공하려는 시도는 하지 않았다. 이 생성기는 무작위성의 몇 가지 기본 원리를 준수한다.

이 제너레이터 함수 정의문을 실행한 결과를 다음에서 살펴보자.

```
>>> gen_obj = gen_rand()
>>> for i in range(10): print(next(gen_obj))
1351029180
211569410
1113542120
1108334866
538233735
1638146995
1551200046
1079946432
1682454573
851773945
```

# 11.9 math 패키지 개요

math 패키지는 많은 과학과 수학 애플리케이션에서 유용한 함수들을 제공한다.

math 패키지의 서비스 대부분이 함수로 제공되지만, pi, e와 같이 유용한 상수도 함께 제공하고 있다. 패키지 탑재(import) 방식에 따라서 이 상수들을 math.pi와 math.e처럼 참조할 수 있다.

math 패키지는 표준 파이썬 다운로드에 포함된 기본 패키지다. 필요한 패키지를 별도로 설치할 필요가 없다는 의미다. 다음과 같이 탑재하는 것만으로도 충분하다.

```
import math
```

물론 특정 모듈만 선택하여 탑재할 수도 있다.

# 11.10 math 패키지 함수 살펴보기

표 11-3은 math 패키지의 주요 함수들이다.

▼ 표 11-3 카테고리별 일반 math 패키지 함수

| 카테고리 | 설명 |
|---|---|
| 표준 삼각함수 | 싸인(sin), 코사인(cos) 및 탄젠트(tan) 함수가 포함된다. 이들 함수는 각각 각도를 인수로 넣어서 직각삼각형의 한 면과 다른 면의 비율을 계산한다. |
| 역 삼각함수 | 첫 번째 카테고리와 밀접한 관련이 있는 기능들이지만, 직각삼각형 두 변의 각도를 인수로 넣어서 비율을 반환하는 대신, 비율을 인수로 넣어서 각도를 반환한다. 이 범주에는 asin, acos 및 atan가 포함된다. |
| 각도 및 라디안(radian) 변환 | 각도 및 라디안 두 함수는 라디안에서 각도(첫 번째 경우로), 혹은 각도에서 라디안(두 번째 경우)으로 변환한다. 대부분의 사람들에게 각도가 더 친숙하지만 라디안을 사용하는 삼각함수에 유용하다. |
| 쌍곡선 함수 | 쌍곡선-함수 카테고리는 삼각함수와 역삼각함수의 쌍곡선 버전을 포함한다. 이름은 이름 끝에 'h'를 붙여 sinh, cosh, tanh 식으로 구성된다. |

◐ 계속

| 카테고리 | 설명 |
|---|---|
| 로그 함수 | math 패키지는 다양한 진수를 지원하는 유연한 로그 계산 세트를 제공한다. 이런 함수가 바로 지수의 역함수다. 이진수, 10진수 및 e의 로그를 찾기 위해 각각을 위한 log2, log10 및 log 를 제공한다. log는 사용자가 지정한 지수와 함께 사용될 수 있다. |
| 정수 변환 | floor(항상 내림)와 ceil(항상 올림)을 포함하여 부동소수점 숫자를 정수로 변환할 수 있는 몇 가지 함수를 포함한다. |
| 기타 | pow(거듭 승 혹은 누승법(exponentiation))와 sqrt(제곱근) 함수를 포함한다. |

# 11.11 특별 수치 pi 사용하기

기술적으로 데이터 객체로 볼 수 있는 상수의 파이썬 패키지 내 명명 규칙은 함수에서 사용하는 규칙과 같다. 권장 방법으로 import math를 사용하면 패키지의 모든 객체 참조는 반드시 지시자가 명시되어야 한다. 예시를 살펴보자.

```
import math
print('The value of pi is:', math.pi)
```

하지만 pi가 직접 import되었다면 지시자(math) 없이 참조할 수 있다.

```
from math import pi
print('The value of pi is:', pi)
```

표 11-4는 패키지의 객체들이며, 근사치를 보여 준다.

▼ 표 11-4 math 패키지 데이터 객체

| 데이터 객체 | 설명 |
|---|---|
| pi | pi의 수학적 수치. 완전한 원의 지름에 대한 원주율. 3.141592653589793 |
| e | e의 수학적 수치. 2.718281828459045 |
| tau | 파이썬 3.0 전용. pi에 2를 곱한 수학적 수치. 6.283185307179586 |
| inf | 무한. IEEE 수학에서만 사용 |
| nan | 숫자가 아님. IEEE 수학에서만 사용 |

표 11-4의 마지막 2개 데이터 객체는 부동소수점 코프로세서(coprocessor)의 모든 상태를 완전하게 지원하기 위해 제공된다. 하지만 이 값들은 사용 빈도수가 적다. 왜냐하면 파이썬이 무한 값을 0으로 나누는 것을 허용하지 않으며, 예외를 발생시키기 때문이다.

반면 math.pi 수치는 수학과 과학 애플리케이션에서 광범위하게 사용된다. 원의 직경을 구하고, 원주를 반환하는 간단한 예시를 살펴보자.

```
from math import pi

def get_circ(d):
    circ = d * pi
    print('The circumference is', circ)
    return circ
```

이 상수 목록에서 누락된 주목할 만한 한 가지는 황금 비율이라고도 알려진 수학적 값 phi다. 그러나 이 값은 직접 만들기가 비교적 쉽다. 1에 5의 제곱근을 더한 후 2로 나누면 된다.

```
import math
phi = (1 + math.sqrt(5))/ 2
```

아니면 math 패키지 없이 다음과 같이 계산할 수도 있다.

```
phi = (1 + 5 ** 0.5)/ 2
```

파이썬에서 두 경우 모두 대략 1.618033988749895에 근접한 값을 갖는다.

# 11.12 / 삼각함수: 나무의 높이

삼각함수는 다양한 곳에서 실용적으로 사용할 수 있다. 이 절에서는 나무의 높이를 계산하는 간단한 방법을 보여 줄 것이다.

그림 11-4에 표시된 오른쪽 삼각형을 살펴보자. 직각(90도)은 고정되어 있지만, 나머지 두 각은 다를 수 있다. 밑변의 각도(θ)를 지정하면 이 각도에 따라 (삼각계 함수를 통해) 높이의 비율을 예측할 수 있다.

▼ 그림 11-4 직각삼각형

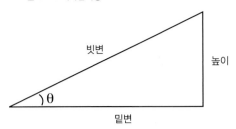

빗변

높이

θ

밑변

기본 삼각함수인 사인, 코사인, 탄젠트 함수는 다음과 같이 정의된다. 파이썬에서는 다른 프로그
래밍 언어와 라이브러리 대부분과 같이 이 3개의 함수를 sin, cos, tan 함수로 각각 구현했다.

```
sine(θ) = 높이 <B> / 빗변 <C>
cosine(θ) = 밑변 <A> / 빗변 <C>
tangent(θ) = 높이 <B> / 밑변 <A>
```

가령 높이가 밑변의 절반이면 탄젠트는 0.5가 된다.

나무의 높이를 구하는 것은 어떻게 할 수 있을까? 어렵지 않다. 다음 시나리오를 세워 보자. 관측
자는 나무에서 1,000피트 떨어진 곳에 위치하고 있다. 관측자는 나무의 높이를 알지 못하지만 나
무까지의 거리는 확실히 알고 있다. 왜냐하면 전에 측정했기 때문이다. 그(녀)는 믿음직한 각도계
를 사용하여 수평선 위 나무 꼭대기의 각도를 측정한다. 이것이 각도 θ다.

그림 11-5에서 이 시나리오를 묘사하고 있다.

▼ 그림 11-5 나무 높이 구하기

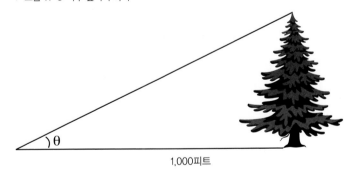

θ

1,000피트

이제 정확한 공식으로 간단한 연산을 하기만 하면 된다. 탄젠트 함수의 공식을 기억해 보자.

```
tangent(θ) = 높이 <B> / 밑변 <A>
```

양쪽에 밑변 A를 곱하면 다음과 같은 계산 공식을 얻을 수 있다.

높이 〈B〉 = tangent(θ) * 밑변 〈A〉

나무의 높이를 구하려면 특정한 각도의 탄젠트를 찾아서 나무까지의 거리인 1,000피트를 곱하면 된다. 자, 이제 나무의 높이를 계산하는 프로그램을 작성하는 것은 그리 어렵지 않다.

```python
from math import tan, radians

def get_height(dist, angle):
    return tan(radians(angle)) * dist

def main():
    while True:
        d = float(input('Enter distance (0 to exit): '))
        if d == 0:
            print('Bye!')
            break
        a = float(input('Enter angle of elevation: '))
        print('Height of the tree is', get_height(d, a))

main()
```

이 프로그램의 핵심은 계산을 수행하는 다음 코드다.

```python
return tan(radians(angle)) * dist
```

비록 간단한 프로그램이지만, 세밀한 조건을 한 가지 가지고 있다. 모든 파이썬 삼각함수는 라디안을 사용한다. 각도는 처음에 변환되지 않는 한 사용되지 않는다.

전체 원은 360도를 갖는 것으로 정의된다. 또한, 2*pi 라디안을 갖는 것으로 정의된다. 따라서 사용자가 실제 생활에서 대부분의 사람들이 사용하는 각도를 사용하려면 math.radians 기능을 적용하여 각도에서 라디안으로 변환(또는 2*pi/360으로 곱하기)해야 한다.

간단한 실행 예시를 살펴보자.

```
Enter distance (0 to exit): 1000
Enter angle of elevation: 7.4
Height of the tree is 129.87732371691982
Enter distance (0 to exit): 800
Enter angle of elevation: 15
```

```
Height of the tree is 214.35935394489815
Enter distance (0 to exit): 0
Bye!
```

Note ≡ 이 예시에서는 특정 함수를 가져오는 import 구문을 다르게 사용했다. 탑재된 특정 이름과 충돌이 없을 것이라고 확신할 경우 이 방식은 종종 좋은 탑재 방법이 될 수 있다.

```
from math import tan, radians
```

# 11.13 / 로그: 숫자 맞추기 게임 돌아보기

이 장에서는 math 패키지에서 자주 사용하는 유용한 함수들을 살펴볼 것이다. 표 11-5에 로그 함수를 나열했다.

❤ 표 11-5 math 패키지 로그 함수

| 데이터 객체 | 설명 |
| --- | --- |
| log10(x) | 10진 로그(10의 몇 승이 x인가?) |
| log2(x) | 이진 로그(2의 몇 승이 x인가?) |
| log(x, base=e) | 특정 진수의 로그. 두 번째 인수는 선택 사항이다. 기본값은 '자연 로그'인 e다. |

로그 개념이 익숙하다면 11.13.2절로 이동하여 프로그램에서 로그를 사용한 실사례를 확인해 보자. 다음 11.13.1절에서는 기본적인 로그의 동작 원리에 대해서 조금 더 알아보겠다.

## 11.13.1 로그의 동작 원리

로그는 거듭제곱의 역연산이다. 거듭제곱의 정의를 기억한다면 로그를 이해하는 것은 그리 어렵지 않다. 예를 들어 다음 공식이 사실이라고 가정해 보자.

$base ** exponent = amount$

그렇다면 다음 공식 또한 사실이다.

*Logarithm-of-base (amount) = exponent*

즉, 로그가 계산하는 것은 양(amount)을 구하기 위해 필요한 지수(exponent)라는 것이다. 몇 가지 예를 들면 이해하기 더 쉽다. 우선 10을 진수(base)로 가정해 보자. 표 11-6에서 지수에 따라서 양이 얼마나 가파르게 증가하는지 주목해 보자.

❤ 표 11-6 10진 거듭제곱의 지수 함수

| 10의 거듭제곱 수 | 실행 결과 |
|---|---|
| 1 | 10 |
| 2 | 100 |
| 3 | 1000 |
| 3.5 | 3162.277 |
| 4 | 10000 |
| 4.5 | 31622.777 |

이제 10진수를 사용하여 로그 내용을 이해하려면 표의 열을 반대로만 하면 된다(표 11-7 참고). 이 표에서는 양이 증가함에 따라 지수가 얼마나 완만하게 증가하는지 확인해야 한다. 로그의 증가는 매우 느리며, 항상 단순한 선형 증가에 추월 당한다.

❤ 표 11-7 10진 로그

| 10진 로그 계산 대상 | 실행 결과 |
|---|---|
| 10 | 1 |
| 100 | 2 |
| 1000 | 3 |
| 3162.277 | 3.5 (approx.) |
| 10000 | 4 |
| 31622.777 | 4.5 (approx.) |

표 11-7의 결과 중 일부는 근사치라는 점을 기억하자. 예를 들어 10진 로그가 31,622.777의 값을 구하면 4.5에 매우 가까운 숫자를 얻게 된다.

## 11.13.2 실제 프로그램에 로그 적용하기

이제 숫자 맞추기 게임으로 돌아가 보자. 게임을 몇 번만 하면 숫자 범위의 크기인 N보다 적은 횟수로 정답을 알아낼 수 있는 명확한 전략이 보일 것이다. 최악의 맞추기 전략은 1로 시작한 후 전체 범위를 포함할 때까지 값을 하나씩 올려 가면서 추측하는 것이다.

평균적으로 N/2만큼 추측하면 성공한다. 1부터 50까지의 범위라면 25번 추측한다는 의미다. 하지만 더 제대로 된 전략을 선택하면 훨씬 더 빨리 숫자를 맞출 수 있을 것이다. 다음 질문에 답해 보자.

     N 사이즈 범위인 경우, 이상적으로 답을 구하기 위해 필요한 최대 단계 수는 얼마인가?

N = 3의 가장 좋은 전략은 무엇인가? 당연히 중간 숫자 2를 추측하고, 다음 추측을 위해 1 또는 3을 추측해야 한다. 이렇게 하면 세 가지 값이 있더라도 결코 세 번 이상의 추측을 할 필요가 없다. 3개 이상이면 추가 추측이 필요할지도 모른다. 그러나 N = 3에 대해서는 두 번의 추측만으로도 충분하다.

추측 횟수가 증가하는 다음 단계는 N = 7이며, 그 이유를 알아야 한다. 왜냐하면 중간 값인 4를 추측할 수 있고, 그다음에 (이 추측이 성공하지 못하면) 상위 3개의 숫자(2개의 추측을 더 필요로 함) 또는 하위 3개의 숫자(또한 2개의 추측을 더 필요로 함)로 제한하기 때문이다. 따라서 N = 7에 대해서는 세 번의 추측만으로도 충분하다.

생각해 보자. 단계가 올라가면 추측의 횟수가 증가하는데, 마지막 단계에서 N에 1을 더한 값의 로그 값을 구하면 이 횟수를 구할 수 있다. 예를 들어 그림 11-6은 N이 1, 3, 7로 증가함에 따라 필요한 추측의 횟수가 1, 2, 3으로 증가하는 것을 보여 준다.

▼ 그림 11-6 N = 7에서 세 번의 추측이 필요한 이유

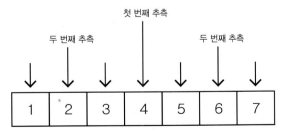

우리는 이제 최대 추측 횟수가 증가하는 숫자 범위의 크기(N)가 몇인지 단계별로 알 수 있다. 각 단계로 넘어가는 N의 크기는 필요한 최대 추측 횟수를 얻기 위한 최악의 경우를 고려하여 결정된다. 표 11-8은 맞추기 게임에서 요구하는 최대 추측 횟수를 보여 준다.

| SIZE = N | N + 1 | 요구되는 추측 횟수 = LOG2(N + 1) |
|---|---|---|
| 1 | 2 | 1 |
| 3 | 4 | 2 |
| 7 | 8 | 3 |
| 15 | 16 | 4 |
| 31 | 32 | 5 |
| 63 | 64 | 6 |

표 11-8의 맨 왼쪽 열에 있는 숫자들은 게임 내 숫자의 범위를 나타낸다. 모든 숫자가 나열되는 것은 아니지만, 추가 추측이 필요한 '단계적'인 숫자만 표기하고 있다. 이들 각각은 추측의 횟수가 증가하는 상한점이다. 가령 N = 15 이하에 대해서는 최대 4개의 추측이 필요하다. 반면 15보다 큰 범위에 대해서는 더 많은 추측이 필요하다.

맨 왼쪽 열의 숫자는 2의 제곱 수보다 1이 적다. 여기에 1을 더하면 2의 제곱수가 된다. 따라서 필요한 추측 횟수를 담고 있는 맨 오른쪽 열의 숫자를 구하려면 N + 1에 이진 로그 값을 구하면 된다.

마지막으로 값에 가장 가까운 정수로 올림을 수행한다. 단계는 반드시 부동소수점이 아닌 정수이어야 하기 때문이다. 정확한 공식은 다음과 같다.

    필요한 최대 추측 횟수 = 올림(이진 로그(N + 1))

이제 math 패키지를 사용하여 단순한 프로그램을 작성해 보자.

```
from math import log2, ceil

n = int(input('Enter size of range: '))
x = ceil(log2(n + 1))
print('Max. number of guesses needed is', x)
```

이 프로그램은 math.log2 함수를 사용하는 것 외에도 기타 함수 중 하나인 math.ceil을 사용한다. ceil 함수는 임의의 숫자를 인수로 받아서 입력 값보다 크거나 같은 가장 낮은 정수를 반환한다 (올림).

자, 프로그램을 실행하면 앞서 했던 질문에 답할 수 있다. 평소처럼 사용자 입력을 굵은 글씨로 표시했다.

```
Enter size of range: 50
Max. number of guesses needed is 6.
```

바로 정답이 출력되었다. 만약 여러분이 범위 내의 중간 값을 선택하는 이상적인 전략을 따른다면 결코 여섯 번 이상의 추측이 필요해서는 안 된다.

이상적인 전략은 사용 가능한 범위의 중간 값에 최대한 가까운 숫자를 선택하는 것으로 시작한다. 이 범위는 항상 이전의 추측에서 얻은 정보를 사용하여 남겨진 범위이어야 한다. 예를 들어 추측한 값을 25로 선택했는데 컴퓨터가 "너무 높다."라고 말하면 범위를 1에서 50이 아니라 1에서 24로 조정해야 한다.

이 전략은 결과가 나올 때까지 평균적으로 매회 이용 가능한 선택 횟수를 약 50% 줄여야 하는 이진 검색 패턴을 반영한다.

# 11.14 정리해 보자

SUPERCHARGED PYTHON

이 장에서는 가장 일반적으로 사용하는 패키지(random과 math) 두 가지를 프로그램에서 실제로 어떻게 사용하지 살펴보았다. 이 두 패키지는 모두 파이썬과 함께 설치된다.

random 패키지는 다양한 분포를 제공한다. 이 장에서는 주어진 범위에 걸쳐 균일한 분포를 갖는 무작위 정수를 반환하는 randint, 리스트의 내용을 카드 덱처럼 다시 배열하는 shuffle, 그리고 normalvariate를 주로 살펴보았다.

고전적인 정규 확률 분포는 지정된 평균에 가까운 값을 생성하는 경향이 있다. 범위에서 벗어나는 값은 항상 존재하지만 해당 값이 평균에서 멀어질수록 출현 빈도는 낮아진다.

이어서 탄젠트를 계산하는 tan 함수와 로그 함수를 포함하여 math 패키지에서 가장 일반적으로 사용하는 함수 일부를 살펴보았다. 파이썬의 로그 구현에는 log10, log2 및 log가 포함되며, 모든 진수의 로그를 계산할 수 있다.

# 11.15 복습 문제

1  확률 분포란 정확히 무엇인가? 값이 무작위로 선정된다면 어떻게 예측할 수 있는가?

2  실제 난수와 의사-난수의 차이점은 무엇인가? '충분히 적당한(good enough)'이라는 표현을 하는 이유는 무엇인가?

3  정상적인 확률 분포를 결정하는 두 가지 주요 요인은 무엇인가?

4  실제 삶에서 겪을 수 있는 정규 분포 사례를 생각해 보자.

5  실험 횟수가 적을 때 기대하는 확률 분포의 모습은 어떤가? 실험 횟수를 증가하면 어떤 변화가 생기는가?

6  random.shuffle로 섞일 수 있는 객체는 어떤 종류가 있는가?

7  math 패키지 함수를 구분하는 보편적인 카테고리 이름들을 나열해 보자.

8  지수와 로그의 관계는 무엇인가?

9  파이썬에서 제공하는 세 가지 로그 함수는 무엇인가?

# 11.16 실습 문제

1 11.4절에서 소개한 '의사-난수 게임'을 수정하여 프로그램 시작 시 사용자가 1부터 50 사이가 아니라, 숫자 범위를 직접 설정할 수 있게 해 보자.

2 직각삼각형의 밑변 길이와 각도를 제공하여 빗변의 길이를 구하는 애플리케이션을 작성해 보자.

3 11.5절에서 제시한 덱 오브젝트를 이용하여 5장의 카드를 덱에서 가져오는 게임 프로그램을 작성한다. 그런 다음 카드를 낼 차례에 어떤 카드를 선택할지 일련의 숫자(예 '1, 3, 5')를 입력하도록 사용자에게 요청하자. 그런 다음 제출한 새 카드를 출력해 보자.

**11**

random과 math 패키지

# 12<sup>장</sup>

# 넘파이 패키지

우리는 이제 파이썬이 가장 잘 처리하는 대량 데이터를 대상으로 정교한 수학 연산을 수행하는 패키지에 도달했다. 이를 가능하게 하는 핵심 패키지가 바로 numpy(Numeric Python)(넘파이)다.

대량 데이터를 처리하는 작업 중 일부는 코어 파이썬 언어로도 작성할 수 있지만, 많은 애플리케이션은 numpy 패키지의 도움을 받아 훨씬 빠르고 적절하게 실행된다. 통계적 분석은 복잡한 함수를 쓰는 대신, numpy의 단순하고 고수준의 명령어를 사용하여 100배나 빠르게 실행할 수 있다.

이 패키지를 "NUM-pee(넘-피)"나 "num-PIE(넘-파이)" 중 어느 것으로 발음해도 상관없다. numpy 패키지는 여러분이 가장 좋아하는 패키지가 될 것이다.

# 12.1 array, numpy, matplotlib 패키지 개요

다음 두 절에서 array, numpy, numpy.random, matplotlib 패키지에 대해 다룬다.

## 12.1.1 array 패키지

array 패키지 사용을 꺼려하는 경우가 많지만, 이 패키지는 numpy의 기본적인 기능을 많이 가지고 있다. 또한, 다른 프로그램에서 생성한 연속적인 데이터 더미와도 인터페이스할 수 있게 해 주기 때문에 유용하다.

## 12.1.2 numpy 패키지

numpy 패키지는 이 장에서 다룰 핵심 기술이다. 이 패키지는 array 패키지와 같이 메모리에 데이터를 연속으로 저장하지만, 훨씬 더 많은 기능을 제공한다. numpy 패키지는 1차원 배열(리스트와 비슷), 배치 처리(배열 또는 해당 배열의 많은 부분을 동시에 연산 처리하는 것), 다차원 배열 생성 및 유지 보수 기능을 높은 수준으로 제공한다.

### 12.1.3 numpy.random 패키지

numpy.random 패키지는 numpy 패키지의 일부이며, 함께 자동으로 내려받을 수 있다. 이 패키지는 11장에서 설명하는 random 패키지와 동일한 기능을 제공하지만, numpy 배열과 함께 사용하도록 최적화되었다.

### 12.1.4 matplotlib 패키지

이 패키지는 여러 패키지로 이루어져 있으며 matplotlib, matplotlib.pyplot과 함께 내려받는다. 이 패키지의 도움을 받는다면 numpy 배열을 만든 후 아름다운 결과 그래프를 그릴 수 있을 것이다.

13장에서는 그래프를 그리는 플로팅(plotting) 라이브러리를 다룰 것이다. 이 장에서는 numpy의 기초를 다룬다.

## 12.2 array 패키지 사용하기

SUPERCHARGED PYTHON

일반적인 array 패키지는 별다른 기능을 제공하지 않지만, 개념적으로 numpy 작동 원리의 기반을 제공한다. 이 패키지는 1차원 배열만 지원한다. 이 패키지의 한 가지 장점은 별도로 내려받을 필요가 없다는 것이다.

```
import array
```

array 패키지는 이 장에서 소개할 다른 모든 패키지와 마찬가지로 파이썬 리스트 대신 엄격한 C와 C++에서 다루는 배열의 특징을 갖는다.

그렇다면 '배열(arrays)'은 무엇일까?

리스트와 마찬가지로 **배열**은 색인 번호로 메모리 속에 있는 각 항목을 참조할 수 있는 일련의 집합이다. 그러나 리스트와 달리 배열은 고정 길이 데이터라고 가정한다. 데이터의 모든 항목이 메모리상에 연속적으로 서로 옆에 위치한다는 의미다.

그림 12-1에서 이 차이를 설명하고 있다. 파이썬 리스트에는 보통 눈에 띄지 않는 참조 번호가 포함되어 있다(C에서는 포인터가 될 것이다).

리스트 객체에는 실제 리스트 위치에 접근할 수 있는 참조가 있으며, 이 참조는 변경될 수도 있다. 한편 리스트 항목에 위치한 각 객체 역시 실제 데이터에 접근할 수 있는 참조이기 때문에 파이썬에서는 한 리스트 안에서도 여러 데이터 타입인 항목을 가질 수 있는 것이다.

▼ 그림 12-1 파이썬 리스트 저장 방식

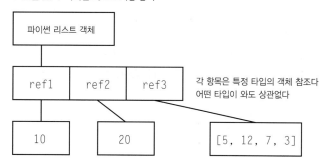

그림 12-2에서 알 수 있듯이 배열은 설계가 더 간단하다. 배열 객체는 그 자체가 메모리 속 위치에 접근할 수 있는 참조일 뿐이다. 실제 데이터가 그 위치에 있다는 의미다.

데이터가 이런 식으로 저장되기 때문에 모든 항목은 길이가 일정해야 하며, 같은 타입이어야 한다. 무작위 파이썬 정수(이론적으로 메모리 여러 바이트를 차지할 수도 있음)를 저장할 수는 없지만, 고정 길이의 정수를 저장할 수는 있다.

▼ 그림 12-2 연속(contiguous) 배열 저장 방식

모든 항목은 메모리 속에 서로 나란히 위치하며 크기가 같다

배열은 리스트보다 데이터를 더 압축하여 저장한다. 그러나 파이썬 리스트 색인은 매우 최적화되었기 때문에 배열의 색인보다 조금 느릴 뿐이다.

array 패키지를 사용할 때의 장점 중 하나는 다른 프로세스 또는 C 언어 라이브러리와 상호 작용하는 경우, 이 장에서 설명하는 것처럼 배열이 저장되는 메모리 연속 블록에 데이터를 전달할 수 있다는 점이다.

array 패키지를 사용하려면 array 패키지를 탑재한 후 array.array를 호출하여 array 객체를 대입하고 초기화하면 된다. 예를 들어 간단한 숫자 배열 1, 2, 3을 얻는 방법은 다음과 같다.

```
import array
a = array.array('h', [1, 2, 3])
```

여기에서 'h'를 첫 번째 인수로 사용한 것에 주목하자. 데이터 타입을 지정하는 단일-문자 문자열이다. 이 경우 16비트(2바이트) 정수(양수 혹은 음수 32K 범위)로 제한한다. range 함수를 사용하면 더 큰 배열을 만들 수 있다.

```
import array
a = array.array('h', range(1000))
```

이 예시는 잘 작동하지만 데이터 타입의 크기를 짧은 정수('u')에서 긴 정수('l')로 늘리지 않고서는 1에서 100만까지(또는 0에서 999,999까지)의 숫자 배열을 만들 수 없다. 그렇지 않으면 16비트 정수 배열에 저장할 수 있는 값을 초과할 수 있기 때문이다.

```
import array
a = array.array('l', range(1_000_000))
```

**경고:** 하루 종일 기다릴 준비가 되어 있지 않다면 이 코드 결과로 만든 배열을 출력하려고 하지 말자! 이때 파이썬의 정수는 "무한하다"거나 오히려 정수의 한계가 천문학적이라는 것에 이의를 제기할 수도 있다. 그렇다. 하지만 고정-길이 데이터 구조를 다룰 때는 이런 유연성을 포기해야 한다.

array 패키지와 array 타입의 한 가지 제약 사항은 1차원 배열만 지원한다는 점이다.

# 12.3 / numpy 패키지를 내려받고 탑재하기

이 장의 나머지 코드를 실행하려면 numpy를 내려받아야 한다(아직 내려받지 않았다면 말이다).
만약 numpy 패키지를 설치하지 않고 IDLE나 파이썬 스크립트에서 numpy 패키지를 탑재한다
면, 파이썬에서 `ModuleNotFoundError` 예외가 발생할 것이다.

numpy 패키지를 내려받는 가장 쉬운 방법은 pip 유틸리티를 사용하는 것이다. 이 유틸리티는 이
미 설치되어 있다고 가정한다.[1]

pip의 장점 중 하나는 패키지가 배포된 인터넷의 표준 저장 위치에 접속하여 요청된 소프트웨어
를 찾아서 내려받는다는 것이다. DOS 박스 또는 터미널 응용 프로그램을 시작하고 다음 명령을
입력하자.[2]

> `pip download numpy`

파이썬 3이 설치되어 있는 macOS 시스템을 사용하고 있다면 pip3 명령어를 사용해야 할 수도
있다.

> `pip3 download numpy`

---

Note ≡ macOS 시스템에서는 파이썬 2.0이 이미 로딩되었기 때문에 간혹 문제가 생긴다. 이 절에서 설명한 방
법으로 numpy를 내려받았지만, IDLE에서 사용하지 못하는 경우가 있을 것이다. 버전이 일치하지 않기 때문이다. 이
런 경우 터미널에서 idle3를 입력하여 IDLE를 실행하자.

```
idle3
```

---

1 [역주] pip는 파이썬 설치 시 기본적으로 함께 설치된다.
2 [역주] 파이썬을 설치해서 사용하고 있음에도 불구하고 pip 모듈을 찾을 수 없다는 메시지가 나오면, 다음 명령을 실행하여 pip를 사용할 수 있
　게 해 보자.
```
python -m ensurepip
```

# 12.4 / numpy 소개: 1부터 100만까지 더하기

이제부터 numpy 패키지가 설치되었다고 가정하겠다. 설치하지 못했다면 인터넷에 설치 방법을 검색하여 도움을 받기 바란다. 설치 다음 단계는 다음 코드로 numpy를 탑재하는 것이다.

```
import numpy as np
```

오류가 없다고 가정할 때 as np 절에 의문을 품을 수 있다. 이런 식으로 numpy를 탑재하는 것은 필수가 아니라 일종의 제안이다. numpy라는 이름이 길 수 있으므로 as np 절을 사용하여 numpy 대신 np라는 더 짧은 이름으로 패키지를 사용하라는 의미다. 일부 프로그래머에게는 np 와 같이 짧은 특정 이름을 사용하는 것이 하나의 관습처럼 되어 버렸다.

> Note ☰  표준 numpy 루틴에 의해 생성된 데이터 타입을 ndarray라고 한다. 'N-차원 배열'을 의미한다.

그렇다면 numpy를 사용하는 이유는 무엇일까? 이 이유를 이해하기 위해 1부터 100만까지 100 만 개의 숫자를 더하는 문제를 생각해 보자.

물론 이 문제를 한 번에 계산하는 수학 공식이 있겠지만, 이 공식을 모른다고 가정해 보자. 이 작업은 프로그래밍 언어의 속도를 테스트하기에도 좋다. 다음 코드는 코어 파이썬 언어를 사용하여 숫자를 더하는 가장 효율적인 방법을 보여 준다.

```
a_list = list(range(1, 1_000_001))
print(sum(a_list))
```

대개 기본적으로 제공하는 언어의 표준 방식을 사용하는 것도 그리 나쁘지 않다. 다음 코드는 같은 동작을 하는 numpy 기반 코드다. 얼마나 비슷한지 보자.

```
import numpy as np

a = np.arange(1, 1_000_001, dtype=np.int64)
print(sum(a))
```

두 코드 모두 500,000,500,000이 되어야 한다.

두 코드의 실행 속도 차이를 측정하려면 성능 비교 테스트를 할 필요가 있다. time 패키지는 코드
실행 시간 정보를 확인하는 데 무척 유용하다.

```python
import numpy as np
from time import time

def benchmarks(n):
    t1 = time()

    a_list = list(range(1, n + 1))              # 구식 스타일!
    tot = sum(a_list)

    t2 = time()
    print('Time taken by Python is', t2 - t1)
    t1 = time()

    a = np.arange(1, n + 1)                     # Numpy!
    tot = np.sum(a)

    t2 = time()
    print('Time taken by numpy is ', t2 - t1)
```

이 함수를 사용하여 처음 1,000만 개의 숫자를 합해 초 단위로 측정한 결과는 다음과 같다.

```
>>> benchmarks(10_000_000)
Time taken by Python is 1.2035150527954102
Time taken by numpy is 0.05511116981506348
```

와, 24배의 차이가 발생했다. 나쁘지 않다!

성능 Tip ☆   초기 데이터 세트를 생성하는 대신 실제 추가 작업을 수행하는 시간을 분리하면 수행 속도의 차이
가 여전히 훨씬 더 크며, 약 60배 빠르다. 이처럼 좀 더 정확한 성능 지표를 만드는 것은 이 장 마지막에 실습 문제
로 남기겠다.

# 12.5 / numpy 배열 만들기

앞 절에서 큰 numpy 배열을 생성하는 한 가지 방법을 보여 주었다.

```
a = np.arange(1, n + 1)
```

이 문장은 1로 시작하고 n까지의 범위를 생성한다. 그런 다음 이 데이터를 사용하여 1차원 numpy 배열을 초기화한다.

numpy 배열을 만들고 초기화하는 방법은 여러 가지가 있다. 실제로 너무 많아 이 장에서 일일이 설명하는 것은 불가능하다.

그래서 이 절에서는 표 12-1에 요약한 것처럼 가장 일반적인 numpy 배열 생성 방법을 소개한다.

▼ 표 12-1 numpy의 일반적인 배열-생성 함수

| 넘파이 함수 | 생성 대상 |
| --- | --- |
| arange | 파이썬 range 함수와 유사한 구문을 사용하여 지정된 범위의 정수로 구성된 배열 |
| linspace | 지정된 범위 내에서 균일한 간격으로 배치된 값의 배열. 이 함수는 부동소수점 값을 처리하므로, 원하는 경우 작은 분수 단위의 차이도 처리할 수 있다(기술적으로 정수를 수용할 수 있지만, 주로 부동소수점과 함께 사용하도록 설계되었다). |
| empty | 초기화되지 않은 배열. 값은 '무작위'이지만, 무작위 표본 추출에는 통계적으로 유효하지 않다. |
| eyes | 대각선에 1이 있는 배열. 다른 셀은 0이 된다. |
| ones | 모두 1로 초기화한 배열(정수, 부동소수점 혹은 불리언 True 값) |
| zeros | 모두 0으로 초기화한 배열(정수, 부동소수점 혹은 불리언 False 값) |
| full | 배열의 모든 위치에 특정 값으로 채운 배열 |
| copy | 다른 numpy 배열의 모든 항목을 복사한 배열 |
| fromfunction | 단일 색인이나 여러 색인을 인수로 받아서 각 항목에 동일하게 동작하는 함수를 호출하여 초기화한 배열 |

이어지는 절에서는 이 함수들의 세부 사항을 살펴볼 것이다. 이런 함수 대부분은 dtype 인수를 지정할 수 있으며, dtype 인수는 numpy 배열을 구성하고 있는 모든 항목의 데이터 타입을 결정한다. 이 기능으로 다양한 기본 타입의 배열을 생성할 수 있다. dtype 지정자는 (1) 표 12-2에 표시된 기호 중 하나 또는 (2) 이름을 포함하는 문자열일 수 있다. 전자인 경우 기호는 일반적으로 다음과 같은 표현법을 따라야 한다.

```
import numpy as np
np.int8                    # dtype처럼 사용
'int8'                     # 이 또한 dtype처럼 사용
```

▼ 표 12-2 numpy에서 사용하는 dtype 값

| dtype 값 | 설명 |
| --- | --- |
| bool | 불리언 값. 각 항목은 True 혹은 False |
| int | 표준 정수 크기. 일반적으로 int32와 같다. |
| int8 | signed 8-비트 정수. 범위는 -128~127이다. |
| uint8 | unsigned 8-비트 정수 |
| int16 | signed 8-비트 정수. 범위는 양수 혹은 음수 32K |
| uint16 | unsigned 32-비트 정수 |
| int32 | signed 32-비트 정수. 범위는 대략 양수 혹은 음수 2B |
| uint32 | unsigned 32-비트 정수 |
| int64 | signed 64-비트 정수. 범위는 int32에 비해 기하급수적으로 크지만, 여전히 유한하다. |
| uint64 | unsigned 64-비트 정수 |
| float | 표준 부동소수점 크기 |
| float32 | 32-비트 부동소수점 |
| float64 | 64-비트 부동소수점 |
| complex | 복소수 데이터 타입. 입력 값 1.0은 1.+0.j로 변환된다. |
| 'i' | 표준-크기 정수 |
| 'f' | 표준-크기 부동소수점 |
| 'Unum' | unsigned 문자 타입. 숫자가 나타나면 고정-길이 문자열 타입을 명시하는 데 사용할 수 있다. 예를 들어 <U8은 8문자 길이의 문자열을 저장한다는 것을 의미한다. |

표 12-2의 마지막 줄은 고정-길이 문자열 타입을 생성한다. 이 길이보다 짧은 문자열은 이 타입의 항목이 될 수 있다. 하지만 더 긴 문자열은 잘려 나간다. 12.5.8절에서 예시를 확인할 수 있다.

## 12.5.1 array 함수(array로 변환)

numpy 배열을 생성하는 가장 간단한 방법은 파이썬 리스트나 튜플에서 array로 변환하는 방법이다. 이 문법은 subok과 ndmin을 포함한 여러 인수를 지원한다. 더 자세한 정보는 온라인 도움말을 참고하자. 이 절에서는 좀 더 일반적으로 사용하는 인수에 초점을 맞춘다.[3]

```
numpy.array(data, dtype=None, order='K')
```

이 함수는 지정된 타입의 numpy 배열을 반환한다. dtype이 지정되지 않았거나 None으로 설정된 경우, 이 함수는 모든 항목을 저장할 수 있을 만큼 큰 데이터 타입을 선택한다(파이썬의 정수는 길이가 정해져 있지 않기 때문에 중요한 문제다).

order는 다차원 데이터가 어떻게 정렬되어야 할지 결정한다. 기본값은 'K'이며, 어떤 값을 설정하든 소스 데이터를 보존한다. 'C'는 행-우선 순서를 따르며(C 언어에서 이 방식을 따름), 'F'는 열-우선 순서를 따른다(포트란에서 이 방식을 따름).

다음 예시는 파이썬 리스트로 1차원 정수 배열을 초기화한다.

```
import numpy as np
a = np.array([1, 2, 3])
```

다차원 파이썬 리스트(리스트를 항목으로 갖는 리스트)를 사용하는 것만으로 2차원 혹은 다차원 배열을 쉽게 만들 수 있다.

```
a = np.array([[1, 2, 3], [10, 20, 30], [0, 0, -1]])
print(a)
```

이 배열을 IDLE에서 실행하면 다음과 같이 출력된다.

```
[[  1,   2,   3],
 [ 10,  20,  30],
 [  0,   0,  -1]]
```

numpy는 배열을 매끄럽고 직사각형 모양으로 처리할 수 있게 설계되었다. 만약 여러분이 리스트를 항목으로 갖는 다차원 데이터를 '가지런하지 않게' 입력하더라도, 배열 변환은 최대한 일반적인 배열로 보정된다.

---

3 　역주 numpy.array 온라인 도움말 링크: https://numpy.org/doc/stable/reference/generated/numpy.array.html

IDLE에서 다음 코드를 작성해 보자.

```
>>> import numpy as np
>>> a = np.array([[1, 2, 3], [10, 20, 300]])
>>> a
array([[  1,  2,    3],
       [ 10, 20, 300]])
```

하지만 두 번째 항목이 첫 번째 항목보다 길이가 길 때 어떤 일이 발생하는지 살펴보자.

```
>>> a = np.array([[1, 2, 3], [10, 20, 300, 4]])
>>> a
array([list([1, 2, 3]), list([10, 20, 300, 4])], dtype=object)
```

이제 이 배열은 2차원 배열이 아니라, 객체(리스트)로 이루어진 1차원 배열이 된다.


## 12.5.2 arange 함수

**arange** 함수는 1부터 N까지의 값으로 구성된 배열을 생성한다. 파이썬의 range 함수와 비슷하다. 이 함수는 1차원 배열만 생성할 수 있다.

```
numpy.arange([beg,] end [,step] [dtype=None])
```

**arange**의 인수는 파이썬 내장 range 함수의 인수와 거의 똑같다.

추가로 dtype 인수는 각 항목의 타입을 명시한다. 기본 인수 값은 None이며, 데이터 타입을 추론하게 된다. 그렇게 되면 범위 안의 모든 값을 수용할 수 있는 충분한 크기의 정수를 선택하게 될 것이다. 'int32'와 같이 말이다.

```
import numpy as np
a = np.arange(1, 1000001)      # 100만 개의 항목으로 구성된 배열 생성
```


## 12.5.3 linspace 함수

**linspace** 함수는 **arange** 함수와 비슷하지만 정수뿐만이 아니라 부동소수점도 다루며, 항목 간의 값 차이(step)도 자유롭게 설정할 수 있다.

이 함수는 특히 선을 따라 점 또는 값 집합을 제공하려고 할 때, 해당 값이 균등하게 간격을 두는 경우에 유용하다. arange 함수와 마찬가지로 linspace는 1차원 배열만 생성한다.

여기에 표시된 구문은 이 함수의 가장 중요한 인수를 요약한 것이다. 자세한 설명은 numpy 설명서를 참고하자.[4]

```
numpy.linspace(beg, end, num=50, endpoint=True, dtype=None)
```

beg과 end는 설명할 필요가 없지만, end의 값은 (arange와는 다르게) 기본적으로 생성되는 값의 범위에 포함된다. endpoint 인수를 False로 설정하면 end 값은 포함되지 않는다.

num 인수는 생성할 값 개수를 지정한다. 가능한 범위 내에서 균일하게 간격을 두게 된다. 지정하지 않으면 50을 기본값으로 설정한다.

dtype 인수는 각 항목의 데이터 타입을 지정한다. 지정하지 않거나 None으로 설정하면 linspace 함수는 인수 나머지를 기반으로 데이터 타입을 추론하며, 일반적으로 float가 설정된다.

0.25 단위마다 범위 내에 값을 갖는 numpy 배열을 생성한다고 가정해 보자. 다음 문장으로 이 배열을 생성할 수 있다.

```
import numpy as np
a = np.linspace(0, 1.0, num=5)
```

이 배열을 IDLE에서 출력해 보자.

```
array([0. , 0.25, 0.5 , 0.75, 1. ])
```

linspace 함수는 기본적으로 end 값을 포함하기 때문에 num 인수를 5로 설정하면 1.을 포함한 항목 5개(4개가 아니다)가 출력될 것이다. num 인수를 6으로 설정한 결과는 다음과 같다.

```
>>> a = np.linspace(0, 1.0, num=6)
>>> a
array([0., 0.2, 0.4, 0.6, 0.8, 1. ])
```

4  역주 numpy.linspace 설명서
   https://numpy.org/doc/stable/reference/generated/numpy.linspace.html?highlight=linspace#numpy.linspace

항목이 양의 정수인 경우 원하는 수의 항목을 지정할 수 있다. 일부 데이터 타입은 수용하기가 더 어렵지만, 표 12-2에서 나열한 모든 데이터 타입을 지정할 수 있다(불리언 타입은 불만족스러운 결과를 낳는다). 다음 예시를 살펴보자.

```
>>> np.linspace(1, 5, num=5, dtype=np.int16)
array([1, 2, 3, 4, 5], dtype=int16)
```

이번에는 항목이 모두 정수로 잘 생성되었다. 그러나 일반적으로 부동소수점 값이 필요한 범위를 지정하고 정수 타입을 사용하는 경우, 이 함수는 많은 값 또는 전부를 잘라 내어 정수 타입으로 변환한다.

## 12.5.4 empty 함수

empty 함수는 초기화하지 않은 numpy 배열을 생성한다. 생성한 배열의 초깃값을 추후에 설정하는 경우라면, 시간을 절약하기 위해 두 번 중복으로 초기화하는 것을 막기 위한 용도로 empty 함수를 사용할 수 있다. 그러나 초기화하지 않은 객체를 사용하는 것은 위험한 작업이기 때문에 주의해야 한다. 실행 속도를 높이기 위한 마지막 방법을 시도하거나, 반드시 배열을 사용하기 전에 각 항목에 의미 있는 값을 설정한다고 확신할 때 사용하기 바란다.

값을 초기화하지 않았기 때문에 시뮬레이션이나 게임에서 유용하게 사용할 수 있는 난수가 들어 있다고 가정하지 말기 바란다. 이 숫자들은 통계적 이상 징후를 가지고 있어 무작위 표본 추출 시 빈약한 데이터를 만든다.

```
numpy.empty(shape, dtype='float', order='C')
```

유일한 필수 인수인 shape 인수는 정수이거나 튜플이다. 앞 예시에서는 1차원 배열이 생성되었다. 튜플은 더 높은 차원의 배열을 지정한다. 가령 (3, 3)은 2차원인 3×3 배열을 지정한다.

dtype 인수는 각 항목의 데이터 타입을 정한다. 기본값으로 'float'가 설정된다(dtype 설정을 나열한 표 12-2를 참고한다).

order 인수는 배열이 열-우선 혹은 행-우선 순서로 저장되는 것을 지정한다. 'C'(C처럼 행-우선 순서) 혹은 'F'(포트란처럼 열 우선 순서)를 설정할 수 있으며, C가 기본값이다.

다음 예시는 16비트 signed 정수로 이루어진 2×2 배열을 생성한다.

```
import numpy as np
a = np.empty((2, 2), dtype='int16')
```

이 배열을 IDLE에서 (표준 표현식으로) 출력해 보자.

```
array([[0,    0],
       [0,   -3]], dtype=int16)
```

결과는 다를 수 있다. 데이터가 초기화되지 않았으며, 예측할 수 없기 때문이다.

다른 예시를 하나 더 살펴보자. 숫자가 무작위인 것처럼 보이더라도 이 '무작위성'에 기대지 말자. 초기화되지 않은 값은 '쓰레기'로 취급하자. 사용하지 말라는 의미다.

```
a = np.empty((3, 2), dtype='float32')
```

이 예시를 IDLE에서 실행해 보자.

```
array([[1.4012985e-45, 2.3509887e-38],
       [9.1835496e-41, 3.5873241e-43],
       [1.4012985e-45, 2.3509887e-38]], dtype=float32)
```

### 12.5.5 eye 함수

eye 함수는 numpy의 identity 함수와 비슷하다. 두 함수는 같은 종류의 배열을 생성한다. 특히 'identity' 배열은 [0,0], [1,1], [2,2], [3,3], … 식의 대각선 위치에 1을 채우고 나머지는 0으로 채운다. 이 함수는 2차원 배열만을 생성한다.

```
numpy.eye(N, M=None, [k,] dtype='float', order='C')
```

N, M 인수는 각각 행과 열의 구체적인 숫자를 지정한다. M을 명시하지 않거나 None으로 설정하면 자동으로 N과 같은 값으로 설정된다.

k 인수는 선택 사항이며, 대각선을 이동하는 데 사용할 수 있다. 기본값은 0이며, 주 대각선을 이용한다(다음 예시 참고). 양수로 설정하면 대각선을 위로 이동시키며, 음수로 설정하면 대각선을 아래로 이동시킨다.

dtype 인수는 각 항목의 데이터 타입을 결정한다. 기본값은 'float'다. 표 12-2의 설정 리스트를 참고하자.

order 인수는 배열이 열-우선 혹은 행-우선 순서로 저장되는 것을 지정한다. 'C'(C 언어처럼 행-우선 순서) 혹은 'F'(포트란처럼 열 우선 순서)를 설정할 수 있으며, C가 기본값이다.

예시를 살펴보자.

```
a = np.eye(4, dtype='int')
```

이 배열을 IDLE에서 출력해 보자.

```
array([[1, 0, 0, 0],
       [0, 1, 0, 0],
       [0, 0, 1, 0],
       [0, 0, 0, 1]])
```

또한, dtype 기본값인 'float'를 사용하여 $4 \times 4$ 대신 $6 \times 6$처럼 더 큰 부동소수점 버전의 배열을 만들 수 있다.

```
a = np.eye(6)
```

IDLE에서 출력되는 결과는 다음과 같다.

```
array([[1., 0., 0., 0., 0., 0.],
       [0., 1., 0., 0., 0., 0.],
       [0., 0., 1., 0., 0., 0.],
       [0., 0., 0., 1., 0., 0.],
       [0., 0., 0., 0., 1., 0.],
       [0., 0., 0., 0., 0., 1.]])
```

이와 같은 배열은 여러 가지 용도가 있지만, 기본적으로 R = C와 같이 동일한 좌표의 쌍으로 구성된 배열을 가지고 특별한 작업을 수행할 때 크기가 큰 배열 대상으로 배치 처리할 수 있는 방법을 제공한다.

## 12.5.6 ones 함수

ones 함수는 배열의 모든 항목을 1로 초기화한 배열을 생성한다. 배열의 데이터 타입에 따라 각 항목을 정수 1, 부동소수점 1.0 혹은 불리언 값 True로 초기화할 수 있다.

```
numpy.ones(shape, dtype='float', order='C')
```

이 인수들은 empty 함수에서 설명한 인수들과 동일하다. 간략하게 살펴보자. shape는 정수(1차원 배열의 길이)이거나 N차원을 지정하는 튜플이다. dtype은 표 12-2에서 나열한 값 중 하나다. order 인수는 'C'(C처럼 행-우선 순서) 혹은 'F'(포트란처럼 열-우선 순서)로 설정된다.

다음 예시는 기본값 float 타입으로 3×3의 2차원 배열을 생성한다.

```
>>> import numpy as np
>>> a = np.ones((3,3))
>>> a
array([[1., 1., 1.],
       [1., 1., 1.],
       [1., 1., 1.]])
```

다른 예시를 살펴보자. 이번에는 정수로 구성된 2×2×3 배열을 생성한다.

```
>>> a = np.ones((2, 2, 3), dtype=np.int16)
>>> a
array([[[1, 1, 1],
        [1, 1, 1]],

       [[1, 1, 1],
        [1, 1, 1]]], dtype=int16)
```

마지막으로 불리언으로 구성된 1차원 배열이다. 모든 1이 불리언 값 True인 것에 주목하자.

```
>>> a = np.ones(6, dtype=np.bool)
>>> a
array([ True, True, True, True, True, True])
```

이 마지막 배열(모두 True 값으로 설정된 불리언 배열)은 에라토스테네스의 체(Sieve of Eratosthenes)를 사용하여 소수를 생성할 때 유용하게 사용될 것이다.[5]

---

5  역주 수학에서 '에라토스테네스의 체'는 소수를 찾는 방법이다. 고대 그리스 수학자 에라토스테네스가 발견했다.

## 12.5.7 zeros 함수

zeros 함수는 배열의 모든 항목을 0으로 초기화한 배열을 생성한다. 배열의 데이터 타입에 따라 각 항목을 정수 0, 부동소수점 0.0 혹은 불리언 값 False로 초기화할 수 있다.

```
numpy.zeros(shape, dtype='float', order='C')
```

이 인수들은 empty 함수에서 소개한 일반적인 배열-생성 인수들이다. 간략하게 살펴보자. shape 는 정수(1차원 배열의 길이)이거나 N차원을 지정하는 튜플이다. dtype은 표 12-2에서 나열한 값 중 하나다. order 인수는 'C'(C처럼 행-우선 순서) 혹은 'F'(포트란처럼 열-우선 순서)로 설정된다.

> Note ☰  이 함수를 호출할 때 오타가 나지 않도록 주의해야 한다. 영어로 'zeros'는 'zeroes'로도 쓸 수 있기 때문이다. 짧은 철자인 zeros만 사용한다는 것을 기억하자. 영어 철자는 영어 원어민이더라도 절대로 숙달할 수 없다!

다음 예시는 기본값인 float 타입을 사용하여 3×3의 2차원 배열을 생성한다.

```
>>> import numpy as np
>>> a = np.zeros((3,3))
>>> a
array([[0., 0., 0.],
       [0., 0., 0.],
       [0., 0., 0.]])
```

이번에는 정수로 구성된 2×2×3 배열을 만드는 다른 예시를 살펴보자.

```
>>> a = np.zeros((2, 2, 3), dtype=np.int16)
>>> a
array([[[0, 0, 0],
        [0, 0, 0]],

       [[0, 0, 0],
        [0, 0, 0]]], dtype=int16)
```

마지막으로 불리언으로 구성된 1차원 배열이다. 모든 0이 불리언 값 False인 것에 주목하자.

```
>>> a = np.zeros(5, dtype=np.bool)
>>> a
array([False, False, False, False, False])
```

## 12.5.8 full 함수

full 함수는 앞서 살펴본 empty, ones, zeros 함수와 같은 인수를 사용하여 numpy 배열을 생성하지만, 이 함수들과 달리 각각의 항목에 값을 대입하기 위한 인수가 하나 추가된다.

```
numpy.full(shape, fill_value, dtype=None, order='C')
```

shape는 정수(1차원 배열의 길이)이거나 N차원을 지정하는 튜플이다. dtype은 표 12-2에서 나열한 값 중 하나다. order 인수는 'C'(C처럼 행-우선 순서) 혹은 'F'(포트란처럼 열-우선 순서)로 설정된다.

dtype 인수를 생략하거나 None으로 설정하면 이 함수의 필수 인수인 fill_value의 데이터 타입이 설정된다.

다음 예시는 각 항목을 3.14로 설정한 2×2 배열을 생성한다.

```
>>> import numpy as np
>>> a = np.full((2, 2), 3.14)
>>> a
array([[3.14, 3.14],
       [3.14, 3.14]])
```

다른 예시를 살펴보자. 이번에는 정수인 항목 8개를 100으로 설정한 배열을 생성한다.

```
>>> a = np.full(8, 100)
>>> a
array([100, 100, 100, 100, 100, 100, 100, 100])
```

마지막 예시는 고정된 최대 크기를 넘지 않는 문자열로 구성된 numpy 배열을 생성한다.

```
>>> a = np.full(5,'ken')
>>> a
array(['ken', 'ken', 'ken', 'ken', 'ken'], dtype='<U3')
```

크기가 3인 문자열과 함께 배열을 생성하면 각 문자열은 사실상 최대 크기를 갖게 된다. 배열 항목에 더 긴 문자열을 대입할 수 있지만 잘려 나간다.

```
a[0] = 'tommy'          # 가능하지만 'tom'이 대입된다.
```

## 12.5.9 copy 함수

numpy.copy 함수는 기존 배열의 모든 항목을 복사한다. 데이터는 복사 대상 항목에 접근할 수 있는 참조를 저장하는 대신, 순차적으로 해당 값이 저장되기 때문에 numpy 배열의 깊은 복사(deep copying)와 얕은 복사(shallow copying)는 일반적으로 문제가 되지 않는다.[6]

간단한 예시로도 충분히 확인 가능하다. a_arr 배열을 가지고 있다 가정하고, b_arr로 전체 값을 완전히 복사한다고 해 보자.

```
import numpy as np
b_arr = np.copy(a_arr)
```

## 12.5.10 fromfunction 함수

numpy.fromfunction 함수는 배열을 생성하는 가장 강력한 방법이며, 다음 절에서 이 함수를 사용하여 곱셈표를 만들 것이다. fromfunction은 대상 배열의 색인을 인수로 사용하는 다른 함수를 사용하여 배열을 생성하고 초기화할 수 있다.

```
numpy.fromfunction(func, shape, dtype='float')
```

shape는 다른 함수들과 마찬가지로 정수 혹은 정수로 구성된 튜플이다. 이 튜플의 길이는 배열의 랭크(rank(차원의 숫자))를 결정하며, 콜러블(callable)인 func에 필요한 인수의 숫자를 결정한다.

shape는 반드시 스칼라 값이 아닌 튜플을 사용해야 하는 규칙이 있기 때문에 1차원 데이터 세트를 생성하기 위해서는 (,5)와 같은 튜플 표현식을 사용해야 한다.

간단한 예시를 살펴보자. 5개의 자연수로 구성된 1차원 배열을 만든다고 해 보자. 물론 arange를 사용할 수도 있지만, fromfunction은 다른 방식을 제공한다. 바로 콜러블을 사용하는 방식이다.

```
import numpy as np

def simple(n):
    return n + 1
```

---

6  **역주** 여기에서 언급한 문제는 참조를 복사하면, 2개의 배열 중 하나의 배열만 수정하더라도 다른 배열까지 변경이 되어 버리는 것을 의미한다.

```
a = np.fromfunction(simple, (5,), dtype='int32')
```

결과 배열은 IDLE에서 다음과 같이 출력된다.

```
array([1, 2, 3, 4, 5], dtype=int32)
```

람다 함수로 표현하는 것이 더 좋을 수도 있다(람다 관련 추가 정보를 확인하려면 3장을 살펴보자).

```
a = np.fromfunction(lambda n:n+1, (5,), dtype='int32')
```

보통 일반적으로 사용되는 배열은 1차원보다 더 많은 차원을 갖는다. 다음 예시는 두 색인의 합계를 각 항목으로 초기화한 2차원 배열을 생성한다.

```
def add_it(r, c):
    return r + c

a = np.fromfunction(add_it, (3, 3), dtype='int32')
```

이 코드도 람다로 표현할 수 있다.

```
a = np.fromfunction(lambda r, c: r+c, (3, 3), dtype='int')
```

두 경우 모두 결과 배열은 IDLE에서 다음과 같은 표현식으로 출력된다.

```
array([[0, 1, 2],
       [1, 2, 3],
       [2, 3, 4]])
```

이 절을 시작할 때 fromfunction은 각 항목에 값을 설정하는 함수가 호출되며, 인수로는 해당 항목 위치의 색인(들)이라고 했었다.

fromfunction이 실제로 하는 작업은 전체 숫자들을 나열한 1차원(혹은 축(axis))인 배열 혹은 배열들을 생성하는 것이다.

```
[0 1 2 3 4 5]
```

이 배열은 각 항목이 색인과 동일한 항등(identity) 배열이다.

앞 예시에서 사용한 2차원의 3×3 배열을 fromfunction으로 만들면 2개의 각 축을 위한 배열 2개를 생성한다.

```
[[0 0 0],
 [1 1 1],
 [2 2 2]]

[[0 1 2],
 [0 1 2],
 [0 1 2]]
```

이 결과는 해당 축과 일치하는 항등 배열이 된다. 첫 번째 배열은 각 항목이 행 색인과 동일하며, 두 번째 배열은 각 항목이 열 색인과 같다.

fromfunction의 구현은 배열 위에서 동작한다. 그 결과로 콜러블 인수(호출되는 다른 함수)는 한 번만 실행된다! 하지만 하나 혹은 여러 배열을 대상으로 (각 차원에 한 번씩) 실행되기 때문에 배치 처리도 가능해진다.

fromfunction을 설계된 방식이 의도한 대로 사용하면 제대로 동작할 것이다. 그러나 잘못 사용하면 이상한 결과가 나올 수 있다. 3×3 배열을 생성해야 하는 다음 코드를 살펴보자.

```
a = np.fromfunction(lambda r, c: 1, (3, 3), dtype='int')
```

아마도 각 항목이 1로 설정된 3×3 배열이 결과로 나오리라 예측했을 것이다. 하지만 이 함수는 스칼라 값 1을 반환한다(코드를 실행하면 확인할 수 있다).

## 12.6 예시: 곱셈표 만들기

1에서 10까지의 숫자를 담은 고전적 곱셈표를 만들려고 한다고 가정해 보자. 이를 달성하기 위해 numpy를 사용하는 방법은 여러 가지가 있다. 예를 들어 빈 배열을 만들고 항목에 값을 대입할 수 있을 것이다.

numpy로 비슷한 작업을 해 보자. 예를 들어 전체 항목을 0으로 초기화한 배열을 생성한 후 중첩된 루프를 작성하여 각 항목에 R * C를 대입하는 것이다(실제로 (R + 1) * (C + 1)이 된다).

지금까지 살펴본 가장 효율적인 방식은 루프를 전혀 쓰지 않고, fromfunction을 사용하여 값을 생성하는 함수를 호출하는 배열을 만드는 것이다. 이것이 바로 numpy 철학이다. 가능한 한 패키지가 모든 작업을 배치로 한 번에 수행하도록 하자. 비교적 적은 루프를 사용해야 한다.

그럼 다음 코드에서 이 예시를 확인해 보자.

```
import numpy as np

def multy(r, c):
    return (r + 1) * (c + 1)

a = np.fromfunction(multy, (10, 10), dtype=np.int16)
```

이 코드는 람다 함수를 사용하여 더욱 간략하게 작성할 수 있다(람다는 3장에서 소개했다).

```
a = np.fromfunction(lambda r, c: (r+1) * (c+1), (10, 10), dtype=np.int16)
```

결과 a를 출력해 보면 멋지게 생긴 곱셈표가 출력된다.

```
>>> print(a)
[[  1   2   3   4   5   6   7   8   9  10]
 [  2   4   6   8  10  12  14  16  18  20]
 [  3   6   9  12  15  18  21  24  27  30]
 [  4   8  12  16  20  24  28  32  36  40]
 [  5  10  15  20  25  30  35  40  45  50]
 [  6  12  18  24  30  36  42  48  54  60]
 [  7  14  21  28  35  42  49  56  63  70]
 [  8  16  24  32  40  48  56  64  72  80]
 [  9  18  27  36  45  54  63  72  81  90]
 [ 10  20  30  40  50  60  70  80  90 100]]
```

대괄호 기호를 제거하면 출력 모양을 개선할 수 있다. 문자열로 변환한 후 str 클래스의 replace 메서드를 사용하면 비교적 쉽게 수행할 수 있다.

```
s = str(a)
s = s.replace('[', '')
s = s.replace(']', '')
s = ' ' + s
```

4장에서 언급했듯이 모든 문자의 인스턴스를 제거하는 편리한 방법은 특정 문자를 빈 문자로 교체하는 것이다. 이 예시는 replace 메서드를 호출하여 대괄호 기호를 제거한다. 마지막으로 2개의 좌측 대괄호 기호를 대체하기 위해 빈칸이 추가되었다. 이제 이 문자열은 다음과 같이 출력된다.

```
>>> print(s)
   1   2   3   4   5   6   7   8   9  10
   2   4   6   8  10  12  14  16  18  20
```

```
 3   6   9  12  15  18  21  24  27  30
 4   8  12  16  20  24  28  32  36  40
 5  10  15  20  25  30  35  40  45  50
 6  12  18  24  30  36  42  48  54  60
 7  14  21  28  35  42  49  56  63  70
 8  16  24  32  40  48  56  64  72  80
 9  18  27  36  45  54  63  72  81  90
10  20  30  40  50  60  70  80  90 100
```

# 12.7 numpy 배열의 배치 연산

전체 배열이나 슬라이싱으로 생성된 배열 일부에서 대규모 작업이나 일괄 배치 작업을 수행할 때 numpy 배열의 실제 능력과 처리 속도는 도드라진다. 이렇게 하면 선택한 행과 열 또는 교차점에서 작업할 수 있다.

일단 numpy 배열을 만들면 스칼라 값과 결합하여 얼마든지 산술 연산을 할 수 있다. 표 12-3에는 여러분이 할 수 있는 연산들이 나열되어 있다. 이 표는 완전한 목록과는 거리가 멀다. 이 표에서 A는 numpy 배열이고, n은 단일 정수나 부동소수점 숫자와 같은 스칼라 값이다.

▼ 표 12-3 numpy 배열의 스칼라 연산 일부

| 연산 | 결과 |
| --- | --- |
| A + n | A 배열의 모든 항목에 n을 더한다. |
| A - n | A 배열의 모든 항목에 n을 뺀다. |
| A * n | A 배열의 모든 항목에 n을 곱한다. |
| n ** A | A 배열의 모든 항목에 n 제곱하여 신규 배열을 생성한다. |
| A ** n | A 배열의 모든 항목에 n 제곱을 한다. |
| A / n | A 배열의 모든 항목에 n을 나눈다. |
| A // n | A 배열의 모든 항목에 n을 나눈 몫을 남긴다(ground division). |

이 각각의 연산은 일반적인 파이썬 연산과 마찬가지로 대입 연산자를 제공한다. 예를 들어 my_array라는 numpy 배열의 각 항목을 2배로 늘리려면 다음과 같이 작성하면 된다.

```
my_array *= 2          # my_array의 각 항목을 2배로 만든다.
```

간단하면서도 매우 강력한 버전의 numpy 배치 연산은 같은 구조(차원 수가 같고, 각 차원의 크기가 같음)의 두 numpy 배열을 연산 처리하는 것이다. 표 12-4는 이런 연산 종류를 보여 준다.

▼ 표 12-4 배열 간(array-to-array) 연산 일부

| 연산 | 결과 |
| --- | --- |
| A + B | 서로 같은 위치에 있는 A 항목에 B 항목을 더한 배열을 생성한다. |
| A - B | 서로 같은 위치에 있는 A 항목에 B 항목을 뺀 배열을 생성한다. |
| A * B | 서로 같은 위치에 있는 A 항목에 B 항목을 곱한 배열을 생성한다. |
| A ** B | 서로 같은 위치에 있는 A 항목에 B 항목을 제곱한 배열을 생성한다. |
| A / B | 서로 같은 위치에 있는 A 항목에 B 항목을 나눈 배열을 생성한다. |
| A // B | 서로 같은 위치에 있는 A 항목에 B 항목을 나눈 몫으로 구성된 배열을 생성한다. |

예시를 위해 간단한 $4 \times 4$ 배열을 준비해 보자.

```
import numpy as np

A = np.array([[0, 1, 2, 3], [4, 5, 6, 7], [8, 9, 10, 11], [12, 13, 14, 15]])
print(A)
```

A를 출력하면 멋진 결과를 보여 준다.

```
[[ 0  1  2  3]
 [ 4  5  6  7]
 [ 8  9 10 11]
 [12 13 14 15]]
```

익숙한 패턴이다. 모든 데이터를 직접 입력하지 않고도 이런 배열을 생성할 수 있는 방법이 있을까? 물론이다. 적어도 두 가지 방법이 존재한다! 가장 간단한 방법은 1부터 15까지의 숫자를 생성하여 단순한 배열을 만든 후, numpy reshape 함수를 사용하여 동일한 항목을 가진 $4 \times 4$ 배열로 재배열하는 것이다.

```
A = np.arange(16).reshape((4,4))
```

또 다른 방법은 (조금 장황하기는 하지만) fromfunction을 사용하는 것이다. 두 방법 모두, 동일한 패턴을 $200 \times 100$ 혹은 심지어 $1,000 \times 3,000$과 같이 훨씬 더 큰 배열에 적용하는 데 사용할 수 있다.

4×4 배열을 생성하는 경우 fromfunction 함수는 다음과 같이 호출될 것이다.

```
A = np.fromfunction(lambda r, c: r*4 + c, (4, 4))
```

또한, 같은 구조와 크기를 갖는 B 배열이 있다고 가정해 보자.

```
B = np.eye(4, dtype='int16')
print(B)
```

이 코드는 다음 결과를 출력한다.

```
[[ 1 0 0 0]
 [ 0 1 0 0]
 [ 0 0 1 0]
 [ 0 0 0 1]]
```

이제 흥미로운 부분이 시작된다. 가령 A의 모든 항목을 10배로 한 신규 배열을 생성할 수 있다. IDLE에서 작성한 코드를 살펴보자.

```
>>> C = A * 10
>>> print(C)
[[  0.  10.  20.  30.]
 [ 40.  50.  60.  70.]
 [ 80.  90. 100. 110.]
 [120. 130. 140. 150.]]
```

변수 C는 A의 모든 항목에 10을 곱한 배열을 참조하고 있다. 또한, A에 있는 모든 원소의 제곱을 포함하는 배열도 만들 수 있다. A에 A를 곱하면 각 항목의 제곱으로 구성된 배열을 만들 수 있다.

```
>>> C = A * A
>>> print(C)
[[  0.   1.   4.   9.]
 [ 16.  25.  36.  49.]
 [ 64.  81. 100. 121.]
 [144. 169. 196. 225.]]
```

numpy 배열이 직사각형이나 정사각형 모양을 갖출 필요가 없다는 것을 기억하기 바란다. 언제든지 배열의 구조는 변경될 수 있다. 가령 다음과 같이 4×4 배열을 2×8 배열로 변경할 수 있다.

```
>>> print(C.reshape((2,8)))
[[  1.   4.   9.  16.  25.  36.  49.  64.]
 [ 81. 100. 121. 144. 169. 196. 225. 256.]]
```

A를 메모리 속에서 변경하고 싶다면 대입 연산 *=를 사용하면 된다. 배열은 가변적이기 때문에 값이 바로 변경된다.

```
>>> A *= A
```

마지막으로 이 코드(A *= A)는 A 스스로 A의 모든 항목을 각각 제곱한다고 가정한다. 다음 연산은 A를 B로 곱한다. B가 항등 (eye 혹은 identity) 배열이라면 어떤 결과가 될까?

```
>>> C = A * B
>>> print(C)
[[  0.   0.   0.   0.]
 [  0.  25.   0.   0.]
 [  0.   0. 100.   0.]
 [  0.   0.   0. 225.]]
```

다시 말하지만 결과는 항목 간 곱셈(member-by-member multiplication)이 된다.

# 12.8 / numpy 슬라이스 정렬하기

1차원 numpy 배열은 파이썬 리스트와 마찬가지로 슬라이싱(slicing)할 수 있다. 다차원 배열은 다음 절에서 다룰 것이다.

주어진 numpy 배열을 파이썬 리스트와 같이 분리하여 출력할 수 있다. 다음 예시를 살펴보자.

```
>>> A = np.arange(1, 11)
>>> print(A)
[ 1 2 3 4 5 6 7 8 9 10]
>>> print(A[2:5])
[3 4 5]
```

numpy 자르기(slice)의 흥미로운 점 한 가지는 스칼라 값을 대입하는 것이다. 다음 코드의 실행 결과는 분리한 부분 배열에 같은 값을 대입한다.

```
>>> A[2:5] = 0
>>> print(A)
[ 1 2 0 0 0 6 7 8 9 10]
```

더 많은 작업을 할 수도 있다. 부분 배열의 연산 처리는 전체 배열에 할 수 있는 것과 동일하게 수행이 가능하다. 대입 연산자를 사용하면 메모리 속에 있는 값이 바로 변경된다. 가령 다음과 같이 3개의 항목에 0을 설정하는 대신 100을 더할 수도 있다.

```
>>> A[2:5] += 100
>>> print(A)
[  1  2 103 104 105  6  7  8  9 10]
```

표준 연산을 사용하여 배열을 합치려면 두 배열의 크기가 반드시 같아야 한다는 것을 잊지 말자. 이 규칙은 부분 배열에도 적용된다. 가령 다음 코드는 배열의 구조가 일치하기 때문에 잘 동작한다.

```
A[2:5] *= [100, 200, 300]
```

이 코드는 A의 3, 4, 5번째 항목에 100, 200, 300을 각각 곱한다. 이 연산 처리의 결과는 다음과 같다(A의 본래 값에 적용한다고 가정한다).

```
[  1  2 300 800 1500  6  7  8  9 10]
```

자, 실제 문제에 이 기능을 사용하려면 어떻게 해야 할까? 전통적인 성능 비교 테스트로 큰 그룹의 소수 숫자를 만들어 내는 효율적인 방법을 제시하는 에라토스테네스의 체로 알려진 알고리즘에 적용하는 것이다.

0에서 50 사이의 숫자부터 시작하자. (나중에 일반화할) 테스트 절차는 소수점 이하 숫자를 모두 제거한 후 남은 숫자를 출력하는 것이다. 우선 다음 코드에 테스트를 시작하는 배열이 있다.

```
>>> A = np.arange(51)
>>> print(A)
[ 0  1  2  3  4  5  6  7  8  9 10 11 12 13 14 15 16 17 18 19 20 21 22 23
 24 25 26 27 28 29 30 31 32 33 34 35 36 37 38 39 40 41 42 43 44 45 46 47
 48 49 50]
```

소수만이 아닌 모든 숫자를 0으로 만들고 싶다고 해 보자.

- A[1]은 0이다. 1은 소수가 아니기 때문이다.
- 2의 제곱부터 시작하는 2의 배수는 모두 0이다.
- 3의 제곱부터 시작하는 3의 배수는 모두 0이다.
- 5와 7에도 같은 절차를 반복한다.

다음 코드는 앞 2단계를 처리한다.

```
>>> A[1] = 0
>>> A[2 * 2::2] = 0
>>> print(A)
[ 0  0  2  3  0  5  0  7  0  9  0 11  0 13  0 15  0 17  0 19  0 21  0 23
  0 25  0 27  0 29  0 31  0 33  0 35  0 37  0 39  0 41  0 43  0 45  0 47
  0 49  0]
```

A[2 * 2::2]는 2의 제곱인 4부터 배열의 끝까지(중간 인수가 비어 있기 때문) 잘라 내겠다는 의미다. 그리고 나서 한 번에 2개의 항목씩 배열을 순회한다. 부분 배열의 모든 항목은 0으로 설정된다.

이 특정 예시에서 각 항목의 값은 해당 항목의 색인과 같은 0에서 50 사이의 숫자라는 것을 기억하자. 가령 숫자 8을 0으로 설정하려면 A[8]을 0으로 설정하면 된다. 이 방식이 프로그램을 단순하게 유지한다.

결과를 확인해 보니 A[1]은 0이 되었고, 2를 제외한 짝수 숫자가 모두 0으로 바뀌었다. 같은 작업을 3의 배수에도 수행할 수 있다.

```
>>> A[3 * 3::3] = 0
[ 0  0  2  3  0  5  0  7  0  0  0 11  0 13  0  0  0 17  0 19  0  0  0 23
  0 25  0  0  0 29  0 31  0  0  0 35  0 37  0  0  0 41  0 43  0  0  0 47
  0 49  0]
```

5와 7의 배수에도 같은 작업을 수행하고 나면 최종적으로 모든 값이 0이거나 소수인 배열을 얻을 수 있게 된다.

```
[ 0  0  2  3  0  5  0  7  0  0  0 11  0 13  0  0  0 17  0 19  0  0  0 23
  0  0  0  0  0 29  0 31  0  0  0  0  0 37  0  0  0 41  0 43  0  0  0 47
  0  0  0]
```

자, 어떻게 0이 아닌 값을 출력할 수 있을까? 물론 루프를 사용하여 배열을 순회하면서 0이 아닌 값을 출력하거나 리스트에 담을 수 있을 것이다. 예시를 살펴보자.

```
my_prime_list = [i for i in A if i > 0]
```

나쁘지 않다. 하지만 numpy는 더욱 효율적이고 간략한 방법을 제공한다! 조건을 명시하는 것만으로도 불리언 배열을 생성할 수 있다.

```
A > 0
```

12.10절에서 자세히 살펴볼 불리언 배열은 인덱싱(indexing) 작업을 통해서만 배열 A 자체에 마스크(mask)로 적용할 수 있다. 이 경우 A의 각 항목이 0보다 크다는 조건을 만족시키는 새로운 배열을 생성하는 효과를 가져온다.

앞서 A 배열에서 소수가 아닌 모든 숫자를 0으로 설정했기 때문에 A에 남아 있는 0이 아닌 값을 가져오면 소수 숫자만 얻는 결과를 가져온다.

```
>>> P = A[A > 0]
>>> print(P)
[ 2  3  5  7 11 13 17 19 23 29 31 37 41 43 47]
```

이제 우리는 50 이하의 모든 소수를 갖게 되었다.

# 12.9 / 다차원 슬라이싱

numpy 배열은 훨씬 강력한 슬라이싱(slicing) 기능을 제공한다. 슬라이싱 대상 배열 안의 특정 차원 슬라이스를 가져올 수 있다. 2차원 배열의 1차원 슬라이스를 확인해 보는 것부터 시작해 보자. 친숙한 4×4 배열로 시작해 보자.

```
>>> A = np.arange(1,17).reshape((4,4))
>>> print(A)
[[ 1  2  3  4]
 [ 5  6  7  8]
 [ 9 10 11 12]
 [13 14 15 16]]
```

중간에 위치한 2개의 항목인 1, 2를 슬라이싱하면 어떻게 될까?

```
>>> print(A[1:3])
[[ 5  6  7  8]
 [ 9 10 11 12]]
```

명확하게 중간의 열 2개를 생성하고 있다. 자, 그럼 2개의 행을 얻으려면 어떻게 할까? 실제로 그리 어렵지 않다.

```
>>> A[:, 1:3]
array([[ 2,  3],
       [ 6,  7],
       [10, 11],
       [14, 15]])
```

배열 표현식을 다시 한 번 살펴보자.

```
A[:, 1:3]
```

쉼표 기호 앞의 콜론 기호는 "이 차원의 모든 항목을 선택하라."라는 의미이며, 이 경우에는 열 차원을 의미한다. 1:3 표현식은 색인 1(두 번째 행)로 시작하고, 색인 3(네 번째 행)보다 작은 모든 행을 선택하라는 의미다. 따라서 이 표현식은 "모든 열을 선택하면서 행 색인 1부터 행 색인 3보다 작은 행(두 번째, 세 번째 행)을 포함하라."를 의미하게 된다.

N차원 배열의 인덱싱과 슬라이싱의 일반적인 문법은 다음과 같다.

```
배열_이름[ i1, i2, i3,... iN ]
```

이 문법에서 i1에서 iN까지의 각 인수들은 스칼라 값(범위 내 색인이어야 함)이거나 슬라이스일 수 있다. 최대 N개의 인수를 사용할 수 있으며, 여기에서 N은 배열의 차원(랭크) 수다. 스칼라 값을 사용할 때마다 결과로 나오는 배열의 차원 수는 하나 줄어든다.

따라서 2차원 배열을 A[2, 1:4]로 자르면 결과적으로 1차원 배열이 생성된다. A[2:3, 1:4]로 슬라이싱하면 동일한 항목을 얻을 수 있지만, 비어 있지 않은 하나의 행을 갖는 2차원 배열이 된다(이 문제는 배열 간의 연산 대부분을 처리하려면 배열의 크기와 차원 수가 동일해야 하기 때문에 중요하다).

문법의 i 값을 생략할 수도 있다. 콜론 기호(:)와 같이 값을 생략하면 "이 차원의 모든 항목을 선택하라."라는 의미다. N개의 인수보다 적은 개수의 인수를 설정하면 (M이 인수의 개수일 때) M차원의 첫 번째 차원에 값이 대입되며, 마지막 N-M 차원은 기본값으로 콜론 기호가 된다고 가정한다.

표 12-5는 예시들을 나열했다. 이 표에서 A는 2차원 배열이며 A3D는 3차원 배열이다.

| 예시 | 설명 |
| --- | --- |
| A[3] | 네 번째 전체 열을 1차원 배열로 반환 |
| A[3,:] | 위와 동일 |
| A[3,] | 위와 동일 |
| A[:,2] | 세 번째 전체 행을 1차원 배열로 반환 |
| A[::2,2] | 세 번째 행의 홀수 열 가져오기 |
| A[1:3,1:3] | 두 번째와 세 번째 행의 두 번째와 세 번째 열의 교차 항목을 2차원 배열로 반환 |
| A3D[2,2] | 세 번째 평면(세 번째 차원의 평면)의 세 번째 열을 1차원 배열로 반환. 해당 열의 모든 컬럼이 선택된다. |
| A3D[2, 2, :] | 위와 동일 |
| A3D[:, 1:3, 2] | 두 번째 행과 세 번째 행에서 모든 평면과 교차하는 세 번째 열을 포함하는 2차원 배열 반환 |
| A3D[::2, 1:3, 2] | 위와 동일, 하지만 모든 평면 대신 홀수 평면만 가져온다. |
| A3D[0, 0, 1] | 첫 번째 평면의 첫 번째 열의 두 번째 컬럼의 단일 항목 |

조금 더 실질적인 예시를 살펴보자. 여러분이 삶의 게임(Game of Life)이라고 불리는 컴퓨터 시뮬레이션 프로그램을 작성한다고 가정해 보자. 'grid'를 의미하는 G로 numpy 배열을 다음과 같이 선언해 보자. 명확하게 하기 위해 1은 굵은 글씨로 처리했다.

```
>>> G = np.zeros((6, 6))
>>> G[1:4, 2] = 1
>>> print(G)
[[0 0 0 0 0 0]
 [0 0 1 0 0 0]
 [0 0 1 0 0 0]
 [0 0 1 0 0 0]
 [0 0 0 0 0 0]
 [0 0 0 0 0 0]]
```

1은 살아 있는 셀이며, 0은 죽은 셀이다. 여러분은 G[2, 2]와 같이 특정 셀을 둘러싸고 있는 살아 있는 이웃 셀의 숫자를 얻고 싶을 수 있다. 이를 달성하기 위한 가장 빠른 방법은 세 번째 행을 포함한 위아래 행과, 세 번째 열을 포함한 왼쪽/오른쪽 열을 교차하는 2차원 슬라이스를 얻는 것이다.

```
>>> print(G[1:4, 1:4])
[[0 1 0]
```

```
[0 1 0]
[0 1 0]]
```

색인 숫자가 1과 3이 아닌 1과 4가 사용되었다는 것을 기억하자. 왜냐하면 슬라이스 표현식은 항상 시작 값을 포함하지만[7] 끝 값은 포함하지 않기[8] 때문이다.

이 코드는 셀 자체를 포함하지 않고 G[2, 2]에 인접한 모든 셀의 값을 더할 수 있는 멋진 교차-섹션(cross-section)을 만들어 준다. 따라서 이웃 집계를 얻으려면 이 교차-섹션의 모든 항목을 더한 후 특정 셀의 값을 빼면 된다.

```
neighbor_count = np.sum(G[1:4, 1:4]) - G[2, 2]
```

결과는 2다. 삶의 게임에서 이 값은 중간에 있는 셀이 '안정적'임을 나타내지만, 다음 세대에는 탄생도 죽음도 경험하지 못한다는 것을 의미한다.

SUPERCHARGED PYTHON

# 12.10 불리언 배열: numpy에 마스킹하기!

우리는 이미 마스크로 사용된 불리언 배열의 사용법을 살펴보았다. 12.8절의 마지막 부분에서 다음 표현식을 사용했었다.

```
A > 0
```

A가 numpy 배열이라고 가정하면 이 표현식은 "A의 각 항목은 A가 0보다 큰 경우 True를, 그렇지 않으면 False로 설정하라."라는 것을 의미한다. 결과 배열은 A와 같은 구조를 갖춘다.

예를 들어 다음과 같이 B 배열을 생성해 보자.

```
B = np.arange(1,10).reshape(3,3)
```

B를 출력한 결과는 다음과 같다.

---

7  역주 '~ 이상'의 의미다.
8  역주 '~ 미만'의 의미다.

```
[[1 2 3]
 [4 5 6]
 [7 8 9]]
```

이제 B > 4 조건을 적용해 보자.

```
B1 = B > 4
```

B1을 출력해 보면 다음과 같이 불리언 배열을 생성한다.

```
[[False False False]
 [False  True  True]
 [ True  True  True]]
```

B1은 B와 같은 구조를 갖추었지만, 각 항목은 정수 대신 True 혹은 False다. 일반적인 규칙은 다음과 같다.

 numpy 배열에 비교 연산자(==, < 혹은 >)가 적용될 때는 같은 구조의 불리언 배열을 반환한다.

이 배열을 사용하는 한 가지 방법은 4보다 크다는 조건을 만족하지 못하는 항목 모두에 0을 반영하고 나서, 두 배열(B와 B > 4)을 함께 곱하는 것이다.

```
>>> print(B * (B > 4))
[[0 0 0]
 [0 5 6]
 [7 8 9]]
```

불리언 배열과 작업을 할 때, 비교 연산자는 낮은 우선순위를 갖기 때문에 괄호를 사용하는 것이 무척 중요하다는 것을 기억하자.

한편 불리언 배열을 더 좋게 사용하는 방법은 마스크로 사용하여 True인 항목과 같은 위치에 있는 항목은 선택하고, False 항목과 같은 위치에 있는 항목은 선택하지 않는 것이다.

마스크로 불리언 배열을 사용하면 피연산자 배열의 구조와는 상관없이 1차원 배열을 생성한다.

```
배열_이름[bool_array]              # bool_array를 마스크로 사용하기
```

가령 7보다 큰 항목 모두를 선택하기 위해 마스크를 사용할 수도 있다. 결과는 8과 9를 지닌 1차원 배열이 될 것이다.

```
>>> print(B[B > 7])
[8 9]
```

조금 더 세밀한 예시를 보자. 3으로 나누어 나머지가 1인 항목 모두를 구하는 것이다. B에는 이 조건을 만족하는 3개의 항목이 있다. 1, 4, 7이다.

```
>>> print(B[B % 3 == 1])
[1 4 7]
```

만약 and 혹은 or 키워드를 사용한 복잡한 조건이 필요하면 불리언과 동작해야 함에도 불구하고 다소 어려워진다. 좋은 해결책은 비트(bitwise) 연산자(&, |)를 불리언 마스크에 적용하는 것이다. & 기호는 비트 AND 연산을 수행하며, | 기호는 비트 OR 연산을 수행한다.

물론 곱셈 기호(*)와 덧셈(+) 기호를 사용하여 같은 결과를 얻을 수 있다. 예를 들어 2보다 크고 7보다 작은 모든 항목으로 구성된 불리언 배열을 생성하려면 다음 코드를 사용하면 된다.

```
B2 = (B > 2) & (B < 7)          # "AND" 연산
```

구문을 하나씩 살펴보자.

- B는 정수로 구성된 2차원 배열이다.
- B > 2는 B와 같은 구조를 갖는 불리언 배열이다.
- B < 7 또한 B와 같은 구조를 갖는 또 다른 불리언 배열이다.
- 표현식 (B > 2) & (B < 7)는 바이너리 AND 연산자(&)를 사용하여 두 불리언 배열 간에 'and' 효과를 얻는다.
- 불리언 배열의 결과를 변수 B2에 대입한다. 이 배열은 True와 False로 구성되며, 피연산자인 두 배열 간에 불리언 연산을 처리한 결과를 나타낸다.

그런 다음 B 자체에 마스크로 적용하여 2보다 크고 7보다 작은 항목으로 구성된 1차원 배열을 결과로 얻을 수 있다.

```
>>> print(B[B2])
[3 4 5 6]
```

다음 예시에서는 비트 OR 연산자로 'or' 연산자가 적용된 불리언 배열을 만든다. 결과 불리언 배열을 B의 마스크로 적용하면, 최종 결과로 B의 항목 중에 1과 같거나 6보다 큰 항목들을 선택하게 된다.

```
>>> print(B[(B == 1) | (B > 6)])          # 'OR' 연산자
[1 7 8 9]
```

# 12.11 numpy와 에라토스테네스의 체

에라토스테네스의 체 예시로 돌아가서 numpy가 표준 파이썬 리스트를 사용한 코드와 얼마나 다른지 성능 비교 테스트를 해 보자.

알고리즘 목표는 N까지의 모든 소수점을 생산하는 것인데, 여기에서 N은 미리 선택한 숫자다. 다음 알고리즘을 살펴보자.

```
0부터 N까지의 색인을 갖는 1차원 불리언 배열 생성
False로 설정하는 맨 처음 두 항목을 제외한 나머지 모든 항목은 True로 설정
For I running from 2 to N:
    If array[I] is True,
        For J running from I*I to N, by steps of I:
            Set array[J] to False
```

이 의사 코드의 결과는 불리언 배열이다. 2보다 큰 각각의 색인 번호에 해당하는 항목을 True로 설정하고, 해당 색인 번호를 결과에 담는다.

다음 코드는 파이썬 함수로 이 알고리즘을 구현한 구체적인 방법이다.

```python
def sieve(n):
    b_list = [True] * (n + 1)
    for i in range(2, n+1):
        if b_list[i]:
            for j in range(i*i, n+1, i):
                b_list[j] = False
    primes = [i for i in range(2, n+1) if b_list[i]]
    return primes
```

numpy로 조금 더 잘할 수 없을까? 물론이다. 슬라이싱과 불리언 마스킹의 이점을 취하면 성능을 개선할 수 있다. 일반적인 알고리즘 흐름을 유지하면서 2부터 N-1까지 색인으로 구성된 불리언 배열을 사용한다.

```
import numpy as np

def np_sieve(n):
    # B 생성, 모든 항목을 True로 설정한다.
    B = np.ones(n + 1, dtype=np.bool)
    B[0:2] = False
    for i in range(2, n + 1):
        if B[i]:
            B[i*i: n+1: i] = False
    return np.arange(n + 1)[B]
```

그렇다면 어떤 방법이 알고리즘을 더 효율적으로 구현했을까? 함수는 여전히 배열을 순회하고 있으며, 각 항목이 True인지 한 번에 하나씩 비교하고 있다. 이는 불리언 배열에서 해당 항목이 아직 제거되지 않았기 때문에 색인 번호가 소수임을 나타낸다.

하지만 내부 루프는 슬라이스 내의 각 항목을 False로 설정하는 슬라이스 연산으로 대체되었다. 많은 항목이 있다고 가정해 보면 이 모든 연산을 루프보다 더욱 효율적인 배치 연산으로 처리할 수 있다.

```
B[i*i: n+1: i] = False
```

이 코드에서 사용한 또 다른 이점은 불리언 마스크가 최종 결과를 구하고 있다는 것이다. 0부터 n까지의 numpy 배열은 마스크 연산 처리 후 동일 범위 안의 소수 숫자만 지니게 될 것이다.

```
return np.arange(n + 1)[B]
```

이제 이 연산의 성능을 알고 싶을 것이다. time 패키지를 사용하면 어떤 방법이 더 빠른지 보여 줄 수 있게 설계된 성능 비교 테스트를 수행할 수 있다. 다음 코드는 밀리초 숫자를 보여 주는 줄을 추가했다. 추가된 줄은 굵은 글씨로 표기했다. 속도에만 관심이 있다면 100만까지의 모든 소수를 출력할 필요는 없기 때문에 return 문은 생략했다.

```
import numpy as np
import time

def np_sieve(n):
```

```
t1 = time.time() * 1000
B = np.ones(n + 1, dtype=np.bool)
B[0:2] = False
for i in range(2, n + 1):
    if B[i]:
        B[i*i: n+1: i] = False
P = np.arange(n + 1)[B]
t2 = time.time() * 1000
print('np_sieve took', t2-t1, 'milliseconds.')
```

numpy를 사용하지 않은 버전에도 성능 비교 테스트를 위해 유사한 타이밍 코드 줄을 추가할 수 있다.

성능 비교 테스트 결과에서 알 수 있듯이 상대적으로 적은 숫자의 경우 numpy 버전은 다른 버전 보다 오히려 더 많은 시간이 걸리며, 시간이 적게 걸리지 않는다. 하지만 N이 1,000보다 커지는 경우 np_sieve가 앞서기 시작한다. 일단 N이 1만 개 이상 커지면 numpy 버전은 다른 버전 실행 시간의 절반밖에 안 걸린다. 이것이 우리가 찾던 눈부신 결과는 아닐지 모르지만, 속도가 100% 빨라진 것이다. 나쁘지 않다.

이 절의 결과는 공정할까? 그렇다. 더 많은 리스트와 더 많은 리스트 조합을 사용하여 numpy 버전이 아닌 코드, sieve를 구현할 수도 있다. 한편 우리는 코드 향상을 위한 시도가 오히려 그 함수를 더 느리게 만든다는 것을 발견했다. 따라서 N의 크기가 큰 경우에만 numpy 버전이 더 빠르다는 것을 기억하자.

# 12.12 numpy 통계 구하기: 표준 편차

numpy가 뛰어난 분야 중 하나는 대용량 데이터 세트에 대한 통계를 얻는 것이다. 표준 파이썬 리스트를 사용하여 직접 작성한 코드로도 이 정보를 얻을 수 있지만, numpy 배열이 몇 배 더 빠르다.

표 12-6에는 numpy 배열에서 제공하는 분석 함수들이 나열되어 있다. 이 기능들은 각각 ndarray 클래스에 해당하는 메서드를 호출하여 작동하므로 함수 버전 또는 메서드 버전을 사용할 수 있다.

이 기능들은 일련의 중요한 인수들을 가지고 있는데, 나중에 다룰 것이다.

❤ 표 12-6 numpy 배열의 통계 함수

| 함수 | 반환값 |
|------|--------|
| min(A) | 데이터 세트에서 가장 작은 항목. 축 인수가 지정된 경우 각 차원의 가장 작은 항목을 반환하며, 이 표에 나열된 모든 함수에 같은 방식이 적용된다. |
| max(A) | 가장 큰 항목 |
| mean(A) | 항목의 합을 항목 개수로 나눈 산술 평균값. 각 축에 적용하면(다음 절에서 다룸), 해당하는 행이나 열을 모두 더한 후 항목 개수를 나누어서 값을 구한다. |
| median(A) | 그룹 안에서 해당 항목보다 값이 높은 개수와 낮은 개수가 동일한 중앙값 항목 |
| size(A) | 항목의 개수 |
| std(A) | 표준 편차, 분산의 전통적인 측정 방식 |
| sum(A) | 데이터 세트의 모든 항목을 더한 값, 혹은 특정 부분 세트의 모든 항목의 합계 |

먼저 이 함수들을 단순한 1차원 배열에 어떻게 적용하는지 살펴보자. 다음 절에서 살펴보겠지만 다차원 배열에 이 함수들을 적용하기 위한 많은 방법이 있다.

통계 함수의 성능 속도는 놀라울 정도다. 우선 연산 처리를 할 배열을 하나 만들자. numpy의 하위 패키지를 사용하여 무작위 숫자를 생성할 수 있다. numpy.random 함수인 rand를 사용하여 입력으로 받은 배열 구조와 동일한 배열을 생성한다. 각 항목은 0.0과 1.0 사이에 위치한 무작위 부동소수점이다.

```
import numpy as np
import numpy.random as ran
A = ran.rand(10)
```

A를 출력해 보면 무작위 부동소수점 값으로 구성된 배열 A를 확인할 수 있다.

```
[0.49353738 0.88551261 0.69064065 0.93626092
 0.17818198 0.16637079 0.55144244 0.16262533
 0.36946706 0.61859074]
```

numpy 패키지는 훨씬 큰 데이터 세트를 제어할 수 있으며, 다음과 같이 큰 배열도 효율적으로 제어할 수 있다. 하지만 기억하자. 길고도 긴 시간 동안 파이썬을 바쁘게 만들 생각이 아니라면 이 배열을 화면에 출력하지는 말자.

```
A = ran.rand(100000)
```

이 문장은 무작위 부동소수점 값 10만 개의 항목을 지닌 배열을 1초 만에 만든다. 더욱 놀라운 것은 통계 함수가 이 배열을 처리하는 속도다. 다음 IDLE 세션에서는 이 대용량 데이터 집합에 대한 통계를 얼마나 빨리 얻을 수 있는지 알 수 있다.

```
>>> import numpy as np
>>> import numpy.random as ran
>>> A = ran.random(100000)
>>> np.mean(A)
0.49940282901121
>>> np.sum(A)
49940.282901121005
>>> np.median(A)
0.5005147698475437
>>> np.std(A)
0.2889516828729947
```

이 코드를 직접 실행해 보면 심지어 표준 편차를 구하는 응답 시간이 찰나라는 것을 경험하게 될 것이다.

이 통계들 대부분은 의미가 간단하다. 확률 분포는 0.0에서 1.0까지의 균일한 분포이므로 평균이 0.5에 가까울 것으로 합리적으로 예상할 수 있는데, 이 경우의 평균은 약 0.4994이다. 합계는 정확히 평균의 10만 배, 즉 약 49,940배다. 중앙값은 평균과 같지 않지만, 값의 중심과 거의 비슷할 것으로 예상할 수 있다. 0.50을 약간 넘는 값이다.

표준 편차는 통계학자들이 이와 같은 균일한 분포를 예측할 수 있는 값이다. 0.29 바로 밑이다. 따라서 값의 약 60%가 평균의 한 표준 편차(더하기 또는 빼기) 내에 든다.

numpy를 사용하면 이 계산을 직접 하지 않아도 되지만, 표준 편차가 계산되는 방법과 그 의미가 무엇인지 복습하는 것은 유용하다. A와 A2가 배열을 나타낸다고 가정하고, i는 항목을 가리킨다.

```
A2 = (i - mean(A)) ^ 2, for all i in A.
std(A) = sqrt(mean(A2))
```

이 방정식은 다음과 같이 더 쉬운 말로 풀어 쓸 수 있다.

- 배열 A 안의 항목 간 평균값을 구한다. mean이라고도 부른다.
- A 안의 각 항목에 평균값을 뺀 '편차'로 구성된 신규 배열을 생성한다.
- 이 편차 배열의 각 항목을 제곱한 배열을 A2로 부른다.

- A2의 모든 항목의 평균을 찾은 후 결과의 제곱근을 구하면 끝이다! 방금 직접 표준 편차 배열을 만들었다.

numpy는 표준-편차 기능을 무료로 제공하지만 표준 배치 연산을 통해 산출된 결과를 살펴보는 것도 무척 유용할 것이다. 우선 A2를 얻는 것은 충분히 쉬울 것이다. A에서 A의 평균(스칼라)을 빼는 것 자체가 편차로 채워진 배열을 만들어 준다. 그다음에 모든 값이 제곱이 된다.

```
A2 = (A - mean(A)) ** 2
```

이 새로운 배열을 획득하고 나면 편차의 평균인 제곱근을 구하기만 하면 된다.

```
result = (mean(A2)) ** 0.5
```

이 공식을 파이썬 코드로 작성하려면 np 지시자를 사용하여 mean 함수를 호출해야 한다.

```
>>> A2 = (A - np.mean(A)) ** 2
>>> result = (np.mean(A2)) ** 0.5
>>> result
0.2889516828729947
>>> np.std(A)
0.2889516828729947
```

결과를 살펴보면 표준 편차를 '어려운 방법'으로 계산하는 것과 np.std로부터 얻는 것, 두 경우 모두 정확히 동일하다. 이는 numpy 루틴이 동일한 알고리즘을 따르고 있다는 좋은 증거다.

훨씬 더 큰 배열(예 100만 개의 무작위 번호 배열)을 표준 리스트에 담아서 표준 편차 함수를 호출하는 파이썬 코드를 실행해 보자.

이제 흥미로운 부분이 시작된다. 100만 개의 항목을 가진 리스트와 동일한 데이터를 포함하는 numpy 버전의 배열과 함께 성능 비교 테스트를 해 보면 표준 편차를 직접 가져오는 numpy 버전이 numpy를 사용하지 않은 버전보다 100분의 1 이상 빠르다!

전체 성능 비교 코드는 다음과 같다.

```
import numpy as np
import time
import numpy.random as ran

def get_std1(ls):
    t1 = time.time()
    m = sum(ls)/len(ls)
```

```
        ls2 = [(i - m) ** 2 for i in ls]
        sd = (sum(ls2)/len(ls2)) ** .5
        t2 = time.time()
        print('Python took', t2-t1)

    def get_std2(A):
        t1 = time.time()
        A2 = (A - np.mean(A)) ** 2
        result = (np.mean(A2)) ** .5
        t2 = time.time()
        print('Numpy took', t2-t1)

    def get_std3(A):
        t1 = time.time()
        result = np.std(A)
        t2 = time.time()
        print('np.std took', t2-t1)

    A = ran.rand(1000000)
    get_std1(A)
    get_std2(A)
    get_std3(A)
```

3개의 함수를 모두 실행하면 다음과 같은 결과를 얻을 수 있으며, 1초의 일부분으로 표현된다. 이 표준 편차는 100만 개의 항목에서 구했다는 것을 기억하자.

```
Python took 0.6885709762573242
Numpy took 0.0189220905303955
np.std took 0.0059509277343750
```

파이썬 리스트에서 numpy 배열로 넘어가면 표준 편차를 구하는 numpy 단일 함수로 얻을 수 있는 성능의 이득이 얼마나 큰지 알 수 있다.

np.std(numpy 표준 편차 함수)를 사용한 코드의 실행 속도가 numpy를 전혀 사용하지 않은 코드보다 100분의 1 이상 빠르다. 정말 빠르다!

# 12.13 — numpy 행과 열 가져오기

12.12절에서 다룬 예시는 1차원의 부동소수점 통계를 구하는 가장 단순한 예시였다. 한편 이런 함수들은 다른 인수를 수용한다. 온라인 도움말이나 IDLE에서 help 명령어로 내용을 확인할 수 있다.

배열 그 자체 이외에 가장 중요한 인수는 1차원보다 더 큰 차원을 표현하는 axis 인수다.

무작위 정수 배열부터 시작하자. 이 배열을 생성하려면 numpy.random 패키지의 randint 메서드를 사용하면 된다. 예시를 살펴보자.

```
import numpy as np
import numpy.random as ran
A = ran.randint(1, 20, (3, 4))
print(A)
```

실행 결과는 다음과 같다. 물론 항상 다른 값이 출력될 것이다.

```
[[ 4 13 11 8]
 [ 7 14 16 1]
 [ 4  1  5 9]]
```

numpy.random 패키지는 random 패키지와 같이 자체 randint 함수를 가지고 있다. 그렇기 때문에 네임스페이스 지시자를 사용하는 것이 무척 중요하다. 이 경우 numpy random 패키지를 사용하면 함수는 예상대로 begin과 end 인수를 사용하지만, 배열의 구조를 명시하는 튜플을 인수로 추가해야 한다.

또 다른 주목할 점은 ran.randint를 사용하면, begin과 end 인수 범위에 begin은 포함되지만 end는 포함되지 않는다는 것이다. 그래서 이 예시는 19까지 숫자를 생산한다.

마지막에 begin과 end 인수 다음에 나오는 shape 인수 (3, 4)는 3×4 배열에 무작위 정수를 채우게 한다.

실행 결과를 다시 한 번 살펴보자. 여러분의 결괏값은 다를 수 있다.

```
[[  4  13  11   8]
 [  7  14  16   1]
 [  4   1   5   9]]
```

앞 절에서 배웠듯이 numpy 통계 함수를 사용하여 이 배열을 하나의 큰 원천 데이터처럼 분석할 수 있다. 예를 들어 np.mean을 배열에 적용하면 항목 12개의 평균을 바로 얻는다.

```
>>> np.mean(A)
7.75
```

이와 유사하게 데이터 합계를 구하거나 표준 편차를 구할 수도 있다.

```
>>> np.sum(A)
93
>>> np.std(A)              # 표준 편차
4.780603169754489
```

흥미로운 부분은 열이나 행의 차원을 의미하는 축(axis)과 함께 통계 정보를 수집할 때다. 이런 연산으로 각 행과 열에 대한 합계를 포함하는 스프레드시트와 같이 numpy 배열을 처리할 수 있다. 그러나 축이 혼동되기 쉽다. 표 12-7은 이를 명확하게 이해하는 데 도움이 될 것이다.

▼ 표 12-7 axis 인수 사용법

| 설정 | 설명 |
| --- | --- |
| axis = 0 | 각 행의 열 데이터를 수집한다. 결과인 1차원 배열의 크기는 열 개수다. |
| axis = 1 | 각 열의 행 데이터를 수집한다. 결과인 1차원 배열의 크기는 행 개수다. |

더 많은 차원을 갖는 배열이면 축 설정은 더 클 수 있다. 축 설정은 심지어 튜플로도 가능하다.

비록 처음에는 혼란스러울지 모르지만, '축'이라는 단어에 접근하는 방법은 이름에서 알 수 있듯이 데카르트 좌표계(Cartesian coordinate system)처럼 생각하는 것이다. A를 다시 한 번 살펴보자.

```
[[  4  13  11  8]
 [  7  14  16  1]
 [  4   1   5  9]]
```

인수 설정 axis = 0은 행을 의미하는 첫 번째 축을 가리킨다(행-우선 순서를 따른다고 가정했기 때문이다). 따라서 axis = 0을 따라 합하는 것은 전통적인 X축을 따라 합하는 것이다. 요약하면 함수는 각 열을 차례로 합쳐 가장 낮은 숫자의 열부터 시작해서 오른쪽으로 움직인다.

결과는 다음과 같다.

```
[15 28 32 18]
```

인수 설정 axis = 1은 열을 의미하는 두 번째 축을 가리킨다. 따라서 axis = 1을 따라 합계를 구하는 것은 전통적인 Y축을 따라 합하는 것과 같다. 이 경우 합계는 가장 낮은 번호의 행부터 시작하여 아래로 이동한다.

결과는 다음과 같다.

```
[36 38 19]
```

X축을 따라 합계가 수행될 때 numpy 패키지는 다른 차원의 데이터를 수집한다. 그래서 비록 axis = 0은 행을 의미하지만 열의 값들이 더해진다. 그림 12-3에서 이해해 보자.

▼ 그림 12-3 axis = 0과 axis = 1 동작 방식

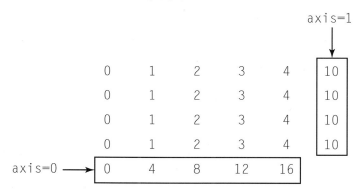

또 다른 예시를 하나 살펴보자. 이 예시는 동작 방식을 이해하기 더 쉽다. 열 번호와 같은 숫자를 항목에 넣은 배열에서 시작해 보자.

```
B = np.fromfunction(lambda r, c: c, (4, 5), dtype=np.int32)
```

배열을 출력하면 다음과 같다.

```
[[0 1 2 3 4]
 [0 1 2 3 4]
 [0 1 2 3 4]
 [0 1 2 3 4]]
```

축 0으로 합을 구하면(열 합계 생성) 매회 4의 배수를 얻는다. 축 1로 합을 구하면 (행 합계 생성) 매번 10을 얻는다.

```
>>> np.sum(B, axis = 0)          # 행, 열의 합계
array([ 0, 4, 8, 12, 16])
>>> np.sum(B, axis = 1)          # 열, 행의 합계
array([10, 10, 10, 10])
```

이는 행을 참조해야 하는 axis = 0이 실제로 행을 제외한 모든 차원의 값을 합하기 때문에 (이 경우 열의 합계) 당연히 혼란스럽다. 그리고 axis = 1은 실제로 열을 제외한 모든 차원의 합계(이 경우 행의 합계)를 낸다.

이 데이터를 사용하여 스프레드시트 같은 것을 만들 수 있을까? 예를 들어 모든 행을 합한 후 결과를 배열로 연결하여 추가 열로 사용할 수 있도록 해 보는 것이다.

다시 배열을 하나 만들어서 2열 합계를 구하는 코드를 작성해 보자.

```
B = np.fromfunction(lambda r, c: c, (4, 5), dtype=np.int32)

B_rows = np.sum(B, axis = 1)
```

자, 1차원 배열 B_rows를 2차원 배열인 B에 붙일 수 있을까?

물론이다. 다음과 같이 c_ 연산자를 사용하면 된다.

```
B1 = np.c_[B, B_rows]
```

배열 B1은 처음에 만든 배열 B와 비슷하지만 B1은 각 행의 합계를 저장한 추가 열을 가지고 있다. 이를 출력하면 다음과 같다.

```
[[ 0 1 2 3 4 10]
 [ 0 1 2 3 4 10]
 [ 0 1 2 3 4 10]
 [ 0 1 2 3 4 10]]
```

행의 합계를 마지막 열로 보여 주는 것은 '스프레드시트' 출력물의 일부다. 코드에 몇 개의 줄을 추가하면 마지막 행에 열의 합계를 보여 주는 조금 더 완벽한 스프레드시트를 만들 수 있다.

이를 위해 B1의 모든 열의 합계를 구해야 한다. X축을 따라 이동하면서 axis = 0으로 값을 구하면 열의 합계를 포함한 행을 만들 수 있다.

```
    B_cols = np.sum(B1, axis = 0)
```

다음 문장은 B1의 아래에 이 행을 붙인다.

```
    B2 = np.r_[B1, [B_cols]]
```

B2를 출력하면 다음과 같다.

```
[[  0  1  2  3  4 10]
 [  0  1  2  3  4 10]
 [  0  1  2  3  4 10]
 [  0  1  2  3  4 10]
 [  0  4  8 12 16 40]]
```

이제 우리는 일반 배열의 아래와 오른쪽에 모든 열과 행의 합계를 추가한 스프레드시트 형태로 배열을 출력하는 방법을 알게 되었다.

이 방법을 구현한 코드는 다른 2차원 배열 대상으로도 동일하게 동작하기 위해 함수 안에 넣을 수 있다.

```
def spreadsheet(A):
    AC = np.sum(A, axis = 1)
    A2 = np.c_[A, AC]
    AR = np.sum(A2, axis = 0)
    return np.r_[A2, [AR] ]
```

예시로 다음과 같은 배열이 있다고 가정해 보자.

```
>>> arr = np.arange(15).reshape(3, 5)
>>> print(arr)
[[ 0  1  2  3  4]
 [ 5  6  7  8  9]
 [10 11 12 13 14]]
```

spreadsheet 함수를 사용하여 출력한 결과는 다음과 같다.

```
>>> print(spreadsheet(arr))
[[  0  1  2  3  4  10]
 [  5  6  7  8  9  35]
 [ 10 11 12 13 14  60]
 [ 15 18 21 24 27 105]]
```

spreadsheet 함수는 평균값, 중간 값, 표준 편차(std) 등과 같은 연산을 포함하여 통계 요약을 출력하게 수정할 수도 있을 것이다.

# 12.14 / 정리해 보자

numpy 패키지는 대용량 데이터 세트의 조작과 통계 분석을 지원하며, 표준 파이썬 배열을 훨씬 뛰어넘는 기능을 제공한다. 비록 이 장의 내용은 많지만, 무궁무진한 numpy 능력을 탐험하기 시작했을 뿐이다.

성능 속도를 측정하는 한 가지 간단한 테스트는 많은 수의 숫자를 합산하는 것이다. 1에서 100만까지의 숫자를 모두 합산하는 실험에서 numpy 버전의 프로그램 실행 속도는 일반 버전의 10분의 1에 못 미친다. 또한, 배열 생성뿐만 아니라 데이터 조작에 대한 성능 비교 테스트를 수행해 보면 성능 차이는 훨씬 더 크다.

numpy 패키지는 ndarray라고 불리는 표준 numpy 배열 또는 'N차원 배열'을 만드는 많은 방법을 제공한다. 이 데이터 타입은 둘 이상의 차원을 가진 배열을 쉽게 생성할 수 있다는 점에서 독보적이다.

이 numpy 타입에는 합계, 평균값, 중간 값 및 표준 편차를 포함한 통계 분석을 지원하는 기능이 내장되어 있다. 행, 열 및 슬라이스를 대상으로 이런 작업을 수행할 수 있다.

numpy ndarray 타입의 힘은 이런 배열의 슬라이스를 1차원 또는 더 높은 차원 중 하나로 확보하여 정교한 배치 작업을 수행하는 능력, 즉 한 번에 많은 계산을 수행하는 능력에서 비롯된다. 슬라이싱 능력은 차원의 제약 없이 부드럽게 확장된다.

다음 13장에서는 numpy 표준 타입(ndarray) 위에 구축된 보다 진보된 기능, 특히 수학 방정식을 그래프로 표현하는 능력에 대해 살펴볼 것이다.

# 12.15 복습 문제

1 내장 array 패키지의 장점이 있다면 무엇인가?

2 array 패키지의 제약 사항은 무엇인가?

3 array 패키지와 numpy의 주요 차이점을 설명해 보자.

4 emtpy, ones, zeros 함수의 차이점을 설명해 보자.

5 fromfunction이 신규 배열을 생성하기 위해 필요한 콜러블 인수의 역할은 무엇인가?

6 numpy 배열과 단일 값 피연산자(int 혹은 부동소수점 값과 같은 스칼라)를 A + n과 같이 더하면 어떻게 되는가?

7 조합된 연산자-대입 연산자(+= 또는 *=)를 배열과 스칼라(array-to-scalar) 연산에 사용할 수 있는가? 효과는 무엇인가?

8 고정 길이 문자열을 numpy 배열에 포함할 수 있는가? 이런 배열에 길이가 긴 문자열을 대입하면 어떻게 되는가?

9 2개의 numpy 배열에 더하기(+) 또는 곱하기(*)와 같은 연산을 수행하면 어떻게 되는가? 2개의 numpy 배열을 결합하려면 어떤 요구 사항을 충족해야 하는가?

10 불리언 배열을 다른 배열의 마스크로 사용하려면 어떻게 해야 할까?

11 표준 파이썬과 그 패키지를 모두 사용하여 대량의 데이터 세트의 표준 편차를 얻는 명확한 방법 세 가지는 무엇인가? 실행 속도에 따라 순위를 매겨 보자.

12 불리언 마스크에 의해 생성된 배열의 차원은 무엇인가?

# 12.16 실습 문제

1  12.4절에서 1부터 100만의 숫자를 더하여 데이터 세트의 생성 및 합계를 별도로 측정했다. 파이썬 리스트 생성과 numpy 배열 생성의 상대적 속도를 출력하고, 숫자를 더하는 속도를 함께 출력해 보자.

2  numpy.random 패키지를 사용하여 1,000×1,000 무작위 부동소수점 배열을 생성하라. 이 배열의 생성 속도를 측정하라. 배열 안의 숫자에 대한 평균 및 표준 편차를 측정하라.

3  0과 99 사이의 무작위 정수 배열을 생성하라(99 포함). 그런 다음 불리언 배열을 사용하여 다음 세 가지 조건(N == 1, N은 3 또는 N > 75의 배수) 중 하나를 충족하는 정수를 제외한 모든 정수를 마스크하라. 결과를 출력해 보자.

4  1로 가득 채운 10×10 배열을 생성한다. 그런 다음 배열 중앙의 8×8 부분을 0으로 변경하여 외부 영역만 1로 남긴다. 네 모서리와 가장자리를 포함한다. 결과를 출력하라. (**힌트** 이를 위한 방법은 여러 가지가 있지만 슬라이싱이 특히 효율적이다.)

5  5×5×5 '큐브'에 대해 유사한 작업을 해 보자. 눈에 보이는 모든 부분을 1로 설정하고, 내부 3×3×3 큐브는 0으로 설정한다. 그런 다음 이 큐브를 구성하는 5개의 수평면을 출력하라.

# 13<sup>장</sup>

# 넘파이
# 고급 사용법

numpy 세계에 대한 소개는 이제 막 시작되었다. 가장 흥미로운 점은 numpy 데이터 타입과 함수로 차트를 그릴 수 있다(플로팅(plotting))는 것이다. 그러기 위해서는 numpy와 함께 matplotlib 패키지를 내려받고 탑재(import)해야 한다.

matplotlib 패키지는 색, 범위, 크기와 같은 여러 요소를 설정할 수 있으며, 시작하는 것도 간단하다. 플로팅 기능을 살펴보고 나서 다음에 나열한 numpy 패키지의 다른 고급 사용법에 대해 알아보자.

- 금융 애플리케이션
- **선형대수학**: 점곱과 외적
- 모든 종류의 고정 길이 레코드에 대한 작업
- 대량 데이터 읽기 및 쓰기

# 13.1 numpy의 고급 수학 연산

곡선에 점을 찍기 전에 표준 numpy ndarray 타입과 함께 사용할 수 있는 수학 함수에 대해 이해할 필요가 있다.

표 13-1은 가장 일반적인 함수들이다. 이 함수들은 그래프를 그리는 데 정말 유용한데, 대부분 배열을 인수로 받고 같은 구조의 배열을 반환한다.

▼ 표 13-1 고수준(high-level) numpy 수학 연산

| 연산 | 설명 |
| --- | --- |
| numpy.cos(A) | 11장에서 설명했듯이, 배열 A 각 항목의 코사인 값을 반환한다. 이 함수의 입력 값은 각도가 아닌 라디안(radian)이라고 가정한다. 다른 삼각함수도 마찬가지다.[1] |
| numpy.sin(A) | 배열 A 각 항목의 사인 값을 반환한다. cos와 마찬가지로 같은 구조를 갖는 배열을 결과로 반환한다. |
| numpy.tan(A) | 배열 A 각 항목의 탄젠트 값을 반환한다. |
| numpy.exp(A) | e를 배열 A의 각 항목만큼 제곱한 값을 항목으로 하는 배열을 반환한다. |

◑ 계속

---

1   역주 라디안은 각 크기를 재는 국제 단위로 호도(弧度)라고도 한다.

| 연산 | 설명 |
|---|---|
| numpy.power(X, Y) | X 각 항목의 Y 제곱을 구한다. 두 배열은 모두 같은 구조이거나, 둘 중 하나 혹은 둘 다 스칼라 값이어야 한다. |
| numpy.radians(A \| x) | 각도를 라디안으로 변환한다. 인수는 같은 구조의 배열이거나 스칼라 값이다. |
| numpy.abs(A) | 배열 A 각 항목의 절댓값을 구한다. |
| numpy.log(A) | 배열 A 각 항목의 자연 로그를 구한다. |
| numpy.log10(A) | 배열 A 각 항목의 10진 로그를 구한다. |
| numpy.log2(A) | 배열 A 각 항목의 이진 로그를 구한다. |
| numpy.sqrt(A) | 배열 A 각 항목의 제곱근을 구한다. |
| numpy.arccos(A) | 역 코사인 함수 |
| numpy.arcsin(A) | 역 사인 함수 |
| numpy.arctan(A) | 역 탄젠트 함수 |
| numpy.hcos(A) | 쌍곡선 코사인 |
| numpy.hsin(A) | 쌍곡선 사인 |
| numpy.htan(A) | 쌍곡선 탄젠트 |
| numpy.append(A, B) | 배열 A 끝에 배열 B를 추가한 신규 배열을 생성한다. |
| numpy.pi | pi 값을 반환한다. |
| numpy.e | e 값을 반환한다. |

이 함수들은 추가 인수를 갖는다. 일반적으로 out 인수가 추가되며, 결과를 저장할 출력 배열의 이름이다. 이 결과 배열은 입력 배열의 크기와 구조가 반드시 일치해야 한다. 예시를 살펴보자.

```
import numpy as np
A = np.linspace(0, np.pi, 10)
B = np.empty(10)
np.sin(A, out=B)
```

이 코드에서는 마지막 줄에서 결과를 B에 넣는다. 다음 코드도 같은 동작을 하지만 호출할 때마다 신규 배열을 생성한다. 이와 같이 어떤 경우에는 기존 배열에 결과를 저장하는 것이 더욱 효율적일 수 있다는 점을 기억하자.

```
import numpy as np
A = np.linspace(0, np.pi, 10)
B = np.sin(A)
```

각 함수에서 호출이 가능한 모든 인수를 확인하려면 np.info 명령어를 사용하면 된다.

```
numpy.info(numpy.function_name)
```

예를 들어 다음 명령을 IDLE에서 실행하면 특정 numpy 함수에서 제공하는 정보를 확인할 수 있다.

```
import numpy as np
np.info(np.sin)
np.info(np.cos)
np.info(np.power)
```

이곳에 나열한 함수 대부분은 단일 numpy 배열에 동작하게 설계되었다. 몇몇 함수는 예외다. numpy power 함수는 최소한 2개의 인수, X와 Y를 갖는다. 둘 중에 하나 혹은 모두 배열이 될 수 있다. 하지만 둘 다 배열인 경우에는 구조가 같아야 한다. 이 함수는 각 X 값을 같은 항목 위치에 있는 Y 값으로 곱한 배열을 반환한다.

가령 다음 코드는 배열 A 각 항목에 제곱을 수행한 결과를 보여 준다.

```
>>> import numpy as np
>>> A = np.arange(6)
>>> print(A)
[0 1 2 3 4 5]
>>> print(np.power(A, 2))
[ 0  1  4  9 16 25]
```

종종 numpy linspace 함수는 다른 함수들과 함께 사용되는데, 주로 그래프를 그리는 데 사용되며 13.3절에서 다룬다.

예를 들어 다음 코드는 sin 함수 및 상수 pi를 linspace 함수와 결합했다. 0에서 pi로 증가했다가 다시 0으로 감소하는 값을 사인 함수에 인수로 전달하여 나열된 값 10개를 구한다.

```
>>> A = np.linspace(0, np.pi, 10)
>>> B = np.sin(A, dtype='float16')
>>> print(B)
[0.000e+00 3.420e-01 6.431e-01 8.657e-01 9.849e-01
 9.849e-01 8.662e-01 6.431e-01 3.416e-01 9.675e-04]
```

이 예시는 데이터 타입을 float16으로 선택하여 숫자를 더 쉽게 출력한다. 하지만 여전히 5장에서 소개한 포매팅 기법을 사용하는 것이 더 좋다.

```
>>> B = np.sin(A)
>>> print(' '.join(format(x, '5.3f') for x in B))
 0.000 0.342 0.643 0.866 0.985 0.985 0.866 0.643 0.342 0.000
```

이 작은 데이터 예시는 사인 함수의 동작 방식을 보여 준다. 사인 0은 0이지만, 입력 값이 pi/2까지 증가함에 따라 결과는 1.0에 도달한다. 그리고 나서 입력 값이 pi를 향해 증가함에 따라 다시 결괏값은 0으로 떨어진다.

# 13.2 matplotlib 내려받기

우리는 이 모든 데이터를 matplotlib 패키지를 사용하여 그래프로 표현할 수 있다. matplotlib 패키지는 numpy와는 별개로 내려받고 탑재해야 한다.

패키지를 내려받는 첫 단계는 커맨드 창을 열거나(윈도) 터미널 애플리케이션을 여는 것(macOS)이다.

12장에서 설명했듯이 모든 파이썬 라이브러리를 내려받으려면 pip나 pip3 유틸리티를 이용하면 된다. pip 유틸리티의 install 명령어를 사용하자. 인터넷에 연결되어 있다면 다음 명령으로 matplotlib 라이브러리를 바로 내려받을 수 있다.

```
pip install matplotlib
```

pip 명령어가 인식되지 않는다면 pip3(macOS 시스템에 파이썬 3이 설치될 때 사용하는 유틸리티 이름)를 사용해 보자.

```
pip3 install matplotlib
```

> Note ≡ 만약 pip 혹은 pip3 명령어가 제대로 동작하지 않으면 matplotlib 철자에 오타가 없는지 확인해 보자. 철자는 참 까다롭다. pip 명령에서 사용할 수 있는 옵션들을 확인하고 싶다면 다음과 같이 입력해 보자.
>
> ```
> pip help
> ```

# 13.3 numpy와 matplotlib으로 그래프 선 그리기

자, 이제 즐길 준비가 되었다. matplotlib을 내려받았다면 탑재할 차례다.

```
import numpy as np
import matplotlib.pyplot as plt
```

전체 이름인 matplotlib.pyplot은 사용하기에 거추장스러우므로 plt처럼 짧은 이름으로 설정해서 사용한다. 필수는 아니지만 프로그래머 대부분은 관습처럼 사용하는 편이다.

plt.plot과 plt.show 함수는 그래프를 그리는 핵심 함수다. 여기에서는 문법만 간단하게 살펴보자. 나중에 더 자세히 살펴볼 것이다.

```
plt.plot( [X,] Y [,포맷_문자] )
plt.show()
```

이 문법에서 대괄호 기호는 선택 항목이며, 반드시 넣을 필요는 없다.

일반적으로 단순히 plot을 호출할 때 2개의 1차원 배열인 X와 Y를 인수로 넣는다. X를 생략하면 배열 [0, 1, 2, ⋯, N−1]이라고 가정한다. 여기에서 N은 Y의 길이다. 하지만 대개 X와 Y 인수를 함께 넣을 것이다.

이렇게 하면 길이가 같은 X와 Y에서 점들의 쌍을 구하여 그래프에 표시한다. X의 각 값은 Y의 해당 값과 대응하여 (x, y) 점을 얻는다. 그러고 나면 모든 점이 위치를 잡고 연결된다.

다음은 np.linspace와 np.sin 함수를 사용한 간단한 예시다.

```
import numpy as np
import matplotlib.pyplot as plt

A = np.linspace(0, 2 * np.pi)
plt.plot(A, np.sin(A))
plt.show()
```

numpy와 matplotlib 모두 내려받았다면 이 코드 결과는 그림 13-1과 같은 그래프를 출력하는 창을 보여 준다. 이 창은 직접 닫기 전까지 열려 있을 것이다.[2]

❤ 그림 13-1 사인 그래프

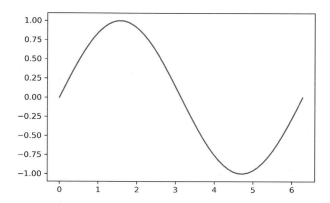

간단한 코드이지만 하나씩 살펴보자. 예시의 첫 번째 부분은 필요한 패키지를 탑재한다.

```
import numpy as np
import matplotlib.pyplot as plt
```

그다음 numpy linspace 함수를 호출한다. 이 함수는 2개의 특정 점을 쌍으로 한 값을 생성하여 균일한 간격으로 총 N개의 값을 생성한다. N의 기본값은 50이다.

```
A = np.linspace(0, 2 * np.pi)
```

그러고 나면 배열 A에는 0부터 2 * pi까지 두 값 사이에 균일한 간격으로 48개의 다른 부동소수점들이 채워진다.

이제 값이 채워진 2개의 배열을 plot 함수에 넣어서 호출한다. A는 X축에 위치하는 값 50개를 지니고 있으며, 두 번째 배열은 A 각 항목의 사인 값을 지니고 있다.

```
plt.plot(A, np.sin(A))
```

이 함수는 A의 각 항목을 순회하면서 두 번째 배열에 같은 위치의 값을 선택하여 50개의 (x, y) 쌍을 만든다. 최종적으로 show 함수가 결과를 화면에 그래프로 표현한다. 추가로 np.sin을 np.cos로 바꾸면 쉽게 코사인 함수 그래프를 그릴 수도 있다.

---

2  역주 주피터 노트북을 사용하는 경우 별도의 창이 열리지 않고 결과를 동일한 웹 브라우저에서 확인할 수 있다.

```
import numpy as np
import matplotlib.pyplot as plt

A = np.linspace(0, 2 * np.pi)
plt.plot(A, np.cos(A))
plt.show()
```

이 버전은 A에 대한 각 값의 코사인 값으로 (x, y) 쌍을 생성한다. 그림 13-2는 결과 그래프다.

▼ 그림 13-2 코사인 그래프

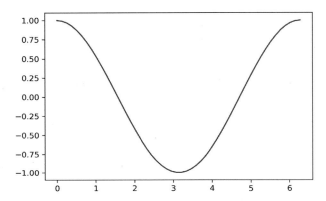

삼각함수 외에도 다양한 그래프를 그릴 수 있다. numpy 배열의 유연성(특히 이를 하나의 단위로 운영할 수 있는 방법)은 단순하고 범용적인 matplotlib을 이용하여 다양한 플로팅을 할 수 있게 한다.

예를 들어 역수 함수 그래프(즉, 1/N)를 표시하려면 어떻게 해야 할까? 5의 역수는 1/5이며, 1/5의 역수는 5이다.

X 값 범위를 생성하는 것부터 시작해 보자. 이 경우에는 np.linspace 함수가 매우 유용하다. np.linspace 함수로 원하는 도메인으로부터 (원하는 만큼) 값을 만든다. 종종 이렇게 생성된 값들은 X축을 따라 단조롭게 증가하기도 한다.

1/N은 0으로 나눌 수 없기 때문에 0으로 시작할 수 없다. 대신 0.1 값부터 시작하여 10까지 넣어 보자. 기본적으로 값이 50개 생성될 것이다.

```
A = np.linspace(0.1, 10)
```

이제 A와 1/A을 사용하여 (x, y) 쌍에 넣을 값을 생성할 것이며, 결과를 쉽게 플로팅하고 표시할 수 있게 되었다. A의 각 값은 해당 값의 역수와 일치한다.

```
plt.plot(A, 1/A)
plt.show()
```

그림 13-3에서 이 코드의 실행 결과를 확인해 보자.

▼ 그림 13-3 역함수 플로팅 결과

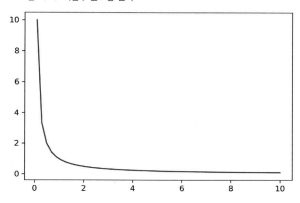

이 함수는 A와 1/A의 값을 조합한 점들을 생성한다. 예를 들어 첫 번째 (x, y) 쌍은 다음과 같다.

```
(0.1, 10.0)
```

두 번째 점은 A의 다음 값과 해당 값의 역수로 구성된 집합이다. 여기에 플로팅할 수 있는 몇 개의 점들이 있다.

```
(0.1, 10.0), (0.2, 5.0), (0.3, 3.3)...
```

그다지 흥미롭지는 않지만, 이해하기 쉬운 예시를 하나 살펴보자. 몇 개의 점을 그려서 연결시키는 것이다. 다음과 같은 다섯 가지 값을 준비하자.

```
(0, 1)
(1, 2)
(2, 4)
(3, 5)
(4, 3)
```

이 그래프를 위한 점들은 다음 문장으로 생성할 수 있다.

```
plt.plot([0, 1, 2, 3, 4], [1, 2, 4, 5, 3])
```

X 인수가 생략되면 기본값은 [0, 1, 2, ···, N-1]이 된다(N은 Y 배열 길이). 다음 코드와 같이 말이다.

```
plt.plot([1, 2, 4, 5, 3])
```

두 경우 모두 show 함수를 호출하면 그림 13-4에서 보여 주는 것과 같은 그래프를 화면에 출력한다.

▼ 그림 13-4 5개의 점을 그린 원시(primitive) 그래프

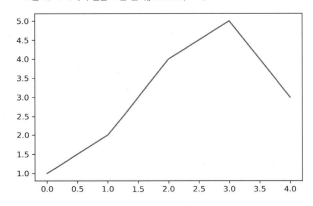

반드시 오름차순 값을 사용할 필요는 없다는 점을 기억하자. 임의의 점을 사용하여 임의의 선을 작성할 수도 있다. 예를 들면 다음과 같다.

```
plt.plot([3, 4, 1, 5, 2, 3], [4, 1, 3, 3, 1, 4])
```

점들은 다음과 같이 될 것이다.

```
(3, 4), (4, 1), (1, 3), (5, 3), (2, 1), (3, 4)
```

이번에 이 점들은 그림 13-5와 같이 별 모양을 그린다. 모든 점을 표시한 후 점과 점 사이에 선을 그린다.

▼ 그림 13-5 별 모양 그리기(plot)

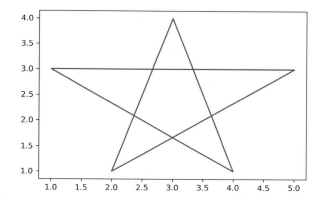

이 절의 마지막 예제는 수식을 원하는 만큼 복잡하게 만들어서 그래프로 표시할 수 있다는 것을 보여 준다. 이것이 바로 numpy 배열의 아름다움이다. 복잡한 다항식을 그래프로 표시하는 것은 간단하다. 예를 들면 다음과 같다.

```
import numpy as np
import matplotlib.pyplot as plt

A = np.linspace(-15, 20)
plt.plot(A, A ** 3 - (15 * A ** 2) + 25)
plt.show()
```

이 코드의 실행 결과는 그림 13-6과 같이 다항식을 그래프로 표시한다.

▼ 그림 13-6 다항식을 그래프로 그리기

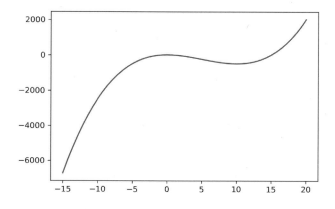

# 13.4 여러 선 그래프 그리기

사인 함수와 코사인 함수를 서로 비교하기 위해 두 그래프를 모두 포함하는 조금 더 복잡한 그래프를 그리려면 어떻게 해야 할까? plot 함수를 두 번 호출하면 가능하다. 예시를 살펴보자.

```
import numpy as np
import matplotlib.pyplot as plt

A = np.linspace(0, 2 * np.pi)
plt.plot(A, np.sin(A))
plt.plot(A, np.cos(A))
plt.show()
```

다른 방법으로 2개의 plot 문을 인수가 4개인 하나의 문장으로 합칠 수도 있다.

```
plt.plot(A, np.sin(A), A, np.cos(A))
```

두 경우 모두 파이썬에서는 그림 13-7과 같은 그래프를 출력한다.

▼ 그림 13-7 사인과 코사인 함께 그리기

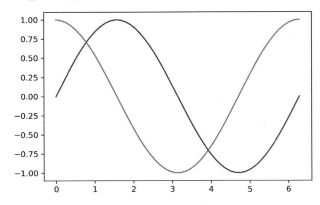

matplotlib 패키지는 자동으로 2개의 다른 색인 주황색과 파란색의 그래프 곡선을 그린다. 컴퓨터 스크린으로 볼 때는 보기 좋지만, 흑백 출력물로는 두 그래프를 구분하기 어려울 것이다. 다행히 그래프를 그리는 소프트웨어는 다음과 같이 다양한 곡선을 그릴 수 있는 인수를 제공한다. 조금 더 복잡한 plot 함수의 문법을 살펴보자.

```
plt.plot( X1, Y1, [fmt1,] X2, Y2, [fmt2,] ... )
```

문법을 살펴보면 X, Y 쌍의 배열의 개수에는 제약이 없다. 각 쌍으로부터 (x, y)의 각 항목과 같은 순서로 X, Y를 인수로 넣는다. 그런 다음 선택적으로 포맷 인수를 추가할 수 있다.

fmt 인수는 그래프의 색과 스타일을 정하여 구분하는 데 유용하다. 가령 다음 plot 문은 코사인 함수를 작은 원으로 구성된 그래프로 그려 준다.

```
plt.plot(A, np.sin(A), A, np.cos(A), 'o')
plt.show()
```

사인 커브는 포맷 지시자가 없기 때문에 기본 설정으로 출력된다. 그림 13-8과 같이 그래프 결과를 훌륭하게 구분할 수 있다. 기본적으로 두 그래프는 서로 다른 색으로 출력된다.

▼ 그림 13-8 사인과 코사인 그래프의 차별화

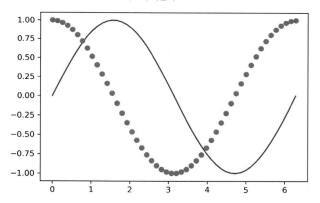

이 포매팅은 극적인 대비를 만들어 낸다. 여기에 사인 곡선의 스타일을 지정하면 훨씬 더 뚜렷한 대비를 만들 수 있다. ^ 형식 기호는 곡선이 작은 삼각형으로 구성되는 것을 지정한다.

하는 김에 또 다른 플로팅 함수인 title을 살펴보자. 이 간단한 함수는 show 함수를 호출하기 전에 그래프 제목을 지정하는 데 사용된다. xlabel과 ylabel 함수는 각 축의 구체적인 라벨을 지정한다.

```
plt.plot(A, np.sin(A), '^', A, np.cos(A), 'o')
plt.title('Sine and Cosine')
plt.xlabel('X Axis')
plt.ylabel('Y Axis')
plt.show()
```

그림 13-9는 제목과 축 라벨을 채운 결과 그래프다.

❤ 그림 13-9 축 라벨을 넣은 사인과 코사인 함수

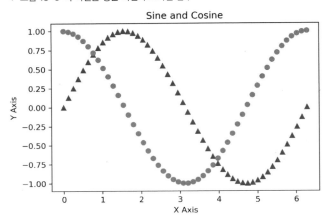

plt.plot 함수를 사용하면 모든 포매팅 문자를 확인할 수 있다. 이 문자들은 'og'와 같이 조합할
수 있으며, "작은 초록색 원을 사용하여 그래프를 그려라."라는 의미다.

문자들은 색을 지정하는 데 사용되며, 표 13-2에서 확인할 수 있다.

❤ 표 13-2 플롯 포맷 문자열의 색 문자

| 문자 | 색 |
| --- | --- |
| b | 파란색(blue) |
| g | 초록색(green) |
| r | 빨간색(red) |
| c | 청록색(cyan) |
| m | 자홍색(magenta) |
| y | 노란색(yellow) |
| k | 검은색(black) |
| w | 흰색(white) |

모양을 지정하는 문자는 표 13-3에서 확인할 수 있다.

| 문자 | 모양 |
|------|------|
| . | 점(points) |
| , | 픽셀(pixels) |
| o | 원(circles) |
| v | 아래를 가리키는 삼각형(down arrow) |
| ^ | 위를 가리키는 삼각형(up arrow) |
| < | 왼쪽을 가리키는 삼각형(left-pointing arrow) |
| > | 오른쪽을 가리키는 삼각형(right-pointing arrow) |
| s | 네모(squares) |
| p | 오각형(pentagons) |
| * | 별표(stars) |
| h, H | 육각형(hexagons)(소문자는 작고, 대문자는 크다) |
| + | 더하기 기호(plus signs) |
| d, D | 마름모(diamonds)(소문자는 얇고, 대문자는 두껍다) |

색과 모양은 언제든지 조합할 수 있다는 것을 기억하자. 예시를 살펴보자.

```
'b^'      # 파란색에 위를 가리키는 삼각형을 사용하라.
```

Note ≣  선을 구분하는 또 다른 기법은 범례와 함께 라벨을 사용하여 정보를 특정 색상, 스타일과 함께 보여 주는 것이다. 이 기법은 15장에서 설명한다.

# 13.5 복리 그래프 그리기

다음 시나리오를 상상해 보자. 여러분은 직접 이율을 선택할 수 있는 신탁 펀드를 받게 되었다. 플랜 A는 매년 2달러씩 추가된다. 하지만 돈을 인출하기 전까지 돈을 만질 수 없다. 돈을 인출하는 순간 지금까지 입금한 모든 돈을 얻고, 펀드는 종료된다. 2달러가 유일한 상승 이율이다.

대안으로 플랜 B는 동일한 조건이 적용되는데, 매년 펀드에 2달러씩 추가되는 대신 플랜 B는 1달러부터 시작해서 매년 10%씩 증가한다.

선택은 쉬워 보인다. 한 펀드는 1년에 2달러씩 증가하는 반면, 다른 펀드는 적어도 초기에는 10센트씩 증가하는 데 그친다. 확실히 플랜 A가 더 낫지 않은가? 20배는 좋다!

그러나 플랜 A는 일정한 비율로 증가하는 반면, 플랜 B는 복리다. 회계사뿐만 아니라 모든 훌륭한 수학자는 다음 공식을 알아야 한다.

**✳** 지수 증가(복리 이자 등)는 아무리 느리더라도 결국 선형 증가를 추월한다.

이것은 놀라운 사실이며, 특히 1달러당 .001%의 복리 증가가 결국 연간 100만 달러의 꾸준한 수입을 추월하게 된다는 것을 의미한다고 생각하면 더욱 더 놀랍다! 그나저나 복리 펀드가 100만 달러짜리 펀드를 추월하려면 여러분의 수명이 다해야 할 것이다.

이 변화는 그래프로 나타내기 쉽다. 시간 축을 따라 값을 나타내는 numpy 배열 A를 만드는 것으로 시작하자. 60년으로 기간을 설정하자.

```
A = np.linspace(0, 60, 60)
```

그러고 나서 연간 2달러의 선형 증가 함수와 연간 10%의 복리 증가 함수를 비교한다. 10% 복리 증가는 수학적으로 숫자 1.1을 N으로 곱하는 것과 동등하다. 여기에서 N은 연 수다.

```
2 * A                    # 매년 2달러 증가 공식
1.1 ** A                 # 매년 10% 증가 공식
```

첫 번째 곡선은 포맷 문자열 'o'를 사용하여 작은 원으로 그릴 것이다.

```
plt.plot(A, 2 * A, 'o', A, 1.1 ** A)
```

또한, 두 곡선은 명확성을 더하기 위해 분리된 문장으로 생성할 수도 있다.

```
plt.plot(A, 2 * A, 'o')      # 매년 2달러씩 증가(원으로 그림)
plt.plot(A, 1.1 ** A)        # 매년 복리 10%
```

이제 유용한 라벨을 지정하여 그래프를 완성하자.

```
plt.title('Compounded Interest v. Linear')
plt.xlabel('Years')
plt.ylabel('Value of Funds')
plt.show()
```

그림 13-10에서 결과를 확인해 보자. 처음 30년 동안 단리 펀드는 복리 펀드를 앞지른다. 그러나 30년에서 50년 사이에 플랜 B의 가속화된 증가가 눈에 띈다. 플랜 B는 최종적으로 50년 직전에 선형 펀드를 넘어선다.

▼ 그림 13-10 단리와 복리 증가 그래프

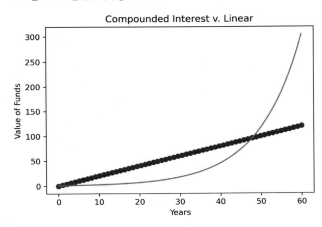

따라서 50년을 기다릴 수 있다면 플랜 B가 더 나은 선택이다. 결국 충분히 기다릴 수 있다면 플랜 B가 플랜 A보다 크게 앞서게 된다. 복리 증가는 다른 플랜보다 훨씬 빨리 수천, 심지어 수백만 달러에 이를 것이다.

Note ≡  X축을 따라 표시된 라벨은 0년에 시작하여 60년까지 계속된다. 13.12절에서 이런 연도를 기초 데이터나 계산을 변경하지 않고 2020년부터 시작하여 2080년까지 변경하는 방법을 보여 준다.

# 13.6 matplotlib으로 히스토그램 만들기

히스토그램은 데이터를 보는 다른 방법을 제공한다. 개별 데이터 점을 연결하는 대신 히스토그램은 데이터가 하위 범위에 포함되는 빈도를 보여 준다.

데이터는 버킷(bucket) 혹은 통(bin) 안에 수집되며, 각 통은 범위를 의미한다. 지난 11장에서 이 작업을 수동으로 했지만, numpy와 matplotlib 패키지는 이를 자동으로 해 준다.

간단한 예시로 시작해 보자. 여러분이 속한 소프트웨어 개발 팀에서 함께 일하는 동료들의 IQ를 담은 리스트가 있다고 가정해 보자. 여러분은 아마도 어떤 지수가 가장 많은지 알고 싶을 것이다.

```
IQ_list = [91, 110, 105, 107, 135, 127, 92, 111, 105,
           106, 130, 145, 145, 128, 109, 108, 98, 129, 100,
           108, 114, 119, 99, 137, 142, 145, 112, 113]
```

이 파이썬 리스트는 numpy 배열로 쉽게 바꿀 수 있다. 하지만 먼저 필요한 패키지를 탑재하자.

```
import numpy as np
import matplotlib.pyplot as plt

IQ_A = np.array(IQ_list)
```

데이터를 히스토그램 그래프로 그리는 것은 모든 과정 중 가장 쉬운 단계다. 하나의 인수만 있으면 되기 때문이다. hist 함수가 차트를 그린다. 그러고 나면 평상시대로 show 함수가 결과를 스크린에 실제로 보여 준다.

```
plt.hist(IQ_A)
plt.show()
```

와, 정말 쉽다! 추가 인수가 있지만, 선택 사항이다.

show 함수를 제공하는 중요한 이유는 그래프를 화면에 표시하기 전에 다양한 방법으로 조정할 수 있는 기회를 주는 것이다. 다음 예제는 히스토그램을 만들고 제목을 설정한 후 마지막으로 그래프를 출력한다.

```
plt.hist(IQ_A)
plt.title('IQ Distribution of Development Team.')
plt.show()
```

그림 13-11에서 결과 그래프를 확인해 보자.

▼ 그림 13-11 히스토그램으로 표현한 IQ 지수

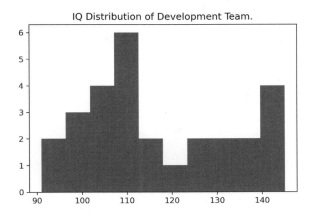

이 그래프를 보면 많은 정보를 알 수 있다. IQ 지수의 빈도가 110점까지 증가했다가 다시 하락하고 있다. 그리고 140에 다시 뛰었다.

조금 더 완전한 문법을 확인해 보자.

```
plt.hist(A [, bins=10] [, keyword_args])
```

첫 번째 인수 A는 필수 인수이며, numpy 배열을 참조한다.

bins 인수는 하위 범위, 혹은 통의 개수를 정의한다. 기본 설정은 10이며, 가장 큰 값부터 가장 작은 값의 차이를 10으로 나누어서 하위 범위의 크기를 정한다. 하지만 10이 아닌 다른 값으로 설정할 수도 있다.

```
plt.hist(A, bins=50)          # 결과를 50개의 통에 넣어라.
```

이 함수가 수용하는 다른 키워드 인수로는 color가 있으며, 표 13-2에 나타난 문자 중 하나를 포함한다. align 인수는 'left', 'right', 혹은 'mid'를 설정할 수 있으며, cumulative 인수는 불리언 값을 넣어서 값 누적 유무를 설정할 수 있다. 자세한 내용은 다음과 같이 도움말을 참고하기 바란다.

```
>>> help(plt.hist)
```

히스토그램의 다른 사용 방법은 정규 분포 곡선 그래프를 그릴 수 있다는 것이다. 11장에서도 그리는 방법을 소개했지만, 이 방법이 더 나은 결과를 보여 준다.

numpy의 random 패키지를 사용하여 정규 분포 내의 20만 개 데이터를 생성하는 것으로 시작해 보자. 이 분포의 평균은 0.0이고 표준 편차는 1.0이다. 그러나 덧셈과 곱셈을 통해 평균이 100이고 표준 편차가 10인 값의 배열로 변환할 수 있다.

```
A = np.random.standard_normal(200000)
A = A * 10 + 100
```

이 결과를 그래프로 그리면 기본 설정으로 인해 10개의 통으로 나누어질 것이다. 하지만 더 작은 하위 범위로 그래프를 그리는 것이 더 만족스러운 결과를 가져올 것이다. 80개의 통으로 지정해 보자. 색도 초록색으로 설정해 볼 것이다.

```
plt.hist(A, bins=80, color='g')
plt.title('Normal Distribution in 80 Bins')
plt.show()
```

결과는 그림 13-12와 같이 정규 분포 그래프를 무척 닮았다. (화면에 출력되었듯이) 그래프가 초록색으로 보이면 크리스마스트리와 비슷해 보일 것이다.

▼ 그림 13-12 정규 분포 히스토그램

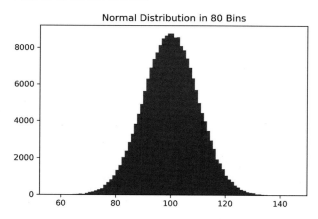

아마도 여러 개로 나열된 바 대신 부드러운 곡선으로 이 데이터를 표현할 수 있는지 궁금할 수도 있겠다.

물론 가능하다. numpy는 하위 범위(통)들의 숫자 빈도를 생산하는 histogram 함수를 제공한다. 매우 중요한 인수 2개를 갖는 일반적인 문법을 살펴보자.

```
np.histogram(A [, bins=10] [, keyword_args] )
```

이 함수는 히스토그램 결과를 담은 신규 배열을 만든다. 신규 배열의 각 항목은 각 통에 대응하는 숫자의 빈도다. 기본적으로 통의 개수는 10개다. 결과 배열은 다음과 같은 규칙을 따른다.

- 첫 항목은 첫 번째 통(하위 범위 중 첫 번째)에 들어갈 값의 숫자를 지닌다.
- 두 번째 항목은 두 번째 통(하위 범위 중 두 번째)에 들어갈 값의 숫자를 지닌다.
- 이 과정이 반복된다.

실제로 반환되는 값은 튜플이다. 튜플의 첫 번째 항목은 그래프에 표현하고자 하는 빈도수 숫자다. 두 번째 항목은 통의 정확한 경계다. 필요한 데이터를 가져오려면 다음 코드를 사용하면 된다.

```
np.histogram(A, bins)[0]
```

이제 우리는 부드러운 정규-분포 곡선을 생성할 수 있다. 큰 규모의 임의 숫자를 생성해서 50개의 통에 넣어 보자(다른 숫자를 골라도 되지만, 50에서 100개의 숫자가 좋은 결과를 보여 준다). 최종적으로 통의 빈도 숫자를 그래프로 표현해 보자. 이번 예시는 200만 건의 샘플 데이터를 사용하지만 놀랍게도 인식할 만한 지연 없이 값을 확인할 수 있다.

```
import numpy as np
import matplotlib.pyplot as plt

A = np.random.standard_normal(2000000)
A = A * 10 + 100
B = np.histogram(A, 50)[0]
plt.plot(B)
plt.show()
```

이 코드에는 'X축' 배열을 위한 인수가 지정되지 않았다. 대신 기본값으로 설정된다. 플로팅 소프트웨어는 histogram 함수의 결과인 B 배열의 길이를 N이라고 할 때 0, 1, 2, ⋯, N-1을 X 좌표로 사용한다.

그림 13-13은 이 예시의 결과 그래프다.

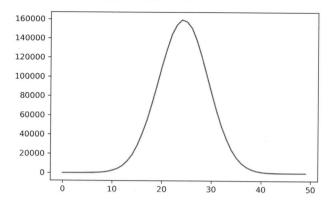

이 결과 그래프는 매끄럽고 보기 좋은 곡선이다. 그러나 X축은 여러분이 기대하는 것이 아닐 수도 있다. X축에 보이는 숫자는 통 번호를 의미한다.

범위는 난수 중 가장 낮은 값부터 가장 높은 값으로 구성되며, 이 범위를 50개의 부분으로 나눈다. Y축은 각 통의 숫자 빈도를 나타낸다.

하지만 X축의 통 번호를 보여 주는 것보다 분포 자체의 값을 보여 주는 것이 더 유용할 것이다. 가장 간단하게 이를 고치는 방법은 'X축' 값을 각 통의 중간 값으로 표기하는 것이다. 다음 예시가 바로 np.histogram이 반환하는 두 번째 배열을 사용하여 이를 구현하고 있다.

복잡하게 들릴 수도 있지만, 코드 몇 줄만 추가하면 되는 일이다. 이 경우에는 X가 통의 경계를 표현하고 있다가 해당 통의 중간 값으로 변경되고 있다. 이렇게 하면 빈도는 통의 숫자 대신 (중앙을 100으로 하는) 분포 값에 따라 그래프가 그려진다.

```
import numpy as np
import matplotlib.pyplot as plt

A = np.random.standard_normal(2000000)
A = A * 10 + 100
B, X = np.histogram(A, 50)
X = (X[1:]+X[:-1])/2          # 경계 대신 통의 중간 값을 사용한다.
plt.plot(X, B)                # 통 숫자 대신 값으로
plt.show()                    # 그래프를 표현한다.
```

X 값은 각 하위 범위의 중간 값을 가져오기 위해 계산된다. 경계의 최하위 값과 최상위 값의 중간 값을 구하는 것이다. 표현식 X[1:]은 두 번째 항목부터 시작하기 때문에 첫 번째 항목을 건너뛴다. 표현식 X[:-1]은 마지막 항목을 제외하여 길이를 같게 만든다.

```
X = (X[1:]+X[:-1])/2          # 경계 대신 통의 중간 값 사용하기
```

변경된 히스토그램 그래프를 확인해 보면(그림 13-14), 그래프의 중앙이 100이며 표준 편차 10을 보여 준다. 표준 편차 10은 곡선 면적의 약 95%가 2편차(80~120) 이내, 99% 이상은 3편차(70~130) 이내이어야 함을 의미한다.

▼ 그림 13-14 중앙이 100인 정규 분포 곡선

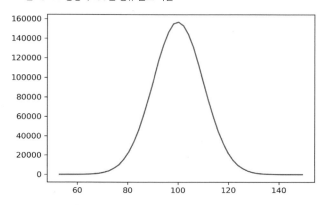

histogram 함수의 또 다른 사용법을 알아보자. 가령 11장에서 큰 숫자 법칙을 보여 주기 위해 사용한 코드 일부를 변경할 수 있다. 이 절의 예시는 데이터를 일련의 통에 담는다. histogram 함수는 같은 작업을 하지만 훨씬 빠르다.

성능Tip ☆  여러분은 이 장과 12장의 많은 numpy 함수들이 11장에서 random과 math를 탑재하여 수행했던 것들을 반복하고 있다는 것을 알 수 있을 것이다. 하지만 numpy 버전은 특히 큰 데이터 집합(CD 마지막 예시에서 생성한 200만 건의 숫자)을 다룰 때 훨씬 빠르다.

따라서 큰 숫자 연산을 할 때 random 하위 패키지를 포함하고 있는 numpy를 사용하는 것을 우선시하기 바란다.

다른 인수들도 간혹 유용할 때가 있다. IDLE에서 다음 명령어를 실행하면 모든 인수 정보를 확인할 수 있다.

```
>>> np.info(np.histogram)
```

# 13.7 원과 가로세로 비율

간혹 여러분은 X축과 Y축의 상대적인 위치를 조정하고 싶을 것이다. 특히 기하학적(geometric) 모양을 그릴 때 더욱 필요하다. 이 절에서는 원을 그리는 방법을 살펴볼 것이다. 보통 타원처럼 보이지 않게 하기 위해 그래프를 보여 주기 전에 X와 Y의 가로세로 비율(aspect ratio)을 동일하게 조정하겠다.

동그라미를 그리는 방법은 여러 가지가 있지만, 이 절에서는 삼각함수를 활용하는 접근 방식을 사용할 것이다. 나머지 방법은 이 장의 끝에 복습 문제로 남기겠다. 그림 13-15와 같이 작은 벌레가 좌표 (1, 0)의 0도에서 시작하여 원의 바깥쪽을 돈다고 상상해 보자. 벌레의 여정은 원을 한 바퀴 완전하게 돌 때까지 계속된다.

▼ 그림 13-15 42도에 있는 '원 위의 벌레'

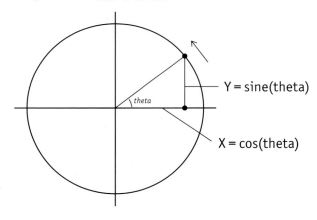

원 위의 각 점은 theta라고 불리는 각도에 의해 정해진다. 예를 들어 시작점에서 시계 반대 방향으로 90도인 원의 점은 90도, 혹은 라디안 단위로는 pi/2가 된다. 그림 13-15는 벌레가 약 42도 (대략 0.733라디안) 이동했다는 것을 보여 준다.

```
cosine(theta)
```

이와 비슷하게 벌레 위치의 Y 좌표도 다음과 같이 주어진다.

```
sine(theta)
```

벌레의 움직임을 추적하면 원을 도는 여정에 해당하는 일련의 점들을 얻는다. 이 여정의 각 지점은 다음과 같은 (x, y) 좌표로 표현할 수 있다.

```
(cosine(theta), sine(theta))
```

따라서 완전한 원을 그래프로 표시하려면 이 상상의 여정에서 0부터 2 * pi(360도와 동일) 범위의 많은 각도에 해당하는 일련의 점들을 얻어야 한다. 그런 다음 결과 (x, y) 쌍을 그래프로 표시한다. 우리는 1,000개의 데이터 점을 구하여 멋지고 부드러운 곡선을 만들 것이다.

```python
import numpy as np
import matplotlib.pyplot as plt

theta = np.linspace(0, 2 * np.pi, 1000)
plt.plot(np.cos(theta), np.sin(theta))
plt.show()
```

이 문장을 실행하면 원이 그려지기는 하지만 타원에 가까운 모습일 것이다. 이를 해결하려면 plt.axis 설정으로 X와 Y 단위를 화면에 동일한 공간을 차지하게 지정해 주어야 한다.

```python
plt.axis('equal')
```

자, 이제 import 문을 포함한 완전한 애플리케이션을 담은 코드를 실행해 보자.

```python
import numpy as np
import matplotlib.pyplot as plt

theta = np.linspace(0, 2 * np.pi, 1000)
plt.plot(np.cos(theta), np.sin(theta))
plt.axis('equal')
plt.show()
```

이제 이 코드는 그림 13-16과 같이 완벽한 원을 화면에 출력한다.

▼ 그림 13-16 완벽한 원

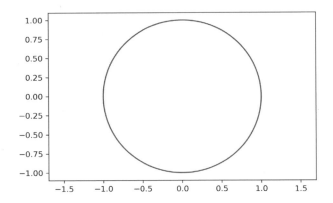

# 13.8 / 파이 차트 만들기

numpy와 matplotlib 패키지가 제공하는 다양한 기능은 파이 차트까지 확장된다. 이는 여러 조각의 상대적인 크기로 나누어진 데이터를 표현하는 데 효율적인 방법이다.

plt.pie 함수 문법은 다음과 같다. 다른 플로팅 함수처럼 여러 인수가 있지만, 필수 인수들은 다음과 같다.

```
plt.pie(array_data, labels=None, colors=None)
```

첫 번째 인수 array_data는 각 카테고리의 상대적 크기를 지니고 있는 컬렉션이다. labels 인수는 첫 번째 인수의 각 그룹에 해당하는 라벨을 문자열로 담고 있는 컬렉션이다. colors 인수는 앞서 제시한 표 13-2에 나열한 값을 사용하여 색을 지정하는 문자열을 담고 있는 컬렉션이다.

예시를 보면 간단한 함수다. 여러분이 속한 개발 팀 동료들이 업무 시간 외에 하는 활동을 차트로 그리고 싶다고 가정해 보자. 표 13-4에서 차트에 그릴 데이터를 요약해 보았다.

| 활동 | 주별 시간(평균) | 색 |
|---|---|---|
| 포커(poker) | 3.7 | 검은색('k') |
| 체스(chess) | 2.5 | 초록색('g') |
| 만화책(comic books) | 1.9 | 빨간색('r') |
| 운동(exercise) | 0.5 | 청록색('c') |

각 열의 데이터를 리스트에 담는 것도 어렵지 않다. 다음 코드에서 각 리스트는 4개의 항목을 가지게 될 것이다.

```
A_data = [3.7, 2.5, 1.9, 0.5]
A_labels = ['Poker', 'Chess', 'Comic Books', 'Exercise']
A_colors = ['k', 'g', 'r', 'c']
```

이제 이 데이터를 파이 차트에 연결하고 제목과 함께 출력해 보자.

원형 차트의 가로세로 비율은 앞서 했던 것처럼 plt.axis('equal') 문구를 사용하여 고정할 수 있다. 그렇지 않으면 파이는 원이 아닌 타원으로 나타날 것이다.

```
import numpy as np
import matplotlib.pyplot as plt

plt.pie(A_data, labels=A_labels, colors=A_colors)
plt.title('Relative Hobbies of Dev. Team')
plt.axis('equal')
plt.show()
```

그림 13-17은 파이 차트 결과를 보여 준다.

❤ 그림 13-17 파이 차트

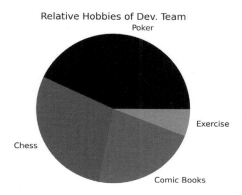

Relative Hobbies of Dev. Team

# 13.9 numpy로 선형대수학 구현하기

numpy 패키지를 살펴본 이 두 장을 마무리하기 전에, 수학자나 엔지니어에게 가장 유용한 영역인 벡터(배열)와 행렬(다차원 배열)을 다루는 선형대수학 구현 방법을 살펴볼 것이다.

numpy에서 별도의 '벡터' 또는 '행렬' 컬렉션 타입을 사용할 필요는 없다. 새 하위 패키지를 내려받거나 가져올 필요도 없다. 적절한 함수만 사용하면 된다.

## 13.9.1 점곱(dot product)[3]

지난 마지막 2개의 장에서 살펴보았듯이 우리는 배열에 스칼라를 곱하거나 배열에 배열을 곱할 수 있었다. 배열에 배열을 곱하려면 반드시 두 배열의 구조가 같아야 한다. 이 관계를 다음과 같이 요약할 수 있다.

```
(A, B) * (A, B) => (A, B)
```

이처럼 A, B 구조의 배열을 A, B 구조의 다른 배열과 곱할 수 있으며, 같은 구조의 세 번째 배열을 얻을 수 있다. 하지만 numpy를 사용하면 조금 더 복잡한 규칙과 함께 점곱 함수인 dot으로 이 작업을 수행할 수 있다.

```
numpy.dot(A, B, out=None)
```

A와 B, 2개의 배열은 점곱으로 합쳐진다. out 인수가 주어지면, A와 B와 동일한 구조를 가진 결과 배열을 out 인수에 담는다.

2개의 1차원 배열 점곱은 단순하다. 두 배열은 반드시 길이가 같아야 한다. A의 각 항목은 B의 같은 위치의 항목과 곱해진 후 모두 더해서 하나의 스칼라 값을 생산한다.

```
D. P. = A[0]*B[0] + A[1]*B[1] + ... + A[N-1]*B[N-1]
```

---

3   **역주** 선형대수학에서 스칼라곱(scalar product) 또는 점곱(dot product)은 유클리드 공간의 두 벡터로부터 실수 스칼라를 얻는 연산이다. 스칼라 곱이 유클리드 공간의 내적을 이루므로, 이를 단순히 '내적'이라고 부르기도 한다(출처: https://ko.wikipedia.org/wiki/스칼라곱). 재미있게도 numpy는 각 용어에 대한 함수를 각각 제공하고 있으며, 서로 다르게 동작한다. 참고하자.

예시를 살펴보자.

```
>>> import numpy as np
>>> A = np.ones(5)
>>> B = np.arange(5)
>>> print(A, B)
[1. 1. 1. 1. 1.] [0 1 2 3 4]
>>> np.dot(A, A)
5.0
>>> np.dot(A, B)
10.0
>>> np.dot(B, B)
30
```

B와 'B의 점곱을 구한 결과'가 30인 것을 알 수 있다. 왜냐하면 각 항목의 제곱 값들을 모두 더한 값과 같기 때문이다.

```
D.P.  = 0*0 + 1*1 + 2*2 + 3*3 + 4*4
      = 0 + 1 + 4 + 9 + 16
      = 30
```

이를 일반화해 보자.

```
D.P.(A, A) = sum(A * A)
```

2차원 배열 2개의 점곱을 구하는 것은 조금 더 복잡하다. 배열 간에 일반 곱하기는 2개의 배열 구조가 반드시 같아야 한다. 하지만 점곱은 1개의 차원만 동일하면 된다.

다음은 2차원 배열과 동작하는 점곱의 동작 방식을 묘사한 일반적인 패턴이다.

```
(A, B) * (B, C) => (A, C)
```

2×3 배열과 3×2 배열을 조합하여 얻은 점곱은 다음과 같이 2×2 배열이다.

```
>>> A = np.arange(6).reshape(2,3)
>>> B = np.arange(6).reshape(3,2)
>>> C = np.dot(A, B)
>>> print(A, B, sep='\n\n')
>>> print('\nDot product:\n', C)
[[0 1 2]
 [3 4 5]]
```

```
[[0 1]
 [2 3]
 [4 5]]

Dot product:
 [[10 13]
  [28 40]]
```

동작 방식은 다음과 같다.

- A의 첫 번째 행의 각 항목을 B의 첫 번째 열의 각 항목과 곱한다. 이 값들의 합계는 10이며, C[0, 0]의 값이 된다.
- A의 첫 번째 행의 각 항목을 B의 두 번째 열의 각 항목과 곱한다. 이 값들의 합계는 13이며, C[0, 1]의 값이 된다.
- A의 두 번째 행의 각 항목을 B의 첫 번째 열의 각 항목과 곱한다. 이 값들의 합계는 28이며, C[1, 0]이 된다.
- A의 두 번째 행의 각 항목을 B의 두 번째 열의 각 항목과 곱한다. 이 값들의 합계는 40이며, C[1, 1]이 된다.

물론 1차원 배열을 2차원 배열과 조합하여 점곱을 만들 수도 있다. 결과 배열은 다음과 같은 구조가 된다.

```
(1, X) * (X, Y) => (1, Y)
```

가령 [10, 15, 30]을 다음 B 배열과 조합하여 점곱을 만들 수 있다.

```
[[0 1]
 [2 3]
 [4 5]]
```

다음 문장은 1차원 배열과 2차원 배열 B 간의 점곱을 보여 준다. 점곱 결과는 (1, 2)의 구조를 갖는다.

```
>>> print(np.dot([10, 15, 30], B))
[150, 205]
```

점곱의 유용성을 보여 주는 직관적이고 실질적인 예를 생각해 보자. 3차원 기하학과 같은 특정한 종류의 수학과 물리학에서 이런 예를 많이 찾을 수 있다. 하지만 더 간단한 애플리케이션들이 있다. 여러분이 세 종류의 이국적인 새들을 파는 애완동물 가게를 운영하고 있다고 가정해 보자. 표 13-5는 이 새들의 가격이다.

▼ 표 13-5 애완동물 가게의 새 가격

| 앵무새 | 마코앵무새 | 공작새 |
|--------|------------|--------|
| $10    | $15        | $30    |

표 13-6과 같이 두 달 동안의 월간 판매 수치를 추적한다고 가정해 보자.

▼ 표 13-6 새의 월간 판매 수치

| 새 종류 | 10월 판매량 | 11월 판매량 |
|---------|-------------|-------------|
| 앵무새 | 0 | 1 |
| 마코앵무새 | 2 | 3 |
| 공작새 | 4 | 5 |

2개월간 모든 새의 판매량 총합을 구해 보자.

이 테이블에서 데이터를 추출하는 것이 어렵지는 않지만, 점곱을 구하는 것이 좀 더 쉽다. np.dot 으로 필요한 모든 계산을 해 보자.

그림 13-18은 결과의 첫 항목인 150을 구하는 방법을 보여 준다. 각 새의 판매량을 새의 가격과 곱해 보자.

▼ 그림 13-18 점곱 계산 방법. 파트 1

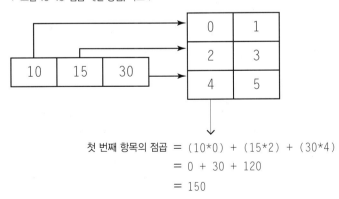

첫 번째 항목의 점곱 = (10*0) + (15*2) + (30*4)
= 0 + 30 + 120
= 150

이 절차를 따르면 0 + 30 + 120으로 합계 150을 구한다.

같은 방법으로 두 번째 값을 구하면 205가 나온다(그림 13-19 참고).

두 번째 월의 판매량과 해당하는 값을 곱한 후 합계를 구한다. 이 절차에 따라 10 + 45 + 150으로 합계 205를 구한다.

▼ 그림 13-19 점곱 계산 방법, 파트 2

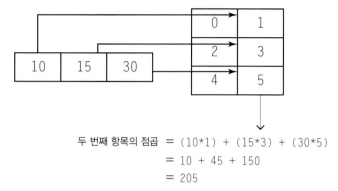

두 번째 항목의 점곱 $= (10*1) + (15*3) + (30*5)$
$= 10 + 45 + 150$
$= 205$

그러면 전체 점곱은 다음과 같다.

```
[150, 205]
```

이번 예시의 점곱은 (10월과 11월) 2개월간 모든 새의 판매량 합계를 구한다.


## 13.9.2 외적 함수

배열을 곱하는 다른 방법은 외적(outer-product)을 계산하는 outer 함수를 사용하는 것이다. 이 함수는 2개의 1차원 배열로 2차원 배열을 만들기 위해 가장 자주 사용하는 함수다. 이 함수는 더 높은 차원을 가진 배열에서 사용할 경우 각 입력 배열이 1차원으로 평평하게 퍼진다.

```
numpy.outer(A, B, out=None)
```

이 함수는 A와 B 배열의 외적을 계산하여 반환한다. out 인수가 주어지면 결과를 저장할 목표 배열을 지정하게 된다. 이 배열은 반드시 존재해야 하며, 적절한 크기이어야 한다.

외적을 구하기 위해 A의 각 항목을 B의 각 항목과 곱한 후 2차원 배열을 생성한다. 여기에서 우리는 구조(shape)라는 단어로 관계(relationship)를 표현하고 있다.

```
(A) * (B) => (A, B)
```

모든 A * B의 조합을 담고 있는 외적의 결과를 C라고 하면 C[x, y]는 A[x]를 B[y]로 곱한 값을 지닌다.

비교적 간단한 예시를 살펴보자.

```
>>> import numpy as np
>>> A = np.array([0, 1, 2])
>>> B = np.array([100, 200, 300, 400])
>>> print(np.outer(A, B))
[[  0   0   0   0]
 [100 200 300 400]
 [200 400 600 800]]
```

이 예시에서 A의 첫 번째 항목은 B의 각 항목과 곱한 후 결과의 첫 번째 행을 만든다. 따라서 첫 번째 행의 모든 값은 0인 것이다. 모든 값에 0을 곱했기 때문이다. A의 두 번째 항목(1)은 B의 각 항목과 곱해진 후 두 번째 행을 이룬다. 세 번째 행도 같은 방식으로 만들어진다.

외적의 명확한 사용법은 12장에서 곱셈표를 만들 때 풀었던 문제를 다시 풀면서 확인할 수 있다. numpy 패키지는 훨씬 간단하면서도 더 빠른 해결책을 제공한다.

```
>>> A = np.arange(1,10)
>>> print(np.outer(A, A))
```

와, 정말 단순한 코드다! 결과는 다음과 같다.

```
[[ 1  2  3  4  5  6  7  8  9]
 [ 2  4  6  8 10 12 14 16 18]
 [ 3  6  9 12 15 18 21 24 27]
 [ 4  8 12 16 20 24 28 32 36]
 [ 5 10 15 20 25 30 35 40 45]
 [ 6 12 18 24 30 36 42 48 54]
 [ 7 14 21 28 35 42 49 56 63]
 [ 8 16 24 32 40 48 56 64 72]
 [ 9 18 27 36 45 54 63 72 81]]
```

11장과 같이 문자열 함수를 사용하면 대괄호 기호를 제거하여 결과를 보기 좋게 정리할 수 있다.

```
s = str(np.outer(A, A))
s = s.replace('[', '')
s = s.replace(']', '')
print(' ' + s)
```

원한다면 이 4줄을 더욱 간략한 문장 2줄로 합칠 수 있다.

```
s = str(np.outer(A, A))
print(' ' + s.replace('[', '').replace(']', ''))
```

최종적으로 다음 값을 출력한다.

```
1  2  3  4  5  6  7  8  9
2  4  6  8 10 12 14 16 18
3  6  9 12 15 18 21 24 27
4  8 12 16 20 24 28 32 36
5 10 15 20 25 30 35 40 45
6 12 18 24 30 36 42 48 54
7 14 21 28 35 42 49 56 63
8 16 24 32 40 48 56 64 72
9 18 27 36 45 54 63 72 81
```

## 13.9.3 기타 선형대수학 함수

numpy는 점곱과 외적 이외에도 다른 선형대수학 함수를 제공한다. 별도의 '행렬' 타입이 필요하지 않다는 것을 기억하자. 표준 numpy 배열 타입, ndarray가 이런 함수들에서 사용된다.

하지만 선형 대수와 관계가 있는 함수의 리스트는 무척 길며, 책 한 권 분량이다. 더 자세한 설명을 보고 싶다면 다음 공식 온라인 문서를 확인해 보자.

https://docs.scipy.org/doc/numpy/reference/routines.linalg.html

표 13-7은 numpy에서 제공하는 일반적인 선형대수학과 고등 수학 함수들을 요약한 것이다.

▼ 표 13-7 일반적인 선형대수학 함수

| 문법 | 설명 |
| --- | --- |
| np.dot(A, B [,out]) | A와 B의 점곱 구하기 |
| np.vdot(A, B) | A와 B의 벡터 내적 구하기 |
| np.outer(A, B [,out]) | A의 각 항목을 B의 각 항목과 곱한 외적 구하기. 필요 시 A와 B를 1차원으로 편다. |
| np.inner(A, B [,out]) | A와 B의 내적 구하기 |
| np.tensordot(A, B [,out]) | A와 B의 텐서(tensor) 점곱 구하기 |
| np.kron(A, B) | A와 B의 크로네커(Kronecker) 곱 구하기 |
| np.linalg.det(A) | A의 선형-대수 결정인자(determinant) 구하기 |

# 13.10 / 3차원 플로팅

3차원 플로팅이라는 주제는 고급 주제이며, 이를 충분히 다루려면 두꺼운 책이 필요할 것이다! 하지만 구의 표면을 이루는 점들을 살펴보면 numpy 함수가 3차원 표면을 만들 때 어떤 도움을 주는지 알 수 있다.

다음 예시에서는 익숙한 패키지를 탑재할 것인데, 처음 다루는 mpl_toolkits 패키지도 포함된다. 다행히 matplotlib 패키지를 내려받았다면 이 패키지도 이미 함께 내려받았을 것이기 때문에 별도 설치 과정 없이 탑재만 하면 된다.

```python
from mpl_toolkits.mplot3d import Axes3D
import matplotlib.pyplot as plt
import numpy as np

fig = plt.figure()
ax = fig.add_subplot(111, projection='3d')

# 데이터 생성
ua = np.linspace(0, 2 * np.pi, 100)
va = np.linspace(0, np.pi, 100)
X = 10 * np.outer(np.cos(ua), np.sin(va))
Y = 10 * np.outer(np.sin(ua), np.sin(va))
Z = 10 * np.outer(np.ones(np.size(ua)), np.cos(va))

# 표면 그리기
ax.plot_surface(X, Y, Z, color='w')
plt.show()
```

이 코드의 대부분은 0에서 2 * np.pi까지 실행되는 각도의 사인 및 코사인을 구한 후 외적을 사용하여 결과를 곱한다. 마지막으로 일련의 3차원 점들을 X, Y, Z 배열에 담으면 소프트웨어는 이 배열들로 구체의 표면을 그래프로 표시한다. 그림 13-20에서 이 결과 그래프를 확인할 수 있다.

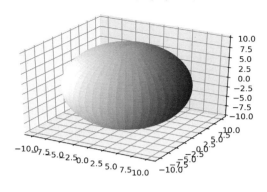

# 13.11 numpy 금융 애플리케이션

numpy 패키지 함수를 사용할 수 있는 넓은 범위에는 금융권 영역까지도 포함된다. 예를 들어 이 자율과 지급 일정에 대한 데이터를 제공하면 pmt 함수를 사용하여 집이나 자동차 구매 시 지급해야 할 전체 금액의 월별 지급액을 계산할 수 있다.

```
numpy.pmt(rate, nper, pv [, fv] [, when ])
```

rate는 백분율이 아닌 부동소수점 숫자로 표현되는 금리다. 예를 들어 0.065는 6.5%의 금리에 해당한다. 이 요금은 각 개별 지급 기간에 대한 요금이기 때문에 연 이율에서 월 이율을 받으려면 12로 나누어야 한다.

nper 인수는 총 지급 기간의 횟수다. 1년이 아니라 월 단위로 지급하려면 연 수에 12를 곱해야 한다.

pv 인수는 현재 가치다. 현재 빌리고 있는 돈의 액수다.

선택적 인수에는 기대 미래 가치인 fv(이 돈이 마지막에 상환될 것으로 가정)가 포함된다. 또 다른 선택적 인수 when에는 지급을 하는 시점이 각 기간 시작 시점이면 값 1을 설정하며, 기간 종료 시점이면 0을 설정할 수 있다.

다음 데이터가 있다고 가정해 보자.

- 금리는 6.5%다. 월 이자를 받으려면 12로 나눈다.

- 대출 기간은 20년이다. 12를 곱하여 월납 횟수를 구한다.

- 빌린 금액은 25만 달러다.

이 데이터를 입력하면 numpy pmt 함수로 손쉽게 월 지급액을 계산할 수 있다.

```
>>> import numpy as np
>>> np.pmt(0.065 / 12, 20 * 12, 250000)
-1863.93283878775
```

> Note ≡  역주 numpy.pmt는 더 이상 사용되지 않으며(deprecated), NumPy 1.20에서는 완전히 제거된다. 대신
> numpy_financial.pmt를 사용할 수 있으며, 자세한 설명은 https://pypi.org/project/numpy-financial/을 참고
> 하기 바란다.
>
> 이 코드를 실행하면 붉은색의 창으로 다음과 같이 표기되니 참고하기 바란다.
>
> ```
> [파이썬 설치 경로]\lib\site-packages\ipykernel_launcher.py:2: DeprecationWarning:
> numpy.pmt is deprecated and will be removed from NumPy 1.20. Use numpy_financial.
> pmt instead (https://pypi.org/project/numpy-financial/).
> ```

따라서 가장 가까운 센트로 반올림한 월 지급액은 1,863.93달러다.

이 금액은 순 현금 흐름을 나타내기 때문에 음수로 표현된다.

사용자가 이자율, 연도, 금액을 조정하여 월 지급액을 결정할 수 있는 함수를 다음과 같이 작성할
수 있다.

```
import numpy as np
def monthly_payment():
    '''데이터를 입력받고, np.pmt를 호출하여
    월납입금 계산한다.'''
    # 월 이율 계산
    s = 'Enter rate as a yearly percentage fig.: '
    rate = (float(input(s)) / 100) / 12

    # 납입 월 횟수 계산
    nyears = int(input('Enter number of years: '))
    nper = nyears * 12
```

```
# 대출금 금액 입력
pv = float(input('Enter amount of loan: '))

# 결과 출력
payment= -1 * np.pmt(rate, nper, pv)
print('The monthly payment is: $%.2f' % payment)
```

이제 실행해 보자.

```
>>> monthly_payment()
Enter rate as a yearly percentage fig.: 5.0
Enter number of years: 30
Enter amount of loan: 155000
The monthly payment is: $832.07
```

따라서 30년 만기 대출 15만 5,000달러의 연 5% 금리를 감안하면 월 납입액은 832.07달러다.

numpy 함수는 월 납입액 중 원금과 이자가 차지하는 금액이 얼마인지 계산할 수도 있다. 월 지급액과 같은 이 두 금액 합계는 다음 함수에 의해 결정된다.

```
numpy.ppmt(rate, per, nper, pv [, fv] [, when ])
numpy.ipmt(rate, per, nper, pv [, fv] [, when ])
```

추가 인수 per은 현재 우리가 어떤 지급 기간을 가지고 있는지, 즉 지급 기간이 0에서 nper-1로 실행되는지를 지정하는 것이다. nper 인수는 여전히 이런 지급 기간의 총 횟수를 명시한다.

이런 함수 중 하나인 ppmt를 총 지급액과 결합하여 사용하면, 시간 경과에 따른 총 월 지급액의 몇 퍼센트가 원금인지 보여 주는 그래프를 그릴 수 있다.

```
import numpy as np
import matplotlib.pyplot as plt

# 기본 매개변수 설정
rate = 0.05 / 12                     # 연 5%로 가정
nper = 30 * 12                       # 기한은 30년으로 가정
pv = 155000                          # 대출 금액은 $155,000

# 지급 합계 생성
Total = -1 * np.pmt(rate, nper, pv)

# 합계 대비 월간 지급 비율(A) 그래프 그리기
A = np.linspace(0, nper)
```

```
B = -1 * np.ppmt(rate, A, nper, pv) / Total
plt.plot(A, B)

# 축 라벨 설정 및 출력
plt.xlabel('Months')
plt.ylabel('Percentage Applied to Principal')
plt.show()
```

그림 13-21에서 결과를 확인할 수 있다. 대출이 만기가 되면 원금에는 소분만 적용되고 나머지는 이자로 간다. 그러나 대출이 만기되면서 원금에 적용되는 월 납입금의 비율이 100%에 육박한다.

▼ 그림 13-21 월 지급액의 원금 비율 그래프

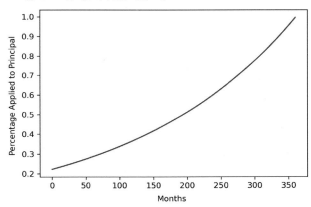

# 13.12 xticks와 yticks로 축 조정하기

앞 절의 그림 13-21은 금융 그래프를 그리는 좋은 첫 시도였지만, 몇 가지 부족한 점이 보인다.

첫째, Y축에는 0.2에서 1.0까지 실행되는 눈금이 있다. 축에 0부터 1까지에 해당하는 실제 값을 부여하면 훨씬 보기 좋을 것이다. '0~100%'와 같이 백분율로 표시된 축 눈금으로 표기하는 것이 더 유용할 것이다.

둘째, X축에는 달에 해당하는 눈금이 있지만 해당 연도를 표시하는 것이 더 유용할 것이다. 2020년부터 2050년까지를 포함한 해당 연도의 라벨을 사용하는 것이 더 나을 수 있다. 이번 예시는 2020년에 대출을 시작한다고 가정할 것이다.

xticks와 yticks 함수가 이런 문제들을 해결한다. 두 함수 모두 두 가지 인수를 취한다. 첫 번째 항목은 표기할 일련의 데이터 지점을 정한다. 두 번째 인수는 각 지점에서 사용할 일련의 라벨을 지정한다(눈금보다 많은 라벨이 있는 경우 초과된 라벨은 무시된다).

Y축의 경우 0.2 단위 간격으로 눈금을 설정한 후 라벨은 0.0부터 시작하여 백분율 값으로 차례대로 지정할 것이다. arange 함수의 인수로 시작, 끝, 단계 값이 주어진다는 것을 기억하자.

```
plt.yticks(np.arange(0.0, 1.1, 0.2),
           ('0', '20%', '40%', '60%', '80%', '100%'))
```

X축에는 기본 설정인 50개월이 아닌 60개월(5년)마다 눈금을 표기하고 싶다. 따라서 arange 인수에는 시작, 끝, 단계 값으로 0, 361, 60을 설정한다.

```
plt.xticks(np.arange(0, 361, 60),
           ('2020', '2025', '2030', '2035', '2040',
            '2045', '2050'))
```

> Note ≡  np.arange 함수는 마지막 값을 포함하지 않고 최댓값을 생성한다. 그렇기 때문에 앞 예시에서 1.0과 360 대신 1.1과 361을 사용했다.

이제 우리가 할 마지막 작업은 두 문장(plt.yticks와 plt.xticks)을 앞 절의 프로그램 코드에 넣는 것이다. X축 라벨 제목도 '년'으로 바꿀 것이다.

```
plt.xlabel('Years')
```

자, 이제 그림 13-22는 보기 좋은 결과를 보여 준다.

▼ 그림 13-22 xticks와 yticks가 조정된 원금 비율 그래프

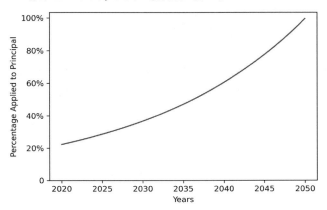

처음에는 약간 천천히 증가하다가 나중에는 가속되는 그래프가 다소 흥미롭다.

# 13.13 numpy 혼합-데이터 레코드

SUPERCHARGED PYTHON

numpy 배열에는 파이썬 리스트와 같이 텍스트 문자열 같은 데이터도 저장할 수 있다. 하지만 numpy 배열은 고정-길이 구조로 문자열을 저장하는 차이점을 갖는다.

문자열 배열과 작업을 할 때 길이를 직접 지정하지 않으면, numpy는 가장 긴 문자열의 길이를 기준으로 고정 길이를 부여한다. 예시를 살펴보자.

```
>>> Words = np.array(('To', 'be', 'orNotToBe'))
>>> Words
array(['To', 'be', 'orNotToBe'], dtype='<U9')
```

변수 Words에 모든 항목이 U9 문자열 타입인 배열을 생성하여 대입했다. 따라서 각 항목은 파이썬 문자열을 담을 수 있는 정확한 크기가 정해지며, 각각은 최대 9자까지 담을 수 있다.

9자보다 작은 문자열 값은 언제든지 넣을 수 있지만, 더 긴 문자열이 들어가는 경우 9자를 넘어가는 글자는 잘려 나간다.

563

```
>>> Words[0] = 'My uncle is Caesar.'
>>> Words[0]
'My uncle '
```

반면 20과 같이 더 긴 문자열 최대 길이를 지정할 수도 있다.

```
>>> Words = np.array(('To', 'be', 'orNotToBe'), dtype = 'U20')
```

이번 예시에서는 'orNotToBe'의 길이가 기본 최대 문자열 길이가 되는 대신 특별히 입력한 'U20'
에 의해 결정되었다. 이제 잘리지 않고 항목에 더 긴 문자열을 대입할 수 있다.

```
>>> Words[0] = 'My uncle is Caesar.'
>>> Words[0]
'My uncle is Caesar.'
```

문자열 주제를 끝내기 전에 U$n$은 표준 파이썬 문자열을 허용하는 유니코드 문자열이라는 것을 기
억하자. S$n$은 bytes 문자열을 의미한다($n$은 숫자다).

대량의 정보를 처리할 때 숫자 데이터와 문자열 데이터를 결합한 레코드를 저장하는 경우가 매우
많다. numpy 배열을 사용하려면 복합 데이터 타입을 저장하는 구조화된 배열을 만들어야 한다.
dtype 필드에 name으로 각 필드를 식별하여 포맷을 지정하는 특별한 구조를 만들 수 있다.

```
dtype = [(name1, format1), (name2, format2) ...)]
```

각 이름과 포맷 지시자는 파이썬 문자열이며, 다음 예시에서 살펴보는 것과 같이 무척 유용하다.
예시를 살펴보자.

```
>>> X = np.array([(12, 33, 'Red'),
                  (0, 1, 'Blue'),
                  (27, 103, 'Yellow'),
                  (-1, -2, 'Blue')],
        dtype = [('a', 'i4'), ('b', 'i4'), ('color', 'U10')])
>>> print(X)
[(12, 33, 'Red') ( 0, 1, 'Blue') (27, 103, 'Yellow') (-1, -2, 'Blue')]
```

dtype 인수가 어떻게 필드를 묘사하는지 주목해 보자.

```
dtype = [('a', 'i4'), ('b', 'i4'), ('color', 'U10')]
```

자, 이제 이 배열의 정보에 어떻게 접근하고 가공할 수 있을까? 이 데이터의 일부를 얻는 한 가지 방법은 색인을 두 번 사용하는 것이다. 예를 들어 다음 문장은 첫 번째 항목으로 주어진 튜플 안의 첫 번째 항목에 접근한다.

```
>>> X[0][0]
12
```

그러나 이번 예시에서는 숫자 색인보다는 'a', 'b', 'color' 등을 사용하여 의미 있는 이름으로 구분할 수 있는 항목들을 모두 가져오는 것이 더 유용하다. 첫 번째 필드인 'a'와 관련된 모든 정수를 가져오는 방법은 다음과 같다.

```
>>> print(X['a'])
[12 0 27 -1]
```

다음 일련의 문장 뒤에 변수 A는 'a'라는 필드에서 수집된 모든 정수를 포함하는 numpy 배열을 가리킨다. 이 데이터가 1차원 배열로 수집된 후에는 무엇보다도 합계, 평균, 표준 편차를 구할 수 있는 이점을 갖는다.

```
>>> A = X['a']
>>> np.sum(A)
38
>>> len(A)
4
>>> np.mean(A)
9.5
>>> np.std(A)
11.324751652906125
```

X의 각 항목에서 추출한 두 번째 정수 필드를 가져와서 만든 배열 B에도 같은 작업을 할 수 있다.

```
>>> B = X['b']
>>> print(B)
[ 33 1 103 -2]
```

마지막으로 'color' 필드의 모든 값을 수집하여 문자열 리스트를 얻을 수 있다.

```
>>> C = X['color']
>>> print(C)
['Red' 'Blue' 'Yellow' 'Blue']
```

한편 원한다면 특정 열 값을 통째로 바꿀 수 있다. 예를 들어 전체 'b' 열을 0으로 지정하려면 다음 문장으로 X의 내용을 변경할 수 있다.

```
>>> X['b'] = 0
```

# 13.14 파일에서 numpy 데이터 읽고 쓰기

데이터를 얻는 주된 방법 중 하나는 이진 또는 텍스트 파일로부터 데이터를 읽는 것이다. 이 절에서는 텍스트 파일을 numpy 배열로 직접 읽는 방법을 보여 준다.

간단한 예시로 읽고 싶은 데이터를 일련의 레코드로 저장하는데, 하나의 레코드는 쉼표로 구분된 필드로 1줄씩 저장된다고 가정해 보자. 데이터를 저장하는 일반적인 방법이다. 이 절에서는 10개의 레코드로 구성된 파일을 찾아보겠지만, 물론 그런 레코드는 수천 개 또는 수백만 개에 달할 수 있다.

파일 이름은 team_data.txt다. 이 파일에는 다음과 같이 여러분 개발 팀원들에 대한 레코드가 포함되어 있다.

- IQ, 정수
- 키, 부동소수점 숫자
- 나이, 정수
- 마지막 고과 평가(0.0부터 4.0까지), 부동소수점
- 대학, 유니코드 문자열

내용은 다음과 같다. 이런 파일을 흔히 콤마-구분 값(Comma-Separated Value, CSV) 파일로 부른다.

```
101, 70.5, 21, 2.3, Harvard
110, 69.5, 22, 3.1, MIT
130, 76.0, 21, 3.5, Cal Tech
120, 72.5, 29, 3.7, Yale
120, 73.2, 33, 2.9, Harvard
105, 68.0, 35, 3.0, U. of Wash.
```

```
107, 74.0, 44, 2.7, Tacoma Comm. College
140, 67.0, 30, 3.1, Oregon State
100, 72.5, 31, 2.0, UCLA
```

이런 데이터는 수천 건이 될 수도 있지만, 우리는 간단한 예시를 살펴보기에 10건만 사용한다는 것을 기억하기 바란다.[4]

가장 먼저 해야 할 일은 각 레코드의 구조를 나타내는 튜플 목록을 만드는 것이다. 각 열의 이름이 포함되어 있어 나중에 참조할 수 있다.

```
dt = [('IQ', 'i2'), ('Height', 'f4'), ('Age', 'i2'),
      ('Rating', 'f4'), ('College', 'U30')]
```

모든 필드는 다른 크기를 가질 수도 있다. 가령 2바이트보다 큰 정수가 필요하다면 4바이트 정수('i4')를 사용하면 된다. 더 많은 소수점으로 구성된 부동소수점 숫자를 저장하고 싶다면 'f8'을 사용하면 된다. 하지만 필드의 크기를 키우면 메모리의 더 큰 영역을 차지하는 비용을 수반하게 된다.[5]

일단 앞 예시의 설정을 따르도록 하자. 다음 문법은 텍스트 파일을 어떻게 numpy 배열로 읽어 오는지 보여 주고 있다. 온라인을 찾아보면 다른 인수도 찾아볼 수 있다. 그런 인수 중에는 특정 열이나 행을 입력하지 않아도 된다.

```
array = np.loadtxt(fname, dtype=<class 'float'>, delimiter)
```

이 함수는 사용하기 쉽다. 파일을 미리 열 필요도 없다. 대신 텍스트 모드에서 읽을 수 있는 파일이 자동으로 열린다. 파일을 열 수 없는 경우 IOError 예외가 발생한다.

fname 인수는 열고자 하는 파일 이름을 지니는 문자열이며, 전체 경로 이름이 될 수 있다. dtype 인수는 앞서 만든 dt 리스트와 같이 데이터 타입을 나열한 배열이다. 이 예시의 필드 구분자 (delimiter)는 쉼표다.

---

4 **역주** 앞으로의 실습을 위해 이 10건의 데이터를 담은 텍스트 파일을 하나 생성하여 'team_data.txt'라는 이름으로 주피터 노트북 루트 디렉 터리에 생성해야 한다. 실습 편의를 위해 책 예제 파일의 메인 폴더에 team_data.txt 파일을 생성해서 넣어 두었다.

5 **역주** 덧붙이자면 실제로 사용하는 데이터 크기보다 더 큰 타입을 지정하면, 사용하지도 않는 영역을 이미 사용하고 있다고 간주하기 때문에 비효율적으로 메모리를 소비하게 된다는 의미다. 하지만 반대로 실제 데이터보다 작은 크기로 설정하면 데이터가 잘려 나가기 때문에 주의해 야 한다. 효율성과 정확성은 항상 견주어야 할 트레이드오프다.

다음 문장은 이 절의 시작 부분에 표시된 텍스트 파일을 읽어 온다.[6]

```
team_a = np.loadtxt('team_data.txt', dt, delimiter=',')
```

이 문장을 실행하여 변수 team_a 값을 출력해 보면 다음과 같은 데이터가 담긴 것을 확인할 수 있다.

```
array([(101, 70.5, 21, 2.3, ' Harvard'),
       (110, 69.5, 22, 3.1, ' MIT'),
       (130, 76. , 21, 3.5, ' Cal Tech'),
       (120, 72.5, 29, 3.7, ' Yale'),
       (120, 73.2, 33, 2.9, ' Harvard'),
       (105, 68. , 35, 3. , ' U. of Wash.'),
       (107, 74. , 44, 2.7, ' Tacoma Comm. College'),
       (140, 67. , 30, 3.1, ' Oregon State'),
       (100, 72.5, 31, 2. , ' UCLA')],
      dtype=[('IQ', 'i2'), ('Height', 'f4'),
             ('Age', 'i2'), ('Rating', 'f4'),
             ('College', 'U30')])
```

이 예시에는 적어도 한 가지 이상한 점이 있다. 문자열을 시작하는 첫 글자가 모두 공백이라는 것이다. 구분자 설정이 쉼표로만 되었기 때문이다. 이 문제를 해결하는 몇 가지 방법이 있다. 가장 간단한 방법은 아마도 구분 기호를 콤마와 공백(', ')의 조합으로 만드는 것이다.

```
team_a = np.loadtxt('team_data.txt', dt, delimiter=', ')
```

이제 앞 절에서 설명한 대로 열을 선택하거나 가공할 수 있으며, 데이터를 분석할 수 있다.

```
iq_a = team_a['IQ']
ht_a = team_a['Height']
age_a = team_a['Age']
rat_a = team_a['Rating']
```

다음은 iq_a 배열의 출력 결과이며, IQ 필드의 각 행에서 가져온 모든 항목을 포함하고 있다.

```
[101 110 130 120 120 105 107 140 100]
```

---

6 **역주** team_data.txt 파일이 없으면 코드가 제대로 실행되지 않으니 주의하기 바란다.

이제 우리는 numpy 통계 함수를 사용하여 이 데이터를 분석할 수 있다.

```
print('Mean IQ of the dev. team is %.2f.' % np.mean(iq_a))
print('Std. dev. of team\'s IQ is %.2f.' % np.std(iq_a))
```

이 문장이 실행되면 다음 값이 출력된다.

```
Mean IQ of the dev. team is 114.78.
Std. dev. of team's IQ is 12.95.
```

여러 열로 할 수 있는 재미있는 일 중 하나는 피어슨(Pearson) 상관 계수를 찾는 것이다. 이 상관 계수는 동일한 길이의 두 배열의 관계를 측정한다. 양의 상관관계는 A가 증가하면 B도 증가한다는 것을 의미한다. 완벽한 상관관계(1.0)는 완벽한 선형 관계를 의미하며, 한쪽이 10% 증가하면 다른 쪽도 항상 10% 증가한다는 것을 의미한다.

반대로 −1.0은 완벽한 음의 상관관계로, 한쪽이 증가하면 다른 쪽은 감소한다.[7]

개발 팀의 키와 IQ의 상관관계는 어떻게 될까? 다음 계산으로 이 상관 계수를 구할 수 있다.

```
>>> np.corrcoef(iq_a, ht_a)[0, 1]
-0.023465749537744517
```

이 결과는 개발 팀에서 IQ와 키 사이에 부정적인 상관관계가 있다는 것을 암시하지만 아주 미미하다. IQ가 높은 사람은 키가 작다는 결과가 나왔지만, 아주 조금이다. 상관관계는 0.0에 가까우며, 두 가지 데이터 집합(IQ와 키)의 상관관계는 아주 적다.

np.corrcoef 함수의 반환값이 정확히 2×2 배열인 것에 주목하자. 이를 하나의 값으로 변경하려면 색인 [0, 1] 혹은 [1, 0]을 사용하면 된다.

원한다면 배열을 사용하기 전에 가공할 수 있다. 예를 들어 0.0에서 5.0으로 실행하는 대신 0.0에서 10.0으로 실행되도록 성과 등급 시스템을 변경한다고 가정해 보자. 전체 열에 2를 곱하면 이 변경 사항을 반영할 수 있다.

```
team_a['Rating'] *= 2
```

np.append 함수를 사용하면 언제든지 데이터에 신규 행을 추가할 수 있다. 예시를 살펴보자.

```
new_a = np.array((100, 70, 18, 5.5, 'C.C.C.'), dtype=dt)
team_a = np.append(team_a, new_a)
```

---

7  역주 피어슨 상관 계수 참조 링크: https://ko.wikipedia.org/wiki/피어슨_상관_계수

마지막으로 여러 인수를 갖는 savetxt 함수를 사용하면 만들어진 배열을 텍스트 파일로 다시 저장할 수 있다.

```
np.savetxt(fname, array, fmt='%.18e', newline='\n', header='', footer='')
```

텍스트 파일은 자동으로 열리며, fname 인수는 적절한 파일 이름이라는 것을 가정한다. 포매팅 문자열 fmt는 앞서 살펴본 dtype 배열은 아니다. 대신 5장에서 살펴보았던 퍼센트 기호로 필드를 지정하는 포매팅 문자열이다. 이 절에서 만든 데이터 배열 team_a를 사용한 예시를 살펴보자.[8]

```
fmt_str = '%i, %.1f, %i, %.1f, %s'
np.savetxt('team_data.txt', team_a, fmt=fmt_str)
```

# 13.15 정리해 보자

numpy 패키지로 할 수 있는 일은 정말 무궁무진하다. 이 마지막 두 장에서 이 주제를 다루었지만, 아직 다루지 못한 내용이 많다.

이 장에서는 2차원 그래프를 플로팅하는 것을 소개했다. 기본적인 아이디어는 matplotlib 패키지의 plot 함수를 사용하여 길이가 같은 2개의 숫자 배열을 전달하는 것이다. 플로팅 소프트웨어는 첫 번째 배열의 각 항목과 두 번째 배열에 대응하는 항목을 결합하여 이 조합에서 (x, y) 쌍의 나열을 얻는다. 이런 쌍은 점으로 표시되며, 플롯 함수는 가능한 한 부드럽게 선으로 이 점들을 잇는다.

하지만 이것은 시작에 불과하다. 다른 함수를 사용하여 파이 차트, 히스토그램 및 기타 그래프를 만들 수 있다. 게다가 3차원의 기하학적 표면을 구하는 산술은 더 복잡하지만 플로팅의 기본 원리로 3차원 형상도 만들 수 있다.

---

8 역주 이 절의 서두에 생성한 team_data.txt 파일을 선호하는 텍스트 편집기로 열어서 변경한 사항이 잘 반영되었는지 확인해 보자.

이 장에서는 numpy 패키지로 금융 상품 이율 분석과 선형대수학 연산을 처리하는 방법을 그래프 시각화 방법과 함께 살펴보았다. 마지막으로 이 장은 고정 길이 레코드를 numpy 배열로 저장하는 방법뿐만 아니라 텍스트 파일에 읽고 쓰는 방법을 보여 주는 것으로 끝을 맺었다.

15장에서는 웹에 있는 금융 정보를 내려받아 그래프로 시각화하는 방법을 살펴볼 것이다.

# 13.16 복습 문제

1  한 그래프에 표기한 여러 수치를 구분하기 쉽게 하기 위한 방법은 어떤 것이 있는가?

2  이 장을 읽은 후 높은 단리 이율을 갖는 금융 상품에 비해서 복리 이율 상품이 갖는 장점이 무엇인지 설명할 수 있는가?

3  히스토그램이란 정확히 무엇인가? numpy로 이 그래프를 만들어 보자.

4  필요한 경우 X축과 Y축의 가로세로 비율을 조정하는 방법은 무엇인가?

5  2개의 numpy 배열의 점곱, 외적 및 표준 곱셈의 세 가지 형태의 차이점을 요약해 보자.

6  집을 사기 전에 월별 주택담보대출금을 계산할 때 어떤 numpy 함수를 사용할 수 있는가?

7  numpy 배열이 문자열 데이터를 저장할 수 있는가? 만약 가능하다면 이 데이터가 갖는 최소한의 한 가지 제약 사항은 무엇인가?

13

넘파이 다루기

# 13.17 실습 문제

1 다음 함수의 곡선을 그래프로 표현해 보자.

$$Y = X^2$$
$$Y = X^3$$
$$Y = \log_2(X)$$

2 13.7절에서 구현한 원 그래프와 같은 완벽한 원을 그리되, 극 좌표(polar coordinate) 접근법을 사용하는 대신 X 값을 하나 또는 2개의 Y 값에 직접 매핑하는 데카르트(Cartesian) 접근법을 사용해 보자. 특히 다음 공식이 제공하는 이점을 누리기 바란다(r은 반지름(radius)을 의미한다).

$$x^2 + y^2 = r^2$$

단위 원을 그래프로 그리려면 다음 공식을 사용하여 Y를 구하라.

$$x^2 + y^2 = 1$$

반면 이 방법을 사용하면 반원만 생성된다. (이유가 무엇인가?) 2개의 곡선을 그려서 완벽한 원을 그려라.

3 10년 만기 주택담보대출의 처음 20개 기간에 대한 차트를 출력해 보자. 이자는 원리금 상환액과 이자 상환액을 표시한다. 2개의 선을 그래프로 표시한다.

# 14<sup>장</sup>

# 여러 모듈과
# RPN 예시

파이썬 프로그래밍이 익숙해지기 시작하면 코드를 여러 파일에 나누어서 작성하고 싶은 순간이 도래할 것이다. 이 여러 파일을 우리는 **모듈**이라고 부른다. 단일 프로젝트에서 여러 모듈을 사용하면 많은 이점이 있다. 예를 들어 같은 프로젝트에 참여한 여러 개발자가 서로 다른 모듈에서 동시에 작업을 할 수 있다. 모듈식 개발 없이 마이크로소프트의 윈도처럼 복잡한 것을 만드는 것은 불가능하다.

파이썬 모듈은 대부분 쉽게 사용할 수 있지만, 나중에 손해를 입지 않기 위해 주의해야 할 사항들이 있다. 하지만 걱정하지 말자. 우리가 이를 안전하게 피할 수 있게 해 주겠다.

이 장에서는 3장, 6~8장에서 개발한 후위 표기법(RPN) 예시를 완성할 것이다. 이 애플리케이션은 루프와 의사 결정을 충분히 지원할 수 있을 만큼 강력한 기능으로 RPN 언어를 해석할 것이다.

# 14.1 파이썬 모듈의 개요

파이썬에서 모듈은 다른 것들과 마찬가지로 객체일 뿐이며, 자체 속성을 갖는다. 이 사실로 중요한 사실을 하나 알 수 있다.

파이썬 스크립트는 최소한 하나의 모듈을 갖고 있어야 한다는 점이다. IDLE에서 작업을 하더라도 마찬가지다. __name__ 내장 식별자로 출력해 보면 __main__이라는 이름의 모듈이 실행되고 있다는 것을 확인할 수 있다.

```
>>> print(__name__)
__main__
```

이 장에서는 여러분이 적어도 하나의 파이썬 소스 파일로 작업을 하고 있다고 가정할 것이다. 그리고 이 파일이 메인 모듈이 될 것이다. 이 파일을 실행하면 실제 파일 이름이 무엇이든지 간에 이름이 __main__으로 변경된다.

import 문을 사용하여 원하는 만큼의 다른 소스 파일을 가져온 후 패키지와 동일한 구문을 사용하여 프로젝트에서 사용할 수 있다. 프로그램은 항상 메인 모듈을 실행하면 시작된다. (IDLE 내에서) 메인 모듈을 연 후 Run > Run Module을 선택하면 해당 모듈을 실행할 수 있다.

모듈을 탑재할 때는 일반적인 지침을 따라야 한다. 이를 잘 따르면 나중에 문제가 생기는 것을 최소할 수 있을 것이다.

- import 문으로 다른 소스 파일을 탑재하자. 다른 패키지를 탑재하는 것과 같다. 하지만 .py 확장자는 포함하지 않는다.

- (함수의 로컬 변수가 아닌) 모듈-수준 변수[1]뿐만 아니라, 함수도 탑재할 수 있다. 정규화된 이름을 통해 가져온 변수를 참조해 보자. 예를 들어 e가 my_math.py 모듈에 정의된 경우 메인 모듈에서 my_math.e로 참조할 수 있다.

- 한 가지 예외 사항을 기억하자. 만약 여러분이 변수 값을 절대로 변경하지 않는다면 직접 참조하는 것이 안전하다. 가령 pi가 상수면 다른 모듈에서 간단하게 pi로 참조할 수 있다.

- 모듈 간에 서로 탑재하는 것은 피한다. mod_a.py가 mod_b.py를 탑재하면 mod_b.py는 mod_a.py를 탑재하지 않아야 한다. 또한, 탑재의 순환적인 '루프'는 피해야 한다. 만약 A가 B를 탑재하고 B가 C를 탑재한다면 C는 A를 탑재하지 말아야 한다.

규칙 4에는 예외가 있다. 글에서도 알 수 있듯이 순환 탑재 자체는 가능하다. 하지만 문제를 피하는 가장 간단한 방법은 순환 탑재를 하지 않는 것이다.

14

요런 모듈과 RPN 예시

SUPERCHARGED PYTHON

# 14.2 간단한 2개의 모듈 예시

하나의 프로그램을 2개의 모듈로 나누는 것으로 시작해 보자. 메인 모듈은 run_me.py에 있다.

파일은 IDLE 스크립트로 저장할 수 있다. import 문은 이 모듈에서 다른 파일에 정의된 함수를 호출할 수 있게 해 준다.[2]

```
# File run_me.py ------------------------------
import printstuff                    # printstuff.py 탑재
printstuff.print_this('thing')       # 탑재된 함수 호출
```

---

1  역주 모듈로 탑재한 소스 파일에 정의된 변수
2  역주 이 장에서 기본적으로 사용하는 run_me.py 파일 등은 주피터 노트북에 수록해 두었다. 하지만 printstuff.py처럼 따로 만들어 저장하거나 기존 파일을 수정해서 실습해야 하는 파일은 제공하지 않는다. 책을 보고 직접 만들고 수정하여 진행해야 하며, 해당 부분의 역주를 참고하여 실행하자.

이 프로그램은 printstuff.py 파일을 탑재하며, .py 확장자 없이 printstuff만으로 모듈을 참조하고 있다. (반복했다면 미안하다.) 다음 코드는 printstuff.py에 저장할 내용이다. 이 파일은 run_me.py와 함께 작업 디렉터리에 저장되어야 한다.[3]

```
# File printstuff.py --------------------------
def print_this(str1):
    print('Print this %s.' % str1)
```

이제 run_me.py 파일을 직접 실행해 보자. 같은 디렉터리에 있다면 다른 모듈을 프로젝트의 일부로 탑재할 필요가 없다.

import 문은 하나의 함수 정의문을 지니고 있는 printstuff.py의 내용을 실행해 준다. def 문은 콜러블(callable) 객체인 함수를 생성해 준다.

> **Note** ≡　import 문은 .py 파일 확장자가 항상 포함되었다고 생각하며, 확장자가 함께 표기되면 실수로 볼 수 있다. 나머지 이름은 파일 이름을 짓는 표준 규칙을 따라야 한다.

print_this 함수는 간단한 버전의 import 문으로 다른 모듈에서 탑재되기 때문에 이 함수는 반드시 modulename 지시자인 printstuff와 함께 참조되어야 한다.

```
printstuff.print_this('thing')
```

다음으로 넘어가기 전에 지금까지 진행한 모든 단계를 하나씩 다시 살펴보자.[4]

- IDLE 안에서 **File > New File**을 선택하자. IDLE는 윈도에서 수정이 가능한 단순 텍스트를 작성할 수 있게 해 준다. 다음 코드를 입력하자(주석은 입력하지 않아도 되지만, 나머지는 정확하게 작성해야 한다).

```
# File run_me.py --------------------------
import printstuff                    # printstuff.py 탑재
printstuff.print_this('thing')       # 함수 호출
```

- 이 파일을 run_me.py로 저장한다.

---

3　역주 주피터 노트북으로 실습하는 경우 주피터 노트북이 저장되는 작업 디렉터리에 파일을 저장해야 한다.

4　역주 이어지는 실행 단계는 IDLE를 사용하는 경우에 해당하는 내용이다. 주피터 노트북을 사용하는 경우 printstuff.py를 주피터 노트북 작업 디렉터리에 저장한 후 run_me.py 내용을 주피터 노트북에서 실행하면 된다. printstuff.py 내용은 원하는 텍스트 편집기로 수정하고, run_me.py 내용은 주피터 노트북에서 실행하도록 하자.

- 신규 파일을 열어서 아래 값을 입력한다.

```
# File printstuff.py -------------------------
def print_this(str1):
    print('Print this %s.' % str1)
```

- 이 파일을 printstuff.py로 저장한다.
- 윈도에서 run_me.py를 선택한다(첫 번째 파일(모듈)이 다시 활성화된다).
- Run > Run Module을 선택하여 이 파일을 실행한다.

프로그램의 출력 결과는 다음과 같다.

```
Print this thing.
```

탑재된 파일은 모듈-수준 코드를 담고 있다. 이 코드는 함수 정의문의 일부가 아니다. 모듈-수준 코드를 직접 실행한다. 따라서 이 특정 프로그램을 다음과 같이 작성할 수도 있다.

```
# File run_me.py -----------------------------
import printstuff            # printstuff.py 파일을 탑재하고 나서
                             # 코드를 실행한다.


#---------------------------------------------
# File printstuff.py

print('Print this thing.')
```

이 버전의 프로그램에서 printstuff.py는 간단하게 실행할 수 있는 모듈-수준 코드를 담고 있다. 다시 말하지만 프로그램의 결과는 다음 문장을 출력한다.

```
Print this thing.
```

지금까지 연습한 예시는 동작은 하지만 모듈-수준 코드를 메인 모듈에서 실행하기 때문에 그렇게 일반적이지는 않다. 가급적 이런 코드는 피하기 바란다.

탑재된 모듈이 할 수 있는 다른 작업은 모듈-수준 변수 대입으로 이름이 주어진 변수를 생성할 수 있다.

```
# File run_me.py -----------------------------

import printstuff            # printstuff.py 파일 탑재
```

```
# 다음 문장은 탑재된 변수를 사용한다.
print('%s and %s' % (printstuff.x, printstuff.y))

# File printstuff.py ------------------------

x, y = 100, 200
```

run_me.py를 실행하면 다음 결과를 출력한다.[5]

```
100 and 200
```

변수 x와 y는 printstuff라는 이름의 다른 모듈에서 탑재되었으며, 이 변수들을 메인 모듈에서는 printstuff.x와 printstuff.y를 사용하여 참조할 수 있다.

모듈은 함수와 마찬가지로 전역 변수와 지역 변수에 접근하는데, 한 가지 이슈가 있다. 가령 다음 코드가 있다고 가정해 보자.[6]

```
# File run_me.py --------------------------

from foo_vars import z, print_z_val
import foo_vars

z = 100
print_z_val()

# File foo_vars.py --------------------------

z = 0
def print_z_val():
    print('Value of z is', z)
```

이 프로그램을 실행하면 z 값은 여전히 0인 것을 알 수 있다. 마치 메인 모듈(run_me.py)에서 변경한 z 값이 무시된 것처럼 보인다. 실제로는 z = 100 문장은 메인 모듈에 z 지역 변수를 만든 것이다. 문제를 해결하려면 run_me.py의 z = 100 문은 다음과 같이 변경되어야 한다.

```
foo_vars.z = 100
```

5　**역주** 주피터 노트북을 사용하는 경우, 탑재 대상 모듈인 printstuff.py가 변경이 되었을 때 커널을 재시작해야 한다. **Kernel** › **Restart**를 실행하기 바란다.

6　**역주** 앞 예시에서처럼 foo_vars.py는 주피터 노트북 작업 디렉터리에 생성하고, run_me.py는 수정하여 주피터 노트북에서 실행해 보자.

이 문장은 run_me.py가 foo_vars.py 안에 정의된 버전의 z를 사용하게 해 주며, foo_vars.z에 100을 대입하게 된다.

이제 2개의 소스 파일(메인 프로그램 모듈과 poly.py 모듈)을 포함한 완전한 예시를 살펴보자.[7]

```
# File do_areas.py ---------------------------------

import poly               # poly.py 파일 탑재

def main():
    r = float(input('Enter radius:'))
    print('Area of circle is', poly.get_circle_area(r))
    x = float(input('Enter side:'))
    print('Area of square is', poly.get_square_area(x))

main()

# File poly.py ---------------------------------

def get_circle_area(radius):
    pi = 3.141593
    return 3.141592 * radius * radius

def get_square_area(side):
    return side * side

def get_triangle_area(height, width):
    return height * width * 0.5
```

메인 모듈은 do_areas.py다. poly.py 파일은 동일 디렉터리에 있다. do_areas.py를 실행하면 프로그램이 처음으로 하는 작업은 poly.py 파일을 탑재하는 것이다.

```
import poly               # poly.py 파일 탑재
```

파이썬이 이 문장을 읽고 실행하면 메인 모듈(do_areas.py)의 실행을 중지하고 poly.py 파일을 실행한다. 해당 파일을 찾기 위해 poly에 .py 확장자를 자동으로 추가한다.

파일 이름을 확장자와 함께 탑재하면 에러가 발생한다. 파이썬이 poly.py를 하위 패키지 이름으로 해석하기 때문이다.

---

7   역주 주피터 노트북에서 실행하려면 poly.py 파일을 주피터 노트북 작업 디렉터리에 생성하고, do_areas.py 내용을 주피터 노트북에서 실행하면 된다.

poly.py 안의 코드를 실행하면 고마운 def 문에 의해 호출할 수 있는 객체인 함수 3개가 생성된다. import 문은 메인 모듈에 이 함수 3개의 이름을 참조할 수 있게 해 준다. 하지만 poly를 앞에 반드시 붙여야 한다.

```
poly.get_circle_area(radius)
poly.get_square_area(side)
poly.get_triangle_area(height, width)
```

# 14.3 import 문의 변형

import 문은 직접 만든 모듈을 탑재할 때 이 책의 앞부분에서 보여 준 규칙을 따른다. 가장 간단한 사용법은 소스 파일이 다른 모듈에서 정의한 모듈-수준 심벌에 접근하는 것이다. 하지만 모듈 이름은 존재하는 이름이어야 한다.

```
import 모듈_이름
```

해당 모듈에서 생성한 함수는 적절한 지시자로 호출할 수 있다.

```
모듈_이름.함수_이름(args)
```

변수도 같은 방식으로 접근 가능하다.

```
모듈_이름.변수
```

from 문을 사용하여 특정 심벌 이름을 나열하면 해당 심벌을 직접 사용할 수 있다.

```
from 모듈_이름 import 심벌1, 심벌2, 심벌3, ...
```

예를 들어 앞 절 마지막 예시의 get_circle_area와 get_square_area는 from/import 문을 사용하여 직접 호출할 수도 있다. 결과를 살펴보자.

```python
# File do_areas.py ---------------------------------
from poly import get_circle_area, get_square_area

def main():
    r = float(input('Enter radius:'))
    print('Area of circle is', get_circle_area(r))

    x = float(input('Enter side:'))
    print('Area of square is', get_square_area(x))

main()

# File poly.py ---------------------------------
def get_circle_area(radius):
    pi = 3.141593
    return 3.141592 * radius * radius

def get_square_area(side):
    return side * side

def get_triangle_area(height, width):
    return height * width * 0.5
```

이 방식으로 두 함수를 탑재하고 나면 지시자 없이 참조할 수 있다. 점(.) 구문이 필요 없다는 의미다. 게다가 이 import 문만 존재한다면 반드시 지시자 없이 참조해야 한다.

```python
from poly import get_circle_area, get_square_area
```

이 문장에는 get_triangle_area에 접근할 수 있는 심벌 이름을 제공하지 않는다. 이 경우에 해당 함수가 탑재되지 않았기 때문이다.

다음 절에서 설명하는 제한 사항에 따라 모듈의 모든 심벌을 탑재하도록 선택할 수도 있다. 이 구문은 별표 기호(*)를 사용하여 "지정된 모듈에서 모든 심벌을 탑재하라."를 수행한다.

```python
from poly import *
```

이 문장의 결과로 소스 파일 poly.py가 실행되며, 모든 모듈-수준 심벌은 현재 소스 파일에 지시자 없이 참조할 수 있게 된다(소스 파일 poly.py가 현재 작업 디렉터리에 있다고 가정한다).

파이썬은 프로젝트에서 소스 파일을 처음 탑재할 때 해당 파일의 코드를 실행한다. 파이썬은 def 문을 실행하면 런타임 시에 호출이 가능한 객체로 함수를 생성한다는 점을 기억하자. 파이썬은 C나 C++와 달리 '컴파일' 단계에서는 함수를 생성하지 않는다. 대신 함수는 동적으로 생성되며, 프로그램을 실행하는 동안 언제든지 생성될 수 있다.

따라서 파이썬은 지정한 모듈에서 전체 코드를 실행해야 한다. 아니면 최소한 변수 대입이나 함수 정의(또는 둘 다)를 이상적으로 수행하는 모듈-수준 코드를 모두 실행해야 한다. 이런 식으로 모듈을 실행한 후에는 동일한 모듈을 다시 탑재해도 재실행되지 않는다.

물론 만들어진 함수들은 얼마든지 호출할 수 있다. 하지만 def 문의 초기 동작은 호출 가능한 객체로서의 함수를 만든 것일 뿐이지, 아직 함수를 호출한 것은 아니다. 이 차이는 매우 중요하다.[8]

SUPERCHARGED PYTHON

# 14.4 __all__ 기호 사용하기

앞 절에서 별표 기호(*)가 원하는 모듈의 모든 모듈-수준 코드를 프로그램 네임 스페이스(name space)에 가져올 수 있다고 언급했다. 예를 들어 다음과 같이 메인 프로그램(run_me.py)에 한 모듈(module2.py)을 탑재한 애플리케이션이 있다고 가정해 보자.[9]

```
# File run_me.py ----------------------------

from module2 import *

pr_nice('x', x)
pr_nice('y', y)

# File module2.py ---------------------------

x = 1000
y = 500
z = 5
```

---

8  역주 주피터 노트북에서 import했던 모듈 파일이 수정되었을 때 커널을 재실행한 이유를 여기에서 확인할 수 있다.
9  역주 앞 절과 마찬가지로 주피터 노트북으로 실습하기 위해서는 탑재할 모듈 파일(module2.py)은 선호하는 텍스트 편집기나 IDLE로 주피터 노트북 작업 디렉터리에 생성하고, run_me.py 내용은 주피터 노트북에서 실행하기 바란다.

```
def pr_nice(s, n):
    print('The value of %s is %i.' % (s, n))
    print('And z is %i.' % z)
```

이 프로그램을 실행하면 run_me.py는 다음 결과를 출력한다.

```
The value of x is 1000.
And z is 5!
The value of y is 500.
And z is 5!
```

이 예시에서 알 수 있듯이 import * 문법은 module2.py에 정의된 모든 모듈-수준 심벌들을 사용할 수 있게 해 준다.

하지만 module2.py의 모든 심벌을 run_me.py에서 사용해야 할까? 모듈-수준 변수 z는 pr_nice 함수 정의문에서 사용되었지만, 메인 모듈에서 사용할 필요는 없다.

여러분이 별표 기호(*)를 사용하는 import 문을 사용할 때 파이썬은 모듈 자체에 있는 __all__ 심벌을 사용하여 이를 제어한다. 어떻게 동작하는지 살펴보자.

- 해당 모듈이 특수 기호 __all__ 에 어떤 변수도 할당하지 않으면 모듈을 탑재한 코드는 기대했듯이, 모든 모듈-수준(전역을 의미) 심벌들을 볼 수 있게 된다.
- 만약 해당 모듈이 __all__ 에 값을 할당했다면 모듈을 탑재한 코드는 나열된 심벌들만 볼 수 있다.

__all__ 의 문법은 다음과 같다.

```
__all__ = [sym_str1, sym_str2, sym_str3, ...]
```

이 문법을 보면 이 문장에 나열된 심벌릭 이름들은 문자열이며, 일반적으로 따옴표 기호와 함께 쓰여진 이름을 의미한다(다음 예시를 참고하자).

앞 예시를 다시 떠올려 보자. x·y·z 변수 이름은 함수 이름 pr_nice와 같이 탑재한 run_me.py 모듈에서 사용 가능하다. 하지만 z는 module2라는 모듈 안에서 내부적으로 사용하기 때문에 탑재할 필요가 없었다. 따라서 이 모듈을 다음과 같이 작성할 수 있다.[10]

---

10 [역주] 모듈은 탑재되는 순간 함수가 생성되기 때문에 모듈 파일이 변경되면 주피터 노트북 커널을 재시작해야 한다는 것을 잊지 말자.

```
# File module2.py ----------------------------

__all__ = ['x', 'y', 'pr_nice']

x = 1000
y = 500
z = 10

def pr_nice(s, n):
    print('The value of %s is %i.' % (s, n))
    print('And z is %i.' % z)
```

추가된 새로운 문장은 굵은 글씨로 강조되어 있다. 이 줄을 추가하고 run_me.py를 재실행하면 결과는 변함이 없다는 것을 알게 될 것이다.

하지만 이 새로운 1줄의 코드가 결과를 바꾸지 않는다면 사용하는 이유가 무엇인가? * 구문을 사용하여 모듈을 가져올 때 불필요한 심벌의 확산을 제한하는 데 도움이 되기 때문이다. 일부 대형 패키지는 수천 개의 모듈-수준 심벌을 가지고 있다. __all__을 사용하면 심벌릭 이름의 확산을 통제하여 통제 불능이 되는 것을 방지할 수 있다. 그렇지 않으면 이름 충돌로 인해 위험해질 수 있다.

모듈이 import * 구문을 사용하여 심벌을 탑재하지 않는 경우 __all__ 대입은 영향을 미치지 않는다.

z가 리스트에 포함되지 않은 코드를 다시 한 번 살펴보자.

```
__all__ = ['x', 'y', 'pr_nice']
```

이 경우에도 변수 z는 여전히 메인 모듈에서 다른 방법으로 참조가 가능하다. 예시를 살펴보자.

```
# File listing for run_me.py ----------------------

from module2 import *        # x, y, pr_nice 탑재
from module2 import z        # z 탑재

print('z is %i, for heaven's sake!' % z)
```

이 버전의 코드는 다음과 같은 결과를 출력한다.

```
z is 10, for heaven's sake!
```

이 예시는 z를 별도의 문장으로 탑재했기 때문에 잘 동작한다.

# 14.5 / 전역과 지역 모듈 변수

앞 절에서 제기한 이슈는 다음과 같다. 모듈-수준 심벌을 모듈 내에서만 사용할 수 있게 '지역화 (private)'할 수 있을까?

> **Note** ☰ 이 절에서 설명하는 방법은 밑줄(_) 접두사를 사용하여 좀 더 탑재하기 어려운 이름을 만드는 것으로, 클래스 외부에서 private 속성(이중 밑줄을 앞에 붙여서 지정)에 접근하려고 할 때 발생하는 이름 훼손(name mangling)과는 별개다.
>
> 이름 훼손에 대한 자세한 내용은 9.6절을 참고하자.

다른 컴퓨터 언어 대부분은 심벌릭 이름을 지역화하는 방법을 가지고 있다. 파이썬에서는 이 기능을 덜 강조하는데, 파이썬의 철학은 무언가를 쉽게 만들고 실행시키는 것이기 때문이다. 그러나 파이썬에서도 밑줄로 시작하는 이름에는 특별한 속성이 있다.

```
_이름
```

파이썬 모듈에서 밑줄로 시작하는 이름이 생성되면 다른 모듈에서 import * 구문을 사용하여 해당 이름에 접근할 수 없다.

```
from mod_a import *
```

예를 들어 다음 프로그램을 실행하면 에러가 발생한다. 왜냐하면 _a와 __b는 접근이 가능할 것이라고 가정하지만 그렇지 않기 때문이다.[11]

```
# File run_me.py ----------------------------

from mod_a import *      # 실패할 것이다.

print(_a)
print(__b)
```

---

11 역주 주피터 노트북에서 실행하려면 주피터 노트북 작업 디렉터리에 mod_a.py 파일을 만들고, run_me.py 내용은 주피터 노트북으로 실행하자.

```
# File mod_a.py -----------------------------

_a, __b = 10, 100
```

_a와 __b의 참조는 실패할 것이다. 물론 이 단일-밑줄(single-underscore) 규칙은 이중 밑줄(double underscore) 규칙에도 똑같이 적용된다. 다음과 같이 심벌을 탑재하는 방법을 변경하면 프로그램을 성공적으로 실행할 수 있다.

```
# File run_me.py -----------------------------

from mod_a import _a, __b        # 이제 동작할 것이다.

print(_a)
print(__b)


# File mod_a.py -----------------------------

_a, __b = 10, 100
```

두 예시의 차이점을 살펴보면, 두 번째 예시가 별표 기호(*) 문법에 기대는 대신 import 키워드로 명확하게 _a와 __b를 지정한 데에 있다.

## 14.6 / 메인 모듈과 __main__

앞서 우리는 모듈도 객체고 다른 객체와 마찬가지로 속성이 있다고 설명했다. 다음 예시에 몇 가지 속성을 만들어 보여 주는 간단한 프로그램이 있다. 특히 모듈 이름으로 출력한 내용에 주목해 보자.

```
# File run_me.py --------------------------------
import mod_a

x = 1
y = 2
```

```
print('My name is %s.\n' % __name__)

print(dir())
```

프로그램 출력 결과는 다음과 같다.

```
My name is __main__.

['__annotations__', '__builtins__', '__doc__',
 '__file__', '__loader__', '__name__', '__package__',
 '__spec__', 'mod_a', 'x', 'y']
```

왜 이 프로그램의 이름이 __main__일까?

모든 파이썬 프로그램은 단일-모듈이든 복잡한 모듈이든 간에 메인 모듈의 이름은 파일 이름에서 __main__으로 변경되기 때문이다.

이 프로그램은 mod_a라는 이름의 모듈을 탑재한다. 다음과 같이 mod_a는 단 하나의 문장을 담고 있다고 해 보자.

```
# File mod_a.py ---------------------------------

print('My name is %s.\n' % __name__)
```

이 모듈이 탑재되어 실행되면 다음과 같이 출력될 것이다.

```
My name is mod_a.
```

따라서 이 모듈 이름이 mod_a에서 변경되지 않았다면 이 이름은 .py 확장자 없이 파일 이름으로 결정된다. 모듈 이름은 처음으로 실행되는 모듈인 메인 모듈이지 않는 이상 변경되지 않는다.

이 규칙에는 중요한 결과가 따른다. 우선 모듈이 메인 모듈을 탑재하려고 할 때 잠재적으로 메인 모듈에 있는 모든 심벌의 복사본을 2개 만들 수 있다. 왜냐하면 지금 (이번 예시에서) __main__과 mod_a가 모두 존재하기 때문이다.

__main__ 이름은 유용할 수 있다. 때로는 메인 모듈이 아니더라도 모듈 안의 모든 함수를 테스트하고 싶을 수 있다. 이런 경우 이 모듈을 스탠드얼론(stand-alone)으로 실행하여 메인 모듈로 만들 수 있다.

그렇기 때문에 전문적인 파이썬 코드는 다음과 같은 코드를 담고 있는 것이 일반적이다. 파이썬은 해당 파일이 실제로 메인 모듈 역할을 하는 경우에만 모듈 수준의 문장을 실행하게 된다.

```
# File start_me_up.py --------------------------

def call_me_first():
    print('Hi, there, Python!')

if __name__ == '__main__':
    call_me_first()
```

메인 모듈로 모듈을 실행하려면, IDLE를 사용하는 경우 **Run > Run Module**로 실행할 수 있다는 것을 기억하자.[12]

요점은 다음과 같다. (일반적으로 특정 모듈의 함수가 동작하는지 테스트하기 위해) 독립적으로 모듈을 실행하려면 해당 함수를 호출할 모듈 수준 코드를 가져야 한다. 그렇기 때문에 __name__ 이 __main__과 동일한지 확인하는 것이다.

이 모든 것을 달리 말하면 __main__을 사용하는 코드가 매우 유용한 테스트 도구라는 것이다. 이 방법으로 각 모듈들을 독립적으로 테스트할 수 있다. 만약 전체 프로그램이 실행되면 모듈은 더 이상 독립적으로 실행되지 않고, 평상시처럼 메인 프로그램이 호출하는 대로만 실행될 것이다.

# 14.7 / 상호 탑재 문제 해결하기

2개의 모듈이 서로를 탑재하는 것이 가능할까? 물론 가능하다. 하지만 문제가 생길 수 있으니 조심해야 한다.

우선 프로그램을 실행할 때 시작하는 모듈인 메인 모듈을 탑재할 때 문제가 있다. 앞 절에서 설명했듯이 모듈이 메인 모듈이 되면 모듈 이름은 __main__으로 변경된다. 하지만 파일 이름으로 탑재를 하면 해당 모듈의 복사본이 2개 생기는 셈이다!

서로를 탑재하고 있는 2개의 모듈(mod_a와 mod_b)을 만들 수 있을까? 그림 14-1에서 보여 주는 것과 같이 말이다.

---

12 역주 주피터 노트북에서는 이 코드를 그대로 실행하면 된다.

▼ 그림 14-1 잠재적인 아키텍처(불안정)

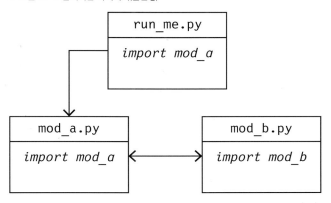

이 방법은 괜찮아 보이며, 가끔 잘 동작하기도 한다. 하지만 두 모듈 간에 상호 의존성이 생기는 경우 실패할 것이다. 예시를 하나 살펴보자.[13]

```
# File run_me.py ------------------------------------

import mod_a
mod_a.funcA(5)

# File mod_a.py ------------------------------------

import mod_b

def funcA(n):
    if n > 0:
        mod_b.funcB(n - 1)

# File mod_b.py ------------------------------------

import mod_a

def funcB(n):
    print(n)
    mod_a.funcA(n)
```

---

**13** 역주 주피터 노트북에서 실행하기 위해서는 mod_a.py와 mod_b.py 파일이 주피터 노트북 작업 디렉터리에 존재해야 한다. mod_a.py는 앞에서 사용한 파일이기 때문에 내용이 바뀌면 커널을 재시작해야 적용된다. run_me.py는 앞에서와 같이 내용을 주피터 노트북에서 실행하면 된다.

14

요리 모듈과 RPN 예시

이 프로그램은 동작한다. 아니면 최소한 더 복잡해지기 전까지는 제 할 일을 한다. 모든 메인 모듈은 중요하다. 메인 모듈이 하는 일은 두 모듈(mod_a와 mod_b)을 탑재한 후 함수 중 하나를 실행하는 것이다. 함수가 상호 의존적(각자가 서로 호출)이기는 하지만 적절한 종료 조건이 있으므로, 프로그램은 다음과 같은 결과를 출력하면서 잘 동작한다.

```
4
3
2
1
0
```

훌륭하다! 하지만 이 코드는 쉽게 망가질 수 있다. 다음과 같이 순진무구한 문장을 mod_a.py에 추가한다고 가정해 보자. 다음 코드에 굵은 글씨로 표시했다.

```
# File mod_a.py -----------------------------------

import mod_b

mod_b.funcB(3)

def funcA(n):
    if n > 0:
        mod_b.funcB(n - 1)
```

mod_a.py에 반영한 코드를 저장하고, 프로그램을 run_me.py로 시작해 보면 실패한다.[14] 에러 메시지는 mod_a가 "funcA라는 속성이 없다."라는 것을 명시한다.

무슨 일이 벌어진 것일까? mod_a.py가 탑재되면 처음으로 하는 일은 mod_b를 탑재하는 것이다. 하지만 funcB를 호출하면 mod_a가 아직 끝까지 실행되지 않았기 때문에 funcA는 객체로 생성되기 이전이며, funcA를 호출할 수 없다.

결과적으로 funcB를 성공적으로 호출하지만, funcA는 존재하기도 전에 호출하려고 하는 셈이다. 그렇기 때문에 이 이상한 에러 메시지가 출력되는 것이다.

이 문제를 피하는 한 가지 방법은 프로젝트에서 어떤 함수도 정의하기 전에는 무조건 호출하지 않는 것이다. 1장에서 선행 참조 문제(forward reference problem)를 해결하기 위해 제공한 조언과 같이 말이다. 하지만 훨씬 더 안전한 방법은 탑재를 단일 방향으로만 하는 것이다.

---

14 [역주] 주피터 노트북을 사용하는 경우 커널을 재시작하는 것을 잊지 말자.

모든 모듈이 함수 혹은 변수에 접근할 수 있다는 것을 보장하면서 단방향 탑재만 허용하는 프로젝트를 설계하려면 어떻게 해야 할까? 한 가지 방법은 프로젝트에서 일반적으로 사용해야 하는 모든 객체를 가능한 한 계층 구조의 맨 하위 모듈에 넣는 것이다(그림 14-2 참고). 이 방법은 많은 C 혹은 C++ 프로그래머들이 프로젝트를 설계할 때 사용하는 방법과 상반되지만, 이것이 '파이썬만의 방법(the Python way)'이다.

❤ 그림 14-2 모듈 탑재 방식의 단방향 설계

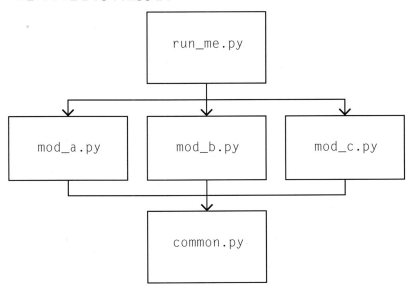

또 다른 해결책은 다음 절인 14.8절에서 소개하겠지만, 모듈을 탑재하는 대신 함수 호출 시 참조를 객체에 전달하는 것이다.

SUPERCHARGED PYTHON

## 14.8 RPN 예시: 2개의 모듈로 나누기

이 장의 나머지 부분은 지난 8장에서 살펴본 후위 표기법(Reverse Polish Notation, RPN) 언어 해석기에 초점을 맞출 것이다. 지난 버전의 프로그램은 텍스트 파일에 저장된 RPN 스크립트를 읽어서 실행할 수 있었다.

다음 단계는 프로그램을 2개의 모듈로 나누는 것이다. 우선 파일 처리 기능을 별도의 모듈로 이동하는 것이 적절할 것이다. 파일 I/O 함수 open_rpn_file은 사용자에게 파일 이름을 받아서 연 후 파일의 모든 텍스트 줄들을 문자열 리스트에 넣어 반환한다.

다음 절에서는 파일 I/O 문을 해당 모듈에 추가할 것이다. 그러므로 이 절에서는 함수 open_rpn_file을 rpn_io.py라는 이름의 파이썬 소스 파일에 옮기는 작업에 초점을 맞추어 보자.

다음 코드는 8장의 프로그램 최종 버전과 내용은 같지만, 2개의 파일로 나뉜다.[15]

```
# File rpn.py --------------------------------------

import re
import operator
from rpn_io import *

# 심벌 테이블: 변수 값이 저장된다.

sym_tab = { }

stack = []                # 값을 보관하기 위한 스택

# 스캐너: 심벌 테이블에 저장될 변수 이름을 인식하기 위한 항목 추가
# 그리고 심벌 테이블에 넣은 값을 대입한다.

scanner = re.Scanner([
    (r"[ \t\n]", lambda s, t: None),
    (r"-?(\d*)?\.\d+", lambda s, t: stack.append(float(t))),
    (r"-?\d+", lambda s, t: stack.append(int(t))),
    (r"[a-zA-Z_][a-zA-Z_0-9]*", lambda s, t: stack.append(t)),
    (r"[+]", lambda s, t: bin_op(operator.add)),
    (r"[-]", lambda s, t: bin_op(operator.sub)),
    (r"[*]", lambda s, t: bin_op(operator.mul)),
    (r"[/]", lambda s, t: bin_op(operator.truediv)),
    (r"[\^]", lambda s, t: bin_op(operator.pow)),
    (r"[=]", lambda s, t: assign_op()),
    ])

def assign_op():
    '''대입 연산 함수: 이름과 값을 스택에서 꺼내서,
```

---

**15** [역주] 주피터 노트북으로 실행하려면 rpn_io.py 파일을 주피터 노트북 작업 디렉터리에 생성하고, rpn.py 내용은 주피터 노트북 안에서 실행하기 바란다.

```
        심벌 테이블 엔트리를 만든다.
        '''
        op2, op1 = stack.pop(), stack.pop()
        if type(op2) == str:              # 소스는 다른 변수일 수도 있다!
            op2 = sym_tab[op2]
        sym_tab[op1] = op2

def bin_op(action):
    '''바이너리 연산 평가 함수: 피연산자가 변수 이름이면
    평가하기 전에 심벌 테이블에서 찾아서
    해당 값으로 대체한다.
    '''
    op2, op1 = stack.pop(), stack.pop()
    if type(op1) == str:
        op1 = sym_tab[op1]
    if type(op2) == str:
        op2 = sym_tab[op2]
    stack.append(action(op1, op2))

def main():
    a_list = open_rpn_file()
    if not a_list:
        print('Bye!')
        return

    for a_line in a_list:
        a_line = a_line.strip()

        if a_line:
            tokens, unknown = scanner.scan(a_line)
            if unknown:
                print('Unrecognized input:', unknown)
    print(str(stack[-1]))

main()

# File rpn_io.py
#----------------------------------------

def open_rpn_file():
    '''오픈-소스-파일 함수. 파일을 열고,
    읽은 줄을 리스트에 넣어서 반환한다.
    '''
```

```
    while True:
        try:
            fname = input('Enter RPN source: ')
            if not fname:
                return None
            f = open(fname, 'r')
            break
        except:
            print('File not found. Re-enter.')
    a_list = f.readlines()
    return a_list
```

이 버전의 프로그램은 기능적으로 8장의 코드와 동일하게 동작하며, RPN 스크립트를 파일에서 읽어 오고, 대입(=) 결과로 변수 이름을 저장하기 위해 심벌 테이블 sym_tab을 사용한다.

예를 들어 이 프로그램은 다음 RPN 스크립트를 담고 있는 텍스트 파일을 읽을 수 있어야 하며, 프로그램으로 실행하여 결과를 출력할 수 있어야 한다.

```
a_var 3 =
b_var 5 =
a_var b_var * 1 +
```

이 스크립트를 텍스트 파일로 저장(rpn_junk.txt)하여 프로그램을 실행해 보자. 제대로 된 결과가 출력되었다면 16을 보게 될 것이다.

> Note ≡    RPN 소스 파일을 IDLE 안에서 만들면 IDLE가 .py 확장자를 추가하더라도 놀라지 말자.[16]

메인 모듈에 추가된 import 문에 주목해 보자.

```
from rpn_io import *
```

rpn_io 모듈은 함수 하나만 지니고 있기 때문에 이름이 충돌할 가능성은 희박하다. 하지만 다음과 같이 사용할 함수만 선택하여 탑재할 수도 있다.

```
from rpn_io import open_rpn_file
```

---

16  **역주** 이 스크립트는 파이썬 코드가 아니라, RPN 방식으로 표현한 산술 공식이다. IDLE가 아닌 일반 텍스트 편집기를 사용하여 rpn_junk.txt 파일을 주피터 노트북 작업 디렉터리에 생성하기 바란다.

# 14.9 RPN 예시: I/O 지침 추가하기

다음 단계는 고수준의 입력과 출력 지침(directive)을 RPN 스크립팅 언어에 추가하여 프로그램이 결과를 출력하는 것과 마찬가지로 사용자가 초깃값을 입력할 수 있게 해 준다.

표 14-1에서 설명한 4개의 지침을 추가하여 프로그램을 설계해 보자.

▼ 표 14-1 RPN 언어를 위한 I/O 지침

| 지침(문법 포함) | 설명 |
| --- | --- |
| INPUT 변수_이름 | 사용자에게 값을 받아 와서 숫자 값으로 변경한 후 심벌 테이블에 '변수_이름'으로 저장한다. |
| PRINTS 따옴표로_감싼_문자열 | 구체적인 문자열을 출력한다. |
| PRINTLN [따옴표로_감싼_문자열] | 구체적인 문자열을 출력하고, 개행 문자를 붙인다. |
| PRINTVAR 변수_이름 | '변수 이름'을 심벌 테이블에서 찾아와서 출력한다. |

이제 예시를 만들어 볼 차례다. 전체적으로 더 나은 설계를 하기 위해 4개의 지침에 대한 구현은 메인 모듈 대신 rpn_io 파일에 넣을 것이다. 이 방법은 이슈가 있다. 2개의 지침(INPUT과 PRINTVAR)은 메인 모듈에서 생성한 심벌 테이블(sym_tab)에 접근할 필요가 있기 때문이다. 어떻게 해야 rpn_io 모듈에 이 테이블을 공유할 수 있을까? 14.6절에서 보았듯이, 2개의 모듈이 서로를 참조하면 상호 의존성으로 인해 프로그램이 실패할 수 있기 때문에 리스크가 있다.

가장 단순하면서도 안전한 해결책은 심벌 테이블을 제공하는 딕셔너리인 sym_tab의 참조를 전달하는 것이다.

어떻게 참조를 전달할 수 있는지 궁금할 수도 있다. 항상 그렇듯이 파이썬은 인수를 전달하면서 이를 가능하게 한다. 이 부분은 성능에 큰 이점을 가져온다. 만약 이와는 반대로 어떤 함수가 심벌 테이블의 전체 복사본을 넘겨받는다면 프로그램이 무척 느려질 것이다. 게다가 호출된 함수에서 테이블의 원본 데이터를 변경하지도 못하게 된다.

이번 시나리오에서는 딕셔너리가 런타임 시 변경이 가능한 가변성을 띠기 때문에 데이터를 변경할 수 있는 이점이 생긴다. 딕셔너리 sym_tab 일부를 변경하는 함수를 만들 수 있으며, 변경 사항이 직접 반영될 것이다. 예를 들어 다음 예시는 sym_tab이 전달된 참조임에도 불구하고 변수를 만들고 테이블에 값을 더한다.

```
    sym_tab[var_name] = val
```

rpn.py 안에 위치한 main 함수의 새로운 버전을 살펴보자. 추가된 줄은 굵은 글씨로 표기했다.[17]

```
def main():
    a_list = open_rpn_file()
    if not a_list:
        print('Bye!')
        return

    for a_line in a_list:
        a_line = a_line.strip()
        if a_line.startswith('PRINTS'):
            do_prints(a_line[7:])
        elif a_line.startswith('PRINTLN'):
            do_println(a_line[8:])
        elif a_line.startswith('PRINTVAR'):
            do_printvar(a_line[9:], sym_tab)
        elif a_line.startswith('INPUT'):
            do_input(a_line[6:], sym_tab)
        elif a_line:
            tokens, unknown = scanner.scan(a_line)
            if unknown:
                print('Unrecognized input:', unknown)
```

추가된 (혹은 수정된) 코드 대부분은 대상 RPN 코드 파일에서 읽은 줄의 시작 부분에서 지침 이름(PRINTS, PRINTLN, PRINTVAR, INPUT) 중 하나를 찾는다. 문자열 클래스의 startswith 메서드는 이 지침들을 확인하는 효율적인 방법을 제공한다. 지침 중 하나가 발견되면 프로그램은 입력받은 내용에서 지침을 제외한 남은 부분을 인수로 하는 적절한 함수를 호출하여 이를 처리한다.

물론 이 두 함수(PRINTVAR와 INPUT)는 심벌 테이블을 참조로 넘겨받는다.

다음 함수는 rpn_io.py 파일에 추가되었다. 이 함수들은 메인 함수에 의해 4개의 지침을 수행한다.

```
def do_prints(s):
    ''' 문자열을 출력하여 PRINTS 지침을 수행한다.
    '''
    a_str = get_str(s)
    print(a_str, end=' ')
```

---

**17** 역주 기존 main( ) 메서드를 통째로 변경해야 한다. 기존 main( ) 메서드의 마지막 줄이 제거되기 때문이다.

```python
def do_println(s):
    ''' PRINTLN 지침 수행: 만약 선택적인 문자열 인수가 주어지면
    이를 출력하고 나서, 무조건 개행 문자를
    출력한다.
    '''
    if s:
        do_prints(s)
    print()

def get_str(s):
    ''' do_prints의 도우미 함수
    '''
    a = s.find("'")
    b = s.rfind("'")
    if a == -1 or b == -1:
        return ''
    return s[a+1:b]

def do_printvar(s, sym_tab):
    ''' PRINTVAR 지침 수행: 변수 이름이 문자열 s에 있는지 찾아본 후
    심벌 테이블에 이 이름이 있는지 찾아본다.
    '''
    wrd = s.split()[0]
    print(sym_tab[wrd], end=' ')

def do_input(s, sym_tab):
    ''' INPUT 지침 수행: 사용자에게 값을 입력받은 후
    심벌 테이블의 문자열 s 색인에 해당 값을 넣는다.
    '''
    wrd = input()
    sym_tab[s] = float(wrd)
```

이 프로그램에서 사용하는 함수는 인수로 전달된 sym_tab을 사용했기 때문에 도움이 된다. 마지막 두 함수(do_printvar 및 do_input)는 심벌 테이블 참조를 두 번째 인수로 얻는다.

sym_tab은 메인 모듈에서 생성한 심벌 테이블의 복사본이 아니며, 원본 테이블 자체에 접근하는 참조다. (심벌 테이블과 같은) 데이터 딕셔너리는 가변적이며, do_input 함수는 복사본이 아닌 원본 테이블을 수정해야 하기 때문이다.

이 네 가지 지침을 수행하기 위한 기능을 구현함에 따라, RPN 통역기는 이제 실제 프로그램에 가까운 스크립트를 실행할 수 있다. 예를 들어 다음 스크립트는 사용자가 입력한 직각삼각형 변 2개로 빗변을 계산하여 그 결과를 출력한다.

```
PRINTS 'Enter side 1: '
INPUT side1
PRINTS 'Enter side 2: '
INPUT side2
total side1 side1 * side2 side2 * + =
hyp total 0.5 ^ =
PRINTS 'Hypotenuse equals '
PRINTVAR hyp
```

이 RPN 스크립트를 rpn_hyp.txt 파일에 저장했다고 가정해 보자. 다음 예시는 rpn.py의 메인 모듈을 실행한 예시다.[18]

```
Enter RPN source: rpn_hyp.txt
Enter side 1: 30
Enter side 2: 40
Hypotenuse equals 50.0
```

첫 번째 줄에서 보여 준 "Enter RPN source"는 파이썬 프로그램이 출력한 것이다. 두 번째, 세 번째, 그리고 네 번째 줄은 실제로 RPN 스크립트에 의해 출력된 것이며, RPN 스크립트를 검증하는 과정에서 출력된다.

# 14.10 RPN 예시 추가 변경

RPN 해석기를 더 나은 프로그램으로 만들기 위해 할 일이 아직 더 남았다. 가장 큰 문제점은 에러를 제어하는 기능이 여전히 빈약하다는 것이다. 예를 들어 RPN 스크립트 작성을 다음 스크립트로 시작한다고 해 보자.

```
PRINTS 'Enter side 1: '
INPUT side 1
```

---

18 **역주** 주피터 노트북을 사용한다면 rpn_io.py 파일이 변경되었기 때문에 반드시 커널을 재시작하고, 앞서 변경한 rpn.py의 코드를 주피터 노트북에서 실행하면 된다.

이런! 두 번째 줄에 side1을 작성할 때 빈칸이 들어가고 말았다. 현재 작성된 rpn.txt 프로그램은 심벌릭 이름 side가 심벌 테이블에 들어갈 것이고, 1은 무시될 것이다. 그리고 나중에 side1을 심벌 테이블에서 찾으려고 하면 실패할 것이다.

조금 더 세밀한 에러 제어를 하려면 INPUT 지침에 2개의 인수를 줄 수 없다는 식으로 두 번째 줄의 문제를 정확히 집어내 주는 것이 좋을 것이다(0으로 시작하는 색인 번호를 사용하면 첫 번째 줄에서 집어 줄 수도 있겠다).

하지만 최소한 파이썬 프로그램은 예외를 발생시키면서 에러가 발견된 줄 번호와 함께 정중한 메시지를 출력할 것이다. 그리고 이 정보를 활용하려면 줄 번호를 계속 추적해야 할 것이다.

이 해결책이 아름다운 이유는 줄-번호 추적 기능을 한 번 추가하고 나면 0이 아니면 이동하라는 식의 제어 로직을 추가하는 것이 쉽다는 것이다. 이 방법은 14.10.2절에서 소개한다. 기능 하나를 추가하는 것으로 RPN 스크립팅 언어의 능력을 훌륭하게 확장할 수 있다.

## 14.10.1 줄-번호 확인 기능 추가하기

RPN 해석기에 줄-번호 추적 기능을 추가하기 위해 모듈 rpn.py에 (지역 변수가 아닌) 모듈-수준의 신규 변수 pc를 선언할 필요가 있다. 전역(global) 변수이기 때문에 모든 함수에서 global 키워드를 사용하여 선언한 후 새로운 값을 대입할 필요가 있다.

> Note ≡ 이 절의 예시 코드에서 global 문이 어떻게 사용되는지 주의 깊게 살펴보자. 필요할 때 이 키워드를 잘못 사용하면 심술궂은 버그를 생산할 수도 있다.

우리가 처음으로 할 일은 메인 모듈 시작 부분에서 전역 변수 리스트에 pc(program counter)를 추가하는 것이다. rpn_io.py 도입부에 필수 패키지를 탑재하고 나서 다음 코드를 추가해 보자.

```
sym_tab = { }          # (변수를 위한) 심벌 테이블
stack = []             # 값을 보관하기 위한 스택
pc = -1                # 프로그램 카운터
```

굵은 글씨로 표기한 세 번째 줄이 추가되었다. 추가로 메인 함수에 몇 개의 줄이 추가되어야 한다. 다음 코드에 굵은 글씨로 표기한 줄들이다.[19]

---

19 역주 main 함수를 통째로 변경하기 바란다.

```python
def main():
    global pc
    a_list = open_rpn_file()
    if not a_list:
        print('Bye!')
        return
    pc = -1
    while True:
        pc += 1
        if pc >= len(a_list):
            break
        a_line = a_list[pc]
        try:
            a_line = a_line.strip()
            if a_line.startswith('PRINTS'):
                do_prints(a_line[7:])
            elif a_line.startswith('PRINTLN'):
                do_println(a_line[8:])
            elif a_line.startswith('PRINTVAR'):
                do_printvar(a_line[9:], sym_tab)
            elif a_line.startswith('INPUT'):
                do_input(a_line[6:], sym_tab)
            elif a_line:
                tokens, unknown = scanner.scan(a_line)
                if unknown:
                    print('Unrecognized input:', unknown)
                    break
        except KeyError as e:
            print('Unrecognized symbol', e.args[0],
                    'found in line', pc)
            print(a_list[pc])
            break
```

추가된 코드가 어떻게 동작하는지 하나씩 살펴보자. 우선 global 문이 필요하다. global 문이 없다면 파이썬은 함수에서 사용하는 pc가 지역 변수의 참조라고 가정할 것이다. 왜 그럴까? 대입이라는 행위가 변수를 만들기 때문이다. 파이썬에는 변수 선언이 없다는 것을 기억하자! 파이썬은 기본적으로 해당 변수를 지역 변수로 만든다.

global 문은 파이썬에 pc를 지역 변수로 해석하지 말라고 지시한다. 대입을 하더라도 말이다. 파이썬은 전역 (모듈-수준) 버전의 pc를 찾는다.

그리고 나면 pc는 초기 위치로 -1이 설정된다. 프로그램은 1줄을 읽을 때마다 pc를 하나씩 증가시키며, 첫 번째 줄을 읽으면 0이 된다.

```
pc = -1
```

앞서 언급했듯이 다음 몇 줄은 pc를 증가시킨다. 만약 pc 값이 문자열 리스트 범위를 벗어날 정도로 높으면 프로그램은 종료된다. 프로그램이 끝났다는 의미다!

```
while True:
    pc += 1
    if pc >= len(a_list):
        break
```

최종적으로 메인 함수의 마지막에 추가된 코드는 KeyError 예외가 발생하면 유용한 메시지를 보고하는 코드다. 그리고 나면 프로그램은 종료된다.

```
except KeyError as e:
    print('Unrecognized symbol', e.args[0],
            'found in line', pc)
    print(a_list[pc])
    break
```

이 변경으로 변수 이름을 잘못 쓸 때 발생하는 오류는 좀 더 지능적인 오류 보고 기능 덕분에 쉽게 확인이 가능하다. 예를 들어 변수 side1이 제대로 생성되지 않은 경우(사용자가 side11 또는 side1을 입력했다고 가정), 해석기는 이제 다음과 같은 유용한 메시지를 출력한다.

```
Unrecognized symbol side1 found in line 4
total side1 side1 * side2 side2 * + =
```

만약 이런 일이 일어난다면 이 메시지는 여러분에게 side1이나 side2의 생성에 문제가 있다는 것을 말해 준다.

## 14.10.2 0이 아니면 이동하는 기능 추가하기

이제 RPN 해석기가 동작하는 프로그램 카운터(pc)를 갖추게 되었으니, RPN 언어에 0이 아니면 이동하는 제어 로직을 쉽게 추가할 수 있다. 이 한 문장을 추가하면 RPN 프로그램에 반복하고 결정을 내릴 수 있는 능력을 줄 수 있고, 이 언어의 사용성을 크게 증가시킬 수 있다.

우리는 0이 아니면 이동하는 기능을 지침으로 구현할 수도 있지만, 이는 RPN 표현식과는 거리가 멀다.

```
조건_표현식  줄_번호  ?
```

'조건_표현식'이 0이 아니면 프로그램 카운터 pc는 '줄_번호' 값으로 설정된다. 그렇지 않으면 아무 작업도 하지 않는다.

정말 이렇게 단순할 수 있을까? 그렇다! 유일하게 복잡한 부분은 '조건_표현식'을 변수 이름으로 지정해야 하며, 또한 (흔치 않지만) '줄_번호' 역시 변수가 되어야 한다는 것이다.

지금까지는 줄 번호 라벨이 없었기 때문에 이 방법은 완벽한 해결책이 아니다(줄 번호 라벨을 구현하는 것은 이 장 끝의 실습 과제로 남기겠다). RPN 작성기는 0으로 시작하는 색인 방식으로 줄번호를 세야 하며, 어디로 이동해야 할지 결정해야 한다.

사용자가 작성할 수 있는 예시를 살펴보자.

```
PRINTS 'Enter number of fibos to print: '
INPUT n
f1 0 =
f2 1 =
temp f2 =
f2 f1 f2 + =
f1 temp =
PRINTVAR f2
n n 1 - =
n 4 ?
```

이 스크립트가 무엇을 하는지 보이는가? 이 질문은 일단 나중으로 미룰 것이다.

하지만 마지막 줄(n 4 ?)은 살펴보자. 이 스크립트가 어떻게 동작하는지 이해하기 위해 프로그램 카운터가 0부터 시작하는 것으로 설계되었다는 것을 기억하자. 반드시 그럴 필요는 없지만, 프로그래밍을 간단하게 만드는 데 기여한다. 프로그램 카운터가 0으로 시작하기 때문에 n이 0이 아니라는 가정하에 마지막 줄은 5번째 줄(temp f2 =)로 이동한다. 이 양식은 n이 0이 될 때까지 루프를 돈다.

약속했듯이 0이 아니면 이동하는 연산자 ?는 구현하기 쉽다. 스캐너 코드에 짧은 함수 하나만 1줄로 추가하면 된다. 수정한 스캐너 코드는 다음과 같다. 추가된 줄은 굵은 글씨로 표기했다.

```
scanner = re.Scanner([
    (r"[ \t\n]", lambda s, t: None),
    (r"-?(\d*)?\.\d+", lambda s, t:
        stack.append(float(t))),
    (r"-?\d+", lambda s, t: stack.append(int(t))),
    (r"[a-zA-Z_][a-zA-Z_0-9]*", lambda s, t: stack.append(t)),
    (r"[+]", lambda s, t: bin_op(operator.add)),
    (r"[-]", lambda s, t: bin_op(operator.sub)),
    (r"[*]", lambda s, t: bin_op(operator.mul)),
    (r"[/]", lambda s, t: bin_op(operator.truediv)),
    (r"[\^]", lambda s, t: bin_op(operator.pow)),
    (r"[=]", lambda s, t: assign_op()),
    (r"[?]", lambda s, t: jnz_op())
])
```

신규 함수 jnz_op는 스택에서 2개의 항목을 꺼내고, 필요한 경우 심벌 테이블에 해당 항목이 있는
지 찾아본 후 함수 자체의 연산 처리를 수행한다. 간단하다.

```
def jnz_op():
    global pc
    op2, op1 = stack.pop(), stack.pop()
    if type(op1) == str:
        op1 = sym_tab[op1]
    if type(op2) == str:
        op2 = sym_tab[op2]
    if op1:
        pc = int(op2) - 1
```

global 문의 중요성을 다시 한 번 강조하자면 pc가 지역 변수가 되는 것을 피하려면 global 문이
반드시 필요하다.

```
global pc
```

함수의 핵심은 op1이 0이 아닐 때 프로그램 카운터를 수정하는 다음 2줄이다.

```
if op1:
    pc = int(op2) - 1
```

간단한 실행 예시를 살펴보자. 이 절 도입부에 소개한 스크립트(mystery.txt로 부를 것임)가 RPN
해석기에 주어졌다고 가정하겠다.

```
Enter RPN source: mystery.txt
Enter how many fibos to print: 10
 1 2 3 5 8 13 21 34 55 89
```

이 프로그램은 첫 번째 피보나치 숫자를 제외한 첫 10개의 피보나치 숫자를 깔끔하게 출력한다. 사용자 입력에 따라 여러 번 다른 작업을 수행할 수 있는 RPN 스크립트를 성공적으로 해석했다.

## 14.10.3 초과(>)와 난수 획득(!)

RPN 해석기에 대한 주제를 마무리하기 전에 게임 프로그램을 만들 때 도움이 될 기능을 2개 더 추가해 보자. 초과(>, greater than)와 난수 획득(!, get-random-number) 기능을 추가해서 RPN 스크립트로 숫자 맞추기 게임을 작성할 수 있게 될 것이다.

초과 연산자는 다른 RPN 연산자 대부분과 비슷하다. 스택에서 피연산자 2개를 꺼내 와서 결과를 스택 맨 위에 넣는다.

```
op1 op2 >
```

두 피연산자를 대상으로 비교를 수행한다. op1이 op2보다 크면 값 1이 스택에 추가되며, 그렇지 않은 경우 0이 추가된다.

이 기능을 구현하는 데 필요한 작업은 단 1줄에 불과하다! 이미 operator 패키지에서 탑재한 operator.gt에서 초과 연산 처리를 하고 있기 때문에 추가 기능을 포함하지 않아도 된다. 1줄만 추가하면 된다.

```python
scanner = re.Scanner([
    (r"[ \t\n]", lambda s, t: None),
    (r"-?(\d*)?\.\d+", lambda s, t:
        stack.append(float(t))),
    (r"-?\d+", lambda s, t: stack.append(int(t))),
    (r"[a-zA-Z_][a-zA-Z_0-9]*", lambda s, t:
        stack.append(t)),
    (r"[+]", lambda s, t: bin_op(operator.add)),
    (r"[-]", lambda s, t: bin_op(operator.sub)),
    (r"[*]", lambda s, t: bin_op(operator.mul)),
    (r"[/]", lambda s, t: bin_op(operator.truediv)),
    (r"[>]", lambda s, t: bin_op(operator.gt)),
```

```
    (r"[\^]", lambda s, t: bin_op(operator.pow)),
    (r"[=]", lambda s, t: assign_op()),
    (r"[?]", lambda s, t: jnz_op())
])
```

끝이다! 표준 산술이나 비교 연산자라면 새로운 연산자를 추가하는 것이 정말 단순한 일이라는 생각이 들지도 모르겠다.

서로 다른 연산자 표현을 각각 특수 기호 하나로 지정한다면 키보드의 기호가 곧 소진될 수도 있다는 사실을 제외하고는 맞는 소리다. 잠재적으로 이 문제를 해결하기 위해 '~보다 작거나 같은 (less than or equal to)' 조건을 'LE'와 같은 약자를 사용하여 표현할 수도 있겠지만, 이 방법을 사용한다면 스캐너가 토큰을 분석하는 방법을 다시 고민할 필요가 있다.

이제 추가된 연산자 하나로 무장하게 되면, 피보나치 스크립트를 더욱 신뢰할 수 있게 만들 수 있다. 수정된 스크립트를 살펴보자.

```
PRINTS 'Enter number of fibos to print: '
INPUT n
f1 0 =
f2 1 =
temp f2 =
f2 f1 f2 + =
f1 temp =
PRINTVAR f2
n n 1 - =
n 0 > 4 ?
```

이제 마지막 줄은 n이 0보다 크면 4번째 줄(0으로 시작)로 이동한다. 사용자가 음수를 입력하면 RPN 프로그램이 무한 루프에 들어가지 않기 때문에 이 마지막 줄은 전체 스크립트를 개선하고 있다.

마지막으로 (비록 스크립트 대부분에 반드시 필요하지는 않지만) 특정 범위 내의 난수를 반환하는 연산자를 추가해 보자.

```
op1 op2 !
```

이 RPN 표현식의 동작은 op1과 op2를 각각 시작 및 끝 인수로 전달하면서 random.randint를 호출하는 것이다. 그런 다음 이 범위에서 생성된 난수를 스택에 넣는다.

이 표현식을 지원하는 기능을 추가하는 것도 쉽다. 하지만 다른 패키지를 탑재해야 한다. 만약 직접 참조할 수 있다면 코드 작성이 쉬울 것이다. 따라서 다음과 같은 방법으로 탑재해 보자.

```python
from random import randint
```

이제 난수 기능을 추가하려면 단 1줄을 넣으면 된다. 추가한 줄을 굵은 글씨로 표기한 개정된 스캐너를 살펴보자.

```python
scanner = re.Scanner([
    (r"[ \t\n]", lambda s, t: None),
    (r"-?(\d*)?\.\d+", lambda s, t:
        stack.append(float(t))),
    (r"-?\d+", lambda s, t: stack.append(int(t))),
    (r"[a-zA-Z_][a-zA-Z_0-9]*", lambda s, t:
        stack.append(t)),
    (r"[+]", lambda s, t: bin_op(operator.add)),
    (r"[-]", lambda s, t: bin_op(operator.sub)),
    (r"[*]", lambda s, t: bin_op(operator.mul)),
    (r"[/]", lambda s, t: bin_op(operator.truediv)),
    (r"[>]", lambda s, t: bin_op(operator.gt)),
    (r"[!]", lambda s, t: bin_op(randint)),
    (r"[\^]", lambda s, t: bin_op(operator.pow)),
    (r"[=]", lambda s, t: assign_op()),
    (r"[?]", lambda s, t: jnz_op())
])
```

RPN 해석기에 이런 모든 추가 기능들로 이제 흥미로운 스크립트를 쓸 수 있게 되었다. 여기 숫자 추측 게임의 RPN 버전이 있다.

분명히 이 버전은 큰 한계를 가지고 있다. 줄 번호 라벨이 없다! 명확한 설명을 위해 굵은 글씨로 줄 번호(이동 대상)를 스크립트에 표시했다. 반드시 필요하지도 않고 유효한 숫자도 아니지만, 라벨 번호 앞에 0을 붙였다.

```
n 1 50 ! =
PRINTS 'Enter your guess: '
INPUT ans
ans n > 07 ?
n ans > 09 ?
PRINTS 'Congrats! You got it! '
1 011 ?
PRINTS 'Too high! Try again. '
```

```
1 01 ?
PRINTS 'Too low! Try again. '
1 01 ?
PRINTS 'Play again? (1 = yes, 0 = no): '
INPUT ans
ans 00 ?
```

이 스크립트는 아직 분석하기 어려울 수 있으므로, 가상 줄 번호를 입력하여 이해하는 데 도움이
되게 했다. 이 줄 번호는 가상이므로, 이 시점에서는 실제로 파일에 넣을 수 없다! 하지만 여러분
의 프로그래밍 연습을 위해 종이에 한 번 적어 볼 수는 있겠다.

```
00: n 1 50 ! =
01: PRINTS 'Enter your guess: '
02: INPUT ans
03: ans n > 07 ?
04: n ans > 09 ?
05: PRINTS 'Congrats! You got it! '
06: 1 011 ?
07: PRINTS 'Too high! Try again. '
08: 1 01 ?
09: PRINTS 'Too low! Try again. '
10: 1 01 ?
11: PRINTS 'Play again? (1 = yes, 0 = no): '
12: INPUT ans
13: ans 00 ?
```

이 스크립트는 코딩 트릭의 이점을 가지고 있다. 0이 아닌 경우 이동하는 연산자에 0이 아닌 상수
가 주어지면 무조건 이동한다. 그러면 줄 08과 10의 문장은 두 번째 줄(01)로 무조건 이동한다.

```
1 01 ?
```

이제 스크립트 흐름을 확인하여 어떻게 동작하는지 볼 수 있어야 한다. 다음은 스크립트가 rpn_
game.txt 파일에 저장되어 있다고 가정하여 실행해 본 예시다.

```
Enter RPN source: rpn_game.txt
Enter your guess: 25
Too low! Try again. Enter your guess: 33
Too low! Try again. Enter your guess: 42
Too high! Try again. Enter your guess: 39
Too low! Try again. Enter your guess: 41
Congrats! You got it! Play again? (1 = yes, 0 = no): 0
```

# 14.11 RPN: 모든 코드 모으기

아직 RPN 애플리케이션을 개선하기 위해 할 수 있는 일이 남았지만, 이 장에서 개발한 애플리케이션은 매우 강력한 기능을 갖고 있는 초기 버전이다. 제어 구조뿐만 아니라 변수까지 가지고 있으며, 심지어 난수 생성 능력도 가지고 있다.

이 주제를 벗어나기 전에 프로그램 구조를 다시 한 번 살펴보자. 메인 모듈인 rpn.py는 여러 개의 패키지와 하나의 모듈인 rpn_io.py를 탑재한다.

여기에 상호 참조 관계가 있는데, 메인 모듈이 다른 모듈에 접근해야 하는 심벌 테이블이 바로 그것이다. 하지만 일부 함수 호출에 sym_tab을 넘겨주면 쉽게 해결된다. 따라서 함수는 sym_tab에 대한 참조를 얻으며, sym_tab을 테이블을 조작하는 데 사용할 수 있다(그림 14-3 참고).

▼ 그림 14-3 RPN 프로젝트 최종 구조

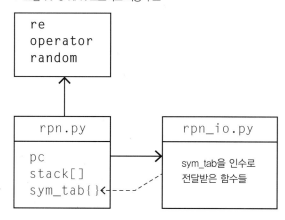

다음 코드는 메인 모듈, rpn.py의 최종 버전이다. 대부분의 작업은 스캐너 객체가 수행한다. 스캐너 클래스의 사용법은 7장에서 소개했었다.

```
# File rpn.py --------------------------------------

import re
import operator
from random import randint
from rpn_io import *
```

```
sym_tab = { }                    # (변수를 위한) 심벌 테이블
stack = []                       # 값을 보관할 스택
pc = -1                          # 프로그램 카운터

# 스캐너: 심벌 테이블에 저장될 변수 이름을 인식하기 위한 항목 추가
# 그리고 심벌 테이블에 넣은 값을 대입한다.

scanner = re.Scanner([
    (r"[ \t\n]", lambda s, t: None),
    (r"-?(\d*)?\.\d+", lambda s, t:
        stack.append(float(t))),
    (r"-?\d+", lambda s, t: stack.append(int(t))),
    (r"[a-zA-Z_][a-zA-Z_0-9]*", lambda s, t:
        stack.append(t)),
    (r"[+]", lambda s, t: bin_op(operator.add)),
    (r"[-]", lambda s, t: bin_op(operator.sub)),
    (r"[*]", lambda s, t: bin_op(operator.mul)),
    (r"[/]", lambda s, t: bin_op(operator.truediv)),
    (r"[>]", lambda s, t: bin_op(operator.gt)),
    (r"[!]", lambda s, t: bin_op(randint)),
    (r"[\^]", lambda s, t: bin_op(operator.pow)),
    (r"[=]", lambda s, t: assign_op()),
    (r"[?]", lambda s, t: jnz_op())
])


def jnz_op():
    ''' 0이 아니면 이동하는 연산.
    피연산자를 검증한 후, 첫 번째 op를 테스트한다.
    0이 아니면 프로그램 카운터를 op2 - 1로 설정한다.
    '''
    global pc
    op2, op1 = stack.pop(), stack.pop()
    if type(op1) == str:
        op1 = sym_tab[op1]
    if type(op2) == str:
        op2 = sym_tab[op2]
    if op1:
        pc = int(op2) - 1        # op를 int 포맷으로 변환


def assign_op():
    '''대입 연산 함수: 이름과 값을 스택에서 꺼내서,
    심벌 테이블 엔트리를 만든다.
    '''
```

```python
        op2, op1 = stack.pop(), stack.pop()
        if type(op2) == str:        # 소스는 다른 변수일 수도 있다!
            op2 = sym_tab[op2]
        sym_tab[op1] = op2


def bin_op(action):
    ''' 바이너리 연산 평가 함수: 피연산자가 변수 이름이면
    평가하기 전에 심벌 테이블에서 찾아서
    해당 값으로 대체한다.
    '''
    op2, op1 = stack.pop(), stack.pop()
    if type(op1) == str:
        op1 = sym_tab[op1]
    if type(op2) == str:
        op2 = sym_tab[op2]
    stack.append(action(op1, op2))


def main():
    '''메인 함수
    프로그램을 주도하는 함수다. 파일을 열고 a_list 안에
    연산자를 넣어서 a_list의 문자열을 하나씩 처리한다.
    '''
    global pc
    dir('__main__')
    a_list = open_rpn_file()
    if not a_list:
        print('Bye!')
        return
    pc = -1
    while True:
        pc += 1
        if pc >= len(a_list):
            break
        a_line = a_list[pc]
        try:
            a_line = a_line.strip()
            if a_line.startswith('PRINTS'):
                do_prints(a_line[7:])
            elif a_line.startswith('PRINTLN'):
                do_println(a_line[8:])
            elif a_line.startswith('PRINTVAR'):
                do_printvar(a_line[9:], sym_tab)
            elif a_line.startswith('INPUT'):
```

```
                        do_input(a_line[6:], sym_tab)
                    elif a_line:
                        tokens, unknown = scanner.scan(a_line)
                        if unknown:
                            print('Unrecognized input:', unknown)
                            break
                except KeyError as e:
                    print('Unrecognized symbol', e.args[0],
                            'found in line', pc)
                    print(a_list[pc])
                    break

    main()
```

이 소스 파일이 실행되면 프로그램의 전체 연산을 제어하는 메인 함수를 시작한다. 우선 rpn_io.py 파일 안에 위치한 open_rpn_file 함수를 호출한다.

이 파일은 크기가 크지 않고 상대적으로 적은 개수의 함수를 가지고 있기 때문에 import * 문을 사용했다. 따라서 rpn_io.py 안에 있는 모든 심벌릭 이름을 직접 사용할 수 있다.

```
    # File rpn_io.py ----------------------------------------

def open_rpn_file():
    '''오픈-소스-파일 함수. 파일을 열고,
    읽은 줄을 리스트에 넣어서 반환한다.
    '''
    while True:
        try:
            fname = input('Enter RPN source: ')
            if not fname:
                return None
            f = open(fname, 'r')
            break
        except:
            print('File not found. Re-enter.')
    a_list = f.readlines()
    return a_list

def do_prints(s):
    '''문자열 출력 함수.
    개행 문자 추가 없이 문자열 인수 s 출력.
    '''
    a_str = get_str(s)
```

```python
        print(a_str, end=' ')

def do_println(s=''):
    '''줄 출력 함수.
    (선택적인) 문자열을 출력하고, 개행 문자를 추가한다.
    '''
    if s:
        do_prints(s)
        print()

def get_str(s):
    '''문자열 도우미 함수 가져오기.
    첫 번째 작은따옴표에서 마지막 작은따옴표까지
    텍스트를 읽어 온다. 읽을 텍스트가 없으면
    빈 문자열을 반환한다.
    '''
    a = s.find("'")
    b = s.rfind("'")
    if a == -1 or b == -1:
        return ''
    return s[a+1:b]

def do_printvar(s, sym_tab):
    '''변수 출력 함수.
    메인 모듈에서 전달받은 sym_tab에서
    변수를 찾아서 출력한다.
    '''
    wrd = s.split()[0]
    print(sym_tab[wrd], end=' ')

def do_input(s, sym_tab):
    '''변수 입력 함수.
    사용자에게 값을 입력받아서 변수에 넣은 후
    심벌 테이블(sym_tab) 참조에 변수를 넣는다.
    '''
    wrd = input()
    if '.' in wrd:
        sym_tab[s] = float(wrd)
    else:
        sym_tab[s] = int(wrd)
```

# 14.12 정리해 보자

이 장에서는 개수의 제한 없이 여러 소스 파일을 포함하는 파이썬 다중-모듈 프로젝트를 생성하는 방법을 다양한 import 문 사용법과 함께 알아보았다.

파이썬에서 여러 모듈을 사용하는 방법은 다른 언어에서는 동작하지 않을 것이다. 특히 파이썬의 탑재는 단방향으로 해야 안전하다. 가령 A.py는 B.py를 탑재할 수 있지만, B가 A를 탑재하는 것은 안 된다는 의미다. A와 B가 서로 탑재하는 것은 피할 수 있지만 이를 달성하기 위해 프로그램 작성자가 프로그램 동작 방식을 정확하게 이해하고 있어야 하며, 상호 의존 관계를 만들지 않도록 주의해야 가능할 것이다.

마찬가지로 다른 모듈에서 모듈-수준 변수를 가져오는 데도 주의를 기울여야 한다. 변수 이름은 mod_a.x 및 mod_a.y와 같이 전체 이름(qualified name)으로 참조하는 것이 가장 좋다. 이렇게 변수를 참조하지 않으면 생성된 모듈 외부 변수에 값을 대입하는 행위가 모듈 '지역' 변수를 생성해 버리기 때문이다.

최종적으로 이 장은 이 책을 통해 개발하고 있는 RPN 해석기의 프로그래밍 코드를 완성했다. 이 장에서는 0이 아니면 이동하는 연산으로 물음표(?)를 사용했고, 값을 비교하기 위해서는 산형괄호(>)를, 난수 생성기로는 느낌표(!)를 사용하여 추가했다. 이렇게 추가된 기능 덕분에 RPN으로 작성된 스크립트가 할 수 있는 일의 범위가 크게 확대되었다.

하지만 이 추가 사항들은 최종 버전하고는 거리가 멀다. 줄 번호 라벨을 출력하거나 발생한 오류를 확인하는 기능과 같이 더 중요한 기능들을 추가하고 싶을 수도 있겠다. 이런 기능들은 이 장 끝에 실습 문제로 남기겠다.

# 14.13 복습 문제

1 동일한 모듈을 두 번 이상 가져오기 위해 둘 이상의 import 문을 사용하는 것이 유효한가? 그 목적은 무엇인가? 이 상황이 유용할 시나리오를 생각해 낼 수 있는가?

2 모듈 안에는 어떤 속성이 있는가? (이름을 1개 이상 언급하라)

3 상호 탑재(⬛ 두 모듈이 서로를 탑재하는 경우)를 사용하면 의존성과 숨겨진 버그가 생성될 수 있다. 상호 탑재를 피하기 위해 프로그램을 어떻게 설계할 것인가?

4 파이썬에서 __all__의 목적은 무엇인가?

5 어떤 상황에서 __name__ 속성이나 '__main__' 문자열을 참조하는 것이 유용한가?

6 RPN 스크립트를 1줄씩 해석하는 RPN 해석기 애플리케이션으로 작업할 때 프로그램 카운터를 추가하는 목적은 무엇인가?

7 RPN과 같은 간단한 프로그래밍 언어를 설계할 때 언어를 원시적이지만 완전하게 만드는 데 필요한 최소 표현식이나 문장(또는 두 가지 모두)은 무엇인가? 즉, 이론적으로 어떤 컴퓨터 작업을 수행하게 할 수 있는가?

# 14.14 실습 문제

1 현재 일부 데이터는 rpn.py와 rpn_io.py 두 모듈 간에 공유되고 있다. 응용 프로그램을 수정하여 일반 데이터를 세 번째 모듈인 common.py에 넣을 수 있는가?

**2** RPN 해석기 프로그램이 작성되는 방식을 고려할 때, 특히 operator 패키지에 정의된 연산자 중 하나에 해당하는 경우에는 작업을 추가하기가 쉬워야 한다. 작은 프로젝트로 미만-테스트 기능과 동일성 테스트 기능을 추가해 보자. 가장 큰 도전 과제는 모든 연산자를 나타내기 위해 충분한 특수 기호 문자를 찾는 것일지도 모른다. 그러나 스캔에 사용되는 정규식을 변경하면 동일성 테스트를 나타내기 위해 ==와 같은 2개-문자(two-character) 연산자를 생각해 낼 수 있다.

**3** RPN 스크립트 작성자가 자신의 스크립트에 주석을 추가할 수 있다면 좋을 것이다. 다음 규칙을 사용하여 이 기능을 구현할 수 있어야 한다. "RPN 스크립트에 명시된 행 중 해시태그(#)로 시작하는 텍스트는 모두 무시한다."

**4** 초과 테스트(>)는 True 또는 False(1 또는 0)를 반환하는 불리언 연산자다. 미만(<), AND 또는 OR 연산자와 같은 다른 논리 연산자들을 실제로 제공받지 않고도, 동일한 기능을 사용할 수 있는가? 생각해 보면 곱셈(*)이 AND를 아름답게 대체한다. 추가(+)도 OR를 대체하지 않는가? 대부분 그럴 것이다. 하지만 때로는 결과가 1이나 0이 아니라, 2일 수도 있다. 그렇다면 0을 입력하면 1을 반환하고, 양수를 입력하면 0을 반환하는 논리 NOT 연산자를 만들 수 있는가? 2개 연산자를 조합하여 논리 OR와 같이 동작하게 할 수 있는가?

**5** RPN 스크립트 언어에서 여전히 누락된 가장 큰 부분은 줄 번호 라벨 지원이다. 이를 추가하는 것은 특별히 어렵지는 않지만, 그리 단순하지도 않다. label:로 시작하는 모든 줄은 코드 줄에 줄 번호 라벨을 붙인 것으로 해석해야 한다. 이 기능을 원활하게 구현하려면 추가 절차가 필요하다. 우선 빈 줄을 제외한 '코드 테이블'을 만들어야 한다. 그리고 각 라벨과 그에 해당하는 값을 저장한 두 번째 심벌 테이블을 컴파일해야 한다. 이 값은 코드 테이블의 색인이어야 한다. 예를 들어 0은 첫 번째 줄을 나타낸다.

**6** 이 애플리케이션에서 제공하는 오류 확인 기능을 더 개선해 보자. 가령 연산자가 너무 많으면 구문 오류를 보고하는 오류 검사를 추가할 수 있는가? (**힌트** 이런 상황에서 스택 상태는 어떠한가?)

# 15<sup>장</sup>

# 인터넷에서 금융 데이터 가져오기

마지막 장은 언제나 최고다. 필자는 지금까지 이 장을 아껴 왔다. 파이썬으로 할 수 있는 가장 인상적인 일은 금융 정보를 내려받고, 다양한 방법으로 차트를 그리는 것이다.

이 장에서는 앞서 사용한 많은 기능을 모아 실제로 사용하는 방법을 살펴본다. 인터넷에서 정보를 얻고, 주식 시장에서 원하는 정보를 구하는 방법을 알아볼 것이다. 또한, 그 데이터를 이용해서 여러분이 가장 좋아하는 주가의 변동을 살펴보는 다채로운 차트를 만들어 볼 것이다.

즐거운 여정을 시작해 보자.

## 15.1 / 이 장의 계획

이 장에서 만들 주식-시장 애플리케이션은 표 15-1에서와 같이 모듈 3개로 구성된다. RPN 해석기 애플리케이션을 포함한 파일들은 길벗출판사 깃허브(https://github.com/gilbutITbook/080222)에서 내려받을 수 있다.

▼ 표 15-1 이 장에서 사용할 모듈들

| 모듈 | 설명 |
| --- | --- |
| stock_demo | 메뉴를 출력하고 주식을 선택하는 것과 같은 명령을 사용자가 고를 수 있는 프롬프트를 띄운다. |
| stock_load | 인터넷에서 데이터 프레임을 내려받는다. |
| stock_plot | 정보를 내려받아 그래프를 그린다. 이 장에서는 이 모듈의 4 버전을 개발할 것이며, 최종 버전의 모듈 이름은 stock_plot_v4가 될 것이다. |

## 15.2 / pandas 패키지 소개

**pandas** 패키지는 numpy처럼 섬세한 데이터 저장 공간을 제공한다. 게다가 정보를 인터넷에서 가져올 수 있는 내장 데이터 리더(reader)도 함께 제공한다.

이 장의 코드를 실행하려면 pandas와 pandas_datareader를 설치해야 한다. DOS 박스(윈도)나 터미널 애플리케이션(macOS)을 열어서 다음 명령을 하나씩 실행해 보자. 각 명령은 완료될 때까지 수 초의 시간이 걸린다.[1]

```
> pip install pandas
> pip install pandas_datareader
```

macOS를 사용하고 있다면 pip가 동작하지 않을 경우에는 pip3를 사용해야 한다는 것을 기억하자.

```
> pip3 install pandas
> pip3 install pandas_datareader
```

이 장에서는 지난 12~13장에서 소개한 numpy와 matplotlib 패키지를 모두 설치했다고 가정할 것이다. 이 모듈들은 이 장에서 무척 중요하다. 만약 설치하지 않았다면 다음 명령으로 설치하면 된다.

```
> pip install numpy
> pip install matplotlib
```

혹은 macOS 환경이면 다음 명령을 사용하자.

```
> pip3 install numpy
> pip3 install matplotlib
```

matplotlib의 철자는 'math'가 아닌 'mat'로 정확하게 입력해야 한다.

pandas 패키지는 기초적인 테이블이나 대량 정보를 저장하는 데 사용하는 데이터베이스와 유사한 데이터 프레임(data frame)을 생성한다. 데이터 프레임은 자체 바이너리 포맷을 갖는다. 따라서 그래프로 그려지기 전에 numpy 포맷으로 변환되어야 한다.

```
column = np.array(column, dtype='float')
```

지금부터 살펴볼 pandas의 가장 흥미로운 부분은 앞서 설치한 데이터 리더다. 데이터 리더는 데이터를 내려받는 것을 돕는다.

---

1  **역주** 파이썬을 설치해서 사용하고 있음에도 불구하고, pip 모듈을 찾을 수 없다는 메시지가 나오면 다음 명령을 실행하여 pip를 사용할 수 있게 해 보자.

```
> python -m ensurepip
```

# 15.3 stock_load: 간단한 데이터 리더

자, 이제 유용한 정보를 읽어 오기 위해 간단한 pandas 기반 애플리케이션을 사용할 것이다. 다음 프로그램을 선호하는 텍스트 편집기로 작성하여 stock_load.py로 저장하자. 보통 때와 같이 (doc string을 포함한) 주석은 넣지 않아도 상관없다.

```
'''File stock_load.py ---------------------------

주식 시세(ticker) 기호를 가져오기 위해 주식 적재 작업을 수행한다.
의존하고 있는 모듈은 없다.
'''
# pip install pandas_datareader
import pandas_datareader.data as web

def load_stock(ticker_str):
    ''' 주식 적재 함수.
    인수로 주어진 문자열 ticker_str의 정보를 적재한다.
    'MSFT'와 같이 정해진 주식의 정보를 pandas 데이터 프레임에 넣고 반환한다.
    '''
    df = web.DataReader(ticker_str, 'yahoo')
    df = df.reset_index()
    return df

# 데이터 프레임(stock_df)을 가져와서 출력한다.
if __name__ == '__main__':
    stock_df = load_stock('MSFT')          # 'msft'도 괜찮다.
    print(stock_df)
    print(stock_df.columns)
```

여러분이 이 프로그램을 작성하여 (혹은 내려받아) 실행했다고 가정하겠다. 축하한다. 여러분은 방금 지난 5년 동안의 마이크로소프트 주식(MSFT) 정보를 내려받았다.

이 정보는 작은 공간에 표기하기에는 너무 많은 양이기 때문에 pandas는 일부 정보만 표기하며, 생략 부호(...)로 정보가 더 있다는 것을 보여 준다. 출력 예시를 살펴보자.

```
     Date        High         Low        Open       Close      Volume    \
0    2016-01-06  54.400002   53.639999   54.320000   54.049999  39518900.0
1    2016-01-07  53.490002   52.070000   52.700001   52.169998  56564900.0
2    2016-01-08  53.279999   52.150002   52.369999   52.330002  48754000.0
3    2016-01-11  52.849998   51.459999   52.509998   52.299999  36943800.0
4    2016-01-12  53.099998   52.060001   52.759998   52.779999  36095500.0
...         ...        ...         ...         ...         ...         ...
1253 2020-12-28 226.029999  223.020004  224.449997  224.960007  17933500.0
1254 2020-12-29 227.179993  223.580002  226.309998  224.149994  17403200.0
1255 2020-12-30 225.630005  221.470001  225.229996  221.679993  20272300.0
1256 2020-12-31 223.000000  219.679993  221.699997  222.419998  20926900.0
1257 2021-01-04 223.000000  214.809998  222.529999  217.690002  33468025.0
```

이 프로그램은 책에 실린 출력 결과보다 더 많은 정보를 출력한다.

마이크로소프트 주식 5년 치 정보를 모두 출력하고 나면 프로그램은 데이터 프레임 자체의 구조를 출력한다. 바로 열 정보를 담고 있는 리스트다.

```
Index(['Date', 'High', 'Low', 'Open', 'Close', 'Volume', 'Adj Close'], dtype='object')
```

이 애플리케이션이 어떻게 동작하는지 살펴보자. 이 프로그램은 pandas 데이터 리더 패키지를 web이라는 짧은 이름으로 참조할 수 있게 탑재하고 있다.

```
import pandas_datareader.data as web
```

이 모듈의 작업 대부분은 다음과 같이 하나의 함수인 load_stock에서 수행된다.

```python
def load_stock(ticker_str):
    ''' 주식 적재 함수.
    인수로 주어진 문자열 ticker_str의 정보를 적재한다.
    'MSFT'와 같이 정해진 주식의 정보를 pandas 데이터 프레임에 넣고 반환한다.
    '''
    df = web.DataReader(ticker_str, 'yahoo')
    df = df.reset_index()
    return df
```

14장을 떠올려 보면 \_\_name\_\_ 속성이 특별한 목적으로 사용되었다는 것을 눈치챘을 것이다. 모듈이 직접 실행되었다면(이 모듈이 메인 모듈이라는 의미) 다음 코드를 실행하라는 의미다.

```python
# 데이터 프레임(stock_df)을 가져와서 출력한다.
if __name__ == '__main__':
    stock_df = load_stock('MSFT')        # 'msft'로 입력해도 된다.
```

```
    print(stock_df)
    print(stock_df.columns)
```

load_stock 함수에 마이크로소프트 주식 시세 기호(MSFT)를 전달하면서 호출하고 있다. 이 함수의 작업 대부분은 코드 세 번째 줄에서 수행된다.

```
  df = web.DataReader(ticker_str, 'yahoo')
```

정말 지나치게 간단하다.

이 프로그램에서는 yahoo 서버를 사용하여 데이터를 내려받는다. 우리는 이 서버가 예측 가능한 미래에도 계속 사용할 수 있을 것이라고 믿지만, 필요하다면 인터넷을 검색하여 다른 금융-데이터 서버를 찾을 수 있다.

다음 단계는 reset_index 메서드를 호출하는 것이다. 이 메서드는 열의 색인 정보를 갱신한다. 이 메서드를 왜 사용해야 되는지 아직은 명확하지 않지만, 이 장의 모든 코드가 이 메서드를 사용하기 때문에 반드시 필요하다.

```
  df = df.reset_index()
```

최종적으로 데이터 프레임은 모듈-수준 코드로 반환된다. 코드는 데이터 프레임 자체와 데이터 프레임 열의 요약 정보를 함께 출력한다. 요약 정보에 관해서는 조금 뒤에 다시 살펴볼 것이다.

# 15.4 / 간단한 주식 차트 만들기

SUPERCHARGED PYTHON

주식-시장 애플리케이션을 만드는 다음 단계는 데이터 그래프를 그리는 것이다. 이 절에서는 범례나 제목 혹은 다른 정보 없이 최소한 노력으로 그래프를 만들 것이다.

다음 코드는 두 번째 모듈 stock_plot의 첫 번째 버전이다.[2]

---

2  **역주** 주피터 노트북을 사용하는 경우 바로 앞서 소개한 stock_load.py를 주피터 노트북 작업 디렉터리에 생성한 후 다음 코드를 주피터 노트북에서 실행하면 되는데, 실습하기 편리하도록 예제 파일에 이미 포함되어 있다.

```
'''File stock_plot_v1.py ------------------------

2개의 지정 주식에 대한 종장 시세로 최소 그래프를 그린다.
file stock_load.py에 의존성이 있다.
'''
import numpy as np
import matplotlib.pyplot as plt
from stock_load import load_stock

def do_plot(stock_df):
    ''' 플롯을 수행하는 함수
    stock_df를 사용하여 웹에서 주식 데이터 프레임을 읽어 온다.
    '''
    column = stock_df.Close                      # 시세 추출
    column = np.array(column, dtype='float')
    plt.plot(stock_df.Date, column)              # 플롯 수행
    plt.show()                                   # 그래프 출력

# 2개의 테스트 케이스 수행
if __name__ == '__main__':
    stock_df = load_stock('MSFT')
    do_plot(stock_df)
    stock_df = load_stock('AAPL')
    do_plot(stock_df)
```

이 모듈은 첫 번째 모듈인 stock_load.py의 기능을 사용하여 load_stock 함수에 의해 생성된 데이터를 데이터 프레임에 넣은 후, numpy 형식으로 변환하여 그래프를 그린다.

다른 작업을 수행하기 전에 필요한 패키지나 모듈(또는 둘 다)을 탑재해야 한다. 12~13장에서 했던 것처럼 numpy와 matplotlib 패키지를 탑재하고, 앞 절에서 개발한 모듈인 stock_load의 load_stock도 탑재하자.

```
import numpy as np
import matplotlib.pyplot as plt
from stock_load import load_stock
```

인터넷에서 데이터 프레임을 읽어 오고 나면 do_plot 함수가 대부분의 작업을 수행한다. 이 함수는 stock_df로 불리는 pandas 데이터 프레임을 인수로 받는다.

```
def do_plot(stock_df):
    ''' 플롯을 수행하는 함수
    stock_df를 사용하여 웹에서 주식 데이터 프레임을 읽어 온다.
```

인터넷에서 금융 데이터 가져오기

```
...
    column = stock_df.Close                    # 시세 추출
    column = np.array(column, dtype='float')
    plt.plot(stock_df.Date, column)            # 플롯 수행
    plt.show()                                 # 그래프 출력
```

이 함수는 데이터 프레임의 열 중 하나가 되는 종장의 주식 가격을 추출한다.

```
    column = stock_df.Close                    # 시세 출력
```

그러고 나면 이 정보는 numpy 배열로 변환된다. 정보는 정확히 똑같지만, 형태는 numpy 포맷인 것이다. 이 변환은 matplotlib 루틴이 성공적으로 그래프를 그릴 수 있게 하는 데 필수적이다.

```
    column = np.array(column, dtype='float')
```

다음은 날짜 열에 따라 시세 정보를 그래프로 그리도록 하는 코드다.

```
    plt.plot(stock_df.Date, column)            # 플롯 수행
```

코드를 실행하면 드디어 다음과 같은 그래프를 볼 수 있다. 이 애플리케이션은 2개의 그래프를 연속으로 표시하는데, 하나는 마이크로소프트 주식이고 다른 하나는 애플 주식이다. 그림 15-1은 마이크로소프트 주식을 표현한 그래프다.

▼ 그림 15-1 마이크로소프트 주식 시세

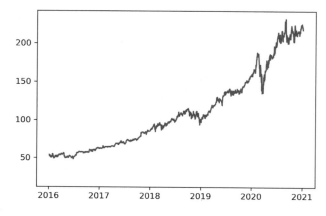

624

# 15.5 제목과 범례 추가하기

그래프에 제목과 범례를 추가하는 것은 그리 어렵지 않다. 13장에서 그래프에 제목을 추가하는 작업 일부를 다루었다. 그래프에 제목을 노출하기 위해서는 plt.show 함수를 호출하기 전에 간단하게 title 함수를 호출하면 된다.

```
plt.title(제목_문자열)
```

인수 '제목_문자열'은 그래프의 상단에 보여 줄 제목을 담는다.

범례를 출력하는 것은 2개의 작업으로 나뉜다.

- plt.plot 메서드로 특정 선을 그래프로 표현할 때 label 인수를 전달한다. 이 인수에는 해당 선 위에 출력할 텍스트를 담는다.
- plt.show 함수를 호출하기 전에 (인수가 없는) plt.legend를 호출한다.

do_plot 함수를 변경하여 결과를 확인해 보자. 우선 do_plot의 신규 버전을 확인해 보자. 추가 혹은 수정된 줄은 굵은 글씨로 표기했다.

```
def do_plot(stock_df):
    ''' 플롯을 수행하는 함수
    stock_df를 사용하여 웹에서 주식 데이터 프레임을 읽어 온다.
    '''
    column = stock_df.Close                      # 시세 출력
    column = np.array(column, dtype='float')
    plt.plot(stock_df.Date, column, label = 'closing price')
    plt.legend()
    plt.title('MSFT Stock Price')
    plt.show()                                   # 그래프 출력
```

이 정보는 마이크로소프트 시세만 지정했기 때문에 애플 시세 정보는 아직 볼 수 없다. 15.7절에서 두 주식 시세를 함께 표현하는 방법을 보여 줄 것이다.

변경된 그래프를 보고 싶다면 애플리케이션을 재시작하자. 그림 15-2에서 출력된 그래프를 확인할 수 있다.

15

인터넷에서 금융 데이터 가져오기

## 15.6 / makeplot 함수 작성하기(리팩터링)

SUPERCHARGED PYTHON

이 장의 애플리케이션 코드를 개발하는 동안 특정 문장이 계속해서 반복되는 것을 보았다.

전문 프로그래머 혹은 훌륭한 아마추어 프로그래머가 되려면 이런 중복 코드를 줄이는 방법을 찾아야만 한다. 프로그램에서 지루하게 반복되는 코드를 공통 함수에 넣어 두면 필요할 때마다 자주 호출할 수 있다. 이 장의 플로팅 소프트웨어에는 makeplot으로 불리는 공통 함수 안에 작업 대부분을 넣을 수 있다. 이 함수는 다양한 방법으로 활용될 수 있을 만큼 충분히 유연하다.

이 프로세스를 우리는 코드를 리팩터링(refactoring)한다고 한다.

이 절에서는 makeplot 함수를 만들 것이다. 이 절 후반부에서 볼 수 있듯이 do_plot 함수는 대부분의 플로팅 작업을 수행하지 않는다.

대신 makeplot을 호출하여 다음 인수들을 전달할 것이다.

- stock_df: load_stock에서 원래 만들어진 데이터 프레임으로 do_plot 함수에서 인수로 전달받는다.
- field: 그리고자 하는 그래프의 열 (혹은 속성) 이름
- my_str: 그림 15-3의 'MSFT'와 같이 특정 선 차트를 지정하는 범례에 위치할 이름

이 절과 다음 절은 do_plot 함수가 어떻게 makeplot을 호출하고 필요한 정보를 전달하는지 보여준다.

makeplot 정의문을 살펴보자. 보다시피 plot.plot을 호출하거나 제목을 설정하는 것과 같은 작업을 하지는 않는다. 하지만 나머지 모든 작업을 수행한다.

```python
def makeplot(stock_df, field, my_str):
    column = getattr(stock_df, field)
    column = np.array(column, dtype='float')
    plt.plot(stock_df.Date, column, label=my_str)
    plt.legend()
```

각 문장을 살펴보자. 함수 정의의 첫 번째 문장은 내장 getattr 함수가 접근하는 명명 속성을 사용하여 데이터 프레임에서 지정된 열을 선택하도록 한다. Close와 같은 속성은 함수 호출자가 문자열로 전달해야 한다.

함수 정의의 두 번째 문장은 pandas 데이터 프레임을 numpy 포맷으로 변환하여 정보를 저장한다. 세 번째 문장은 그래프에 추가될 범례에 사용할 문자열 my_str을 사용하여 실제 그래프를 그린다.

하지만 makeplot은 plt.show를 호출하지 않는다. 아직 원하는 그래프를 그리려면 추가해야 할 것들이 남아 있기 때문이다.

정의된 makeplot이 있다면 나머지 코드는 더 간결해진다. 예를 들어 makeplot을 사용할 수 있다면 마지막 절에서 do_plot 함수를 다음과 같이 개선할 수 있다.

```python
def do_plot(stock_df, name_str):
    makeplot(stock_df, 'Close', 'closing price')
    plt.title(name_str + ' Stock Price')
    plt.show()
```

makeplot을 호출하고 나서, 이 함수가 해야 할 마지막 작업은 우리가 언제든지 수행할 수 있게 남겨 둔 제목을 넣는 일이다. 그리고 나서 plt.show를 호출한다. makeplot의 두 번째 인수는 접근할 열을 선택하며, 세 번째 인수('closing price')는 범례에 넣을 문자열을 지정한다.

# 15.7 2개의 주식 시세를 함께 그래프로 그리기

그림 15-2를 볼 때 다음과 같이 생각했을 것이다. "애플 컴퓨터 주식 시세 그래프는 어떻게 된 거지? 보고 싶단 말이야!"

애플 그래프를 다시 보이게 할 수도 있다. 물론 더 나은 방법으로 말이다. 우리는 2개의 주식 시세를 동일한 그래프에 보여 주고, 어떤 선이 어떤 회사를 언급하는지 범례를 통해 명확하게 보여 줄 수 있다.

한편 이 그래프를 그리기 위해서는 모듈 구조에 상당한 변화가 필요하다. 우리는 적어도 1개 이상의 함수를 수정하여 2개의 주식을 제어할 수 있게 할 필요가 있다. 우선 모듈-수준 코드부터 시작하자. 앞으로 데이터 프레임 1개를 인수로 받는 대신 2개를 받게 될 것이다.

```
# 메인 모듈이면 테스트를 수행한다.
if __name__ == '__main__':
    stock1_df = load_stock('MSFT')
    stock2_df = load_stock('AAPL')
    do_duo_plot(stock1_df, stock2_df)
```

각 주식 시세는 load_stock에 의해 별도로 호출되기 때문에 첫 번째 모듈 stock_load.py를 변경할 필요는 없다. 두 데이터 프레임 모두 do_duo_plot으로 전달되며, 2개의 주식에 해당하는 라벨을 범례로 포함하여 함께 그래프로 표현된다.

```
def do_duo_plot(stock1_df, stock2_df):
    '''개정된 do plot 함수
    이번에는 2개의 주식 데이터 프레임을 처리한다.
    모두 함께 그래프로 표현한다.
    '''
    makeplot(stock1_df, 'Close', 'MSFT')
    makeplot(stock2_df, 'Close', 'AAPL')
    plt.title('MSFT vs. AAPL')
    plt.show()
```

이 함수는 앞 절에서 작성한 makeplot 함수를 두 번 호출하여 반복되고 지루한 작업을 대신 수행해 준 덕분에 무척 간결하다. makeplot 정의문을 다시 한 번 살펴보자.

```
def makeplot(stock_df, field, my_str):
    column = getattr(stock_df, field)
    column = np.array(column, dtype='float')
    plt.plot(stock_df.Date, column, label=my_str)
    plt.legend()
```

내장 getattr 함수가 어떻게 문자열을 전달받아서 그래프로 보여 줄 열에 접근하는지 주목해 보자. 이 함수는 9.12절에서 소개했다. 이 기법은 편리한 코딩의 핵심 기법이다.

그림 15-3은 do_duo_plot 함수의 출력 결과다.

▼ 그림 15-3 2개의 주식 그래프로 표현하기: MSFT vs. AAPL

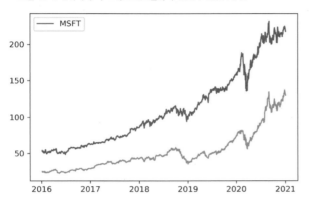

코드를 자세히 살펴보면 'MSFT'와 'AAPL'이 하드코딩(hard-coded)되어 있다는 것을 볼 수 있을 것이다. 여러분이 이 2개의 주식만 추적하고 싶다면 크게 문제될 것은 없다. 하지만 'IBM'이나 'DIS(월트 디즈니사)'와 같이 다른 주식 시세를 보고 싶다면 어떻게 해야 할까?

좋은 설계 목표는 유연한 함수를 생성하는 것이다. 새로운 값을 수용하기 위해 코드를 많이 수정하지 않게 하드코딩을 피해야만 한다.

이를 위해 stock_plot 모듈의 최종 버전을 살펴보자. do_duo_plot을 수정하여 인수로 원하는 주식이름을 전달받으면 적절한 라벨과 제목을 출력해 준다.

```
'''File stock_plot_v2.py
--------------------------------
2개의 주식 시세 그래프를 그린다.
stock_load.py에 의존성이 있다.
'''
import numpy as np
import matplotlib.pyplot as plt
```

```
from stock_load import load_stock

def do_duo_plot(stock1_df, stock2_df, name1, name2):
    ''' 두 주식의 그래프를 그린다.
    인수는 데이터 프레임과
    열의 이름으로 사용할 주식 시세 기호 문자열이다.
    '''
    makeplot(stock1_df, 'Close', name1)
    makeplot(stock2_df, 'Close', name2)
    plt.title(name1 + ' vs. ' + name2)
    plt.show()

# 플롯을 만든다: 지루하고 반복적인 작업을 수행한다.
def makeplot(stock_df, field, my_str):
    column = getattr(stock_df, field)
    column = np.array(column, dtype='float')
    plt.plot(stock_df.Date, column, label=my_str)
    plt.legend()

# 메인 모듈이면 테스트를 수행한다.
if __name__ == '__main__':
    stock1_df = load_stock('MSFT')
    stock2_df = load_stock('AAPL')
    do_duo_plot(stock1_df, stock2_df, 'MSFT', 'AAPL')
```

자, 이제 적은 양의 코드만 변경하여 2개의 주식을 선택할 수 있게 되었다. 가령 다음 코드는 IBM
과 디즈니를 함께 그래프로 표현하고 있다.

```
stock1_df = load_stock('IBM')
stock2_df = load_stock('DIS')
do_duo_plot(stock1_df, stock2_df, 'IBM', 'Disney')
```

그림 15-4는 IBM과 '미키 마우스(디즈니)'를 비교한 결과 그래프를 보여 준다.

이런 식으로 주식을 차트화하는 데는 주의 사항이 있다. 컬러 인쇄나 컬러 모니터의 도움 없이는
그래프 선 간 차별화가 쉽지 않을 수 있다는 점이다. 이 책(인쇄판)에서도 두 선의 차이가 대조적
인 음영으로 나타나기를 바란다. 그러나 이것이 만족스럽지 않다면 13장에서 설명한 것처럼 두
선에 다른 스타일을 적용하는 방법으로 실험할 수 있다.

▼ 그림 15-4 IBM과 디즈니 주식 시세 그래프

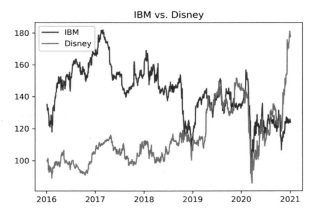

음, 주식 브로커들이 말했듯이 과거 성적은 미래 결과를 보장해 주지 않는다. 하지만 과거 성적만 따른다면 미키 마우스에 돈을 걸어야 되지 않을까?

SUPERCHARGED PYTHON

# 15.8 응용: 다른 데이터 그래프 그리기

주식-시장 데이터 프레임에서 어떤 정보를 볼 수 있었는지 되돌아가 보자. 15.3절에서 이 데이터 프레임의 색인을 다음과 같이 출력했다.

```
Index(['Date', 'High', 'Low', 'Open', 'Close', 'Volume', 'Adj Close'], dtype='object')
```

따라서 이 데이터 프레임은 표 15-2에서 보여 주는 여러 데이터 열을 제공한다.

▼ 표 15-2 'pandas' 주식 데이터 프레임의 열 이름

| 열 이름 | 설명 |
| --- | --- |
| Date | 지정된 행에 해당하는 날짜(하루 단위의 주식 보고서에 대한 데이터가 있음) |
| High | 해당 날짜의 최고가 |
| Low | 해당 날짜의 최저가 |
| Open | 해당 날짜 주식의 개장 가격, 즉 당일 아침에 개시된 주식 가격 |

● 계속

15

인터넷에서 금융 데이터 가져오기

| 열 이름 | 설명 |
|---|---|
| Close | 해당 날짜 주식의 종장 가격, 즉 당일에 마지막에 개시된 주식 가격 |
| Volume | 해당 날짜에 판매된 주식 판매량. 마이크로소프트와 같은 우량주인 경우 수천만 달러에 해당하는 판매량을 기록할 수 있다. |
| Adj Close | 조정 종가 |

이 정보가 있다면 각 행에 해당하는 날짜와 대응하는 다른 열들을 그래프로 표시하여 실험할 수 있다. 예를 들어 연습 삼아 특정 주식에 대한 일일 최고가와 최저가를 모두 표시하기를 원할 수 있다.

버전 3으로 불릴 다음 코드는 주식의 최고가/최저가를 조합한 그래프를 그린다. 평소 때와 같이 신규 혹은 수정된 줄은 굵은 글씨로 표기했다.

```
'''File stock_plot_v3.py
---------------------------------
주식의 일일 최고가와 최저가를 그래프로 표현한다.
stock_load.py에 의존성이 있다.
'''

import numpy as np
import matplotlib.pyplot as plt
from stock_load import load_stock

def do_highlow_plot(stock_df, name_str):
    ''' 일일 최고가와 최저가의 점을 구한다.
    인수로 전달받은 주식 데이터 프레임(stock_df)의
    일일 주식을 위한 최고가와 최저가 열을 사용한다.
    '''
    makeplot(stock_df, 'High', 'daily highs')
    makeplot(stock_df, 'Low', 'daily lows')
    plt.title('High/Low Prices for ' + name_str)
    plt.show()

# 플롯을 만든다. 지루하고 반복적인 작업을 수행한다.
def makeplot(stock_df, field, my_str):
    column = getattr(stock_df, field)
    column = np.array(column, dtype='float')
    plt.plot(stock_df.Date, column, label=my_str)
    plt.legend()

# 메인 모듈인 경우 테스트를 수행한다.
```

```
    if __name__ == '__main__':
        stock_df = load_stock('MSFT')
        do_highlow_plot(stock_df, 'MSFT')
```

그림 15-5는 일일 최고가와 최저가의 주식 시세를 함께 보여 주는 결과 그래프다.

▼ 그림 15-5 마이크로소프트 주식의 최고가와 최저가를 표현한 그래프

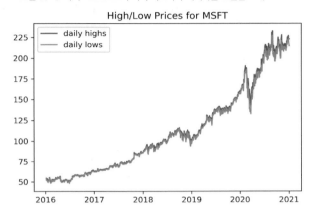

이 데이터로 무엇을 할 수 있을까? 또 다른 유용한 정보는 해당 날짜에 팔린 주식 개수를 의미하는 판매량(volume)이다. 다음은 이 주식 판매량을 표현한 새로운 플로팅 함수다. 새로운 코드는 굵은 글씨로 표기했다.

```
    def do_volume_plot(stock_df, name_str):
        ''' 전달받은 데이터 프레임(stock_df)의
        일일 주식 판매량을 그래프로 표현한다. data frame (stock_df)
        '''
        makeplot(stock_df, 'Volume', 'volume')
        plt.title('Volume for ' + name_str)
        plt.show()
```

이 함수에 MSFT를 위한 데이터 프레임을 전달하면 그림 15-6과 같은 그래프를 볼 수 있다.

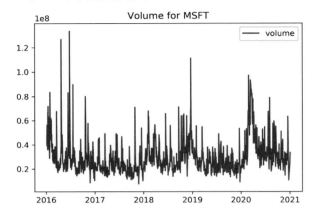

왼쪽 숫자는 수백만 주가 아니라 수천만 주를 나타낸다. 스크린 공간을 많이 차지하지 않고 출력하기에는 숫자가 너무 크기 때문에 1e8이라는 숫자가 그래프 상단에 출력된다. 따라서 왼쪽 수치는 1e8(10의 8제곱)에 해당하는 1,000만 배수로 해석해야 한다.

# 15.9 / 기간 제한하기

지금까지 우리가 통제하지 못한 한 가지는 차트에서 다루는 기간이다. 5년이 아니라 지난 3개월 동안 주식에 대한 데이터를 보고 싶다면 어떻게 해야 할까?

그래프에 표현된 하루는 주식 거래가 있는 날짜를 나타낸다. 여기에는 월요일부터 금요일까지는 포함되지만, 공휴일은 포함되지 않는다. 그렇기 때문에 365일이 아니라 1년에 대략 240일의 '영업일'이 있는 것이다. 같은 논리로 보면 한 달은 대략 20일, 석 달은 대략 60일이다.

데이터 프레임 기간을 제한하는 기술은 우리의 오랜 친구인 슬라이싱을 사용하는 것이다. 3장에서 살펴보았듯이 문자열, 리스트 또는 배열의 마지막 N 항목을 가져오는 표현은 다음과 같다.

[-N:]

이 표현식을 pandas 데이터 프레임에도 적용할 수 있으며, 최근 마지막 N행들을 반환한다. 따라서 데이터 프레임 기간을 지난 3개월(60일)로 제한하고 싶다면 다음 코드를 사용하면 된다.

```
stock_df = stock_df[-60:].reset_index()
```

물론 이 경우에 reset_index 메서드는 데이터를 정확하게 유지하기 위해 호출되었다.

이 문장을 앞서 다룬 예시에 넣으면 주어진 주식의 한 해 데이터를 전부 가져오지 않고, 최근 3개월(60일)의 판매량 데이터를 보여 준다.

```
def do_volume_plot(stock_df, name_str):
    ''' 전달받은 주식의 일일 판매량인 데이터 프레임(stock_df)을 그래프로 그린다.
    최근 60일 치 데이터를 그래프로 표현한다.
    '''
    stock_df = stock_df[-60:].reset_index()
    makeplot(stock_df, 'Volume', 'volume')
    plt.title('Volume for ' + name_str)
    plt.show()
```

자, 이제 애플리케이션을 실행하면 3개월 치 데이터만 확인할 수 있게 된다(그림 15-7 참고).

▼ 그림 15-7 3개월 치 판매량 데이터 그래프

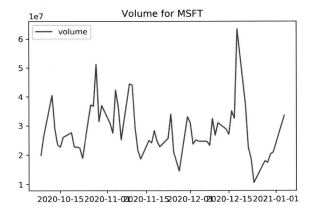

이 그래프의 문제점은 X축의 라벨이 월/년 대신, 월/년/일자여서 날짜 정보가 겹쳐지는 것이다.

하지만 쉬운 해결 방안이 있다. 마우스를 사용하여 차트 프레임의 옆 면을 잡아서 넓히면 된다. 이렇게 하면 그림 15-8에서와 같이 X축에 공간을 마련하여 날짜 정보를 보기 좋게 볼 수 있을 것이다.[3]

---

3   역주 주피터 노트북을 사용하는 경우 그래프가 주피터 노트북에 내장되기 때문에 그래프 너비를 늘릴 수 없으니 참고하기 바란다.

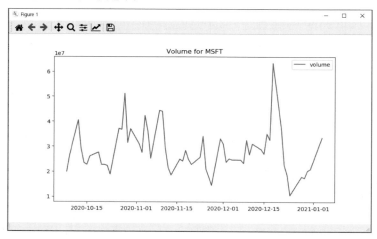

이 그래프로 우리가 할 수 있는 일은 무궁무진하다. 이 기간 내에 마이크로소프트 주식의 판매량이 가장 많았던 날이 있다. 마우스 포인터를 선의 꼭지점으로 이동시키면 12월 말에 이 같이 많은 판매량이 기록되었고 그날 거래된 주식은 1억 1,000만 주, 110억 달러 이상의 가치가 있었다는 것을 알 수 있다.

SUPERCHARGED PYTHON

# 15.10 차트 쪼개기: 판매량 서브플롯

주식 판매량을 가격과 함께 보면 더욱 흥미롭다. 판매량이 적은 상황에서 그래프가 급격하게 상승하거나 하락한다면, 그 가격 변동은 우연일 가능성이 높다. 그날 나타난 주식 거래자들이 너무 적다는 것을 의미할 수도 있기 때문이다.

하지만 판매량이 많을 때 가격이 높다면 변화가 클 것이다. 왜냐하면 많은 매도자와 매수자의 활동에 따라서 주식 시세가 정해지기 때문이다.

따라서 우리가 정말로 보고 싶은 것은 분할 플롯(split plot), 즉 가격과 거래량을 함께 볼 수 있는 그래프다. 플로팅 패키지는 이를 달성하기 위한 쉬운 방법을 제공한다. 우선 여러분이 배워야 할 새로운 메서드를 호출해야 한다.

```
plt.subplot(nrows, ncols, cur_row)
```

이 메서드 호출은 다음 plt.subplot 호출까지의 플롯 명령어가 표시된 하위 플롯에만 적용된다. nrows와 ncols 인수는 각각 플롯의 가상 '행'과 '열'의 수를 지정하고, cur_row 인수는 다음에 작업할 그리드(grid)의 '행'을 지정한다. 이 경우 그리드에 멤버는 2개고, 가상 컬럼은 1개뿐이다.

다음은 이 두 그래프를 그리기 위한 일반적인 파이썬 코드다.

```
plt.subplot(2, 1, 1)                        # 첫 번째 '행'을 구한다.

# 그래프 위의 반을 그린다.

plt.subplot(2, 1, 2)                        # 두 번째 '행'을 구한다.

# 그래프 아래의 반을 그린다.

plt.show()
```

따라서 서브플로팅은 그리 어렵지 않다. 이미 알고 있는 것을 일반적인 스키마에 연결하기만 하면 된다. 다음 예시 코드를 살펴보자.

```
def do_split_plot(stock_df, name_str):
    ''' 서브플롯이 있는 그래프를 그린다.
    웹에서 읽어 온 주식 데이터 프레임 stock_df를 사용한다.
    '''
    plt.subplot(2, 1, 1)                    # 위쪽 그래프를 그린다.
    makeplot(stock_df, 'Close', 'price')
    plt.title(name_str + ' Price/Volume')
    plt.subplot(2, 1, 2)                    # 아래쪽 그래프를 그린다.
    makeplot(stock_df, 'Volume', 'volume')
    plt.show()
```

이 코드는 반전이 있다. 2개의 그래프 중 상단 그래프만 제목을 가져야 하기 때문이다. 하단 그래프에 제목을 넣으면 상단 그래프의 X축에 붙을 것이다. 따라서 상단 그래프에만 제목을 표기할 것이다.

그렇더라도 이 예시는 친숙해 보이는 코드를 사용한다. 그림 15-9는 주식으로 GOOGL(Google)을 선택한다.

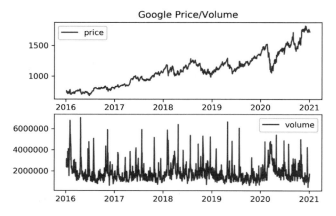

## 15.11 변동 평균 선 추가하기

주식 시장 보고서에 추가할 수 있는 가장 유용한 추가 사항은 변동 평균 선이다. 180일(6개월)의 변동 평균 선은 다음과 같이 동작한다.

- 적어도 과거 데이터 180개가 존재하는 날짜부터 시작하자. 원한다면 180개의 데이터가 존재하지 않는 훨씬 이전 데이터로 시작할 수 있다. 그런 경우에는 가능한 많은 과거 날짜를 사용해야 한다.

- 해당 날짜 기준으로 지난 180일간 종가 평균을 구한다. 이것이 변동 평균 선의 첫 번째 지점이 된다.

- 다음 날짜를 대상으로 위 1~2단계를 반복하자. 이제 둘째 날 이전의 180개의 종가 평균에 해당하는 가격을 구하게 된다.

- 이 선의 각 데이터 지점에서 지난 180일의 평균 가격을 나타내는 선 그래프를 그리려면 다음 단계를 계속 반복하자.

이 단계를 충실히 따르다 보면 실제 가격을 따르는 것처럼 보이지만 (대부분) 정확하게 일치하지 않는 선이 나온다. 그 대신 언제나 과거 데이터에 뒤처지고 눌려 있는 것처럼 보인다. 그러나 두 행의 관계는 매력적이다.

우선 현재의 가격이 이동 평균 선보다 높았을 때, 종종 강한 이득을 취할 준비가 되어 있는 것처럼 보인다. 반대로 현재 가격이 이동 평균 선 아래로 떨어지면 때로는 큰 하락의 시작이 될 수 있다.

> Note ≡   **주의 사항:** 필자는 특별한 투자 전략을 지지하지 않는다. 그러나 많은 증권 분석가와 경제학자들은 변동 평균 선에 주의를 기울인다.

변동 평균 선을 계산하는 것은 컴퓨터에 이상적인 작업처럼 보인다. 그리고 사실 파이썬에서는 우리가 탑재한 패키지를 사용하면 이 작업이 무척 쉽다. pandas rolling 함수를 사용하면 특정 행에 대해 이전 행의 집합 n개를 얻을 수 있으며, 여기에서 행은 시간 순으로 정렬된다. 그렇다면 우리가 원하는 변동 평균 선을 얻는 것만 고민하면 된다.

이 변동 평균 선을 구하려면 다음 함수를 호출하면 된다.

```
데이터_세트 = 선택된_열.rolling(n, min_periods=m).mean()
```

'선택된_열'은 Open, Close, 혹은 어떤 열이든 사용할 수 있다. n 값은 평균 산출에 사용할 과거 날짜 수를 지정한다. min_periods(원하는 경우 생략할 수 있음)는 변동 평균을 구하기 위해 필요한 이전 데이터 지점 수를 명시한다.

이 문장이 동작하는 이유는 매일 rolling 함수가 n개의 이전 행에 접근하기 때문이다. 이 데이터의 평균을 보면 우리가 찾고 있던 변동 평균을 알 수 있다. 본질적으로 rolling은 2차원 행렬을 만들기 위해 180개의 데이터 행에 접근한다. 그리고 나서 mean 메서드는 이 행들의 평균을 구하여 하나의 열로 표현한다.

가령 다음 코드는 지난 180일간 각 날짜 평균을 호출한다.

```
moving_avg = column.rolling(180, min_periods=1).mean()
```

나머지 코드를 쓰기 쉽게 작성하려면 먼저 makeplot 함수를 수정해서 선택적 인수를 수용하여 변동 평균 선을 작성하도록 하자. rolling은 열이 아직 numpy 열이 아닌 pandas 열일 때 호출되어야 한다.

```
# 그래프를 그린다. 지루하고 반복적인 작업을 수행한다.
def makeplot(stock_df, field, my_str, avg=0):
    column = getattr(stock_df, field)
    if avg:                          # avg가 0일 때만 실행!
```

인터넷에서 금융 데이터 가져오기

```
        column = column.rolling(avg, min_periods=1).mean()
    column = np.array(column, dtype='float')
    plt.plot(stock_df.Date, column, label=my_str)
    plt.legend()
```

이렇게 하면 makeplot에 추가 인수(avg)가 제공되지만, 실제로 해당 인수는 선택 사항이며, 기본
값은 0이라는 점에 주의하자.

이제 일일 주식 종가와 대략 6개월에 해당하는 180일간 변동 평균을 포함하는 그래프를 그려 보
자. 늘 그렇듯이 추가되었거나 수정된 줄은 굵은 글씨로 표기했다.

```
  def do_movingavg_plot(stock_df, name_str):
      ''' 변동 평균 플롯 함수 수행하기
      180일 변동 평균 선과 함께 가격을 그래프로 그린다.
      '''
      makeplot(stock_df, 'Close', 'closing price')
      makeplot(stock_df, 'Close', '180 day average', 180)
      plt.title(name_str + ' Stock Price')
      plt.show()
```

그림 15-10은 AAPL(애플)을 선택한 주식이라고 가정할 때 보여 주는 결과 그래프이며, 180일간
변동 평균 선을 포함한 가격을 나타낸다. 부드러운 곡선이 변동 평균이다.

▼ 그림 15-10 180일간 변동 평균을 포함한 주식 가격 그래프

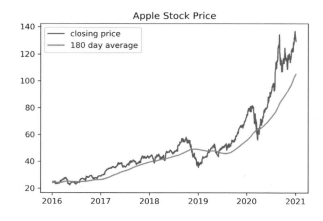

와우, 동작한다!

이 예시를 어떻게 활용할지는 명확하다. 다음 문장은 180을 360으로 변경하여 평균 기간을 2배로
늘려서 특정 날짜에 대해 과거 180일이 아니라 360일의 변동 평균 선을 산출한다.

```
makeplot(stock_df, 'Close', '360 day average', 360)
```

# 15.12 사용자에게 선택권 넘기기

유용한 애플리케이션을 만들려면 사용자에게 어떤 데이터의 차트를 그릴지 결정할 수 있게 해 주어야 한다. 주어진 날짜에 표시할 수 있는 수만 개의 그래프를 그릴 수 있기 때문이다.

가장 중요한 선택은 어떤 주식 정보를 출력할 것인지 결정하는 것이다. 이는 IBM, DIS, MSFT, GOOGL과 같은 주식-시세 기호를 프롬프트로 입력받으면 간단하게 제공할 수 있다.

그리고 나면 이 애플리케이션은 지난 5년 동안 종가를 간단한 그래프로 출력할 수 있다. 혹은 메뉴에서 선택한 다양한 타입의 그래프를 그릴 수 있을 것이다. quit 명령어로 애플리케이션을 종료할 수도 있을 것이다.

다음 메뉴를 제공하는 애플리케이션으로 시작하는 것이 적절한 설계가 될 수 있다.

```
0. 종료
1. 간단한 종가 그래프 출력
2. 최고가와 최저가 출력
3. 가격/판매량 서브플롯 출력
4. 180일간 변동 평균과 함께 가격 출력
```

이 연산들을 지원하기 위해 stock_plot 모듈은 서로 다른 연산을 수행할 여러 함수를 가질 필요가 있다. 앞 절에서 사용한 코드를 복사하여 붙여 넣으면 된다.

지금 소개하는 코드는 stock_plot 모듈의 최종 버전을 보여 준다.

```
# file stock_plot_v4.py ----------------------------

import numpy as np
import matplotlib.pyplot as plt
from stock_load import load_stock

def do_simple_plot(stock_df, name_str):
    ''' 플롯을 수행하는 함수
```

```
    간단한 종가 그래프를 그린다.
    '''
    makeplot(stock_df, 'Close', 'closing price')
    plt.title(name_str + ' Stock Price')
    plt.show()


def do_highlow_plot(stock_df, name_str):
    ''' 최고가/최저가 플롯을 수행하는 함수
    주식의 최고가와 최저가를 그래프로 그리고 보여 준다.
    '''
    makeplot(stock_df, 'High', 'daily highs')
    makeplot(stock_df, 'Low', 'daily lows')
    plt.title('High/Low Graph for ' + name_str)
    plt.show()


def do_volume_subplot(stock_df, name_str):
    ''' 판매량 서브플롯을 수행하는 함수
    종가와 판매량 서브플롯을 그래프로 그린다.
    '''
    plt.subplot(2, 1, 1)                        # 위쪽 그래프를 그린다.
    makeplot(stock_df, 'Close', 'price')
    plt.title(name_str + ' Price/Volume')
    plt.subplot(2, 1, 2)                        # 아래쪽 그래프를 그린다.
    makeplot(stock_df, 'Volume', 'volume')
    plt.show()


def do_movingavg_plot(stock_df, name_str):
    ''' 변동-평균 플롯을 수행하는 함수
    180일간 변동 평균 선을 가격과 함께 그래프로 그린다.
    '''
    makeplot(stock_df, 'Close', 'closing price')
    makeplot(stock_df, 'Close', '180 day average', 180)
    plt.title(name_str + ' Stock Price')
    plt.show()


# 지루하고 반복되는 작업을 수행한다.
def makeplot(stock_df, field, my_str, avg=0):
    column = getattr(stock_df, field)
    if avg:                                     # avg가 0일 때만 실행!
        column = column.rolling(avg, min_periods=1).mean()
    column = np.array(column, dtype='float')
    plt.plot(stock_df.Date, column, label=my_str)
    plt.legend()
```

```
if __name__ == '__main__':
    name_str = 'GOOGL'
    stock_df = load_stock(name_str)
    do_movingavg_plot(stock_df, name_str)
    do_simple_plot(stock_df, name_str)
    do_volume_subplot(stock_df, name_str)
    do_highlow_plot(stock_df, name_str)
```

이제 사용자에게 선택 사항을 안내한 후 적절한 기능을 호출하는 모듈을 작성해야 한다. 이 모듈은 주식 시세 기호를 입력하도록 유도한 후 문제의 주식 시세를 발견하면 메뉴를 선택하도록 요청할 것이다.

예외(런타임 오류)를 잡으려고 하지 않는 버전으로 시작할 수도 있었지만 잘못될 수 있는 상황들(커넥션 불량, 잘못된 주식 시세 기호 입력)을 예상해 볼 때, 이 응용 프로그램은 오류 검사(즉, 예외 처리 코드)를 추가하는 것이 훨씬 더 유용하다. 오류 확인은 여러 가지 유형의 애플리케이션에 좋은 영향을 미치며, 이번 예시의 경우에는 필수적이다.

다음 애플리케이션은 사용자가 성공할 때까지 또는 사용자가 빈 문자열을 입력할 때까지 다시 프롬프트를 출력하며, 오류가 발생하는 경우 애플리케이션을 정상적으로 종료한다. 8장에서와 같이 예외 처리와 while 루프의 조합으로 필요에 따라 프롬프트 입력을 다시 요구한다. 예외 제어의 부작용은 except 문으로 이동한 후 (결과적으로) 루프 상단에서 다시 시작하기 때문에 함수가 반환 값을 반환하기 전까지는 루프를 절대로 빠져나가지 않는 것이다.[4]

```
# file stock_demo.py -----------------------------
# stock_plot_v4.py 파일에 의존성이 있다.

from stock_plot_v4 import *

menu_str = ('메뉴 선택:\n' +
'0. 종료\n' +
'1. 간단한 종가 그래프 출력\n' +
'2. 일일 최고가와 최저가 출력 \n' +
'3. 가격/판매량 서브플롯 출력 \n' +
'4. 변동 평균을 추가한 가격 \n')

prompt_msg = '주식 시세 기호를 입력하세요(종료하려면 엔터를 입력하세요): '
def main():
```

---

4 역주 주피터 노트북을 사용하는 경우 바로 앞서 소개한 stock_plot_v4.py를 주피터 노트북 작업 디렉터리에 생성한 후 다음 코드를 주피터 노트북에서 실행하면 되는데, 실습하기 편리하도록 예제 파일에 이미 포함되어 있다.

```
    while True:
        # 유효한 주식을 사용자에게 입력받을 때까지 프롬프트를 띄운다.
        try:
            s = input(prompt_msg)
            s = s.strip()
            if not s:                    # 빈 문자열이면 루프를 탈출한다.
                return
            stock_df = load_stock(s)
            n = int(input(menu_str + '선택한 메뉴를 입력하세요: '))

            if n < 0 or n > 4:
                n = 0
            if n == 0:
                return

            fn = [do_simple_plot, do_highlow_plot, do_volume_subplot,
                  do_movingavg_plot][n-1]
            fn(stock_df, s)
        except:
            print('주식을 찾지 못했습니다. 다시 시도하세요. ')

main()
```

여기에서 사용되는 기법 중 하나는 열린 소괄호 기호를 사용해서 코드 줄을 반복하여 여러 줄을 포함한 문자열 menu_str을 만드는 것이다.

또 다른 기법은 함수(콜러블) 이름 리스트로 색인화한 후 적절한 명령을 호출하는 것이다. 동일한 효과를 얻을 수 있는 다른 방법들, 즉 일련의 if/elif 문구를 사용하는 명백한 방법들이 있지만 여기에서 사용되는 기술은 간결하고 효율적이다.

이 모듈의 흥미로운 측면은 load_stock 함수가 이 모듈이나 직접 탑재한 모듈(stock_plot_v4.py)에 정의되어 있지 않음에도 불구하고, 이 함수를 호출하고 있다는 것이다. 하지만 탑재한 모듈(stock_plot_v4.py)이 stock_load.py를 탑재한다. 따라서 stock_demo는 간접적으로 stock_load를 탑재하는 셈이다.

여전히 이루어질 수 있는 많은 개선 사항이 있지만, 이런 개선 사항들은 장 마지막에 실습 문제로 남기겠다.

# 15.13 정리해 보자

우리는 이 책에서 먼 길을 걸어왔다. 1장에서는 몇 가지 값을 출력하는 여러 파이썬 프로그램 코드를 살펴보았다. 그러고 나서 피보나치 숫자 같은 정교한 시퀀스를 출력하기 위해 파이썬을 사용했다. 또한, 리스트, 행렬, 정교한 데이터 프레임과 같은 파이썬 객체를 배웠다.

인터넷에서 정보를 가져와 데이터 프레임과 배열에 적재하고, 마지막으로 이를 플로팅하는 능력은 놀랍다. 그래픽 프로그래밍은 여러분이 숙달하기에 무척 어려운 문제이지만, 여러 패키지 덕분에 파이썬은 복잡한 문제의 구현을 단지 코드 몇 줄로 줄여 준다. 심지어 3차원 그래픽도 13장에서 다루었다.

따라서 "파이썬은 무엇에 좋은가?"라는 질문을 받으면 "패키지를 작성할 수 있는 사람이 있는 한 무엇이든 될 수 있다."라고 답할 수 있다.

언어 측면에서 몇 가지 언급할 말이 있다. 파이썬은 대부분의 프로그램에서 가장 일반적인 작업(사용자 입력을 얻은 다음 단어, 구문 및 숫자로 구분)을 매우 잘 지원한다. 그리고 정규표현식 패키지는 이런 능력을 더 높은 수준으로 올려 준다.

파이썬의 내장 객체인 리스트, 문자열, 딕셔너리와 세트 또한 무척 강력하며, 가장 큰 도전 과제는 수많은 옵션을 학습하는 것뿐이다.

여러분은 컬렉션이 스스로 정렬이 된다거나 루프를 쓰지 않고도 리스트 합계를 얻을 수 있다는 사실을 오랫동안 모르고 있었을 수도 있다. 모든 파이썬 지름길을 배우려면 시간이 걸릴 수 있다. 이 책은 여러분이 이 풍부한 언어를 습득할 수 있는 시간을 줄이기 위해 집필되었다.

가끔 파이썬에는 위험이 도사리고 있다. 파이썬 사파리 하류로 미끄러져 내려갈 때 만나는 강에는 위험한 굴곡이 있다. 우리는 이 책에서 대부분의 위험 제거 방법을 다루려고 노력했기 때문에, 언젠가 풀밭에서 파이썬을 대면하더라도 뱀이 아니라 새로운 친구나 동반자로 느껴지게 될 것이다.

# 15.14 / 복습 문제

1 numpy 배열과 pandas 데이터 프레임의 차이점이 있는가? 있다면 두 데이터 타입을 변환하는 방법은 무엇인가?

2 사용자가 주식 시세 기호를 잘못 입력하면 어떻게 응답해야 하나?

3 주식-시장 차트를 만들기 위해 사용된 플로팅 메서드 이름 몇 가지를 나열하라.

4 주식-시작 차트 안에서 범례를 출력하는 것이 중요한 이유는 무엇인가?

5 pandas 데이터 프레임의 기간을 1년보다 적게 제한하는 방법은 무엇인가?

6 180일 변동 평균이란 무엇인가?

7 마지막 예시에서 '간접' 탑재를 사용했는가? 그렇다면 정확하게 어떻게 사용했는가?

# 15.15 / 실습 문제

1 우리의 주식 데모 프로그램에 사용자가 변동 평균 그래프의 기간을 지정할 수 있도록 수정해 보자. 현재 기간은 180 영업일(6개월에 상당)로 설정되었지만, 프로그램은 이 기간을 조정할 수 있는 기능을 하나의 선택 사항으로 제공해야 한다. 원한다면 180일을 기본 설정으로 시작할 수 있을 것이다. 하지만 사용자는 이 기간을 조정할 수 있어야 한다.

**2** 주식-시장 선정이 바뀔 때까지 유지하는 것도 바람직할 것이다. 처음에 사용자가 빈 문자열을 입력하면 프로그램을 종료하고 싶다는 것을 인지해야 한다. 하지만 주식-시장 기호 입력 프롬프트에 빈 줄을 입력하면 프로그램이 마지막으로 선택한 주식 기호를 계속 사용할 수 있게 해 보자.

**3** 추가로 사용자가 (모두 유효하다고 가정할 때) 주식-시장 기호를 임의로 입력하고, 선택한 모든 주식을 같은 그래프에 표시할 수 있게 해 보자. (**힌트** 이 기능을 구현하려면 전체 그래프를 표시하기 전에 for 루프를 사용하여 각 주식에 대한 데이터 프레임을 리스트에 저장하여 전달해야 할 것이다.)

# 파이썬 연산자
# 우선순위 표

파이썬 3.0에서 파이썬 표현식의 연산자는 표 A-1에서 보여 주는 순서대로 실행된다.

▼ 표 A-1 파이썬 연산자 우선순위

| 연산자 | 설명 |
|---|---|
| func(args) | 함수 호출 |
| collection[begin : end : step] | 슬라이싱(slicing) |
| collection[index] | 인덱싱(indexing) |
| object.attribute | 속성이나 지역 변수 접근 |
| num ** num | 제곱(exponentiation) |
| ~int | 비트 NOT 연산 |
| +num, -num | 더하기/빼기 기호 |
| *, /, %, // | (두 숫자 사이에 연산자가 있는 경우) 곱하기, 나누기, 나머지 구하기 연산, 몫 구하기 연산. 리스트와 문자열 곱하기도 포함(list * n) |
| +, - | (두 숫자 사이에 연산자가 있는 경우) 더하기와 빼기. 물론 str+str은 문자열 (혹은 리스트) 연결하기를 수행 |
| int << n, int >> n | 왼쪽과 오른쪽 비트 이동 |
| int & int | 비트 AND 연산 |
| int ^ int | 비트 XOR 연산 |
| int ¦ int | 비트 OR 연산 |
| in, not in, is, is not, <, <=, >, >=, !=, == | 비교 연산. 각 연산자는 불리언 값(True/False) 반환 |
| not val※ | 논리 연산 NOT |
| val and val※ | 논리 연산 AND |
| val or val※ | 논리 연산 OR |

※ 변수 val의 데이터 타입은 무엇이든 될 수 있다. 파이썬은 if 혹은 while 조건문 안에 이 조건식이 사용되면 bool() 연산으로 변환하여 적용한다.

다음 내용을 살펴보자.

**추가 사항**

**1** 연산자들이 동일한 우선순위를 갖는다면 왼쪽에서 오른쪽으로 실행된다.

**2** 괄호 기호는 우선순위 규칙보다 우선 실행된다.

**3** 특수 기호 =(동등함을 테스트하는 ==와 혼동하지 말 것)는 대입문 구문의 일부이며, 연산자가 아니다.

**4** 조합 대입-연산자 기호(+=, *=, /= 등)를 사용하면 우선순위는 상관없이 오른쪽의 전체 표현식 이 먼저 실행되고 나서 대입문이 수행된다. 예를 들어 x가 12일 때 x /= 3 + 9는 x를 1로 만들 지만, x = x / 3 + 9는 x를 13으로 만든다.

**5** 대입 연산자 기호는 +=, -=, *=, /=, //=, **=, <<=, >>=, &=, ^=, |=를 포함한다. 모든 연산자에 대해 x op = y는 x = x op y와 동일하지만 **4** 규칙이 적용된다.

**6** 4장에서 언급했듯이 불리언 연산자는 짧은-회로(short-circuit) 로직이다. 만약 첫 번째 피연산자 가 True면 연산자 and는 두 번째 피연산자를 반환한다. 첫 번째 피연산자가 False라면 연산자 or는 두 번째 피연산자를 반환한다. 그렇지 않은 경우 두 번째 피연산자를 수행하지 않고, 첫 번째 피연산자를 반환한다.

**7** 값이 참인지 거짓인지 판단하기 위해 파이썬은 불리언 변환 함수인 bool()을 적용한다. 숫자 값인 경우 0은 False다. 컬렉션인 경우 빈 문자열이나 빈 컬렉션은 False다. 타입 대부분의 값 이 None이면 False다. 나머지 경우는 모두 True다(n > 1과 같은 비교 연산은 항상 고정 값인 True나 False를 반환한다).

마지막 2개의 규칙을 조합해 보면 파이썬이 왜 다음과 같이 코드를 실행하는지 알 수 있을 것 이다.

```
>>> print(None and 100)
None
>>> print(None or 100)
100
>>> print(not(''))
True
```

**8** &, -, ^, |는 세트 객체에 특화되었으며 각각 교집합, 차집합, 대칭 차집합, 합집합을 구하는 데 사용된다.

파이썬 연산자 우선순위 표

# 내장 파이썬 함수

부록 B에서 대괄호 기호([ ])는 구문에서 반드시 필요하지 않은 선택 사항이라는 것을 의미한다.

인수 타입 iterable도 자주 등장한다. 이 인수는 컬렉션이며 문자열, 리스트나 튜플, __iter__ 메서드가 구현된 어떤 클래스의 객체가 될 수 있다. 제너레이터(generator)와 range도 이터러블이다.

(min과 max 같은) 일부 함수는 sortable을 만들기 위한 시퀀스나 인수 그룹을 요구한다. 정렬이 되게 하려면 반드시 시퀀스 안의 모든 객체를 비교할 때 성공적으로 결과를 반환할 수 있게 미만 연산자(<)가 존재해야 한다.

❤ 표 B-1 가장 일반적으로 사용하는 내장 함수

| 수행하는 작업 | 호출할 함수 |
|---|---|
| 아스키와 문자 포맷 변환 | ch, ord |
| binary, oct, hex 문자열로 변환 | 같은 이름의 함수 호출 |
| bool, bytes, complex, float, int, str, set, list 데이터-객체 타입으로 변환 | 같은 이름의 함수 호출 |
| 나누기 수행 후 정수와 소수점 함께 반환(modular division) | divmod |
| 출력되는 객체 포매팅 | format |
| 정수 시퀀스 생성 | range |
| 절댓값 구하기 | abs |
| 사용자에게 문자열 입력받기 | input |
| 컬렉션 길이 구하기 | len |
| 객체 타입 구하기 | type, isinstance |
| 2개 이상의 값 중 가장 큰 최댓값 구하기 | max |
| 2개 이상의 값 중 가장 작은 최솟값 구하기 | min |
| 2개 이상의 시퀀스 통합하기 | map, zip |
| 읽거나 쓸 디스크 파일 열기 | open |
| 열거한 값 출력 | print |
| 정렬되거나 역순의 컬렉션 생산 | sorted, reversed |
| 소수점 반올림 | round |
| 컬렉션 항목 합계 구하기 | sum |

## B.1.1 abs(x)

숫자 인수 x의 절댓값을 반환한다. 결과는 0이나 양수이기 때문에 음수 인수에는 −1을 곱한다. 인수로 complex(복소수)가 전달되면 실수와 허수 벡터의 길이를 반환하는데, 결괏값은 0 이상인 실수-숫자다. 이 값을 구하기 위해 피타고라스 정의(Pythagorean theorem)를 사용한다. 예시를 살펴보자.

```
>>> c = 3+4j
>>> abs(c)
5.0
```

사실 abs를 complex 숫자와 조합하여 사용하는 기능은 피타고라스 정리를 쉽게 활용하는 예시다.

## B.1.2 all(iterable)

이터러블이 생성하는 모든 항목의 bool 변환 결과가 True인 경우 True를 반환한다. 일반적으로 0이 아닌 값과 비어 있지 않은 컬렉션은 True로 평가된다.

```
>>> all([1, 2, 4])
True
>>> all([1, 2, 0])
False
```

## B.1.3 any(iterable)

이터러블이 생성하는 모든 항목 중 하나라도 bool 변환 결과가 True인 경우 True를 반환한다. 0이 아닌 값과 비어 있지 않은 컬렉션은 True로 평가되는 것을 기억하자.

```
>>> any([0, 2, 0])
True
>>> any([0, 0, 0])
False
```

## B.1.4 ascii(obj)

객체의 아스키 전용 표현 obj를 문자열로 반환한다. 아스키가 아닌 문자가 출력 문자열에서 발견되면 이스케이프 시퀀스(escape sequence)로 해석한다.

## B.1.5 bin(n)

이진수 변환. 0b 접두어로 시작하는 정수 n의 이진수를 담은 문자열을 반환한다. 정수가 아닌 인수를 넣으면 TypeError 예외가 발생한다.

```
>>> bin(7)
'0b111'
```

## B.1.6 bool(obj)

불리언 변환. 이 함수는 filter 함수처럼 if와 while 문에서 묵시적으로 호출되기 때문에 무척 중요한 변환이다.

이 함수는 obj 값에 따라 __bool__ 메서드 구현에 의해 평가된 True나 False를 반환한다. 기본 반환값은 True다. 파이썬 클래스는 다음과 같이 일반적인 지침을 따르는 경향이 있다.

객체가 다음 값을 포함하고 있으면 일반적으로 True를 반환한다.

- 0이 아닌 숫자 값(복소수 숫자인 경우 0+0j가 아닌 모든 복소수)
- 항목이 있는 리스트와 문자열을 포함한 비어 있지 않은 컬렉션

반대로 다음 객체를 포함하고 있으면 일반적으로 False를 반환한다.

- 0인 숫자
- 길이가 0인 컬렉션이나 시퀀스, 혹은 문자열
- 특별 값 None

```
>>> class Blah():
    pass
>>> b = Blah()
>>> b.egg = 0
```

```
>>> bool(b)
True
>>> bool(b.egg)
False
```

이 예시에서는 객체 b를 True로 평가한다. 클래스에 __bool__ 메서드가 정의되어 있지 않기 때문이다. 하지만 b.egg는 0이기 때문에 False로 평가한다.

## B.1.7 bytes(source, encoding)

바이트-문자열 변환 함수. 일반적으로 문자열을 바이트 문자열로 변환하며, 각 항목은 0에서 255 사이의 바이트 값을 가진 단일 바이트로 저장된다. 파이썬 3.0에서 파이썬 문자열은 유니코드나 UTF-8 표현을 사용하는 것이 일반적이기 때문에 일반 문자열은 문자당 1바이트 이상을 차지할 수 있다. 따라서 문자당 1바이트를 포함해야 하는 경우 기본 문자열을 bytes 문자열로 변환할 필요가 있다.

```
>>> bs = bytes('Hi there!', encoding='utf-8')
>>> bs
b'Hi there!'
```

## B.1.8 callable(obj)

객체 obj를 함수로 호출할 수 있으면 True를 반환한다. True를 반환하면 obj가 함수 정의문에 의해 생성된 이름이거나 __call__을 구현한 클래스의 인스턴스라는 의미다. 물론 두 경우 모두에 해당할 수도 있다.

## B.1.9 chr(n)

유니코드 값 n에 해당하는 문자인 단일-문자 문자열을 반환한다. 이 범위 안에는 아스키 문자가 포함된다. 이 함수는 ord 함수와 반대로 동작한다. 함수의 도메인은 0x10FFFF다. 도메인 밖의 n 값은 ValueError를 유발한다.

```
>>> chr(97)
'a'
```

## B.1.10 compile(cmd_str, filename, mode_str, flags=0, dont_inherit= False, optimize=-1)

compile 함수는 표현식, 문장이나 코드 블록(mode에 의해 결정)을 포함한 문자열을 인수로 받아 eval이나 exec 함수를 호출하여 실행할 수 있는 코드 객체를 반환한다. mode_str 문자열은 'exec', 'single', 'eval' 중 하나가 되며 각각 모듈, 단일 문장, 표현식을 의미한다.

파이썬 코드에 의도하지 않은 임의 문자열을 추가하여 실행할 수 있기 때문에 외부인이 exec를 사용하여 코드에 접근할 수 있게 되면 주요 보안 위험에 노출된다. 일반적으로 이 기능을 사용할 아주 좋은 이유가 없다면 피해야 한다. 간단한 데모를 살펴보자.

```
>>> command_str = '''
pi = 3.141592
print('pi/2 = ', pi/2)
'''
>>> cmd = compile(command_str, 'my_mod', 'exec')
>>> exec(cmd)
pi/2 = 1.570796
```

자세한 내용을 보려면 온라인 도움말을 찾아보자. 이 기능을 사용해야 하는 사람은 극소수라는 것을 기억하기 바란다. 의도하지 않은 사용자 입력 문자열을 실행하면 프로그램과 시스템의 모든 것을 제어할 수 있다는 것을 잊지 말자.

## B.1.11 complex(real=0, imag=0)

복소수-숫자 변환. real(실수)과 imag(허수) 인수는 모두 선택 사항이며, 각 인수의 기본값은 0이다. 이 함수는 뒤에서 설명할 문자열 입력과는 다르게 숫자를 입력하면 다음과 같이 응답한다.

- imag 인수를 1j(허수 숫자 i)로 곱한다.
- 이 값을 real 인수에 더한다.
- 필요한 경우 0j를 더하거나 빼서 결과가 복소수 숫자가 되게 한다(보통 위 2개의 규칙을 따른다).

이 간단한 규칙들이 변환 작업의 모든 것을 말해 준다. 예를 들어 기본 반환값은 0-값 복소수 숫자다.

```
>>> complex()
0j
```

또한, 실수 부분만 인수로 전달하여 실수가 아닌 복소수라는 것을 나타내는 0j를 포함한 값을 만들 수 있다.

```
>>> complex(5.5)
(5.5+0j)
```

이 변환을 사용하는 가장 일반적인 방법은 각 인수에 실수나 정수를 전달하는 것이다.

```
>>> complex(3, -2.1)
(3-2.1j)
```

또한, 첫 번째 인수에만 복소수 인수를 전달하여 전달받은 복소수 숫자를 있는 그대로 반환할 수도 있다.

```
>>> complex(10-3.5j)
(10-3.5j)
```

이 함수의 재미있는 점은 인수 2개로 복소수를 표현할 수 있다는 것이다! 여전히 앞서 언급한 규칙은 적용된다. 다음 예제에서 허수 인수는 5j다. 이 값은 평소와 같이 1j를 곱하면 결과는 5j * 1j = -5다. 그런 다음 이 값의 실수 인수인 1이 더해져서 -4를 만든다.

```
>>> complex(1, 5j)
(-4+0j)
```

## B.1.12 complex(complex_str)

복소수-숫자 변환은 'a+bj' 양식의 단일 문자열 인수를 허용한다. 인수 안에 빈칸이 있으면 절대 안 되고, 두 번째 인수도 허용하지 않는다. 선택적으로 소괄호 기호로 a+bj를 감쌀 수 있다.

```
>>> complex('10.2+5j')
(10.2+5j)
>>> complex('(10.2+5j)')
(10.2+5j)
```

이 함수는 유효한 복소수 숫자로 구성된 문자열을 허용한다. 실수나 허수 부분만 있어도 상관없다. 0이 아닌 허수 부분이 존재하지 않더라도 0j는 항상 결과에 포함된다.

```
>>> complex('2')
(2+0j)
>>> complex('3j')
3j
```

이 함수의 또 다른 별난 점은 complex_str이 1j 대신 j를 사용할 수 있는 유일한 곳이라는 것이다. 일반적으로 j라는 변수와 구별하려면 숫자를 j와 결합해야 한다.

```
>>> complex('1+j')
(1+1j)
```

> **Note** ☰  일반적인 +0j 대신 -0j를 사용하는 값을 생성할 수 있다. 예를 들어 complex(2, 0)이 (2+0j)를 생성
> 하더라도 complex(1, -1j)는 (2-0j)를 생성한다. 두 결과는 is가 아닌 ==로 성공적으로 비교할 수 있다. 이 현상
> 은 부호 비트를 포함한 부동소수점 표현에서 가능하다. 0.0과 -0.0은 수치적으로는 동일하지만 별도의 객체다.

앞서 살펴본 complex도 함께 살펴보기 바란다.

## B.1.13 delattr(obj, name_str)

삭제-속성 함수. 객체 obj에서 속성 이름인 name_str로 해당 속성을 제거한다.

```
my_dog.breed = 'St Bernard'
...
a_str = 'breed'
delattr(my_dog, a_str)
```

이 문장을 실행하고 나면 객체 my_dog에는 더 이상 'breed'라는 속성이 존재하지 않게 된다.

해당 속성이 삭제되기 전에 이미 존재하지 않는다면 AttributeError 예외가 발생한다. hasattr과 setattr 함수도 함께 살펴보기 바란다.

## B.1.14 dir([obj])

디렉터리 함수. 선택적 인수인 obj의 속성 리스트를 반환한다. 만약 이 객체가 클래스라면 해당 클래스의 모든 속성을 보여 준다. 이 객체가 클래스가 아니라면 객체의 클래스를 가져와서 해당 클래스의 모든 속성을 보여 준다.

이 인수가 누락되면 dir은 dir을 호출하고 있는 함수나 모듈의 속성 리스트를 반환한다.

```
dir()               # 모듈의 속성들을 보여 준다.
```

혹은 함수 정의문 안에서 호출할 수도 있다.

```
def demo():
    i = 1
    j = 2
    print(dir())
```

demo를 호출하면 다음 결과를 출력한다.

```
['i', 'j']
```

순진해 보이는 print(dir(i))는 다소 긴 목록을 출력한다. i는 정수고 정수 클래스(int)는 상당히 긴 속성 목록을 가지고 있기 때문이다.

다음 코드는 동일한 결과를 보여 준다.

```
print(dir(int))
```

## B.1.15 divmod(a, b)

a를 b로 나눈 후 a / b의 반올림한 정수와 a % b로 구하는 나머지로 구성된 튜플을 반환한다. 이 함수는 대개 정수와 함께 쓰인다. 예시를 살펴보자.

```
quot, rem = divmod(203, 10)          # 결과는 20, 나머지는 3
```

a와 b는 둘 중에 하나 혹은 둘 다 float 값일 수 있다. 하지만 다음 예시는 반환값이 모두 부동소수점 포맷이다. 몫에는 소수가 없지만, 나머지에는 있을 수 있다.

```
>>> divmod(10.6, 0.5)
(21.0, 0.09999999999999964)
```

이 예시의 결과로 반환된 튜플은 (21.0, 0.1)이 되어야 하지만 부동소수점 값에서 발생하는 작은 반올림 에러가 있다. 이 에러는 round 함수를 사용하여 고칠 수 있다.

## B.1.16 enumerate(iterable, start=0)

이뉴머레이션(enumeration)(나열). 이터러블(iterable)을 인수로 받아 다음 형태의 튜플 시퀀스를 반환한다.

```
number, item
```

number는 (기본 설정이 0인) start로 시작해서 1씩 증가한다. item은 이터러블에 의해 결정되는 각 항목이다.

예를 들어 문자열 리스트의 각 항목을 시퀀스 번호와 함께 출력하고 싶다면 다음 루프 문을 사용하면 된다.

```
beat_list = ['John', 'Paul', 'George', 'Ringo']
for n, item in enumerate(beat_list, 1):
    print('%s. %s' % (n, item))
```

출력 결과는 다음과 같다.

```
1. John
2. Paul
3. George
4. Ringo
```

그런데 enumerate 함수에 의해 생성되는 값은 for 문에서 사용할 수 있는 enumerate 객체다. 원한다면 리스트나 튜플로 변환되는 다른 이터러블이 될 수도 있다. 1부터 시작되는 이번 예시는 enumeration 객체가 시퀀스 안에서 튜플을 생성한다.

```
(1, item0), (2, item1), (3, item2)...
```

이 이터러블을 출력하고 싶다면 리스트로 변환하거나 앞서 본 방식과 같이 for 문을 사용할 수 있다.

## B.1.17 eval(expr_str [, globals [, locals]])

expr_str에 포함된 파이썬 표현식을 실행한다. 비록 이 함수가 코드를 더욱 간략하게 작성할 수 있게 한다고 하더라도, 이 앱이 여러분 혼자 사용하는 앱이 아닌 이상 사용자에게 입력받은 임의의 문자열을 실행하기 때문에 잠재적으로 위험을 안고 있다.

다음 예시는 파이썬 표현식을 실행하여 결과를 반환하고 있다.

```
>>> a = 100
>>> eval('3 * a + 55')
355
```

문자열에는 문장이 아닌 표현식이 포함되어야 한다. 따라서 대입문을 사용할 수 없다. 하지만 표현식에서 함수를 호출할 수 있으며, 함수를 호출하면 문장을 실행할 수 있다.

eval의 위험을 줄이는 한 가지 방법은 심벌에 대한 접근을 막는 것이다. 기본적으로 globals 인수는 지역 심벌 설정도 제공한다. 이 인수를 빈 딕셔너리에 설정하면 심벌에 접근하는 것을 피할 수 있다(하지만 내장 함수는 항상 접근할 수 있다는 것을 기억하자).

```
>>> eval('3 * 100 + 55', {})        # 문제 없음
355
>>> eval('3 * a + 55', {})          # 에러; 'a'가 정의되지 않음
```

코드를 완벽하게 확인하는 한 가지 방법은 접근할 심벌이 포함된 딕셔너리를 만든 후 해당 딕셔너리를 globals 인수로 지정하는 것이다.

```
>>> from math import *
>>> a = 25
>>> dict_1 = {'tan': tan, 'radians': radians, 'a': a}
>>> eval('1000 * tan(radians(a))', dict_1)
176.326980708465
```

딕셔너리를 만들어서 eval 문이 단 2개의 함수(tan과 radians)와 1개의 변수(a)만 접근할 수 있게 제한한다.

locals 인수는 많이 사용되지는 않지만, 지역 심벌만 접근할 수 있게 제약할 때 사용할 수 있다. 이번 예시는 함수 접근을 허용하지 않을 것이다.

```
eval('a * a + 100', {}, locals())
```

## B.1.18 exec(object [, global [, locals]])

compile과 eval 함수를 보자. compile과 exec 함수는 경험이 많은 고급 프로그래머만 사용한다. 이 함수는 큰 보안 위험이 있기 때문에 일반적으로 사용하는 것을 피해야 한다.

이 함수가 반드시 필요한 소수의 사람을 제외하고, 이 함수를 사용하는 것은 자살 행위나 마찬가지다. 굳이 사용하겠다면 위험을 감수하고 진행하기 바란다.

## B.1.19 filter(function, iterable)

필터링이 반영된 값의 시퀀스를 생성한다. 이터러블의 각 항목은 function에 전달된다. 인수 function은 반드시 하나의 인수를 가져야 하며, True나 False를 반환해야 한다.

인수로 전달된 항목을 True로 평가하면 해당 항목은 filter에 의해 생성된 시퀀스에 포함된다. 그렇지 않으면 해당 항목은 제외된다.

다음 예시에서는 음수만 결과에 포함된다. 다른 값은 제외(filter out)된다.

```
def is_neg(x):
    return x < 0

my_list = [10, -1, 20, -3, -2.5, 30]
print(list(filter(is_neg, my_list)))
```

filter가 생산하는 결과는 일종의 이터러블이다. 원한다면 리스트로 변환하여 출력할 수 있다. 따라서 마지막 줄은 다음 결과를 출력한다.

```
[-1, -3, -2.5]
```

function 인수는 선택 사항으로 None이 될 수 있다. 이 경우에는 각 항목에 bool 변환을 반영하여 True를 반환한 항목들이 결과에 포함된다(일반적으로 0이 아닌 값이나 비어 있지 않은 컬렉션이 True로 평가된다).

## B.1.20 float([x])

부동소수점 변환. 선택적 인수 x가 주어지면 x를 부동소수점으로 변환한 값의 결과를 반환한다. 부동소수점으로 성공적으로 변환될 수 있는 타입에는 숫자 타입(쩨 정수)과 부동소수점 숫자로 표현된 문자열이 포함된다.

문자열은 '4.105', '-23E01', '10.5e-5'와 같은 숫자 표현식을 포함할 수 있다. 양의 무한수와 음의 무한수는 'Infinity', '-Infinity', 'inf', '-inf'와 같이 표현된다.

```
n = 1
yyy = float(n)                      # yyy에 1.0 대입
amt = float('-23E01')              # amt에 -23E01 대입
```

인수가 전달되지 않으면 0.0을 반환한다. 문법의 대괄호 기호는 인수 x가 선택 사항이라는 것을 지정하고 있다는 것을 기억하자.

```
amt = float()                      # amt에 0.0 대입
```

## B.1.21 format(obj, [format_spec])

5장에서 설명한 포매팅을 수행하는 확장 구문을 사용하는 포맷-문자열 함수다. 선택적 인수인 format_spec이 전달되면 이 인수는 5장에서 설명한 spec 포매팅 코드와 같이 해석된다. 그렇지 않으면 해당 객체는 표준 __str__ 표현으로 변환된다. 두 경우 모두 문자열을 반환한다.

```
>>> format(1000000, ',')
'1,000,000'
```

문자열 클래스(str)의 format 메서드는 각 내장 출력 필드에 대해 이 함수를 한 번씩 호출한다. 객체의 __format__ 메서드가 정의되었다면 __format__을 호출하며, 그렇지 않은 경우 (기본적으로) __str__ 메서드를 호출한다.

## B.1.22 frozenset([iterable])

불변 버전의 set 타입인 frozenset 객체를 반환한다. 다음 예시에서 사용한 소괄호 기호는 인수로 튜플을 지정하겠다는 의미라는 것에 주목하자.

```
>>> frozenset((1, 2, 2, 3, 3, 4, 1))
frozenset({1, 2, 3, 4})
```

iterable 인수를 생략하면 이 함수는 빈 frozenset을 반환한다.


## B.1.23 getattr(obj, name_str [,default])

속성-확인 함수. 객체 obj의 명명 속성들의 값을 반환한다. 어떤 타입이든 올 수도 있다. name_str 인수는 속성을 담고 있는 문자열이다. 속성이 존재하지 않으면 기본값이 반환된다. 하지만 명명 속성이 존재하지 않으면 기본값을 반환하지 않고, AttributeError 예외가 발생한다.

다음 예시는 Dog 클래스가 존재한다고 가정한다.

```
>>> d = Dog()
>>> d.breed = 'Bulldog'
>>> attr_name = 'breed'
>>> getattr(d, attr_name)
'Bulldog'
```

delattr, hasattr, setattr도 함께 살펴보자.


## B.1.24 globals( )

현재 실행하고 있는 모듈이 포함하고 있는 모든 전역 변수 이름과 값을 담고 있는 데이터 딕셔너리를 반환한다.


## B.1.25 hasattr(obj, name_str)

객체 obj가 주어진 name_str 속성을 가지고 있다면 True를 반환한다. 다음 예시는 my_dog가 Dog 클래스의 인스턴스라고 가정한다.

```
>>> my_dog.breed = 'Husky'
>>> nm = 'breed'
>>> hasattr(my_dog, nm)
True
```

## B.1.26 hash(obj)

특정 객체 obj의 해시(hash) 값을 반환한다. 해시 값은 데이터 딕셔너리 안에서 주어진 객체 obj의 키로 사용된다. 이 함수를 제공하지 않는 객체의 클래스는 '해시로 검색 가능(hashable)'하지 않으며, 딕셔너리의 키로 사용할 수도 없다.

이 함수는 객체 클래스의 __hash__ 메서드를 호출하여 구현할 수 있다. 더 자세한 정보는 9장에서 확인하기 바란다.

테스트 목적이 아닌 이상 hash나 __hash__를 직접 호출하는 일은 극히 드물다. 반드시 기억해야 할 가장 중요한 것은 클래스를 작성할 때 키로 사용할 수 있는 타입이 되게 만들려면 반드시 __hash__ 매직 메서드를 구현해야 한다는 것이다.

## B.1.27 help([obj])

특정 객체 클래스의 도움말 문서를 출력한다. 이 함수는 IDLE에서 자주 사용된다. 객체가 인수로 전달되지 않았다면 파이썬 시스템 도움말의 소개 페이지가 출력된다.

## B.1.28 hex(n)

16진수 변환. 접두사 0x를 포함한 정수 n의 16진법 표현을 담은 문자열을 반환한다. 정수가 아닌 타입이 인수로 전달되면 파이썬은 TypeError 예외를 발생한다.

```
>>> hex(23)
'0x17'
```

## B.1.29 id(obj)

객체 obj의 유일한 식별자를 반환한다. 만약 2개의 변수(obj1과 obj2)가 동일한 식별자를 가지고 있다면 표현식 obj1 is obj2는 True를 반환한다. 이는 두 변수가 메모리상에 동일 객체를 참조하고 있다는 것을 의미한다(제한 조건이 더 적은 동등성 비교(==)와 혼동하지 말자).

## B.1.30 input([prompt_str])

입력 함수. 사용자가 0개 이상의 문자를 입력하고 Enter 를 누를 때까지 기다렸다가 사용자가 입력한 문자열을 반환한다. prompt_str이 주어지면 "이름을 입력하세요:"와 같은 문자열을 사용자에게 프롬프트로 출력한다. 프롬프트 문자열에는 자동으로 추가 빈칸이 출력되지 않기 때문에 필요하다면 직접 입력할 수 있다.

```
my_name = input('이름을 입력하세요')
my_age = int(input('나이를 입력하세요'))
```

## B.1.31 int(x, base=10)

정수 변환 함수. 이 함수는 유효한 정수 표현을 가진 숫자 값이나 문자열을 실제 정수 값으로 반환한다. base 인수가 포함되면 문자열을 표현할 진수를 지정하게 된다. 기본값은 10(10진수)이지만 다른 진법인 경우 2(이진수), 8(8진수), 16(16진수)이 사용될 수도 있다.

```
>>> int('1000', 16)
4096
```

첫 번째 인수에 float와 같은 다른 숫자 타입을 지정할 수 있다. int 변환은 소수점을 잘라 낸다.

```
>>> int(3.99), int(-3.99)
(3, -3)
```

다른 반올림 스키마를 사용하여 가까운 정수(혹은 특정 자릿수)로 반올림하는 방법이 궁금하면 round 함수를 살펴보자.

## B.1.32 int( )

인수가 없는 int 변환 함수. 이 버전의 int 함수는 정수 값 0을 반환한다. 앞서 소개한 int도 함께 살펴보자.

## B.1.33 isinstance(obj, class)

객체 obj가 주어진 class나 해당 클래스에서 파생된 클래스의 인스턴스면 True를 반환한다. type 함수 대신 이 함수를 사용하기 바란다. (물론 두 번째 인수는 타입들로 구성된 튜플일 수 있다. 그런 경우 객체가 주어진 클래스 중 하나의 인스턴스일 때 True를 반환한다.)

## B.1.34 issubclass(class1, class2)

class1이 class2의 하위 클래스이거나 두 인수가 동일한 클래스면 True를 반환한다. class1이 클래스가 아니면 TypeError 예외가 발생한다. 물론 isinstance처럼 두 번째 인수는 타입들로 구성된 튜플일 수 있다.

```
>>> class Floopy(int):
    pass
>>> f = Floopy()
>>> issubclass(Floopy, int)
True
>>> issubclass(int, Floopy)
False
>>> issubclass(int, int)
True
>>> issubclass(f, int)          # TypeError: f는 클래스가 아니다
```

## B.1.35 iter(obj)

이터레이션(iteration) 함수. 이 함수는 obj가 이터레이터(iterator)를 반환하는 객체인 이터러블(iterable)이라고 가정한다. 제너레이터와 같은 표준 컬렉션과 시퀀스를 포함한다.

인수가 이터러블이 아니면 iter(obj)를 호출할 때 TypeError 예외가 발생한다. obj가 이터러블이면 이터레이터 객체를 반환해야 한다. 해당 객체는 next가 호출될 때마다 값의 시퀀스를 하나씩 바로 방문한다.

몇 개의 예시가 이를 명확하게 설명할 수 있다. 우선 객체가 이터러블이면 iter(obj)를 합법적으로 호출할 수 없다.

```
>>> gen = iter(5)          # TypeError 발생
```

반면 대상 객체가 리스트면 호출이 가능하다. 심지어 (이번 예시와 같이) 리스트가 항목 하나만 가지고 있어도 말이다.

```
>>> gen = iter([5])
```

물론 길이가 더 긴 리스트(적어도 2개 이상의 항목)와 iter 함수를 사용하는 것이 더욱 일반적일 것이다. 이터레이터나 제너레이터 객체로 불리는 반환 객체를 next와 함께 사용하면 나열된 값에 하나씩 접근한다.

```
>>> gen = iter([1, 2, 3])
>>> next(gen)
1
>>> next(gen)
2
>>> next(gen)
3
>>> next(gen)              # StopIteration 예외 발생
```

iter 함수는 (컬렉션이나 제너레이터와 같은) 이터러블 객체 클래스의 __iter__ 매직 메서드를 호출하며, next 함수는 이터레이터 객체 클래스의 __next__ 메서드를 호출한다. 다음에 나열한 두 단계 프로세스를 기억하자.

- 컬렉션(collection), 시퀀스(sequence)나 레인지(range)와 같은 이터러블에 iter를 호출하면 (앞 예시의 gen과 같은) 이터레이터 객체를 반환한다. 종종 이 작업은 묵시적으로 수행되는데, for 루프와 함께 사용하면 자동으로 수행된다.
- 이터레이터 객체에 next 함수를 호출하면 이터레이션에 의해 다음 값을 가져온다. 물론 for 루프는 이 과정을 자동으로 수행한다.

## B.1.36 len(sequence)

시퀀스에 현재 저장되어 있는 항목 개수를 반환한다. 시퀀스는 보통 컬렉션이지만, range 함수로 생성된 시퀀스일 수도 있다. 이번 예시는 문자열을 사용하며, 문자열 안에 문자 개수를 반환한다.

```
>>> len('Hello')
5
```

이 함수는 보통 객체 클래스의 \_\_len\_\_ 메서드를 호출하여 구현한다.

range 함수가 생성한 시퀀스가 이 함수를 지원한다고 하더라도, 다른 제너레이터도 모두 동일하다고 보장할 수는 없다.

## B.1.37 list([iterable])

리스트 변환 함수. 인수는 이터러블이어야 하며, 리스트를 반환한다. 제너레이터가 포함되면 값의 소스는 반드시 유한해야 한다.

iterable이 문자열이면 함수는 단일-문자 문자열을 항목으로 하는 리스트를 반환한다.

```
>>> print(list('cat'))
['c', 'a', 't']
```

문법의 대괄호 기호는 iterable이 선택 사항이라는 것을 의미한다. iterable이 주어지지 않으면 빈 리스트 []를 반환한다.

```
>>> new_list = list()          # new_list를 빈 리스트로 초기화
>>> new_list
[]
```

## B.1.38 locals( )

로컬 심벌 테이블 안의 값 정보를 담고 있는 딕셔너리를 반환한다. 이 딕셔너리는 직접 수정되어서는 안 된다.

```
>>> def foobar():
    a = 2
    b = 3
    c = 1
    print(locals())

>>> foobar()
{'a':2, 'b':3, 'c':1}
```

## B.1.39 map(function, iterable1 [, iterable2···])

여러 이터러블을 인수로 받아 (for 문과 함께 사용 가능한) 다른 이터러블로 반환하거나 list 변환 함수를 사용하여 리스트로 변환할 수도 있다.

function 인수는 콜러블이며, map 함수에 인수로 전달된 여러 이터러블의 숫자와 동일한 개수의 인수를 사용해야 한다.

여러 이터러블의 각 인수는 같은 순서로 함수의 인수에 배치되며, map 함수에 의해 생성되는 결과 시퀀스에 결과가 담긴다. 결과 이터러블은 인수가 다 소진되면 멈춘다.

예를 들어 보자.

```
>>> def multy(a, b, c):
    return a * b * c

>>> m = map(multy, [1, 20], [1, 20], [1, 50])
>>> print(list(m))
[1, 20000]
```

이번 예시의 결과는 [1, 20000]이다. 왜냐하면 1 * 1 * 1의 값은 1이며, 20 * 20 * 50의 값은 20,000이기 때문이다.

map 함수는 최소한 하나의 이터러블 인수와 사용되지만, 그런 경우에는 리스트 함축(comprehension)이 보통 더 나은 해결책을 제공한다.

## B.1.40 max(arg1 [, arg2], ···)

하나 이상의 인수 시리즈 중 가장 큰 값을 반환한다(대괄호 기호는 문자 그대로 선택 사항이라는 의미다). 이 함수가 어떻게 동작하는지 더 알고 싶다면 max를 설명하는 다른 항목도 참고하기 바란다.

```
>>> max(1, 3.0, -100, 5.25)
5.25
```

## B.1.41 max(iterable)

유한한 iterable(컬렉션, 시퀀스나 제너레이터 객체)의 항목 중 가장 큰 값을 반환한다. 파이썬 3.0에서는 모든 항목을 서로 비교할 수 있어야 하며, 반드시 정렬이 가능(sortable)해야 한다. 그렇지 않은 경우 TypeError 예외를 발생한다.

포함된 객체의 미만 연산자(<)를 제공하면 정렬이 가능하다. 각 항목의 조합에 적용되는 적절한 __lt__ 매직 메서드가 정의되어야 한다는 의미다.

한편 complex를 제외한 모든 내장 숫자 타입은 정렬이 가능하다.

```
>>> from fractions import Fraction
>>> a_list = [1, Fraction('5/2'), 2.1]
>>> max(a_list)
Fraction(5, 2)
```

앞서 소개한 max도 함께 살펴보기 바란다.

## B.1.42 min(arg1 [, arg2], ···)

하나 이상의 인수 시리즈 중 가장 작은 값을 반환한다(대괄호 기호는 문자 그대로 선택 사항이라는 의미다). 이 함수가 어떻게 동작하는지 더 알고 싶다면 min을 설명하는 다른 항목도 참고하기 바란다.

```
>>> min(1, 3.0, -100, 5.25)
-100
```

## B.1.43 min(iterable)

유한한 iterable(컬렉션, 시퀀스나 제너레이터 객체)의 항목 중 가장 작은 값을 반환한다. 파이썬 3.0에서는 모든 항목을 서로 비교할 수 있어야 하며, 반드시 정렬이 가능(sortable)해야 한다. 그렇지 않은 경우 TypeError 예외를 발생한다.

포함된 객체의 미만 연산자(<)를 제공하면 정렬이 가능하다. 각 항목의 조합에 적용되는 적절한 __lt__ 매직 메서드가 정의되어야 한다는 의미다.

한편 complex를 제외한 모든 내장 숫자 타입은 정렬이 가능하다.

```
>>> from fractions import Fraction
>>> a_list = [1, Fraction('5/2'), 2.1]
>>> min(a_list)
1
```

앞서 소개한 min도 함께 살펴보기 바란다.


# B.1.44 oct(n)

접두사 0o를 포함한 정수 n의 8진법 표현을 담은 문자열을 반환한다. 정수가 아닌 타입이 인수로 전달되면 파이썬은 TypeError 예외를 발생시킨다.

```
>>> oct(9)
'0o11'
```


# B.1.45 open(file_name_str, mode='rt')

첫 번째 인수로 주어진 이름의 파일을 연다. 여기에는 전체 경로 이름 또는 현재 디렉터리의 로컬 이름이 포함될 수 있다. 파일이 성공적으로 열리면 파일 객체가 반환된다. 그렇지 않으면 FileNotFoundError와 같은 예외가 발생한다.

mode는 2개나 3개 이상의 문자를 담을 수는 없는 문자열이다. 't' 혹은 'b'와 같은 단일 문자는 파일을 텍스트나 바이너리로 접근한다는 것을 가리킨다. 기본값은 텍스트('t')다.

다른 문자들은 파일-접근 모드가 읽기, 쓰기, 혹은 읽기/쓰기라는 것을 지정한다. 기본값은 읽기 모드('r')다. 표 B-2는 't'(기본값, 텍스트 모드) 혹은 'b'(바이너리 모드)와 조합으로 사용할 수도 있는 읽기/쓰기 모드를 보여 준다.

▼ 표 B-2 파일 읽기/쓰기 모드

| 읽기/쓰기 파일 모드 | 설명 |
| --- | --- |
| r | 읽기 모드. 파일은 반드시 기존에 존재해야 한다. |
| w | 쓰기 모드. 전체 파일이 교체될 것이다. |
| a | 덧붙이기 모드. 파일 포인터는 파일의 끝으로 설정되지만, 기존 내용은 삭제되지 않는다. |

◐ 계속

| 읽기/쓰기 파일 모드 | 설명 |
|---|---|
| w+ | 읽기/쓰기 모드. 파일을 열 때 0바이트로 잘라 낸다. |
| r+ | 읽기/쓰기 모드. 파일을 열 때 잘라 내지 않는다. |
| x | (쓰기 모드로) 배타적 생성 모드로 파일을 연다. 파일이 이미 존재하면 예외가 발생한다. |

바이너리 쓰기 모드('wb')로 파일을 여는 예시를 살펴보자.

```
f = open('mydata.dat', 'wb')
```

이 함수는 이 부록에서 다루지 않지만, 특수한 상황에서 종종 사용할 수 있는 선택적 인수가 많이 있다. 이런 인수에는 기본값이 -1인 buffering과 기본값이 None인 encoding, errors, newline이 있다.

> Note ≡ 파일이 한 번 열리면 여러 I/O 메서드를 포함하고 있는 file 클래스의 close 메서드를 호출하여 닫을 수 있다. 파일은 부록 E에서 설명한 with 키워드를 사용하여 자동으로 닫을 수도 있다.[1]

## B.1.46 ord(char_str)

서수 값 함수. char_str로 전달한 문자의 아스키(ASCII) 또는 유니코드 문자 코드 번호를 반환한다. 이 인수는 정확히 하나의 문자로 구성된 문자열로 가정한다. 문자열이 아니거나 둘 이상의 문자를 포함하는 경우 TypeError 예외가 발생한다.

ord 함수는 chr 함수의 역함수다.

```
>>> chr(ord('a'))
'a'
```

---

1 **역주** 주피터 노트북에서 이 예시 코드를 실행했다면 작업 디렉터리에 mydata.dat 파일이 생성된 것을 확인할 수 있다. 반드시 f.close() 메서드로 닫아 주기 바란다.

## B.1.47 pow(x, y [, z])

제곱 함수. x ** y와 같은 값을 반환한다. 즉, 숫자 값 x의 y 제곱을 반환하는 것이다. z가 주어지면 함수는 x ** y % z를 반환한다(결과를 z로 나눈 후 나머지를 반환한다).

```
>>> pow(2, 4)
16
>>> pow(2, 4, 10)
6
>>> pow(1.1, 100)
13780.61233982238
```

이 마지막 수치는 1달러를 100년 동안 매년 10%의 복리로 증가시킨 결과다. 결과는 1만 3,000달러 이상이다(기다리는 사람 모두에게 좋은 일이 온다!).

## B.1.48 print(objects, sep=' ', end='\n', file=sys.stdout)

범용적인 목적의 print 함수. 기본 동작은 각 객체의 문자열 표현(str)을 출력하는 것이다. 기본적으로 print 함수는 각 객체의 인수 사이에 빈칸을 출력하지만 sep 인수에는 (원한다면) 빈 문자열을 포함한 특정 구분자를 지정할 수 있으며, 구분자를 제거하는 데도 sep 인수를 사용할 수 있다.

또 다른 명명 인수 end는 기본적으로 개행 문자로 설정된다. 이 인수는 print 함수가 모든 내용을 출력하고 나면 마지막에 자동적으로 출력된다. end는 종종 빈 문자열로 설정되는 또 다른 인수로, 함수 호출자가 출력을 다음 줄로 이동하는 빈도를 더 잘 제어할 수 있게 해 준다.[2]

마지막으로 출력의 기본 목적지는 표준 출력(sys.stdout)이다.

다음 예시는 사용자 정의된 구분자로 세미콜론과 빈칸을 사용했다.

```
s1 = 'eenie'
s2 = 'meenie'
s3 = 'Moe'
print(s1, s2, s3, sep='; ')
```

출력 결과는 다음과 같다.

---

2  역주 end가 빈 문자열로 설정되면 개행되지 않고 하나의 줄로 연결되기 때문이다.

```
eenie; meenie; Moe
```

이 함수는 출력될 각 객체의 `__str__` 함수를 호출하여 구현된다.


## B.1.49 range(n)

0부터 n보다 작은 숫자까지 나열되는 정수 시퀀스를 반환한다. 따라서 range(n)은 0, 1, 2, ⋯, n-1을 생산한다. 이 시퀀스를 for 문에서 바로 사용할 수 있지만, 출력하거나 인덱싱을 하기 위해 시퀀스가 리스트의 전체 상태를 갖도록 하려면 리스트 변환을 해야 한다.

```
>>> list(range(5))
[0, 1, 2, 3, 4]
```

표현식 range(len(컬렉션))은 컬렉션의 유효한 비음수 인덱스에 해당하는 정수 시퀀스를 반환한다.

n 자체가 시퀀스에 포함되지 않는다는 것을 기억하자. 대신 range는 0부터 n보다 작은 숫자까지의 정수를 생성한다.


## B.1.50 range(start, stop [, step])

다른 버전의 range와 같이 정수 시퀀스를 반환한다. 하지만 start 인수는 시퀀스가 시작될 숫자를 지정하며, stop은 시퀀스의 종료 시점을 지정하는데 stop보다 작은 정수까지 시퀀스가 생성된다. 만약 step이 포함되면 항목 간에 증가할 크기를 결정한다.

step 값이 음수면 range는 역순으로 진행된다. start부터 시작하여 stop 값을 포함하기 전까지 값이 감소할 것이다.

```
>>> list(range(1, 7, 2))
[1, 3, 5]
>>> list(range(5, 1, -1))
[5, 4, 3, 2]
```

앞서 소개한 1개의 인수만 갖는 range 항목도 함께 살펴보기 바란다.

## B.1.51 repr(obj)

str 변환 함수의 동작과 유사하게 obj의 문자열 표현을 반환한다. str은 표준 문자열 표현식을 반환하는 반면, repr은 코드에서 보이는 객체의 대표 표현식을 반환한다. 따라서 str(a_string)은 문자열을 주위의 따옴표 없이 있는 그대로 출력하는 반면, repr(a_string)은 따옴표와 함께 출력한다. 왜냐하면 따옴표를 함께 출력하는 방식이 파이썬 코드에서 보이는 방식이기 때문이다.

```
>>> my_str = "Hi, I'm Brian!"
>>> print(repr(my_str))
"Hi, I'm Brian!"
```

마지막 2줄은 다음 소스 코드와 동일하게 동작한다. 왜냐하면 IDLE는 객체를 출력할 때 print에 객체를 넘기는 대신 repr 함수를 호출하기 때문이다.[3]

```
>>> my_str
"Hi, I'm Brian!"
```

이 함수는 객체 클래스의 __repr__ 함수를 호출하여 구현된다.


## B.1.52 reversed(iterable)

소스의 항목을 역순으로 나열한 제너레이터를 생성한다. 즉, iterable이 초기에 가지고 있던 순서와는 반대로 항목을 순회한다. 이 제너레이터는 for 루프에서 가장 흔하게 사용할 수 있다. 다른 방법은 list 변환 함수를 사용하여 list로 변환하는 것이다.

```
>>> print(list(reversed([1, 2, 3])))
[3, 2, 1]
```

기술적으로 문자열의 역순 제너레이터를 구한 후 의미 있는 결과를 출력하는 시도를 한다. 하지만 이 작업은 복잡하며, 리스트와 join 함수를 사용해야 한다. 그렇지 않으면 이런 일이 벌어진다.

```
>>> str(reversed('Wow, Bob, wow!'))
'<reversed object at 0x11124bc88>'
```

---

3 **역주** 주피터 노트북도 동일하다.

문제는 reversed 함수가 문자열에 적용되면 문자열이 아닌 제너레이터 객체를 생성하기 때문이다. 하지만 대안이 있다. 가장 쉬운 해결책은 문자열의 슬라이싱 기능을 사용하는 것이다.

```
>>> 'Wow, Bob, wow!'[::-1]
'!wow ,boB ,woW'
```

## B.1.53 round(x [, ndigits])

숫자 값 x를 반올림하며, ndigits는 반올림할 위치를 지정한다. 특히 ndigits는 반올림을 수행할 위치에서 소수점에서 오른쪽으로 몇 개의 숫자가 있는지를 지정하는 정수다. 음수가 오면 소수점의 왼쪽으로 반올림 위치가 이동한다.

ndigits 값이 0이면 가장 가까운 단위(즉, 가장 가까운 정수)로 반올림이 수행된다. 그리고 ndigits 값이 1이면 소수점 1자리로 반올림이 되며, ndigits 값이 -1이면 가장 가까운 10의 배수로 표시된다.

ndigits가 지정되지 않으면 함수는 숫자 값 x를 가장 가까운 단위로 반올림하여 부동소수점 대신 정수로 결과를 반환한다(문법의 대괄호 기호는 선택 사항이다).

```
>>> round(12.555, 1)
12.6
>>> round(12.555, 2)
12.56
>>> round(12.555, 0)
13.0
>>> round(12.555)
13
>>> round(12.555, -1)
10.0
```

기본적으로 반올림 메커니즘은 결과에서 가장 유의하지 않은 자릿수의 오른쪽에 있는 자릿수에 따라 올림 또는 내림된다. 숫자가 5 이상이면 위쪽으로 올림하고, 4 이하이면 아래쪽으로 내림한다.

함수는 양수와 음수 모두에 사용할 수 있다. 따라서 '위로 반올림'하는 값이 아래로 내림하는 것보다 0에서 더 멀어지게 된다.

```
>>> round(-55.55)
-56
```

## B.1.54 set([iterable])

파이썬 세트로 변환하는 함수. iterable 인수가 생략되면 결과는 빈 세트다. 다음 소스 코드는 파이썬의 빈 세트를 표현하는 표준 방법이다. 왜냐하면 { }는 빈 세트가 아닌 빈 딕셔너리를 표현하기 때문이다.

```
empty_set = set()
```

iterable이 비어 있지 않다면 결과 세트는 인수의 모든 항목을 지니게 된다. 하지만 중복된 값은 제거되며, 순서는 보장되지 못한다.

```
>>> my_list = [11, 11, 3, 5, 3, 3, 3]
>>> my_set = set(my_list)
>>> my_set
{3, 11, 5}
```

## B.1.55 setattr(obj, name_str, value)

속성-설정 함수. 비록 속성 설정 대부분은 직접 실행되지만, 이 함수는 하드-코드보다는 추후 런타임 시 속성 값을 설정할 수 있게 해 준다. 이 방법으로 속성 이름이 런타임 시 결정될 수 있다는 의미다. 속성은 사용자에게 제공받을 수도 있고, 프로그램이 통신하고 있는 데이터베이스에 저장된 값으로 일부 속성을 결정할 수 있다.

예를 들어 다음과 같이 Dog 객체의 breed를 설정할 수 있다.

```
d = Dog()
d.breed = 'Dane'
```

하지만 속성 값을 미리 알 수 없다면 다음 문장으로 breed 속성을 추후에 'Dane'으로 설정할 수 있다.

```
attr_str = 'breed'
...
setattr(d, attr_str, 'Dane')          # d.breed = 'Dane' 설정
```

## B.1.56 sorted(iterable [, key] [, reverse])

iterable의 모든 항목을 정렬한 리스트를 생성한다. 인수의 모든 항목은 미만(<) 연산자로 항목 간 우선순위를 결정할 수 있게, 반드시 동일한 타입이거나 비교 가능한 데이터 타입이어야 한다. 만약 비교가 불가능하다면 TypeError 예외가 발생한다.

```
>>> sorted([5, 0, 10, 7])
[0, 5, 7, 10]
```

reversed 함수는 이터러블을 생산하지만 이 함수는 항상 리스트를 생산한다. key 인수는 정렬 대상이 될 key를 반환할 함수며, reverse는 True인 경우 내림차순으로 정렬한다. 사용하려면 키워드 인수로 사용해야 한다.

## B.1.57 str(obj=' ')

객체 obj의 문자열 표현을 반환한다. 만약 obj가 주어지지 않으면 빈 문자열을 반환한다.

이 변환은 객체 클래스의 __str__ 메서드를 호출하여 구현된다. 클래스가 __str__ 메서드를 가지고 있지 않다면 기본적으로 __repr__ 메서드를 호출한다. 대부분 이 두 메서드는 동일한 결과를 출력한다. 반면에 __repr__ 메서드는 코드에서 보여지는 객체의 표현 방식이기 때문에 문자열을 감싸고 있는 따옴표가 함께 반환된다는 것이 다른 점이다.

출력에 대한 역할 이외에도 문자열 변환은 다른 사용처가 있다. 예를 들어 숫자 안에 0의 개수가 몇 개인지 확인하는 데 사용할 수도 있다.

```
>>> n = 10100140
>>> s = str(n)
>>> s.count('0')
4
```

## B.1.58 str(obj=b' ' [, encoding='utf-8'])

2개 이상의 바이트로 문자열을 저장하는 bytes 문자열을 표준 파이썬 문자열로 변환한다.

```
bs = b'Hello!'                    # 정확하게 6바이트를 보장한다.
s = str(bs, encoding='utf-8')
print(s)                          # 일반 문자열 출력, 문자당 ? 바이트
```

앞서 소개한 str 항목도 함께 살펴보기 바란다.

# B.1.59 sum(iterable [, start])

iterable 안 모든 항목의 합계를 구한다. 모든 항목은 반드시 숫자이어야 한다. 혹은 최소한 다른 항목이나 숫자와 더해지기 위해 __add__ 메서드가 지원되어야 한다. 문자열은 연결하지 않는다.

이 함수는 숫자 리스트, 튜플 그리고 세트와 함께 사용하기 정말 편리하다. 예를 들어 다음 예시 함수는 숫자 컬렉션의 평균값을 구한다.

```
def get_avg(a_list):
    return sum(a_list)/len(a_list)
```

다음은 이 함수를 실행한 예시다.

```
>>> get_avg([1, 2, 3, 4, 10])
4.0
```

sum 함수는 유한한 시퀀스를 생산하는 한 제너레이터와 같은 다른 종류의 이터러블에도 사용할 수 있다.

```
>>> def gen_count(n):
    i = 1
    while i <= n:
        yield i
        i += 1

>>> sum(gen_count(100))
5050
```

이번 예시의 sum(gen_count(n))은 숫자를 1부터 n까지 더한다.

## B.1.60 super(type)

특정 타입의 부모 클래스(superclass)를 반환한다. 이 함수는 상속을 받은 부모 클래스의 \_\_init\_\_ 과 같은 특정 메서드를 호출하고 싶을 때 유용하게 사용할 수 있다.

## B.1.61 tuple([iterable])

튜플 변환. 반드시 유한한 크기의 iterable의 값들을 갖는 불변 시퀀스를 반환한다. 대괄호 기호는 iterable이 선택 사항이라는 것을 의미한다. iterable이 생략되는 경우 비어 있는 튜플이 반환된다.

## B.1.62 type(obj)

런타임 시 동등성 테스트(==)나 is에 다른 타입과 비교를 할 수 있는 obj의 타입을 반환한다.

```
>>> i = 5
>>> type(i) is int
True
>>> type(i) == int
True
```

파이썬에서 type 함수는 보통 인수의 타입이 무엇인지 확인하기 위해 유용하게 쓰인다. 이 함수로 인수의 타입에 따라 다르게 동작하는 프로그램을 만들 수 있게 된다. 반면 type보다는 isinstance 를 사용하는 것이 일반적으로 권장된다. 왜냐하면 isinstance는 하위 클래스 여부도 함께 확인할 수 있기 때문이다.

## B.1.63 zip(*iterables)

인수의 시리즈로부터 튜플로 구성된 시퀀스를 반환한다. 각 위치에 대해 결과 튜플은 (i1, i2, i3, ⋯, iN)이며, 여기에서 N은 이 함수 인수의 개수고 i는 해당 iterable 인수에 의해 생성된 값이다. 인수 중 가장 짧은 것의 항목이 다 소진되면 함수는 튜플 생산을 멈춘다.

기억하기에 내용이 너무 길지만, 예시가 이를 명확하게 하는 데 도움이 될 것이다. 다음 예시는 zip이 2개의 다른 리스트에서 하나의 리스트를 만드는 데 어떻게 사용되는지를 보여 준다. a의 각 항목은 같은 위치에 있는 b의 항목에 더해진다.

```
a = [1, 2, 3]
b = [10, 20, 30]
c = [i[0] + i[1] for i in zip(a, b)]
```

출력 결과는 다음과 같다.

```
[11, 22, 33]
```

표현식 zip(a, b)는 리스트로 변환되어 출력되었고, 다음 결과에서 보듯이 튜플로 구성된 리스트를 생산한다.

```
>>> a_list = list(zip(a, b))
>>> a_list
[(1, 10), (2, 20), (3, 30)]
```

앞 예시의 첫 3개의 줄과 다음 코드를 비교하여 어떤 코드가 더 복잡하고 유지 보수하기 어려운지 생각해 보자. 다음 예시는 같은 결과를 생산하지만 더 긴 코드를 사용하고 있다.

```
a = [1, 2, 3]
b = [10, 20, 30]
c = []
for i in range(min(len(a), len(b))):
    c.append(a[i] + b[i])
```

# 세트 메서드

부록 C에서는 세트 타입 메서드를 정리해 보았다. 하지만 len과 같이 이 타입을 인수로 사용하는 함수들은 다루고 있지 않다. 그런 함수들은 부록 B에서 확인하기 바란다.

❤ 표 C-1 가장 일반적으로 사용하는 Set 메서드

| 수행하는 작업 | 호출할 메서드 |
|---|---|
| 세트에 항목 추가 | add |
| 세트 비우기 | clear |
| 세트로 모든 내용 복사 | copy |
| 세트에서 항목 제거 | discard, pop, remove |
| 세트가 다른 세트의 하위 세트 혹은 상위 세트인지 확인 | issubset, issuperset |
| 세트 차집합 수행(세트 빼기(subtraction)) | difference, symmetric_difference |
| 교집합 수행 | intersection |
| 합집합 수행 | union |

※ 노트: 한 항목이 특정 세트의 멤버인지 확인하려면 in 키워드를 사용하기 바란다.

# C.1.1 set_obj.add(obj)

기존 세트에 객체 obj를 추가한다. obj가 이미 세트의 멤버면 아무 동작도 하지 않는다. 두 경우 모두 None을 반환한다.

```
a_set = {1, 2, 3}
a_set.add(4)              # 세트에 4를 추가한다.
```

세트 a_set는 이제 {1, 2, 3, 4}와 같다.

# C.1.2 set_obj.clear( )

기존 세트의 모든 항목을 제거한다. 인수는 없으며, None을 반환한다.

```
a_set.clear()
```

### C.1.3 set_obj.copy( )

멤버 간 얕은 복사를 한 세트를 반환한다.

```
a_set = {1, 2, 3}
b_set = a_set.copy()
```

이 문장이 실행되고 나면 b_set는 a_set와 같은 내용을 갖지만, 두 세트는 분리된 세트이며 한 세트를 수정한다고 해서 다른 세트가 수정되지는 않는다.

### C.1.4 set_obj.difference(other_set)

set_obj의 항목 중 other_set에 포함되지 않은 모든 항목을 담은 세트를 반환한다.

```
a_set = {1, 2, 3, 4}
b_set = {3, 4, 5, 6}
c = a_set.difference(b_set)
print(c)                              # {1, 2} 출력
print(b_set.difference(a_set))        # {5, 6} 출력
```

세트에서 차집호 기호(-)로 사용하는 difference 연산자는 같은 결과를 생산하며, 더욱 간결하다.

```
print(a_set - b_set)                  # {1, 2} 출력
```

### C.1.5 set_obj.difference_update(other_set)

difference 메서드와 동일하게 동작하지만 결과가 set_obj를 교체하며, None을 반환한다. 차집합-대입 연산자(-=)도 동일하게 동작한다.

```
a_set -= b_set                        # a_set에 차이를 담는다.
```

### C.1.6 set_obj.discard(obj)

set_obj에서 obj 항목을 폐기한다. 반환값은 None이다. remove 메서드와 동일하게 동작하지만 obj가 세트의 멤버가 아니더라도 예외가 발생하지 않는다.

```
a_set = {'Moe', 'Larry', 'Curly'}
a_set.discard('Curly')
print(a_set)                                    # {'Moe', 'Larry'} 출력
```

## C.1.7 set_obj.intersection(other_set)

set_obj와 other_set의 교집합(양쪽에 있는 모든 객체)을 반환한다. 세트에 공통 항목이 없으면
빈 세트가 반환된다.

```
a_set = {1, 2, 3, 4}
b_set = {3, 4, 5, 6}
print(a_set.intersection(b_set))        # {3, 4} 출력
```

교집합 연산자(&)도 동일하게 동작한다.

```
print(a_set & b_set)                    # {3, 4} 출력
```

## C.1.8 set_obj.intersection_update(other_set)

intersection 메서드와 동일하게 동작하지만 set_obj를 결과로 교체하고, None을 반환한다.
교집합-대입 연산자(&=)도 동일하게 동작한다.

```
a_set &= b_set                          # 교집합 결과를 a_set에 넣는다.
```

## C.1.9 set_obj.isdisjoint(other_set)

set_obj와 other_set 간에 공통 항목이 없으면 True를 반환한다. 그렇지 않으면 False를 반환
한다.

## C.1.10 set_obj.issubset(other_set)

set_obj가 other_set의 하위 세트이거나 동일하면 True를 반환한다.

```
```

```
{1, 2}.issubset({1, 2, 3})          # True 반환
{1, 2}.issubset({1, 2})             # 물론 True 반환
```

## C.1.11 set_obj.issuperset(other_set)

set_obj가 other_set의 부모 세트이거나 동일하면 True를 반환한다.

```
{1, 2}.issuperset({1})              # True 반환
{1, 2}.issuperset({1, 2})           # 물론 True 반환
```

## C.1.12 set_obj.pop( )

세트의 임의 항목을 반환하고, 해당 항목을 세트에서 제거한다.

```
a_set = {'Moe', 'Larry', 'Curly'}
stooge = a_set.pop()
print(stooge, a_set)
```

이 예시는 다음 결과를 출력할 수도 있다.

```
Moe {'Larry', 'Curly'}
```

## C.1.13 set_obj.remove(obj)

특정 항목 obj를 set_obj에서 제거한다. discard 메서드와 동일하게 동작하지만 remove는 obj가 존재하지 않은 경우에 KeyError 예외를 발생한다.

## C.1.14 set_obj.symmetric_difference(other_set)

set_obj와 other_set에 서로 포함되지 않은 모든 항목을 반환한다(대칭 차집합).

```
a_set = {1, 2, 3, 4}
b_set = {3, 4, 5, 6}
print(a_set.symmetric_difference(b_set))
```

이 코드는 세트 {1, 2, 5, 6}을 출력한다.

대칭 차집합 연산자(^)도 동일하게 동작한다.

```
print(a_set ^ b_set)              # {1, 2, 5, 6} 출력
```

## C.1.15 set_obj.symmetric_difference_update(other_set)

symmetric_difference 메서드와 동일하게 동작하지만 set_obj가 결과로 대체되고, None을 반환한다.

대칭 차집합-대입 연산자(^=)도 동일하게 동작한다.

```
a_set ^= b_set                    # 대칭 차집합 결과를 a_set에 저장한다.
```

## C.1.16 set_obj.union(other_set)

set_obj와 other_set의 합집합(양쪽 세트 안에 있는 모든 객체를 지닌 세트)을 반환한다.

```
a_set = {1, 2, 3, 4}
b_set = {3, 4, 5, 6}
print(a_set.union(b_set))         # {1, 2, 3, 4, 5, 6} 출력
```

합집합 연산자(|)도 동일하게 동작한다.

```
print(a_set | b_set)              # {1, 2, 3, 4, 5, 6} 출력
```

## C.1.17 set_obj.union_update(other_set)

union 메서드와 동일하게 동작하지만 set_obj가 결과로 대체되고, None이 반환된다.

합집합-대입 연산자(|=)도 동일하게 동작한다.

```
a_set |= b_set                    # 합집합 결과를 a_set에 넣는다.
```

이 연산자로 세트 내용을 쉽게 확장할 수 있다.

```
a_set = {1, 2, 3}
a_set |= {200, 300}
print(a_set)                    # {1, 2, 3, 200, 300} 출력
```

# 딕셔너리 메서드

부록 D는 dict 타입의 메서드를 소개한다. len과 같이 이 타입을 인수로 사용하는 함수들은 다루지 않는다. 그런 함수를 확인하고 싶다면 부록 B를 확인하자.

각 절에서 보여 줄 구문의 대괄호 기호는 필수가 아닌 선택 사항임을 나타낸다.

❤ 표 D-1 가장 일반적으로 사용하는 딕셔너리 메서드

| 수행하는 작업 | 호출할 메서드 |
| --- | --- |
| 다른 컬렉션의 키/값 쌍을 추가 | update |
| 딕셔너리의 모든 항목을 비우기 | clear |
| 다른 딕셔너리의 모든 항목을 복사 | copy |
| 키와 해당 값을 삭제 | pop |
| 키로 값을 찾기. 키를 찾을 수 없다면 (None과 같은) 기본값을 반환 | get |
| 모든 관련 값을 포함한 시퀀스를 구하기 | values |
| 모든 키를 포함한 시퀀스를 구하기 | keys |
| 모든 키-값 쌍을 구하기 | items |
| 키가 존재하면 해당 키의 값을 반환하며, 없는 경우 기본값을 추가 | setdefault |

## D.1.1 dict_obj.clear( )

기존 딕셔너리의 모든 항목을 제거한다. 인수가 없으며, None을 반환한다.

```
a_dict.clear()
```

## D.1.2 dict_obj.copy( )

멤버 간 얕은 복사를 한 딕셔너리를 반환한다.

```
a_dict = {'pi': 3.14159, 'e': 2.71828}
b_dict = a_dict.copy()
```

이 문장이 실행되면 b_dict는 a_dict와 동일한 내용을 갖지만, 별도의 컬렉션이 된다. 따라서 한 딕셔너리의 변경은 다른 딕셔너리에 영향을 주지 않는다.

### D.1.3 dict_obj.get(key_obj, default_val=None)

dict_obj에 주어진 키에 해당하는 값을 반환한다. 키가 발견되지 않으면 default_val을 반환한다. default_val이 지정되지 않으면 None이 반환된다.

```
v = my_dict.get('Brian0')
if v:
    print('Value is: ', v)
else:
    print('Brian0 not found.')
```

다음 예시에서 사용한 get은 히스토그램을 만드는 효과적인 지름길이 된다. wrd_list는 특정 문자열 안의 각 단어를 항목으로 갖는 문자열 리스트라고 가정한다. 리스트를 만드는 또 하나의 방법과 빈 딕셔너리를 만드는 방법도 함께 살펴보자.

```
s = 'I am what I am and that is all that I am'
wrd_list = s.split()
hist_dict = {}
```

자, 이제 우리는 get 메서드를 사용하여 찾고자 하는 단어 개수를 구할 수 있다.

```
for wrd in wrd_list:
    hist_dict[wrd] = hist_dict.get(wrd, 0) + 1
print(hist_dict)
```

이 문장은 단어/빈도수 쌍을 딕셔너리에 저장한다. 신규 단어가 발견되면 get의 default_val로 설정된 0과 1을 더하여 딕셔너리에 추가한다. 그렇지 않으면 기존 값에 1을 더한다. 이 문장은 다음 결과를 출력한다.

```
{'I': 3, 'am': 3, 'what': 1, 'and': 1, 'that': 2, 'is': 1, 'all': 1, 'am': 1}
```

### D.1.4 dict_obj.items( )

딕셔너리의 모든 키-값 쌍을 담고 있는 (키, 값) 포맷의 튜플 시퀀스를 반환한다.

```
grades = {'Moe':1.5, 'Larry':1.0, 'BillG':4.0}
print(grades.items())
```

D

딕셔너리 목서드

출력 결과는 다음과 같다.

```
dict_items([('Moe', 1.5), ('Larry', 1.0), ('BillG', 4.0)])
```

## D.1.5 dict_obj.keys( )

딕셔너리의 모든 키를 담고 있는 시퀀스를 반환한다.

```
grades = {'Moe':1.5, 'Larry':1.0, 'BillG':4.0}
print(grades.keys())
```

출력 결과는 다음과 같다.

```
dict_keys(['Moe', 'Larry', 'BillG'])
```

## D.1.6 dict_obj.pop(key [, default_value])

key에 해당하는 값을 반환한 후 딕셔너리의 해당 키-값 쌍에서 제거한다. 키가 존재하지 않으면 메서드는 선택 사항으로 추가한 default_value를 반환한다. default_value가 주어지지 않았다면 KeyError가 발생한다.

```
grades = {'Moe':1.5, 'Larry':1.0, 'BillG':4.0}
print(grades.pop('BillG', None))            # 4.0 출력
print(grades)                               # grades 출력 후 BillG 제거
```

## D.1.7 dict_obj.popitem( )

딕셔너리 객체에서 임의로 키-값 쌍을 하나 반환하고 제거한다. (이는 '임의 객체(random object)' 와 정확하게 같지는 않다. 왜냐하면 선택하는 과정에 진정한 무작위성의 통계적 요건을 보장하지 않기 때문이다.)

키-값 쌍은 튜플로 반환된다.

```
grades = {'Moe':1.5, 'Larry':1.0, 'BillG':4.0}
print(grades.popitem())
print(grades)
```

출력 결과는 다음과 같다.

```
('BillG', 4.0)
{'Moe': 1.5, 'Larry': 1.0}
```

## D.1.8 dict_obj.setdefault(key, default_value=None)

주어진 key 값을 반환한다. 키가 존재하지 않으면 키를 추가하면서 default_value에 지정한 값을 넣는다. 이 값이 주어지지 않으면 None이 설정된다. 두 경우 모두 해당 값이 반환된다.

예를 들어 다음 소스 코드는 키 'Stephen Hawking'에 해당하는 현재 값을 반환한다. 그렇지 않으면 신규 값 4.0과 함께 키-값 쌍을 추가한다.

```
print(grades.setdefault('Stephen Hawking', 4.0))
```

## D.1.9 dict_obj.values( )

딕셔너리의 모든 값을 담은 시퀀스를 반환한다. 이 시퀀스를 리스트로 활용하려면 리스트 변환을 하면 된다.

```
grades = {'Moe':1.5, 'Larry':1.0, 'Curly':1.0, 'BillG':4.0}
print(grades.values())
```

출력 결과는 다음과 같다.

```
dict_values([1.5, 1.0, 1.0, 4.0])
```

## D.1.10 dict_obj.update(sequence)

이 메서드는 dict_obj에 sequence의 모든 키-값 엔트리를 추가하여 딕셔너리 객체를 확장한다. sequence 인수는 다른 딕셔너리 혹은 키-값 쌍을 담은 튜플의 시퀀스일 수 있다.

예를 들어 다음 문장은 2개의 엔트리를 담은 grades1로 시작하여 엔트리를 추가한다.

```
grades1 = {'Moe':1.0, 'Curly':1.0}
grades2 = {'BillG':4.0}
```

```
grades3 = [('BrianO', 3.9), ('SillySue', 2.0)]
grades1.update(grades2)
grades1.update(grades3)
print(grades1)
```

실행 결과는 다음과 같다.

```
{'Moe': 1.0, 'Curly': 1.0, 'BillG': 4.0, 'BrianO': 3.9, 'SillySue': 2.0}
```

# 문법 참고 자료

부록 E는 파이썬 언어의 기본 구문 이슈에 대해 다루고 있다. 연산자, 탑재 메서드, 내장 함수는 포함하지 않았으며, 다른 곳에서 다룬다. 이 부록에서 다루는 내용은 다음과 같다.

- 변수와 대입
- 파이썬의 빈칸(spacing) 이슈
- 알파벳 순서의 문법 참고 자료

# E.1 변수와 대입

파이썬에는 데이터 정의가 없다. 심지어 다차원 리스트와 같이 단순하지 않은 타입에도 말이다. 클래스와 함수는 런타임 시 정의되지만, 반대로 리스트, 세트, 딕셔너리와 같은 객체는 이미 내장되어 있어야만 한다.

변수는 대입에 의해 생성된다. for 루프에서 생성될 수도 있다. 함수 정의문 안에서 인수는 지역 변수를 생성한다. 하지만 여전히 대입은 변수를 만드는 기본 도구다.

대입을 수행하는 가장 간단한 코드 포맷은 다음과 같다.

```
변수_이름 = 표현식
```

다중 대입으로도 여러 변수를 생성할 수 있다.

```
변수1 = 변수2 = 변수3 = ... = 변수N = 표현식
```

각각의 예시를 살펴보자.

```
a = 5.5
b = 5.5 * 100

x = y = z = 0                    # x, y, z에 같은 값을 대입
var1 = var2 = 1000 / 3           # var1, var2에 같은 값을 대입
```

마지막으로 같은 개수의 변수와 표현식을 대입하는 튜플 대입이 가능하다. 양쪽이 같은 크기의 튜플이어도 동작한다.

```
x, y, z = 10, 20, 1000 / 3
```

어떤 경우에든 변수는 값을 참조하는 이름으로 생성된다. 조금 더 자세히 표현하자면 전역이나 지역 수준에 위치한 심벌 테이블을 구성하는 엔트리가 되는 것이다. 각 범위의 수준은 자체 심벌 테이블을 담은 딕셔너리로 관리한다. 다음 프로그램을 실행해 보자.

```
def main():
    a, b = 100, 200
    print(locals())

main()
```

함수의 지역 범위에 위치한 데이터 딕셔너리가 출력된다.

```
{'b': 200, 'a': 100}
```

이제 변수 a 또는 b가 이 함수 내의 표현식에서 참조될 때마다 해당 값(타입 제약이 없음)은 테이블에서 조회되고, 파이썬은 변수 이름과 연결된 값을 사용한다. 이름을 찾을 수 없으면 파이썬은 전역 심벌 테이블을 확인한다. 마지막으로 내장 리스트를 살펴본다. 이 모든 곳에서 이름을 찾을 수 없는 경우 NameError 예외가 발생한다.

결과적으로 파이썬 변수에는 이름이 필수적이다. 이름은 언제든지 새로운 값(객체)을 다시 대입할 수 있다. 다형성 인수(polymorphic arguments)와 덕 타이핑(duck typing)이 아닌 이상 권장하지는 않지만, 심지어 다른 타입의 객체도 대입할 수 있다('덕 타이핑'은 〈Python Without Fear〉와 다른 도서에서 다루었다).

따라서 변수는 메모리상에 고정 위치를 할당하지 않는다. C와 C++ 같은 다른 프로그래밍 언어의 변수와는 다르다. 변수에는 자체 속성이 없다. 단지 참조하고 있는 객체에만 속성이 있다.

변수는 객체의 참조와 같이 동작한다. 새로운 객체를 대입하는 것은 데이터 딕셔너리의 엔트리인 기존 변수를 교체하는 것이며, 이전 관계를 끊는 것이다. 이를 가장 잘 설명할 수 있는 예시는 += 와 같이 메모리상에 값을 바로 수정하는 대입 연산자이다. 더 상세한 정보는 4.2.3절을 참고하기 바란다.

유효한 심벌 이름은 언더스코어(_) 혹은 글자로 시작한다. 그다음에는 글자, 언더스코어 혹은 숫자 문자가 올 수 있다.

# E.2 / 파이썬의 빈칸 이슈

파이썬에서 빈칸과 들여쓰기는 굉장히 중요하다. 코드 줄이 이전 코드 줄과 비교하여 들여쓰기가 될 때마다 코드 줄은 다른 중첩 수준을 나타낸다.

가장 높은 레벨의 코드 줄은 반드시 들여쓰기 없이 첫 번째 칸부터 시작해야 한다.

코드 줄의 들여쓰기는 같은 블록 안에서 반드시 동일해야 한다. 잘 동작하는 다음 예시를 살펴보자.

```
a, b = 1, 100
if a < b:
    print('a is less than b')
    print('a < b')
else:
    print('a not less than b')
```

하지만 다음 코드는 문제가 있다.

```
a, b = 1, 100
if a < b:
    print('a < b')
  else:                              # 에러!
    print('a not less than b')
```

이번 코드의 문제는 else의 위치다. 반드시 들여쓰기가 일치해야 하는 if 문과 들여쓰기가 다르기 때문이다.

권장하지는 않지만, 다음 코드는 잘 동작한다.

```
a, b = 1, 100
if a < b:
    print('a < b')
else:
        print('a not less than b')
```

이번 코드는 일정하지 않은 들여쓰기를 사용했지만, 로직을 표현하는 관계는 명확하다. 하지만 들여쓰기 빈칸의 숫자를 한번 정하면 프로그램 전체에 동일하게 적용하는 것을 권장한다. PEP-8 표준에서는 각 들여쓰기 깊이를 일정하게 빈칸 4개로 사용하는 것을 권장하고 있다.

일반적인 규칙으로 문장을 종료시키는 조건은 물리적인 줄 끝에 도달하는 것이다. 예외 상황이 몇 가지 있다. 세미콜론(;)을 사용하는 경우 물리적인 하나의 줄에 여러 문장을 사용할 수 있다. 세미콜론은 문장 구분자이며, 문장을 종료시키지는 않는다.

```
a = 1; b = 100; a += b; print(a)
```

4.2.17절에서 설명했듯이 전체 for 혹은 while 루프를 하나의 줄에 작성할 수도 있다.

# E.3 알파벳 순서의 문법 참고 자료

이 부록의 나머지 부분은 파이썬 언어에서 제공하는 문법을 설명한다. 부록 B에서 다룬 내장 함수들은 다루지 않는다.

▼ 표 E-1 가장 일반적으로 사용하는 파이썬 문법

| 수행할 작업 | 사용할 키워드 |
| --- | --- |
| 루프를 탈출(exit) | break |
| 예외 처리 및 제어 | try, except |
| 루프의 다음 사이클로 이동 | continue |
| 클래스 정의 | class |
| 함수 정의 | def |
| 전역 변수를 생성하거나 변경(manipulate) | global |
| 패키지 탑재 | import |
| 가정을 위반하는 경우 오류 메시지 출력 | assert |
| for 루프 제공 | for |
| while 루프 제공 | while |

⟳ 계속

| 수행할 작업 | 사용할 키워드 |
|---|---|
| if/else 구조 제공 | if, elif, else |
| 함수에서 값 반환, 혹은 조기 종료 | return |
| 값 산출(yield)(제너레이터 생성) | yield |

## E.3.1 assert 문

이 문법은 도구를 디버깅하는 데 유용하다. 다음 문법을 따른다.

```
assert expression, error_msg_str
```

파이썬은 표현식을 평가하여 응답을 한다. 표현식이 참이면 아무 일도 일어나지 않는다. 표현식이 거짓이면 error_msg_str을 출력하고 프로그램을 종료시킨다. assert 문의 목적은 위반되는 주요 가정들을 포착하는 데 있다.

```
def set_list_vals(list_arg):
    assert isinstance(list_arg, list), 'arg must be a list'
    assert len(list_arg) >= 3, 'list argument too short'
    list_arg[0] = 100
    list_arg[1] = 200
    list_arg[2] = 150
```

assert 조건이 실패하면 에러 메시지와 가정이 실패한 모듈 및 줄 번호를 출력한다.

assert 문은 디버깅 목적으로만 사용되기 때문에 최적화를 위해서는 assert 문이 실행되지 않게 (실행 시 -O 옵션 추가) 한다.

## E.3.2 break 문

이 문법은 간단하다.

```
break
```

break 문은 감싸고 있는 가장 가까운 for 루프나 while 루프에서 탈출하여 루프 밑의 첫 번째 줄로 이동한다.

```
total = 0.0
while True:
    s = input('Enter number: ')
    if not s:                       # 빈-문자열이 들어오면 탈출한다.
        break
    total += float(s)               # s가 빈 문자열이 아닐 때만 실행된다.
print(total)
```

이 코드는 빈 문자열을 입력하면 루프를 탈출하기 위해 break 문을 사용했다.

break를 루프 밖에서 사용하면 구문 에러가 발생한다.


## E.3.3 class 문

이 문법은 런타임 시 클래스 정의문을 생성하거나 '컴파일'한다. 정의문은 반드시 문법을 지켜야 하지만, 파이썬은 클래스를 초기화하여 객체를 만드는 순간까지 정의문 안에서 사용한 모든 심벌 이 존재할 필요는 없다(따라서 클래스는 자기 자신과 다른 클래스 둘 다 정의되기 전에 초기화가 되지 않아도 참조할 수 있다).

이 키워드는 다음 문법을 따른다. 대괄호 기호는 선택 사항이라는 것을 의미한다. base_classes는 없거나 여러 클래스를 콤마 기호로 구분한 리스트다.

E

부록 참고 자료

```
class class_name [(base_classes)]:
    statements
```

statements는 하나 이상의 문장으로 구성된다. 보통 변수 대입이나 함수 정의문이다. pass 문은 아무 연산도 하지 않으며, 나중에 추가할 문장의 대역으로 사용될 수도 있다.

```
class Dog:
    pass
```

클래스 정의문에서 생성한 변수는 클래스 변수가 된다. 클래스 정의문 안의 함수는 메서드가 된다. 일반적인 메서드로는 __init__이 있다. 다른 메서드와 같이 인스턴스를 통해 호출되려면 메 서드 정의문에 인스턴스 자체를 참조하는 추가 인수 self가 존재해야 한다.

```
class Point:
    def __init__(self, x, y):
        self.x = x
        self.y = y
```

클래스를 정의하고 나면 객체 인스턴스를 만들기 위해 사용할 수 있다. 객체 생성 시 주어진 인수는 __init__ 메서드에 전달된다. 이 __init__ 메서드가 클래스 객체의 인스턴스 변수 집합을 만들어 준다는 것을 기억하자(예시의 메서드 결과로 모든 Point 객체는 x와 y 항목을 갖게 될 것이다).

```
my_pt = Point(10, 20)              # my_pt.x = 10, my_pt.y = 20
```

클래스 정의문 안의 함수 정의문은 각각 클래스 메서드와 정적 메서드를 생성하는 데코레이션인 @classmethod와 @staticmethod를 포함할 수 있다.

클래스 메서드(class method)는 클래스 안에 정의된 심벌에 접근할 수 있으며, 클래스 자체를 참조할 수 있는 추가 인수 cls(기본 설정)로 시작한다.

정적 메서드(static method)는 클래스 안에서 정의되지만, 클래스나 인스턴스 변수에 접근할 수 없다.

예를 들어 다음 코드는 클래스 메서드 set_xy와 정적 메서드 bar를 정의한다. 두 메서드 모두 클래스 foo의 메서드이며, 클래스 이름으로 호출된다. 물론 foo 인스턴스를 통해 호출할 수도 있다.

```
>>> class foo:
      x = y = 0                    # 클래스 변수

      @classmethod
      def set_xy(cls, n, m):
          cls.x = n
          cls.y = m

      @staticmethod
      def bar():
          return 100

>>> foo.set_xy(10, 20)
>>> foo.x, foo.y
(10, 20)
>>> foo.bar()
100
```

추가 정보는 9장에서 확인하기 바란다.

## E.3.4 continue 문

이 구문의 문법은 간단하다.

```
continue
```

continue는 for 루프나 while 루프의 꼭대기로 이동하여 다음 이터레이션을 수행하게 한다. for 루프 안에서 continue가 실행되면 시퀀스가 끝에 도달하여 루프가 종료되지 않는 한 루프 변수 값은 이터러블 시퀀스의 다음 값을 취하게 된다.

예를 들어 다음 예시는 for 문에 주어진 문장에서 대문자나 소문자 'd'를 제외한 글자를 하나씩 출력한다.

```
for let in 'You moved Dover!':
    if let == 'D' or let == 'd':
        continue
    print(let, end=' ')
```

이 코드의 실행 결과는 다음과 같다.

```
You move over!
```

continue를 루프 밖에서 사용하면 구문 에러가 발생한다.

## E.3.5 def 문

이 문장은 런타임 시 함수 정의를 생성하거나 '컴파일'한다. 정의문은 문법적으로 정확해야 하지만 파이썬은 함수가 호출될 때까지 정의문 안에서 사용하는 모든 심벌에 접근 가능할 필요는 없다(두 함수가 서로 호출되기 전에 정의문에서 상호 셀프-참조(mutual self-reference)가 가능하다).

```
def function_name(args):
    statements
```

이 문법에서 args는 생략할 수 있으며, 하나 이상일 때는 여러 인수를 콤마 기호로 구분하여 구성한 리스트가 된다.

```
[arg1 [,arg2]...]
```

예시를 살펴보자.

```
def hypotenuse(side1, side2):
    total = side1 * side1 + side2 * side2
    return total ** 0.5                 # total의 제곱근 반환
```

함수를 정의하고 나면 언제든지 실행(호출)할 수 있지만, 함수를 호출하려면 인수 유무와는 상관없이 소괄호 기호가 반드시 필요하다.

```
def floopy():
    return 100

print(floopy())                         # floopy 호출, 인수는 없다! 100 출력
print(hypotenuse(3, 5))
```

1장에서 설명했듯이, 함수에는 다른 기능들이 있다. 또한, 함수는 중첩이 가능하며, 특히 4.9절에서 설명했듯이 데코레이터와 함께 사용하면 유용하다.

## E.3.6 del 문

이 문장은 1개 이상의 심벌을 현재 콘텍스트(context)에서 제거한다. 다음 문법을 따른다.

```
del sym1 [, sym2]...
```

이 문장은 특정 심벌이나 심벌들을 제거하지만, 참조인 이상 다른 객체를 파괴할 필요는 없다.

```
a_list = [1, 2, 3]
b_list = a_list                         # 리스트의 별칭(alias)을 만든다.
del a_list                              # 심벌 테이블에서 a_list 제거
print(b_list)                           # 리스트 참조는 여전히 존재
```

## E.3.7 elif 문

elif 키워드는 독립적으로 사용할 수 없으며, if 문과 함께 사용할 수 있다. 더 많은 정보는 if 문 섹션에서 확인하자.

## E.3.8 else 문

else 키워드는 독립적으로 사용할 수 없으며 if, for, while, try 문과 함께 사용할 수 있다.

## E.3.9 except 문

except 조건은 독립적으로 사용할 수 없으며, try 문과 함께 사용할 수 있다. 더 많은 정보는 try 문 섹션에서 확인하자.

## E.3.10 for 문

이 문장은 다음에서 보여 주는 구문을 따른다. 이 구문이 바로 매우 중요한 for each 루프다. 만약 전통적인 포트란 for와 같이 동작하려면 range 내장 함수를 사용할 필요가 있다(반드시 필요한 경우이거나 매우 고집이 센 경우에 사용하자). 대괄호 기호는 구문이 아니라, 선택 사항을 표기한다.

```
for loop_var in iterable:
    statements
[else:
    statements]              # 첫 블록의 문장이 성공적으로 끝나면 실행된다.
```

이 문장으로 이터러블(컬렉션이거나 생성된 시퀀스)이 넘겨준 첫 번째 항목을 참조하는 loop_var 가 변수로 만들어진다. 이 변수는 현재 범위 수준에서만 존재한다. 루프가 도중에 종료되지 않았 다면 루프가 완료된 후 변수는 이터러블의 마지막 항목을 참조해야 한다.

for 루프는 while 루프와 같이 statements를 계속해서 수행한다. 하지만 각 이터레이션을 시작(주기(cycle))할 때 loop_var에 이터러블이 넘겨주는 다음 값을 설정한다. 이터레이션이 완료되면 루프가 종료된다.

예시를 살펴보자.

```
# 비틀즈 멤버를 분리된 줄에 출력한다.

beat_list = ['John', 'Paul', 'George', 'Ringo']

for guy in beat_list:
    print(guy)

# 1 * 2 * ... n을 계산하는 함수 정의

def factorial(n):
    prod = 1
    for n in range(1, n + 1):
        prod *= n
    return(prod)
```

for와 else 조건을 함께 사용하는 예시를 보려면 4.2.9절을 찾아보자.


## E.3.11 global 문

이 문장은 하나 혹은 여러 변수를 포함한 구문을 따른다.

> **global** var1 [, var2]...

global 문은 다음과 같이 동작한다. "이 하나 이상의 변수를 현재 함수 범위 안에 있는 지역 변수로 생각하지 말아라." 만약 해당 변수가 존재하지 않으면 전역 변수를 생성하며, 별도의 문장이 필요하다.

함수 안에서 글로벌 변수에 값을 대입할 때 global 문이 없으면 지역 변수를 만드는 것으로 해석한다. global 변수에 값이 할당되지 않아도 코드를 실행하는 데는 아무 문제가 없다. 그러나 함수 내에서 전역 변수에 값을 대입하면 지역 변수를 만든다. 이것이 우리가 '지역 변수 함정'이라고 부르는 것이다.

```
account = 1000

def clear_account():
    account = 0                 # 앗, 신규 지역 변수를 만든다.

clear_account()
print(account)                  # 1000 출력, 에러다!
```

이 간단한 프로그램은 변수(account)를 하나 만들어서 0으로 설정한 후 해당 변수의 최종 값으로 0을 출력하려고 한다. 하지만 실패한다. 왜냐하면 account = 0 문장이 함수 내에 있기 때문이다. 이 코드가 실행되면 함수는 account를 지역 변수로 생성하며, 전역 변수 account에는 접근하지 않는다.

이를 해결하기 위해 변수를 지역 변수로 여기지 않게 global 문을 사용하면 된다. 그러면 파이썬은 전역 변수를 참조한다.

```
account = 1000

def clear_account():
    global account              # account를 지역 변수로 만들지 않는다.
    account = 0                 # 전역 변수를 0으로 설정한다!

clear_account()
print(account)                  # 1000이 아닌 0 출력
```

## E.3.12 if 문

이 문장은 간단한 버전과 (비록 중복이지만) 쉽게 이해하기 위해 이번 섹션에서 소개하는 조금 더 완벽한 버전이 있다. 간단한 버전은 다음과 같다.

```
if condition:
    statements
```

condition은 파이썬 객체이거나, 객체를 반환하는 표현식이거나, 다음에 보여 주는 비교문의 나열일 수 있다.

```
age = int(input('Enter your age: '))
if 12 < age < 20:
    print('You are a teenager.')
```

이번 코드의 모든 파이썬 객체는 True 혹은 False로 변환된다. statements는 하나 혹은 여러 개의 파이썬 문장이다.

전체 문법을 살펴보자. 대괄호 기호는 선택 사항이다. elif 절의 개수는 제한이 없다.

```
if condition:
    statements
[elif condition:
    statements]...
[else:
    statements]
```

예시를 살펴보자. 이 예시 기능은 elif 조건이 하나밖에 없지만, 개수에 제한이 없다.

```
age = int(input('Enter age: '))
if age < 13:
    print('Hello, spring chicken!')
elif age < 20:
    print('You are a teenager.')
    print('Do not trust x, if x > 30.')
else:
    print('My, my. ')
    print('We are not getting any younger are we?')
```

## E.3.13 import 문

import 문은 현재 모듈의 실행을 일시 중단하고, 아직 실행되지 않은 경우 명명된 패키지 또는 모듈을 실행한다. 파이썬에서는 함수 및 클래스 정의가 런타임에 동적으로 실행('컴파일 됨')되기 때문에 이 작업이 필요하다.

다른 동작 방식은 사용된 버전에 따라 명명된 모듈 또는 패키지의 기호를 현재 모듈에 접근할 수 있도록 하는 것이다.

```
import module
import module as short_name
from module import sym1 [, sym2]...
from module import *
```

첫 2개의 버전은 심벌에 접근할 수 있지만, `math.pi` 혹은 `math.e`와 같이 수식명(qualified names)을 사용해야 한다. 세 번째 버전은 수식명 없이 심벌에 접근할 수 있게 하지만, 미리 명시를 해야 한다. 네 번째 버전은 수식명 없이 모듈의 모든 심벌에 접근할 수 있게 한다.

마지막 버전은 가장 편리하지만 명명된 모듈이나 패키지에 많은 심벌이 정의되었다면 이름 충돌이 발생할 위험이 있다. 방대한 네임스페이스(namespace)를 갖는 큰 모듈이나 패키지를 탑재하려면 다른 버전의 import 문을 사용하는 것을 권장한다. 더 많은 정보는 14장에서 확인하기 바란다.

## E.3.14 nonlocal 문

이 문장은 global 문과 비슷하게 동작하는 문법이다.

```
nonlocal var1 [, var2]...
```

nonlocal 문의 목적은 global 문과 유사하지만 다른 점이 있다. nonlocal 문은 지역 변수를 거부하지만 전역 변수가 아닌 범위 안의 변수에 접근하게 한다. 이 범위는 함수 정의문 안에 중첩 함수가 있는 경우에만 적용된다. 그렇기 때문에 nonlocal 문은 그리 흔하게 사용되지는 않는다.

더 많은 정보는 global 문 섹션을 확인해 보자.

## E.3.15 pass 문

이 문장의 구문은 간단하다.

```
pass
```

이 문장은 아무 연산도 하지 않는(no-op) 경우에 필요하며, 런타임 시 아무 동작도 하지 않는다. 주로 클래스나 함수 정의문 안에 표준 입력(stand-in)이나 플레이스홀더(placeholder)로 사용하며, 나중에 다른 문장으로 교체하기 위해 사용한다.

```
class Dog:
    pass            # 이 클래스는 아직 메서드가 없다.
```

## E.3.16 raise 문

이 문장은 다음 구문을 따르며, 대괄호 기호는 선택 항목이라는 것을 의미한다.

```
raise [exception_class [(args)]]
```

이 문장은 선택 인수와 함께 지정된 예외를 발생시킨다. raise 문을 사용하면 예외가 발생하는 상황을 프로그램이 제어할 수 있지만, 그렇지 않으면 무례하고 갑작스럽게 프로그램이 종료될 것이다.

예외 제어기는 raise 문을 사용하여 예외를 다시 발생시킬 수 있다. exception_class 없이 이 문장을 사용하면 해당 예외를 변경 없이 다시 발생시킨다. 이는 "나는 결국 이 일을 처리하지 않기로 했다."와 같이 동작하며, raise 문만 사용한다. 그러고 나면 파이썬은 반드시 다른 제어기를 찾아보아야 한다.

```
raise
```

더 많은 정보를 확인하려면 try 문 섹션을 살펴보자.

## E.3.17 return 문

이 문장은 하나의 선택 사항을 갖는다. 대괄호 기호가 선택 사항을 표기한다.

```
return [return_val]
```

이 문장은 현재 함수를 종료하고, 함수 호출자에 값을 반환한다. return_val을 생략하면 값 None 을 기본값으로 반환한다. 튜플을 넣으면 여러 값을 반환할 수도 있다.

```
return a, b, c          # 종료하고 3개의 값을 반환
```

return이 함수 밖에서 사용되면 구문 에러가 발생한다. return의 사용 예시를 보려면 def 문 섹션 을 살펴보자.


## E.3.18 try 문

이 문장은 상당히 복잡한 구문을 가지고 있다. 따라서 2개의 주요 부분으로 나누어서 살펴보자. 첫 번째는 전체 구문이다. 대괄호 기호는 선택 사항을 의미한다.

```
try:
    statements
[except exception_specifier:
    statements]...
[else:
    statements]
[finally:
    statements]
```

첫 번째 블록의 statements는 바로 실행된다. 하지만 블록문 안에서 예외가 발생하면 예외 발생 위치가 블록문에서 직간접적으로 호출한 함수 안이더라도, 파이썬은 이번 섹션의 후반부에서 설 명하는 예외 제어기로 이동한다. 예외 제어기는 여러 개가 있을 수 있다.

선택 사항인 else 절 안의 statements는 첫 문장 블록이 예외 없이 종료되면 실행된다. 선택 사항 인 finally 절 안의 statements는 다른 문장이 다 실행되고 나면 무조건 실행된다.

각 except 조건은 다음 구문을 따른다.

```
except [exception [as e]]:
    statements
```

exception이 생략되면 이 조건 제어기는 모든 예외를 처리한다. 만약 특정 예외가 주어지면 파이썬은 발생한 예외가 명시한 예외와 동일하거나 파생된 클래스 혹은 이러한 클래스들의 객체였는지 확인한다. 선택 사항인 e 심벌은 정보를 제공하는 인수다. 파이썬은 예외 처리기를 주어진 순서대로 확인한다.

exception 클래스는 모든 에러 클래스의 기본(base) 클래스이지만, StopIteration과 같은 예외는 감지(catch)하지 못한다.

예외를 제어한다는 것은 관련 문장을 실행하고, 선택적으로 주어진 finally 절로 이동하겠다는 의미다. finally 절이 없다면 전체 try/except 블록의 밖으로 나간다.

```
>>> def div_me(x, y):
    try:
        quot = x / y
    except ZeroDivisionError as e:
        print("Bad division! Text:", e)

    else:
        print("Quotient is %s." % quot)
    finally:
        print("Execution complete!")

>>> div_me(2, 1)
Quotient is 2.0.
Execution complete!

>>> div_me(2, 0)
Bad division! Text: division by zero
Execution complete!

>>> div_me("2", "3")
Execution complete!
Traceback (most recent call last):
  File "<pyshell#21>", line 1, in <module>
    div_me("2", "3")
  File "<pyshell#19>", line 3, in div_me
    quot = x / y
TypeError: unsupported operand type(s) for /: 'str' and 'str'
```

이 예시의 마지막 실행 부분은 사전에 지정하지 않은 예외가 발생했을 때 어떻게 동작하는지 잘 보여 주고 있다. 프로그램은 갑자기 종료되며, 스택 트레이스를 출력하지만 finally 절은 이번 예시에서도 아무 문제없이 실행되었다.

다음 예시는 try/except 구조가 어떻게 여러 예외 처리기를 가질 수 있는지 보여 준다. 이론적으로 예외 처리기의 개수에는 제한이 없다. 하나의 블록이 예외를 감지하지 못하면 다른 블록이 감지할 수 있다. 더 좁은 범위의 예외는 먼저 처리되어야 한다. 다음 예시는 첫 번째 제어기에 의해 감지되지 않은 에러가 두 번째 제어기에 의해 감지되는 것을 보여 주고 있다.

항상 as e 부분은 선택 사항이지만, 에러 텍스트를 출력하는 데 유용하다는 것을 기억하자.[1]

```
try:
    f = open('silly.txt', 'r')
    text = f.read()
    print(text)
except IOError as e:
    print('Problem opening file:', e)
except Exception as e:
    print('That was a Bozo no-no.')
    print('Error text:', e)
```

## E.3.19 while 문

이 문장은 단 하나의 버전이 존재하는 간단한 루프다. do-while 문은 제공하지 않는다. 대괄호 기호는 선택 항목이라는 것을 의미한다.

```
while condition:
    statements
[else:
    statements]          # 첫 번째 블록의 문장이 break 없이 성공적으로 끝나면 실행된다.
```

루프 맨 위의 condition은 평가된다. 참으로 평가되면 statements가 실행되고, 코드 흐름은 다시 맨 위로 올라가서 condition을 다시 평가한다. 거짓으로 평가되면 루프에서 벗어난다.

(불리언이 아닌 타입의 참/거짓 값은 bool 변환을 적용하여 True 혹은 False를 구할 수 있다. 모든 파이썬 객체는 bool 변환이 가능하다. 파이썬 객체의 기본 행동은 True를 반환하는 것이다. 일반적으로 객체는 0, None, 빈 컬렉션이 아닌 경우에 참이다.)

따라서 다음 예시는 10부터 1까지 숫자를 각각 출력한다(발사!).

---

1  **역주** 당연한 이야기이지만, 작업 디렉터리에 silly.txt 파일이 없어야 설명한 대로 동작한다.

```
n = 10
while n > 0:
    print(n, end=' ')
    n -= 1                    # n에서 1을 감소시킨다.
```

조건을 평가하는 규칙을 적용해 보면 다음과 같이 코드를 작성할 수 있을 것이다. 비록 n을 음수로 설정하면 무한 루프에 빠지기 때문에 약간 덜 안정적이기는 해도 말이다.

```
n = 10
while n:
    print(n, end=' ')
    n -= 1                    # n에서 1을 감소시킨다.
```

루프를 제어하는 방법을 확인하려면 continue와 break 문 섹션을 살펴보기 바란다.

## E.3.20 with 문

이 문장은 다음 구문을 따르며, 대괄호 기호는 선택 사항을 의미한다.

```
with expression [as var_name]
    statements
```

이 문장은 expression을 실행하고 객체를 생산한다. 파이썬은 객체의 __enter__ 메서드를 실행한다. 만약 이 객체 클래스에 __enter__ 메서드가 정의되지 않았다면 파이썬은 AttributeError를 생성한다. 이 예외가 발생하지 않았다면 statements가 실행된다.

최종적으로 객체의 __exit__ 메서드가 실행된다. 가령 예외가 발생해서 코드 실행이 조기에 종료되어도 이 메서드는 실행된다.

with 문을 일반적으로 사용하는 경우는 파일을 열고 닫는 것이다. 파일 객체의 __exit__ 메서드는 블록 실행이 완료되면 파일을 자동으로 닫는다.[2]

```
with open('stuff.txt', 'r') as f:
    print(f.read())          # 파일 내용을 출력한다.
```

---

2  역주 이 코드를 오류 없이 실행하려면 작업 디렉터리에 stuff.txt 이름으로 파일을 만들어서 출력하고 싶은 내용을 입력하여 저장해야 한다.

## E.3.21 yield 문

이 문장의 구문은 return 문과 유사하지만 완전히 다르게 동작한다.

```
yield [yielded_val]
```

yielded_val의 기본 설정은 None이다. 함수 밖에서 yield를 사용하면 구문 에러가 발생한다.

yield를 사용하면 현재 함수를 일반 함수로 대하지 않고, 제너레이터 팩토리(generator factory) 안에 넣는다. 제너레이터 팩토리의 실제 반환값은 팩토리에 의해 정의된 방법으로 값을 산출(yield)하게 되는 제너레이터 객체(generator object)다.

yield 문은 파이썬의 가장 혼란스러운 부분 중 하나다. 왜냐하면 제너레이터 객체가 만들어지기 전까지는 실제로 어떤 값도 산출되지 않기 때문이다. (누가 모든 언어 설계가 논리적이라고 말했는가?) 사실 이 기능은 파이썬에서 가장 직관적이지 않은 기능일 것이다.

더 구체적인 정보를 얻고 싶다면 4.10절을 참고하기 바란다.

## 번호